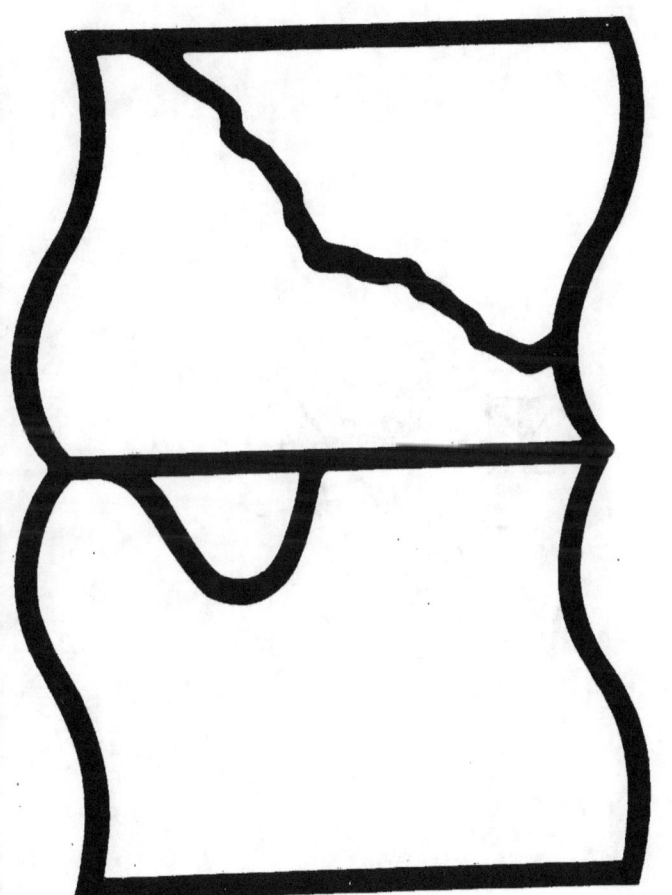

Texte détérioré — reliure défectueuse
NF Z 43-120-11

T. 3844
14 V. 5.

V C.

32719

NOUVEAU DICTIONNAIRE

DE CUISINE,

D'OFFICE

ET DE PATISSERIE.

Imprimerie de Gueffier, rue Guénégaud, nº. 31.

NOUVEAU DICTIONNAIRE
DE CUISINE,
D'OFFICE
ET DE PATISSERIE;

CONTENANT :

1°. La manière de préparer et d'accommoder toutes sortes de viandes, gibiers, légumes, fruits, etc., d'après les procédés de MM. BEAUVILLIERS, ARCHAMBAUT, FOURET, VIARD, ROBERT, etc.; 2°. de faire toutes sortes de pâtés, gâteaux, tourtes, flans, et tout ce qui concerne l'art du Pâtissier, d'après MM. CARÊME, THOMAS, LEBEAU, etc.; 3°. de composer toutes sortes de sirops, glaces, essences, gelées, liqueurs, ratafiats, etc., d'après MM. MACHET, etc.

Ouvrage enrichi de découvertes faites dans ces trois parties de l'art culinaire, et d'une NOTICE sur les Vins, d'après les procédés de JULIEN.

LE TOUT RÉDIGÉ ET MIS EN ORDRE

Par BOREL, Chef de Cuisine,

PARIS,
CHEZ CORBET AINÉ, LIBRAIRE,
QUAI DES AUGUSTINS, N°. 61.
1825.

AVERTISSEMENT.

La dernière édition de l'ancien *Dictionnaire de Cuisine* parut en 1772; depuis cette époque, la cuisine française a subi une révolution bien caractérisée, et, marchant avec le temps, les nouvelles idées et les nouvelles découvertes dans les sciences et les arts, nous fait présumer qu'elle atteindra cette *perfectibilité*, qui, selon Mme. de Staël, doit infailliblement couronner toutes les connaissances humaines.

Les changemens notables amenés en France par suite de la révolution française ont influé sensiblement sur l'art culinaire; ce qui n'était précisément qu'un art assez mesquin est devenu tout-à-coup une science, à l'aide du flambeau de la chimie, qui en éclaire aujourd'hui toutes les parties.

Il était donc urgent de recomposer un nouveau *Dictionnaire de Cuisine*, en rejetant les recettes de tous ces vieux dispensaires qui attestent l'enfance de l'art, en faisant avec goût et sagacité un choix savant de tout ce qui a paru, depuis vingt ans, de plus saillant dans les découvertes alimentaires, et de plus propre à satisfaire la sensualité du gourmand et les besoins de la petite propriété; nous croyons avoir rempli ce but en mettant à contribution tous les grands maîtres dans l'*art de la gueule*, comme dit Montaigne, et les ouvrages les plus modernes dans cette partie.

En comparant l'ancien *Dictionnaire de Cuisine* avec celui que nous publions aujourd'hui, il sera facile de se convaincre que ce n'est point une refonte, mais bien un ouvrage nouveau. Les omissions ont été réparées, de nouvelles découvertes ont été mises au jour, ainsi que les améliorations et les additions dans certaines parties de l'art culinaire, qui, par insouciance ou par ignorance, avaient été entièrement négligées.

La pâtisserie et l'office sont nécessairement les deux acolytes de la cuisine; sans leur intervention, on ne doit point se flatter de donner un repas en règle et de satisfaire tous les goûts. Sans nous enfoncer dans les profondeurs de ces arts subsidiaires de la cuisine, nous nous sommes attaché à en produire les élémens, à rectifier ce qu'ils avaient de vicieux, à établir les procédés les plus simples pour parvenir aux résultats les plus avantageux, enfin à faire connaître les modes différens et les moins coûteux par lesquels on peut arriver à faire de bons pâtés et d'excellentes gelées avec le plus d'économie possible.

AVERTISSEMENT.

« Les plaisirs qu'on doit à la cuisine, dit M. Grimod de la Reynière, que l'on peut regarder comme le Platon de la gastronomie, ont toujours tenu un rang distingué parmi tous ceux des hommes rassemblés en société. En dépit des stoïciens, l'on conviendra que ce sont les premiers qu'on éprouve, les derniers que l'on quitte, et ceux qu'on peut goûter le plus souvent. Pour beaucoup de gens, un estomac à toute épreuve est le premier principe de tout bonheur; et il nous serait facile de prouver que, même chez tous les hommes, ce viscère influe plus que l'on ne croit sur les destinées morales de la vie. »

Les ouvrages élémentaires dans l'art d'alimenter journellement ce viscère insatiable, sont de première nécessité, et personne ne doute qu'un *Dictionnaire de Cuisine* ne soit le plus propre à donner, sans grandes recherches, les moyens les plus propres à préparer, à apprêter et à accommoder tous les mets propres à satisfaire les appétits les plus voraces d'un gourmand et la sensualité exquise d'un friand ou d'un gastronome.

Rien de plus régulier et de plus commode, de plus utile et de plus agréable que le plan d'un Dictionnaire. Sans recourir, comme dans les dispensaires, à des tables plus ou moins défectueuses, à l'aide de l'ordre alphabétique, on trouve sous la main la recette que l'on cherche, les diverses manières dont un mets peut être apprêté, et des renseignemens certains sur certains objets, et sur certaines substances alimentaires qu'on néglige d'employer, faute de les connaître.

NOUVEAU DICTIONNAIRE DE CUISINE

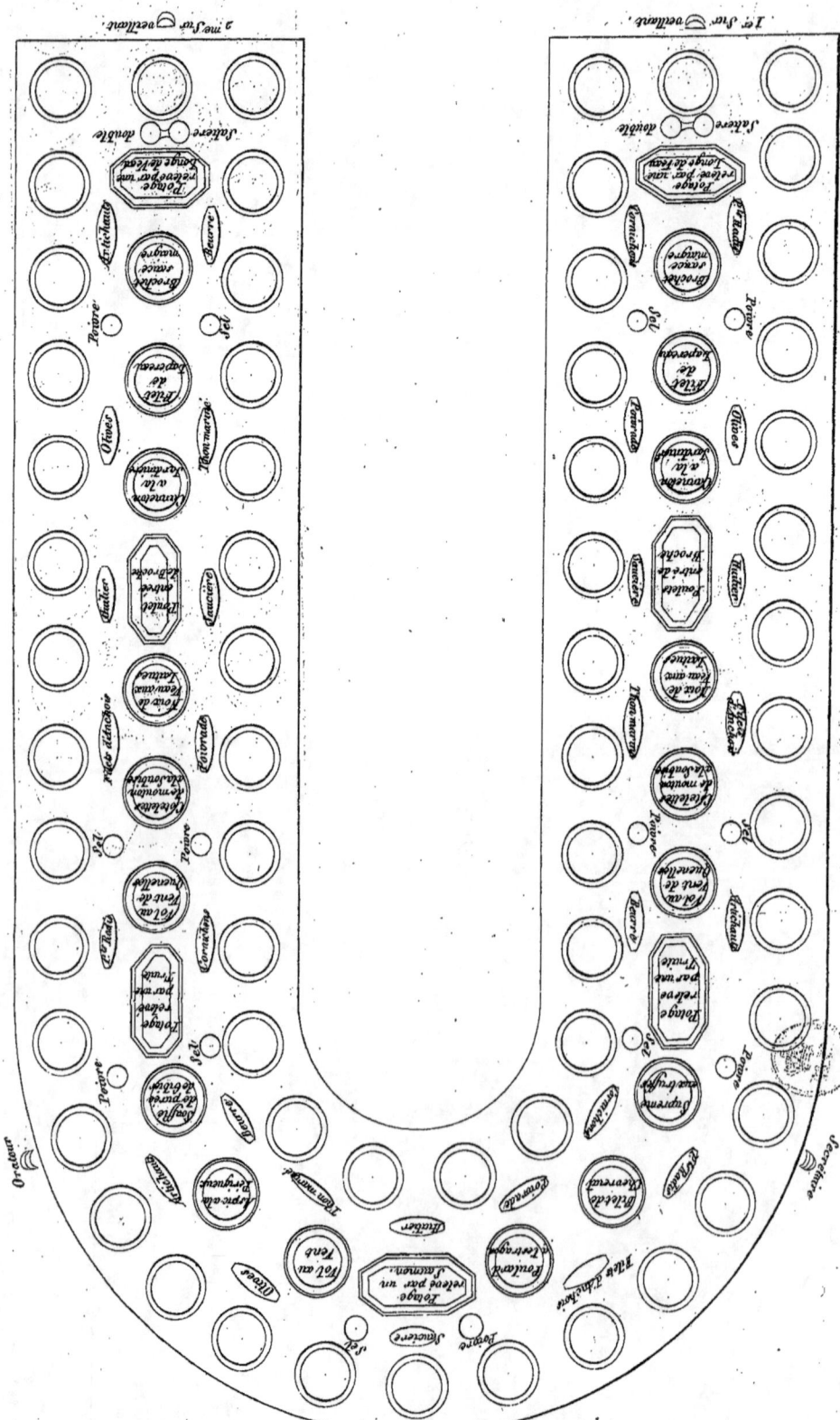

Table de Soixante Couverts.

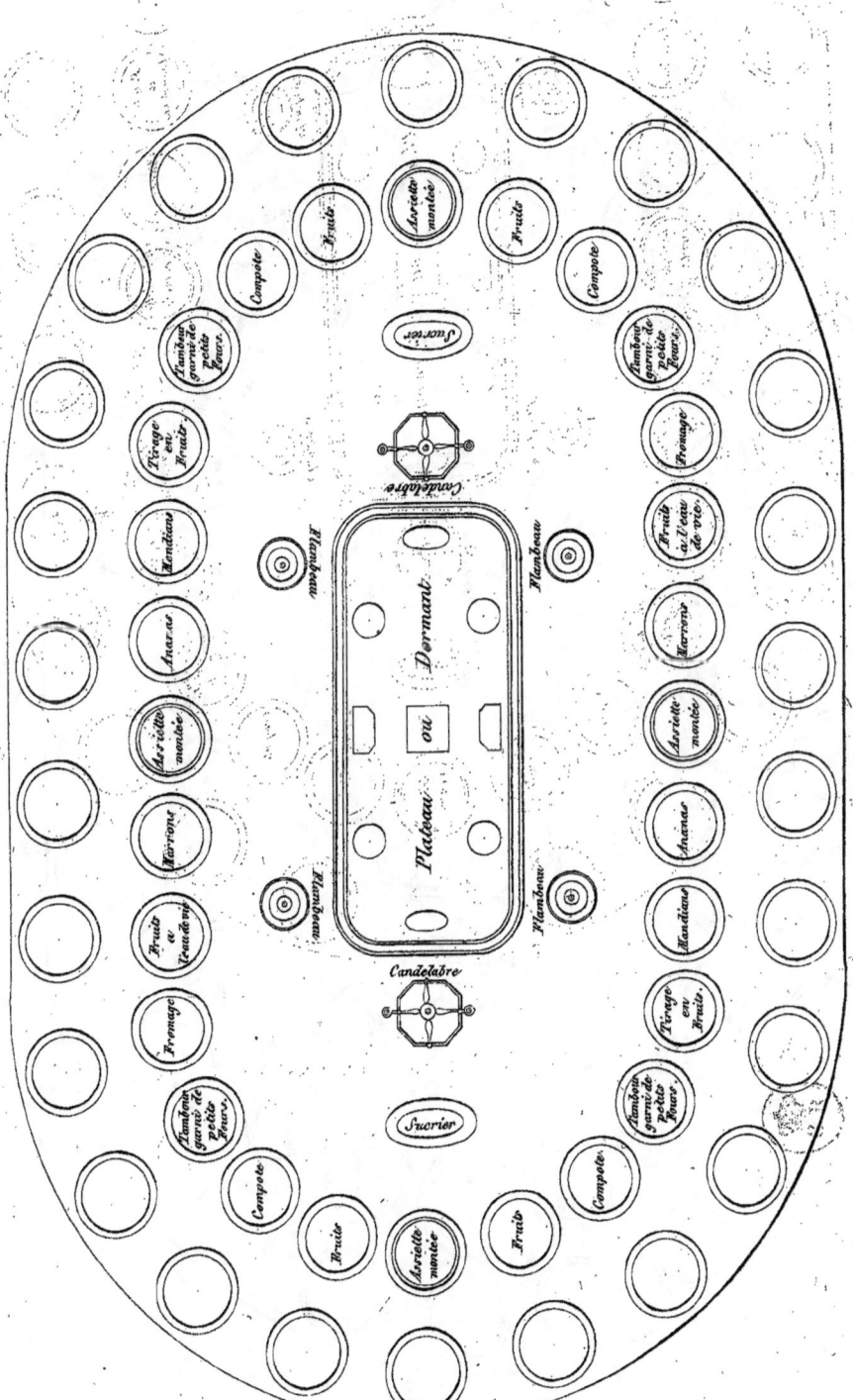

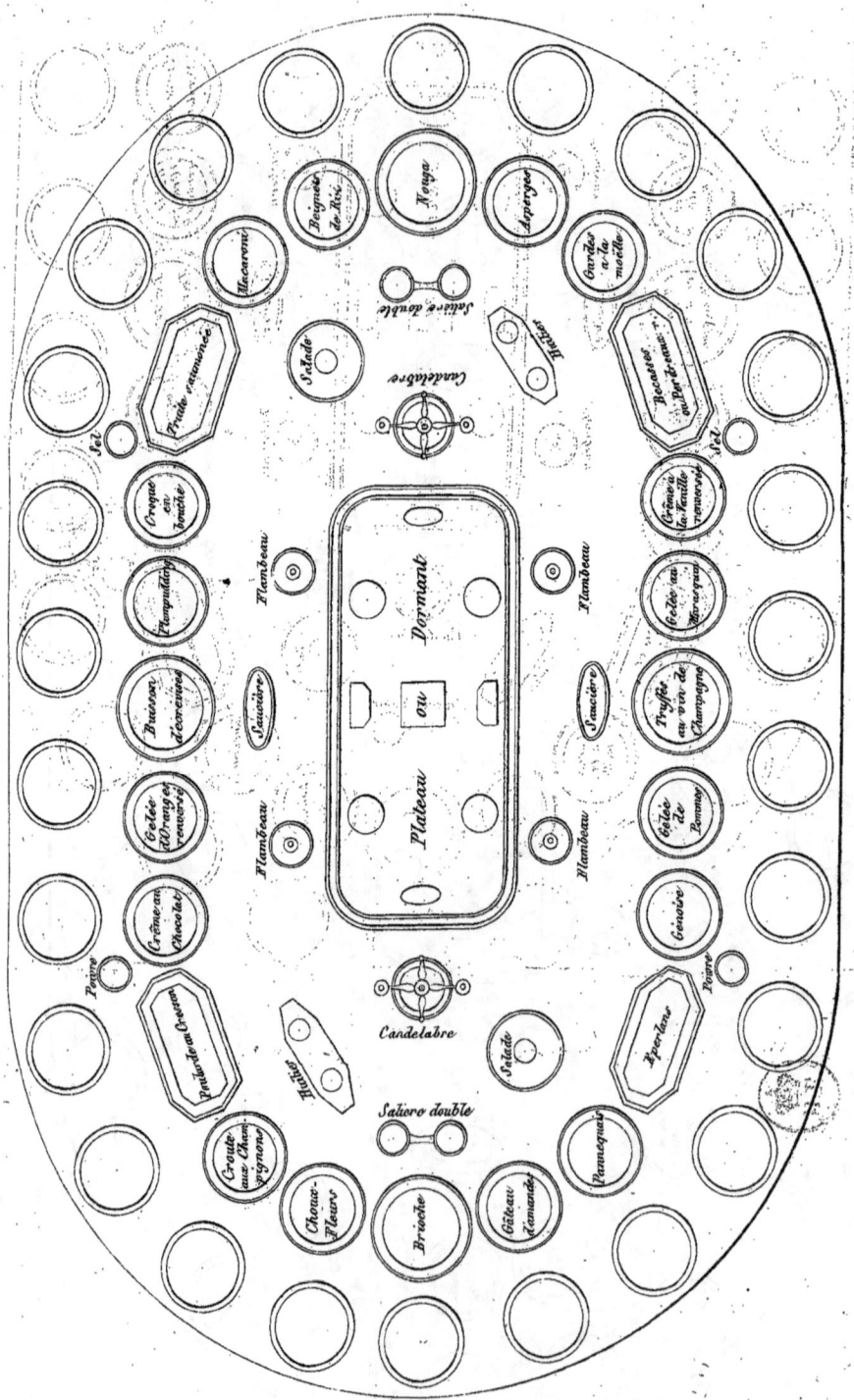

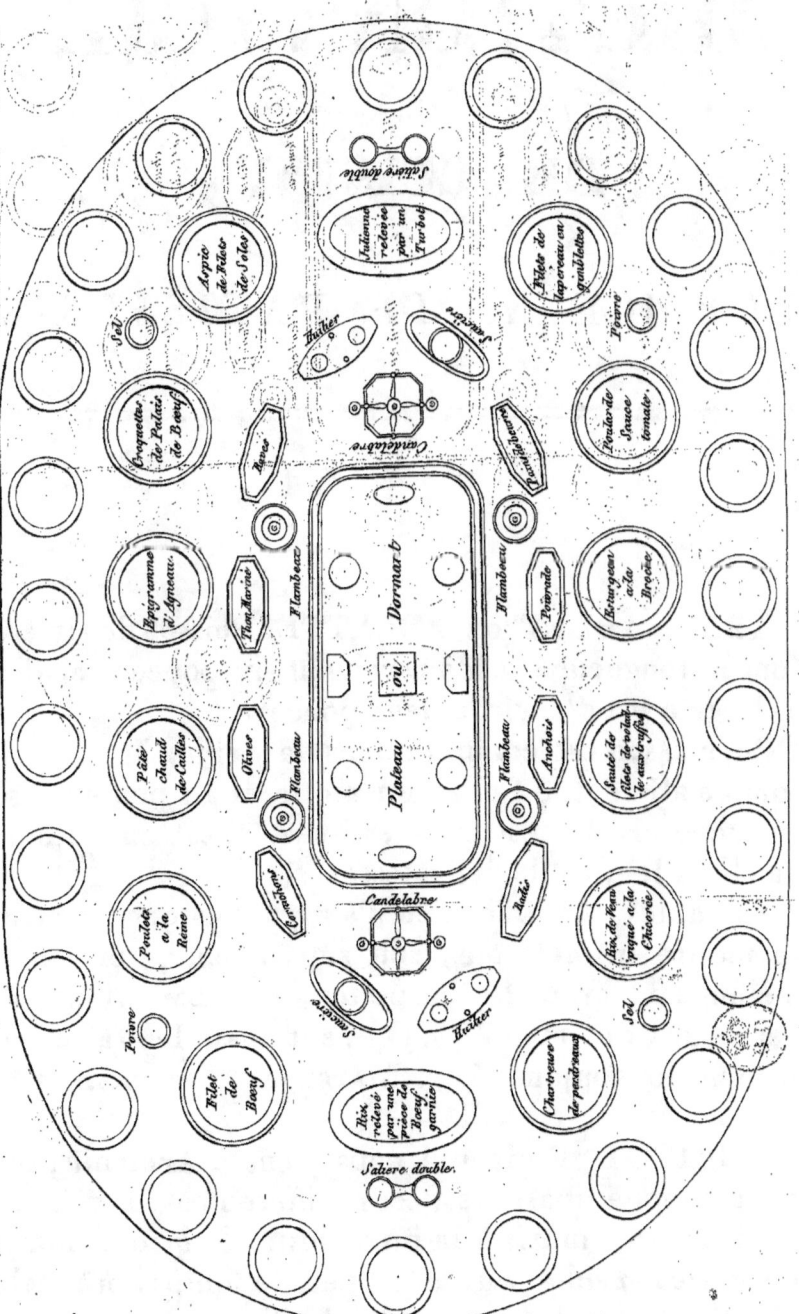

NOUVEAU DICTIONNAIRE DE CUISINE,

D'OFFICE ET DE PATISSERIE.

A.

ABLE, ABLET ou ABLETTE. Poisson de rivière, dont la longueur excède rarement six pouces, et dont la largeur est d'environ deux pouces.

Ce poisson est commun dans la Seine. Il est usité comme aliment. Sa chair est molle et un peu épaisse; en général elle est peu estimée. C'est en automne qu'elle a le plus de délicatesse.

Les ables, comme bien d'autres poissons, peuvent se mettre en matelote, soit séparément, soit en les mélangeant avec des carpettes, des barbillons, des perches et des anguilles. On peut aussi les faire frire comme les goujons. *Voy.* MATELOTE, FRITURE.

ABRICOT. Fruit qui nous vient d'Arménie, dont on distingue quatre espèces différentes, savoir : le *précoce*, qui mûrit à la fin de juin; *l'abricot musqué* ou *abricot pêche*, qui mûrit peu de temps après celui-ci; *l'abricot ordinaire* et celui de *Nancy*, qui mûrissent un peu plus tard. Les abricots les meilleurs au goût sont ceux en plein vent ; mais on sert plus ordinairement les abricots d'espalier sur les tables, parce qu'ils ont plus d'apparence. Les meilleurs à employer en confitures sont ceux de plein vent.

On confit les abricots, on les sert en marmelade ou en compote, glacés ou en pâte ; on en fait des ratafias, des sirops, des liqueurs. Apprêtés ou sans apprêt, ils font l'ornement d'un dessert.

Abricots à la bourgeoise (*Compote d'*). Dans leur nouveauté employez les abricots sans les peler ; mais dans la suite fendez-les en deux, ôtez les noyaux, et rangez-les sur un plat de terre ou autre ustensile convenable, dont vous aurez saupoudré le fond de sucre râpé ; arrosez-les légèrement avec de l'eau, et mettez-les sur un feu doux pour bouillir jusqu'à presque totale réduction du sirop. Vous semerez alors du sucre dessus, et les glacerez sous un couvercle ou de toute autre manière. Dressez votre compote quand elle sera parfaitement cuite, et servez-la froide.

Abricots verts (*Compote d'*). Après avoir pelé légèrement des abricots verts, vous les mettez sur le feu dans une bassine avec de l'eau, et les y tenez jusqu'à ce qu'ils soient attendris ; alors vous les retirez, et vous jetez un peu d'eau ; étant un peu refroidis, vous les remettez sur un feu léger sans les faire bouillir. Quand ils seront reverdis, vous poussez le feu pour qu'ils blanchissent parfaitement, ce dont on est sûr lorsque la tête d'une épingle passe facilement au travers. Vous les mettez alors dans l'eau fraîche, et étant refroidis, vous les égouttez. Vous avez en même-temps sur le feu du sucre clarifié ; lorsqu'il bout, vous y jetez vos abricots, auxquels vous donnez à petit feu une vingtaine de bouillons. Vous les retirez ensuite et les laissez environ deux heures prendre le sucre ; après quoi vous les remettez sur le feu pour leur faire subir une douzaine de bouillons. Vous les retirez, les écumez et les laissez refroidir; vous les égouttez ensuite et les remettez dans un compotier.

Abricots (*Marmelade d'*). On choisit des abricots bien mûrs; après les avoir ouverts en deux, on en ôte la peau, qui en est tâchée, et on les émince. Pour chaque livre d'abricots il faut trois quarterons de sucre. On mêle le tout ensemble, et on les met cuire dans une poêle à confiture; il faut les remuer continuellement de crainte qu'ils ne s'attachent. On s'aperçoit que la marmelade est cuite, en en prenant sur le doigt, en appuyant le pouce dessus et le relevant; si elle forme un filet, il faut la retirer et la mettre dans les pots. On casse une partie des noyaux, on en retire les amandes, et on les met à l'eau bouillante pour en retirer la peau. Un instant avant que la marmelade soit cuite, on les jette dedans. Il est préférable d'employer du sucre, parce qu'il faudrait clarifier la cassonade, et ce serait une très-faible économie.

Abricots (*Pâte d'*). On émince des abricots comme pour la marmelade; on les met sur le feu et on les réduit en marmelade que l'on passe au tamis. Il faut une livre de sucre pour une livre de marmelade. Le sucre clarifié et réduit au petit cassé, on y met les abricots, et l'on fait cuire cette pâte plus que la marmelade; on la verse dans des moules et l'on met sécher à l'étuve pour ensuite s'en servir au besoin.

Abricots confits. On choisit des abricots déjà jaunes, sans qu'ils soient pourtant mûrs; on leur fait, avec la pointe d'un couteau, une incision à la tête, puis poussant le couteau à l'endroit de la queue, faites sortir le noyau par le côté opposé, et mettez à mesure vos abricots dans de l'eau fraîche; faites-les ensuite blanchir sur le feu, et quand l'eau commence à bouillir, examinez s'il y en a qui fléchissent sous les doigts; dans ce cas vous les retirez avec une écumoire, et laissez les autres jusqu'à ce qu'ils soient au même degré, et les mettez tous dans l'eau fraîche ; lorsqu'ils sont refroidis, vous les faites égoutter.

Pendant ce temps-là, vous prenez cinq ou six livres de sucre, suivant la quantité de fruits que vous avez ; vous le clarifiez et le faites cuire au lissé ; vous le retirez du feu dès qu'il bout, et vous y mettez vos abricots ; vous remettez le tout sur le feu, et le retirez lorsqu'il a fait quelques bouillons ; laissez-le reposer pendant vingt-quatre heures, pour que les abricots prennent sucre. Le lendemain, retirez les abricots, faites cuire le sucre à la nappe, et le versez bouillant sur les fruits, que vous laissez dans le sucre comme la veille ; le troisième jour, vous séparez encore les abricots, et lorsque le sucre est au perlé, vous retirez la bassine pour y mettre les abricots, auxquels vous donnez ensuite un bouillon ; vous les retirez et les laissez dans le sucre. Le lendemain, vous les égouttez et les mettez sur des planches de marbre saupoudrées de sucre ; vous les faites sécher à l'étuvée et les retournez pour les saupoudrer de sucre entièrement, puis vous les arrangez dans les boîtes. Il faut avoir soin, si les boîtes contiennent plusieurs couches, de mettre entre chacune quelques feuilles de papier blanc.

Abricots (*Glace d'*). Ayez une trentaine d'abricots de plein-vent bien mûrs, que vous séparez en deux pour en tirer les noyaux ; passez-les au tamis de crin. Pour une livre de chair de fruit, mettez-y une livre de sucre au petit lissé. Joignez-y une douzaine d'amandes d'abricots bien pilées, que vous mettez infuser dans un verre d'eau avec deux jus de citron ; passez-les au tamis de soie et mettez-les dans votre glace aux abricots.

Abricots à l'eau-de-vie, ou sirop au cassé. On prend des plus gros abricots, mais à moitié mûrs ; on les met sur le feu dans une eau bouillante, jusqu'à ce qu'ils commencent à fléchir sous les doigts, sans qu'ils bouillent (c'est-à-dire qu'il faut que l'eau ne fasse que frémir.) On les retire à mesure à l'eau fraîche ; puis on les fait égoutter, et on leur fait faire trois ou quatre bouillons dans du sucre *au cassé* (il faut une livre de sucre pour une livre et demie d'abricots). On les retire du feu, et on les laisse pendant trois heures dans le sucre : alors on les retire du sucre pour les égoutter, et on fait faire au sucre six bouillons couverts. On y remet ensuite les abricots et on leur fait faire quatre bouillons : on retire alors les abricots pour les mettre sur un plat.

On met dans le sucre autant d'eau-de-vie que de sirop, en les faisant chauffer sans bouillir, afin de les bien mêler ensemble, et lorsque les abricots sont froids on les arrange dans les bouteilles ; on verse le sirop dessus et les abricots sont faits. Il n'y a plus qu'à boucher les vases pour les bien conserver. Il faut avoir soin que la peau des abricots reste bien entière.

ACHE. Plante potagère qui est un vrai persil. On en distingue quatre sortes :

1°. L'ache ou persil de Macédoine ;

2°. L'ache de jardin ou persil ordinaire ;

3°. L'ache de montagne, qui est celle qui s'élève le plus haut ;

4°. L'ache de marais, que d'autres nomment l'*ache royale*. Cette dernière se cultive dans les jardins ; ses feuilles ressemblent à celles du persil. On mange ses racines crues et cuites. On prépare aussi avec cette plante une conserve qui ne se sert ordinairement qu'au dessert.

Ache (*Conserve d'*). Prenez les feuilles les plus vertes d'ache ; passez-les sur le feu et faites-leur prendre trois ou quatre bouillons ; égouttez-les ensuite et pilez-les dans un mortier. Étant bien pilées, passez-les à travers le tamis. Faites cuire du sucre à la petite plume, et le bouillon étant abaissé, jetez-y ce qui a passé par le tamis, et délayez-le bien avec votre sucre. Travaillez ensuite le mélange, comme on fait pour les conserves, et quand il faut une glace, videz-la dans les moules.

AGNEAU. C'est le petit de la brebis et du bélier. Il n'est bon que du 24 décembre au commencement d'avril. Les agneaux de lait sont les meilleurs; il faut les choisir d'une chair blanche et les rognons bien couverts de graisse. Lorsqu'on en fait l'achat, il faut leur pincer le bas de la poitrine pour juger si elle est épaisse.

Agneau à la broche (*Quartier d'*). Le quartier de devant de ce quadrupède est plus délicat que celui de derrière. Choisissez-le d'une chair blanche et tendre, et mettez-le à la broche. Maniez environ une livre d'excellent beurre, avec persil, ciboules et fines herbes hachées, et placez-la sous l'épaule de votre agneau cuit et brûlant, avant de le dépecer : il en résulte une sauce qui donne à cette viande le relevé et la graisse qui lui manquent naturellement. Les gourmands font peu de cas d'un rôti d'agneau sans cette opération préliminaire.

Agneau en ragoût (*Quartier d'*). Coupez votre quartier en cinq ou six morceaux, que vous lardez de moyen lard, après leur avoir fait prendre un peu de couleur dans une casserole; faites-les cuire dans du bouillon, avec sel, poivre, clous de girofle, champignons, et un bouquet de fines herbes. Lorsqu'ils sont cuits, mettez-y un coulis de veau, et servez chaud.

Agneau (*Foies et fressures d'*). Procurez-vous deux fressures d'agneau, coupez le mou en gros dés, faites-les frire dans du beurre clarifié à petit feu, afin qu'ils puissent cuire à fond : émincez votre foie en petites lames, faites-les seulement roidir, égouttez la moitié de votre beurre, ajoutez-y un peu de persil haché, des champignons, sel, poivre et le jus d'un citron: servez chaud.

Agneau (*Blanquette d'*). Vous faites cuire à la broche un gigot d'agneau; après sa cuisson, vous le laissez refroidir; lorsqu'il est froid, levez-en les chairs, ôtez-en les nerfs et les peaux; émincez votre viande que vous battrez avec le manche d'un couteau, faites en sorte que vos morceaux soient de grandeur et d'épaisseur égales. Toute la chair de votre gigot bien préparée, mettez-la dans une casserole; sautez des champignons émincés que vous joignez à votre viande; versez dans votre blanquette quatre cuillerées à dégraisser de velouté travaillé et un peu de gros poivre. Un instant avant de servir, mettez votre blanquette au feu avec une liaison de deux jaunes d'œufs, et servez-la avec des croutons à l'entour.

Agneau (*Cervelles d'*). Ces cervelles, plus délicates que celles du mouton, s'apprêtent comme celles de veau. *Voy.* VEAU.

Agneau (*Issues d'*). Nous avons désigné au mot issues, les parties de l'agneau particularisées sous cette dénomination; il nous reste à dire la manière de les apprêter.

Après les avoir coupées par morceaux et blanchies un moment à l'eau bouillante, on les fait cuire à petit feu dans du bouillon, avec un peu de beurre, sel et poivre. La sauce se fait avec trois jaunes d'œufs délayés avec un peu de lait; lorsque cette sauce a été liée sur le feu, on y met un peu de verjus. On dresse la tête, la cervelle découverte, le reste de l'issue autour et la sauce sur le tout.

Agneau à la poulette (*Pieds d'*). Après avoir échaudé un nombre déterminé de pieds d'agneau, vous les désossez, c'est-à-dire, vous ôtez le gros os jusqu'à la jointure, ayant la précaution de ne pas couper ou déchirer la peau; vous les faites dégorger, ensuite blanchir, rafraîchir, égoutter; les ayant essuyés et flambés, ôtez le poil qui se trouve dans la fourche du pied, et faites-les cuire dans un blanc. *Voy*. BLANC. Laissez-les mijoter pendant deux heures; lorsqu'ils sont cuits, égouttez-les, parez-les et mettez les dans une casserole, dans laquelle vous versez quatre cuillerées à dégraisser de velouté. *Voy*. VELOUTÉ. Joignez-y un peu de persil haché bien fin; mettez dans votre sauce une liaison d'un œuf. Quand votre sauce est liée, vous la versez sur vos pieds d'agneau, que vous remuez bien dans votre sauce: au moment de servir, ajoutez-y un peu de citron, un peu de gros poivre, et dressez vos pieds sur votre plat.

Agneau à la sauce Robert (*Pieds d'*). Préparez vos pieds comme il est indiqué dans l'article précédent; étant cuits, égouttez-les, mettez-les dans une sauce Robert; faites-les mijoter, finissez-les avec un peu de moutarde, et servez. *Voy*. SAUCES.

Agneau à la ravigote (*Pieds d'*). Préparez vos pieds comme dans les articles précédens; servez-vous d'une ravigote froide, au lieu d'une sauce Robert. *Voy*. SAUCES.

Agneau (*Ris d'*). Ils se préparent et s'apprêtent comme les ris de veau. *Voy*. VEAU.

Si on veut leur donner un apprêt différent, on beurre le fond d'une casserole, on les arrange dedans, on y met deux cuillerées de gelée, un rond de papier beurré en dessus et en dessous: une demi-heure suffit pour les cuire. On sert dessus une purée de volaille, de chicorée, une sauce tomate ou une espagnole. *Voy*. Ces mots.

Agneau (*Oreilles farcies d'*). Faites dégorger et blanchir douze oreilles d'agneau; après les avoir rafraîchies, essuyées, flambées, faites-les cuire dans un blanc, pendant une heure et demie; égouttez-les ensuite et les remplissez d'une farce cuite. Vous les trempez dans du beurre tiède, puis dans la mie de pain; après, vous casserez quatre œufs dans le reste de votre beurre; ajoutez-y du sel et du gros poivre, battez le tout ensemble; trempez-y vos oreilles, et leur faites prendre de l'œuf partout; remettez-les dans la mie de pain, de manière qu'elles en soient masquées, posez-les sur un plafond; au moment de servir, mettez votre friture sur le feu; lorsqu'elle est chaude, jetez-y vos oreilles; prenez garde que votre friture ne soit pas trop chaude; quand elles ont pris une belle couleur, vous les sortez de votre friture, et les égouttez sur un linge blanc; faites frire du persil, dressez vos oreilles et mettez-les par dessus.

Agneau (*Tête d'*). Désossez la tête d'un agneau jusqu'à l'œil, ôtez-en la mâchoire inférieure; coupez-la jusqu'à l'œil, faites-la dégorger pendant une demi-heure; après l'avoir rafraîchie, essuyée et flambée, vous la couvrez d'une barde de lard, et la faites cuire dans un blanc. Deux heures suffisent pour sa cuisson; au moment de servir, vous l'égouttez et la déficelez avant de la dresser sur votre plat.

Cette tête se mange au naturel, ou avec un ragoût mêlé, ou une pascaline, qui est composée du foie, du mou, des pieds, des ris, de champignons, le tout au blanc.

Agneau (*Côtelettes grillées d'*). Elles se préparent, s'approprient et s'apprêtent comme celles de mouton. *Voy*. MOUTON.

Agneau (*Côtelettes sautées d'*). Coupez et parez vos côtelettes comme celles de mouton; après les avoir assaisonnées, posez-les dans un sautoir ou dans une tourtière; mettez dessus assez de beurre fondu, pour qu'elles baignent à l'aise: au moment de servir, placez-les sur un feu ardent; lorsque le beurre les a bien chauffées d'un côté, retournez-les de l'autre; lorsque vous sentirez qu'elles sont fermes sous le doigt, vous ôtez le beurre, et vous y mettez un morceau de glace ; remuez-les dans votre glace fondue ; dressez-les en couronne. Versez dans votre sautoir deux cuillerées à dégraisser d'espagnole travaillée (*Voy.* cette sauce.) et une cuillerée de consommé ; remuez votre sauce pour détacher la glace ; passez-la à l'étamine ; et après l'avoir versée sur vos côtelettes, servez.

Agneau (*Épigramme d'*). Levez les épaules du quartier de devant d'un agneau, coupez la poitrine de manière que les côtelettes ne soient pas endommagées ; mettez des bardes de lard dans une casserole, quelques tranches de veau ; placez dessus votre poitrine ; ajoutez-y trois ou quatre carottes, trois ou quatre oignons, une feuille de laurier, un peu de thym, une cuillerée à pot de bouillon et un rond de papier par-dessus ; faites-la cuire doucement pendant deux heures : quand elle est cuite, mettez-la entre deux couvercles pour qu'elle prenne une forme unie ; laissez-la refroidir ; coupez-la ensuite en morceaux ovales de la grandeur d'un croûton pointu d'un côté ; laissez passer un petit os de la poitrine, et assaisonnez-les d'un peu de sel et de gros poivre ; trempez-les dans du beurre tiède, mettez-les dans de la mie de pain, et faites-leur prendre une belle forme ; posez-les sur une tourtière ; coupez et parez vos côtelettes ; assaisonnez-les d'un peu de sel et de gros poivre ; mettez-les dans votre sautoir avec du beurre tiède pour vous en servir. Prenez les épaules qui ont été à la broche, levez-en les chairs, que vous émincez pour en faire une blanquette ; faites en sorte qu'il n'y ait ni peaux ni nerfs ; quand votre blanquette est marquée, tenez-la chaude au bain-marie. Au moment de servir, faites griller à feu doux vos tendrons de poitrine ; sautez vos côtelettes, glacez-les ; dressez en couronne vos tendrons et vos côtelettes ; quand votre couronne est formée, versez la blanquette au milieu.

AIL. Plante potagère ; sa racine est une bulbe de forme ronde, dont les tuniques, presque blanches, enveloppent des tubercules qu'on appelle gousses. Cette plante est chaude, âcre et d'un goût très-fort. Ses feuilles tendres s'emploient quelquefois dans les ragoûts, ainsi que dans les fournitures de salade.

AILERONS. Les ailerons de dinde ou d'autres volailles se mettent en tourte; on les épluche, on coupe le bout. On les arrange ensuite sur une abaisse de pâte commune, garnie de lard râpé, avec sel, poivre, épices et un peu de fines herbes; on les garnit de champignons, morilles, culs d'artichauts, recouverts de bardes de lard et tranches de veau. La tourte couverte d'une même abaisse que dessus, frottée d'un jaune d'œuf battu, se met au four. Quand elle est cuite, on la découvre, on en tire les bardes de lard et le veau; on la dégraisse, et on y met un coulis clair de veau et jambon pour servir. On en fait aussi des terrines à la *purée verte*, comme celles des tendrons de veau.

ALBRAND ou ALEBRAN, ou ALEBRENT. Nom qu'on donne au jeune canard, qui devient, au mois d'octobre, *canardeau*, et, en novembre, *canard*, ou *oiseau de rivière*. Il s'apprête et s'accommode comme le canard. *Voy.* CANARD.

ALOSE. Poisson de mer, en latin *alosa*, assez ressemblant à la sardine, mais beaucoup plus grand.

Ce poisson entre au printemps et en été dans les rivières, où il s'engraisse ; c'est pourquoi les aloses que l'on pêche dans l'eau douce sont meilleures à manger que celles que l'on prend dans la mer. La chair de celles-ci est sèche.

Ce poisson se sert au court-bouillon à sec, avec son

écaille, bien assaisonné de persil; en étuvée; rôtie sur le gril ou à la broche.

Alose au court-bouillon. Faites cuire votre alose dans du vin rouge ou blanc, avec un peu de vinaigre, sel, poivre, laurier, oignons piqués de girofle, citron vert et beurre bien frais. Étant cuite, servez-la à sec sur une serviette, pour entremêts. Cuite à moitié dans le même court-bouillon, faites-la rôtir sur le gril et mitonner ensuite dans du beurre roux, assaisonnée avec un filet de vinaigre et du persil vert; elle se sert pour entrée.

Alose grillée. Votre alose vidée, bien lavée, bien écaillée et bien essuyée, laissez-la égoutter entre deux linges; mettez-la sur un plat, avec sel, poivre, persil en branches, ciboules, et un verre d'huile; retournez-la dans son assaisonnement; une heure avant de servir, mettez-la sur le gril, dressez-la sur un plat, en la masquant d'une sauce au beurre noir; semez des câpres par dessus. On peut aussi la servir avec une purée d'oseille. *Voy.* PURÉE D'OSEILLE et SAUCE AU BEURRE NOIR.

Filets d'alose sautés. Levez les filets d'une alose, que vous coupez de la grandeur d'une pièce de six francs, et de l'épaisseur de trois lignes; donnez-leur une forme ronde. Faites clarifier du beurre, que vous mettez sur un sautoir; placez-y vos filets d'alose, et saupoudrez-les de persil haché bien fin; ajoutez-y un peu de ciboule, de poivre et de sel. Au moment de servir, mettez le sautoir sur un feu ardent. Du moment que le beurre frémit, retournez vos filets; laissez-les encore un instant sur le feu. Lorsqu'ils sont cuits, égouttez-les, et dressez-les en couronne sur un plat; saucez-les avec une sauce à l'italienne. *Voy.* SAUCE A L'ITALIENNE.

Alose rôtie. Après avoir écaillé votre alose, incisez-la légèrement, frottez-la de beurre et de sel, et faites-la rôtir à petit feu, jusqu'à ce qu'elle soit de belle couleur. On la sert aussi avec un ragoût de champignons ou avec une sauce faite avec du beurre frais, ciboules, persil haché, le tout passé à la casserole, assaisonné de bon goût. On fait mitonner l'alose dans cette sauce, qu'on lie avec le foie délayé, ou bien avec un peu de farine frite, si toutefois l'on veut servir le foie en garniture.

ALOUETTES. Oiseau de passage, de couleur grise, un peu plus long et plus gros que le moineau domestique. On en distingue plusieurs espèces. On sert cet oiseau en ragoût, en tourte, rôti, en salmi, en caisse, au gratin.

Lorsque c'est pour la broche qu'on emploie les alouettes, on ne les vide pas; mais pour mettre en ragoût, on les vide comme les autres oiseaux. Elles commencent à être mangeables à l'automne; mais elles ne sont délicates qu'en hiver : les brouillards contribuent à les engraisser.

Alouettes aux fines herbes. Plumez, troussez et flambez vos alouettes ; mettez un bon morceau de beurre dans une casserole, avec du sel, du gros poivre, un peu d'aromates pilés; vous les posez sur un feu ardent. Lorsque vous les avez sautées dans votre beurre pendant sept ou huit minutes, vous y mettez plein une cuillère à bouche de persil haché bien fin, autant d'échalottes hachées de même, des champignons aussi hachés; vous les sautez avec des fines herbes pendant sept ou huit minutes; versez-y plein deux cuillères à dégraisser d'espagnole, une cuillerée de bouillon; vous les remuerez dans leur sauce sur le feu ; au premier bouillon, retirez-les, et servez.

Alouettes au gratin. On les fend par le dos, on les désosse, puis on les remplit de farce cuite : on leur fait prendre leur première forme. On fait sur le plat un cordon d'un pouce d'épaisseur, et on y place les alouettes. On remplit l'intervalle avec de cette même farce, et on ne laisse d'apparent que l'estomac de l'oiseau ; on unit bien le tout avec la lame d'un couteau. On met dans le milieu du plat, que l'on a laissé libre, un morceau de mie de pain coupé en rond ; on couvre le tout de bardes de lard mince et d'un papier beurré. On fait cuire au four ou sous le four de campagne. Etant cuit, on ôte le papier et les bardes de lard, ainsi que la mie de pain. Après avoir épanché la graisse et nettoyé le plat, on sert avec un ragoût de champignons ou de truffes, ou une financière, que l'on met au milieu, dans la place où était le morceau de mie de pain.

Alouettes à la minute. On prend quinze alouettes bien épluchées, vidées et troussées ; on les met dans une casserole avec un morceau de beurre et du sel ; on les saute jusqu'à ce qu'elles soient entièrement raffermies. On verse une sauce dans le plat à sauter, soit italienne, ou un ragoût de champignons ou de truffes. Lorsque la glace et le beurre sont incorporés à la sauce, on les dresse sur le plat, et l'on sert.

Nota. Si on a peu de sauce, un instant avant que les alouettes ne soient cuites, on met des champignons, échalottes et persil hachés. Le tout bien revenu, on met une pincée de farine que l'on mouille avec un verre de vin blanc et un peu de bouillon. Au moment que cela commence à bouillir, on le retire du feu. Etant d'un bon sel, on sert avec des croûtons.

Alouettes en cerises (*caisse d'*). On désosse bien soigneusement douze alouettes ; on coupe le bout d'une patte qu'on laisse attachée à la cuisse ; on la pose au milieu de l'alouette, pour qu'elle représente la queue d'une cerise ; on la remplit d'une farce cuite dans laquelle on ajoute des foies hachés, ainsi que des truffes ; on forme autant de petites caisses rondes que d'alouettes ; on les huile, et l'on met dans le fond un peu de cette farce cuite, et l'alouette par-dessus ; de manière qu'elle soit aussi large que la caisse ; on les couvre de petites bardes de lard et d'un papier beurré, on les fait cuire au four ou dessous le four de campagne. Au moment de servir, on en égoutte la graisse ; on met une petite sauce bien réduite, et on les sert.

Alouettes aux truffes (Sauté de filets d'). On lève les filets de vingt-quatre alouettes ; on les place dans un plat à sauter, où on a fait fondre un morceau de beurre ; on les saupoudre de sel fin, et on les fait revenir des deux côtés. On met une sauce aux truffes bien finie dans le plat à sauter, pour en détacher la glace ; on incorpore le beurre, et l'on sert dans un plat garni de croûtons. *Voy.* MAUVIETTES.

ALOYAU. Pièce de bœuf, qu'on coupe le long des vertèbres, au haut bout du dos de cet animal. Un aloyau de la première pièce est plus estimé qu'un aloyau de la seconde ou de la troisième : il se mange ordinairement rôti, ou farci, ou mis en ragoût. Quand on veut le manger rôti, il ne faut pas qu'il soit trop cuit, de peur qu'il ne perde son suc ; on doit le servir saignant et rouge dans son jus : la chair en est alors plus délicate et plus tendre. *Voy.* BŒUF.

AMANDE. C'est le fruit particulier d'un arbre qu'on appelle amandier ; il est enfermé dans un gros noyau sous une écale. Il y en a de deux sortes, qu'on ne distingue point à l'extérieur, et qu'on ne connaît qu'au goût. On les emploie en compote, en confiture lorsqu'elles sont vertes ; étant sèches, en dragées et d'une infinité de manières. On en tire de l'huile, et surtout des amandes douces.

Amandes (Crème aux). Émondez un demi-quarteron pesant d'amandes douces, avec une couple d'amères ; pilez-les et mouillez avec un peu d'eau : ayez de la crême bouillante dans laquelle vous les délayerez ; puis passez à l'étamine pour en extraire le suc des amandes.

Amandes vertes (*Compote d'*). Elle se fait de même que celle d'abricots verts. *Voy.* ABRICOTS.

Amandes amères (*Macarons d'*). On met dans un linge blanc une livre d'amandes amères, pour en retirer la poussière ; on les pile dans un mortier de marbre avec quatre blancs d'œufs ; il faut avoir soin qu'elles soient pilées très-fin, et faire en sorte qu'elles ne tournent pas en huile ; étant bien pilées, on les met dans une terrine, et on y incorpore trois livres de sucre en poudre ; si la pâte était trop sèche, on y ajouterait des blancs d'œufs ; il faut qu'elle ne soit ni trop liquide ni trop sèche ; vous la dressez sur des feuilles de papier, par petites portions, de la grosseur d'une noix, et vous mettez cuire vos macarons à un feu très-doux et fermé.

Amandes douces (*Macarons d'*). On procède de même que pour le macaron amer, à la différence qu'il ne faut mettre que deux livres de sucre par livre d'amandes.

Amandes (*Gâteau d'*). Faites un trou dans votre farine, après l'avoir mise sur table ; jetez dans ce trou du beurre, des œufs, quelques grains de sel, du sucre en poudre et des amandes pilées. Après avoir bien pétri le tout ensemble, façonnez-le en gâteau plat et rond ; mettez-le sur un papier bien beurré, et placez-le dans votre four. Au sortir du four on lui donne une belle couleur, en le glaçant avec du sucre en poudre et la pelle rouge.

On peut employer avec un litre de farine, quatre œufs, blancs et jaunes, un quarteron de sucre, et une demi-livre d'amandes douces bien pilées à sec.

Amandes douces grillées (*Conserve d'*). On pile un quarteron d'amandes douces, après les avoir échaudées, pelées et rafraîchies ; on les arrose en les pilant de jus de citron. Pour un quarteron d'amandes, on fait cuire une livre de sucre à la grande plume; et lorsqu'il commence à blanchir, on met les amandes dedans. On mêle bien le tout, et lorsqu'il commence à prendre, on verse dans les moules.

Amandes (Grillage d'). Après avoir échaudé une demi-livre d'amandes douces, on les coupe en filets dans leur longueur en quatre ou cinq morceaux; on les praline dans un quarteron et demi de sucre; on les sable lorsqu'elles commencent à pétiller; on les remet sur le feu jusqu'à ce que le sucre et les amandes soient bien liés ensemble et qu'ils fassent masse; on met cette masse alors sur une feuille d'office légèrement huilée pour les aplatir, et on sème dessus du canelas ou de la nompareille blanche; on la coupe ensuite par morceaux.

Amandes (Lait d'). On a six onces d'amandes douces, une pinte de lait, quatre gros de fleur d'orange, et cinq onces de sucre : après avoir pelé les amandes, on les pile en pâte très-fine, en jetant de temps en temps quelques gouttes de lait dans le mortier. Lorsque la pâte est devenue friable, on la jette dans le lait, et on la délaie bien; puis on passe le tout à travers un linge; on met sur le feu et on fait bouillir jusqu'à réduction de moitié; on ne donne à cette réunion qu'un bouillon; puis après avoir passé au tamis serré, on laisse refroidir, et on sert.

AMOURETTES. Moelle des vertèbres du veau ou du mouton. On en prend la quantité nécessaire, qu'on coupe en morceaux de cinq à six pouces de long : on les fait mariner pendant deux heures avec des oignons coupés par tranches, bouquet de persil, basilic, sel, poivre, jus de deux citrons, ou vinaigre avec un verre d'eau : on les fait égoutter ensuite; on les poudre de fine farine, et on les fait frire, de manière à ce qu'elles soient croquantes et moelleuses. Ce mets est très délicat et d'un goût exquis.

ANANAS. Ce fruit, le plus distingué de tous ceux qu'on voit paraître sur nos tables, ne se montre qu'aux desserts les plus somptueux. Originaire d'Amérique où il est très-commun, il ne peut venir dans l'ancien continent qu'en serres chaudes et avec des soins multipliés.

On le mange cru, coupé par rouelles, on assaisonné avec du sucre. On prévient les mauvais effets du suc corrosif dont ce fruit est rempli, en faisant infuser ces tranches dans du vin ou de l'eau-de-vie chargée de beaucoup de sucre.

On fait pour entremêts, avec l'ananas, une sorte de crême très-estimée. On le prépare avec des glaces, etc. Le parfum délicieux de ce fruit rend très recherchées toutes les préparations dans lesquelles on le fait entrer.

On en fait en Amérique une confiture qu'on envoie en France, et qu'on dit être excellente. On en tire aussi par expression une liqueur délicieuse, comparable, dit-on, à la malvoisie, et qui enivre. On l'appelle vin d'ananas. C'est un cordial qui arrête les nausées, excite les urines et réveille les esprits.

On fait en France, avec ce fruit, une espèce de limonade très-rafraîchissante, mais dont il faut user avec modération, parce qu'elle refroidit l'estomac et trouble la digestion.

ANCHOIS. Poisson de mer de la longueur du doigt, et quelquefois plus long; il est sans écailles et charnu, n'a point d'arêtes, excepté l'épine du dos, qui est fort menue. On sale les anchois, après leur avoir ôté la tête et les entrailles, et on les met en baril.

Les anchois frais peuvent se manger frits ou rôtis, mais ils sont meilleurs et d'un plus grand usage, salés.

Ils entrent dans plusieurs sauces et salades. Pour les mettre en salade, il faut les laver dans le vin et les couper par filets. On les sert ordinairement avec le jeune cerfeuil et la petite laitue.

On en fait des coulis pour diverses sauces et ragoûts gras et maigres.

On en fait des rôties. On coupe, à cet effet, des tranches de pain d'un pouce de largeur sur quatre de longueur. On les fait frire dans l'huile ; on prépare une sauce avec de l'huile fine, du vinaigre, gros poivre, ciboules, échalottes hachées menu. On couvre ensuite les rôties à moitié de filets d'anchois.

ANDOUILLE. C'est un hachis de panne, de chair de porc, entonné dans un boyau avec des épices, de fines herbes, et autres assaisonnemens propres à rendre ces viandes de haut goût.

On en fait aussi avec des fraises de veau, d'agneau, avec des palais de bœuf, ainsi qu'avec du poisson, du gibier, etc., etc.

Andouilles de cochon. Suivant la grandeur et la grosseur des andouilles que vous voulez faire, coupez des boyaux de cochon propres à faire des andouilles : étant bien nettoyés, faites-leur perdre le goût de chaircuiterie, en les mettant tremper cinq ou six heures dans un peu de vin blanc, avec deux gousses d'ail, thym, laurier et basilic ; ensuite coupez du porc frais en filets, de la panne et des boyaux en filets ; mettez le tout ensemble, en l'assaisonnant avec un peu d'anis pilé, sel fin, fines épices ; remplissez le reste des boyaux avec tous ces filets, pour en former les andouilles ; faites attention de ne point trop les remplir, de crainte qu'ils ne crèvent ; après les avoir ficelés, mettez-les dans un vaisseau juste à leur grandeur, pour les faire cuire avec moitié lait et moitié eau, sel, poivre, un bouquet de persil, ciboules, une gousse d'ail, trois clous de girofle, thym, laurier, basilic et un peu de panne. La cuisson achevée, laissez-les refroidir dans leur court-bouillon; faites-les griller après les avoir bien essuyées, et servez-les pour hors-d'œuvre.

Andouilles de fraise de veau. Ayez des fraises de veau, défilez-les, et ôtez-en les pelotons de graisse. Après les avoir lavées à plusieurs eaux, coupez-les de la longueur que vous jugerez convenable; assaisonnez-les de sel et d'épices fines, de persil et de ciboules hachés menu; formez vos andouilles; faites-les cuire avec moitié eau et moitié lait, sel, thym, laurier, basilic, et un peu de panne pour les nourrir. Finissez-les comme les andouilles ordinaires.

Andouilles d'agneau. Elles se préparent et se font de même que celles de veau.

Andouilles de bœuf. Pour faire des andouilles de bœuf, on prend chez les chaircuitiers des robes d'andouilles; on leur ôte le goût de boyaux, comme il est indiqué à l'article *Andouilles de cochon.* On coupe en filets des palais de bœuf et du gras-double cuit aux trois quarts dans de l'eau; on coupe aussi en filets de la tétine de veau et du petit lard; on mêle tous ces filets ensemble, en y ajoutant de l'oignon coupé en filets, et presque cuit dans du lard ou du beurre; trois ou quatre jaunes d'œufs crus, du sel et de fines épices. Les boyaux remplis de cet appareil, on ficèle les deux bouts; et on les fait cuire dans du bouillon gras et une chopine de vin blanc, avec sel, poivre, un bouquet de persil, une gousse d'ail, trois clous de girofle, thym, laurier, basilic, tranches d'oignons, carottes, panais. La cuisson achevée, on les laisse refroidir dans la braise; on les fait griller une demi-heure avant que de les servir pour hors-d'œuvre.

À la place des palais de bœufs on peut se servir de la langue.

Andouilles de gibier. Désossez à forfait un lapin de bon fumet ; coupez-le en filets avec une fraise d'agneau ou de veau, de la panne ou de la tétine de veau. Mêlez avec tous ces filets de l'oignon coupé en filets ; passez sur le feu jusqu'à ce qu'il soit à moitié cuit ; assaisonnez le tout avec sel, fines épices, persil, ciboules, échalottes hachées, muscade, basilic en poudre ; mettez cette composition dans des boyaux bien propres, pour en former les andouilles comme les précédentes. Faites-les cuire dans un bouillon gras, une chopine de vin blanc, un bouquet de fines herbes. Laissez refroidir dans la cuisson ; ensuite trempez-les dans le gras de leur cuisson pour les panner de mie de pain et les faire griller. Servez-les pour hors-d'œuvre.

Les andouilles de faisan et de perdrix se font de la même façon.

Andouilles à la Béchamel. Mettez un morceau de beurre dans une casserole, avec une tranche de jambon, trois échalottes, du persil, une gousse d'ail, du thym, du basilic et du laurier ; posez votre casserole sur un feu doux, et laissez suer pendant environ un quart-d'heure ; mouillez avec une chopine de crème, faites-la bouillir et réduire à moitié ; passez-la au tamis, mettez-y une bonne poignée de mie de pain ; faites-la bouillir de nouveau, jusqu'à ce que le pain ait bu le lait ; ensuite coupez en filets de la poitrine de porc frais, de la panne, du petit-lard et une fraise de veau. Mêlez ces filets avec votre mie de pain et six jaunes d'œufs crus, du sel, du poivre, de l'épice et de la muscade ; remplissez des boyaux de cette composition ; et, ayant fermé vos andouilles, faites-les cuire avec moitié lait, moitié bouillon, et bouquet assaisonné : procédez comme il est dit aux andouilles de cochon.

Andouilles fines au jus de citron. On fait blanchir

des fraises de veau ou d'agneau ; on les coupe en filets avec de la panne de porc frais, qu'on mêle avec des filets de truffes cuites au vin de champagne ; on assaisonne le tout avec un peu d'anis pilé, du sel fin et de fines épices ; alors on met cet appareil dans des boyaux bien propres, et on fait cuire dans du lait et du bouillon bien gras avec un bouquet de persil, ciboules, ail, thym, laurier, basilic, tranches d'oignon, sel et poivre. On laisse refroidir les andouilles dans la cuisson ; et on les sert rôties sur le gril avec un bon jus de citron et de la plus fine moutarde à l'estragon.

ANDOUILLETTE. C'est de la chair de veau où l'on met quelques jaunes d'œufs ; elle est hachée et roulée en ovale ; les cuisiniers en garnissent les pâtés et en font des entrées de table.

ANGÉLIQUE. Plante qui forme un buisson assez considérable, dont l'odeur est aromatique et tirant sur celle du musc. Les parties de cette plante qu'on emploie dans l'office sont ses côtes, ou cardons, et sa tige.

Angélique (Conserve d'). Pour la confire, il faut couper ses tiges lorsqu'elles commencent à être de bonne grosseur, et avant que la plante monte en graine. Il faut l'employer fraîche cueillie, ôter les feuilles, couper les cardons par morceaux plus ou moins grands, mais de six pouces pour le plus. Il faut en lever la pellicule et les filandres, et les mettre à l'eau fraîche. On les fait blanchir ensuite à l'eau bouillante ; on connaît qu'ils sont blanchis, lorsqu'ils s'écrasent facilement ; on les retire alors, pour les laisser reverdir ; on les met ensuite à deux eaux fraîches ; après quoi, il faut les faire égoutter et leur faire prendre dix à douze bouillons au sucre clarifié ; retirer la poêle de dessus le feu, écumer la confiture et mettre le tout dans une terrine. Laissez-la vingt-quatre heures infuser et prendre sucre ; tirez votre angélique ; faites cuire votre sirop au petit perlé ; jetez-le sur vos cardons, et les laissez reposer et infuser de nouveau pendant trois jours : tirez une seconde fois votre angélique ; faites-la égoutter, faites cuire votre sirop à la grosse perle, en l'augmentant de sucre. Quand il est à ce degré, faites prendre cinq à six bouillons à votre angélique; après cela, tirez-la; rangez-la sur des feuilles d'offices ou ardoises; saupoudrez de sucre fin, et mettez sécher vos cardons à l'étuve, pour s'en servir au besoin.

Angélique (*Ratafia d'*). Il ne faut prendre que la branche de l'angélique ; on en supprime les feuilles, on les coupe par petits morceaux : pour une demi-livre de cette plante on met deux pintes d'eau-de-vie, deux livres de sucre, une pinte d'eau, quelques clous de girofle et un peu de cannelle. Au bout de six semaines ou deux mois, on retire des cruches l'infusion, on la passe à la chausse, et on la met en bouteilles.

ANGUILLE. Poisson de rivière, long et menu, de la figure d'un serpent, dont la peau est si glissante qu'on ne la peut tenir dans ses mains : la chair en est gluante et visqueuse. Elle ne paraît jamais dans son entier sur les tables opulentes, même lorsqu'elle est à la tartare, la plus noble manière d'accommoder les plus grosses. On la mange ordinairement en matelote, à la poulette, etc. Son emploi le plus fréquent est d'entrer dans les garnitures.

Anguille (*Manière de préparer l'*). On met l'anguille sur un fourneau bien ardent ; on la laisse griller superficiellement, et puis avec un torchon on fait couler la peau grillée, en la tirant de la tête à la queue, votre poisson se trouvant dépouillé et l'huile évacuée, on la vide. Alors on l'accommode de la manière que l'on croit convenable.

Anguille à la tartare. Votre anguille appropriée

comme il est indiqué dans l'article précédent, vous la coupez par tronçons de cinq à six pouces. Vous mettez un morceau de beurre dans une casserole, des carottes et des oignons coupés en tranches, du persil, du laurier; vous passez cet asssaisonnement; quand il est bien revenu, vous le mouillez avec du vin blanc, du sel, du poivre; lorsque votre sauce sera cuite, vous la passerez à l'étamine sur les morceaux d'anguille, que vous ferez cuire. Lorsque vos tronçons seront froids, vous les mettrez dans la mie de pain, et vous les tremperez ensuite dans des œufs assaisonnés et battus, et vous les panerez une seconde fois. Un quart d'heure et même près d'une demi-heure avant de servir, vous mettez vos tronçons sur le gril à un feu doux, avec un four de campagne bien chaud dessus. Versez une sauce à la tartare sur un plat, et placez vos tronçons dessus.

Anguille à la broche. Vous appropriez votre anguille; vous l'assujétissez avec de petits atelets ou des brochettes et de la ficelle, et vous la mettez sur une tourtière; après avoir marqué une marinade comme il est indiqué ci-dessus, vous la passerez au tamis de soie sur votre anguille, que vous mettrez ensuite au four: au bout de trois quarts-d'heure vous la retirez; vous l'enlevez de dessus la tourtière, vous lui passez des atelets à travers le corps, et l'enveloppez de papier huilé. Lorsqu'elle est cuite, vous la servez avec une sauce piquante ou une sauce italienne. *Voy.* SAUCES.

Anguille en matelote. Votre anguille coupée par tronçons, passez-la au roux avec un peu de farine, un peu de bouillon de poisson, ou purée claire, champignons, ciboules, persil haché, sel et poivre; laissez bouillir le tout; la cuisson à moitié faite, mettez-y un verre de vin. Après quelques bouillons retirez votre poisson, et servez.

Anguille au soleil. Coupez votre anguille par morceaux de huit pouces, et faites-la cuire dans une marinade déjà cuite. La cuisson achevée à propos, mettez vos morceaux sur un plafond, et masquez-les de marinade; laissez-les refroidir. Vous casserez quatre œufs que vous battrez bien et que vous assaisonnerez de sel et de poivre; trempez-y vos morceaux d'anguille, de manière qu'ils prennent de l'œuf partout; mettez-les dans la mie, puis posez-les sur un plafond; faites en sorte qu'ils aient une belle forme; presqu'au moment de servir mettez-les dans la friture, dont vous les sortez quand ils ont pris une belle couleur; alors vous les égouttez sur un linge blanc, et vous les dressez ensuite sur un plat. Versez dessus une sauce tomate ou une sauce piquante. *Voy.* Sauces.

Anguille piquée. Après avoir piqué votre anguille de lard fin sur le dos, vous la roulez et vous la maintenez avec quatre atelets d'argent; vous la mettez dans un sautoir, et la faites cuire avec une bonne marinade. Après l'avoir bien glacée, vous la servez avec une sauce verte ou tomate. *Voy.* Sauces.

Anguille (*Pâté d'*). Choisissez une belle anguille, que vous aurez soin d'approprier; vous en faites un godiveau avec champignons, persil, ciboules, beurre fin, sel et poivre, fines herbes et épices. Confectionnez votre pâté de pâte fine; saucez-le de votre godiveau, mettez-y vos tronçons; assaisonnez comme ci-dessus avec bouquet, couvrez de beurre et d'une abaisse dorée d'un jaune d'œuf, et mettez au four. Vous faites un ragoût de champignons, truffes et laitances avec beaucoup de coulis et qui ne soit point trop lié. Votre pâté cuit, vous l'ouvrez; après l'avoir dégraissé, vous jetez votre ragoût par-dessus, et vous servez chaud.

On fait aussi des tourtes d'anguille qu'on confectionne à peu de choses près comme les pâtés.

Anguille sur le gril. On approprie une anguille, on la coupe par tronçons, que l'on incise et que l'on fait mariner quelque temps dans du beurre fondu, en y ajoutant de fines herbes, du poivre, du sel et des ciboules; on fait chauffer un peu ces tronçons; après les avoir panés, on les met sur le gril à un feu doux jusqu'à ce qu'ils soient d'une belle couleur. L'anguille ainsi cuite se sert avec la sauce à Robert, à la sauce rousse ou à la sauce au beurre blanc.

Anguille à la poulette. Votre anguille dépouillée, coupez-la par tronçons de trois pouces, que vous mettez dans une casserole avec sel, gros poivre, deux feuilles de laurier, du persil en branches, de la ciboule et une bouteille de vin blanc.

Mettez votre anguille sur le feu; quand elle est cuite, vous parez les morceaux et vous les placez dans une autre casserole, et vous passez son mouillement au tamis de soie.

Cela fait, mettez vos morceaux dans une casserole, avec une vingtaine de petits oignons que l'on passe au blanc; ajoutez-y plein une cuillerée à bouche de farine, que vous mêlez avec votre beurre; versez votre mouillement sur vos oignons; joignez-y des champignons, un bouquet de persil et ciboules. Vos oignons cuits, ôtez-les de la casserole avec une cuiller percée, et mettez-les sur votre anguille. Après vous être assuré si la sauce est de bon goût, vous la dégraissez et la laissez réduire; prenez garde qu'elle ne bouille, et passez-la à l'étamine sur votre anguille. A l'instant de servir, mettez des croûtons passés au beurre dans le fond du plat, dressez dessus votre poisson, que vous garnissez d'écrevisses.

ANGUILLE DE MER. *Voy.* CONGRE.

ANIMELLES.
On appelle ainsi les testicules de bélier: c'est un mêts friand et très-délicat. Elles s'apprêtent et s'accommodent de trois façons différentes.

1°. On les coupe par morceaux, on en ôte la peau

on met dessus un peu de farine et de sel pilé, et on les fait frire jusqu'à ce qu'elles soient croquantes.

2. Faites une pâte avec de la farine détrempée de bierre ou de vin, dans laquelle vous mettrez un demi-verre d'huile d'olive avec du sel. Faites frire vos animelles à moitié, et mettez-les dans cette pâte; remettez-les ensuite dans la friture. Lorsqu'elles sont bien frites, garnissez-les de persil frit, et servez.

3. On les fait mariner avec oignons, persil, ciboules, poivre, girofle, vinaigre et un peu de bouillon; cela fait, on les trempe dans des œufs battus, on les pane, on les fait frire, et on les sert avec une garniture de persil frit.

ANIS. Semence d'un gris verdâtre, d'une plante ombellifère très-connue, d'un goût âcre et aromatique, qui contient beaucoup d'huile exaltée et de sel volatil. L'anis qu'on appelle *anis de la Chine*, a l'odeur et le goût plus forts que l'anis commun, et est plus estimé. On ne cultive l'anis que par rapport à sa semence. On fait des dragées d'anis qui ne sont que des grains d'anis enveloppés de sucre. On en retire par la distillation une partie aromatique; c'est cette partie qui fait donner aux liqueurs le nom des plantes, des semences, des fleurs ou des fruits qui la fournissent.

Anis (*Gâteaux d'*). Préparez deux onces d'anis en poudre, autant de badiane aussi en poudre, et deux livres de sucre; battez un blanc d'œuf en crême, et quand le sucre est cuit au petit cassé, mettez-y votre anis et la badiane, puis retirez du feu pour y mettre la pâte; remuez jusqu'à ce que le sucre soit monté une seconde fois, et versez dans des caisses.

Anis (*Eau d'*). On prend un quarteron pesant d'anis; après l'avoir bien épluché, on le met infuser dans trois pintes d'eau-de-vie. Au bout de vingt ou trente jours, on égoutte l'anis sur un tamis; on fait fondre dans une pinte d'eau une livre et demie de sucre; on le mêle avec l'infusion, et on le passe comme les autres ratafias.

Anis (Glace d'). Concassez et faites infuser dans une pinte d'eau tiède une demi-poignée d'anis avec trois quarterons de sucre ; ne lui laissez pas prendre trop de goût, parce que votre glace deviendrait âcre. Lorsque vous lui en trouverez suffisamment, passez-la au tamis, et faites-la prendre à la glace, en la travaillant, comme les autres glaces, à la salbotière.

APPÉTIT. Se dit, en cuisine, des petites herbes fines dont on assaisonne les salades et différens ragoûts. Ces herbes sont le persil, le cerfeuil, la ciboulette, etc.

AROMATES. Se dit en général de tout ce qui répand une odeur forte, agréable, pénétrante. Le clou de girofle, la cannelle, la noix muscade, le gingembre, le poivre, sont des aromates dont on ne peut guère se dispenser de faire usage dans une cuisine savante.

ARTICHAUTS. Plante potagère fort connue. Les artichauts sont de trois sortes : les *verts* ou *blancs*, qui viennent les premiers; ce sont ceux dont on fait le plus d'usage; ils deviennent gros étant bien cultivés : ils ont les feuilles larges et résistent au froid. Les *violets* sont plus délicats, ils ont la pomme en pyramide ; on les fait sécher pour les mettre dans les ragoûts. Les *rouges* sont fort petits et ont la tête ronde : on les mange à la poivrade.

Mais il faut surtout distinguer les artichauts d'automne, remarquables par leur bon goût et leur délicatesse. Les meilleurs nous viennent de Laon, et sont faciles à distinguer, étant toujours fort hâlés des suites du voyage.

Les gros artichauts se servent cuits à l'eau pour être mangés, soit à la sauce au beurre le plus fin, soit à l'huile.

Les moyens et les petits, qui ne sont pas les moins tendres, s'apprêtent de beaucoup de manières : on les mange à l'espagnole, au jus, au verjus, en grain, en fricassée de poulets, frits, à la barigoule, en cristaux, tournés, etc.

Les culs d'artichauts se conservent long-temps, et servent pendant toutes les saisons de garniture à beaucoup de ragoûts. C'est dans les fricassées de poulets et dans les pâtés chauds qu'on les rencontre avec le plus de plaisir.

Artichauts à la poivrade. On choisit des artichauts violets, ou de petits artichauts verts. On les épluche, on les coupe proprement et on les sert à côté du potage pour hors-d'œuvre. *Voy.* POIVRADE.

Artichauts à l'huile et au vinaigre. La recette est si connue, qu'il est superflu d'en donner le détail.

Artichauts à la sauce blanche. Ayez trois artichauts de la même grosseur, ôtez-en ce qui est dur et qui se trouve au cul ; parez les feuilles, c'est-à-dire, supprimez-en les extrémités ; après les avoir bien lavés, mettez-les dans un chaudron plein d'eau bouillante, où l'on aura jeté du sel suffisamment ; il faut avoir soin que vos artichauts baignent dans l'eau. Après vous être assuré s'ils sont cuits, vous les retirez de l'eau bouillante pour les mettre à l'eau froide. Vous en ôtez le foin. Au moment de servir, remettez les dans l'eau bouillante, égouttez-les et posez-les sur le plat avec une sauce blanche que vous verserez dessus, si mieux vous n'aimez servir séparément cette sauce dans une saucière.

Au lieu d'une sauce blanche, on peut servir les artichauts à une sauce brune.

Artichauts à l'espagnole. Coupez vos artichauts

comme si vous vouliez les faire frire. Faites-les cuire avec huile, persil, ciboules et champignons, une pointe d'ail, le tout haché menu. Trempez les de bouillon; dégraissez ensuite; mettez un peu de jus, liez la sauce avec du coulis, et servez avec du jus de citron.

Artichauts en fricassée de poulets. Après avoir approprié vos artichauts, coupez-les par morceaux, faites-les cuire dans l'eau bouillante et mettez-les ensuite dans l'eau fraîche. Accommodez-les ensuite en fricassée de poulets, et faites une liaison avec des œufs.

Artichauts frits. On pare le cul de deux artichauts, on coupe chacun d'eux en douze morceaux, et on les met dans l'eau pour les laver; après les avoir égouttés, on les pose dans une terrine ou casserole : on met dans une autre casserole sel, poivre, deux cuillerées à bouche d'huile, un œuf entier, deux jaunes d'œufs, trois cuillerées de vinaigre, huit de farine et un demi-verre de bierre; on mêle le tout ensemble jusqu'à ce que la farine soit bien délayée; la pâte confectionnée, on met les artichauts dedans; on les remue pour qu'ils prennent de la pâte partout; ensuite on les fait frire de belle couleur.

Artichauts en cristaux. Ayez des artichauts violets; après les avoir passés, dressez-les sur un plat sens-dessus-dessous, et mettez dessus des morceaux d'une glace bien nette.

Artichauts grillés à la provençale. Parez vos artichauts, videz-les de leur foin et laissez-les entiers. Après les avoir fait mariner avec l'huile et le sel, vous les mettez en caisse et vous les faites griller à petit feu une bonne heure; étant cuits, vous faites rissoler les feuilles, puis vous les servez avec un peu d'huile dessus. Quelquefois on les fait frire avant de les faire griller, et on les sert comme il est indiqué ci-dessus.

Artichauts à la barigoule. Vous mettez trois artichauts dans l'eau, après avoir coupé les feuilles ; lorsqu'ils sont bien lavés, vous les placez dans un chaudron d'eau bouillante ; vous les laissez blanchir pendant vingt minutes, ensuite vous les rafraîchissez, et leur ayant ôté le foin, vous les laissez égoutter : cela fait, vous mettez vos artichauts du côté des feuilles dans une friture bien chaude ; quand les feuilles seront bien frites, vous aurez soin de les égoutter. Mettez dans une casserole un quarteron de lard râpé, autant de beurre et d'huile, hachez bien fin des champignons, que vous passerez dans la casserole, ajoutez-y une cuillerée à bouche d'échalottes bien hachées, autant de persil, un peu d'épices, du gros poivre ; passez bien les fines herbes, après les avoir laissé refroidir, mettez-les dans l'intérieur de vos artichauts ; placez dans le fond de la casserole des bardes de lard et quelques tranches de veau ; après avoir ficelé vos artichauts, vous les mettez dedans, avec un peu de thym, de laurier et un verre de bouillon ; vous les couvrez de bardes de lard et d'un rond de papier beurré ; quand ils bouilliront, vous les mettrez sur un feu doux. Lorsqu'ils auront mijoté trois quarts-d'heure, vous ôtez la ficelle, vous les arrangez sur un plat et vous versez un peu d'espagnole dessus.

Artichauts au verjus en grains. Ôtez le vert du dessous de vos artichauts, coupez les feuilles à moitié, faites-les cuire avec un léger assaisonnement, faites-les égoutter : mettez ensuite du beurre dans une casserole avec une pincée de farine, deux jaunes d'œufs, verjus, sel et gros poivre. Liez cette sauce sur le feu ; mettez-y du verjus en grains, après l'avoir fait bouillir un instant à part, et servez.

Artichauts farcis. Après avoir approprié vos artichauts et leur avoir ôté le foin sans les rompre, faites-les blanchir, égouttez-les bien, remplissez-les d'une bonne farce grasse ou maigre, que vous poudrerez de mie de pain. Faites cuire à la braise; assaisonnez-les de sel, poivre et bouquet. Achevez de les faire cuire à petit feu : étant cuits, égouttez-les de leur graisse, et servez-les avec une bonne essence de jambon, ou en maigre avec un coulis.

On fait aussi des potages aux culs d'artichauts, en gras ou en maigre, et même des tourtes, dont les recettes sont si connues que nous croyons superflu de les répéter dans cet ouvrage.

Artichauts marinés. On fait bouillir les artichauts jusqu'à ce qu'on puisse aisément en détacher les feuilles; on en sépare le foin et la tige sans se servir de couteau; on les met ensuite dans un mélange de sel et d'eau, dont on les retire une heure après : on les laisse sécher sur un linge, et on les dépose enfin dans des bocaux avec un peu de macis et de muscade coupés par tranches, et deux parties de vinaigre et une d'eau. On couvre le tout de graisse de mouton fondue, pour le préserver du contact de l'air.

Artichauts (*Manière de conserver les*). On ôte toutes les feuilles et le foin avec un couteau, et on ne laisse du cul que ce qui est bon à manger. A mesure qu'ils sont parés, on les jette dans l'eau fraîche afin qu'ils ne noircissent pas. On les farine bien, on les range sur une claie et on les fait sécher au four. Quand on veut s'en servir, il faut les laisser tremper pendant vingt-quatre heures. D'autres personnes, après les avoir parés comme ci-dessus, les font égoutter sur des claies, ou sécher au soleil ou à la chaleur modérée du four, jusqu'à ce qu'ils soient secs comme du bois, et les font revenir en les laissant tremper vingt-quatre heures, ou plus, dans l'eau tiède, lorsqu'ils veulent s'en servir.

On les conserve encore en les faisant confire dans une saumure de deux parties d'eau et une de vinaigre, dans laquelle on fait fondre une livre de sel pour trois pintes de saumure : on laisse reposer et l'on tire à clair. On prend les artichauts les plus tendres et les moins filandreux, et on les approprie comme ci-dessus. On les fait cuire à l'eau bouillante, on les tire ensuite et on les met à l'eau fraîche. Quand ils sont refroidis, on les laisse égoutter, on les essuye, on les met en pot, la saumure par-dessus, et sur la saumure de l'huile et du beurre fondu. On place les pots dans un endroit qui ne soit ni trop chaud, ni trop froid, mais sec ; et on n'ouvre les pots que quand on veut s'en servir. Avant d'employer les artichauts, on les met dessaler à l'eau fraîche.

ASPERGES. Plante potagère dont les feuilles sont menues, et trop connue pour en donner la description.

Il y en a trois espèces : la grosse, la commune et la sauvage.

On n'emploie que les deux premières espèces en cuisine. Les grosses asperges se servent cuites à l'eau, pour les manger soit à la sauce blanche, soit à l'huile. Les petites s'accommodent en façon de petits pois ; elles se servent aussi à la crême, au jus, confites, même en omelettes. Elles servent de garnitures à divers ragoûts ; mais leur plus bel apanage est de paraître dans leur entier cuites au naturel : c'est un beau plat d'entremets.

Asperges (*Préparation des*). Ce sont les asperges de Rosni que l'on préfère pour le goût et pour la grosseur. On les effeuille jusqu'au bouquet avec le tranchant près la pointe du couteau ; on en enlève la superficie depuis le bouquet jusqu'au bout du blanc, ayant soin qu'elles soient toutes de la même longueur : on les lie en paquets. Vingt minutes avant de servir, on les met dans une grande eau bouillante, et on y ajoute du sel. On les tâte : si elles fléchissent sous la pression des doigts, on les rafraîchit pour qu'elles ne cuisent pas trop. Si on veut les manger à l'huile, on les sert froides, en les arrangeant régulièrement sur un plat ; si c'est à la sauce blanche, on place la saucière à côté des asperges.

Asperges à la crème. Coupez vos asperges par petits morceaux, que vous ferez blanchir à l'eau bouillante, et que vous passerez ensuite à la casserole avec du bon beurre ; mettez-y ensuite du lait et de la crème, avec sel, poivre et fines herbes. Le ragoût cuit, délayez-y deux jaunes d'œuf avec du lait et de la crème. La liaison faite, servez.

Asperges en petits pois. Procurez-vous de petites asperges dans leur primeur ; coupez-les de la grosseur d'un pois, faites blanchir vos pointes d'asperges dans une casserole à l'eau bouillante avec du sel ; après qu'elles ont jeté une vingtaine de bouillons, mettez-les dans une passoire, et jetez-les après dans l'eau froide. Une demi-heure avant de servir, laissez-les égoutter, mettez un morceau de beurre dans une casserole avec vos asperges, du sel, du gros poivre, pour les faire revenir. Versez dessus plein deux cuillères à dégraisser de velouté, ou bien plein deux cuillerées à café de farine, du bouillon et de l'eau, du sel, du gros poivre, un peu de muscade râpée, plein une cuiller à café de sucre en poudre. Le mouillement ne doit pas être très-long. Faites bouillir les asperges ; quand elles seront à courte sauce, mettez-y une liaison de trois jaunes d'œufs, et dressez-les sur votre plat avec des croûtons à l'entour.

Asperges (Ragoût de pointes d'). Après avoir fait blanchir vos asperges, coupez-en le vert et mettez-le dans une casserole avec du coulis clair de veau et jambon, un peu d'essence de jambon, et faites mitonner à petit feu : la sauce suffisamment réduite, mettez-y un peu de beurre manié de farine ; remuez pour lier la sauce, à laquelle vous donnerez une petite pointe de vinaigre. Servez ensuite chaudement pour entremêts.

Asperges au jus. Vos asperges rompues par morceaux, graissez-les avec du lard fondu, en y ajoutant persil et cerfeuil hachés menu, sel, poivre blanc et muscade. Faites mitonner le tout à petit feu dans du bouillon gras. Dégraissez-les et servez-les chaudement avec du jus de mouton et le jus d'un citron.

Asperges en omelette. Coupez vos asperges par petits morceaux, que vous faites blanchir à l'eau bouillante ; passez-les ensuite au roux : quand elles sont cuites, mettez-y de la crême. Versez le tout dans les œufs préparés pour l'omelette : après avoir battu le tout ensemble, faites votre omelette à l'ordinaire avec du bon beurre, et servez chaudement.

Asperges (Potage aux pointes d'). Après avoir préparé un potage ordinaire, prenez des pointes d'asperges auxquelles vous enlevez les feuilles jusqu'au bouton, coupez-les à huit ou dix lignes de longueur, faites-les blanchir légèrement, et les jetez ensuite dans le bouillon disposé pour votre potage ; faites-les bouillir au moment de le tremper. Faites en sorte qu'elles ne soient pas vertes ni un peu fermes.

Asperges (Moyen de conserver les). Otez la partie dure et blanche de vos asperges, faites-leur prendre un bouillon avec du sel et du beurre, remettez-les dans de l'eau fraîche, retirez-les, laissez-les égoutter, et mettez-les dans un pot avec du sel, quelques clous de girofle entiers, un citron vert coupé par tranches, moitié eau, moitié vinaigre. Recouvrez le tout d'huile, de beurre ou de graisse fondue, et gardez-le ainsi dans un lieu tempéré.

Quand on voudra préparer ces asperges, on les lavera d'abord dans de l'eau chaude.

On peut aussi conserver les asperges en les gardant crues pendant cinq à six jours, afin qu'elles se fassent, en les étendant ensuite dans un vaisseau, et en les couvrant enfin de saumure et d'huile, ou de beurre fondu.

Asperges (*Procédé pour mariner les*). On prend les plus grosses possibles, on en retire toute la partie blanche, on lave le reste dans de l'eau de source, on les fait tremper pendant deux heures dans une autre eau, on les met par petites poignées dans une grande casserole pleine d'eau qu'on fait bouillir et où l'on jette une grosse poignée de sel. On les ôte de la casserole avec une écumoire lorsqu'elles y ont pris quelques bouillons, on les fait refroidir sur un linge, et on les place dans des pots de grès qu'on remplit ensuite avec une marinade chaude, composée de vinaigre, de sel, de macis et de poivre noir en grains. On couvre le pot avec un linge plié en quatre; on le laisse une semaine en cet état, on retire la marinade pour la faire bouillir encore, et on la verse sur les asperges. On recouvre le pot; huit jours après on renouvelle cette seconde opération, on referme le vase, et on le recouvre enfin soigneusement avec une feuille de parchemin.

ATTEREAU. Nom que les cuisiniers et les traiteurs donnent à une espèce de ragoût fait de rouelles de veau coupées par tranches fort déliées : on les pique de lardons, et on les fait cuire dans une tourtière couverte, avec un peu de bouillon.

AUBERGINE ou MÉLONGÈNE. C'est le fruit oblong et violet d'une plante dont on distingue plusieurs variétés. Nous ne parlerons ici que de l'aubergine vulgaire. Dans les pays chauds, et particulièrement dans les départemens méridionaux de la France, on mange ces fruits en salade ou cuits comme des concombres, avec lesquels ils ont quelque ressemblance. Les habitans des Antilles font aussi bouillir ce fruit, après l'avoir pelé; ensuite ils le coupent par quartiers, et le mangent avec de l'huile et du poivre. Ailleurs on le confit au vinaigre, pour le manger en salade, de même que nos cornichons. En Egypte, on le fait cuire sous la cendre ou dans l'eau, et on le sert journellement sur les tables. On en mange aussi beaucoup aux Indes Orientales.

Aubergines à la provençale. Procurez-vous quatre belles aubergines, que vous coupez par moitié dans leur longueur; ne les creusez pas trop afin de leur laisser un peu de chair. Après avoir râpé du lard deux fois gros comme un œuf et autant de beurre, mettez dans une casserole plein quatre cuillerées à bouche d'huile, deux cuillerées à bouche de champignons bien hachés, une petite poignée d'échalottes et une de persil. Passez ces fines herbes avec le beurre, le lard et l'huile: le tout bien revenu, mettez-y un peu de sel, de gros poivre, ainsi qu'un peu d'épices. Laissez refroidir: après cela mettez autant de farce cuite ou de celle à quenelles que vous aurez de fines herbes. Hachez trois anchois, que vous mêlerez avec la farce et les fines herbes. Mettez le tout dans vos huit moitiés d'aubergines; unissez bien le dessus de votre farce avec de l'œuf, et panez-les. Une demi-heure avant de servir, mettez vos aubergines dans une tourtière, dans le four, ou sur un feu un peu ardent, et le four de campagne par dessus. Servez chaud.

AVELINES. Fruit de l'avelinier, arbrisseau qui se rapporte au genre du noisetier. Ce fruit est une sorte d'amande ou noix ronde ou ovale, un peu rougeâtre.

Il contient un peu de sel volatil et essentiel, beaucoup d'huile de tartre.

Avelines (Conserve d'). Après avoir échaudé des avelines, vous les coupez en filets, et vous les mêlez ensuite avec du sucre cuit à la grande plume, que vous laissez un peu refroidir. Vos avelines bien incorporées dans le sucre, vous les dressez dans des moules. Le tout étant froid, vous le coupez par tablettes pour en faire usage au besoin. Pour un demi-quarteron d'avelines, on emploie une livre de sucre, et dans la même proportion, suivant la quantité que l'on veut en faire.

Avelines (Glace d'). On casse une livre d'avelines, dont on retire le fruit. On les praline avec une demi-livre de sucre, on les grille, et on les met refroidir; lorsqu'elles sont froides, on les pile et on les met dans un poêlon avec neuf jaunes d'œufs bien frais; on délaie le tout avec une pinte de crème double. On met cuire sur le feu comme les autres glaces à la crême. La crème étant prise à son point, on la passe à l'étamine, et lorsqu'elle est froide on la fait glacer.

Avelines (Grillage d'). Après avoir échaudé vos avelines et les avoir fait sécher à l'étuve, vous les mettez dans la poêle avec de l'eau et du sucre; vous les faites bouillir jusqu'à ce qu'elles pétillent. Vous les retirez et les remuez avec la spatule pour qu'elles se pralinent bien, sans que le sucre vienne au caramel. Vous les saupoudrez ensuite de nompareille, de citron confit et d'anis mêlés. Mettez ce grillage sur des feuilles ou ardoises frottées légèrement d'huile; coupez ensuite en morceaux de la grandeur que vous jugez convenable, et faites sécher à l'étuve.

B.

BAIN-MARIE, se dit d'une chaleur plus ou moins forte, produite par un intermède placé entre le feu et la matière sur laquelle on opère.

On nomme *Bain Marie*, lorsque le vase qui contient la matière sur laquelle on opère, est placé dans un autre vaisseau plein d'eau, de manière que le vase soit entouré d'eau, et que le vaisseau qui la contient soit immédiatement posé sur le feu.

BAR. Poisson de mer qui a quelque ressemblance avec le brochet, mais qui est plus rond par le corps ; sa tête est à peu près comme celle du saumon. On le nomme ainsi, parce qu'il est marqué en travers, dessus le dos, de quelques barres de couleur d'un brun rougeâtre. Le Bar, qui a peu d'arêtes, a la chair blanche et d'un bon goût qui surpasse celui du brochet. On peut lui donner le même apprêt que celui de ce poisson, tant en gras qu'en maigre. *Voy*. Brochet.

Il y a des bars fort gros ; ceux-là se servent pour grosse pièce, ou par dalles, pour entrée. On le fait cuire au court-bouillon : quand il est gros, il reçoit généralement les sauces qu'on veut lui donner ; les plus petits se servent grillés.

BARBEAU. Il y en a de mer et d'eau douce. Le barbeau d'eau douce est de la figure des carpes. Ce poisson a le museau long, pointu, une espèce de barbe à chaque côté des lèvres, la bouche sans dents, les yeux petits, le dos blanc et jaunâtre. Sa chair est blanche et molle ; il n'est bon que quand il est vieux.

Comme le barbeau est assez insipide, il a grand besoin d'assaisonnement. Les manières les plus saines de l'apprêter sont au court-bouillon et à l'étuvée.

Barbeau au court-bouillon ou *au bleu*. Videz votre barbeau sans l'écailler, s'il est d'une certaine grosseur; mettez-le dans un blanc; jetez dessus du vinaigre bouillant avec sel et poivre. Faites bouillir dans une poissonnière du vin, du verjus, avec sel et poivre, clous, muscade, oignons et laurier. Quand le tout ira à gros bouillon, mettez-y votre barbeau, et l'y laissez jusqu'à ce que le bouillon soit suffisamment réduit. Dressez-le à sec, sur une serviette, garni de persil vert ou de cresson, après avoir eu soin préalablement de l'écailler.

Barbeau grillé. Si votre poisson est de moyenne grosseur, après l'avoir écaillé et vidé, incisez-le légèrement sur le dos; frottez-le de beurre frais avec sel menu, et mettez-le sur le gril. Versez ensuite dessus une sauce aux anchois, auxquels vous pouvez ajouter des huîtres blanchies et amorties dans ladite sauce, et, pour garniture, mettez des champignons et du persil frit.

On sert encore le barbeau grillé avec une sauce blanche, manipulée avec beurre frais, sel, poivre, une pointe de rocambole, un filet de vinaigre, deux anchois fendus, et quelques olives désossées.

Barbeau en casserole. Si vos barbeaux sont petits, après les avoirs vidés écaillés, vous les mettez cuire dans une casserole avec vin, sel, poivre, fines herbes et bon beurre. Vous liez la sauce avec un peu de beurre manié avec de la farine.

BARBILLON, jeune barbeau; il se met à l'étuvée comme la carpe.

Barbillon sur le gril. Votre poisson écaillé et vidé,

ciselez-le de même que la carpe, et employez la même sauce. *Voy.* CARPE GRILLÉE.

BARBOTTE. Petit poisson d'eau douce qui a le bec et la queue pointus, avec un barbillon qui pend de la mâchoire basse. Son foie est fort grand, relativement à son corps, et est un excellent manger : on l'appelle Barbotte, parce qu'elle se plaît à barbotter dans l'eau trouble; ce qui lui donne le goût de limon et des ordures dont elle se nourrit. De quelque façon qu'on apprête ces poissons, il faut les délimoner auparavant dans l'eau chaude.

Barbottes en ragoût. Après avoir écaillé et vidé vos barbottes, farinez-les, et faites-les frire ; mettez-les ensuite dans une casserole avec beurre roux, anchois fendus, passés ensemble, sel, poivre, muscade, câpres, jus d'orange, ou grains de verjus : laissez cuire doucement ; garnissez de persil frit et de tranches de citron. Servez pour entrée.

Barbottes en casserole. Préparez-les comme ci-dessus ; passez les foies à la casserole avec beurre roux ; mettez ensuite de la farine dans ce roux pour frire ; après quoi, mettez-y vos poissons avec vin blanc, sel, poivre, bouquet de fines herbes, un peu de citron vert et des champignons. Lorsqu'ils sont cuits à point, garnissez-les des mêmes champignons, et mettez-y le jus d'un citron.

BARBUE. Poisson de mer fort estimé, large et plat, assez semblable au turbot, mais sans aiguillon. Il est délicat, et peut passer pour une crême nutritive. Il s'apprête à peu près comme le turbot, mais le court-bouillon est son véritable élément.

Barbue au court-bouillon. Après avoir ôté les ouïes et les boyaux de votre poisson, lavez-le bien ; faites-le cuire à l'eau de sel ou au court-bouillon pour entrée ;

masquez-le avec une sauce au beurre. *Voy.* BARBEAU AU COURT-BOUILLON.

Barbue marinée : dans le verjus, avec sel, poivre, ciboules, laurier, citron; après avoir été incisée sur le dos pour lui faire prendre la marinade, se passe avec la mie de pain mêlée de sel, se cuit au four, et se sert garnie de persil frit : ou, marinée comme ci-dessus, se trempe dans le beurre fondu, ensuite se passe avec sel, mie de pain, chapelure bien fine, se cuit au four dans une tourtière ; et, lorsqu'elle est de belle couleur, se sert avec garniture de petits pâtés, ou de croûtons et persil frit, ou de champignons frits, ou de rissoles, ou de hâtelettes d'anguille.

Barbue à la sauce aux anchois. Votre barbue marinée comme ci-dessus, faites-la frire, et servez avec la sauce aux anchois. *Voy.* SAUCE AUX ANCHOIS.

Barbue grillée, sauce à l'huile. Videz votre barbue ; ratissez-en les écailles ; après l'avoir lavée, égouttée et bien essuyée, fendez-la par le dos ; mettez-la mariner dans de l'huile avec du sel et du gros poivre ; ensuite faites-la griller entière ; ayez soin surtout qu'elle ne s'attache ni ne brûle ; arrosez-la d'huile ; retournez-la ; ayez soin que le côté du blanc soit d'une belle couleur ; la cuisson achevée, dressez votre barbue sur un plat ; enjolivez-la de lames de citron auxquelles vous aurez retiré le blanc et les pepins ; servez avec une sauce à l'huile. *Voy.* SAUCE A L'HUILE.

Barbue (filets de) au basilic. Levez les filets d'une barbue ; faites-les mariner avec sel, poivre, vinaigre, thym et laurier, basilic, persil, ciboules et ail. Après une heure, retirez ces filets, essuyez-les, trempez les dans de l'œuf battu. Panez de mie de pain, faites frire de belle couleur, et servez-les garnis de persil frit.

Barbue (pâté de). Ce pâté se fait comme celui de

turbot, excepté qu'il faut moins de temps pour le cuire. *Voy.* Turbot.

BARDES. C'est ainsi qu'on nomme des tranches de lard gras qu'on met sur le dos ou le ventre, et très-souvent sur les deux à la fois, de la volaille ou du gibier que l'on fait rôtir : on s'en sert aussi pour foncer et couvrir des braises, ou couvrir des pâtés, etc.

BARTAVELLE, ou PERDRIX DE GRÈCE. La bartavelle est originaire de la Grèce, et ne se plaît que dans les lieux élevés. L'excellence de sa chair, sa rareté, et le prix excessif qu'on y met, ajoutent encore à son mérite. Elle s'est acclimatée en Europe, et est connue en France sous le nom de perdrix rouge, de la meilleure espèce. Elle s'apprête et s'accommode comme nos perdrix. *Voy.* Perdrix.

BASILIC. Plante d'une odeur forte et suave dont on distingue quatre espèces; mais c'est surtout le petit basilic qu'on emploie en cuisine pour donner du relief aux sauces. On l'emploie encore dans les courts-bouillons, sans le pulvériser : c'est un aromate dont le goût plaît assez généralement dans la plupart des ragoûts.

On compose aussi avec cette plante des eaux et des liqueurs.

BATONS ROYAUX. Espèce de pâtisserie dont on garnit une pièce de bœuf, ou qu'on sert en hors-d'œuvre. On fait une farce de substances fines, dont on forme des fuseaux qu'on enveloppe d'une abaisse de pâte, qu'on garnit de fleurs de lys de pâte pareille, et qu'on fait frire comme des rissoles.

BAUME. Plante odoriférante qui a des feuilles longues, étroites et pointues. On la cultive dans les jardins, et on l'emploie en cuisine à peu près comme le basilic. Ses sommités se mettent aussi avec les fournitures de salade.

BAVAROISE. C'est le nom d'une liqueur chaude faite avec une infusion de thé et le sirop de capillaire; c'est celle qu'on appelle *bavaroise à l'eau*; et lorsqu'on y mêle du lait, *bavaroise au lait*, et *bavaroise au chocolat*, lorsqu'on y fait entrer du chocolat, etc. C'est à un prince Bavarois que nous sommes redevables de la confection de cette boisson.

BÉATILLES. C'est ainsi qu'on appelle certaines parties délicates de différentes viandes, comme ris de veau, crêtes de coq, langues de carpe, animelles ou testicules de bélier, etc.

Béatilles (Tourte de). Votre tourtière garnie de son abaisse, rangez vos béatilles avec champignons, culs d'artichauts et moelle de bœuf. Assaisonnez de sel, poivre, muscade et par-dessus un peu de lard broyé; couvrez la tourte, dorez et faites cuire : avant de servir, y jetez quelques jaunes d'œufs délayés.

Béatilles (autre). Faites blanchir du veau, hachez-le avec sa graisse, ou graisse de bœuf, un peu de beurre frais et blancs de chapon. Mettez des abattis de volaille entiers, champignons, culs d'artichauts, sel et poivre, etc. Mettez ensuite au four, feu désssus et dessous.

BÉCASSEAU. C'est le nom qu'on donne au petit de la bécassine; on le donne aussi à une espèce de bécassine. *Voy.* BÉCASSINE.

BÉC

BÉCASSE. Oiseau de passage qui est moins gros que la perdrix. Toute sa partie supérieure est bigarée de trois couleurs, qui sont le roux, le noir et le cendré. La femelle est un peu plus grande et pèse plus que le mâle, et sa couleur est plus foncée.

La bécasse est le premier des oiseaux noirs, et la reine des marais, qui est recherchée pour son fumet délicieux, la volatilité de ses principes et la succulence de sa chair. Des bécasses à la broche sont un des rôtis les plus distingués qu'un amphytrion puisse offrir à ses convives. Ses déjections sont non-seulement recueillies sur des rôties mouillées d'un bon jus de citron, mais mangées avec une sorte de délices.

On mange aussi la bécasse en salmi, farcie aux truffes, aux olives, à la provençale, à l'espagnole; et l'on en fait, à l'aide du mortier, une purée sur laquelle on sert de petites côtelettes, où autres viandes dessus.

Bécasses à la broche. On les pique et on les barde avec des feuilles de vigne, si c'est la saison, sans les vider; on met dessous des rôties pour recevoir ce qui en sort, ainsi que leurs déjections, et on les sert sur des rôties avec du jus de citron.

Bécasses rôties à l'anglaise. Videz vos bécasses par le dos, retirez-en tous les intestins, supprimez-en le gésier; hachez-les, mettez-y du lard râpé, à-peu-près moitié du volume des intestins, un peu de persil et d'échalottes hachées, du sel et du gros poivre; farcissez-en vos bécasses; après les avoir recouvertes et bardées, vous leur passez un hâtelet entre les cuisses : vous les fixez des deux côtés sur la broche, vous les faites cuire une demi-heure environ, ayant soin de les arroser et de mettre dessous trois rôties de pain pour recevoir leur graisse et leurs déjections. Au moment de servir, vous retirez vos rôties, après les avoir parées, vous les mettez sur un plat et vous les servez avec une brède-sauce. *Voy.* SAUCES.

Bécasses à la provençale. Après avoir retroussé proprement vos bécasses, vous les faites rôtir avec une barde de lard sur l'estomac.

Vous faites un ragoût avec des foies gras, des ris de veau, persil et ciboules hachées, sel et poivre ; passez à la casserole avec lard et farine, un verre de vin, câpres et un anchois hachés, olives désossées, bouquet de fines herbes et coulis de bœuf pour liaison. Vous dressez vos bécasses, le ragoût par-dessus, et vous servez avec un jus de citron.

Cette recette peut servir également pour chapons, poulardes, perdrix et dindons.

Bécasses à l'espagnole. Elles se mettent à la broche farcies comme celles de l'article précédent, et se servent avec une sauce à l'espagnole.

Bécasses aux truffes. On suit les mêmes procédés que ci-dessus pour les rôtir, et on les sert avec un ragoût aux truffes.

Bécasses aux olives. Rôties comme dans les articles précédens, elles se servent avec un ragoût d'olives.

Bécasses (*Salmi de*). On met deux ou trois bécasses à la broche. Quand elles sont rôties, on les laisse refroidir : alors on lève les membres le plus proprement possible, on les pare et on les met dans une casserole.

On concasse les débris dans un mortier, et on y jette une pincée de persil en feuilles, cinq échalottes, quelques feuilles de laurier, une gousse d'ail et du gros poivre ; après avoir donné quelques coups de pilon sur les débris, on met un morceau de beurre dans une casserole que l'on pose sur le feu ; on y met les débris pilés que l'on fait revenir pendant dix minutes ; on y verse un verre de vin blanc, six cuillerées à dégraisser d'espagnole, trois cuillerées de consommé ; on fait réduire le tout presqu'à moitié ; il faut avoir soin de passer la sauce à l'étamine ; on met cette sauce sur les membres des bécasses, que l'on tiendra chaud sans les faire bouillir. Au moment de servir, on dresse les membres de ces oiseaux, et on arrange des croûtes entre, dessus et dessous.

Bécasses au chasseur (Salmi de). Mettez trois bécasses à la broche, dépecez-les, et placez les membres dans une casserole. Hachez le foie et l'intérieur de vos oiseaux, que vous joignez à vos membres, de la ciboule ou de l'échalotte hachée, deux verres de vin blanc, du sel, du poivre fin, quelques croûtes de pain : faites jeter deux ou trois bouillons à votre salmi, et servez-le.

Bécasses (Purée de). On fait cuire trois ou quatre bécasses à la broche ; après les avoir laissé refroidir, on enlève les chairs et l'intérieur de ces oiseaux, que vous mettez dans un mortier avec du lard gras cuit, de la grosseur d'un œuf de cane, un peu d'aromates pilés, ensuite vos débris dans une autre casserole, avec un verre de vin blanc, un peu de persil en feuilles, deux feuilles de laurier, un clou de girofle, deux verres de bouillon, six cuillerées à bouche de velouté. On fait réduire cette sauce à moitié, on la passe à l'étamine en la foulant un peu : lorsqu'elle sera froide, on y pilera les chairs des bécasses sur lesquelles on versera cette sauce. Si la purée passait difficilement, il faudra la mouiller avec un peu de consommé. On la met ensuite dans une casserole avec l'attention de la tenir chaude sans bouillir, ou au bain-marie. On taille des croûtons en ovales, épais d'un pouce et demi, on les met dans le beurre ; lorsqu'ils ont pris couleur, on les égoutte, et au moment de servir on met la purée dessus.

Bécasses (Pâté chaud et froid de). Voy. PATÉ DE PERDRIX.

Bécasses (Sauté de filets de). Levez les filets de cinq ou six bécasses ; après les avoir parés, mettez-les dans un sautoir ou une tourtière. Faites tiédir un bon morceau de beurre que vous versez dessus ; ajoutez y du sel, du gros poivre, un peu de romarin en poudre. Au moment de servir, mettez vos filets sur un feu ardent. Lorsqu'ils sont cuits d'un côté, retournez-les de l'autre. Ne les laissez qu'un instant au feu : il ne faut pas qu'ils soient trop cuits. Égouttez-les, dressez-les en couronne, une croûte entre chacun d'eux. Faites suer les débris de vos bécasses avec un demi-verre de vin blanc, une feuille de laurier, un clou de girofle, et laissez tomber votre suage à la glace. Lorsqu'il est réduit, mettez-y un demi-verre de vin blanc, un verre de bouillon, six cuillerées à dégraisser d'espagnole : faites réduire le tout à moitié ; passez votre sauce à l'étamine, et versez-la sur vos filets.

Bécasses en terrine. Voy. BÉCASSINES.

BÉCASSINE. Oiseau plus petit que la bécasse, et qui lui ressemble assez par l'extérieur. Il y a trois ou quatre espèces de bécassines, qui sont toutes différentes par le goût. Le bécasseau, dont nous avons parlé dans un article précédent, a le plumage du dos à-peu-près semblable à celui de la caille. Les autres espèces ne diffèrent de celle-ci que par plus ou moins de grosseur, et par quelque variété de couleur dans le plumage. Elles sont toutes plus tendres et plus délicates que les bécasses.

Les bécassines s'apprêtent comme les bécasses ; on les sert aussi en ragoût.

Bécassines en salmi. Voy. BÉCASSES.

Bécassines en ragoût. Après avoir flambé et épluché vos bécassines, fendez-les sans en rien ôter, passez-les à la poêle, au lard ou au beurre noir, avec sel, poivre, ciboules, bouquet de persil, du bouillon et un verre de vin. Faites cuire : la cuisson achevée, mettez de la râpure de croûte de pain sur vos oiseaux, et servez avec un jus de citron.

Bécassines à la minute. Vos bécassines troussées, flambées et épluchées, vous les mettez dans une casserole sur un feu ardent, avec un bon morceau de beurre, des échalottes hachées, un peu de muscade râpée, du sel, du gros poivre. Après les avoir sautées sept ou huit minutes, vous ajoutez à leur assaisonnement le jus de deux citrons, un demi verre de vin blanc, un peu de chapelure de pain : vous laissez vos bécassines sur le feu jusqu'à ce que votre sauce ait jeté un bouillon. Retirez-les du feu et servez.

Bécassines en salmi. Voy. Bécasses.

Bécassines en terrine. Coupez vos bécassines sans les vider ; faites-les refaire, et piquez-les de gros lard assaisonné. Faites-les cuire à une bonne braise, feu dessus et dessous. Lorsqu'elles sont cuites, vous les égouttez de leur braise, et les servez avec une sauce hachée. *Voy.* Sauces.

Au reste, la manière d'apprêter et d'accommoder les bécassines est la même que celle employée pour les bécasses. *Voy.* Bécasses.

BECCARD. Nom qu'on donne au brochet, à la truite et au saumon, lorsqu'ils sont d'une certaine grandeur. Quelques-uns prétendent que c'est seulement le nom des femelles, parce qu'elles ont le bec plus crochu que les mâles.

BECFIGUE. Petit oiseau fort vanté pour la délicatesse de sa chair. Il est ainsi nommé parce qu'il ne se nourrit que de raisins et de figues. Il est commun en Provence et en Italie. On les prend au filet, et on les mange rôtis.

On plume les becfigues, on ôte la tête et les pieds,

et en cuisant à la broche, on les poudre de pain râpé et de sel.

BEIGNET. Espèce de petite pâtisserie qui se fait de plusieurs façons, et qui se cuit dans la friture de beurre ou de sain-doux, et dans quelques endroits à l'huile.

Les beignets se font de toutes sortes de fruits que l'on puisse couper soit en quartiers, soit en rouelles, et se servent pour entremets. On coupe lesdits fruits, et après en avoir ôté la peau, les pepins et les noyaux, on les fait mariner pendant quelques heures dans de l'eau-de-vie avec sucre, fleur d'orange et zestes de citron; on les égoutte bien, on les trempe dans la pâte, on les fait frire de belle couleur, et on les glace avec du sucre et la pelle rouge, ou l'on se contente de les saupoudrer de sucre fin.

On fait aussi des beignets à la crême, au blanc-manger, au céleri, de surprise, etc.

Beignets à la crême. Faites réduire à moitié de la crême et du lait mêlés par parties égales avec un peu de sel et de zestes de citron, ou de citron vert haché; délayez ensuite dedans quantité suffisante de farine pour faire une bouillie bien épaisse; quand elle sera en cet état, vous l'étendez sur la table, vous l'aplatissez fort mince avec le rouleau, et la coupez par petits morceaux de forme convenable. Vous trempez les morceaux dans la pâte, vous les faites frire et les glacez comme les beignets de fruits.

Beignets de pommes. Avec le vide-pomme vous en ôtez le cœur; puis vous les pelez et les coupez en rouelles. Vous en faites cinq à six morceaux suivant la grosseur de la pomme. Mettez dans une terrine un peu d'eau-de-vie et de sucre en poudre. Laissez-y les morceaux de pomme pendant une heure; égouttez-les ensuite, mettez-les dans la pâte, et faites-les frire, qu'ils soient bien croquans. Egouttez sur un linge, couvrez-les de sucre en poudre, et les glacez avec le four de campagne ou une pelle rouge.

Beignets d'abricots ou de pêches. On se contente de fendre les abricots en deux, sans leur ôter la pelure. Pour la pêche, on la fend de même en deux ; on en ôte la peau, et on la coupe suivant sa grosseur. On les met mariner comme les beignets de pommes, et on les finit de même. Il faut que la friture soit bien chaude, et éviter que les beignets ne s'attachent l'un à l'autre.

Beignets de fécule de pommes de terre. Prenez un demi-quarteron de fécule, et delayez-la avec du lait ou de la crême ; tournez-la sur le feu comme une bouillie, mais il faut qu'elle soit épaisse : vous la laissez cuire pendant un quart-d'heure, et l'assaisonnez de sucre et de quelques macarons écrasés. Au moment de la retirer du feu, vous y mettez deux ou trois jaunes d'œufs que vous remuez pour qu'ils cuisent, et retirez votre appareil. Vous l'étendez sur un couvercle pour la couper, étant froide, par petits morceaux, ou vous la mettez par petites boules que vous roulez. Quelle que soit la forme des beignets, vous les trempez dans des œufs battus, les roulez dans la mie de pain, et les mettez dans la friture bien chaude.

Il faut éviter que cet appareil soit trop liquide : il donnerait beaucoup de peine pour paner, et il s'échapperait dans la friture.

Beignets de riz. Il faut faire cuire un quarteron de riz dans du lait, et le mouiller à mesure, pour qu'il ne soit pas trop liquide ; vous y mêlez une idée de sel, un peu de beurre, du sucre, des macarons pilés, un peu de fleur d'orange. Au moment de le retirer du feu, vous y mettez trois jaunes d'œufs. Etant bien pris, vous goûtez si votre riz est de bon goût, vous le roulez par petites boules, et de la forme qui vous convient ; vous le trempez dans des œufs battus, le finissez à la mie de pain, et le faites frire au moment de servir.

Beignets soufflés, ou *Pets de nones*. Mettez dans une casserole un verre d'eau, un peu de sel, un peu de sucre, une écorce de citron, un peu moins que la grosseur d'un œuf de beurre. Au moment où votre eau bout, mettez-y de la farine passée au tamis, autant qu'elle en peut boire. Il faut avoir soin de la remuer, pour s'assurer qu'il y a suffisamment de farine. Lorsque la pâte se détache de la casserole, vous la mouillez de trois ou quatre œufs entiers que vous mettez l'un après l'autre en les remuant bien. La pâte finie, mettez-la sur un couvercle de casserole, et avec le bout recourbé d'une cuiller de cuisine, vous en faites couler des petites boules dans la friture à peine tiède : il faut en mettre peu, parce qu'ils renflent beaucoup. Vous mettez la poêle à plein fourneau, et avec une écumoire vous les aidez à se tourner. Etant frits, vous les égouttez sur un linge, puis vous les saupoudrez de sucre pilé, et les servez.

BERGAMOTE. Fruit qui tient de la nature de la poire et du citron. C'est une espèce d'orange rouge dont l'écorce est plus unie que celle du citron et de l'orange, et qui a la forme d'une poire. Ce fruit est très-odorant. Pour le confire, on le zeste et on le tourne comme les citrons ; on le blanchit de même, après lui avoir fait une ouverture du côté de la queue par laquelle on le vide. On lui fait faire ensuite quelques bouillons dans le sucre clarifié ; on l'en tire, et on fait rebouillir le sucre à cinq reprises différentes, en augmentant le sucre chaque fois. La dernière cuisson étant à perlé, on y met le fruit, de sorte qu'il baigne dans le sucre : on lui fait prendre quelques bouillons. Pour les servir, on les tire au sec.

On en fait des marmelades comme celle d'orange.

(*Voy.* Orange). Avec cette marmelade on fait des glaces. (*Voy.* Abricots.) On fait avec les zestes de la bergamote une liqueur qu'on appelle *eau de bergamote*, mais sans épices; en un mot, tout ce qu'on peut faire des autres fruits à écorce, comme le citron, l'orange, le limon, le cédrat. *Voy.* ces mots.

BETTE. Plante potagère et usuelle, dont on distingue deux espèces, l'une blanche et l'autre à feuilles rouges, appelée *poirée*. Il y en a une troisième espèce dont la racine est grosse, charnue et d'un rouge très-sanguin.

La *poirée* a les feuilles fort larges, une grande côte au milieu, dont on fait des cardes, préférées par plusieurs cuisiniers renommés, aux cardes d'artichauts.

Les deux premières espèces s'emploient en farces d'herbes, leurs côtes en cardes se mangent à la sauce blanche; on les emploie aussi l'une et l'autre dans les potages, tant gras que maigres.

BETTERAVE. Plante dont la tige et la feuille ressemblent assez par la forme à celles de la poirée. C'est dans la racine que consiste tout le mérite de la betterave.

On en distingue trois espèces, la *grosse rouge*, la petite qu'on nomme *Castelnaudari*, et la *blanche*.

La racine de la première est d'un rouge sang, sa feuille est d'un rouge violet, et la côte d'un rouge amaranthe.

La *Castelnaudari*, qui mériterait d'être mieux connue à cause de sa délicatesse et de son goût, n'a rien de l'âcreté de la première espèce, qui d'ailleurs n'est bonne qu'à la fin de l'automne. Sa feuille est plus petite, plus ronde et d'une couleur plus plombée.

La betterave *blanche* est tendre et plus délicate que

la rouge; mais, s'il en faut croire les connaisseurs, son goût n'est point aussi décidé.

On fait cuire la racine de la betterave dans l'eau, au four ou sous la cendre; on en ôte la peau, et on la mange ou frite, ou fricassée, ou en salade avec la mâche ou le céleri.

Betterave en salade. On la sert assaisonnée comme les salades ordinaires; on y ajoute, si l'on veut, de la mâche ou du céleri. On s'en sert aussi pour mettre en garniture.

Betterave fricassée. Votre betterave cuite selon l'un des procédés indiqués, coupez-la par rouelles minces, et fricassez-la avec beurre, persil, ciboules hachées; ajoutez-y une pointe d'ail, une pincée de farine, vinaigre, sel et poivre selon la quantité. Un quart-d'heure d'ébullition suffit.

Betterave frite. On la coupe par tranches de l'épaisseur du doigt, et on la fait tremper dans une pâte claire avec des œufs ou sans œufs: cette opération terminée, on la fait frire dans du beurre fin, et on la sert avec du jus de citron.

Betterave frite à la Martin. Coupez vos betteraves en long, de l'épaisseur d'un demi-doigt, mettez-les tremper dans une pâte claire, faite avec de la fleur de farine, du vin blanc, de la crême douce et des œufs entiers, plus de jaunes que de blancs, poivre, sel et girofle. Sur cette pâte jetez de la farine mêlée de mie de pain et de persil haché, et faites frire comme dessus.

Betteraves (Manière de confire les). On expose les betteraves au four, dès que le pain en est ôté; quand elles sont cuites et refroidies, on les coupe par tranches minces; on les met dans un pot dans lequel on verse assez de vinaigre pour les recouvrir, en y ajoutant un peu de sel. Mais comme on remarque que les betteraves ainsi confites ne se conservent pas long-temps, et que le vinaigre cesse d'être acide en quinze ou vingt jours, il faut avoir soin de n'en confire que peu à la fois, ou bien d'en renouveler le vinaigre.

BEURRE. C'est la partie huileuse du lait qui s'en sépare par une agitation soutenue et plus ou moins prolongée. Il est reconnu que plus le lait est gras, plus il donne de crême, et par conséquent de beurre.

Plus le beurre est nouveau, plus il est sain, plus il est propre aux divers usages auxquels on l'emploie en cuisine; il devient âcre, et rancit en vieillissant.

Pour que les alimens préparés au beurre ne soient point préjudiciables aux estomacs délicats, il faut qu'ils aient été cuits à feu doux; ou, dans le cas opposé, qu'il y ait assez d'eau dans le vaisseau, pour que l'action du feu sur le beurre ne soit pas trop immédiate. C'est ce qui fait que les *roux* incommodent presque toujours, en raison de leur âcreté, les personnes faibles et valétudinaires.

Dans la plus grande partie de la France, le beurre entre dans la confection de toutes les entrées et de presque tous les entremets. On y répugne à l'huile chaude que les Provençaux font entrer dans presque toutes leurs préparations culinaires; et si l'on en excepte les brandades de merluche, on a relégué l'huile dans les salades et dans quelques mets froids de ce genre.

Ce n'est pas seulement à la cuisine que le beurre joue un rôle. On le sert souvent sur la table en nature et comme hors-d'œuvre. Il paraît sur les tables bourgeoises frisé, filé, seringué, en rocher, en petits pains de Vanvres, moulé, etc.

Beurre composé pour les hors-d'œuvre. Prenez du beurre salé à demi-sel; pétrissez-le avec de fines herbes, comme persil, ciboulettes, estragon, hachés bien menu; introduisez le beurre dans un moule fait exprès pour cet usage, et faites-le sortir par compression. Si vous voulez le rendre parfait, réduisez en pâte une demi-douzaine de bonnes noisettes, et mêlez-les avec le beurre et les fines herbes.

Beurre d'anchois. Ce que les restaurateurs de Paris appellent *beurre d'anchois* n'est autre chose qu'une pâte faite avec des anchois dont on a enlevé les arêtes, et qu'on a pétris bien intimement avec une quantité suffisante de beurre frais.

Beurre à l'ail. On pile six gousses d'ail dans un mortier; étant pilées, on les passe, en foulant à travers un tamis de soie avec une cuiller de bois. On ramasse ce qui a passé, et on le remet dans le mortier avec deux onces de beurre; on pile le tout ensemble, jusqu'à ce que la préparation soit bien amalgamée, et on s'en sert pour les mets indiqués.

Beurre d'écrevisses. Faites cuire des écrevisses, comme pour entremets; ôtez-en les chairs; mettez les coquilles sur un plat pour les faire sécher, soit au four, soit sur un fourneau; étant bien séchées, pilez les jusqu'à ce qu'elles soient bien réduites en poudre. Sur cinquante écrevisses, on met trois quarterons de beurre, et on pile le tout ensemble; après quoi, mettez le tout dans une casserole sur un feu doux pendant vingt minutes; ensuite versez votre beurre dans une étamine que vous aurez mise sur une casserole où il y aura de l'eau froide; faites sortir tout le beurre en tordant votre étamine; le suc tombé sur l'eau qui est dans la casserole s'étant figé, vous vous en servez au besoin.

Beurre de Montpellier. Mettez dans un mortier les jaunes de douze œufs durs avec un verre de ravigote blanche, six anchois; ajoutez-y une bonne poignée de câpres bien lavées et épluchées, six cornichons, sel et poivre; pilez le tout ensemble, jusqu'à ce que cela forme une pâte; joignez-y deux jaunes d'œufs crus; broyez avec le pilon, en y versant peu à peu une livre et demie d'huile et un peu de vinaigre ; quand le tout est bien pris et ferme comme du beurre nouveau, vous le passez à l'étamine comme une purée : si votre beurre n'est pas assez vert, ajoutez-y un vert d'épinards.

On se sert du beurre de Montpellier pour une grande partie des entrées froides. On peut y mettre un peu d'ail, quand on a des Provençaux pour convives.

Beurre de piment. Voy. PIMENT.

Beurre de homard. On prend les œufs qui se trouvent dans l'intérieur ou sous la queue d'un homard ; on les pile bien avec gros comme un œuf de beurre fin. On les passe à travers un tamis de soie ; ensuite on ramasse ce beurre sur une assiette ; il doit être d'un beau rouge : on s'en sert comme ingrédient dans les sauces ou ragoûts.

BICHE. C'est la femelle du cerf. Les biches n'ont point de bois sur la tête ; elles sont de couleur tirant sur le bai-rouge.

Ce quadrupède n'est bon à manger que quand il est bien jeune : sa chair est alors assez délicate, mais plus molle et plus fade que celle du cerf ; elle s'apprête de même. On la fait tremper dans une marinade ; on la pique ensuite de menu lard, pour la faire rôtir ; on l'arrose dans la cuisson ; on la sert avec un bon coulis et des câpres mêlées dans son jus ; on la fait mitonner dans cette sauce. *Voy.* CERF, MARINADE.

BICHOP. C'est ainsi qu'on appelle une liqueur qui se fait, se boit à l'instar du punch, soit chaude, soit à la glace, et qui se sert également au dessert, même à la fin de l'entremets.

Elle se prépare avec de l'excellent vin vieux de Bordeaux, des oranges amères (vulgairement nommées bigarades), qu'on fait griller avant d'en exprimer le jus, et beaucoup de sucre. On peut en régler les doses sur son goût particulier et sur le sexe des convives.

BIÈRE. Espèce de boisson forte ou vineuse, faite, non avec des fruits, mais avec des grains farineux et du houblon.

Ce n'est que de la bière blanche qu'on doit user dans le repas; moins nutritive que la rouge, elle est aussi plus légère et plus saine.

Cette boisson demande à être tirée avec des soins particuliers et même minutieux, si l'on veut qu'elle se maintienne bonne. Il faut chaque fois rincer les bouteilles au plomb, n'employer que des bouchons neufs, coucher les bouteilles au bout de trois jours, les laisser dans cet état dix jours en hiver et cinq en été, les relever ensuite, les espacer, et ne les monter de la cave qu'à l'instant du service.

BIGARRADE. Espèce d'orange aigre, d'un goût particulier et assez agréable. On s'en sert en cuisine, dans l'office et la distillation. Elle s'emploie comme assaisonnement, principalement avec le gibier noir à la broche. On les met sur la table entières avec le rôti, et l'on en exprime le jus sur son assiette. Elles jouent un grand rôle dans les entrées et dans plusieurs sortes de ragoûts. On prépare avec des marrons rôtis et arrosés de jus de bigarrade, une compote des plus distinguées et des meilleures.

On fait avec les bigarrades des glaces assez estimées, et, sous le nom de bigarrade, une liqueur qui ne l'est pas moins.

Bigarrades (*Eau de*). Procurez-vous des zestes de bigarrades de Provence et de Portugal : pour six pintes de cette liqueur employez six bigarrades ordinaires, trois pintes et demie d'eau-de-vie et une chopine d'eau. Garnissez votre alambic, faites distiller sans tirer de phlegme et à feu modéré, afin que la distillation ne contracte pas le goût d'empyreume; mettez un gros de macis et une demi muscade pour assaisonner votre liqueur, ajoutez pour le sirop deux pintes d'eau fraîche, et environ deux livres de beau sucre; mêlez vos esprits distillés; faites clarifier le tout, en le passant à la chausse.

Bigarrades (*Glace de*). Exprimez le jus de huit grosses bigarrades dans une pinte d'eau; joignez y quelques zestes de ce fruit avec une livre et demie de sucre; laissez infuser une heure ou deux, passez ensuite avec expression : mettez-la à salbotière, travaillez et faites prendre glace à l'ordinaire.

BISCOTIN. Sorte de pâtisserie très-délicate, qui se fait de la manière suivante.

On prend une quantité de sucre cuit à la plume, selon la quantité de biscotin que l'on veut faire. On y mêle à-peu près autant de farine, dont on fait une pâte que l'on étend et que l'on pétrit sur une table saupoudrée de sucre. Quand elle sera dure, on la pilera dans un mortier avec un blanc d'œuf, de l'eau de fleur d'orange et un peu d'ambre. Le tout étant bien incorporé, on en fait de petites boules qu'on jette dans une poêle d'eau bouillante; et on ne les retire que lorsqu'elles viennent nager à la surface. On les cuit ensuite à feu ouvert, après les avoir laissé égoutter sur du papier.

BISCUIT. Sorte de pâtisserie friande, qui se fait avec des œufs, du sucre et de la farine : on en compose de plusieurs espèces, dont nous allons détailler les procédés.

Battez des blancs d'œufs jusqu'à consistance de neige; battez séparément les jaunes avec du sucre en poudre, à raison d'une once et demie par œuf, et mêlez-les bien avec une once par œuf de fleur de farine ; jetez votre neige dans cette pâte, en la tournant jusqu'à ce que le tout se soit parfaitement incorporé.

Cette pâte vous servira pour faire des biscuits au moule, ou en caisse dans du papier blanc. Si vous avez un moule à biscuit de Savoie, et que vous en vouliez faire un, vous ajouterez un peu de sucre et de râpure de zeste de citron ou tout autre aromate qui puisse convenir. Les moules se graissent en dedans avec un peu de beurre frais avant d'y mettre la pâte.

Biscuits de Moscovie. Pilez ensemble marmelade de fleur d'orange, marmelade d'abricots, écorce de citron vert en quantité égale de poids ; délayez cette pâte avec une neige de blancs d'œufs, saturée de sucre en poudre, et répartissez-la dans des caisses de papier blanc. On emploie trois œufs et trois onces de sucre par once de pâte.

Biscuits aux avelines, aux amandes et aux pistaches. Pilez dans un mortier de marbre des avelines ou des amandes douces et autant d'amandes amères, en les humectant avec un peu de neige de blancs d'œufs ; quand vous en aurez formé une pâte, vous la délayerez avec une neige qui a été faite avec autant d'œufs que vous aurez d'onces d'avelines ou d'amandes douces et d'amandes amères ; ajoutez deux onces de fleur de farine, une once de sucre et un jaune d'œuf par deux blancs qui auront servi à faire votre neige, incorporez bien le tout ensemble, et partagez-le dans des caisses de papier blanc. Vous procéderez de même pour les biscuits aux pistaches, en substituant celles-ci aux avelines ou aux amandes. Les quantités seront les mêmes.

Biscuits au citron ou *à l'orange.* Prenez, pour deux onces de farine, six onces de sucre et trois œufs, en augmentant dans la même proportion, selon le nombre de biscuits qu'il vous faudra ; faites-en une pâte légère, mettez-la soit dans des caisses de papier, soit en bandes, à plat sur un feuille, ou de toute autre forme à volonté. Le goût d'orange ou de citron se donne en faisant la pâte ; on y râpe du zeste de l'un ou de l'autre, mais point trop. Vous connaîtrez s'il y en a assez, en goûtant la pâte avant de lui donner une forme quelconque.

Biscuits au chocolat, à la vanille ou à la cannelle. Prenez du chocolat, environ le quart en poids de votre farine, et une once de celle-ci, trois onces de sucre en poudre, et deux œufs s'ils sont petits ; formez du tout une pâte bien légère en la battant fort long-temps. Vous la dresserez comme celle des biscuits ordinaires.

Si vous voulez des biscuits à la cannelle ou à la vanille, vous procéderez de même. Il faut observer néanmoins de mettre beaucoup moins de celle-ci que de chocolat ; il n'en faut juste que pour leur donner le goût que l'on désire.

Biscuits du sérail. Le poids des œufs qu'on veut y employer détermine celui du sucre qu'il faut y mettre, c'est-à-dire qu'il y faut autant d'œufs pesant qu'il y a de sucre destiné ; on casse ses œufs en mettant les jaunes dans un vaisseau, les blancs dans un autre ; on met le sucre fin avec du citron vert râpé et de la fleur d'orange prâlinée hachée, dans les jaunes, et on les bat bien ensemble : on fouette les blancs jusqu'à ce qu'ils soient bien montés en neige; on les met ensuite avec les jaunes, en les fouettant toujours. On a autant de farine pesant que la moitié des œufs qu'on a employés; on la met légèrement dedans en remuant toujours : on met ensuite tout son appareil de biscuit dans le vaisseau où on veut le faire cuire, et qui doit être beurré de bon beurre affiné : on le fait cuire environ une heure et demie, et on le sert ainsi dans son naturel.

Biscuit de Savoie. On casse quinze œufs ; on met les blancs séparément, et les jaunes dans une terrine, avec une livre de sucre pilé, de la fleur d'orange, du zeste d'écorce de citron haché ; on les remue bien avec une spatule ou cuiller de bois, on fouette les blancs, et lorsqu'ils sont pris, bien fermes, on les mêle légèrement avec les jaunes. On passe dans un tamis trois quarterons de farine, que l'on introduit dans cet appareil ; et lorsque l'amalgame est bien fait, on le verse dans un moule de cuivre ou de fer-blanc, que l'on a beurré avec du beurre fondu et saupoudré de sucre fin. On met cuire au four. On peut, avec cet appareil, en mettre cuire dans des caisses. Étant froid, on le coupe par morceaux, et on les glace avec du chocolat ; on les fait griller, et l'on s'en sert en beignets, etc.

BISQUE. Sorte de potage en ragoût, maigre ou gras, d'un goût exquis. On fait des bisques de pigeons, de chapons, de poulets, de poulardes, de cailles, etc. Il y en a aussi de maigres, de poissons, d'écrevisses, etc. Celles qui se font avec des hachis de carpes, leurs œufs, leurs laites, sont très-délicates. On trouvera ces différentes bisques à leurs articles respectifs.

BLANCHIR. C'est faire revenir une pièce de boucherie, de volaille, etc. quelle qu'elle soit, dans l'eau tiède ; il ne faut l'y laisser qu'un demi-quart-d'heure ou environ. Les rôtisseurs disent aussi *blanchir* ou *refaire un chapon*, pour dire mettre un chapon sur les charbons pour le faire revenir.

BLANC-MANGER. Aliment léger, nourrissant et délicat, qui se fait de la manière suivante :

On a quatre pintes de bon lait, les blancs d'un

chapon bouilli, deux onces d'amandes douces blanchies; après avoir battu le tout ensemble, on l'exprime fortement, et on en fait bouillir l'extrait avec trois onces de farine de riz. Lorsque ce mélange commence à se coaguler, on y met une demi-livre de sucre blanc, dix cuillerées d'eau de rose, et on mêle le tout.

Blanc-manger à la Grimod. Vous prenez la viande blanche d'un chapon et celle de deux perdrix rôties et quatre onces de mie de pain blanc; vous broyez le tout, et en y versant du bouillon, vous formez une pâte que vous faites bouillir pendant deux heures, dans une suffisante quantité de bouillon, et en consistance de crême; après quoi vous passez votre préparation par un tamis fin, et vous servez.

BLEU. *Mettre un brochet, une carpe au bleu*, c'est faire cuire ces poissons avec leurs écailles dans du vin blanc, en y ajoutant de l'oignon, des feuilles de laurier, du sel, poivre et autres épices. On les mange ainsi préparés avec de l'huile et du vinaigre.

BOEUF. Animal quadrupède, qui n'est autre que le taureau soumis à la castration. Il a l'avantage d'être au nombre des productions nutritives les plus faites pour exciter et pour satisfaire notre appétit et notre sensualité.

Le bœuf ne se borne point à nous offrir l'aloyau et le bouilli; il est d'une ressource inépuisable pour varier les entrées et même les hors-d'œuvre d'une table bien servie. Avec sa queue et de nombreuses carottes, on forme un hochepot, qui, fait avec soin et dressé avec art, forme l'enchanteur coup-d'œil d'un buisson nutritif.

Avec les palais de bœuf, on établit, soit au gratin, soit en pâté chaud, l'une des entrées les plus succulentes.

Avec les entre-côtes de cet animal, bien frottées

d'huile, panées et mises sur le gril, avec poivre et sel seulement, on peut présenter un bel hors-d'œuvre des plus tendres.

Si vous coupez avec art en tranches minces le filet du dedans de la seconde pièce d'un aloyau, que vous le couchiez quelques instans sur le gril, et que vous le dressiez sur un plat chaud, sans autre assaisonnement que des morceaux de beurre extrêmement frais, et sans autre entourage que des vitelottes passées au beurre et entières, vous vous trouverez avoir ce que les Anglais appellent *beef'steak*.

Bouilli. Prenez une culotte de bœuf plus ou moins grosse; vous la désossez : en la ficelant donnez-lui une forme ronde, c'est-à-dire que la pièce, posée sur votre plat, ait une forme bombée. Dans les grandes tables, la pièce de bœuf se sert avec du persil à l'entour; pour les petits ordinaires, on y met des pâtés, quelquefois de la choucroute, ou bien du lard, des racines, des choux, des oignons glacés, etc.

Bouilli resservi à la Robert. On coupe en tranches bien proprement son bœuf froid, et on les fait mariner une demi-heure avec un peu d'huile, persil, ciboules, champignons, une pointe d'ail, deux échalotes, le tout haché, sel et gros poivre : on fait tenir à chaque tranche, autant que possible, de la marinade, et on les panne toutes de mie de pain; on les fait griller à petit feu, en les arrosant avec le reste de la marinade, et on sert avec un jus clair et un filet de verjus.

Bœuf en entrée soignée (Culotte de). On fonce sa marmite de racines en tranches, de rouelles d'oignons et de trois bonnes bardes de lard, sur lesquels on met un morceau de culotte de bon bœuf, qu'on a soin de ficeler, pour pouvoir le retirer en entier après sa cuisson : après avoir fait suer la viande un moment, on la mouille avec du bouillon; on l'assaisonne de sel, poivre, un bouquet de persil, ciboules, trois ou quatre clous de girofle, trois gousses d'ail, deux feuilles de laurier, thym, basilic; on fait cuire à la braise et à petit feu, et à la moitié de la cuisson, on y met de petits choux farcis, qui se préparent et se font de la manière suivante:

On fait blanchir un chou entier pendant une demi-heure; on le retire à l'eau fraîche. Après l'avoir bien pressé, on en ôte les feuilles, sans les casser, une à une; on a une farce de godiveau, faite avec un morceau de rouelle de veau et graisse de bœuf hachées ensemble; on y met deux œufs entiers, sel, poivre, ciboules, un peu d'échalotes, un demi-setier de crême: on met cette farce dans une grande feuille de chou; on remet ensuite une autre feuille un peu plus petite avec de la farce dessus, et on continue de cette manière jusqu'à ce qu'on ait un petit chou à-peu-près gros comme le poing; on arrondit et on ficèle bien ses choux, si l'on en fait plusieurs, et on les met cuire avec la culotte de bœuf.

Quand on est à parfaite cuisson, on retire le tout de la braise pour le bien faire égoutter, et on l'essuie avec un linge bien propre: on dresse dans le plat destiné à servir, sa culotte de bœuf, avec les petits choux autour, et on sert dessus une bonne sauce faite avec du coulis et deux anchois hachés, auxquels on peut joindre quelques tranches minces de cornichons.

Si l'on n'a point de coulis, on prend une partie de la sauce de la cuisson, qu'on passe au tamis et qu'on dégraisse; on y met un pain de beurre manié de farine; on fait lier sur le feu; on y ajoute du persil blanchi et haché, avec un jus de citron ou un filet de vinaigre, et on sert bien chaud.

Bœuf bouilli à la poêle. Mettez dans une poêle un morceau de beurre avec cinq à six oignons coupés en tranches, que vous faites roussir: vos oignons roussis à point, jetez-y une pincée de farine, du sel, du poivre, ajoutez-y un filet de vinaigre, un demi-verre de bouillon ou d'eau ; après avoir remué la sauce dans la poêle, mettez-y votre bouilli coupé en tranches, sautez-le dans la poêle jusqu'à ce qu'il soit chaud : après vous être assuré que votre mets est d'un bon sel, servez-le.

Bœuf bouilli, frit à la bourguignote. On met dans une casserole un morceau de beurre, avec des fines herbes qu'on passe légèrement ; on y ajoute une cuillerée à bouche de farine, environ un verre de bouillon ou d'eau, du sel, du poivre et un peu de muscade. On fait bouillir cette sauce, de manière à ce qu'elle devienne un peu épaisse ; on la verse sur le bouilli, qu'on a eu soin de hacher, en y joignant un peu de graisse de bœuf cuite ; on remue bien son hachis ; il faut qu'il ait beaucoup de consistance ; s'il était trop liquide, on y mettrait de la mie de pain ; on fait des boulettes du hachis, qu'on trempe dans la farine à plusieurs fois, et on les fait frire, soit au sain-doux, soit à l'huile, soit au beurre fondu ou à la graisse.

Bœuf à la mode. Choisissez un bon morceau de bœuf, du côté de la cuisse ; après l'avoir piqué de gros lard, mettez-le dans une casserole ou terrine, avec trois carottes, quatre oignons, dont un piqué de deux clous de girofle, un bouquet de persil et ciboules, deux feuilles de laurier, une branche de thym, un pied de veau, du sel, du poivre et quatre verres d'eau. Laissez bouillir le tout trois ou quatre heures, selon la grosseur de votre morceau : servez-le sur le plat, entouré de légumes.

Bœuf à froid (tranche de). On larde une bonne tranche de bœuf épaisse, avec de gros lardons de bon lard qu'on assaisonne de sel, épices fines, persil, ciboules, une gousse d'ail, deux échalotes, le tout haché très-fin, une feuille de laurier, thym, basilic, hachés comme en poudre : on met son bœuf sur un peu de lard dans une terrine, avec des zestes de racines et quelques oignons en tranches ; on fait cuire pendant cinq à six heures, à très-petit feu bien couvert, dans son jus. Vers la fin de la cuisson, on met deux cuillerées d'eau-de-vie. On passe la sauce au tamis ; on ne la dégraisse point, et on sert froid.

Bœuf au gros sel (*Langue de*). Après avoir lardé une langue de bœuf avec du gros lard, vous la mettrez cuire dans la marmite de la pièce de bœuf, ou à part avec de l'eau, de l'oignon et quelques racines ; lorsqu'elle est cuite, vous en ôtez la peau, vous la dressez sur le plat, que vous devez servir avec du bouillon, du gros sel, et un peu de persil vert autour ; on la présente comme hors-d'œuvre.

Bœuf à la rémolade (*Langue de*). Faites blanchir une langue de bœuf, que vous lardez de gros lard ; mettez-la cuire avec du bouillon, un peu de sel et un bouquet : la cuisson achevée, ôtez-en la peau, et fendez votre langue tout du long sans la séparer tout-à-fait, seulement pour que le lard paraisse.

Mettez dans une casserole, du persil, ciboules, câpres, anchois, échalotes, le tout haché très-fin, un filet de vinaigre, une pincée de chapelure de pain fine, un demi-verre de jus de veau, autant de bouillon, un peu de sel, du gros poivre ; faites bouillir le tout ensemble un moment ; mettez-y la langue pour la faire mijoter un quart-d'heure et prendre goût. En la servant pour hors-d'œuvre, ajoutez-y un peu de moutarde.

Bœuf aux cornichons (*Langue de*). Après avoir fait dégorger une langue de bœuf, et l'avoir fait blanchir pendant une demi-heure, vous la mettez rafraîchir ; lorsqu'elle est froide, vous la parez ; vous la piquez ensuite avec de gros lardons assaisonnés de sel, de gros poivre, des quatre épices, de persil et de ciboule hachés bien fin ; vous la faites cuire dans une casserole dans laquelle vous mettez plusieurs bardes de lard, quelques tranches de veau et de bœuf, des carottes, des oignons, du thym, du laurier et trois clous de girofle. Mouillez votre cuisson avec du bouillon, laissez réduire votre langue à petit feu, pendant quatre à cinq heures, plus ou moins, selon que votre langue sera dure. Au moment de servir, après l'avoir parée et ôté la peau de dessus, vous la coupez dans le milieu de sa longueur, pas assez cependant pour qu'elle soit tout-à-fait divisée, mais de manière qu'étant coupée, elle ait la forme d'un cœur sur votre plat. Employez une sauce piquante, dans laquelle vous mettez quelques cornichons coupés, que vous arrangez sur les bords de votre langue. Versez votre sauce sur la langue, et servez.

Bœuf aux champignons (Langue de). Après avoir préparé votre langue comme la précédente, tournez des champignons, que vous faites sauter dans du beurre et un jus de citron; mettez-y quatre cuillers à dégraisser d'espagnole, et trois cuillerées de consommé. Faites réduire la sauce dans laquelle sont vos champignons; coupez votre langue en deux, placez-la sur votre plat, et versez votre ragoût de champignons dessus.

Bœuf à la broche (Langue de). Faites blanchir une langue de bœuf, et mettez-la dans une petite marmite avec du bouillon ou de l'eau, sel, poivre, deux oignons, carottes, panais, un bouquet de persil, ciboules, deux gousses d'ail, trois clous de girofle, thym, laurier, basilic; quand elle est cuite aux trois quarts, ôtez la peau, piquez tout le dessus de votre langue de petit lard pendant qu'elle est encore un peu chaude; achevez de la faire cuire à la broche, et servez-la avec une sauce piquante pour entrée ou pour hors-d'œuvre.

Bœuf en hochepot (Langue de). Après avoir préparé et fait cuire votre langue comme celle aux cornichons, vous la couperez en tranches, et la dresserez en miroton, à l'entour du plat ; vous aurez des carottes tournées en petits bâtons, que vous ferez blanchir ; vous les rafraîchirez et les égoutterez, vous les mettrez dans une casserole, vous y jeterez trois cuillerées à dégraisser d'espagnole et cinq de consommé, un petit morceau de sucre, et vous les ferez cuire : au moment de servir, vous dresserez votre langue, la glacerez, et vous mettrez vos petites racines dans le milieu ; vous ferez à l'entour de votre plat un cordon de petits oignons glacés.

Bœuf à l'écarlate (*Langue de*). Procurez-vous une langue de bœuf, deux onces de salpêtre, que vous pilerez bien ; frottez-en bien votre langue, que vous mettrez dans une terrine avec du thym, du laurier, du basilic, du poivre en grains ; vous mettrez deux fortes poignées de sel dans l'eau bouillante : quand votre sel sera fondu, et que votre eau sera froide, vous la verserez sur votre langue, et vous la laisserez dans la saumure cinq ou six jours au plus. Si vous avez le temps, avant de la faire cuire, vous la mettrez dégorger deux heures ; vous la ferez blanchir, vous la poserez dans une braisière, avec un quart de la saumure, du thym, du laurier, du basilic, du poivre en grains, deux carottes, deux oignons, trois clous de girofle, deux pintes d'eau, du sel ; vous la ferez mijoter pendant deux heures, et la retirerez du feu : laissez-la refroidir dans son assaisonnement.

Bœuf (*rognons sautés de*). On prépare un rognon de bœuf en l'émincant, comme des rognons de mouton au vin de champagne. On met un morceau de beurre dans une poêle avec le rognon émincé, ainsi que du persil haché, échalotes, champignons, sel, poivre et un peu de muscade. On fait sauter les rognons à grand feu, afin qu'ils ne jettent pas leur jus, on les lie avec une pincée de farine, et on les mouille avec un demi-verre de vin blanc, et deux cuillerées d'espagnole; on les retire du feu sans les laisser bouillir. on lie avec un morceau de beurre fin et un jus de citron, et on sert chaudement avec des croûtons de pain autour des rognons.

Bœuf en hochepot (queue braisée de). Après avoir coupé une queue de bœuf en morceaux, de joint en joint, vous la faites dégorger pendant deux heures : faites-la blanchir ensuite pendant une demi-heure, mettez-la à l'eau froide; après l'avoir égouttée et parée, mettez des bardes de lard dans le fond d'une casserole, quelques morceaux de bœuf ou de veau, et votre queue dessus, en la couvrant pareillement avec du lard, et ajoutez y trois ou quatre carottes, ainsi que quatre ou cinq oignons, dont un piqué de trois clous de girofle, un peu de thym, deux feuilles de laurier; mouillez avec du bouillon, et faites bouillir votre queue; mettez-la ensuite sur un petit feu; en la faisant aller doucement pendant deux ou trois heures, selon la dureté de la queue; étant cuite, mettez vos morceaux dans le milieu du plat, dressez un cordon de laitues braisées autour, avec des carottes en petits bâtons dessus, pour masquer votre queue; glacez vos laitues, et servez.

Bœuf aux choux (queue de). On prépare cette queue comme la précédente; on met à l'entour des choux braisés, et un morceau qui aura cuit avec les choux et de grosses carottes; on entoure la sauce avec de l'espagnole, et on sert pour entrée.

Bœuf à la Sainte-Menehould (queue de). Votre queue cuite, comme celle dite en hochepot, assaisonnez-la d'un peu de sel, de gros poivre; trempez-la dans du beurre tiède, et panez-la deux fois de mie de pain; après lui avoir fait prendre couleur au four ou sur le gril, servez.

Bœuf au jus (Entre-côte de). On prend la côte de bœuf qui se trouve sous le paleron; on la pare de manière qu'il ne reste que l'os de la côte, que l'on décharne au bout. Il faut la battre afin de l'amortir : après avoir trempé la côte dans du beurre ou de l'huile, et l'avoir assaisonnée de sel et gros poivre, on la fait griller à feu doux, afin qu'elle ne brûle pas et qu'elle cuise doucement. Il faut une demi-heure ou trois quarts d'heure de cuisson et même une heure, si l'entre-côte est épaisse, afin que la chaleur la puisse bien pénétrer. Quand elle est cuite à point, on met un jus clair dessous, et on sert chaudement.

Bœuf, sauce aux cornichons (Entre-côte grillée de). Préparez une côte comme la précédente, quand elle est cuite ; vous aurez à votre disposition une sauce piquante, dans laquelle vous mettez des cornichons au moment de servir.

Bœuf, sauce au beurre d'anchois (Entre-côte grillée de). Vous préparez et faites cuire une côte comme celle au jus. Vous aurez une sauce espagnole travaillée qui soit un peu claire : au moment de servir, mettez dans votre sauce, qui sera bien chaude, gros comme un œuf, de beurre d'anchois, que vous remuerez assez vivement, jusqu'à ce qu'il soit fondu, sans mettre votre sauce sur le feu, ou du moins sans la faire bouillir ; versez-la sur votre côte. *Voy.* ESPAGNOLE TRAVAILLÉE et BEURRE D'ANCHOIS.

Bœuf (Côte braisée de). Après avoir paré une côte, vous la piquez de gros lardons assaisonnés de quatre épices, de sel et poivre ; vous mettrez dans le fond de votre casserole des bardes de lard, par-dessus vos bardes, des tranches de veau et de bœuf, quatorze carottes, cinq gros oignons, dont un piqué de trois clous de girofle, deux feuilles de laurier, un peu de thym, un bouquet de persil, de ciboule. Vous ficellerez et arrangerez votre côte dans cette braise ; vous la couvrirez de lard, et vous placerez vos garnitures de légumes dessus ; vous y mettrez plein deux cuillers à pot de bouillon, vous ferez bouillir votre côte braisée, puis vous la mettrez sur un petit feu, afin que cela mijote doucement pendant trois heures, moins si votre côte est tendre. Quand elle est cuite, vous l'égouttez et vous la déficelez ; vous passez un peu de fond de votre cuisson au tamis de soie, vous le dégraissez et le faites réduire : vous glacez votre côte, et vous versez votre fond réduit dessous.

Bœuf à la bourgeoise (*Côte de*). Votre côte parée, piquée de gros lardons et ficelée, vous la mettez dans une casserole avec quatre ou cinq carottes, quatre oignons dont un piqué de trois clous de girofle, deux feuilles de laurier et un peu de thym ; rafraîchissez, ficelez, et faites-les cuire avec votre côte ; vous aurez fait blanchir votre petit lard pendant un quart-d'heure, pour le placer au fond de votre casserole. Si vous mouillez avec de l'eau, ajoutez du sel et du poivre ; faites mijoter le tout pendant deux heures, mettez des choux et le lard sur votre plat à l'entour de la côte.

Bœuf à la provençale (*Côte de*). Parez et faites cuire une côte comme celle à la Joinville ; en place de beurre servez-vous d'huile pour la faire cuire et placez-la sur votre plat. Coupez par le milieu, de la tête jusqu'à la queue, vingt gros oignons, coupez ensuite en tranches vos moitiés d'oignons, de manière à ce qu'elles forment des demi-cercles ; mettez dans une casserole près d'une demi-livre d'huile que vous faites bien chauffer ; jetez-y vos oignons dedans pour les faire frire ; quand ils seront bien blonds, vous y verserez un verre de vinaigre, un peu de bouillon, avec sel et poivre ; masquez votre côte avec vos oignons, sans dégraisser, et servez.

Bœuf (*Côte parée de*). On pare bien proprement une côte de bœuf, qu'on aplatit ensuite avec un couperet ; on la fait revenir avec un peu de lard fondu dans une casserole ; on la fait cuire ensuite à très-petit feu dans ce même lard avec un verre de bouillon, un verre de vin blanc et persil, ciboules, deux échalotes, cresson alénois, estragon, cerfeuil, pimprenelle, civette, sel, gros poivre, le tout haché et mêlé. Lorsque la côte de bœuf est cuite, on la dresse dans le plat, on dégraisse la sauce à moitié de la cuisson; on y met trois jaunes d'œufs qu'on fait lier, et on sert bien chaud sur la côte de bœuf.

Bœuf à la broche (Aloyau de). Prenez une pièce d'aloyau entière, c'est-à-dire depuis le gros bout du filet mignon jusqu'à la première côte; il faut qu'elle soit levée le plus carrément possible et sans ôter la graisse qui est sur le filet mignon; on doit seulement en enlever la superficie et en laisser de l'épaisseur de trois doigts, pour que le filet soit bien couvert; embrochez votre pièce de manière qu'elle soit stable.

Lorsque votre aloyau est cuit, vous le servez pour relever de grosses pièces. Accompagnez-le d'une sauce piquante avec beaucoup de cornichons dessous.

Cette pièce est excellente, étouffée dans une braisière, et cuite sauce mouillée, feu dessus, feu dessous.

Bœuf (Filet braisé d'aloyau de). Levez le filet mignon d'un aloyau, ôtez-en toute la graisse, couchez-le sur la table du côté où est la peau, puis glissez le tranchant d'un couteau qui coupe bien, entre la peau et la viande, de telle manière qu'en faisant aller et venir le couteau comme si vous leviez une barde de lard, vous sépariez la peau du filet, de manière qu'il se trouve bien uni et bien paré; votre filet ainsi disposé, piquez-le de gros lardons assaisonnés d'un peu de thym, de laurier pilé, des quatre épices, de sel et de poivre; ficelez-le en lui faisant prendre une forme convenable; mettez dans le fond de votre casserole des bardes de lard, des tranches de veau et de bœuf, quatre ou six oignons, dont un piqué de trois clous de girofle, deux feuilles de laurier, un peu de thym, un bouquet de persil et ciboules ; vous mettez votre filet dans votre casserole, où est marquée votre braise, vous le couvrez de lard, et vous mettez quelques morceaux de viande à l'entour ; vous y versez plein deux cuillers à pot de bouillon, fort peu de sel ; vous faites bouillir votre braise, et puis vous le mettez sur un feu doux, pour le faire mijoter pendant deux heures et demie ; vous prenez le mouillement dans lequel a cuit votre filet, vous le passez au tamis de soie, vous le faites réduire : quand votre filet est égoutté, vous le déficelez et le glacez ; vous le dressez sur votre plat, et vous y versez le mouillement réduit.

Bœuf au suif (*Aloyau de*). La chose la plus précieuse d'un aloyau étant son jus, il a fallu trouver un moyen sûr de le lui conserver, de le concentrer en quelque sorte dans la chair, jusqu'au moment où l'on met ce rôti sur la table, et où on l'y découpe. Ce moyen, c'est de le faire cuire en partie dans du suif.

Lorsqu'on a choisi son aloyau, on le porte chez un fondeur de suif en branche ; et, lorsque le suif est prêt à bouillir, on le descend avec une corde dans la chaudière, et on l'y laisse jusqu'à ce qu'il soit à moitié cuit. On le fait ensuite égoutter, puis on le porte dans un lieu frais, en sorte que le suif saisi par le froid, forme une enveloppe, et en quelque sorte une croûte autour de l'aloyau. Lorsqu'on veut le faire rôtir, on le met à la broche devant un feu très-clair, alors tout le suif en découle, et l'on se garde bien de l'arroser avec. Mais ce suif, en s'emparant des pores de l'aloyau, a empêché le jus d'en sortir, en sorte que, lorsqu'il est cuit (toujours saignant), qu'on le sert sur la table, et qu'on l'y découpe en tranches fort minces, il rend une telle abondance de jus, que c'est une véritable inondation.

Bœuf (*Filet de*). Le filet de bœuf se prépare de même que l'aloyau : la seule différence est dans la cuisson ; au lieu de six heures il peut être cuit en deux. Après l'avoir mis sous presse, on le pare, on le fait glacer et on le sert de même que l'aloyau.

Bœuf au vin de Madère (*Filet de*). Après avoir piqué un filet de bœuf comme pour rôt, et l'avoir aussi piqué de moyen lard en dedans, on le marque dans une casserole avec quelques racines et un bouquet assaisonné ; on le mouille avec un verre de vin de Madère et un peu d'eau-de-vie ; on le fait cuire et glacer comme une noix de veau. Votre filet étant cuit, passez votre fond, faites-le dégraisser et réduire avec un peu d'espagnole ; dressez votre filet.

Bœuf à la broche (*Filet de*). On lève un filet de dessus une pièce d'aloyau, on le laisse couvert de graisse que l'on pare bien, et en laissant de cette graisse de l'épaisseur de trois doigts le long du filet, on a soin de ciseler la superficie de la graisse, afin que la chaleur pénètre mieux le filet, que l'on assujettit à la broche avec un gros et long atelet. Une heure et demie suffit pour la cuisson. Quand il est cuit, on le sert pour rôti avec une sauce piquante dessous, ou dans une saucière. Ce filet s'accommode encore assez bien d'une sauce tomate.

Bœuf au suprême (*Filet de*). On coupe en filets une demi-douzaine d'anchois bien lavés, et qu'on a fait dessaler dans de l'eau pendant deux heures ; on a un bon filet de bœuf bien tendre, dont on ôte tous les nerfs, et qu'on larde avec les filets d'anchois et du gros lard : on le fait cuire avec un peu de bouillon, un verre de vin de Champagne, un bouquet de persil, ciboules, une gousse d'ail, deux clous de girofle, une feuille de laurier, à très-petit feu : la cuisson achevée, on passe la sauce, qui doit être courte, au tamis, et on la dégraisse : on y met trois pains de beurre maniés de farine, avec deux cuillerées de crême et une petite poignée de belles capres ; on fait lier sur le feu , et on sert le filet de bœuf bien chaud.

Bœuf (Sauté de filet de). Coupez un filet de bœuf en quatre ; dans sa longueur ; coupez ensuite vos morceaux en viande courte, de l'épaisseur de trois lignes ; vous les aplatissez; vous les faites ronds de la grandeur d'un écu de six francs ; après les avoir arrangés à plat dans votre sautoir, et les avoir assaisonnés de sel et gros poivre, vous faites fondre un bon morceau de beurre que vous versez dessus. Au moment de servir, placez votre sautoir sur un fourneau ardent, ayant soin de les retourner à mesure qu'ils roidissent. Quand les morceaux sont cuits à point, vous les dressez dans un plat, en mettant les plus petits au milieu ; arrosez votre sauté avec une sauce espagnole bien travaillée et bien corsée, ou bien employez une sauce piquante, une sauce tomate ou un beurre d'anchois.

Bœuf (Palais de). On le prépare de la manière suivante. Après les avoir bien fait dégorger, on les fait blanchir jusqu'à ce qu'on puisse enlever une seconde peau qui tient au palais. Quand on voit qu'on peut l'ôter en ratissant avec le couteau, on met les palais à l'eau froide ; alors on les gratte jusqu'à ce qu'ils soient bien nets : lorsqu'ils sont appropriés, on en extrait les chairs noires et on garde les palais avec la chair qui est bonne à servir. Dans cet état, on les met dans un blanc où on les laisse cuire quatre ou cinq heures, plus ou moins, selon que les palais sont durs ; la cuisson achevée, on les retire du feu pour les mettre en un vase, à l'effet de s'en servir au besoin.

Bœuf en allumettes (Palais de). Commencez par couper vos filets de la grosseur des allumettes; laissez-les ensuite mariner dans un peu de bouillon , vinaigre, sel, poivre, basilic, laurier, thym, clous de girofle, poudre d'épices fines, tranches d'oignons, un petit morceau de beurre manié de fines herbes dans un peu de farine, le tout bien chaud. Faites mariner pendant deux heures, laissez égoutter vos filets et trempez-les dans une pâte à bière (c'est la pâte à friture ordinaire, qui se compose de farine, de bière et de deux ou trois jaunes d'œufs). Faites-les frire ensuite dans du saindoux, et servez-les bien blonds et bien brûlans; garnis tout autour de persil frit.

On peut simplifier cette recette en se contentant de faire mariner les allumettes simplement dans du citron avec un peu de sel et quelques brins de persil; on les fait frire ensuite de même et de belle couleur.

Ces allumettes prendront le nom de *menus droits*, si, après avoir coupé les palais en filets, on passe des oignons comme au parmesan, et qu'on les jette dedans. En finissant, il ne faut pas oublier un peu de moutarde et l'épigramme d'un petit filet de vinaigre.

Bœuf au beurre d'anchois (Palais de). Vos palais cuits dans un blanc, vous les égouttez et les coupez en morceaux de la grosseur et grandeur que vous jugez convenables; faites réduire une espagnole; quand la sauce est à son point, passez-la à l'étamine; que votre sauce soit bouillante. Au moment de la servir, mettez-y gros comme la moitié d'un œuf de beurre d'anchois; ayez soin de le remuer dans votre sauce, mettez-y vos palais que vous ferez sauter; ne posez pas votre ragoût sur le feu, afin que votre sauce ne bouille pas; néanmoins servez bien chaud.

Bœuf au gratin (Palais de). Vos palais cuits dans un blanc, vous les coupez en bandes longues de quinze lignes de large. Ayez une farce cuite que vous étendrez sur le dessous de vos palais, c'est-à-dire du côté où il n'y a pas de saillant; vous y mettrez une bande de tétine bien cuite et bien mince; un peu de farce par-dessus : vous roulez votre bande, que vous mettez à l'entour de l'intérieur du plat où vous avez mis de la farce. Dans le fond, vous en formez un cordon qui fait le turban; votre plat garni, vous couvrez vos palais de lard, de manière que la chaleur du four ou du four de campagne ne rôtisse pas vos palais; quand ils ont été un quart-d'heure ou environ une demi-heure au four, il faut en extraire la graisse; vous verserez une italienne dans le milieu; on peut aussi mettre entre chaque morceau de palais de bœuf une partie d'une langue à l'écarlate qui formerait une crête.

Bœuf à la provençale (*Gras double de*). Choisissez le plus épais du gras double; après l'avoir lavé, blanchi, vous le grattez et le lavez de nouveau à plusieurs eaux; après quoi, faites-le cuire avec une livre de lard râpé, deux carottes, deux oignons dont un piqué de trois clous de girofle, laurier, thym, persil, gros poivre, ail et deux petits pimens enragés; mouillez-le avec une bouteille de vin blanc et une cuillerée de consommé; faites cuire à petit feu votre gras double pendant huit heures; laissez-le refroidir dans son fond: après l'avoir fait réchauffer et après l'avoir égoutté, vous le coupez en filets égaux. Pendant ces opérations, vous aurez coupé dix à douze oignons en filets, que vous faites frire dans de l'huile avec un peu d'ail et de persil haché; égouttez la moitié de votre huile, et faites bouillir votre gras double avec vos oignons et un peu du fond de la cuisson. Servez le plus chaudement possible votre gras double, après avoir mis dessous des croûtes de pain chapelées, trempées dans de l'huile, poudrées convenablement de sel et gros poivre, et séchées sur le gril.

Bœuf à la poulette (*Gras double de*). On a un morceau de gras double bien cuit, que l'on coupe de la forme que l'on juge convenable; on le met dans une casserole avec un morceau de beurre, des champignons tournés, du persil haché, sel, poivre et muscade; le

tout étant bien bouillant, liez avec trois jaunes d'œufs
et un jus de citron; dressez-le dans un plat avec des
croûtons autour, et servez chaudement.

Bœuf au beurre noir (*Cervelles de*). On épluche les
cervelles de la manière suivante. Après avoir ôté le
sang caillé, la petite peau et les fibres qui enveloppent les cervelles, on les met dégorger dans de l'eau
tiède pendant deux heures, au bout desquelles on les
fait cuire entre des bardes de lard, avec des feuilles
de laurier, des tranches d'oignons, des carottes, un
bouquet de persil et ciboules, un verre de vin blanc
et du bouillon. Après qu'elles ont mijoté une demi-
heure au feu, vous les égouttez, vous mettez du
beurre noir dessous, du persil frit au milieu, et vous
servez.

Bœuf à la sauce piquante (*Cervelles de*). Après
avoir fait cuire vos cervelles comme les précédentes,
vous les égouttez et vous les mettez sur un plat, en les
arrosant d'une sauce piquante.

Bœuf en marinade (*Cervelles de*). Vos cervelles
épluchées et blanchies, faites-les cuire dans une marinade (*Voy*. ce mot). Faites ensuite une pâte à frire
dont vous enveloppez vos cervelles. Etant cuites,
coupez-les en morceaux, assaisonnez-les de sel, de
poivre, et mettez-y assez de vinaigre pour qu'elles
baignent dedans: après les avoir égouttées, mettez-les
dans une pâte à frire, et faites-les frire, ayant soin
que votre friture ne soit pas trop chaude. Couronnez-
les de persil frit.

Bœuf à l'étouffade (*Noix de*). Après avoir piqué
une noix de bœuf avec du lard et du jambon, vous la
faites cuire et braiser comme l'aloyau. Vous la mouillez
avec une bouteille de vin blanc et un verre d'eau-de-
vie. Quand elle est cuite, vous passez votre fond, que
vous faites clarifier: faites mijoter votre noix comme

l'aloyau. Quand elle est glacée, servez avec son fond réduit à demi-glace.

Bœuf à la hambourgeoise (Culotte de). Ayez une culotte de bœuf qui ne soit pas trop grasse ; après l'avoir désossée et parée, frottez toutes les chairs maigres avec du salpêtre ; placez ensuite dans un vase qui puisse être clos hermétiquement, votre culotte avec laurier, thym, ail, clous de girofle, coriandre ; couvrez-la de sel, et fermez votre vase de manière que l'air n'y puisse pénétrer. Au bout de douze ou quinze jours, retirez votre bœuf du vase ; après l'avoir lavé à plusieurs eaux, faites-le cuire, enveloppé d'un linge blanc, dans une marmite, avec de l'eau et quelques racines. Au bout de huit heures de cuisson, vous l'égouttez, et l'ayant fait refroidir, vous pouvez vous en servir comme du jambon.

On peut préparer de même la noix et la poitrine de bœuf, et l'employer en guise de jambon.

Beef' ou Beef'-s-teak. Ayez un morceau d'excellent filet de bœuf, ôtez-en toutes les peaux et presque toute la graisse, coupez-le par rouelles de l'épaisseur de quatre ou cinq lignes ; aplatissez légèrement chacun de ces morceaux et parez-les, afin qu'ils soient à-peu-près ronds et de la forme d'un écu de six livres ; faites ensuite fondre un peu de beurre, mettez-y un peu de sel et de gros poivre, trempez vos *beef'* dedans, et arrangez-les sur un plat : au moment de servir, faites-les griller sur un feu un peu vif, en ayant soin de ne pas trop les laisser cuire. Pendant ce temps, mettez dans un plat un morceau de beurre proportionné à la quantité de *beef'-s-teak* que vous aurez préparé, assaisonnez de sel, poivre, avec un peu de persil et un jus de citron, dressez votre *beef'-s-teak* dessus, en y ajoutant quelques pommes de terre frites dans du beurre bien frais, ou des cornichons si vous l'aimez mieux.

On sert aussi le *beef'-s-teak* au beurre d'anchois.

Beef'-s-teak sauté au vin de Madère. Procurez-vous un beau filet de bœuf : après en avoir retiré la peau et les nerfs, vous le coupez en escalopes égales d'un demi-quart, vous l'aplatissez ensuite et vous le parez en forme ronde.

Faites fondre du beurre dans un sautoir, placez-y vos beef'-s-teak, en les poudrant de sel et gros poivre : au moment de servir, faites-les sauter ; quand ils sont bien roides des deux côtés, vous les dressez en couronne sur un plat ; égouttez le beurre du sautoir et conservez le fond.

Mettez dans le sautoir un bon verre de vin de Madère ; faites-le réduire dans un peu de glace de veau et un peu d'espagnole. Ajoutez y un peu de piment. Si votre sauce se trouvait un peu terne, vous la passerez à l'étamine avant de servir.

Beef'-s-teak grillé à l'anglaise. Après avoir coupé vos filets comme il est indiqué dans l'un des articles précédens, poudrez-les de sel et gros poivre, trempez-les dans le beurre fondu, ensuite dans de la mie de pain ; dressez-les sur votre plat avec une maître-d'hôtel dessous. *Voy.* SAUCE A LA MAITRE D'HÔTEL.

Bœuf à l'écarlate. Procurez-vous une culotte de bœuf que vous ferez mortifier pendant trois ou quatre jours, selon le temps. Après l'avoir désossée, lardez-la de gros lard bien assaisonné ; ajoutez y beaucoup de sel et un peu de salpêtre ; assaisonnez-la de quelques clous de girofle, de poivre et de toutes sortes de fines herbes. Deux jours après, enveloppez-la dans un linge avec tout son assaisonnement, mettez la dans la terre, et non dans la cave, à deux pieds de profondeur. Après l'y avoir laissée dix à douze jours, vous la retirez et la lavez dans de l'eau fraîche. Ces opérations terminées, mettez-la cuire dans une marmite, et versez sur elle un peu de vin rouge sur la fin : après l'avoir laissé refroidir, vous la parez proprement et vous la servez pour entremets sur un plat couvert d'une serviette blanche. Il y a certains gourmands qui font fumer cette pièce de bœuf avant de la faire cuire.

Bœuf salé. On coupe par tranches les morceaux de bœuf que l'on veut saler, et on les place par couches dans un saloir. La manière de les saler est tout-à-fait semblable à celle du porc, avec cette différence, cependant, que la chair de porc ne prend jamais plus de sel qu'il ne lui en faut, au lieu que celle de bœuf s'en laisse pénétrer, et prend tout celui qu'on lui donne. Cette manière de préparer le bœuf est un objet d'économie, surtout à la campagne, où l'on trouve quelquefois du bœuf à acheter à bon marché.

Bœuf fumé. Il se prépare de la manière suivante. On commence par le dépecer en gros morceaux qu'on saupoudre de sel blanc : pendant deux ou trois jours on les met en presse, on les suspend ensuite à la cheminée, loin de la flamme, afin d'éviter que la graisse ne se fonde, et l'on fait dessous un feu avec du bois vert qui donne beaucoup de fumée. A Hambourg et dans la Gueldre, où se prépare le meilleur bœuf fumé, on se sert de bois de genevrier qui lui donne un goût aromatique. Le bœuf fumé se coupe en tranches fort minces, et se mange cru, ou cuit, sur des beurrées.

BONNE-DAME. Plante potagère ; elle se nomme encore *arroche*, mais elle en est un peu différente. Elle croît de la hauteur de six pieds, pousse des feuilles larges qui ressemblent à celles de la blette. On se sert de ces feuilles pour le potage et pour la farce.

BONNET DE TURQUIE. Sorte de gâteau ayant la forme d'un turban, que chacun enjolive à sa manière ;

et qui se fait dans un moule de pareille forme. Il se compose ou de la même pâte que le gâteau de Savoie, ou de celle de gâteau d'amandes, ou de pâte croquante.

BORDS DE PLATS. Espèce de préparation formée de diverses substances, et que l'on emploie pour donner du relief à un mets, en parant les bords du plat qui le contient.

On lève la mie par tranches de l'épaisseur d'une lame de couteau, d'un pain de pâte ferme rassis; on fait de cette mie de petits losanges, des croissans, des X, enfin on lui donne toutes les formes que l'on juge convenables; on met ensuite chauffer de l'huile dans une casserole, et on y passe ces croûtons; on en fait de roux, de blancs, en leur faisant subir plus ou moins l'action du feu. Quand ces croûtons seront bien secs, il faut les égoutter, faire des caisses de papier, et les y mettre séparément selon leur forme et leur couleur; lorsqu'on veut s'en servir pour des bords de plats, on perce un œuf par la pointe, on en fait tomber une partie du blanc sur son couvercle; on bat ce blanc avec la lame d'un couteau, et on y incorpore une petite pincée de farine: après avoir fait chauffer légèrement votre plat, vous trempez dans l'œuf un des côtés de vos croûtons, que vous posez sur le bord du plat, ainsi de suite, jusqu'à ce que le bord soit formé. Il faut bien se garder de faire chauffer le plat plus qu'il ne faut, de crainte que le bord ne puisse tenir.

BOUDIN. Espèce de mets, qui se fait ordinairement avec le sang du cochon, sa panne et son boyau. On en fait aussi avec le sang d'autres animaux et leurs chairs mêlées avec d'autres ingrédiens.

Boudin de cochon. Pour une pinte de sang mise dans une casserole, on met avec deux livres de panne hachée, une chopine de crême, sel, fines épices; on fait cuire auparavant huit ou dix gros oignons avec du bouillon gras, un bouquet de persil, ciboules, thym, laurier, basilic, sel, poivre, une demi poignée de coriandre dans un linge. Lorsque les oignons sont bien cuits, on les hache très-fins, et on les mêle avec le sang; on coupe les boyaux de la grandeur qu'on veut faire les boudins; et on les ficèle par un bout; on entonne son appareil dans les boyaux bien lavés et appropriés, ne les emplissant point tout-à-fait pour qu'ils ne crèvent point en cuisant. Après les avoir ficelés par le bout, on les met sur le feu dans de l'eau bouillante; pour connaître s'ils sont cuits, on les pique avec une épingle; s'il en sort de la graisse à la place du sang, c'est une marque que la cuisson est opérée. On les met alors égoutter pour les faire griller quand on le juge à propos; on les sert en hors-d'œuvre.

Boudin blanc. Après avoir coupé des oignons en très-petits dés, vous les faites cuire comme ceux indiqués dans l'article précédent, en y mettant de la panne pilée, que vous mêlez avec vos oignons; ajoutez-y de la mie de pain desséchée dans du lait; prenez les chairs d'une volaille cuite à la broche, que vous hacherez et pilerez avec votre mie de pain, autant de mie de pain que de volaille et de panne; mettez-y une chopine de bonne crême; délayez votre volaille; mettez-y six jaunes d'œuf, du sel et vos épices; mêlez le tout ensemble et versez dans vos boyaux: faites les cuire dans du lait coupé, sans les laisser bouillir, de crainte que votre boudin ne crève. Quand il sera froid, vous le piquerez et le ferez griller sur une feuille de papier huilée, que vous mettrez sur le gril, à un feu doux. Servez ce boudin pour hors-d'œuvre.

Boudin de foies gras. Prenez un quarteron de chair de porc, une livre de foies gras, autant de blancs de chapons, fines herbes, sel, poivre, muscade, girofle en poudre, cannelle, six jaunes d'œufs, et deux pintes de crême; hachez ensemble les viandes et les herbes, et de ce hachis formez vos boudins, que vous ferez cuire dans du lait avec sel, citron vert et laurier; faites-les ensuite griller, comme les précédens, et servez avec un jus d'oranges.

Boudin de poisson. Ayez de la chair d'anguille, de carpe et de brochet en suffisante quantité et hachée menu, avec de la mie de pain fine hachée dans du lait; mêlez-y une demi-livre de beurre fin. Assaisonnez le tout de fines herbes et épices à l'ordinaire, avec un peu de coriandre pilée, œufs entiers, et demi-setier de crême. Faites blanchir le tout à un feu doux; formez vos boudins; faites-les blanchir à l'eau bouillante, ayant soin de les piquer pour donner passage à l'air; faites-les cuire entre deux tourtières, à petit feu, et servez de belle couleur.

Boudin de faisan. Prenez un faisan cuit à la broche que l'on a desservi de table; levez toute la chair de dessus les os pour la hacher très-fin, concassez les os pour les mettre tremper trois heures avec une chopine de crême; faites cuire une demi douzaine de gros oignons avec du bouillon gras, un bouquet de persil, ciboules, une gousse d'ail, deux clous de girofle, thym, laurier, basilic, sel et poivre; laissez-les bien cuire et qu'il ne reste point de bouillon; hachez-les très-fin, et mêlez-les avec de la viande; hachez du faisan, une poignée de mie de pain desséchée avec de la crême, passez au tamis la crême où vous avez mis tremper les os; délayez le tout ensemble, et ajoutez-y huit jaunes d'œufs crus, trois quarterons de panne coupée en dés, sel fin, fines épices; mettez la composition de votre boudin dans des boyaux de cochon, faites-les cuire dans de l'eau, et griller dans une caisse comme le boudin blanc; servez pour hors-d'œuvre.

Boudin de lapin. Mettez cuire aux trois quarts, à la broche, un gros lapin d'un bon fumet; enlevez-en toute la chair pour la hacher très-fin avec le foie. Concassez les os pour les faire tremper avec de la crême ; vous finirez votre boudin de la même façon que celui du faisan. L'on peut faire du boudin de toutes sortes de gibier, de la même façon.

Boudin d'écrevisses. Lavez bien à plusieurs eaux un demi-cent de petites écrevisses ; faites-les cuire avec de l'eau : leur cuisson faite, laissez-les refroidir, épluchez-les, c'est-à-dire ôtez-en la chair des queues et les petites pattes, et supprimez le dedans du corps ; faites-en sécher toutes les coquilles ; pilez-les, faites un beurre d'écrevisses ; coupez les queues en dés, mettez-les dans une casserole avec les œufs que vous avez retirés de vos écrevisses en les épluchant ; ajoutez-y des blancs de volaille bien hachés, une panade à la crême très-desséchée, quelques oignons cuits sous la cendre, quelques foies gras coupés en dés, de la panne *idem* ; mêlez-y votre beurre d'écrevisses, quelques cuillerées de velouté et jaunes d'œufs, des épices et du sel ; mêlez bien le tout ensemble, entonnez-le dans les boyaux, liez comme les boudins blancs, et faites cuire de même.

BOUILLI. Pièce de bœuf, de veau, de mouton ou de volaille, cuite sur le feu dans une marmite, avec du sel, de l'eau et des herbes potagères. *Voy.* Bœuf.

BOUILLIE. Espèce de mets que l'on sert quelquefois pour collation, et qui se fait de la manière suivante :

On délaie de la farine dans une casserole, petit-à-petit, avec du lait, de la crême et du sucre ; on fait cuire à petit feu en tournant sans discontinuer. Quand votre préparation est cuite, mettez-en une partie dans le plat où l'on doit servir ; placez sur le feu jusqu'à ce qu'il se forme un gratin ; mettez le reste ensuite, et faites prendre couleur avec une pelle rouge.

BOUILLON. Décoction qu'on fait de la chair des animaux, pour en tirer le suc qu'elle contient.

Il y a des bouillons gras et des bouillons maigres. Le bœuf, le veau, le mouton et différentes espèces d'oiseaux, comme poules, chapons, etc., entrent dans les premiers. Les bouillons maigres se font avec le poisson.

Bouillon gras. Mettez dans une marmite six livres de tranches de bœuf, un fort jarret de veau, une poule, une vieille perdrix et peu de sel. Votre chair au quart cuite, ajoutez dans votre marmite des carottes, des panais et deux poireaux blanchis, avec un bouquet de céleri, deux clous de girofle, moitié d'une racine de persil et quatre oignons; le tout blanchi. Lorsque le tout est cuit, passez votre bouillon au clair et dégraissez-le, pour en faire usage au besoin.

Ce bouillon peut se diversifier à volonté, suivant les volailles et le gibier qu'on y admet, les racines et légumes qu'on y fait entrer; mais la façon de le faire est toujours la même.

Bouillon maigre. On fait cuire aux trois quarts une certaine quantité de pois, selon le bouillon dont on a besoin; on passe le bouillon au clair avant que les pois fassent purée : on met ce bouillon dans une autre marmite avec un morceau de beurre fin, carottes, panais, oignons, navets, céleri; le tout blanchi auparavant à l'eau bouillante; sel, bouquet de fines herbes, persil, ciboules, girofle, macis, coriandre, basilic, sans qu'aucune de ces substances domine sur l'autre : après avoir fait bouillir jusqu'à parfaite cuisson, on laisse reposer et on passe.

Bouillon de racines. Vous faites cuire deux ou trois litrons de pois verts secs; après les avoir écrasés, vous les mettez dans une grande marmite presque pleine d'eau, où vous les faites rebouillir une heure et demie: laissez reposer et refroidir; passez la purée claire à l'étamine, et mettez-la dans une marmite de moindre volume; ajoutez des carottes, panais, racines de persil, une douzaine d'oignons; assaisonnez de sel, avec bouquet de fines herbes, oignon piqué de clous de girofle, paquet d'oseille et de cerfeuil, et finissez par deux ou trois cuillerées de jus d'oignons. Ce bouillon sert à mitonner toutes sortes de potages de légumes.

Bouillon à la minute. On hache une demi-livre de viande aux trois-quarts, après quoi on y ajoute une carotte et un oignon de moyenne grosseur, un navet, un peu de céleri, un clou de girofle; le tout coupé en petits dés, que l'on mêle avec la viande : on finit de hacher le tout ensemble; on met tout ce hachis dans une casserole, où l'on verse une demi-bouteille d'eau par-dessus, avec un peu de sel, et l'on pose sur le feu jusqu'à ce que cette préparation bouille : on a soin de l'écumer, et on laisse bouillir une demi-heure; on retire ensuite et on passe au tamis. Si vous désirez un potage au riz ou au vermicelle, vous mettez l'une de ces deux substances dans un petit sac de toile avec la viande et l'eau froide. Le potage fini, vous déliez le sac, vous versez le riz ou le vermicelle dans une soupière et le bouillon par-dessus : une demi-heure suffit pour avoir un excellent potage.

Bouillon (Grand). Ce bouillon, qui n'est bon qu'à mouiller des cuissons, l'empotage, le consommé et les essences de gibier, se fait de la manière suivante :

Pour composer ce bouillon, on emploie la culotte, la pièce d'aloyau, la poitrine, la noix ou la sous-noix. Alors on met une de ces cinq pièces, désossée, bien troussée et bien ficelée, dans une grande marmite que l'on remplit presque d'eau : on la suspend à la crémaillère, ayant soin de laisser former une croûte d'écume; lorsqu'elle bout, on l'écume; ensuite on jette de l'eau froide dans la marmite, pour faire jeter une autre écume, que l'on enlève aussitôt. Après avoir rafraîchi sa marmite trois ou quatre fois, on l'assaisonne de sel, on la descend de la crémaillère, on la met dessus un lit de cendres, et on la garnit selon sa grandeur, de carottes, navets, poireaux, oignons, quatre pieds de céleri, cinq clous de girofle. Votre pièce de bœuf cuite, passez votre bouillon à travers d'une serviette fine ou d'un tamis de soie.

Bouillon de santé. Mettez dans une marmite de terre trois livres de tranche, deux livres de jarret de veau, une poule, quatre pintes d'eau, trois ou quatre navets, quatre gros oignons, trois clous de girofle, une laitue blanche saupoudrée d'une pincée de cerfeuil; faites mijoter le tout jusqu'à ce que les viandes soient cuites, ensuite passez le bouillon au tamis de soie. On peut faire avec ce bouillon toutes sortes d'excellentes soupes et des potages exquis.

Bouillons expéditifs et très-nourrissans. Pour faire ces bouillons, il faut prendre un quart de rouelle de veau, que l'on coupe en petits morceaux; les mettre ensuite dans une cafetière contenant un litre d'eau, avec une cuillerée de riz; faites réduire l'eau de moitié, ce qui a lieu en moins d'une heure: retirez la cafetière, pressez le veau et le riz, passez le tout, et laissez reposer un instant le bouillon avant que de le prendre.

Bouillon de poisson. Voy. POISSON.

Bouillon de poulet. On se procure un bon poulet, dont on ôte la peau et flambe les pattes; après l'avoir lié avec une ficelle, on le met dans une marmite avec deux pintes et demie d'eau, on y ajoute une once des quatre semences froides, concassées à moitié, enfermées dans un petit linge blanc qu'on a soin de bien lier: on fait cuire le tout à petit feu jusqu'à ce qu'il soit réduit à deux pintes ou à peu près.

Bouillon de veau rafraîchissant. On coupe en dix morceaux une demi-livre de rouelle de veau, que l'on fait bouillir avec trois pintes d'eau, deux ou trois laitues et une poignée de cerfeuil ; on peut y ajouter un peu de chicorée sauvage. Le tout ayant bouilli pendant trois quarts-d'heure, plus ou moins, on passe le bouillon au tamis de soie.

Bouillon de mou de veau. On prend la moitié d'un lobe de mou de veau, que l'on coupe en petits dés, après l'avoir fait dégorger : on le met ensuite dans une marmite de terre avec trois pintes d'eau, sept ou huit navets émincés, deux ou trois pieds de cerfeuil cernés, et une douzaine de jujubes : on fait partir ce bouillon, on l'écume, on le laisse réduire à deux pintes, et on le passe ensuite au tamis de soie.

BOUQUET, se dit d'un paquet de fines herbes liées ensemble, qu'on met dans les sauces et dans les bouillons pour leur donner du haut goût.

Bouquet garni. On épluche trois ou quatre ciboules avec leurs queues, et des queues de persil que l'on place sur les ciboules ; on a une demi-feuille de laurier, une gousse d'ail, un peu de thym, deux clous de girofle : on enveloppe le tout avec les ciboules, en commençant par les têtes et finissant par les queues. On lie le bouquet assez solidement avec de la ficelle pour qu'il ne se défasse point.

BRAISE. Mode de cuisson qui relève infiniment le goût des viandes, qui cuisent sans évaporation sensible.

On distingue deux sortes de braises : la *braise ordinaire*, et la *braise blanche* ou *demi-braise*.

La *braise ordinaire* se fait en fonçant une marmite de bardes de lard, et de tranches de bœuf, épaisses d'un doigt, qu'on assaisonne de fines herbes, oignons, carottes, citron, laurier, poivre et sel. Sur cet assaisonnement on place la pièce que l'on veut faire cuire ; on la couvre et on l'assaisonne par-dessus de même que par-dessous. On couvre bien la marmite, et on lute le couvercle avec de la pâte pour empêcher l'évaporation, et on fait cuire le tout feu dessus et dessous. Cette braise sert pour les grosses pièces, qui ont besoin d'un plus fort assaisonnement.

La *braise blanche* ou *demi-braise* se fait avec lard, tranches de veau dont on diminue l'assaisonnement en raison de la pièce. Le surplus du procédé est de même que pour la braise ordinaire.

On verra, au reste, les divers modes de braise qu'on emploie aux articles respectifs des mets.

BRÊME. Poisson de rivière et de lac : il ressemble assez à la carpe par sa forme extérieure, mais il est plus plat et plus large ; ses écailles sont plus grandes, et sa chair n'est point aussi ferme. Ses qualités bonnes ou mauvaises dépendent des eaux où elle se nourrit. En général, la brême se prépare et s'accommode comme la carpe.

Brême grillée. Après l'avoir promptement habillée et vidée, incisez-la sur les côtés et frottez-la de beurre fondu, saupoudrez-la de sel, mettez-la sur le gril, et l'arrosez de temps en temps de beurre fondu, jusqu'à parfaite cuisson.

On fait une sauce rousse avec ciboules et persil haché, capres, anchois, beurre, sel et poivre, le tout passé à la casserole et mouillé d'un peu de bouillon de poisson, auquel on laisse jeter quelques bouillons, et qu'on lie avec de la farine frite et du coulis de poisson : il faut que le tout soit de bon goût. On ne met l'anchois qu'au moment de servir. On peut garnir de laites de carpes, de croûtons ou de persil frit, ou d'andouillettes de poisson.

Brême rôtie. Votre brême rôtie sur le feu, on peut l'accommoder comme le brochet, ou faire dessous une sauce avec du beurre frais, persil, ciboules hachées menu, sel, poivre et filet de vinaigre. On lie cette sauce et l'on garnit le plat de marinade de poisson, ou autres garnitures, à volonté. On peut la servir encore rôtie de même, avec une bonne farce d'herbes.

BRIOCHE. Pâtisserie qu'on fait avec de la farine, du beurre et des œufs. *Voy.* PATE.

BROCHET. Long et gros poisson d'eau douce très-connu. Sa chair est blanche et ferme, mais peu nourrissante. Ce poisson se plaît dans la bourbe : il est extrêmement vorace, il poursuit sans cesse et mange les autres poissons.

Le brochet de rivière est préférable à celui des étangs et des réservoirs, quoique ce dernier soit, pour l'ordinaire, plus gros et mieux nourri; mais il contracte le goût de la fange. Il faut le choisir gros, gras, bien nourri, d'une chair blanche, ferme et friable, et il n'y a guères que le brochet de rivière qui ait ces deux dernières qualités.

Ce poisson s'apprête d'une infinité de manières; mais la façon la plus noble de le servir est à la broche.

Brochet à la broche. Après avoir vidé et écaillé votre brochet, incisez-le légèrement; piquez-le de moyens lardons d'anguille, assaisonnés de sel, poivre, muscade, ciboules et fines herbes hachées très-menu. Mettez-le ensuite à la broche; ayez soin de l'arroser pendant sa rotation de bon vin blanc, vinaigre et jus de citron vert; et si l'on veut rendre la chose plus touchante, on le sert, quoique rôti, sur une sauce au coulis, dans laquelle on a fait fondre comme par manière d'acquit quelques anchois, et où l'on a fait amortir des huîtres avec des câpres et du poivre blanc.

Brochet au court bouillon. Après avoir vidé votre brochet sans lui faire d'ouverture, ficelez-lui la tête; mettez-le dans la poissonnière, versez le court bouillon dessus, faites injecter votre poisson une heure et même plus, s'il est d'une certaine grosseur. Si vous le servez pour rôt, laissez-le refroidir. Arrangez une serviette sur un plat ; placez-y dessus votre brochet avec du persil à l'entour.

Brochet à l'étuvée. Après avoir préparé votre brochet, coupez-le par tronçons ; faites-le cuire au grand feu avec trois cuillerées de coulis maigre, du beurre, une demi bouteille de vin de Champagne et du bouillon. Ajoutez-y un bouquet de persil, ciboules, laurier, thym, basilic, girofle, ail, sel, gros poivre, petits oignons blancs cuits à moitié et champignons. Quand votre poisson est cuit, couronnez-le d'anchois hachés et de capres fines : servez avec des croûtons passés au beurre.

Brochets à l'allemande (*Petits*). Vos brochets vidés, coupez-les par tronçons, mettez-les dans une casserole avec quelques tranches d'oignons, du persil en branches, deux feuilles de laurier, trois ciboules entières, deux clous de girofle, du sel, du gros poivre, une bouteille de vin blanc. Quand votre poisson aura mijoté une demi-heure, retirez-le ; écaillez-le, ôtez-en les nageoires, mettez vos tronçons dans une casserole : ayant passé du court-bouillon au tamis de soie, vous le versez sur vos tronçons, que vous tiendrez chauds. Au moment du service, égouttez-les, et dressez-les sur votre plat.

Mettez dans une casserole un bon morceau de beurre, une cuillerée de farine, de la muscade râpée, du gros poivre, un demi-verre de court-bouillon ; mettez votre sauce sur le feu, en la tournant jusqu'à ce qu'elle bouille. Versez dans votre sauce une liaison de deux jaunes d'œufs, tournez-la bien, et prenez garde qu'elle ne bouille ; passez-la à l'étamine. Masquez-en votre poisson.

Brochet mariné. Videz, écaillez votre brochet, et mettez-le mariner pendant deux heures, avec verjus, sel, poivre, ciboules, laurier, jus de citron. Après l'avoir fariné, faites-le frire.

Vous pouvez encore frotter votre poisson de beurre fondu, le saupoudrer de sel, de mie et de chapelure de pain. Faites-le cuire au four dans une tourtière; étant cuit, manipulez une sauce avec du beurre roux, des anchois fondus et passés à l'étamine, jus d'oranges, capres, sel et poivre. Versez cette sauce sur le brochet, et garnissez le plat ou de persil frit, ou de foies de brochet frits, ou de laitances de carpes aussi frites.

Brochet à l'imbroglio. Ayez un gros brochet mortifié; après l'avoir écaillé et vidé par les ouïes, levez-en la peau d'un côté sans gâter les chairs. Piquez le quart de ce côté de filets d'anchois, le second quart de filets de cornichons, le troisième de filets de carottes, et le quatrième de filets de truffes. Farcissez-le d'une farce de poisson; mettez-le dans une braise, en faisant en sorte que les chairs piquées ne trempent pas. Placez-le sur le feu, ayant soin de l'arroser souvent de son assaisonnement. Couvrez-le d'un couvercle de casserole avec feu dessus. Sa cuisson achevée, égouttez-le, mettez dessous une sauce achevée, et servez.

Brochet en salade. Il faut prendre un brochet qui ait été déjà servi, comme frit ou cuit au court-bouillon; après avoir ôté les peaux, levez les filets et arrangez-les sur un plat avec persil et ciboules hachés, culs d'artichauts cuits, sel, vinaigre, huile et gros poivre.

Brochet frit. Fendez votre brochet par le dos comme une carpe, laissez le au sel pendant deux heures: après l'avoir fariné, faites-le frire.

Brochets (Sauté de filets de). Ayez trois brochets de moyenne grosseur; levez-en les filets, que vous couperez en carrés un peu longs, et que vous parerez; faites en sorte qu'ils soient tous de la même grandeur, pour les arranger dans votre sautoir: ajoutez-y du persil et de la ciboule bien hachés, un peu de muscade râpée, du sel et du gros poivre. Faites tiédir un morceau de beurre, que vous verserez sur vos filets. Au moment de servir, mettez-les sur le feu. A l'instant que le beurre bouillira, retournez-les. Un instant suffit pour leur cuisson. Posez votre sautoir en pente, et disposez vos filets sur la hauteur, afin que votre beurre s'en sépare. Dressez-les sur votre plat, et mettez une italienne par dessus.

BROCHETON. Jeune brochet. Il s'apprête et s'accommode comme son père. Les plus petits, que dans certains pays on appelle *lancerons*, sont très-bons frits. *Voy.* BROCHET.

BROCOLIS. Espèce de chou dont on fait des potages, et qu'on peut manger à l'huile. *Voy.* CHOU.

BROU. On donne ce nom à la coque verte de la noix. En cuisine, on en met, dans la saison, dans un pot de terre, on le sale, on le couvre bien, pour s'en servir au besoin.

On en fait encore un ratafia très-bon pour l'estomac, connu sous le nom de brou de noix.

Brou de noix (*Ratafia de*). Préparez quatre-vingts noix vertes, quatre pintes d'eau-de-vie, deux livres de sucre, girofle, muscade, un gros de chaque. Que vos noix soient vertes et assez peu avancées pour que l'épingle passe aisément à travers. Après les avoir pilées, mettez-les avec les aromates infuser dans l'eau-de-vie pendant deux mois. Au bout de ce temps, placez le mélange sur un tamis de soie pour l'égoutter. Faites fondre le sucre dans la liqueur, que vous laissez reposer de nouveau pendant trois mois. Ce temps écoulé, vous la décantez et la filtrez.

BUGLOSE ou LANGUE DE BOEUF. Plante dont les fleurs sont des entonnoirs à pavillon, découpés en cinq parties. Quoique la buglose soit au nombre des plantes potagères, on s'en sert néanmoins rarement pour les alimens. On ne fait usage que de ses fleurs, dont on garnit les salades. Les Anglais font cuire ses feuilles dans les potages ; on les mange accommodées comme des choux. On fait une conserve des fleurs de cette plante.

Buglose (Conserve de). Epluchez une demi once de fleurs de cette plante : faites cuire à la grande plume une livre de sucre, que vous laissez reposer quelque temps ; mettez-y ensuite vos fleurs de buglose, mêlez-les avec la spatule, de telle manière qu'elles prennent bien le sucre : versez ensuite votre préparation dans un moule de papier, pour la mettre ensuite sécher à l'étuve.

C.

CACAO. Fruit d'un arbre d'Amérique appelé *cacaotier*. C'est une espèce de noix de la grosseur ordinaire, qui croissent dans une gousse au nombre de dix ou douze, de couleur violette, et desquelles on tire une substance très-tendre.

Les Américains, avant l'arrivée des Espagnols, faisaient une liqueur avec le cacao délayé dans de l'eau chaude, assaisonnée avec le piment, colorée par le roucou, et mêlée avec une bouillie de maïs, pour en augmenter le volume ; ils appelaient cette liqueur chocolat. On a conservé de nos jours ce nom à des pains, tablettes et pâtes qu'on fait avec le cacao. *Voy.* CHOCOLAT.

CAFÉ. Le café est un arbrisseau commun dans l'Arabie, dans plusieurs pays de l'Amérique et dans quelques îles de l'Asie. Son fruit est une baie qui contient deux semences ovales, enveloppées d'une pellicule fort mince, plate d'un côté, arrondie de l'autre, avec une petite fente du côté aplati.

Le meilleur café est celui qui nous vient de l'Arabie, et qu'on appelle café du levant; il est la plus petite espèce de toutes. En général, il faut le prendre nouveau, de couleur verdâtre, de moyenne grosseur, qui n'ait aucune odeur de moisi, mais d'une saveur agréable.

On prépare avec les baies de café rôties et moulues une infusion qu'on appelle café. Peu de personnes ignorent la façon de faire cette boisson; aussi n'entrant point dans ces détails, nous nous bornerons à faire quelques observations qui méritent d'être prises en considération.

Il est essentiel, en brûlant le café, de lui bien conserver son parfum, de le cuire également, et de lui donner cette belle couleur dorée, plutôt blonde que brune, mais qui surtout ne doit jamais être noire. Quelques grains charbonnés suffisent pour communiquer une saveur amère et âcre à plusieurs livres de café.

Une autre attention non moins essentielle, c'est de ne moudre le café qu'au moment même qu'on veut l'employer, et de n'en conserver jamais en poudre.

Le café entre dans des crêmes, dans des glaces, des sorbets, dans des liqueurs.

Café à l'eau. Le meilleur est celui qu'on dit Moka. On le reconnaît à sa bonne odeur, à sa légèreté, à la moyenne grosseur de sa fève, et à la couleur grisâtre qu'il conserve après sa torréfaction, laquelle exige beaucoup d'attention et de tact; car le café trop torréfié ne vaut rien pour un gourmet.

Quand le café est d'une bonne couleur brune, on

l'étouffe tout brûlant encore, dans un étouffoir de fer-blanc *ad hoc*.

Lorsqu'il est refroidi, il faut moudre ce qu'on veut employer à mesure, et on conserve le reste dans une boîte, telle que celle qui lui a servi d'étouffoir.

Quand il s'agit de faire le café, on fait bouillir de l'eau à proportion du nombre de tasses qu'on en veut faire : en l'ôtant du feu, on en retire un peu d'eau, et on y met ce qu'on juge à propos de café suivant qu'on le désire fort (le plus fort est toujours le meilleur), c'est-à-dire une ou deux cuillerées pour chaque tasse, et on le fait bouillir cinq ou six bouillons couvert.

A mesure que le café veut fuir, on y remet un peu d'eau chaude, de celle qu'on a ôtée. Cette seule opération, faite avec un peu d'attention, l'empêche de se déborder; puis on l'éloigne un peu du foyer afin qu'il repose.

Lorsqu'il est bien reposé, on le tire à clair et on le fait chauffer pour le servir ; car l'âme du café, après la qualité, c'est la chaleur.

Café à la crême. Lorsqu'on veut servir le café à la crême, il faut le faire beaucoup plus fort. Quand il est tiré à clair, on y met ce qu'on veut de crême.

Le café au lait se fait de la même manière que le café à l'eau, à l'exception que lorsqu'il est reposé, on doit le passer dans un linge très-blanc, et qu'on le remet chauffer avant de le servir.

CAILLE. Petit oiseau de passage, grivelé. Le mâle a le cou, le dos, la queue et les aîles presque noires et le bec noir ; la femelle a le dos et les aîles jaunâtres, l'estomac presque blanc ; les cailles viennent au printemps par bande, et s'en retournent en septembre ; elles ne partent jamais par le vent du midi. Cet oiseau n'est bon à manger qu'avant et après la ponte. Il est fort gras et fort délicat sur la fin de l'été. Une caille bien grasse à la broche, bardée d'un frac de lard, et enveloppée d'un surtout de feuilles de vigne, est un rôti des plus recherchés au mois de juillet.

Mais ce n'est pas seulement à la broche que cet oiseau de luxe se sert. Les cuisiniers savans l'apprêtent à la braise, à la poêle, au gratin, et surtout aux choux, au coulis de lentilles, etc. On en fait des tourtes, qui, au moyen de ris de veau, de champignons, truffes, lard râpé, moelle de bœuf, poivre assorti et fines herbes, ne le cèdent en rien aux plus savans pâtés de godiveau.

Cailles à la broche. Voy. ce que nous avons dit un peu plus haut sur la manière de les apprêter.

Cailles au gratin. Plumez, videz et retroussez huit ou dix cailles; mettez les foies à part, que vous pilez avec le dos d'un couteau; vous remplissez le corps de vos oiseaux d'une farce confectionnée avec du blanc de chapon et de la moelle, dans laquelle vous mettez vos foies pilés, avec un peu de gros poivre, très-peu de sel et un peu d'aromates pilés: assujétissez-les avec une aiguille et du fil: versez dans le reste de votre farce plein une cuiller à dégraisser de velouté, que vous mêlerez bien avec cette farce. Étendez-la sur votre plat; posez-la un instant sur le feu; arrangez ensuite dessus vos cailles que vous couvrirez de bardes de lard. Trois quarts d'heure avant de servir, vous les mettez sur une chevrette, avec un feu ardent dessous, en les couvrant d'un four de campagne bien chaud. Lorsqu'elles sont cuites, vous en ôtez la graisse, et vous les saucez avec une italienne. *Voy.* SAUCES.

On peut aussi mettre les cailles au gratin sans les désosser.

Cailles à la poêle. Vos cailles appropriées, fendez-les sur le dos; faites une farce avec lard râpé, jambon cru haché, truffes, champignons, quelques foies gras, un jaune d'œuf cru; après avoir mêlé le tout ensemble, assaisonnez de sel, poivre, muscade et fines herbes; farcissez vos cailles de ce mélange haché : foncez votre casserole de bardes de lard, tranches de veau et de jambon, couvrez-la bien et faites suer sur des cendres chaudes pendant deux heures. Retirez ensuite les bardes et tranches, et finissez la cuisson de vos cailles sur le fourneau. Quand elles ont pris couleur, et que le jus s'attache à la casserole, retirez-les, dégraissez et mouillez ce qui reste attaché à la casserole, de bouillon et de jus. Passez au tamis; ajoutez du poivre concassé et du jus de citron. Versez sur vos cailles.

Cailles en papillottes. On coupe en deux sept ou huit cailles rôties, ou des cailles de desserte; on les met, étant froides, dans une durcelle; on enveloppe chaque moitié de l'oiseau d'une lame de jambon cuite d'un côté, et de l'autre d'un morceau de bardes de lard rôti; on les met en papillottes comme les côtelettes de veau; un quart-d'heure avant de servir, on les fait griller d'une belle couleur.

Cailles aux choux. Voy. PERDRIX.

Cailles au coulis de lentilles. Voy. PERDRIX.

Cailles à l'anglaise. Après avoir retroussé sept à huit cailles, et les avoir flambées, vous les marquez dans une casserole entre quelques bardes de lard, avec une cervelle de veau séparée en deux, une douzaine de petites saucisses dites *chipolata*, et un bouquet; vous assaisonnez de sel et de poivre, et vous mouillerez le tout avec un bon verre de vin de Madère et autant de consommé. Après avoir couvert vos cailles de bardes de lard et d'un rond de papier, vous les faites cuire, vous les égouttez, ainsi que la cervelle; vous ôtez la peau de vos saucisses, et vous les rangez au milieu de votre plat. Placez vos cailles autour, posez vos cervelles sur vos saucisses, masquez-les du ragoût que vous jugerez convenable, et servez.

Cailles en surtout. Voy. Bécassines.

Cailles (*Bisque de*). Troussez et passez huit cailles au roux comme des poulets ; empotez-les avec de bon bouillon, bardes de lard, bouquet garni, clous de girofle et assaisonnement, tranche de bœuf battue, lard maigre et citron vert. Faites mijoter à petit feu, garnissez de croûtes de pain bien chapelé, mitonnées dans de bon bouillon : servez dessus un coulis clair de veau.

Cailles (*Sauté de filets de*). Vous parez et arrangez les filets de dix ou douze cailles dans un sautoir ; vous faites tiédir un morceau de beurre que vous versez sur vos filets. Au moment de servir, vous les mettez sur un feu ardent. Quatre ou cinq minutes suffisent pour les cuire. Vous les égouttez et dressez en couronnes sur votre plat, avec un croûton glacé entre chaque filet. Après avoir fait le tour du plat, vous en garnissez l'intérieur. Saucez-les avec une espagnole claire.

Cailles au chasseur. Après avoir vidé et flambé vos cailles, mettez un morceau de beurre dans une casserole avec vos oiseaux, une feuille de laurier, du sel, du poivre, un peu de fines herbes. Placez-les sur un feu ardent, ayant soin de les sauter à chaque instant. Lorsqu'elles vous résistent sous les doigts, mêlez une cuillerée à bouche de farine avec vos cailles. Ajoutez un demi-verre de vin blanc et un peu de bouillon. La sauce étant bien liée, retirez vos cailles du feu, dressez-les ensuite sur un plat, et servez.

Cailles en caisse. Désossez huit cailles sur les reins seulement, remplissez-les d'une farce composée de quelques foies de volailles et de fines herbes cuites. Ayez une caisse ronde et que vous avez plissée, vous l'huilez, vous la faites chauffer et sécher sur le gril ; vous mettez dans le fond de votre caisse des fines herbes, rangez vos cailles dessus, et saupoudrez-les d'un peu de sel et gros poivre. Couvrez-les de bardes de lard avec un rond de papier beurré. Posez une feuille de papier huilé sur le gril et votre caisse dessus, à un feu très-doux et couvert d'un four de campagne. Laissez cuire ainsi vos cailles ; une heure suffit pour leur cuisson : dressez ensuite votre caisse sur un plat, retirez-en le lard. Après avoir glacé vos cailles, saucez-les d'une italienne rousse, et servez. *Voy.* SAUCES.

CAILLETEAUX. Ce sont les petits des cailles ; ils subissent en cuisine les mêmes apprêts que leurs mères. Quoi qu'il en soit, quelques cuisiniers savans les accommodent de la manière suivante :

Cailleteaux au salpicon. Flambez cinq ou six cailleteaux, et faites-les refaire. Foncez une casserole de tranches de veau et jambon légèrement assaisonnées, et d'un peu de lard fondu. Mettez-y vos cailleteaux, l'estomac en dessus, recouvrez de bardes de lard, faites cuire à la braise à très-petit feu : lorsqu'ils sont cuits, dressez-les sur un plat, après les avoir dégraissés. Apprêtez votre salpicon de la manière suivante :

Ayez des champignons, des ris de veau blanchis, coupés en dés, un bouquet de fines herbes, que vous passerez avec un morceau de beurre et une tranche de jambon. Vous mouillez le tout de bon bouillon, vous faites cuire et vous dégraissez. Sur la fin de la cuisson, mettez du coulis, quelques morceaux d'artichauts cuits et coupés en dés, avec de petits œufs blanchis. Le tout cuit et assaisonné de bon goût, servez vos cailleteaux dans ce salpicon.

CAISSE DE PAIN ou CROUSTADE. Ce mot porte avec lui sa définition, qui s'éclaircira davantage en donnant la manière de la faire.

On a un pain de pâte ferme dont on retire la croûte ; on en coupe un rond de la hauteur de quatre doigts et de la grandeur du plat sur lequel on doit l'établir.

On le pare bien rond, on cannelle le tour du pain bien également du côté qui est disposé pour former le couvercle. On y fait une incision à un demi-pouce du bord, et on fait prendre une belle couleur à la caisse dans du beurre clarifié : étant d'une belle couleur et bien sèche, on l'égoutte et on la vide; après quoi on s'en sert pour encaisser les légumes ou toute autre chose.

On procède de même pour toutes les petites croustades en caisse, croûtons et cœurs en losanges, et pour servir autour des légumes.

Caisse de filets de viandes mêlées. Faites une farce fine avec des blancs de volaille cuite, lard, graisse de bœuf blanchie, persil, ciboules, champignons, pointe d'ail, sel et poivre : le tout haché et lié avec six jaunes d'œufs. Foncez votre caisse de cette farce; mettez dessus les filets de viande que vous aurez préparés. Couvrez-les de la même farce, que vous unissez avec de l'œuf battu : poudrez de mie de pain, et faites cuire au four avec du papier dessus. Vos caisses cuites, dégraissez, mettez-y une bonne essence claire, et servez avec du jus de citron.

On fait des caisses d'anguilles, de maquereaux, de merlans, d'écrevisses, etc.

CALENDRE. Espèce d'alouette sans crête : elle est plus grosse que les autres, avec une grande étendue de voix. Les meilleures sont celles qu'on a prises fort jeunes, et qui sont du mois d'août. On connaît le mâle à la tête et au bec, qu'il a plus gros que les femelles.

Les calendres s'apprêtent et s'accommodent comme les alouettes. *Voy.* ALOUETTE.

CANARD. Oiseau aquatique; on en distingue plusieurs sortes; mais nous ne ferons mention ici que du canard de basse cour ou domestique, et du canard sauvage.

Les canards sauvages sont tous de la même couleur; le plumage des autres varie. Il y en a qui sont tout-à-fait blancs; il y en a qui sont moitié blancs et moitié d'une autre couleur.

Le canard sauvage est une espèce d'oiseau de passage qui aime la saison froide, et qui ne vient dans nos contrées que vers l'arrière-saison. Quelques-uns s'y arrêtent et y pondent.

Le canard domestique paraît rarement à la broche sur une table recherchée, cet honneur est réservé au canard sauvage.

Quoi qu'il en soit, le canard domestique partage avec l'oie l'honneur de donner naissance à des pâtés qui ne sont guère moins estimés, et qui ont rendu les villes de Toulouse et d'Auch si chères aux gourmets. De toutes les manières de faire voyager les truffes du Périgord, celle de les amalgamer avec des foies de canard, dans des terrines de faïence, n'est ni la moins agréable, ni la plus économique.

Un jeune caneton de Rouen n'est pas, à la broche, un mets tout-à-fait indifférent; mais sa modestie s'accommode mieux d'un lit de navets fait dans une braise succulente. On le sert encore, ainsi que le canard, aux cardons d'Espagne, au céleri, aux anchois, à la chicorée, aux concombres, aux huîtres, aux olives, à la purée verte, au coulis de lentilles, à l'italienne, etc., etc.

Canard à la broche. Après avoir vidé, flambé, paré votre canard, faites-le cuire sans le piquer ni le barder; il se mange avec sel et poivre blancs. On peut aussi l'accompagner d'une sauce piquante. Ce n'est guère qu'aux canards sauvages, comme nous l'avons dit, que l'on accorde les honneurs de la broche.

Canard aux navets. Procurez-vous un beau canard ou

deux canetons ; les ayant épluchés avec soin, vidés et flambés légèrement, vous les bridez en tenant les pattes en dehors : après cela, faites un roux dans une casserole ; lorsqu'il sera presque fini, placez-y votre canard ou vos canetons pour les faire revenir jusqu'à ce que les chairs soient bien raffermies ; mouillez aussitôt avec de bon bouillon, et remuez toujours jusqu'à ce que votre ragoût bouille bien : assaisonnez de sel, d'un peu de sucre, bouquet de persil, ciboules, et faites cuire à un feu un peu vif. Quand vos oiseaux seront aux trois-quarts cuits, vous y mettrez les navets, que vous aurez eu soin de tourner de la même grosseur, et fait sauter provisoirement dans du beurre pour leur faire prendre une belle couleur ; faites ensuite aller votre ragoût à petit feu, dégraissez-le soigneusement en le finissant : assurez-vous s'il est de bon sel, si votre sauce est bien liée, et surtout si elle n'est pas trop longue ; débridez ensuite votre canard ou vos canetons, dressez-les sur le plat dans lequel vous devez les servir, placez vos navets par-dessus et servez promptement.

Canard poélé. Après avoir plumé, vidé et flambé votre canard, troussez-lui les pattes en dedans des cuisses, que vous bridez avec de la ficelle ; rentrez-lui le croupion dans le corps, et assujétissez-le avec l'aiguille à brider et de la ficelle ; donnez à votre oiseau une forme ronde et raccourcie, frottez-lui l'estomac avec un jus de citron ; mettez ensuite des bardes de lard dans une casserole, votre canard dessus, couvrez-le de bardes et mettez une poêle pour le cuire. Une heure avant de le servir, mettez-le au feu, et faites-le mijoter jusqu'au moment de servir : ensuite, après l'avoir égoutté, débridé, dressez-le ensuite sur un plat ; cela fait, faites une sauce composée de la manière suivante :

Mettez dans une petite casserole trois cuillers à dégraisser d'espagnole travaillée, un peu de gros poivre, le jus d'une bigarrade ou d'un citron, avec un peu de son zeste ; placez votre casserole sur le feu ; au premier bouillon, versez cette sauce sur votre canard.

Canard en aiguilles. Choisissez un canard en bonne chair, que vous troussez, bridez et faites cuire comme celui dit à la poêle ; quand il est aux trois-quarts cuit, vous l'égouttez et le débridez ; placez-le ensuite sur votre plat, faites-lui sept ou huit ciselures sur l'estomac : après quoi hachez très-fin plein une cuillerée à bouche d'échalotes que vous mettez dans une casserole avec plein deux cuillerées à dégraisser de blond de veau, du gros poivre, un peu de muscade râpée et un peu de sel ; faites jeter quelques bouillons à vos échalotes, que vous retirez ensuite du feu : exprimez alors le jus de deux citrons dans votre sauce, et versez-la sur les incisions de votre canard.

On peut mettre son canard en entrée de broche.

Canard à la purée verte. Après avoir paré un bon canard, auquel vous troussez les pattes dans le ventre, faites-le cuire à une bonne braise. Ayez ensuite des pois que vous ferez cuire dans du bouillon : passez ensuite vos pois à l'étamine, ajoutez-y de l'essence de jambon. Si la purée n'est point assez verte, mêlez-y un peu d'épinards bien broyés. Servez le canard sur la purée.

Canard aux olives. Troussez et faites cuire votre canard comme celui dit à la poêle ; tournez vos olives, c'est-à-dire enlevez la chair de dessus les noyaux en tire-bouchon, à l'effet de la conserver entière, pour qu'elle puisse reprendre sa première forme ; mettez-les ensuite dans une casserole avec plein quatre cuillerées à dégraisser d'espagnole, deux fois autant de consommé ou de bouillon et un peu de gros poivre ; faites cuire alors vos olives sur un feu ardent ; quand la sauce est réduite au tiers, retirez-la du feu, tenez vos olives chaudes au bain-marie, que vous servirez sur votre canard.

Caneton aux petits pois. Préparez et faites cuire votre caneton comme le canard poêlé, et masquez-le d'un ragoût de petits pois au lard. *Voy.* ce mot.

Canard en daube. Choisissez un bon canard ; après l'avoir plumé, vidé, flambé et lardé de petit lard, assaisonné de sel et d'épices, faites-le cuire avec du bouillon, du vin blanc, sel, poivre, clous de girofle, laurier et fines herbes, jusqu'à ce qu'il n'y ait presque plus de bouillon ; lorsqu'il est cuit, tirez-le du feu, et laissez le refroidir dans son bouillon, dont vous le retirerez pour le servir à sec sur une serviette blanche garnie de persil.

On peut faire de même les daubes de poulets d'Inde, de perdrix et autres volailles.

Canard aux choux. Après avoir préparé votre canard comme il est indiqué à l'article de canard à la poêle, et fait blanchir vos choux, faites-le cuire dans vos choux avec un morceau de petit lard, un cervelas et des saucisses ; sa cuisson achevée, égouttez votre canard, et dressez-le sur un plat, égouttez vos choux, et après les avoir pressés, faites-en un cordon autour de votre canard ; rangez sur vos choux le petit lard et le cervelas avec des racines tournées ; glacez, saucez d'une espagnole réduite, et servez.

Caneton au beurre d'écrevisses. Après avoir fait poêler votre caneton, comme il est indiqué dans l'un des articles précédens, masquez-le d'une sauce au beurre d'écrevisses. *Voy.* BEURRE D'ÉCREVISSES.

Canard en gelée fine. On flambe et on vide un ou deux canards ; on les larde partout en travers avec de gros lardons de lard, assaisonnés de sel, d'épices mêlées, persil, ciboules, échalotes, basilic hachés ; on les met dans une marmite juste à leur grandeur, qu'on a foncée de quelques bardes de lard ; on met par-dessus les canards du sel, du gros poivre, des zestes de carottes et panais, des tranches d'oignons, des épluchures de jambon, si l'on en a, un bouquet de persil, ciboules, une gousse d'ail, trois clous de girofle : on mouille avec un peu de bouillon, un demi-poisson d'eau-de-vie, une chopine de vin blanc; on couvre bien la marmite, et on l'enterre dans la cendre chaude, pour faire bouillir à très-petit feu, après l'avoir mis en train de bouillir sur un fourneau : la cuisson achevée, on passe la sauce au tamis, et on y met les canards refroidir, pour les servir avec la sauce qui doit être en gelée, et sur laquelle un jus d'orange exprimé ne messied pas.

Canetons à la farce. On flambe et on vide deux petits canetons, on les désosse tout-à-fait, sans les fendre; on ne laisse que les pattes (on commence à les désosser par la poche, en ôtant l'os du brichet, celui de l'estomac et la carcasse) : on les remplit ou d'une farce au godiveau, ou d'une farce faite de volaille cuite à la broche, hachée avec tétine de veau et lard blanchi, persil, ciboules, champignons, sel, gros poivre, et liée de quatre jaunes d'œuf; on coud les canetons, pour que la farce ne sorte pas, et on les met cuire entre des bardes de lard, deux tranches de citron, un peu de bouillon, un verre de vin blanc, un bouquet de persil, ciboules, une gousse d'ail, trois clous de girofle, thym, laurier, basilic. La cuisson faite, on les essuie bien de leur graisse, et on les sert avec la sauce qu'on désire; le jus de citron ou d'orange simple, avec du sel et gros poivre, n'est pas la plus indifférente.

Canards ou Canetons en macédoine (Cuisses de). Ayez quatre canards dont vous levez les estomacs et les cuisses avec leurs peaux; après les avoir désossés, posez-les sur un linge blanc, et assaisonnez-les de sel et de gros poivre; mettez sur les chairs un peu de farce fine, cousez-les en forme de ballon, coupez les pattes au-dessus de la jointure, faites poêler les cuisses;

leur cuisson achevée, mettez-les refroidir entre deux couvercles; retirez les fils, parez vos cuisses, mettez-les chauffer dans une demi-glace, dressez-les sur un plat en couronne, glacez-les et mettez au milieu une macédoine. *Voy.* MACÉDOINE.

Canard aux huîtres. Faites un ragoût avec huîtres, truffes, ris de veau, ciboules hachées, persil, poivre, sel et bon beurre. D'une partie de ce ragoût, farcissez votre canard; après l'avoir ficelé, faites-le cuire à la broche, et servez-le avec le reste du même ragoût que vous versez par-dessus, ainsi que du coulis de champignons.

CANE PÉTRASSE ou CANE PÉTIÈRE. Oiseau de campagne qui se retire dans des trous et dans les bleds, lorsqu'il veut s'accoupler et faire son nid. Les canes pétrasses sont de la grosseur d'une petite poule, et couvertes de plumes marbrées de diverses couleurs; les pattes sont tant soit peu jaunes. Leur chair est assez bonne, mais inférieure à celle du faisan. On peut lui donner le même apprêt. Il s'en trouve beaucoup dans la ci-devant Beauce. *Voy.* FAISAN.

CANNELLE. C'est la seconde écorce des branches d'un arbre commun dans l'île de Ceylan. Elle est de couleur rougeâtre, friable, d'une odeur agréable, d'un goût aromatique, et se roule en petits tuyaux. On en fait un grand usage en cuisine pour l'assaisonnement, et à l'office.

Canelle fine (*Eau de*). Mettez infuser dans quatre pintes d'eau-de-vie et une chopine d'eau, deux onces de cannelle fine. Ajoutez-y le zeste de deux citrons, une once de bois de réglisse battu, et au bout de quelques jours d'infusion, faites votre distillation. Mettez fondre deux livres de sucre dans deux pintes d'eau; faites votre mélange, que vous passez ensuite à la chausse.

Cannelle (*Huile de*). Dans six pintes d'eau-de-vie jetez quatre onces de cannelle, deux gros de macis, une once de bois de réglisse battu ; concassez bien vos ingrédiens avant de les mettre infuser ; laissez écouler quelques jours avant de distiller ; faites fondre dans trois pintes et demie d'eau quatre livres de sucre, et opérez votre mélange, que vous finissez comme le précédent.

Cannelle (*Conserve de*). Ayez quatre gros de cannelle fine et deux livres de sucre. Que votre cannelle soit concassée, délayez-la dans un peu de sucre clarifié ou de sirop de guimauve. Jetez-la dans le sucre cuit au petit cassé ; remuez bien le mélange, que vous retirez ensuite du feu, et quand le sucre blanchit, versez dans les moules.

CAPILLAIRE. Plante dont on connaît plusieurs espèces ; mais les espèces les plus employées sont celles de Montpellier et du Canada. On en fait un sirop d'un grand usage.

Capillaire (*Sirop de*). Faites bouillir dans une pinte d'eau de rivière, environ un quart-d'heure, une bonne poignée de capillaire du Canada ; retirez-le ensuite en le passant sur un tamis. Vous aurez quatre livres de cassonade dans un poêlon ; versez votre ébullition de capillaire dans votre cassonade pour la fondre. Vous aurez eu le soin de préparer de l'eau battue avec un œuf, jaune et blanc. Pour clarifier votre sirop, écumez-le et jetez un peu d'eau blanche, jusqu'à ce qu'il ne jette plus d'écume et qu'il soit parfaitement clair. Quand il est au point de sa cuisson, qui est celle du lissé, mettez-y, en le retirant du feu, un demi-verre de fleur d'orange, et passez-le à la chausse ou dans une serviette. Lorsqu'il est froid, on le met en bouteilles.

CAPILOTADE. Ragoût qu'on fait de restes de volaille, de gibier, et d'autres viandes rôties dépecées. *Voy.* ces articles.

CAPRES. Les câpres sont les boutons à fleurs d'un arbrisseau qu'on nomme *câprier*, arbre qu'on cultive dans la ci-devant Provence, surtout du côté de Toulon. On les cueille avant qu'ils soient épanouis, lorsqu'ils sont encore petits et verts. On les met dans un lieu sombre, où on les laisse sécher et flétrir : on les confit ensuite au vinaigre. On les mange en salade et dans des ragoûts. Les petites sont les plus estimées.

Câpres (*Sauce aux*). Ayez de l'essence de jambon que vous mettez dans une casserole avec des câpres que vous divisez avec le couteau en trois ou quatre parties. Vous assaisonnez de sel et de poivre, et vous servez chaud.

CAPUCINE. Plante qui nous vient de l'Amérique : on l'a nommée ainsi parce que sa fleur est terminée postérieurement par un éperon creux qui ressemble à un capuchon. Elle est d'un goût assez piquant et d'une odeur forte et assez agréable.

On en cultive trois espèces : la petite, la grande et la double.

On élève la première dans nos départemens méridionaux ; on prend le bouton de sa fleur avant qu'il s'épanouisse, et on le confit comme les câpres.

La seconde espèce est presque la seule que l'on cultive dans le reste de la France. Sa fleur est veloutée, de couleur de souci, veinée de rouge. On la laisse épanouir, et on en garnit les salades.

On ne fait point usage en cuisine de la troisième espèce.

CARAMEL. Drogue qui consiste particulièrement en du sucre fort cuit. Le sucre au caramel se nomme encore *sucre brûlé*, parce qu'il est à son dernier degré de cuisson.

CARBONADE. Viande cuite sur le gril. Presque toujours on y fait une sauce un peu piquante. On fait des carbonades de mouton, de pigeon ou d'autre volaille, etc. *Voy.* Mouton, Pigeon, etc.

CARDES. Il y en a de deux sortes, de poirée et d'artichauts : celles de poirée sont les grosses côtes dépouillées des feuilles et des curicules. Celles d'artichauts sont de même, mais beaucoup plus grandes. Les plus blanches et les plus épaisses, dans les deux espèces, sont les meilleures.

Cardes d'artichauts. Otez les filandres, coupez en morceaux, et faites cuire jusqu'à ce qu'elles deviennent molles. Faites une sauce au beurre roux avec jus de bœuf, sel et poivre, que vous lierez avec farine frite. Dressez-les sur un plat, et faites-leur prendre couleur avec une pelle rouge. Au lieu de jus, on peut râper du fromage dans la sauce. Les cardes de poirée peuvent s'accommoder de même.

Cardes de poirée. Epluchez et coupez-les en morceaux d'une certaine grandeur ; faites-les blanchir, et les mettez dans une casserole, avec de bon jus, de la moelle de bœuf, un peu de Parmesan râpé. Assaisonnez convenablement, et faites mitonner ; finissez avec un filet de vinaigre. On les accommode encore comme les cardons.

CARDON D'ESPAGNE. Plante potagère, connue et d'un usage commun ; épluchez et coupez, comme ci-dessus, et faites blanchir et achevez, comme ci-dessus, pour les cardes de poirée.

Cardons à dame Claude. Epluchez, coupez, faites blanchir; faites cuire avec bouillon gras, jus de bœuf, sel et poivre, bouquet de fines herbes; servez chaudement pour entremets. On les sert aussi à la sauce blanche avec bon beurre frais, sel et poivre et un filet de vinaigre, deux jaunes d'œuf délayés.

Cardons (Purée de). Voy. Purée.

CAROTTE. Plante potagère, dont la racine est d'un grand usage en cuisine; il y en a de blanches longues, de blanches rondes, de jaunes longues ou rondes. Les jaunes sont les meilleures. Sa graine est aromatique comme celle des *daucus*, dont cette plante est une espèce. Sa racine est douce, sucrée, tendre, succulente, lorsqu'elle est cueillie avant qu'elle ait poussé sa tige; on l'emploie pour toutes les soupes, tant grasses que maigres, soit seule, soit accompagnée d'autres racines. Elle donne un fort bon goût au bouillon, et le rend doré. Lorsqu'elle est jeune et tendre, on la substitue aux navets dans les ragoûts de mouton; on en garnit différentes volailles: elle entre dans tous les jus de viande. On peut tirer de la carotte un vrai sucre, même sans art.

Carottes (Potage de). Voy. Potage.

Carottes au beurre. Après avoir épluché une douzaine de carottes, coupez-les en long d'une ligne et demie d'épaisseur; faites-les blanchir dans de l'eau avec du sel et gros comme une noix de beurre; quand elles sont cuites un peu ferme, égouttez-les dans une passoire, et mettez-les ensuite dans une casserole avec un bon morceau de beurre, du sel, du gros poivre, un peu de muscade râpée; sautez-les sur le feu, versez-y plein une cuiller à bouche de velouté, ou bien de l'eau seulement; ne les laissez pas bouillir, de crainte que le beurre ne tourne en huile: on peut y ajouter des herbes fines.

Carottes (*Ragoût de*). Coupez vos carottes et tournez-les; faites-les cuire un quart-d'heure à l'eau bouillante, et ensuite à la casserole dans de bon bouillon, un verre de vin blanc, sel et bouquet de fines herbes. Liez la sauce avec un peu de coulis, et servez vos carottes avec telle viande que vous jugez convenable.

CARPE. Poisson de rivière, de lac, d'étang et de marais, qui a des écailles assez larges et un peu jaunes, surtout celui de rivière, mais blanchâtres sur le ventre et brunes sur le dos. Les plus grosses carpes sont pour l'ordinaire les meilleures. Il est rare de trouver des carpes qui aient plus de deux pieds de longueur, et une carpe est réputée belle, lorsqu'elle a quinze ou dix-huit pouces. Cependant il y a des lacs et des rivières où les carpes parviennent jusqu'à la grandeur de quatre pieds et demi.

On en pêche dans certaines rivières qui ont la chair rougeâtre comme celle du saumon, et que l'on a appelées pour cette raison, *carpes saumonées*.

Les carpes des rivières sont préférables à celles des étangs. Les carpes de la Seine sont estimées : on fait encore plus de cas de celles de la Loire, parce qu'elles vivent dans une eau plus claire et plus rapide : on estime encore beaucoup celles du Rhin.

Le temps le moins favorable pour manger ce poisson est celui des mois de mai, juin, juillet et août. Les carpes, pour être bonnes, ne doivent être ni trop jeunes, ni trop vieilles. Il faut les choisir fermes et grasses. Les belles carpes ne s'apprêtent ordinairement qu'au court-bouillon.

Les carpes moyennes ne se servent guère que frites, à l'étuvée, à l'italienne, en fricassée de poulets, farcies, aux champignons, etc.

Les laitances des carpes sont un mets fort délicat ; on

les vend souvent séparément, et on les sert soit frites, soit en ragoût, soit en tourtes, etc.

La langue des grosses carpes cuites au court-bouillon est un morceau très-distingué.

Carpe à la matelote. Prenez une carpe en vie, nettoyez-la sans l'écailler, ouvrez la et la mettez avec son sang et son foie dans une casserole. Prenez de la marjolaine, du thym, du persil, du romarin et de la sarriette; vous ferez deux ou trois petits bouquets que vous mettrez dans votre carpe avec quatre ou cinq petits oignons entiers, vingt huîtres confites, trois anchois et quelques champignons. Versez ensuite assez de vin pour la couvrir : assaisonnez enfin de sel, de clous de girofle, de muscade et d'écorce de citron. Couvrez votre casserole, et mettez-la sur un feu vif; dès que la carpe sera cuite, posez-la sur un plat, faites fondre avec six cuillerées de bouillon un quart de beurre que vous battrez avec trois œufs et un paquet de vos herbes bien hachées, mêlez avec la sauce, versez le tout sur la carpe : garnissez le plat de tranches de citron, et servez.

Carpes à la marinière (*Matelote de*). La confection d'une bonne matelote ne s'opère qu'en employant carpe, anguille, brochet; après avoir écaillé et nettoyé votre poisson, coupez-le par tronçons, mettez-le dans une casserole avec de petits oignons passés au beurre, deux ou trois feuilles de laurier, un bouquet de persil et ciboules, des champignons, un peu de thym, du sel, du poivre et des quatre épices; versez du vin rouge sur votre poisson, en assez grande quantité pour qu'il baigne à l'aise dedans; placez alors votre poisson sur un grand feu : votre mouillement étant réduit à un tiers, mêlez un bon morceau de beurre avec deux cuillerées à bouche de farine, et jetez-le par petites boules dans votre matelote; remuez bien le tout, afin que le beurre et la farine lient bien votre sauce : dressez ensuite votre poisson sur un plat, des croutes à l'entour et la sauce par-dessus.

Carpe au bleu. En vidant votre carpe, faites-y le moins d'ouverture que vous pourrez; ficelez-lui la tête, et mettez-la ensuite dans une poissonnière proportionnée à sa grosseur; faites bouillir une demi-bouteille de vinaigre, que vous verserez tout bouillant sur votre carpe; mouillez avec du vin rouge, en observant d'en mettre assez pour que la carpe baigne à l'aise; mettez trois gros oignons coupés en tranches, deux carottes, du persil, de la ciboule, deux feuilles de laurier, une petite branche de thym, trois clous de girofle, du sel et du poivre : cela fait, mettez votre poissonnière sur le fourneau; faites mijoter environ une heure, plus ou moins, selon la grosseur de votre carpe, ôtez-la du feu, laissez-la refroidir dans son assaisonnement; dressez-la sur un plat avec une serviette dessous, et servez.

Carpes à l'étuvée. Faites frire vos carpes, et mettez-les ensuite dans une casserole avec une égale quantité d'eau et de vin blanc, auxquels vous ajouterez du macis, du gros poivre, du sel, quelques oignons, des fines herbes et du raifort râpé. Couvrez la casserole et laissez bouillir sur un feu bien doux pendant une heure au moins. Retirez alors les carpes et faites-les égoutter; pendant ce temps, mettez dans une seconde casserole un demi-litre de vin blanc, deux anchois hachés, un oignon, un peu de citron, un quart de beurre roulé dans la farine, un peu de bonne crême de lait, et une grande tasse du bouillon dans lequel les carpes ont été étuvées. Faites bouillir le tout pendant quelques minutes; ajoutez à la sauce deux jaunes d'œufs mêlés avec un peu de crême et exprimez-y la moitié d'un citron; dressez alors vos carpes sur un plat, et versez dessus la sauce bien chaude.

Carpe au court-bouillon. Préparez votre carpe comme

celle au bleu; faites bouillir du vinaigre que vous verserez dessus, faites un court-bouillon que vous mettrez avec votre carpe.

Carpe farcie. Choisissez une belle carpe, dont vous leverez les peaux et les chairs; supprimez-en la majeure partie de la carcasse, conservez la tête et la queue de la carpe et laissez environ trois pouces d'arête à l'une et à l'autre : avec ces chairs et celles de deux autres carpes, faites une farce à quenelles, étendez de cette farce dans le fond d'un plat, à peu près d'un doigt et demi d'épaisseur; mettez aux deux extrémités la tête et la queue. Faites un salpicon, avec lequel vous remplirez le ventre de votre carpe; couvrez ce salpicon de votre farce; donnez à cette farce la forme d'une carpe, unissez bien cette farce avec un couteau trempé dans l'œuf, dorez-la avec des œufs battus; enveloppez la tête et la queue de papier beurré. Une heure avant de servir, mettez votre carpe dans un four doux, faites-lui prendre une belle couleur, ôtez ensuite le papier; saucez votre carpe d'une bonne espagnole réduite, ou d'un ragoût de laitances, de champignons et culs d'artichauts, et servez.

Carpe (*Marinade de*). Coupez votre carpe en filets ou à l'ordinaire, par tronçons, mettez-les dans une casserole avec sel, poivre, poudre d'épices fines, trois clous de girofle, quelques tranches d'oignons, un peu de basilic, un jus de citron ou à défaut un filet de bon vinaigre; remuez bien le tout ensemble pour le faire mariner et lui faire prendre du goût : une heure avant que de servir, faites égoutter et bien ressuyer vos filets ou tronçons de carpe; ensuite farinez-les bien et faites-les frire de belle couleur, et puis servez-les garnis de persil frit.

On peut encore les tremper dans des œufs battus et les paner, ou bien dans une pâte à frire, mais il faut pour cela que le poisson soit cuit aux trois-quarts dans la marinade, avant que de le tremper dans la pâte.

Carpe grillée, sauce aux câpres. Procurez-vous une belle carpe ; après l'avoir écaillée et bien vidée, ciselez-la et mettez-la sur un plat avec du persil, de la ciboule, du sel, du poivre et de l'huile ; trois-quarts d'heure environ avant de la servir, placez-la sur le gril à un feu un peu ardent ; quand elle est grillée, masquez-la avec une sauce aux câpres, et servez. *Voy.* SAUCE AUX CAPRES.

Carpe frite. Après avoir écaillé et vidé une belle carpe, vous la fendez par le dos, ainsi que la tête pour faire suite ; votre carpe ne doit tenir que par le ventre ; vous la farinez ainsi que sa laitance, ou bien ses œufs, et vous la mettez dans une friture bien chaude.

Nous ferons observer que tous les poissons de rivière, lorsqu'ils sont un peu épais, se fendent et se farinent, en général, pour la friture.

Carpes (Sauté de filets de). On lève les filets de quatre ou cinq carpes ; après en avoir ôté la peau, on les coupe en carrés longs de deux pouces, et larges de neuf lignes ; on les arrange sur le sautoir : au moment de servir, on met le sautoir sur un feu un peu ardent ; aussitôt que le beurre jette quelques bouillons, on retourne les morceaux de l'autre côté, et après s'être assuré, en les tâtant avec le doigt, qu'ils sont cuits, on les égoutte, et on les dresse en miroton sur le plat.

Carpes (Ragoût de laitances de). Mettez dans une casserole du beurre, des champignons, une tranche de jambon, le jus d'un citron et un bouquet de fines herbes ; faites mijoter quelque temps à un petit feu ; joignez-y ensuite un peu de farine, vos laitances de carpe, et un peu de bon bouillon. Faites bouillir le tout environ un quart d'heure, et assaisonnez avec du poivre et du sel. Quand tout est prêt, épaississez la sauce avec deux ou trois jaunes d'œufs, un peu de crème et du persil haché.

On peut se servir de ce ragoût pour former des croquettes de laitances.

Carpes (Laitances frites de). Procurez-vous dix-sept à dix-huit laitances de carpes ; supprimez-en les boyaux, mettez ces laitances dégorger dans de l'eau fraîche, ayant soin de changer l'eau plusieurs fois ; lorsqu'elles seront bien blanches, mettez de l'eau dans une casserole avec un filet de vinaigre et une pincée de sel, posez la sur le feu, et lorsque votre eau bouillira, mettez y vos laitances ; faites-leur jeter un bouillon, égouttez-les ensuite : au moment de servir, trempez-les dans une pâte légère ; faites les frire d'une belle couleur ; après les avoir égouttées, dressez-les sur votre plat avec du persil frit, et servez.

Carpes (Caisse de laitances de). Ayez trente laitances de carpes, plus ou moins, dont vous supprimez les boyaux ; après les avoir fait dégorger, blanchir et égoutter, mettez un morceau de beurre dans une casserole avec champignons, persil, échalotes hachées très-menu, sel, poivre, muscade et épices ; passez-les légèrement sur le feu, en prenant garde qu'ils ne roussissent ; ajoutez y vos laitances, faites-les mijoter un instant dans cet assaisonnement ; ayez alors une caisse ronde que vous aurez eu soin d'huiler, et au-dedans de laquelle vous étendrez un gratin, gras ou maigre, mettez la sur le gril, posez ce gril sur de la cendre chaude ; versez vos laitances sur votre gratin, gratinez-les ; faites-leur prendre couleur au four de campagne : au moment de servir, retirez votre caisse, dressez-la et puis servez-la.

On peut procéder de même pour les laitances de maquereaux et de harengs.

Carpes (Coquilles de laitances de). On peut de même garnir avec des laitances de carpes, des vols-au vent, ou casseroles au riz.

Carpes (Quenelles de). Procurez-vous une belle carpe,

que vous aurez soin de bien préparer, en vous servant du même procédé que pour les quenelles de volaille (*Voy*. Volaille), à l'exception que vous ajoutez à votre chair de poisson un ou deux anchois.

Carpes (*Ragoût de langues de*). On se procure cent langues de carpes que l'on fait blanchir comme les laitances de ce poisson. La sauce de ces langues est la même que celle des laitances et se finit de même ; nous en avons indiqué la recette dans un des précédens articles.

CARRELET. Poisson de mer fort plat, taillé en losange comme le turbot ; blanc d'un côté, grisâtre de l'autre, avec de petites taches rouges. Quand ce poisson grandit, il prend le nom de plie. *Voy*. Plie.

Carrelets grillés. Après avoir vidé, lavé et essuyé vos carrelets, vous les huilez ; après quoi, ajoutez-y du sel et du poivre ; mettez des chalumeaux de paille sur le gril, sur lesquels vous posez vos carrelets ; faites les griller à petit feu, et masquez-les ensuite avec une sauce à l'italienne, maigre. *Voy*. Sauces.

Carrelets en casserole. Ayez plusieurs carrelets bien vidés, lavés et essuyés : frottez de beurre le fond d'une tourtière ; mettez-y vos poissons, avec sel, poivre, basilic, persil haché, ciboules entières, et un verre de vin blanc ; faites fondre du beurre et jetez-le sur vos carrelets avec sel, poivre et muscade ; panez ; faites cuire, feu dessus, feu dessous ; servez-les avec un coulis d'écrevisses ou avec une sauce blanche.

Carrelets à la bonne femme. Après avoir bien beurré un plat, mettez-y trois ou quatre carrelets, auxquels vous aurez fait la préparation nécessaire, avec sel, poivre, persil concassé, un verre de vin blanc ou de l'eau et un peu de chapelure par dessus ; mettez le plat sur un fourneau, couvrez-le, faites bouillir dix minutes, retirez-le et servez.

Carrelets frits. Vos poissons bien préparés, faites-les frire, et servez-les pour rôt; ou bien servez-les avec un coulis roux et un peu de moutarde.

Carrelets au Parmesan. Ayez un ou plusieurs carrelets, que vous coupez en deux; mettez-les dans une casserole avec beurre, persil, ciboules, champignons, une pointe d'ail, un demi-litre de vin blanc, gros poivre, peu de sel. Faites cuire à grand feu. La sauce étant presque réduite, mettez en un peu dans un plat; saupoudrez vos carrelets de parmesan râpé; arrosez du reste de la sauce, et remettez du parmesan. Faites glacer au four et servez de belle couleur.

CASSIS. Arbuste qui ressemble, par sa feuille, sa forme et son fruit, au groseillier, dont il est une espèce.

Cassis (Ratafia de). On a six pintes d'eau-de-vie à vingt-deux degrés, une pinte d'eau de rivière, deux livres de cassis, trois de sucre concassé, une livre de merises, six onces de feuilles de cassis et un gros de cannelle ou girofle. On écrase préalablement les fruits et les feuilles, on concasse la cannelle; puis on laisse infuser toutes ces substances dans l'eau-de-vie pendant un mois, au bout duquel on fait fondre le sucre dans l'eau, on décante la liqueur, et lorsque le mélange est fait, on filtre la liqueur et on la met en bouteilles.

CASSONADE. Sucre qui n'a point été rafiné, et qui se vend en poudre et en morceaux. On fait plus de cas de celle qui est blanche. On l'emploie aux mêmes usages que le sucre. On croit assez généralement que la cassonade sucre plus que le sucre rafiné, mais aussi elle donne plus d'écume. Les confitures et les sirops dans lesquels on l'emploie, sont moins sujets à se candir que ceux où l'on se sert du sucre.

CÉDRAT. Fruit de l'arbre du même nom, qui est une espèce de citronnier; mais ce fruit, avec les propriétés du citron, a un parfum beaucoup plus agréable. Ce fruit s'emploie en confitures et dans la distillation.

Cédrats (glace de). On zeste deux cédrats bien frais dans une livre de sucre cuit au lissé; il faut que le sucre soit encore chaud lorsque l'on zeste les cédrats, et en les coupant on y exprime leur jus s'il y en a; mais comme ce fruit n'est ordinairement employé qu'à cause de son parfum, qu'il donne très-peu de jus, on y supplée en exprimant dans la glace le jus de six citrons, qu'on laisse infuser pendant deux heures; puis on les passe au tamis de soie, et on fait glacer les glaces.

Cédrats (crême distillée de). Pour six pintes d'eau-de-vie à vingt-deux degrés, on prend quatre beaux cédrats, bien frais et d'un bon parfum, que vous zestez et mettez dans les six pintes d'eau-de-vie, avec une pinte d'eau, dans une cruche bien bouchée, et que vous laissez infuser pendant plusieurs jours. Après ce temps, vous faites votre distillation au bain-marie ; si votre eau-de-vie porte vingt-deux degrés, six pintes vous rendront quatre pintes et demi-setier d'esprit; vous faites fondre trois livres et demie de sucre dans trois pintes et demie d'eau, et vous y mettez votre esprit; vous le passez ensuite à la chausse, ou le filtrez au papier.

Cédrats (huile de). On suit le même procédé pour l'huile de cédrats que pour la crême, pour la quantité d'eau-de-vie et de fruit; il n'y a que du sucre de plus à y ajouter. Quand la distillation est faite, on fait fondre cinq livres de sucre dans quatre pintes d'eau; on y mêle les quatre pintes d'esprit qu'on a retirées, et on les passe à la chausse.

CÉLERI. Plante potagère qui n'est autre que l'ache des marais cultivée. Le céleri se mange cru en salade, et cuit, à la sauce blanche; on le met aussi dans plusieurs ragoûts, on le sert sous les viandes rôties, assaisonnées au jus, et on en fait encore usage dans les soupes.

Céleri (ragoût de). Prenez des pieds de céleri, bien épluchés, que vous faites cuire dans une eau blanche; après les avoir passés, faites-les cuire à la casserole, avec coulis clair de veau et de jambon, qu'on fera mitonner à petit feu; liez ensuite le ragoût sur le feu avec du beurre manié d'un peu de farine, et remuez jusqu'à ce que la sauce soit liée. On y ajoute un filet de vinaigre. Ce ragoût sert pour toutes les entrées de céleri; il est échauffant.

Céleri à l'espagnole. Otez les premières côtes dures de votre céleri; parez la tête, et coupez les pieds de six à sept pouces, tous de la même grandeur et de la même grosseur; faites-les blanchir à grande eau, dans laquelle vous mettez du sel. Quand votre céleri aura bouilli vingt minutes, rafraîchissez-le, et mettez-le égoutter, parez-le de nouveau, et mettez-le dans une casserole, avec un peu de gros poivre, gros comme un œuf de beurre, quatre cuillerées à dégraisser d'espagnole, et six de consommé, et faites cuire à un feu un peu ardent, et bouillir une demi-heure; dressez-le sur un plat et la sauce dessous.

Céleri frit. Préparez votre céleri comme celui à l'espagnole; quand il est blanchi et paré, faites un petit roux blanc, et mouillez-le avec du bouillon. Quand ce roux bouillira, versez-le sur le céleri que vous avez déposé; faites-le cuire; après vous être assuré s'il est cuit, égouttez-le, trempez-le dans une pâte à frire, et mettez-le dans une friture chaude. Sorti de la friture, saupoudrez-le de sucre; et après l'avoir glacé avec une pelle rouge, dressez-le sur votre plat.

Céleri au velouté. Epluchez, lavez et coupez du

céleri en petits brins ; laissez les feuilles tendres, et faites blanchir à grande eau ; lorsqu'il fléchira sous le doigt, rafraîchissez-le ; passez-le bien, et hachez-le comme si c'était de la chicorée. Mettez votre céleri dans une casserole, avec un morceau de beurre, un peu de sel, du gros poivre, et un peu de muscade râpée ; versez dessus, plein trois cuillers à dégraisser, de velouté et autant de bouillon. Faites réduire jusqu'à ce qu'il soit assez épais pour le servir, et mettez des croûtons à l'entour.

Céleri (crème de). Mettez dans une casserole deux pieds de céleri avec un demi-setier d'eau ; faites-les bouillir un bon quart-d'heure ; passez-les au tamis ; mettez cette eau dans une casserole avec une pinte de crème, un quarteron de sucre, des zestes de citron vert, de la coriandre, un peu de cannelle et de l'eau de fleur d'orange ; faites réduire à moitié et laissez refroidir jusqu'à ce qu'elle approche d'eau tiède ; ajoutez-y des gésiers bien lavés pour la faire prendre ; passez le tout à travers une serviette, dans un plat, que vous mettez sur la cendre chaude. Couvrez d'un autre plat, sur lequel vous mettez d'autre cendre chaude. La crème étant prise, mettez-la refroidir sur la glace.

CERF. Animal quadrupède fauve, fort léger à la course, qui rumine, qui a le pied fendu, qui porte sur sa tête un grand bois, ou des cornes à plusieurs branches qui tombent chaque année ; sa chair est assez bonne quand il est jeune ; mais elle est sèche et coriace lorsque le cerf est vieux. Il s'apprête et s'accommode comme le chevreuil. *Voy.* CHEVREUIL.

CERFEUIL. Plante potagère dont il y a deux espèces, le cerfeuil commun et le cerfeuil musqué ; l'odeur et le goût en sont agréables : il n'y a guère que le premier dont on se sert en cuisine ; on le mange dans les salades et la soupe, et il entre pour assaisonnement dans un certain nombre de sauces et de ragoûts.

CERISES. Fruit rouge et succulent, d'une saveur un peu vineuse: il y en a de précoces, d'hâtives; mais les meilleures sont celles à courte queue, telles que les coulars ou cerises de Montmorency.

On distingue plusieurs autres espèces de cerises, telles que les guignes, les bigarreaux, les cœurets, les guindoux, les merises et les griottes; mais les cerises proprement dites sont celles dont on se sert le plus, et qu'on emploie à plus de différens procédés; c'est d'elles que nous allons nous occuper dans les articles suivans.

Cerises à l'eau-de-vie. Ayez des cerises belles, bien saines et pas trop mûres; coupez-leur la queue à moitié, et mettez-les dans un bocal avec quelques clous de girofle et un peu de bois de cannelle; faites clarifier un quarteron de sucre pour une livre de cerises et une pinte d'eau-de-vie. Lorsque le sucre est au cassé, vous versez dessus de l'eau-de-vie à 22 degrés; vous mêlez le sirop avec l'eau-de-vie; quand il est froid, vous le versez sur les cerises, et puis vous mettez un bouchon de liège sur le bocal, que vous couvrez d'un parchemin mouillé, et puis vous le ficelez.

Cerises (Confitures de). Enlevez les noyaux des cerises, en observant de les déchirer le moins possible et de n'en point perdre le jus; mettez-les dans la bassine, avec une livre de jus de groseilles par vingt livres de fruits, et demi-livre de sucre, ou cassonade par livre du total; faites cuire à grand feu, remuez doucement vos cerises, et retirez la bassine après que vous aurez amené la cuisson à son point, comme il a été indiqué aux confitures de groseilles. *Voy.* GROSEILLES.

Cerises (Compote de). Mettez dans une poêle, avec un peu d'eau et de sucre, de belles cerises dont vous aurez raccourci la queue; couvrez-les et leur faites faire quelques bouillons; vous les dresserez ensuite et les arroserez de leur sirop; ayez soin de les laisser refroidir.

Cerises (Glace de). On ôte les queues et les noyaux de deux livres de cerises bien mûres, fraîches et point tournées, on les met dans un poêlon avec un quarteron de sucre pour leur donner un bouillon sur le feu. On aura préparé un tamis de crin sur une terrine pour les jeter dessus, lorsqu'elles auront pris un seul bouillon couvert; on passe les cerises pour qu'il ne reste que les peaux sur le tamis; on pile une poignée de noyaux de cerises, que l'on met infuser pendant une heure dans un gobelet d'eau avec le jus de deux citrons; on ajoute à la glace une livre de sucre clarifié, cuit au petit lissé, et on y passe l'infusion des noyaux; on la mêle bien avec une cuiller de bois, et on ne la met dans la salbotière que quand on est prêt à mettre à la glace.

CERVELAS. Espèce de mets qui se fait ordinairement avec du porc maigre, du veau, du lard et force épices, hachés ensemble et entassés dans un boyau de porc ou de bœuf, selon la grosseur et la longueur qu'on veut donner à chaque cervelas. Le boyau est étranglé en deux endroits par la ficelle ou le fil, et cet intervalle est un cervelas. On fait cuire ce boyau rempli, avant que de le manger, ou même de le vendre.

Cervelas fumés. Suivant la quantité de cervelas que vous voulez faire, vous prenez de la chair de porc frais bien entrelardée, que vous hachez en l'assaisonnant de sel fin et de fines épices; mettez-la dans des boyaux de cochon bien lavés, et de la grosseur que vous désirez faire les cervelas. Après les avoir ficelés par les deux bouts, pendez-les à la cheminée pour les faire fumer pendant trois jours, et faites-les cuire trois heures avec du bouillon, peu de sel, un bouquet de persil, ciboules, une gousse d'ail, thym, laurier, basilic. Quand ils sont froids, on les sert sur une serviette pour entremets froid.

Cervelas de Milan. Voici la recette de ces cervelas si vantés : sur six livres de porc maigre, on met une livre de lard, quatre onces de sel, une once de poivre. On hache bien le tout ensemble ; on arrose le mélange avec une pinte de vin blanc et une livre de sang de porc ; on ajoute une demi-once de cannelle et de girofle pilés ensemble. On tire du porc de gros lardons qu'on saupoudre bien d'épices. On répand ces lardons dans le mélange précédent, qu'on entasse dans le boyau du porc ; on lie le boyau par les deux bouts quand il est bien plein, et on le fait cuire : cuit, on le laisse sécher à la fumée, jusqu'à ce qu'il soit extrêmement ferme et dur.

Cervelas de plusieurs façons. Pour faire des cervelas aux truffes, on observera la même façon que pour les précédens, en y ajoutant des truffes hachées. Ceux à l'échalote, à la place des truffes, on y met un peu d'échalotes hachées. Pour ceux à l'oignon, on hache la quantité d'oignons que l'on juge à propos, on les met dans une casserole avec du lard fondu ; on les passe sur un moyen feu, jusqu'à ce qu'ils soient presque cuits, et on les met dans sa composition de cervelas, pour les finir comme il est marqué ci-devant.

Cervelas d'anguilles. Procurez-vous une ou deux anguilles, suivant la quantité de cervelas que vous voulez faire. Après les avoir dépouillées, prenez la chair, que vous hacherez bien menu avec un peu de chair de carpe ; joignez-y du beurre frais ce que vous jugez convenable, avec un peu de persil et de ciboules hachées, quelques échalotes et une gousse d'ail ; assaisonnez de sel et d'épices fines ; après avoir bien mêlé le tout ensemble avec quelques œufs, emplissez-en des boyaux de porc ou de bœuf; formez vos cervelas de la longueur que vous jugez à propos; faites-les fumer à la cheminée pendant trois jours, et mettez-les cuire dans du vin blanc et un peu d'eau, avec des oignons, des racines et un bon assaisonnement. Servez-les pour entremets.

CHAMPIGNON. Genre de plante dont les espèces ont un pédicule qui soutient un chapiteau, convexe en dessus et concave en dessous.

On divise généralement les champignons en *nuisibles* et en *bons à manger*. On met au nombre des premiers, la *vesse de loup*, et au rang des derniers, le *champignon ordinaire* qui vient sur couche, et c'est presque le seul dont on fait usage en cuisine.

Les champignons sont devenus un ingrédient obligé dans presque tous les ragoûts, soit en substance ou en jus, en coulis, en sauces, en ragoût. Comme aliment principal, leur emploi est plus borné: cependant on les mange à la crème, au four, au gras, en caisse, même frits. La manière la plus ordinaire, est de les servir gravissant sur une croûte: on les sèche; enfin, on en fait une poudre que l'on conserve, et qui n'est pas l'une des moindres ressources d'une cuisine savante et dispendieuse.

Champignons (*Croûte aux*). Ayez des champignons très-blancs, rompez le bout terreux de la queue, et lavez-les bien; mettez dans une casserole un peu d'eau dans laquelle vous exprimerez le jus d'un citron, sautez-y vos champignons; retirez-les ensuite, et après les avoir égouttés, mettez-les dans une casserole avec un morceau de beurre, un bouquet de persil et de ciboules; posez votre casserole sur un fourneau, sautez vos champignons; mettez-y une pincée de farine; mouillez-les avec d'excellent bouillon; faites-les partir, laissez-les mijoter et cuire; assaisonnez-les de sel, de poivre et d'un peu de muscade râpée.

Prenez la croûte du dessus d'un pain mollet râpé ou chapelé, et dont vous aurez ôté la mie; beurrez cette croûte en dedans et en dehors; mettez-la sur un gril et posez ce gril sur de la cendre rouge; laissez griller cette croûte. Au moment de servir, ôtez le bouquet qui est dans vos champignons, liez-les avec des jaunes d'œufs délayés avec de la crême; après avoir versé un peu de sauce sur votre croûte, placez-la sur votre plat, la partie bombée en dessus; dressez votre ragoût, et servez.

Champignons à la crême. Coupez en dés une quantité suffisante de champignons; faites-les cuire à grand feu dans une casserole avec beurre, sel, poivre, muscade, bouquet de fines herbes. La sauce réduite à point, mettez-y de la crême fraîche, et servez.

Champignons aux fines herbes. Procurez-vous des champignons, gros, fermes, et surtout qui ne soient pas *pleureurs*. (On appelle *pleureur* le champignon qui est vieux cueilli; coupez-en légèrement le dessus, lavez-les, égouttez-les et laissez-les mariner pendant deux heures environ dans de l'huile, sel, poivre et un peu d'ail; hachez les queues et les parures de vos champignons, pressez-les dans un linge pour en extraire l'eau; mettez-les dans une casserole avec de l'huile, du sel, du gros poivre, du persil, de la ciboule hachée, et une petite pointe d'ail; passez ces fines herbes un instant sur le feu; posez vos champignons sur une tourtière; mettez dans chacun d'eux une portion de ces fines herbes, couvrez-les de chapelure de pain; arrosez-les d'un peu d'huile, faites-les cuire au four ou sous le four de campagne. Leur cuisson achevée, dressez-les sur le plat, avec l'assaisonnement dans lequel ils ont cuit; exprimez dessus le jus d'un citron, ou arrosez-les d'un filet de verjus, et servez.

Champignons frits. Après avoir fait les préparations nécessaires à vos champignons, vous pouvez les faire frire crus ; faites-les bouillir ensuite dans du vin blanc léger, et assaisonnez-les de sel, gros poivre, avec le jus d'une orange.

Champignons à la provençale. Ayez une quantité suffisante de champignons bien fermes ; après les avoir épluchés, lavés et égouttés, coupez-les en deux, et faites-les mariner avec de l'huile, du sel, du gros poivre et une petite pointe d'ail ; au moment de servir, mettez vos champignons dans une poêle avec de l'huile, et sautez-les à grand feu. Vos champignons cuits et d'une belle couleur, vous pouvez y ajouter deux pincées de persil haché, une douzaine de croûtons taillés sur la croûte de pain mollet, et un jus de citron : après quoi, dressez, et servez.

Champignons au gras (Ragoût de). Choisissez de petits champignons ; après les avoir épluchés, lavés, égouttés, mettez-les dans une casserole avec lard fondu, bouquet, sel, poivre ; mouillez de jus de veau et faites mijoter à petit feu. Dégraissez, et liez avec du coulis de veau et de jambon. On fait servir ce ragoût pour tout ce qu'on veut et pour entremets.

Champignons au maigre (Ragoût de). Il se fait comme le précédent, si ce n'est qu'on met du beurre, du bouillon de poisson et du coulis d'écrevisses, à la place du lard, du bouillon et du coulis de veau et de jambon.

Champignons (Poudre de). Ayez une certaine quantité de champignons et de truffes ; après les avoir bien épluchés, faites-les sécher au soleil ou au four. Pilez le tout dans un mortier, passez au tamis, et mettez cette poudre dans une boîte bien close. On peut s'en servir toute l'année dans la confection des ragoûts, des pâtés chauds et froids, et pour assaisonner des lardons.

Champignons (Manière de conserver les). On peut les faire cuire et les conserver de la même manière que les culs d'artichauts (*Voy.* ARTICHAUTS), ou les fricasser et les mettre dans un pot avec du beurre fondu par-dessus, pour les empêcher de prendre l'évent. Au bout de trois semaines, on lève ce beurre, et on en met d'autre salé d'un travers de doigt d'épaisseur, et ainsi de suite de mois en mois, ayant soin de les tenir en lieu frais.

On peut employer d'autres procédés pour arriver au même résultat. Après avoir épluché et lavé vos champignons, passez-les un peu au beurre avec des épices. Mettez-les ensuite dans un pot avec un peu de saumure, du vinaigre et beaucoup de beurre par dessus, et couvrez-les bien. Avant de s'en servir, il faut avoir soin de les faire dessaler.

CHAPON. Poulet mâle à qui on a ôté les testicules. Les chapons sont excellens à six ou huit mois. Voici la manière de préparer, d'apprêter et d'accommoder le chapon, qui n'acquiert des qualités essentielles aux yeux d'un gourmand qu'aux dépens de sa virilité.

Chapon au gros sel. Choisissez un chapon de bonne chair; après l'avoir plumé, flambé, épluché, vidé, troussez-lui les pattes en dedans. Bridez-le, bardez-le, et mettez le cuire dans la marmite ou dans du consommé; sa cuisson achevée, cuisson dont on s'assure si en pinçant l'aileron de votre chapon avec les doigts il ne résiste pas, vous l'égouttez, vous le dressez et lui mettez sur l'estomac une pincée de gros sel : servez-le avec du jus de bœuf réduit.

Chapon à la braise. Après avoir approprié un bon chapon, vous le fendez sur le dos jusqu'au croupion; vous l'assaisonnez ensuite de sel, poivre et fines herbes, et vous le mettez dans une braise (*Voy.* BRAISE) avec la précaution de le bien couvrir. Quand il est cuit, tirez-le de votre braise, et servez-le avec le jus qui en est sorti et un jus de citron.

Chapon poêlé. Votre chapon plumé, flambé très-légèrement, épluché et vidé, vous lui couchez les pattes sur les cuisses, et vous les bridez de manière à faire bomber l'estomac, et que les pattes se trouvant assujéties, ne se dérangent pas en cuisant. Mettez des bardes de lard dans une casserole, et votre chapon par dessus. Couvrez-le de tranches bien minces de citron, et recouvrez-le de bardes de lard et une poêle par dessus : trois grands quarts d'heure suffisent pour le cuire.

Chapon à la broche. Plumez, videz votre chapon; après l'avoir fait blanchir, mettez-le à la broche, bardé et ficelé. Lorsqu'il est à-peu-près cuit, ôtez les bardes; panez-le d'une mie de pain bien fine : après lui avoir fait prendre une belle couleur, servez-le.

Chapon à la daube. Après avoir lardé de moyen lard votre chapon, vous l'assaisonnez de sel, poivre, clous de girofle, feuilles de laurier, ciboules et citron vert; vous l'enveloppez dans une serviette et le mettez dans un pot avec du bouillon et du vin blanc. Faites bouillir jusqu'à consommé. Vous laissez refroidir à demi; cela fait, tirez et servez à sec sur une serviette blanche.

Chapon au riz. Arrangez votre chapon dans un pot à part, de la même manière qu'il est indiqué, avec le même assaisonnement. Lavez ensuite un quarteron de riz à plusieurs eaux. Faites égoutter et sécher au feu. Faites-le cuire ensuite à petit feu avec du bon bouillon, en le mouillant et le remuant de temps en temps; étant cuit, tenez le chaudement sur des cendres chaudes, mitonnez des croûtes, égouttez votre chapon; ôtez la barde, dressez sur le potage avec une bordure de riz autour, et jetez sur le tout un jus de veau clair.

Chapon aux olives farci (Entrée de). On détache

un chapon la peau de l'estomac de la chair. On ôte cette chair, on la hache, et on la pile ensuite dans un mortier avec de la graisse de bœuf, persil, ciboules, champignons hachés, un peu de mie de pain trempé dans la crême, deux jaunes d'œuf crus; le tout assaisonné convenablement; on en farcit l'estomac du chapon, dans lequel on met tel ragoût que l'on juge à propos. On le met dans une bonne braise, feu dessus et dessous.

On pèle des olives, comme on pèlerait une poire, sans casser la peau; on met dans cette peau de la farce de la grosseur du noyau; on leur fait faire un bouillon à l'eau bouillante, et on les laisse mitonner dans de l'essence de jambon.

On retire son chapon, et on le sert proprement, le ragoût d'olives par dessus.

Chapon en ragoût. Coupez un chapon bien mortifié par la moitié; lardez de gros lard, passez-le au roux avec du lard fondu, de bon beurre et farine frite; ajoutez du bouillon, un bouquet de fines herbes, truffes, champignons et assaisonnement de bon goût. Faites mijoter, liez la sauce et servez avec des foies gras rôtis ou du persil frit.

Chapon aux racines (*Potage de*). Ayez un chapon bien mortifié, que vous ferez cuire dans du bouillon avec bardes de lard, oignon piqué de clous de girofle, et quelques tranches de jambon. Vous mettrez ce bouillon dans une marmite, vous y empoterez un autre chapon gras avec de petites ciboules entières, racines de persil, panais: le chapon cuit, retirez-le, faites mitonner des croûtes avec ce bouillon; dégraissez, servez le chapon gras par dessus, et garnissez votre potage de panais et de petites ciboules: avant de servir arrosez avec du jus de veau.

On fait des pâtés et des tourtes de chapon; ils se confectionnent de même que ceux de poulardes: au reste on fait subir en cuisine au chapon les mêmes préparations que celles usitées pour les dernières. *Voy.* POULARDES.

CHARBONNÉES. Endroits maigres du bœuf, du porc, du veau, coupés par tranches minces, et grillés sur le feu.

On donne aussi le même nom a une côte séparée de l'aloyau.

CHERVI ou CHERVIS. Plante potagère qu'on mange en hiver; on ne fait usage que de la racine, qui est droite, très-blanche en dedans, roussâtre à l'extérieur et de la grosseur du doigt. Sa feuille est très approchante de celle du panais, tant par la forme que par l'odeur.

La racine du chervi est très douce; on en fait un usage très-commun à titre d'aliment, on la sert sur les meilleures tables, apprêtée de diverses façons; on la mange ordinairement frite en pâte, comme les artichauts. Elle est plus saine cuite à l'eau bouillante et apprêtée avec de bon beurre, ou comme les salsifis.

CHEVALIER. Oiseau aquatique un peu plus gros qu'un pigeon; il a le bec long et les jambes si hautes, qu'il est comme à cheval, ce qui lui a fait donner le nom de chevalier. Il y en a de deux espèces, le rouge et le noir. Le *chevalier rouge* est blanc sous le ventre, et rouge et cendré sur le dos. Le *chevalier noir* est cendré et noir sur le dos, et blanc et jaune sous le ventre. Il y a quantité de ces oiseaux dans la ci-devant Basse-Normandie.

La chair des chevaliers ne sent pas la sauvagine; elle s'apprête et s'accommode comme celle du gibier à plume.

CHEVREAU. C'est le petit de la chèvre et du bouc. Il vient à-peu-près dans le même temps que l'agneau. Sa chair est assez bonne, tendre et délicate, mais il ne faut pas qu'il ait plus de six mois.

La meilleure façon d'apprêter le chevreau, et qui est aussi la plus usitée, est de le mettre à la broche et de le manger avec une sauce piquante ou très-chargée d'épices. On peut aussi lui faire subir quelques-unes des préparations et apprêts de l'agneau. *Voy.* AGNEAU.

CHEVREUIL. Quadrupède ruminant et sauvage, du genre des cerfs. Il est beaucoup plus petit, et à peine aussi grand qu'une chèvre. Son poil est de couleur fauve, mêlée de cendrée et de brun.

On mange le chevreuil à la broche, piqué : on fait des boudins avec son sang, et des saucisses avec sa chair. Sa chair, qui porte un goût sauvage, ne s'emploie guère que marinée; elle ne se sert qu'avec des sauces fortement relevées.

Chevreuil (*Manière de préparer un*). Dépouillez avec soin votre chevreuil; il est presque superflu de vous servir de couteau. Aussitôt que vous vous êtes fait jour entre la chair et la peau, introduisez votre poing dans l'ouverture, de la même manière que le font les bouchers en dépouillant un mouton; après quoi, ayez soin de bien ôter tous les poils qui ont pu se détacher de la peau, et qui se colleraient sur les chairs; fendez votre chevreuil en deux, comme si c'était un mouton : pour parvenir à ce but, accrochez l'animal par une jambe de derrière, fendez l'os du quasi au milieu de la moelle allongée; introduisez, à la naissance de cette moelle, un atelet de fer qui vous servira de guide, ayant la précaution de l'enfoncer, à mesure que vous partagez la pièce, jusqu'au cou. Après avoir séparé le cou du corps, vous couperez vos quartiers de derrière jusqu'à la première côte, en faisant en sorte que tout le filet mignon reste sur le quartier ; vous leverez ensuite les épaules comme celles du mouton, et vous séparerez la poitrine du carré.

Chevreuil (filets de). Levez les deux filets de votre chevreuil, parez-les de la même manière qu'un filet de bœuf. Cela fait, vous les piquez et les mettez dans une terrine avec deux verres de vinaigre, du sel, du poivre fin, trois ou quatre feuilles de laurier, six clous de girofle, sept ou huit branches de thym, cinq oignons coupés en tranches, une petite poignée de persil en branche, et quelques ciboules entières ; laissez vos filets mariner quarante-huit heures et même plus. Lorsque vous aurez besoin de vous en servir, vous les retirez de votre marinade, et vous les appropriez. Cette opération terminée, étendez des bardes de lard dans une casserole, quelques tranches de chevreuil, trois carottes, trois oignons, trois clous de girofle, deux feuilles de laurier et un peu de thym ; arrangez vos filets sur votre assaisonnement, et couvrez-les d'un papier beurré ; versez dessus une demi bouteille de vin blanc, autant de bouillon avec un peu de sel. Faites-les mijoter, feu dessus, feu dessous pendant une heure. Au moment de servir, égouttez-les, glacez-les et dressez-les sur votre plat, avec une sauce piquante dessous. Au défaut de celle-ci, faites un roux léger, que vous arrosez avec le mouillement dans lequel ont cuit vos filets ; mettez-y, pour donner à votre sauce une belle couleur, un peu de jus, deux ou trois cuillerées à bouche de vinaigre, du sel et du poivre ; faites réduire votre sauce à moitié, afin qu'elle prenne du goût.

Chevreuil rôti (quartier de). Après avoir paré le filet et le cuissot de votre chevreuil, piquez-le de lard fin, et laissez-le mariner comme les filets de chevreuil, comme il a été indiqué ci-dessus. Vous pouvez le laisser dans la marinade pendant huit jours. Vous le sortez de la marinade lorsque vous voulez vous en servir, et vous le mettez à la broche. Deux heures suffisent pour le cuire. Au moment du service, vous ôtez les brochettes et les ficelles employées à le maintenir : appropriez le manche, que vous enveloppez d'un morceau de papier; vous le mettez sur un plat, et vous l'accompagnez d'une sauce piquante.

Chevreuil (épaules de). Levez les chairs des épaules de votre chevreuil par petits filets, dont vous ôterez la peau et les nerfs; vous piquez ces filets, vous les faites mariner comme le quartier de cet animal; après les avoir fait cuire à la broche, ou les avoir sautées comme les côtelettes, servez-les avec une sauce poivrade.

Chevreuil à la broche (carrés de). Prenez deux carrés de chevreuil dont vous supprimerez l'échine; parez-en les filets; piquez-les; mettez-les mariner. Vous couchez sur la broche vos deux carrés, en les assujétissant avec de petits atelets, et les côtes les unes sur les autres, de telle manière que cette disposition forme un carré long. Vos carrés étant cuits, dressez-les sur un plat, accompagnés d'une sauce poivrade.

Chevreuil (civet de). Coupez par morceaux la poitrine d'un chevreuil, ainsi que le collet; passez du petit lard dans un morceau de beurre; égouttez le ensuite, et faites un roux léger avec ce même beurre; passez vos chairs avec le petit lard jusqu'à ce qu'elles soient bien roidies; après quoi mouillez-les avec une bouteille de vin rouge et une chopine d'eau. Vous assaisonnerez ce civet d'un bouquet composé de thym, de laurier et d'ail, avec sel et poivre. Remuez souvent votre civet, pour l'empêcher de s'attacher; ajoutez-y de petits oignons passés dans le beurre, avec des champignons; puis dégraissez-le. La cuisson achevée, et la sauce réduite à son degré, servez avec des croûtons de pain.

Chevreuil (*côtelettes sautées de*). On lève ces côtelettes comme celles de mouton ; on les pare de même, sans leur laisser aucune peau ; on les met dans un sautoir avec un peu de bonne huile, sel, poivre, ail et laurier. Un instant avant de servir, on saute ces côtelettes : la cuisson achevée, on en égoutte l'huile, on en ôte le laurier et l'ail. Cela fait, mettez-y un morceau de glace de gibier, sautez vos côtelettes dedans, dressez-les sur un plat. Faites bouillir une bonne poivrade dans votre sautoir ; faites en sorte que votre sauce soit un peu épaisse, et finissez avec un peu d'huile d'olive. Servez.

CHICORÉE. Plante potagère, dont on distingue plusieurs espèces, qu'on peut réduire à six : la *courte*, la *régence*, la *fine*, la *grosse frisée*, la *meaux* et la *scariole*. Elles ne diffèrent entre elles que par leurs feuilles, qui sont plus ou moins grandes, plus ou moins frisées.

Ordinairement on ne distingue la chicorée qu'en deux espèces principales, la *sauvage* et la *cultivée*.

La racine de chicorée sauvage à fleurs blanches se mange quelquefois cuite, après qu'on l'a bien fait blanchir. Celle à fleurs jaunes se sert en salade, dans le commencement du printemps.

Quant à la chicorée cultivée, qu'on a fait blanchir en la liant, ou dans le sable pour la rendre plus tendre et moins amère, on la mange en salade, ou on la prépare de plusieurs autres façons.

Chicorée pour les entrées (*Ragoût de*). Choisissez de la chicorée bien blanche ; après l'avoir épluchée et lavée, faites-la blanchir à l'eau bouillante, et passez-la à l'eau froide. Pressez-la bien, hachez-la grossièrement, mettez-la dans une casserole sur le feu ; après l'avoir mouillée d'un coulis de veau et de jambon, laissez-la mijoter à petit feu ; ayez soin de l'assaisonner d'un bon goût, et de la lier avec un peu de coulis et d'essence de jambon. Ce ragoût sert pour quelques entrées à la chicorée.

Chicorée pour les potages (Ragoût de). Choisissez et faites blanchir votre chicorée comme la précédente; étant blanchie, faites-en un paquet, et mettez-la dans une marmite avec du bouillon assaisonné. Le potage dressé, la pièce de volaille au milieu, faites autour un cordon de chicorée.

Chicorée (Purée de). Voy. PURÉE.

Chicorée (Manière de conserver la). Mettez un chaudron plein d'eau sur le feu; épluchez chaque tête de chicorée, et lavez-les bien ; quand l'eau bout, jetez-les dedans, laissez-les faire deux ou trois bouillons, retirez-les ensuite. Après les avoir bien égouttées, rangez-les dans des pots par lits ; jetez une poignée de sel sur chaque lit, appuyez bien la chicorée dans les pots, jusqu'à ce qu'ils soient pleins, mettez du sel par-dessus; laissez-les deux jours prendre l'air, couvrez-les ensuite de beurre fondu, et fermez vos pots avec du papier propre et fort. Cette opération ne doit être pratiquée que vers la mi-septembre.

Chicorée au jus. Après avoir fait blanchir vos chicorées toutes entières, égouttez-les, fendez-les par le milieu, assaisonnez-les de poivre et muscade ; les ayant ficelées par deux ensemble, vous les mettez dans une casserole avec des bardes autour et les couvrez de lard; ajoutez-y un morceau de veau ou de bœuf, et des côtelettes de mouton, deux oignons, autant de carottes, autant de clous de girofle, et un bouquet garni. Mouillez avec un dégraissis de consommé; faites cuire vos chicorées, et entretenez un feu ordinaire dessus et dessous pendant trois heures, au bout desquelles vous les égouttez, les pressez dans un linge blanc, et les troussez toutes de la même grosseur; dressez-les en couronne sur le plat, pour servir aux entrées qui sont susceptibles de cet accompagnement.

Chicorée au velouté. Dépouillez vos chicorées de leurs feuilles vertes en ne leur laissant que le blanc ; coupez la tête, et mettez la chicorée, partagée en deux, dans l'eau pour la laver : cela fait, ayez plein un chaudron d'eau bouillante où vous jetez une poignée de sel ; mettez-y votre chicorée, et enfoncez-la à chaque instant dans l'eau pour éviter qu'elle se noircisse ; lorsqu'elle se mêle avec l'eau, elle est assez blanchie ; si elle fléchit sous le doigt, égouttez-la dans une passoire, et mettez-la à l'eau fraîche. Quand elle sera bien froide, vous l'égouttez encore, et la passez dans les mains pour en extraire l'eau. Ces opérations terminées, hachez votre chicorée, que vous mettez dans une casserole avec un bon morceau de beurre, un peu de sel et gros poivre, remuez beaucoup, et versez dessus plein cinq cuillers à dégraisser de velouté, autant de consommé : faites réduire le tout jusqu'à ce qu'il soit un peu épais, et dressez-le sur un plat avec des croûtons à l'entour.

CHOCOLAT. Pâte sèche, d'un goût agréable, enrichie du mélange de plusieurs ingrédiens, comme le sucre, la vanille, la cannelle et autres aromates. On se sert du chocolat de plusieurs manières. On le mange en nature, on en fait différentes boissons, et on l'apprête sous différentes formes.

Chocolat (Crême au). On fait dissoudre du chocolat dans de l'eau, à la proportion d'un verre par livre ; on y met un peu de sucre, que l'on mêle avec crême, lait et jaunes d'œufs, dans la proportion de six par pinte de crême ou de lait ; on y ajoute un grain de sel. On passe cette crême au tamis, et on la fait prendre au bain-marie avec du feu dessous, en observant qu'elle ne bouille pas.

Chocolat en boisson. Ayez du bon chocolat à la vanille ; les tasses sont ordinairement marquées ; il y en a de marqué à douze et à seize tasses à la livre ; si c'est pour du chocolat à l'eau, il faut prendre de celui à douze tasses à la livre ; celui de seize est pour la crême ; vous mettrez dans une chocolatière la même quantité de tasses d'eau que vous voulez faire de chocolat ; lorsqu'elle sera près de bouillir, vous y mettrez autant de chocolat marqué par tasse, que vous aurez mis de tasses d'eau ; vous le ferez fondre en tournant le bâton à chocolat dans les mains ; vous lui ferez prendre quelques bouillons, et le laisserez mijoter quelque temps sur de la cendre chaude : avant de le servir, vous le remuerez bien avec le bâton, en le tournant pour le faire mousser, et vous le verserez dans les tasses.

Chocolat (Conserve de). Ayez quatre onces de chocolat et deux livres de sucre, faites fondre le chocolat dans une quantité de sucre clarifié suffisante pour qu'il soit bien liquide ; puis jetez-le dans votre sucre cuit au petit cassé, remuez bien le mélange, et quand le sucre sur le feu commence à boursouffler, retirez-le, et coulez la matière dans des caisses ou moules.

Chocolat à la crême (Glace de). Dans une pinte de crême double, mettez neuf jaunes d'œufs bien frais, que vous délayez avec la crême et une demi-livre de sucre en poudre, et mettez-la cuire doucement. Lorsqu'elle est à son point de cuisson, faites fondre une demi-livre de chocolat dans un verre d'eau ; lorsqu'il est bien fondu, mêlez-le avec la crême : passez le tout à l'étamine et mettez-le glacer.

CHOU. Plante potagère très commune, et dont les espèces et les variétés sont très-multipliées.

On en distingue plusieurs espèces principales, savoir :

Les *choux cabus* ou *pommés*, à feuilles lisses et ordinairement glauques ;

Les *choux de Milan*, pommés, à feuilles cloquées et d'un vert plus ou moins foncé;

Les *choux verts* ou *sans tête*, qui peuvent durer trois ans et plus;

Les *choux-fleurs* et les *brocolis*.

Tous les gros choux cabus sont propres au *sauerkrant*, en français *chou-croûte*, lorsque leurs pommes sont pleines et serrées.

Tous ces divers choux ont un grand nombre de variétés et sous-variétés dont la connaissance est plus du ressort du jardinier que du cuisinier.

Le *chou-fleur* est regardé comme faisant une race à part, quoiqu'il vienne ordinairement du chou vert. On en distingue trois variétés principales : le *tendre*, le *demi-dur* et le *dur*.

Les choux sont d'un grand secours dans la cuisine, même dans la cuisine savante. Un habile artiste sait en varier ses potages, ses garnitures et ses entourages : tout dépend de l'assaisonnement. Un *chou à la bavaroise* n'est point un ragoût ordinaire. Enfin, on fait dans toute l'Allemagne, et même en Alsace, avec des choux rouges fermentés, une préparation, connue sous le nom de chou-croûte, qui, faisant perdre au chou toutes ses qualités délétères, le rend un aliment aussi sain qu'agréable.

Chou à la bavaroise. On coupe un chou de Milan que l'on fait blanchir; on fait blanchir d'autre part une andouille ordinaire que l'on coupe en deux; après avoir ficelé le tout séparément, on le fait cuire ensemble dans une bonne braise, avec du bouillon, sel, poivre, bouquet garni, trois clous de girofle et deux oignons. La cuisson achevée, on dégraisse, et on sert l'andouille au milieu du plat, et les choux autour; et sur le tout on verse une sauce claire et de bon goût.

Les cervelas et saucisses se servent de même.

Choux rouges à la flamande. Ayez deux choux rouges que vous coupez en quatre; après en avoir supprimé le trognon, émincez-les avec un outil mis en usage pour les personnes qui ont l'habitude de faire de la chou-croûte; faites-les blanchir et rafraîchir; mettez-les ensuite dans une casserole, avec un morceau de beurre, une feuille de laurier, un oignon piqué de deux clous de girofle, du sel et du poivre; faites-les partir; retournez-les bien pour qu'ils s'incorporent avec le beurre; posez-les sur la paillasse avec un feu léger dessous; couvrez-les de leur couvercle avec de la cendre rouge dessus; laissez-les ainsi mijoter trois ou quatre heures en les retournant de temps en temps. Il faut prendre garde qu'ils ne brûlent; leur cuisson achevée, ôtez-en la feuille de laurier et l'oignon, et finissez par un morceau de beurre.

Chou brocoli à l'huile. Ce chou ressemble au chou-fleur, dont il ne diffère que par ses feuilles ondulées, par ses dimensions en tout plus grandes et par ses couleurs.

Prenez plusieurs choux de cette espèce: après en avoir supprimé toutes les feuilles, hors celles qui sont plus près de la fleur, on les lave, on les fait blanchir et cuire; on les dresse sur un plat comme des asperges, et on les sert à l'huile.

Choux farcis. On fait blanchir deux choux moyens dans de l'eau et du sel; quand ils ont été un bon quart-d'heure dans l'eau bouillante, on les rafraîchit, on les égoutte et on en ôte les cœurs.

On a une demi-livre de veau, une livre de gras de lard, que l'on assaisonne de sel, de gros poivre, d'un peu des quatre épices, et d'un peu d'aromates pilés. Après avoir bien haché le tout, on y ajoute sept ou huit jaunes d'œufs, que l'on mêle bien à la farce; on met cette farce dans l'intérieur de chaque chou, que l'on a soin de bien ficeler.

On arrange dans le fond d'une casserole des bardes

de lard, quelques tranches de veau, un peu de jambon, deux ou trois carottes, quatre ou cinq oignons, un peu de thym, une feuille de laurier et deux clous de girofle : on met les choux par dessus ; que l'on couvre de lard ; on les mouille avec du bouillon pris du derrière de la marmite ; on y ajoute un peu de sel et de poivre, et on fait mijoter une heure et demie. Les choux cuits, on les égoutte sur un linge blanc ; on en extrait le jus en le pressant un peu : après quoi on les déficelle, on leur donne une forme agréable, on les dresse sur un plat, on les glace et on met une sauce espagnole dessous. Si l'on n'a pas de sauce, on fait un roux léger que l'on mouille avec le fond de la cuisson et que l'on passe au tamis de soie.

Choux (Potage aux). Voy. POTAGE.

Choux à la crème. Lavez deux ou trois moyens choux, que vous émincez et que vous faites blanchir dans l'eau, où vous aurez mis une poignée de sel ; lorsqu'ils fléchiront sous les doigts, vous les rafraîchirez et les presserez comme la chicorée. Mettez un morceau de beurre dans une casserole avec vos choux, auxquels vous aurez donné quelques coups de couteau, sel, gros poivre, et un peu de muscade râpée ; passez-les bien, ajoutez plein une cuillerée à bouche de farine, que vous mêlez avec les choux ; mouillez-les avec de la crème. Au cas qu'ils soient trop liquides, on les fait réduire, on les prépare de même, on les arrose avec du bouillon, et on employe le même assaisonnement.

Chou rouge à l'étuvée. Enlevez toutes les feuilles extérieures de votre chou, puis hachez-le menu, et lavez-le bien ; ajoutez-y un ou deux oignons, suivant la grosseur, coupés en tranches minces, du poivre et du sel ; faites cuire le tout à l'étuvée avec du jus, jusqu'à ce que le chou soit très-tendre. Quelques minutes avant de servir, épaississez-le avec un morceau de beurre roulé dans la farine, et ajoutez-y du vinaigre à votre goût.

Choux frisés en purée. Prenez deux ou trois choux frisés, ôtez les grosses côtes, et hachez le reste bien menu; mettez le dans une casserole avec un morceau de jambon, du petit lard, et du beurre frais. Après l'avoir exposé sur le feu, remuez bien pendant deux heures. Quand ils seront diminués et presque cuits, vous ôterez le jambon et le lard, vous mouillerez avec du blanc de veau bien doux, et vous achèverez de faire cuire.

On sert les choux ainsi préparés avec un croûton de pain dessus, et des saucisses autour. Il faut faire attention que tout cela cuise doucement.

Choux-fleurs (*Préparation des*). Le chou-fleur est d'une grande ressource pendant une partie de l'année et se conserve frais jusqu'à la fin de janvier, et même un peu plus tard. Non moins sain que l'épinard, il offre moins de difficultés dans ses apprêts; et, sans être extrêmement habile, un cuisinier peut vous faire manger d'excellens choux-fleurs à la sauce blanche, au jus de mouton, frits en pâte et au parmesan, ce qui est la manière la plus piquante et la plus distinguée de les servir. Les choux-fleurs servent aussi d'entourage à plusieurs sortes de milieux, et de garnitures à beaucoup de ragoûts. En tout, c'est un fort beau légume, surtout si l'on choisit les têtes les plus blanches, les plus fermes et les plus serrées, car celles qui sont d'un blanc sale et grenées doivent être rejetées avec soin.

Choux-fleurs à la sauce blanche. Après avoir épluché vos choux-fleurs, tenez une casserole sur le feu, avec de l'eau, un peu de sel, gros comme la moitié d'un œuf de beurre; lorsque l'eau bout, mettez-y les choux-fleurs; lorsqu'ils sont cuits, étant un peu fermes, retirez-les du feu. Un quart-d'heure suffit pour la cuisson. Au moment de servir, vous les dressez sur un plat, et vous les masquez d'une sauce au beurre, blanche ou brune. *Voy.* SAUCES.

Chou-fleur à la crême. Jetez votre chou dans une marmite et laissez bouillir jusqu'à ce qu'il soit presque cuit, faites égoutter ensuite. Prenez un verre de bon jus et ajoutez-y une cuillerée de vinaigre ; mettez ce mélange dans une casserole sur le feu, et lorsqu'il est chaud, placez-y votre chou-fleur ; vous le retirerez au bout de dix minutes, s'il vous paraît suffisamment cuit, et vous mêlerez à la sauce deux jaunes d'œufs et un verre de crême ; quand le tout est bien lié, vous disposez votre chou sur un plat et vous versez la sauce par-dessus.

Choux-fleurs frits. On laisse cuire les choux-fleurs aux trois-quarts ; on fait une sauce blanche un peu liée, dans laquelle on fait sauter les choux-fleurs, et on les met refroidir : quelques instans avant de servir, on trempe les choux-fleurs dans une pâte à frire, et on les met ensuite dans une friture un peu chaude ; quand ils sont blonds, on les retire, et on les dresse après sur un plat.

Choux marinés. Pour mariner les choux, on les coupe par tranches en travers, on les met sur un plat de terre, on les saupoudre avec quelques poignées de sel, on les recouvre d'un plat et on les laisse ainsi pendant vingt-quatre heures ; on les fait ensuite égoutter dans une passoire ; on les met dans un pot de grès ; on verse pour les recouvrir une assez grande quantité de vinaigre qu'on a fait bouillir avec quelques clous de girofle, un peu de maïs et les épices qu'on juge convenables ; on les laisse refroidir, et on couvre le vase avec un parchemin.

Il en serait à peu près de même si c'étaient des choux-fleurs qu'on voulût mariner, seulement on les couperait par bouquets, on les saupoudrerait de sel, on les arroserait d'eau bouillante, on les laisserait égoutter, enfin on les mettrait dans un bocal que l'on remplirait de vinaigre et qu'on boucherait bien exactement.

Choux-raves et choux-navets (*Manière de préparer et d'accommoder les*). Les choux qui sont d'une espèce différente des autres, paraissent rarement sur les tables délicatement servies; on n'en mange point les feuilles, mais les trognons qui sont gros comme les deux poings; on supprime l'écorce; on les taille en forme de navets ou de fausses cardes; après les avoir fait blanchir comme les navets, on les marque de même. Leur cuisson achevée, on les met soit au velouté, soit à l'espagnole, soit à la sauce au beurre.

Choux-croûte (*Manière de préparer la*). On épluche bien une cinquantaine de choux bien blancs et d'une bonne nature; après les avoir émincés avec un outil propre à cette opération, on défonce un quart à bierre, ou à vinaigre, ou à vin; l'ayant bien nétoyé, on le place debout sur un chantier; on le perce à trois ou quatre pouces du fond, pour laisser couler la saumure; alors on arrange dans ce quart les choux par lit de sel et de choux, en semant dans l'intérieur une demi-livre de graines de genièvre. Les choux ainsi préparés, on les couvre d'une toile neuve et du fond du quart, que vous chargez de pierre, ou d'autre masse pesante. On laisse couler la saumure jusqu'à ce qu'elle sorte claire, ce qui exige une quinzaine de jours. Au bout de ce temps, on bouche le trou du bas, on remplit le quart d'une nouvelle saumure : deux livres de sel marin suffisent pour cinquante livres de choux. Au bout de vingt jours on peut se servir de cette chou-croûte, comme il est indiqué plus bas.

Nous ferons observer que les carottes, les navets, se conservent de même que la chou-croûte, en suivant le même procédé.

) *Chou-croûte. (Manière de faire cuire et d'apprêter la).* Prenez trois ou quatre livres de chou-croûte que vous laverez à plusieurs eaux; mettez-la dans une casserole avec un morceau de petit lard de poitrine, un saucisson cru et quelques saucisses que vous ajoutez au dernier moment de sa cuisson; mouillez-la avec du bouillon et du dégraissis de braisière; il faut six heures pour cuire à petit feu votre chou-croûte, que vous égoutterez ensuite et que vous dresserez sur un plat avec le saucisson, le lard et les saucisses.

CIBOULE, CIBOULETTE. Plante bulbeuse, d'un goût et d'une odeur piquante, d'un grand usage en cuisine pour les sauces et les ragoûts. Il y en a trois espèces: une vivace, qui ne produit point de graines; celle qui graine; et la troisième est la cive, civette ou ciboulette.

La ciboule vivace est d'un usage plus étendu que les deux autres espèces; on l'emploie non-seulement comme elles dans l'apprêt de nos alimens, mais elle a en outre l'avantage que, lorsque le mois de juin est passé, sa bulbe est assez grosse, et a assez de qualité pour être employée en guise d'oignon nouveau; on peut même substituer, pendant l'hiver, à l'oignon ordinaire, ses bulbes, après les avoir arrachées, séchées et conservées de même.

CIDRE. Boisson que l'on tire de la pomme. Elle est très-ancienne. En France, la Normandie est pour le cidre ce que sont la Bourgogne et la Champagne pour le vin.

Le cidre se tire des pommes rustiques de plusieurs espèces, dont il faut bien connaître les sucs, afin de les combiner convenablement, et de corriger les uns par les autres.

Le bon cidre doit être clair, ambré, agréable au

goût et à l'odorat, et piquant. Il y en a qui se gardent jusqu'à quatre ans. Les cidres légers ne passent guère la première année.

CITRON. Fruit du citronnier: son écorce jaune et ridée est d'une odeur très-agréable par l'huile essentielle dont elle abonde. Ce fruit, dont il y en a d'aigres et de doux, est très-rafraîchissant. On se sert beaucoup, en cuisine, du jus pour donner du relief aux alimens. L'office emploie toutes les parties de ce fruit. Les zestes sont d'un grand usage dans la distillation. On fait avec le suc de sa pulpe, du sucre et de l'eau, une boisson très-agréable, très-saine et très-rafraîchissante, qu'on appelle *limonade*.

Citrons confits. Prenez des citrons qui aient l'écorce fort épaisse; coupez-les par quartiers, et mettez-les sur le feu avec de l'eau pour les blanchir: lorsqu'ils sont assez attendris pour que la tête d'une épingle passe facilement à travers en pressant faiblement, vous les mettez dans de l'eau fraîche; vous prenez du sucre clarifié et cuit au lissé, et le mettez sur le feu; lorsqu'il bout, vous y jetez vos quartiers de citrons, et, après leur avoir donné un bouillon couvert, vous les retirez et les écumez. Le lendemain, vous les retirez et les égouttez, et mettez le sucre à la nappe; vous y jetez les citrons, auxquels vous faites faire trois ou quatre bouillons; vous faites la même chose le troisième et le quatrième jour, ayant soin d'ajouter chaque fois un peu de sucre clarifié, et le cinquième vous faites cuire votre sucre au perlé; vous y mettez vos fruits, auxquels vous donnez un bouillon couvert et les écumez, puis les mettez deux jours à l'étuve, et l'écumez.

Citrons à l'eau-de-vie. Prenez des citrons, ratissez la superficie avec du verre cassé; coupez l'écorce en filets, que vous ferez blanchir. Faites-leur faire quelques bouillons au sucre clarifié. Laissez reposer. Le jour suivant faites-leur en faire autant : laissez encore reposer. Le troisième jour, finissez votre sucre au sirop, et faites faire encore quelques bouillons à vos filets. Mettez ces filets en bouteilles : faites chauffer ensuite autant d'eau-de-vie que de sirop mêlés ensemble, mais sans bouillir, et mettez-les sur votre sucre. Le sucre ne doit être que la moitié du poids du fruit.

Citrons (*Compote de*). Faites une gelée de pommes, et en la cuisant, ayez un gros citron que vous pélerez jusqu'à la chair. Coupez cette chair en plusieurs tranches, et jetez-les dans votre gelée, les pepins ôtés. Faites bouillir le tout jusqu'à ce que votre gelée soit à son degré de cuisson. Laissez refroidir à moitié; faites une assiette de tranches de citron, et jetez votre gelée par-dessus.

Citrons (*Conserve de*.). Mettez dans du sucre à la grande plume, de la râpure d'écorce de citron ; étant à moitié froid, travaillez votre sucre; et lorsque vous le verrez prêt à s'épaissir, vous mettrez votre conserve dans les moules.

Citrons (*Crême de*). Blancs de six œufs frais, jus de six citrons, demi-verre d'eau avec de la râclure de l'écorce de ce fruit. Battez bien le tout, passez-le deux ou trois fois, après y avoir mis le sucre nécessaire. Mettez sur un plat, et faites cuire doucement sur la cendre chaude, en remuant toujours, pour qu'elle ne bouille pas. Quand elle sera un peu épaisse, vous dresserez votre crême sur une porcelaine, et la servirez froide.

Citrons (*Eau de*). Zestez un citron. Mettez ces zestes dans une aiguière, avec le jus de deux citrons, une pinte d'eau et un quarteron de sucre. Laissez infuser le tout pendant quelques heures. Passez et mettez à la glace.

CITRONNELLE. Herbe fine et odoriférante, autrement nommée *Mélisse*.

On donne aussi le nom de *citronnelle* à une liqueur appelée *eau de citron*. Pour six pintes de cette liqueur, il faut les zestes de quatre beaux citrons et des plus quintessencieux, trois pintes et demie d'eau-de-vie, que l'on fait distiller, sans tirer de phlegme ; et pour le sirop deux pintes et demie d'eau et une livre et demie de sucre.

CITROUILLE. Plante cucurbitacée, connue sous le nom de pastèque : son fruit est fort gros et ses branches s'étendent fort loin. Sa chair est bonne à manger.

On la prépare d'une infinité de manières : on la rôtit, on la frit, on la fait bouillir ; on l'assaisonne avec le beurre, le lait, le sel, les oignons, le sucre et des aromates, et même on fait du pain jaune avec la pulpe de citrouille mêlée avec de la farine de froment.

Citrouille en fricassée. Après avoir fait cuire votre citrouille coupée en morceaux dans l'eau, vous la mettez dans une casserole avec un morceau de beurre, persil, ciboules, sel et poivre : quand elle a bouilli un quart-d'heure, et qu'il ne reste plus de sauce, vous y mettez une liaison de jaunes d'œufs avec de la crème et du lait.

Citrouille en andouillettes. Faites bien cuire et égoutter votre citrouille ; maniez-la avec du beurre frais, des jaunes d'œufs durs, persil et fines herbes hachés, sel, poivre et girofle en poudre. Formez-en des andouillettes, que vous mettrez dans une terrine au four, avec beaucoup de beurre. Quand elles sont cuites dégraissez-les et faites-les rissoler.

CIVE ou CIVETTE. Plante potagère, qui produit beaucoup de feuilles, qui sont comme de petites brindilles basses, que l'on coupe à fleur de terre, et dont on fait des fournitures de salades.

On distingue trois espèces de cives, la *cive de Portugal*, la *grosse cive d'Angleterre*, et la petite, que l'on nomme *civette*. Elles ne diffèrent que par la grosseur de leurs feuilles.

Quelques personnes appellent la civette *appétit*, parce qu'elle est d'un goût plus fin que l'oignon commun, et qu'elle excite l'appétit.

COCHON. Quadrupède très-connu, qu'on élève et qu'on engraisse pour servir à la nourriture de l'homme. Tout est bon dans un cochon, et rien n'est à rejeter. Sans lui, point de cuisine, point de charcutiers.

On trouvera, sous les noms particuliers de quelques-unes des parties de cet animal, les différentes manières de les apprêter ou de s'en servir. *Voy.* Boudin, Saucisses, Andouilles, Lard, Petit-Salé, Jambon, etc.

Cochon (*Hure de*). Ayez une tête de cochon coupée tout contre les épaules; faites-la brûler à un feu clair sur un fourneau bien ardent, et frottez-la à force de bras avec une brique et ensuite avec un couteau; après qu'elle est nettoyée, désossez le col, ôtez les mâchoires, détachez la peau de dessus le museau jusqu'auprès des yeux; coupez-l'os; lardez tout le dedans de la chair avec de gros lard assaisonné de sel et fines épices; frottez-la partout avec du gros sel, une demi-once de salpêtre pilé, et mettez-la dans une terrine avec une demi-poignée de genièvre, thym, laurier, basilic, clous de girofle et une petite poignée de coriandre; après avoir couvert votre hure, faites-lui prendre sel dans un endroit frais pendant huit jours; ensuite vous l'ôtez de sa saumure pour l'envelopper bien ficelée, et lui faire prendre la forme qu'elle doit avoir pour la servir; après quoi, faites-la cuire dans une marmite juste à sa grandeur, avec trois litres de vin rouge, un peu d'eau ou de bouillon, oignons, carottes, panais, un gros bouquet de persil, ciboules, trois gousses d'ail, six clous de girofle, la moitié d'une muscade, thym, laurier, basilic, deux livres de panne; à la moitié de la cuisson, goûtez la braise, et mettez-y du sel, s'il en est besoin. Lorsque votre hure fléchira sous les doigts, c'est une marque qu'elle est au point de sa cuisson; ôtez-la du feu; quand elle ne sera plus que tiède, retirez-la de la braise pour l'égoutter, et la servir pour gros entremets froid, sur une serviette, quand elle sera tout-à-fait froide.

Cochon (*Côtelettes de*). Coupez et parez les côtelettes de cochon comme les côtelettes de veau, en ayant soin de laisser dessus un demi-pouce de gras; après les avoir aplaties pour leur donner une belle forme, faites-les griller à point, et servez dessous une sauce robert, une sauce tomate, ou une sauce aux cornichons. *Voy.* SAUCES.

Cochon à la cendre (*Côtelettes de*). Coupez eu côtes une échinée de porc frais; passez-le sur le feu avec du lard fondu, persil, ciboules, champignons, pointes d'ail hachées, sel et gros poivre. Foncez ensuite une casserole de tranches de veau et de jambon; mettez-y vos côtelettes avec leur assaisonnement; couvrez-les de bardes de lard et faites-les cuire à petit feu. A la moitié de la cuisson, versez dessus un verre de vin de Champagne, et dressez vos côtelettes sur un plat. Achevez la sauce avec deux cuillerées de coulis; dégraissez-la en la passant au tamis, et servez-la sur les côtelettes avec un jus de citron.

Cochon en fromage (*Foie de*). Sur trois livres de foie on met deux livres de lard, une demi-livre de panne; on hache le tout ensemble; on y ajoute du persil et de la ciboule hachés, du sel, du poivre, des aromates pilés et des quatre épices. Quand le tout est bien haché, on étend dans une casserole une toilette de cochon, ou des bardes de lard bien minces, de manière que le foie ne tienne pas à la casserole; on y met trois doigts de la farce ci-dessus, et des lardons assaisonnés; on remet encore de la farce de l'épaisseur de trois doigts, puis des lardons, ainsi de suite, jusqu'à ce que votre casserole soit pleine; couvrez le alors de bardes de lard et mettez au four: trois heures suffisent pour cuire votre foie. Laissez-le refroidir dans votre casserole pour le retirer; faites-le chauffer lorsqu'il en est sorti. Servez-le, décoré de sain-doux ou de gelée.

Cochon au vin de Champagne (Rognons de). Après avoir émincé vos rognons, mettez un morceau de beurre dans une casserole, que vous placez sur un feu ardent; mettez-y vos rognons émincés avec des oignons coupés en dés, sel, poivre, un peu de muscade râpée, du persil et de l'échalote hachés bien fin; ayez soin de sauter fréquemment votre émincé, de crainte qu'il ne s'attache. Lorsque votre oignon est roidi, ajoutez-y plein une cuillerée à bouche de farine, que vous remuerez avec votre émincé. Versez-y un verre de vin de Champagne; retournez votre ragoût sans le faire bouillir. Assurez vous enfin s'il est d'un bon sel.

Cochon à la Sainte-Menehould (Pieds de). Coupez chaque pied en deux; après les avoir bien nettoyés, remettez les deux morceaux l'un contre l'autre avec une petite barde de lard entre, et de chaque côté une petite latte de bois pour les tenir droits, que vous ficelez bien; ensuite vous les arrangez dans une marmite juste à leur grandeur, et les faites cuire environ deux heures sur un petit feu, avec un poisson d'esprit-de-vin, une chopine de vin blanc, une livre de panne, sel, fines épices, un bouquet de persil, ciboules, une gousse d'ail, trois clous de girofle, thym, laurier, basilic : la cuisson achevée, laissez-les refroidir dedans, après les avoir déficelés ; faites fondre du gras de leur cuisson pour tremper dedans chaque morceau, et les passer à mesure avec de la mie de pain. Faites-les griller d'une couleur dorée, et servez sans sauce pour entremets chaud.

Cochon aux truffes (Pieds de). Après avoir préparé des moitiés de pieds de cochon, faites-les cuire dans le même assaisonnement que ceux dits à la Sainte-Menehould ; laissez-les mijoter pendant sept ou huit heures : retirez-les de votre cuisson lorsqu'ils sont à moitié froids, développez vos pieds, ôtez-en les os ; faites ensuite une farce avec des blancs de volaille cuite à la broche ; hachez et pilez de la mie de pain ; desséchez dans du bouillon sur le feu autant de tétine qu'il y a de volaille et de pain, le tout bien pilé ; mêlez-y trois ou quatre jaunes d'œufs, des truffes hachées, un peu des quatre épices, du sel, du gros poivre, un peu de crême. Votre farce finie, mettez-y des truffes coupées en tranches ; employez votre farce dans l'intérieur du pied, à la place des os, couvrez cette farce avec de la toilette de cochon ou de veau, ayant soin de conserver la forme de vos pieds ; trempez-les dans du beurre tiède et panez-les : vingt minutes avant de servir, mettez-les sur le gril à un feu doux, avec l'attention de les retourner. Dressez-les sans sauce, et servez.

Cochon à la purée de lentilles (Oreilles de). Mettez un litron de lentilles dans votre casserole, placez-y les oreilles, après les avoir flambées et nettoyées ; vous joignez à vos lentilles deux carottes, trois oignons, dont un piqué de deux clous de girofle, deux feuilles de laurier, du sel, faites cuire le tout ensemble ; quand les oreilles sont cuites, vous les retirez : vous les mettez dans une casserole avec un peu de bouillon, pour les tenir chaudes ; mettez vos lentilles dans une étamine ;

vous en ôtez le bouillon, vous les foulez avec une cuiller de bois, et vous passez votre purée à travers l'étamine; vous y ajoutez un peu de bouillon, si elle est trop sèche; ensuite vous la mettez sur le feu, vous la faites réduire, si elle est trop claire : au moment de servir, vous égouttez vos oreilles, vous les dressez sur le plat, vous les masquez de votre purée : on peut aussi les mettre à la purée de pois, de haricots, d'oignons, à la sauce tomate, etc.

Cochon à la Sainte-Menehould (Oreilles de). Elles se cuisent de même que les pieds de cochon. Étant cuites et à demi refroidies, tirez-les pour les fendre un peu du côté gras qui est en dedans; écartez-les pour leur donner la forme qui leur convient. Cela fait, trempez-les dans leur cuisson à demi froide, et après les avoir panées de mie de pain, faites-les griller, et servez-les bien chaudes.

Cochon à la purée (Queues de). Ayez cinq ou six queues de cochon, auxquelles vous laissez leur couenne; coupez-les de huit pouces de long par le plus gros bout. Après les avoir nettoyées et flambées, faites-les cuire avec des lentilles, en y ajoutant deux carottes, deux oignons, deux clous de girofle, une feuille de laurier; arrosez vos lentilles avec du bouillon ou de l'eau, et jetez-y du sel. La cuisson de vos queues achevée, mettez-les dans une casserole avec un peu de bouillon; passez vos lentilles à l'étamine; déposez votre purée dans une casserole, que vous faites réduire si elle est trop claire. Au moment de servir, dressez vos queues sur le plat, et masquez-les avec votre purée.

Cochon à la Choisi (Oreilles de). Après avoir flambé, nettoyé, ratissé, ou lavé à plusieurs eaux quatre oreilles de cochon, faites-les blanchir et cuire dans une braise. Lorsqu'elles seront cuites, laissez-les refroidir dans leur fond; égouttez les oreilles, coupez-les par filets bien égaux; coupez aussi quelques gros oignons en filets, que vous mettrez dans une casserole avec un morceau de beurre pour cuire. Leur cuisson achevée, ajoutez-y trois cuillerées d'espagnole; laissez mijoter vos oignons: au moment de servir, jetez-y les oreilles émincées avec un peu de moutarde, et servez.

Cochon piqué et rôti (Filet de). Piquez proprement de menu lard un filet de cochon, d'un côté seulement; mettez-le dans un vaisseau avec du vinaigre ou mieux du vin blanc et un peu d'eau-de-vie, du sel menu, du poivre, clous de girofle, tranches d'oignon, persil, ciboules entières et fines herbes. Laissez-lui prendre le goût de la marinade pendant trois ou quatre heures. Mettez ensuite votre filet à la broche, enveloppé de papier, et faites-le rôtir à petit feu; étant cuit, faites-lui prendre couleur, et servez-le pour entrée avec une sauce piquante ou telle autre sauce que vous jugerez convenable.

Cochon en entrée de broche (Filets mignons de). Procurez-vous trois filets mignons de cochon; après les avoir parés et piqués, faites-les mariner au vinaigre pendant vingt-quatre heures, au bout desquelles vous les égouttez, les couchez sur un atelet en forme de serpent, et les mettez à la broche. Quand ils sont cuits, glacez-les et servez avec une poivrade.

Cochon à l'oignon (Émincé de). Faites rôtir une échinée de cochon; après l'avoir laissé refroidir, vous l'émincez en petits filets, en observant de la dégager des peaux et des nerfs. Coupez en deux quinze gros oignons, retirez-en les cœurs, ciselez-les en demi-anneaux; après les avoir fait frire bien blonds, égouttez-les bien et mettez-les cuire dans deux cuillerées de consommé. Quand le tout est réduit à la glace, ajoutez-y quatre cuillerées d'espagnole et votre émincé; laissez chauffer au bain-marie jusqu'au moment de servir. Finissez avec deux pains de beurre, et servez votre émincé avec des croûtons autour.

Cochon à la broche (Echinée de). Ayez une échinée de cochon, que vous parerez à l'égal d'un carré de veau ; ôtez-en l'arête jusqu'au joint des côtes, mettez-la sur un plat avec un peu de sel fin, faites-la cuire à la broche, et servez-la avec une sauce poivrade dessous. *Voy.* Sauces.

COCHON DE LAIT. C'est le petit du verrat et de la truie. La manière la plus ordinaire, et peut-être aussi la meilleure de l'y produire, c'est à la broche. Il se sert aussi en galantine, à la daube, au père Douillet, en forme de marcassin, à la tartare, etc.

Cochon de lait au père Douillet. Après avoir préparé votre animal comme il est indiqué à l'article ci-après de cochon de lait à la broche, coupez-lui la tête ; fendez-le ensuite, coupez-le en quatre, et piquez-le de gros lard. Cela fait, mettez une serviette au fond d'une marmite ; couvrez-la de bardes de lard ; mettez vos quartiers, la tête au milieu. Assaisonnez d'épices et fines herbes, rocamboles, oignons, basilic, thym, laurier, citron vert, carottes, panais ; recouvrez de bardes de lard et du reste de la serviette. Mettez dans une casserole, avec des bardes de lard, deux ou trois livres de rouelle de veau, coupée en tranches ; quand elles commenceront à s'attacher, mouillez-les de bouillon, et videz le tout dans la marmite avec une bouteille de vin blanc. Quand votre cochon est cuit, retirez-le. Si vous voulez le servir pour entremets, laissez-le refroidir dans son jus. Nettoyez-le ensuite pour qu'il soit blanc ; servez à sec sur une serviette, garnie de persil vert. Si c'est pour entrée, servez chaud, et pardessus un ragoût de riz de veau (*Voy.* ce mot). On peut le servir aussi avec un ragoût de pois verts, ou avec une purée. *Voy.* Ragout.

Cochon de lait en galantine. Après avoir échaudé votre cochon en la manière accoutumée, coupez-en la tête et les pieds; lavez la peau le plus proprement que vous pourrez, sans la déchirer; désossez toute la chair; prenez-en une partie pour en faire une farce, avec graisse de bœuf, mie de pain desséchée avec de la crême, sel, fines épices, cinq ou six jaunes d'œufs crus, persil, champignons hachés; coupez des filets de jambon, de lard, des filets de la chair de cochon de ce que vous n'aurez pas mis dans la farce, et filets de truffes. Prenez la peau du cochon, que vous étendez sur une table bien propre; mettez-y dessus la moitié de votre farce, et sur la farce vous y arrangez un filet de jambon, un filet de lard, un filet de truffes, un filet de cochon, un filet de pistaches, un filet de jaunes d'œufs crus, un filet d'amandes douces; continuez de cette façon jusqu'à ce que toute la peau du cochon soit couverte; ensuite étendez sur les filets le restant de la farce; unissez, avec un couteau trempé dans de l'œuf battu; roulez bien la peau et l'enveloppez de bardes de lard et une étamine; ficelez la galantine, et mettez-la cuire avec du bouillon, une bouteille de vin blanc, sel, poivre, un bouquet de persil, ciboules, une gousse d'ail, trois clous de girofle, thym, laurier, basilic; faites cuire à petit feu et refroidir dans la braise; servez sur une serviette pour entremets froid.

Cochon de lait à la broche. Aussitôt que votre cochon est tué, il faut le jeter dans l'eau tiède (qui ne doit pas discontinuer de chauffer) et le frotter avec la main jusqu'à ce que le poil soit entièrement éliminé. Etant bien échaudé et bien propre, on le trousse prêt à mettre à la broche; on le laisse dans de l'eau fraîche pendant quatre heures, pour qu'il devienne bien blanc; ensuite, après l'avoir bien fait sécher, on le fait cuire. Pendant sa rotation, il faut avoir soin de l'arroser bien également avec un bouquet de sauge trempé dans de bonne huile d'olive, afin de rendre la peau jaune et bien croquante. On peut le farcir d'environ une livre de beurre frais, assaisonné de fines herbes hachées bien menu, et marinées avec du jus de citron.

Cochon de lait (*Blanquette de*). Il faut prendre les débris d'un cochon de lait qu'on a servi rôti, les couper en filets minces : cela fait, mettez dans une casserole gros comme la moitié d'un œuf de beurre avec des champignons coupés en filets minces, un bouquet de persil, ciboules, une gousse d'ail, deux échalotes, deux clous de girofle, une feuille de laurier, thym, basilic; passez-les sur le feu; mettez-y une pincée de farine; mouillez avec un verre de vin blanc, et autant de bouillon, sel, gros poivre; faites bouillir à petit feu et réduire à moitié. Après avoir ôté le bouquet, mettez-y les filets de votre cochon, et faites chauffer sans bouillir : vous y mettez ensuite une liaison de trois jaunes d'œufs délayés avec deux cuillerées à bouche de verjus et autant de bouillon; vous faites lier sur le feu sans bouillir. Servez chaudement pour entrée ou hors-d'œuvre.

Cochon de lait à la daube. Votre cochon étant pelé et vidé, désossez-le tout-à-fait, hormis la tête. Mettez-lui dans le corps un morceau de beurre frais manié avec du sel, du poivre, du persil, de la ciboule, hachés menu; ajoutez de plus dans cette farce, du petit lard coupé en dés; farcissez votre cochon de façon qu'il ne paraisse pas désossé; enveloppez-le d'un linge; faites-le cuire dans une braise bien nourrie de bardes de lard, de tranches de bœuf et de veau, de toutes sortes de racines, d'un bon assaisonnement; mouillez de bon bouillon et d'un peu de vin blanc : la cuisson achevée, laissez-le refroidir dans sa braise; servez-le froid sur un plat couvert d'une serviette blanche.

Cochon de lait à la tartare (*Épaules de*). Quand il

resté une épaule de cochon de lait de desserte, on la pare proprement ; on la met mariner avec sel, gros poivre, huile fine et un jus de citron. Au moment de servir, faites-la griller à feu d'enfer, et servez-la avec une sauce tartare dessous. *Voy.* SAUCES.

Cochon de lait en ragoût. Coupez votre bête en quatre ; après l'avoir passée à la casserole avec du lard fondu, faites-la cuire avec du bouillon et un verre de vin blanc, bouquet, sel, poivre, champignons, olives désossées, qu'on fait bien cuire ; liez la sauce avec de la farine et servez chaudement.

Cochon de lait en forme de marcassin. Ayez un cochon de lait des plus forts et d'une couleur noire ; préparez-le de la même manière que le marcassin (*Voy.* MARCASSIN) ; faites-le mariner de même ; ajoutez seulement dans la marinade de la petite sauge, du mélilot, de l'absinthe et de la coriandre ; laissez-le mariner cinq à six jours, faites-le cuire à la broche, et servez-le avec une bonne sauce poivrade.

COING. Fruit d'un arbre appelé *coignassier*. Ce fruit, qui ressemble à la poire, jaunit en mûrissant. Il a l'odeur forte, un goût acerbe ; il ne se mange point cru. On en fait des compotes, des marmelades, des gelées, une liqueur qu'on appelle *eau de coing*, du ratafia, du vin, etc.

Coings (Compote de). On coupe en deux six coings dont on ôte les cœurs ; on les fait blanchir comme les poires de bon chrétien, on enlève la pelure ; on met ensuite du sirop clair dans une poêle avec un jus de citron : on laisse achever de cuire les coings. Après les avoir arrangés dans un compotier, on verse dessus un sirop un peu épais.

Coings (Marmelade de). Choisissez des coings bien mûrs ; coupez les en quatre ; après en avoir ôté la pelure et les pepins, mettez les cuire dans l'eau, au point de pouvoir les écraser; étant écrasés, égouttez-les et passez au tamis. Vous avez préparé du suc clarifié, et au degré du petit cassé, mettez y la purée de coings. Etant cuite à son point, versez-la dans des pots. Il faut presqu'autant de sucre que de purée de coings.

Coings (Ratafia de). Préparez six pintes d'eau-de-vie, trois pintes de jus de coings, trois livres de sucre concassé, de la cannelle et du girofle concassés, un gros de chaque. Mettez vos aromates dans l'eau-de-vie pendant que vous râpez vos coings; laissez fermenter les râpures pendant vingt-quatre heures : au bout de ce temps, mettez les dans un linge serré, et exprimez en le jus à la presse, mélangez ensuite les liqueurs, et les laissez reposer pendant un mois. Décantez alors le mélange, faites-y fondre le sucre et filtrez. Quelques personnes ajoutent souvent un peu de coriandre ou de macis aux aromates précédens.

COMPOTE. Terme de cuisine et de confiseur. On fait des compotes de pigeons et de canards, mais principalement de presque tous les fruits. C'est une espèce de confiture qui n'est pas de garde, et qui doit être mangée de suite, parce que les fruits ne sont pas préparés et cuits au degré nécessaire pour se conserver longtemps.

CONCOMBRE. Plante potagère très-connue dans nos jardins, dont on cultive quatre espèces pour la table, qui sont le hâtif, le tardif, le concombre à bouquet et le concombre noir. On les confit lorsqu'ils sont tout petits; lorsqu'ils sont mûrs, on les apprête de diverses manières.

Concombres à la crème. Otez l'écorce et les pepins

le vos concombres, puis coupez-les en petits carrés, et ensuite donnez à ces morceaux une forme ronde ou ovale; faites bouillir de l'eau avec un peu de sel dans une casserole; jetez-y vos concombres, et retirez-les de l'eau dès qu'ils fléchiront sous le doigt; vous les jeterez sur-le-champ dans de l'eau fraîche : un moment après, vous les égoutterez sur un linge; dressez-les ensuite sur votre plat, et arrosez-les d'une sauce à la crême.

Concombres au jus. Arrangez dans une casserole des quartiers de concombres bien nettoyés, blanchis et égouttés; mouillez-les avec du consommé, du jus de bœuf, et quelques cuillerées d'espagnole, si vous en avez; ne les faites que mijoter; dressez-les aussitôt qu'ils seront cuits, et arrosez-les avec la sauce : vous auriez soin de la faire réduire auparavant, si elle était trop longue.

Concombres farcis. Videz des concombres; ôtez-en l'écorce; remplissez-les de farce cuite, et rebouchez le trou, de peur qu'elle n'en sorte. Quand ils seront bien préparés de la sorte, vous les ferez cuire comme un chou farci, et les servirez avec la même sauce. Observez seulement qu'il ne faut guère qu'une demi-heure pour la cuisson des concombres. *Voy.* CHOU.

Concombres à l'espagnole. Vous coupez des concombres en quatre dans leur longueur, vous les épluchez et vous leur donnez une forme agréable; vous les ferez blanchir, et vous les laisserez égoutter sur un linge; arrangez-les ensuite dans une casserole : vous verserez dessus plein cinq cuillers à dégraisser d'espagnole travaillée, deux de consommé; vous mettrez les concombres au feu; une demi-heure avant de servir, vous les ferez mijoter, puis vous les dresserez. En cas que la sauce soit trop longue, vous la ferez réduire, et vous la verserez dessus.

Concombres à l'anglaise (*Salade de*). Epluchez

deux concombres qui ne soient pas encore à leur maturité ; goûtez si le bout n'est point amer ; s'il l'était, jetez le concombre ; émincez-les en rond dans leur entier et le plus mince possible, et mettez-les dans un compotier, avec sel, poivre, vinaigre et un oignon haché en rouelles ; laissez-les confire ainsi pendant deux ou trois heures ; supprimez une partie de leur assaisonnement, et servez-les avec le bœuf.

CONFITURE. Nom que l'on donne aux fruits, aux fleurs, aux racines et à certains sucs, bouillis et préparés avec du sucre ou du miel, pour les rendre plus propres à se conserver et plus agréables au goût.

On réduit toutes les confitures à huit sortes : Les confitures liquides, les marmelades, les gelées, les pâtes, les confitures sèches, les conserves, les fruits candis et les dragées. *Voy.* les procédés pour les faire, aux articles des divers fruits, fleurs, racines, mentionnés dans ce dictionnaire.

CONGRE ou ANGUILLE DE MER. On distingue deux espèces de congre : l'un blanc, qui se tient dans la haute mer ; et l'autre noir, qui se trouve ordinairement auprès du rivage.

Ce poisson a beaucoup de ressemblance avec l'anguille d'eau douce, mais il en diffère à plusieurs égards ; il est beaucoup plus grand, et la couleur de son dos est plus claire et approche plus de la couleur cendrée.

La chair de ce poisson est très-blanche, douce au goût, mais difficile à digérer.

Le congre se prépare et s'acommode comme l'anguille. *Voy.* ANGUILLE. Cependant nos cuisiniers modernes ont trouvé de nouvelles manières de l'apprêter et de l'accommoder.

Congre à la bretonne. Faites cuire votre congre dans l'eau avec sel, persil et trois feuilles de laurier ; masquez-le d'une sauce à la crême, ou d'une sauce brune dans laquelle vous mettez gros comme la moitié d'un œuf de beurre d'anchois, ou d'une sauce aux tomates. *Voy.* SAUCES.

Congre à la bourgeoise. Faites cuire votre poisson à l'eau de sel ; ayez bien soin d'en ôter la peau, parce qu'elle a une odeur détestable. Apprêtez une sauce blanche dans laquelle vous mettrez une liaison de deux jaunes d'œufs : au moment de la verser sur votre congre, ajoutez-y un anchois haché et mêlé avec du beurre ; vous remuerez fortement pour que l'anchois se mêle avec la sauce, et vous la verserez dessus votre poisson.

Congre à la poulette. Procurez-vous de beaux champignons que vous sauterez dans du beurre ; mettez-y une cuillerée à bouche de farine ; mouillez avec du bouillon et de l'eau, en y ajoutant un bouquet de persil et ciboules ; faites en sorte que la sauce soit un peu longue.

Levez les chairs de votre poisson, coupez-les en gros morceaux carrés, que vous mettrez dans une casserole, et dans laquelle vous verserez la sauce ci-dessus mentionnée ; faites bouillir jusqu'à ce que le congre soit cuit : alors dressez-le sur votre plat ; mettez une liaison de quatre œufs, plus ou moins dans votre sauce, suivant qu'elle est plus ou moins grande, et versez-la sur votre poisson, après vous être assuré qu'elle est d'un bon sel et d'un bon goût.

CONSERVE. Espèce de pâte sèche qu'on fait avec la marmelade de toutes sortes de fruits, et qu'on fait dessécher dans la poêle à confiture sur un petit feu et qu'on fait recuire dans le sucre à la grande plume.

Quand la marmelade est bien délayée avec le sucre on dresse la conserve dans les moules ; on la laisse refroidir, et ensuite on la coupe en tablettes. On lui donne, au moyen des couleurs dont on se sert à l'office, telle couleur que l'on juge convenable.

CONSOMMÉ. Bouillon fort de viandes, qui se réduit en gelée ferme, quand il est refroidi.

On peut faire des consommés avec les débris de volailles et autres viandes qu'on travaille pour un grand repas. On fait suer les viandes dans une marmite ou dans une casserole, et on les laisse un peu glacer ; ou les mouille de bouillon : après avoir laissé bouillir long-temps à petit feu, on passe le consommé.

Consommé à la Richelieu. Mettez dans une marmite huit ou dix livres de tranches de bœuf, sept ou huit vieilles poules, deux quasis et quatre jarrets de veau ; après l'avoir remplie de grand bouillon, vous la ferez écumer ; ayez soin de rafraîchir trois ou quatre fois votre bouillon pour bien faire monter l'écume : cela fait, que votre consommé bouille doucement ; garnissez votre marmite de carottes, navets, oignons, avec trois clous de girofle. Vos viandes étant cuites, passez votre consommé à travers une serviette fine ou un tamis de soie afin qu'il soit bien clair ; n'y mettez point de sel, vous le mouillez avec du grand bouillon.

COQ. C'est le mâle de la poule ; c'est le roi de la basse-cour. Sa chair est sèche et de peu d'usage en cuisine ; sa crête est un mets très-délicat.

Coq (Bouillon de). On choisit pour cet effet le coq le plus vieux, que l'on met dans une marmite avec une bonne tranche de bœuf et des légumes. Selon l'opinion générale, ce bouillon est apéritif et restaurant.

COQ DE BRUYERE. Cet oiseau, connu des naturalistes sous le nom de grand et de petit tétras, ne se trouve que dans les pays froids; il est très-sauvage, et il habite les grandes forêts du nord. Celui qu'on exporte de l'Alsace, de la Lorraine, et principalement des Vosges, est de la grosseur d'un paon, et la petite espèce, de celle d'un faisan.

La chair de cet oiseau est très-noire; elle a un fumet très-fort, et passe pour être exquise. Cependant son goût varie selon les substances dont l'oiseau s'est nourri : les baies de genièvre lui en donnent un désagréable, et les sommités du picéa (espèce de sapin) lui communiquent une odeur de résine si forte, qu'il suffit même de manier cet oiseau pour que les mains la contractent. En dernier résultat, le mérite du coq de bruyère est d'être rare et de venir de loin.

Les coqs de bruyère s'apprêtent comme les faisans (*voy.* FAISAN); mais on ne les sert ordinairement qu'à la broche et piqués de lard sur toutes les parties de leur corps.

COQ D'INDE. *Voy.* DINDON.

CORIANDRE. Plante annuelle à fleurs en rose, qu'on cultive dans les jardins, à cause de sa graine, qui est d'un goût aromatique, et d'un grand usage dans l'office et la distillation.

Coriandre (*Eau de*). Choisissez votre coriandre grosse, bien nourrie, nouvelle, nette, bien sèche, de couleur blanchâtre, d'un goût et d'une odeur forte et agréable. Pour six pintes de cette liqueur, prenez deux onces de cette graine; pilez-la, pour que son parfum se développe dans la distillation; mettez-la à l'alambic, avec trois pintes et demie d'eau-de-vie, demi-setier d'eau. Distillez à feu doux; ne tirez pas de phlegmes. Faites le sirop avec une livre de sucre, trois pintes et demie d'eau.

Coriandre (*Glace de*). Concassez une poignée de cette graine; faites-la infuser dans une pinte d'eau chaude jusqu'à ce que l'eau en ait le goût; jetez-y une demi-livre de sucre; mettez à la salbotière, après l'avoir passée; travaillez avec la houlette, et quand elle sera prise, dressez dans des gobelets.

CORNET. Espèce de gaufre faite de farine et de sucre, ou de miel délayé. Après avoir fait cuire la gaufre entre deux fers gravés qui y marquent en relief certaines figures, on la retire et on la tortille pour lui donner la forme d'un cornet.

CORNICHONS. On confit les petits concombres verts au vinaigre, au sel et au poivre, et on les nomme *cornichons* : souvent ce ne sont que des concombres qui n'ont pu profiter et venir à maturité.

On sert les cornichons pour hors-d'œuvres, en salade, en y ajoutant quelques feuilles d'estragon; on l'emploie aussi dans les ragoûts, et surtout dans les sauces piquantes.

On doit avoir l'attention de faire évaporer la plus grande partie du suc aqueux des cornichons, en les laissant cinq à six jours à l'ombre avant de les mettre dans le vinaigre, lequel doit être violent et spiritueux : sans ces deux précautions, les cornichons moisissent et se gâtent le plus souvent, surtout s'ils ont crû par un temps pluvieux.

COULEURS. En terme d'office ce sont les diverses teintures qu'on emploie pour colorer les gelées, compotes, marmelades, glaces, fromages glacés, pastilles, dragées, conserves, pâtes, et généralement enfin tout ce que l'officier et le confiseur fournissent à nos des-

…erts. Ces couleurs sont : le bleu, le jaune, le rouge, le vert, le violet et le pourpre. Le blanc se fait naturellement. Le noir n'a rien d'assez attrayant pour réjouir la vue des convives.

Le bleu se fait tout simplement, en frottant sur une assiette une pierre d'indigo; on le peut faire plus ou moins clair, ou foncé.

Le jaune se fait avec les étamines du lys, que l'on ait bien sécher au soleil, que l'on réduit en poudre, et qu'on détrempe dans une cuillerée d'eau de fontaine, avec un peu d'eau de fleur d'orange. On fait cette couleur plus facilement encore, en frottant de la gomme-gutte sur une assiette avec un peu d'eau, comme la pierre d'indigo. Enfin, on peut faire une teinture de safran, plus ou moins forte, et en faisant infuser dans l'eau tiède.

Le rouge se fait avec de la cochenille pilée, qu'on fait bouillir dans un petit pot, avec un demi-setier d'eau; on y met autant de crême de tartre. Après quelques bouillons, tirez du feu, et y mettez un peu d'alun pilé. Laissez reposer, et passez.

Le vert se fait avec le jus d'épinards, de poirée verte, de bled vert. Blanchis, égouttés et pilés, on se sert de l'un des trois.

Le violet se fait avec la tablette de tournesol, comme le bleu avec l'indigo, et le jaune avec la gomme-gutte. C'est avec ce beau violet qu'on teint la liqueur appelée *épiscopale*.

Le pourpre peut se faire ou clair et vif, ou foncé. Pour la première nuance, servez-vous d'une fleur unique purpurine, qui se trouve au centre du parasol que forme la fleur de la carotte sauvage; faites-la sécher, faites-en une teinture plus ou moins forte, comme des étamines de lys. Pour le pourpre foncé, servez-vous du jus exprimé des baies de sureau; et hors la saison des tablettes de ce fruit, délayez, comme ci-dessus, aux articles *Bleu* et *Jaune*.

COULIS. Jus passé à l'étamine, dont on se sert pour lier les sauces des ragoûts et leur donner plus de consistance et de saveur.

Le coulis est tantôt blanc, tantôt roux; il se compose tantôt de viandes, tantôt de gibier, tantôt de poisson, tantôt de légumes, et prend en général le nom de la couleur, ou celui du principe qui y domine; quelquefois on l'appelle simplement un blond de veau; et sous cette dénomination, les pâtissiers en font un grand usage dans leurs pâtés froids.

On introduit le coulis non-seulement dans les entrées, dans les braises, dans les entremets, mais souvent même dans les potages. On s'en sert aussi pour finir divers ragoûts et pâtés chauds; on le fait entrer même dans quelques entremets potagers, tels que cardes, choux-fleurs, etc.

Un potage au riz au coulis de navets est une fort bonne chose; mais rien n'égale un potage au coulis d'écrevisses: lorsqu'il est bien fait, c'est le paradis sur la terre.

On fait d'autres coulis moins recherchés que ceux d'écrevisses, et dont les tranches de bœuf et de jambon et les rouelles de veau forment presque toujours la base. On varie les assaisonnemens selon l'emploi qu'on veut en faire: l'essentiel est de bien faire attacher, réduire et dégraisser. Tel est, en trois mots, le secret de toutes les espèces de coulis; comme, selon Figaro, recevoir, prendre et demander est aussi en trois mots le secret de l'art du courtisan.

Coulis blanc en gras. Après avoir désossé une poularde cuite à la broche, ôtez-en la peau que vous hacherez; mettez, d'un autre côté, dans un mortier, une poignée d'amandes douces pelées; ajoutez-y un blanc le poularde et quatre jaunes d'œufs; pilez bien le tout; mettez deux livres de veau et un morceau de jambon coupés par tranches dans une casserole, avec quelques champignons, truffes et mousserons, ciboules entières, persil, deux ou trois clous de girofle, et un peu de mie de pain, et faites bien cuire; retirez-en le veau; délayez dans la casserole ce qui est dans le mortier; faites chauffer un peu sans bouillir, et passez à l'étamine. Le plus liquide de ce coulis s'emploie dans les potages; le reste dans les entrées de filets, entrées aux blancs et entremets. On peut aussi y employer le blanc de perdrix, au lieu de celui de poularde.

Coulis blanc au maigre. On fait bouillir dans du bouillon bien clair des amandes pilées, de la mie de pain trempée dans la crème, et des filets de poissons cuits, les plus blancs possibles. On y ajoute des mousserons frais, des truffes blanchies, basilic et ciboules. Quand le tout a bouilli un quart d'heure, on passe à l'étamine.

Coulis au roux. Mettez dans une casserole trois livres de veau, une demi-livre de jambon maigre, le tout coupé par tranches, un oignon, des carottes et des panais coupés de même; couvrez votre casserole, et faites suer sur un fourneau. Le suage attaché et de belle couleur, mettez dans le mélange du lard fondu; poudrez d'un peu de farine; mouillez de jus et de bouillon par égales portions; que le tout soit de belle couleur; assaisonnez de quelques champignons, truffes et mousserons, ciboules entières, persil, quelques clous de girofle, des croûtes, et laissez mijoter. Si c'est pour un potage de perdrix, choisissez-en une de bon fumet, cuite à la broche, que vous pilez dans un mortier; délayez-la dans le coulis, avant de le passer à l'étamine. Étant passé, tenez-le chaudement dans une marmite, et mettez sur votre potage en servant. Ce coulis sert pour toutes viandes noires.

Si c'est un coulis de bécasses, prenez une bécasse au lieu d'une perdrix, ainsi des autres, lapins, faisans, cailles, etc. Il faut que ces pièces soient plus qu'à demi-cuites, pour les piler et les mettre dans le coulis.

Coulis général pour toutes sortes de ragoûts. Procédez comme ci-dessus. Quand votre mélange est fait, ôtez le veau, pour qu'il ne blanchisse pas votre coulis en le passant. Mettez à part ce qu'il y aura de plus clair pour des entrées et entremets de légumes, ou entrées de broche, et donnez-lui une petite pointe. Le surplus du coulis servira pour nourrir des ragoûts où il faut une plus forte liaison.

Coulis pour différens potages gras. On fait rôtir à la broche et rissoler un morceau du cimier de bœuf; on pile tout chaud ce qui est le plus cuit, avec des croûtons de pain, carcasses de perdrix ou de volailles quelconques arrosées d'un bon jus. On passe à la casserole, le tout avec jus et bon bouillon, sel, poivre, clous de girofle, thym, basilic et morceau de citron vert. Après avoir fait faire quelques bouillons, on passe à l'étamine, et on s'en sert pour les potages gras avec jus de citron.

Coulis pour différens potages maigres. Passez des oignons et des carottes, comme pour du bouillon. Quand ils sont bien roux, jetez-y une poignée de persil, un peu de basilic, clous de girofle, croûtes de pain mouillées de bouillon de poisson. Le tout étant bien mijoté, passez-le à l'étamine.

Outre ces coulis, il y en a qu'on trouvera sous le nom des substances dont on les tire, avec l'usage auquel on les emploie.

Coulis d'écrevisses. Voy. ÉCREVISSES.

Coulis de lentilles. Voy. LENTILLES.

COURT-BOUILLON. Façon particulière d'apprêter certains poissons; elle consiste à les faire cuire dans l'eau, du vin blanc, et assez souvent dans du vinaigre, du beurre, du sel, des épices, du laurier, du romarin, et quelques fines herbes. On sert le poisson dans une serviette, et on le mange à la sauce, à l'huile, au sel et au vinaigre. Si le poisson est prompt à cuire, on ne le met qu'après avoir fait bouillir quelque temps le court bouillon, afin qu'il ait plus de goût.

On fait un court-bouillon blanc pour les poissons plats. Ce n'est autre chose qu'une saumure faite avec de l'eau, beaucoup de sel, et quelques ingrédiens; on la fait bouillir, et on la passe, après l'avoir laissé reposer. On y met ensuite les deux tiers de lait, et on y fait mijoter le poisson.

CRÈME. C'est la partie grasse et huileuse du lait, séparée de sa partie caseuse et de sa sérosité. Cette substance est d'un grand usage, tant en cuisine que pour l'office.

On appelle aussi *crème* une préparation de différentes substances réduites en consistance de gelée ou bouillie, dont on trouvera les procédés à leurs articles respectifs.

Crème fouettée. Est celle que l'on fait élever en mousse, en la fouettant avec de petits osiers. On y fait entrer du sucre en poudre, et quelquefois de la gomme adragante, pulvérisée, de l'eau de fleur d'orange, etc.

Crème fouettée à la Chantilly. On a dans une terrine de grès la quantité de crème dont on a besoin, et un blanc d'œuf frais; on met dans une terrine de la glace pilée, dans laquelle on a jeté une poignée de sel; on place la crème dessus; on la fouette avec un balai d'osier, jusqu'à ce qu'elle soit bien prise. Si elle prenait difficilement, on enleverait le dessus à mesure; on déposerait sur un tamis. On peut reprendre la crème qui a passé au travers, et l'ajouter à celle que l'on fouette. Cette crême, ainsi finie, s'assaisonne de sucre et de fleur d'orange, et se sert dans des meringues ou des compotiers. On peut lui donner l'odeur de la vanille ou de la rose, et lorsque l'on veut qu'elle réunisse la couleur, on la lui donne par le moyen de la cochenille.

Crême blanche. Prenez de la crême avec moitié autant de lait, mettez-y du sucre, et faites réduire à un tiers du tout; ôtez-le du feu; quand il ne sera plus que tiède, vous y mêlerez un peu de présure détrempée avec de l'eau, et verserez votre crême dans son plat, après l'avoir passée au tamis; faites-la prendre entre deux feux très-doux; glacez-la s'il vous convient, et la servez froide. On peut également la faire prendre au bain-marie, principalement lorsqu'on la fait en petits pots.

Crême au café. Prenez un quarteron de café cru pour une chopine de crême; faites-le roussir, non brûler dans la poêle, et ensuite infuser dans la crême bouillante, en ayant soin de le couvrir; passez cette infusion; ajoutez-y jaunes d'œufs, dans la proportion indiquée à l'article ci-dessus, sucre, un peu de sel, et faites prendre votre crême comme la précédente.

Crême au thé. Faites infuser du thé dans de la crême bouillante pendant une heure, et procédez du reste comme il est indiqué pour la crême au café.

Crêmes à la fleur d'orange, au citron, à la vanille et autres. Toutes les crêmes se font comme celles au thé et au café, par infusion dans de la crême ou du lait, de l'ingrédient dont on veut leur communiquer la saveur. Elles se conduisent de même, se font également prendre au bain-marie et se servent froides.

Crême à la frangipane. Délayez de la farine avec des œufs frais, blancs et jaunes à la fois, et détrempez cette pâte avec de la crême, à la proportion d'un demi-setier et de deux œufs par cuillerées de farine;

ajoutez un bon morceau de sucre; quelques grains de sel, fleur d'orange grillée et hachée, écorce râpée de citron vert, ou zestes de citron ordinaire à défaut de l'autre; faites cuire le tout pendant une demi-heure, en le tournant sans discontinuer; tirez-la du feu, laissez-la refroidir, glacez-la et servez.

Crême au caramel. Jetez du sucre en poudre dans une bassine de cuivre ou poêlon de même métal non étamé; faites-le fondre sans eau sur un bon feu, et prendre une couleur rousse; jetez dedans, selon la quantité du caramel, plus ou moins de fleur d'orange pralinée, préalablement fondue dans de l'eau; ajoutez-y crême ou lait de même en proportion. Passez le tout après l'avoir fait bouillir, et le mettez prendre au bain-marie. Cette crême se sert froide comme toutes les autres.

CRESSON. Plante très-connue; il y en a deux espèces principales: le cresson de jardin, et le cresson de fontaine. La première espèce se divise encore en trois sortes distinctes par le feuillage, mais d'un goût à peu près semblable. Ces trois espèces sont le *commun*, le *frisé* et le *doré*.

Le cresson d'eau croît naturellement dans les fontaines, et partout où il y a des eaux vives.

On emploie également en cuisine le cresson alénois et le cresson des fontaines; ils servent dans les fournitures de salades. On accompagne ordinairement une poularde rôtie de cresson de fontaine.

CRÊTE. Éminence rouge et dentelée que les coqs et les poules ont au-dessus de la tête. Les crêtes qui sont grandes, épaisses et blanches, sont les plus estimées; on les met dans des ragoûts et bisques auxquels elles ajoutent un grand prix; on en fait aussi des entremets. Les crêtes accompagnent presque toujours des rognons du même oiseau dans les apprêts qu'on en fait.

Crêtes (*Ragoût de*). Passez vos crêtes au lard fondu avec des champignons, quelques truffes coupées par tranches, bouquet, sel et poivre ; mouillez de jus et faites cuire à petit feu. Votre ragoût fait, ayez soin de le dégraisser et de le lier ensuite d'un coulis de veau et de jambon. Servez pour entremets. On peut encore les faire cuire de même, assaisonnées de même à la braise pour entrée.

Crêtes farcies. On choisit les plus grandes et les plus épaisses, on les fait cuire à moitié ; ensuite on les fend et on les farcit avec un hachis de blanc de poulet ou de chapon, moelle de bœuf, lard pilé, sel, poivre, muscade et un jaune d'œuf cuit. On achève de les faire cuire dans un plat avec un peu de bouillon et quatre ou cinq champignons en tranches ; on y délaye un jaune d'œuf cru, et après y avoir ajouté un peu de jus et de coulis, on peut servir.

Crêtes au gratin. Vous faites cuire et farcissez vos crêtes comme dans l'article précédent ; vous foncez une casserole de tranches de veau, vous arrangez dessus vos crêtes. Après les avoir couvertes de bardes de lard avec la moitié d'un citron en tranches, d'un peu de bouillon, de sel, poivre et bouquet, vous achevez de les faire cuire. Faites bouillir de bon coulis dans un plat, jusqu'à ce qu'il soit en caramel. Dressez sur ce plat vos crêtes bien essuyées, comme si elles étaient sur la tête du coq. Vous les faites tenir droites en faisant bouillir le coulis à petit feu, jusqu'à ce qu'il soit en gratin. Servez avec sauce claire.

Crêtes et rognons de coq au velouté. Préparez et faites cuire dans un blanc vos crêtes et vos rognons. Leur cuisson achevée, égouttez-les ; mettez dans une casserole du velouté réduit en suffisante quantité, avec un peu de glace de volaille ; jetez-y les crêtes et rognons, et faites-les mijoter un quart-d'heure; liez votre ragoût, finissez-le avec un peu de beurre et un jus de citron. Dressez et servez.

CREVETTE. Petite écrevisse de mer, qui s'appelle en quelques lieux *salicoque* et *chevrette*; mais son véritable nom est apparemment *écrevette*, diminutif d'*écrevisse*, dont on a fait *crevette* par corruption. La crevette doit être d'un beau rouge-pâle, ne pas être collante au toucher, avoir la queue ferme et une bonne odeur. On s'assure de leur fraîcheur de la même manière qu'on en use avec les homards.

Les crevettes les plus estimées sont celles qui nous viennent de Rouen. *Voy.* HOMARD.

Crevettes (*Manière d'apprêter et de servir les*). Après vous être procuré une livre et demie de crevettes, remplissez le fond d'un plat de quelques herbages sans odeur; couvrez-les d'une serviette posée en carré sur votre plat, et en relevant les quatre coins pour former un octogone; faites ensorte qu'il soit régulier, de manière qu'on ne distingue que le bord du plat; mettez une poignée de persil au milieu; dressez vos crevettes à l'entour, formées en pyramide, et servez.

CURAÇAO. Cette liqueur est composée avec l'écorce ou plutôt les zestes d'un fruit aromatique assez semblable à l'orange, qui croît dans l'île de Curaçao, située dans l'Amérique septentrionale, au nord de Terre ferme, à douze degrés de latitude. Ces zestes desséchés nous parviennent par la voie de Hollande : on distille ces écorces avec de l'excellente eau-de-vie; on mêle cet esprit avec un sirop un peu chargé, et la liqueur est faite.

Rien au premier coup-d'œil ne paraît plus facile que cette fabrication; il faut cependant qu'il en soit autrement, car le bon curaçao n'est pas très-commun.

D'abord les zestes de ce fruit, dont le parfum et la douce amertume constituent le principal mérite de cette liqueur, sont assez rares. Un grand nombre de distillateurs croient y suppléer en employant des zestes, soit d'orange, soit de citron, soit de cédrat, soit de poncire, soit de bigarrade, ou séparément ou mélangés; mais le goût est fort différent : cela peut former une bonne liqueur, mais ce n'est point du curaçao.

C'est à Tournay, à Bruxelles, à Douay, etc., qu'on fabrique le mieux le curaçao. La proximité de la Hollande, qui permet de tirer de la première main les zestes, l'application que l'on y apporte dans la fabrication de cette liqueur et la grande consommation qui s'en fait, sont les causes de cette supériorité.

CYGNE. Oiseau aquatique, plus gros que les oies domestiques, auxquelles il ressemble assez. Il est couvert d'un plumage blanc comme la neige, a le cou extrêmement long et le bec de couleur jaune et rouge, avec une raie noire de chaque côté.

Ces oiseaux ont la chair coriace et de difficile digestion. Si quelquefois on en sert sur les tables des grands, c'est plutôt par ostentation et parce qu'il est rare et précieux, que par le bon goût qu'on y trouve. Cependant les jeunes cygnes qui ont été bien nourris, sont un manger qui n'est pas indifférent : ils s'apprêtent comme l'oie. *Voy.* OIE.

D.

DAIM ou CHAMOIS. Animal sauvage que les naturalistes rangent parmi les chèvres : il est un peu plus grand que le chevreuil.

Les parties de derrière du daim sont les plus estimées. Cet animal figure élégamment sur les tables distinguées, lardé de gros lard, mariné convenablement, et rôti sous la salutaire influence d'une pluie savante et nutritive. On lui fait une sauce, dans laquelle dominent les apéritifs anchois, le citron vert, les échalotes et la farine frite, mouillée de son dégout, et on la lie avec un coulis.

Daim à la broche, avec une poivrade. Après avoir piqué et mariné une partie de derrière de votre animal, comme ci-dessus, ajoutez quelques gousses d'ail à votre marinade ; enveloppez votre morceau, et faites rôtir ; servez avec une poivrade.

Daim à l'anglaise (Hanche de). Procurez-vous un quartier de daim couvert de graisse, tel que peut l'être un gigot ; désossez-en le quasi, que vous battrez bien ; poudrez-le de sel.

Faites une pâte avec trois livres de farine, dans laquelle vous mettrez une demi-once de sel, six œufs entiers et peu d'eau, seulement pour que votre pâte soit ferme ; enveloppez la dans un linge blanc et humide : après l'avoir laissé reposer une heure, abaissez-la bien également, en lui donnant l'épaisseur d'une pièce de six livres ; embrochez votre venaison, que vous enveloppez entièrement de votre abaisse de pâte, qui doit être d'un seul morceau ; soudez-la en mouillant les bords et les joignant l'un sur l'autre ; cela fait, enveloppez le tout de fort papier beurré et bien ficelé : ainsi préparée, faites-la cuire à feu bien égal environ trois heures ; la cuisson achevée, ôtez-en le papier, faites prendre une belle couleur à la pâte. Après avoir débroché votre hanche, servez-la, en y joignant une saucière de gelée de groseilles, qu'on appelle en anglais *corinthe gelée*.

En général, le daim se prépare, s'apprête et s'accommode comme le chevreuil. *Voy*. CHEVREUIL.

DARIOLES. Petite pièce de pâtisserie, qu'on manipule de la manière suivante :

On a une douzaine de petits moules à pâté au jus, que l'on fonce avec des rognures de feuilletage ou de pâte brisée ; on met dans une terrine deux œufs entiers, environ deux cuillerées à bouche de farine délayée, et on y ajoute deux autres jaunes d'œufs, du sucre en poudre, de la fleur d'orange pralinée ou autre, des macarons écrasés, de la crème ce qui peut tenir dans les moules, une idée de beurre que l'on a fait fondre, et que l'on mêle dans l'appareil au moment de les mettre au four. Les moules étant remplis, on les met sur un plafond, et l'on fait cuire. Ces mêmes darioles peuvent être au chocolat, à la vanille, etc.

DAUBE. Ragoût qui se mange froid et d'un grand usage ; il se sert en entremets. On met en daube les gigots de veau et de mouton, les canards, les oies, les poulets d'Inde, les chapons gras, les perdrix et autres viandes. On en verra les procédés à leurs articles.

DÉGOUT. On appelle dégout en cuisine le jus que la chaleur du feu fait sortir des viandes qui cuisent à la broche et qui tombe dans la lèchefrite.

DENT DE LION ou PISSENLIT. Plante basse, très commune dans les environs de Paris; on la cultive aussi dans les jardins. Ses feuilles sont oblongues, médiocrement larges, découpées comme celles de la chicorée sauvage, et couchées sur terre. Au printemps, comme ces feuilles sont tendres, elles se mangent en salade.

DÉSOSSER. C'est ôter les os des viandes, volailles ou gibier, ou les arêtes de la chair des poissons, pour en faire des hachis. On fait des pâtés de lièvre, de chapons, poulardes et dindes désossés. Il faut être grand artiste en cuisine ou en pâtisserie, pour bien désosser une volaille, ou autre pièce de chair quelle qu'elle soit.

DESSERT. C'est le troisième service d'une table.
Un dessert est ordinairement composé de fruits crus et cuits, de confitures, de pâtisserie sucrée, etc., et quelquefois d'un morceau de fromage altérant et apéritif. Quand on veut étaler du luxe dans un dessert, on y ajoute des compotes bien faites, d'élégans rochers garnis de friandises, des assiettes montées garnies de confitures sèches et de bonbons; des fruits glacés au caramel, les plus beaux fruits de chaque saison pyramidés avec art et simplicité, des confitures liquides dépotées dans des compotiers de la plus riche porcelaine, des fromages fouettés et panachés, des fromages glacés et cannelés, des glaces en tasses, en briques et en fruits, des biscuits, des macarons, des massepains, des biscuits manqués, des moules de conserve de fleur d'orange soufflée, etc., etc.

DINDON. Gros oiseau très-connu, nommé poulet d'Inde, ou coq d'Inde; c'est son véritable nom, parce qu'il vient des Indes Orientales. Les premiers dindons qui furent mangés en France, le furent aux noces de Charles IX, en 1570.

Les dindons s'accommodent de plusieurs manières, tant pour les entrées, que pour le rôt et les entremets ; cependant la meilleure façon est de les faire rôtir à la broche, surtout lorsqu'ils sont jeunes et bien gras. Il est essentiel surtout de s'assurer s'ils ne sont point amers. Ce qui se fait en introduisant l'index dans l'anus de l'animal, et à le sucer ensuite avec une forte aspiration.

La femelle a la chair plus délicate que celle du mâle.

Les jeunes dindons et les jeunes dindes se connaissent à la chair blanche et fine, et aux pattes, qui doivent être noires.

Les vieilles dindes, qui ont beaucoup pondu, de même que les vieux dindons, ont la chair bise et rougeâtre, et par conséquent sèche et coriace.

On connaît les vieilles dindes qui ont beaucoup pondu, quand elles ont le derrière bordé, vermeil et bien ouvert, et quand elles ont les pattes rouges.

Dindon ou dinde à la broche. Ayez un dindon jeune et gras, et qui soit un peu mortifié. Il ne s'agit plus alors que de le vider, flamber, trousser et embrocher, convenablement bardé et enveloppé d'un papier blanc. Ce serait lui faire un affront que de le piquer : cette opération n'a lieu que pour les dindonneaux. Un peu avant son entière cuisson, vous le déshabillez de son enveloppe, pour lui faire prendre une belle couleur ; cela fait, dressez-le sur un plat et servez.

Ce dindon sera encore meilleur, si on a eu soin de le farcir d'un demi-cent de marrons de Lyon, et d'une douzaine de petites saucisses de Nanci, ou d'une ou deux livres d'excellentes truffes du Périgord.

Dindon en daube. Procurez-vous un bon dindon ; coupez-lui les pattes, et troussez les cuisses en dedans ;

lorsque vous l'aurez bien épluché et bien flambé, videz-le : ayez de gros lardons, assaisonnez-les de sel, poivre, des quatre épices et de fines herbes ; piquez-*en* l'estomac et les cuisses ; mettez ensuite des bardes *de* lard dans une braisière, étendez votre dindon par-*dessus* ; ajoutez-y un jarret et un pied de veau, les pattes *du* dindon, cinq oignons, dont un piqué de trois clous *de* girofle, trois ou quatre carottes, deux feuilles de *laurier*, du thym, un bouquet de persil et de ciboules ; *placez* sur votre dindon des bardes de lard pareilles à *celles* que vous avez mises dessous ; mouillez avec *quatre* cuillerées à pot de bon bouillon, et couvrez le *tout* d'un papier bien beurré ; faites mijoter pendant *cinq* heures et demie ; au bout de ce temps retirez *votre* brazière du feu, mais n'en ôtez le dindon qu'une *demi*-heure après, afin qu'il ne se hâle pas ; passez votre *mouillement* à travers une serviette fine, et faites-le *réduire* d'un quart : cassez ensuite un œuf dans une *casserole* ; battez-le bien ; versez la gelée par-dessus, et fouettez le tout bien fortement. Voyez si cette sauce est d'un bon goût, mettez-la sur le feu ; quand elle aura jeté ses premiers bouillons, placez-la sur le bord du fourneau ; couvrez-la d'un couvercle sur lequel vous placerez du feu, laissez-la pendant une bonne demi-heure, passez-la ensuite à travers une serviette fine, et quand elle sera en gelée, couvrez-en votre dindon.

Ordinairement ce ne sont que les vieilles dindes que l'on met en daube ; c'est même la seule manière de les accommoder.

Dinde aux truffes et à la broche. Choisissez une poule d'Inde qui soit grasse et blanche ; épluchez-la et videz-la par la poche, en prenant garde d'en crever l'amer et d'offenser les intestins. En cas que cela arrive, lavez votre volaille en lui passant de l'eau dans le corps à plusieurs reprises, ou plutôt du vinaigre. Procurez-vous trois ou quatre livres de truffes, que vous épluchez avec soin, et dont vous aurez soin de supprimer les musquées ; pilez une livre de lard gras, que vous mettez dans une casserole sur la cendre chaude, pour le faire fondre ; placez-y vos truffes coupées en quatre ; assaisonnez-les de sel, poivre, épices, muscade, d'une feuille de laurier et d'un peu de thym ; laissez-les mijoter une demi-heure. Vos truffes retirées du feu, remuez-les bien ; laissez-les presque refroidir ; remplissez-en le corps de votre dinde jusqu'au jabot ; cousez-en les peaux, afin d'y maintenir les truffes ; bridez votre bête, bardez-la, et laissez-la se parfumer quatre ou ou cinq jours, si la saison le permet. Au bout de ce temps, vous la mettez à la broche, enveloppée de papier très beurré, et vous la faites cuire ; deux heures suffisent pour sa cuisson ; après l'avoir déshabillée pour lui faire prendre une belle couleur, servez-la avec une sauce à la Périgueux. *Voy*. SAUCE AUX TRUFFES HACHÉES.

Dinde grasse aux truffes. Après avoir approprié votre dinde, qui doit être jeune et tendre, farcissez-la de son foie haché avec persil, ciboules, champignons et lard râpé ; liez cette farce de deux jaunes d'œufs, sel et poivre. Faites cuire à la broche, et servez avec un ragoût de truffes. *Voy*. TRUFFES.

Dindon à la sauce Robert (cuisses de). On lève les cuisses d'un dindon cuit à la broche ; on les cisèle avec un couteau ; assaisonnez-les de sel et de poivre, on les met sur le gril à un feu doux ; quand elles sont grillées, on sert dessous une sauce Robert. *Voy*. SAUCE ROBERT.

Dindon (hachis de). Levez le blanc d'un dindon qui a été cuit à la broche ; ôtez-en les peaux et les nerfs ; coupez votre blanc en petits dés, puis hachez-le avec un couteau à hacher ; quand le blanc sera bien fin, mettez le hachis dans une casserole et faites cuire ; faites chauffer de la béchamel ; si vous n'en avez pas, liez avec du velouté.

Dindon à l'étouffade. Procurez-vous un dindon petit et gras, que vous troussez et que vous applatissez un peu; foncez une casserole de veau et de jambon; et après avoir passé votre bête dans du lard fondu, placez-le dans la casserole, l'estomac dessous; couvrez le dos de persil, ciboules, champignons hachés et lard fondu; couronnez-le de bardes. Quand il est cuit vous le dégraissez, ainsi que la braise où il a cuit; après avoir passé le jus au tamis, vous servez votre dindon dessus avec le jus d'un citron.

Dindon (blanquette de). Vous faites cuire un dindon à la broche; lorsqu'il est froid, vous enlevez les chairs de l'estomac, que vous émincez et aplatissez avec la lame du couteau, ayant soin d'en couper les angles et de parer le mieux possible vos blancs. Ainsi arrangés, mettez-les dans une casserole; tournez des champignons coupés en centimes; jetez-les dans de l'eau mêlée de citron, pour les conserver blancs. Quand vous en avez une quantité suffisante pour votre blanquette, mettez un petit morceau de beurre dans une casserole; un peu de jus de citron, et vos champignons dedans; sautez-les sur le feu; quand ils ont évaporé leur eau, et que le beurre est en huile, mettez-y six cuillers à dégraisser de velouté, autant de consommé, faites réduire le tout à moitié; après avoir écumé et dégraissé votre sauce, vous la versez sur le blanc de votre dindon, qui est dans une petite casserole. Au moment de servir, passez votre blanquette sur le feu avec une liaison de deux jaunes d'œufs, et gros comme une noix de bon beurre. Après vous être assuré si votre mets est de bon sel, servez-le.

Dindon (galantine de). Procurez-vous un dindon de bonne chair et qui soit bien nourri; commencez à le désosser par le dos, en prenant garde d'offenser l'estomac; quand il est désossé entièrement, et que les nerfs des cuisses sont ôtés, levez une partie des chairs de l'estomac, à un demi-pouce près de la peau ; faites de même aux cuisses ; mettez avec les chairs coupées du dessus de votre dindon, celle de deux poules, ou simplement du veau ou d'autre viande. Pour deux livres de viande, on met deux livres de lard, le plus gras possible ; on y ajoute du sel, du poivre, des quatre épices, des fines herbes. Lorsque les ingrédiens de votre sauce sont hachés bien fin, vous pouvez, à volonté, l'assaisonner de moyens lardons avec des aromates pilés, du sel, du poivre, et vous lardez les chairs de votre dindon.

Faites ensuite un lit de farce épais d'un pouce, que vous aurez soin d'aplanir ; mettez sur ce lit de farce des truffes coupées en long, de la langue à l'écarlate, des lardons de lard, des filets mignons de votre dindon, de volailles et des foies gras ; remettez un lit de farce, et de même que sur le premier lit, des truffes, de la langue, des lardons ; continuez la même opération jusqu'à ce que vous n'ayez plus de farce. Alors, roulez votre dindon, de manière qu'il contienne toute la farce, sans qu'il puisse s'en échapper d'aucun côté ; avec une aiguille à brider et de la ficelle, vous cousez les chairs pour rétablir votre bête dans sa première forme ; vous la couvrez de bardes de lard avec un peu de sel ; vous l'enveloppez dans un canevas avec quatre feuilles de laurier ; vous liez et ficelez votre galantine par-dessus le canevas pour qu'elle conserve sa forme.

Mettez des bardes de lard dans une braizière ; votre galantine par-dessus ; ajoutez-y des jarrets de veau, cinq ou six carottes, cinq ou six oignons, un fort bouquet de persil et de ciboules, les débris de votre dindon, trois ou quatre feuilles de laurier, un peu de thym, trois clous de girofle, trois cuillerées à pot de bouillon ; mettez au feu et faites mijoter pendant trois heures ; lorsqu'elle est cuite, retirez-la ; vous ne retirerez votre galantine qu'une demi heure après. En la sortant de sa cuisson, passez-la pour en extraire le jus, et conservez-la dans son canevas, jusqu'à ce qu'elle soit froide; passez votre mouillement à travers une serviette fine; cassez un œuf, ou deux, si le jus est long; battez-les avec votre gelée; après vous être assuré qu'elle est de bon goût, mettez-la sur le feu, en la remuant toujours jusqu'à ce qu'elle bouille; alors, tenez-la sur le bord du fourneau, vous la couvrez et entretenez un feu ardent sur le couvercle. Votre gelée mijotée une demi-heure, vous la passez à travers une serviette fine, et vous la laissez refroidir, pour en faire l'usage que vous jugez convenable.

Dindon au suprême (cuisses de). On met deux cuisses de dindon cuites à la broche dans une casserole, avec un bon verre de vin de Champagne, un verre de bon bouillon, sel, gros poivre, un bouquet de persil, ciboules, une demi-gousse d'ail, deux clous de girofle; on les fait cuire une heure et boire toute la sauce, après quoi on les place sur le plat qu'on doit servir, pour les masquer avec le ragoût suivant. On met dans une casserole un ris de veau blanchi, coupé en dés, des champignons, persil, ciboules hachés, avec un morceau de bon beurre; on passe sur le feu; on poudre de farine et on mouille avec un verre de bouillon, un peu de coulis et un demi-verre de vin de Champagne; on fait bouillir à petit feu pendant une heure; on dégraisse, et on y met un anchois et des câpres, une poignée d'olives qu'on a tournées pour en ôter le noyau; après avoir fait chauffer sans bouillir, on peut servir.

Dindon en haricot (ailerons de). Ayez dix ou douze ailerons de jeunes dindons; après les avoir flambés, parés et désossés, mettez les dans une casserole avec des bardes de lard dessus et dessous; posez une poêle par-dessus, et faites-les mijoter une heure et demie, ou plus, si vos ailerons sont vieux: au moment du service, après les avoir égouttés, dressez-les en couronne, mettez de petits navets au milieu de votre ragoût, et servez pour entrée.

Dindon à la maître d'hôtel (ailerons de). Ayez dix à douze ailerons que vous préparerez comme il est indiqué à l'article précédent ; étant cuits, mettez-les refroidir, parez-les, et panez les au beurre fondu ; au moment de servir, faites les griller, et dressez les avec une maître-d'hôtel dessous, et servez. *Voy.* SAUCES.

Dindon en salmi. Procurez-vous un dindon en bonne chair, que vous ferez cuire à demi à la broche ; coupez-le ensuite en pièces, et mettez-le dans une casserole avec du vin, des truffes, des champignons hachés, quelques anchois, du sel et du poivre. Le tout cuit à temps, liez la sauce avec un coulis de veau. Après l'avoir dégraissée, servez votre dindon avec un jus d'orange, ou avec la sauce au jambon.

DINDONNEAU. Jeune dindon. Les petits dindonneaux, lorsqu'ils sont bien gras, sont fort délicats. On les mange rôtis et en entrée : c'est la meilleure manière de les employer en cuisine ; cependant on peut leur faire subir les mêmes apprêts que la dinde et le dindon. *Voy.* DINDON.

Dindonneau en mayonnaise. Coupez par membres un jeune dindonneau rôti et froid ; levez-en les peaux, parez vos morceaux, et faites-les mariner dans un vase avec un peu d'huile, de vinaigre à l'estragon, du sel, du gros poivre et un peu de ravigotte hachée. Dressez vos membres de dindonneau sur un plat, dont vous garnissez le tour d'un cordon de gelée : saucez avec une mayonnaise ou provençale ; décorez la avec des œufs durs, des filets d'anchois, des cornichons et des câpres.

DISSECTION DES VIANDES, ou L'ART DE LES DÉCOUPER. On ne doit point considérer l'art de découper comme une connaissance dont puisse se dispenser un cuisinier, et même un maître ou une maîtresse de maison. Sa pratique entre nécessairement dans les attributions d'un Amphitrion, et ajoute singulièrement à l'agrément de la bonne chère, au coup-d'œil, et même à la bonté réelle d'un festin.

Dissection du bœuf. Le bouilli doit toujours se couper en travers, afin que la viande se trouve courte; mais, avant cette opération, il faut dépouiller le morceau de ses os, de ses nerfs et de sa graisse superflue; on coupe les tranches un peu minces, qu'on couronne chacune d'une petite portion de graisse.

Comme les os sont la partie la plus délicate de la poitrine, il faut s'attacher à les bien diviser, et l'on en servira un par portion.

On doit suivre, pour *le bœuf à la mode*, les mêmes principes, à l'exception qu'on le coupe de manière que les lardons soient en travers.

Quand à l'aloyau, on commence par diviser le filet, lequel se coupe en travers, et par rouelles plus ou moins épaisses.

La tranche se coupe toujours en travers, ainsi que la langue.

Le trumeau, qui est une chair courte et pleine de cartilages, doit être bien cuit, et se servir à la cuiller.

Dissection du veau. Pour découper un carré de veau, levez d'abord le filet, que vous coupez en morceaux de diverses grosseurs et grandeurs; divisez ensuite les côtes.

La tête de veau, qu'on préfère généralement bouillie, se mange avec une sauce piquante servie à part, ou même simplement au vinaigre; les morceaux les plus distingués sont d'abord les yeux, ensuite les bajoues, puis les tempes, puis les oreilles, enfin la langue, que l'on met sur le gril, panée et sous une sauce appropriée. On sert, avec chacun des morceaux ci-dessus désignés, une portion de la cervelle qu'on puise dans le crâne, dont la partie supérieure a dû être enlevée avant d'être servie sur table ; on sert les yeux avec la cuiller ; on coupe proprement les bajoues, les tempes et les oreilles ; on ne porte jamais le couteau dans la cervelle.

La noix, les fricandeaux, les ris, se servent toujours à la cuiller.

Dissection du mouton. Il y a deux manières de couper le gigot de mouton. La première c'est, tenant le manche de la main gauche, de couper perpendiculairement les tranches depuis la jointure jusques aux os du filet, ensuite la souris ; puis retournant le gigot, détacher les parties de derrière.

La deuxième consiste, en tenant toujours le manche de la main gauche, à couper horizontalement à peu près comme on rabote une planche, en observant que les morceaux doivent être extrêmement minces.

On peut appliquer à l'épaule ce que nous avons dit du gigot ; on la peut également couper, soit en tranches, soit horizontalement.

Le carré de mouton se coupe et se sert absolument de la même manière que le carré de veau.

Dissection du cochon. La hure commence à se servir, en coupant du côté des oreilles jusqu'aux bajoues ; le chignon se sert après par petites tranches minces.

Le carré, le filet, l'échinée, se coupent par petites tranches minces et en travers.

Le jambon se coupe par petites tranches en travers, toujours du gras et du maigre.

Le sanglier se coupe et se sert comme le cochon.

Dissection du cochon de lait. On le sert presque toujours rôti ; vous commencez par couper la tête, les deux oreilles, vous séparez la tête en deux, ensuite vous coupez l'épaule gauche, la cuisse gauche, l'épaule droite et la cuisse droite ; vous levez après la peau, pour la servir toute croquante ; les jambes, les côtes, les morceaux près du cou sont des endroits très-délicats ; l'épine du dos se coupe en deux ; le côté des côtes qui y reste attaché se sert par petits morceaux.

Le marcassin se coupe et se sert comme le cochon de lait.

Dissection de l'agneau et du chevreau. Ces deux animaux se dissèquent à-peu-près de même, et un quartier de chevreau se coupe selon les mêmes principes qu'un quartier d'agneau. Après avoir coupé le quartier, ou plutôt la bête presque entière, en deux parties égales en leur longueur, on divise chaque quartier, soit en côtelettes, soit en doubles côtelettes ; on sépare les deux cuisses, et l'on coupe les gigots par tranches.

A l'égard du chevreuil, on n'en sert qu'un quartier et jamais les deux ensemble.

Dissection de la volaille et du gibier. Les principales parties de la volaille sont le cou, les deux ailes, les deux cuisses, l'estomac, le croupion, la carcasse.

Les poulets, chapons, poulardes se dissèquent en prenant l'aile de la main gauche ou avec une fourchette ; on prend de la main droite le couteau pour couper la jointure de l'aile, et on achève de la main gauche en tirant l'aile ; ensuite, vous levez du même côté la cuisse, en donnant un coup de couteau dans les nerfs de la jointure, et vous la tirez de la même façon avec la main gauche. La même opération se pratique pour l'autre côté ; vous coupez ensuite l'estomac, la carcasse et le croupion : on divise chaque cuisse en deux, chaque aile en trois ; on laisse les blancs entiers, et on tâche de faire six morceaux bien séparés de la carcasse et du croupion.

L'oie, servie sur le dos, se coupe en filets formés de la chair des ailes et de l'estomac, jusques vers le croupion ; on lève ainsi huit filets, composant autant de lanières.

Le canard rôti se découpe comme l'oie, en aiguillettes, que l'on multiplie le plus possible, aux dépens des ailes et des cuisses.

La bécasse et la bécassine se découpent comme les volailles ordinaires, c'est-à-dire, qu'on enlève les ailes, les cuisses, et qu'on sépare ensuite le croupion et la carcasse.

Quant à la perdrix et aux perdreaux, ils se coupent comme la plupart des volailles.

Le faisan rôti se coupe absolument comme la poularde.

Le pigeon rôti, quand il est gros, peut se couper en quatre, autrement on ne le coupe qu'en deux portions, dont l'une, composée des deux ailes, est le chérubin, et l'autre, dont les deux cuisses font partie, est la culotte. Il arrive quelquefois qu'on les coupe longitudinalement, de façon que chacune des deux moitiés renferme la cuisse et l'aile.

Le lièvre et le levraut, le lapin et le lapereau, se coupent à peu de chose près de même.

Le lièvre ne s'y sert que des trois quarts, qui tiennent le milieu entre le lièvre et le levraut. On le sert piqué ou bardé; la partie la plus délicate est le râble, que l'on coupe depuis l'épaule jusqu'à la naissance de la cuisse; ensuite l'os du râble. On coupe en forme d'entonnoir la partie supérieure et charnue des cuisses; on lève ensuite avec dextérité le morceau du chasseur, qui est la queue, avec un peu de chair adhérente.

DORADE ou DAURADE. Poisson de mer qui fréquente les rivages, et qui quelquefois entre dans les rivières. Son corps est large et aplati par les côtés; il ressemble un peu à la brême, c'est pourquoi on l'a aussi appelé *brême* ou *brame de mer*. En Languedoc, on donne différens noms aux dorades, relativement à leur âge et à leur grandeur. Les petites sont nommées *sauqueues*; celles qui ont une coudée de longueur portent leur vrai nom de *dorades*; et celles qui sont encore plus grandes celui de *subredorades*. Elles parviennent rarement au poids de dix livres.

Ce poisson se trouve dans l'Océan comme dans la Méditerranée; on en prend rarement en hiver, et il est bien meilleur en été.

La chair de la dorade est blanche, ferme et d'un bon goût. On la mange ordinairement rôtie ou au court-bouillon, accompagné d'une sauce blanche, et aux câpres, ou d'un ragoût qu'on juge lui être convenable. On la sert aussi frite et en filets; l'on peut aussi la mettre au gras comme d'autres poissons.

DORER. Se dit de la couleur qu'on donne à la pâtisserie, en la frottant avec une plume, un pinceau, ou une petite brosse douce, d'œufs battus, jaunes et blancs, comme si l'on voulait faire une omelette. Pour une dorure forte et bonne, on délaye un blanc d'œuf avec deux ou trois jaunes; pour une dorure pâle, on ne prend que le jaune des œufs, qu'il faut délayer avec un peu d'eau. Dans le carême, à l'époque où l'on ne mange pas d'œufs, on détrempe un peu de safran ou de fleur de souci dans du lait, ou l'on se sert d'œufs de brochets pour dorer (cette dorure passe pour maigre.) Les pâtissiers, pour épargner les œufs, emploient le miel dans leur dorure.

DOUCETTE. Espèce de campanule qui vient dans les champs et dont on mange au printemps les racines en salade. Ces racines sont blanchâtres et petites. Toute la plante donne du lait.

DRAGÉES. Espèces de petites confitures sèches, faites de menus fruits, graines, ou de petits morceaux d'écorce, ou de racines odoriférantes et aromatiques., etc., incrustés ou couverts d'un suc très-dur et très-blanc. *Voy.* CONFITURES.

On fait des dragées à deux cuissons différentes de sucre ; l'une à *lissé*, l'autre à perlé. Elles se font dans une grande bassine de cuivre, plate dans le fond, suspendue à la hauteur de la ceinture par une grande anse au milieu, et qui doit avoir deux anses aux deux côtés pour la manier et la mener comme il convient, selon la nature des dragées qu'on a à faire. *Voy.* pour les procédés requis à chaque espèce d'usage, les mots, ABRICOTS, AMENDES, ANIS, AVELINES, CÉLERI, CHOCOLAT, CITRON, CORIANDRE, ÉPINE-VINETTE, GIROFLE, JASMIN, ORANGEAT, PISTACHES, VIOLETTES, etc., etc.

E.

EAU. L'*eau élémentaire* est un fluide insipide, transparent, sans couleur, sans odeur, qui pénètre à travers les pores de la plupart des corps, et qui éteint les matières enflammées.

La meilleure eau pour l'usage de la vie, est l'eau pure, légère, transparente, simple et sans grand mélange de particules terrestres, qui s'échauffe promptement et se refroidit de même, dans laquelle les légumes se cuisent facilement, et qui n'a aucune qualité sensible ni à l'odorat ni au goût. L'eau *de rivière*, selon Lémery, est la plus saine et la meilleure de toutes. En cuisine on met en usage l'eau de sel et l'eau d'ail, qui se font de la manière suivante.

Eau de sel. On met dans un chaudron ou un poêlon une livre de sel, suivant qu'on en a besoin, avec de l'eau, et l'on fait bouillir ; on l'écume et on la laisse refroidir ; on la tire au clair, et l'on s'en sert à volonté.

Eau d'ail. On épluche une gousse d'ail, on l'émince, et on l'écrase avec le couteau, puis on la met dans un peu d'eau; au bout d'un instant, cette eau en a pris le goût; on la passe dans un tamis pour s'en servir au besoin. Il faut avoir soin de ne mettre de cette eau que très-peu à la fois, en ce que, si le goût était trop fort, on ne pourrait y remédier.

On appelle *eaux*, en office et distillation, certaines préparations ou liqueurs faites avec les fleurs, les fruits ou épices, dont on se sert ou pour se rafraîchir, ou pour aider la digestion, selon les propriétés connues de ces liqueurs, ou pour satisfaire la sensualité.

Eau cordiale. Dans six pintes d'eau-de-vie et une pinte d'eau, jetez le zeste de quinze citrons bien frais et d'un bon parfum; ajoutez à votre infusion une demi-once de cannelle fine, quatre onces de coriandre que vous avez écrasées; mettez le tout infuser pendant huit jours; distillez-le ensuite; faites fondre trois livres et demie de sucre dans trois pintes et demie d'eau; faites votre mélange, et passez-le à la chausse.

Eau des sept graines. Pour six pintes d'eau-de-vie ayez une once d'anis vert ou de Verdun, une once de fenouil, une once de graines de carotte, une once de carai, une demi-once de graine d'angélique, une once et demie de coriandre, une once d'annette et un gros de macis; pilez tous ces ingrédiens, mettez-les infuser pendant huit jours dans votre eau-de-vie, et faites votre distillation. Pour votre mélange, faites fondre trois livres et demie de sucre dans trois pintes et demie d'eau; mêlez le tout, et faites filtrer. *Voy.* aux articles de plusieurs fruits, épices ou substances quelconques, les procédés que l'on emploie pour les composer.

Eau d'argent. Pour six pintes, les zestes de trois citrons, un gros d'angélique et huit clous de girofle pilés, mis dans l'alambic avec trois pintes et chopine d'eau-de-vie, demi-setier d'eau; faites distiller à feu ordinaire; faites ce sirop avec trois livres du plus beau sucre dans deux pintes et demie d'eau; versez-y vos épices: passez cette liqueur à la chausse, et quand elle sera clarifiée, mettez-y quelques feuilles d'argent, en agitant la bouteille pour les diviser en particules légères.

Eau divine. On peut se servir ou de l'eau de fleurs d'orange, ou laisser infuser six semaines des fleurs d'orange blanchies dans l'esprit-de-vin; après quoi vous passez cette infusion au tamis, et la versez dans un sirop d'à-peu-près moitié de la quantité d'eau-de-vie, demi-livre de sucre pour pinte de liqueur. La quantité des fleurs d'orange n'est point déterminée: elle dépend des goûts; les uns l'aiment plus forte, d'autres moins.

Eau d'or. Distillez des zestes de citron, à la même quantité que pour l'eau d'argent; joignez-y de la cannelle choisie et un peu de coriandre, avec la même quantité d'eau, d'eau-de-vie et de sucre, en tirant un peu de phlegme, à cause des épices. Vos esprits étant mêlés avec le sirop, faites cuire du sucre au caramel; délayez-le avec de l'eau, et versez-en dans votre liqueur jusqu'à ce que vous la jugiez de couleur d'or; faites-la passer à la chausse pour la clarifier, et si ce pouvait être dans une chausse où l'on eût passé de l'escubac, la couleur n'en serait que plus belle. On peut y mettre encore des feuilles d'or, comme dans la précédente, et les diviser en très-petites particules, en agitant la bouteille, comme il a été dit à l'article de l'*eau d'argent*.

ECHALOTE. Plante potagère; sa racine est un assemblage de plusieurs bulbes unies ensemble. Cette racine est grosse comme une aveline, oblongue et ressemble assez à l'ail pour l'odeur et la saveur. Elle est d'un grand usage pour assaisonner les sauces, et produit d'ailleurs le même effet que les autres genres d'oignons.

ECHALOTE D'ESPAGNE. *Voy.* ROCAMBOLE.

ÉCHAUDÉ. Menue pâtisserie dont on fait peu de cas dans les cuisines, et qu'on trouve trop communément pour donner ici la façon de la faire.

ÉCHINÉE DE COCHON. *Voy.* COCHON.

ÉCLANCHE. Partie charnue du mouton qui tient aux quartiers de derrière : on l'appelle communément gigot. Les meilleures éclanches sont celles qui ont le manche court : on la mange ordinairement rôtie ; on la sert aussi apprêtée et accommodée de diverses façons. *Voy.* MOUTON.

ECREVISSE. Poisson crustacé fait à-peu-près comme le scorpion, mais plus gros, et qui a des pattes disposées en manière de serres ou de tenailles. Il y en a de deux espèces : elles ne portent pas le même nom en français ; l'une se trouve dans la mer, et est connue sous le nom d'homard (*voy.* HOMARD); l'autre vit dans les rivières et dans toutes les eaux courantes.

Les écrevisses moyennes font l'ornement d'une foule d'entrées ; elles servent plus particulièrement aux matelotes, aux fricassées de poulets, aux pâtés chauds et aux tourtes. Celles un peu plus grosses sont employées à achever la garniture d'un *chambord*. On fait aussi du *beurre* d'écrevisses, des *coulis* et des potages, que l'on appelle *bisques* ; on peut aussi en faire des entremets à la crême. Les très-grosses écrevisses, surtout celles qui nous viennent de Strasbourg, se servent comme grosses pièces d'entremets.

Ecrevisses (Manière de faire cuire les). Après avoir

bien lavé vos écrevisses, mettez-les dans une casserole, avec du sel, du poivre, une feuille de laurier, un peu de thym et un oignon en tranches; mouillez-les avec du vin blanc et un peu de vinaigre; placez-les sur un fourneau un peu vif, ayant la précaution de les sauter de temps en temps; une demi-heure suffit pour les cuire; laissez-les dans l'assaisonnement jusqu'au moment de servir. On les sert chaudes ou froides, au goût des convives.

Ecrevisses à l'anglaise. Faites cuire vos écrevisses à l'eau; épluchez-en la queue, ôtez les petites pattes; passez-les avec beurre frais, champignons et truffes; mouillez d'un peu de bouillon de poisson et d'un peu de coulis d'écrevisses; laissez mijoter à petit feu; achevez de lier avec deux jaunes d'œufs délayés avec de la crème douce et du persil haché, et servez.

Ecrevisses à la Gascogne. Coupez vos écrevisses par la moitié, faites-les cuire ensuite avec persil, ciboules, champignons, deux gousses d'ail, hachés menu, oignon piqué de clous de girofle, feuille de laurier, deux verres de vin de Champagne, un demi-verre d'huile d'olive, sel, poivre et tranches de citron; laissez réduire la sauce, et après en avoir retiré l'oignon, le laurier et le citron, vous pouvez servir.

Ecrevisses en matelote. Procurez-vous la quantité d'écrevisses que vous jugerez convenable pour en faire une matelote. Après les avoir épluchées comme il est dit dans les articles précédens, mettez-les dans une sauce à matelote; dressez vos écrevisses et saucez. Pour les présenter avec plus d'élégance, formez autour d'elles une couronne de croûtons de pain passés au beurre.

Ecrevisses à la Périgord. Faites blanchir vos écrevisses, épluchez les queues et les séparez. Après avoir pilé les corps, passez-les avec un coulis de veau et de jambon; passez vos queues au beurre, avec bouquet, tranche de jambon et truffes en tranches; après avoir mouillé de bouillon et d'un peu de réduction, dégraissez: étant cuit et suffisamment réduit, mettez-y votre coulis d'écrevisses, avec sel et gros poivre; faites chauffer sans bouillir. On peut servir pour garniture d'entrée ou pour entremets.

Ecrevisses (Tourte d'). Faites cuire vos écrevisses avec un verre de vin blanc; séparez les pattes et les queues; pilez le reste dans un mortier, pour le passer à l'étamine avec un peu de bouillon de poisson ou de purée claire, et du beurre tout chaud fondu; rangez ensuite le tout dans une tourtière sur une abaisse, avec sel, poivre, ciboulettes et champignons, vos pattes et vos queues dessus; recouvrez d'une autre abaisse; dorez et mettez au four: votre tourte étant cuite, servez chaudement.

Ecrevisses (Coulis d') en gras. Choisissez une trentaine d'écrevisses moyennes, et après les avoir lavées dans plusieurs eaux, faites-les cuire à l'eau.

Vous les épluchez ensuite, en mettant les écailles à part, que vous pilez dans un mortier, avec douze amandes douces et les écrevisses: prenez ensuite une livre et demie de rouelle de veau et un morceau de jambon; coupez-les par tranches, avec un oignon, et ajoutez quelques tranches de carottes et de panais. Quand tout est attaché comme un jus de veau, ajoutez du lard fondu et un peu de farine, faites-lui faire quelques tours en remuant toujours; mouillez le tout d'un bon bouillon; ajoutez sel, poivre, clous de girofle, basilic, persil, ciboules, champignons, truffes, croûtes de pain, et faites mitonner; ôtez ensuite le veau, délayez ce qui est dans le mortier, et passez le tout à l'étamine: telle est la recette du coulis d'écrevisses au gras.

Ecrevisses (Coulis d') en maigre. Substituez du beurre au lard fondu; faites un demi-roux; mouillez le tout avec du bon bouillon de poisson, et, pour le reste, procédez comme ci-dessus.

EMPOTAGE. Sorte de bouillon qu'on emploie dans les grandes et petites sauces, et dont on se sert pour mouiller les potages.

On met dans une marmite ou casserole (selon la quantité d'empotage que l'on veut faire) trois ou quatre livres de tranches de bœuf, deux quasis, un jarret de veau, et trois ou quatre vieilles poules; on mouille ces viandes de deux grandes cuillers à pot de bouillon. La marmite placée sur un fourneau, on fait cuire, jusqu'à ce qu'il soit réduit ; que votre empotage ne soit pas trop coloré; faites en sorte que votre suage n'attache pas trop, qu'il soit d'un beau blond; remplissez ensuite votre marmite de grand bouillon, et garnissez-la de carottes, navets, oignons ; n'y mettez point de sel, votre grand bouillon étant assaisonné. Laissez votre marmite trois heures sur le feu; vos viandes cuites, passez le bouillon de votre empotage à travers un tamis ou une serviette fine; tâchez surtout que votre bouillon soit bien clair, et servez-vous en au besoin.

ENDIVE. Espèce de chicorée qui croît dans tous les jardins, et qui fleurit au milieu de l'été. On l'emploie souvent en salade, surtout quand, après avoir lié ses feuilles ensemble, on les a fait blanchir.

ÉPAULE. C'est un des membres antérieurs qui, dans les quadrupèdes, est joint à la poitrine.

Les épaules de veau et de mouton peuvent se déguiser en cuisine, de la même manière que l'éclanche.

L'épaule de *mouton*, à la broche, est souvent plus tendre que le gigot, et elle a un goût particulier qui trouve beaucoup d'amateurs; mais ce rôti, dédaigné par l'orgueil et l'opulence, est ordinairement celui du pauvre. L'épaule, aussi complaisante que le gigot, se prête à diverses autres préparations, ainsi que celle du veau; préparations indiquées aux articles Mouton et Veau. *Voy.* ces mots.

ÉPERLAN. Ce petit poisson est ainsi nommé par sa blancheur, qui ressemble à celle des perles. C'est le goujon de la mer; il a beaucoup de rapports avec les merlans.

L'éperlan prend naissance dans la mer, et remonte ensuite dans les rivières, particulièrement dans la Seine. Ce poisson n'est jamais plus délicat qu'au mois de mai. Il faut choisir les plus gras et qu'ils ne soient pas crevés.

Eperlans à la matelote. Videz, écaillez une quantité suffisante d'éperlans; essuyez-les bien; mettez dans un plat ciboules, champignons, persil et pointe d'ail hachés, un peu d'huile fine, sel, poivre, et un demi verre de vin de champagne; arrangez vos éperlans dessus; faites cuire à petit feu, et servez avec un jus de citron.

Eperlans frits. Après avoir préparé vos éperlans comme nous l'avons indiqué dans l'article précédent, enfilez-les par les yeux avec un atelet d'argent ou brochette; trempez-les dans du lait, farinez-les, et faites-les frire d'une belle couleur. Mettez une serviette sur votre plat; dressez-les dessus, et servez.

Eperlans à la Provençale. Arrangez vos éperlans dans une casserole; faites bouillir dans une autre un demi-setier de vin blanc, un peu d'eau, sel, tranches de citron et un peu d'huile que vous jetez sur vos éperlans; faites-les cuire et égoutter; pilez deux ou trois gousses d'ail blanchies, une pincée de fenouil haché; mettez dans une casserole sel, poivre, muscade, un verre de vin blanc bouilli, ou essence d'ail, quatre jaunes d'œufs, un peu d'huile; tournez la sauce sur le feu jusqu'à ce qu'elle soit un peu liée; pressez-y le jus d'un citron; mettez la sauce dans le fond du plat, et les éperlans dessus; servez ensuite avec un peu de cerfeuil haché.

Eperlans à la bonne eau. Après avoir nettoyé et préparé vos éperlans, au nombre de neuf ou dix, enfilez-les par les yeux avec un petit atelet; mettez-les dans un grand plat un peu creux; versez une bonne eau par-dessus; rompez des feuilles de persil en quatre ou cinq morceaux; prenez un peu de bonne eau, et faites leur jeter cinq ou six bouillons. Un quart-d'heure avant de servir, mettez vos éperlans sur le feu; ôtez-les ensuite de la bonne eau, et dressez-les sur un plat. Versez dessus la bonne eau, dans laquelle vous avez mis du persil, et servez.

Eperlans au fenouil. Choisissez des Eperlans les plus gras qu'il vous sera possible; après leur avoir fait le nécessaire, farinez-les, et servez-les avec la sauce suivante :

Faites blanchir du fenouil; retirez-le pour le mettre à l'eau fraîche; après l'avoir bien égoutté, pilez-le avec deux gousses d'ail, et passez-le avec beurre, un verre de vin de Champagne, quatre jaunes d'œufs crus, sel et gros poivre; faites lier cette sauce sans bouillir, et servez-la sous vos éperlans.

Eperlans à l'Anglaise. Mettez deux cuillerées d'huile dans une casserole, sel, gros poivre, la moitié d'un citron coupé en tranches, dont on aura ôté la peau et les pépins; ajoutez-y deux verres de vin blanc, deux verres d'eau; faites bouillir cet assaisonnement un quart-d'heure; mettez-y vos éperlans, bien vidés, bien écaillés et bien essuyés; faites-les cuire; étant cuits, égouttez-les, et servez-les avec la sauce suivante :

Faites blanchir une gousse d'ail; écrasez ou pilez-la avec le dos d'un couteau, mettez-la dans une casserole avec persil et échalote hachés et deux verres de vin de Champagne; faites bouillir votre sauce cinq minutes; ajoutez-y un pain de beurre manié avec de la farine, et un autre sans être manié, du sel et une pincée de gros poivre; faites lier votre sauce; sa cuisson achevée, ajoutez-y un jus de citron, et servez.

EPICES. On comprend sous ce nom plusieurs drogues aromatiques qui nous viennent de l'Orient, comme poivre, girofle, muscade, macis, cannelle, gingembre, etc.; et chez nous les herbes aromatiques ou arbustes, comme laurier, thym, sariette, basilique, coriandre, marjolaine, etc.

EPINARD. Plante potagère, annuelle, originaire de l'Asie septentrionale. On en connaît deux espèces principales, dont la plus commune a les graines épineuses, l'autre les a lisses et sans piquans.

L'épinard s'accommode au jus, au beurre, à la crème, au coulis, etc. On en fait des potages, des tourtes, des rissoles, des crêmes, et sert d'accompagnement à plus d'un mets distingué; c'est après l'oseille le matelas le plus ordinaire des fricandeaux; c'est toujours celui des langues à l'écarlate, et des tranches de bœuf fumé de Hambourg.

Epinards (Manière d'apprêter les). Après avoir amorti à l'eau bouillante une quantité quelconque d'épinards, on les égoutte, on les hache menu, on les passe à la casserole avec beurre, sel, poivre, muscade, un peu de purée, ou mieux de crême douce. On fait bouillir jusqu'à ce qu'ils soient bien cuits. Si c'est en gras qu'on veut les servir, on met du lard fondu au lieu de beurre. On peut ajouter à l'assaisonnement en maigre un peu de sucre, de l'écorce de citron, deux macarons pilés, quelques gouttes d'eau de fleurs d'orange. Servez avec des croûtons frits.

Epinards à l'anglaise. Après avoir bien lavé vos épinards, mettez-les dans un chaudron d'eau bouillante, avec une poignée de sel; enfoncez-les bien afin qu'ils ne prennent pas le goût de fumée. Quand ils se mêleront, on tâte avec les doigts s'ils fléchissent; dans ce cas, vous les rafraîchissez; ensuite vous les hachez, et les mettez dans une casserole avec sel, gros poivre et un peu de muscade; vous les remuez sur le feu avec une cuiller de bois; lorsque vos épinards sont bien chauds, vous y mettez un morceau de beurre avec lequel vous les mêlez bien sans les poser sur le feu, de crainte que le beurre ne tourne en huile; alors dressez-les sur un plat, avec des croûtons frits à l'entour.

Epinards au maigre. Faites blanchir vos épinards comme il est indiqué dans l'article précédent; lorsqu'ils sont blanchis et hachés, mettez-les dans une casserole avec un quarteron de beurre, du sel, du poivre; placez-les sur le feu. Quand le beurre aura un peu frit les épinards, jetez-y plein deux cuillerées à bouche de farine, que vous aurez soin de bien remuer, et ensuite du lait; remuez-les encore afin que le tout se lie bien, et avant de servir assurez-vous si vos épinards sont d'un bon sel.

Epinards (Crême d'). Prenez une grande cuillerée d'épinards bien cuits, une douzaine d'amandes douces pilées, un peu de citron vert, trois ou quatre biscuits d'amandes amères, du sucre en proportion, deux verres de crême, un verre de lait et six jaunes d'œufs; mêlez bien le tout et le passez à l'étamine dans un plat; couvrez le plat et faites du feu par-dessous jusqu'à ce que la crême soit prise. Cette crême est agréable et saine; on peut la servir chaude ou froide.

Epinards (Rissoles d'). Après avoir bien épluché les épinards, lavez-les à plusieurs eaux, faites-les cuire dans une casserole avec un verre d'eau, puis mettez-les égoutter. Dès qu'ils seront refroidis, pressez-les bien et les pilez dans un mortier; ajoutez-y ensuite un peu de beurre frais, de l'écorce de citron vert, deux biscuits d'amandes amères, du sucre et de la fleur d'orange, et pilez encore le tout ensemble. Faites une abaisse d'une pâte de feuilletage qui soit bien mince; coupez-la en petits morceaux, mettez à un coin de chacune de ces petites abaisses la grosseur d'une moitié de noix de votre farce, mouillez-les et couvrez de pâte toutes vos rissoles ainsi préparées; parez-les tout autour avec un couteau, faites-les frire ensuite dans de la friture maigre; quand elles ont pris une belle couleur, mettez-les égoutter; dressez-les promptement sur un plat, saupoudrez-les de sucre, glacez-les avec la pelle rouge, et servez chaudement pour entremets. Cet aliment est léger.

Epinards (*Tourte d'*). Vous épluchez bien les épinards, et après les avoir lavés à plusieurs eaux, vous les mettez avec de l'eau dans une casserole sur un fourneau; vous les retirez ensuite, et vous les faites égoutter; vous les pressez bien; vous les pilez dans un mortier avec de l'écorce de citron vert confit, du sucre ce qu'il en faut, un morceau de beurre frais et un peu de sel; quand le tout sera bien pilé, foncez une tourtière d'une abaisse de pâte feuilletée, étendez dessus les épinards le plus également que vous pourrez; faites un cordon tout autour, et mettez au four; quand la tourte est cuite, râpez du sucre par-dessus, glacez avec la pelle rouge, et servez de suite.

Epinards (*Potage d'*). Mettez dans un pot des épinards soigneusement épluchés, avec de l'eau, du beurre, du sel, un petit bouquet de fines herbes et quelques oignons piqués de clous de girofle; lorsqu'ils sont à demi-cuits, ajoutez-y du sucre, une poignée de raisins secs, des croûtons de pain séchés au four; achevez de bien cuire, et dressez sur une soupe coupée à l'ordinaire.

Epinards (*Vert d'*). On fait blanchir une poignée d'épinards dans laquelle on met une pincée de persil et quelques queues de ciboules ; lorsque le tout est bien blanchi, on le rafraîchit, on le presse bien dans les mains, on le pile et on le passe à l'étamine ; au cas que ce vert soit trop épais, on le mouille avec du bouillon froid ; on s'en sert alors comme ingrédient dans les sauces et ragoûts.

Epinards (*Vert d'office d'*). Après avoir lavé une quantité suffisante de feuilles d'épinards, vous les pilez dans un mortier ; après quoi vous les pressez dans un torchon pour en extraire le jus, que vous versez dans une tourtière, et que vous placez sur le feu ; quand vos épinards auront jeté quelques bouillons, vous les mettez dans un tamis pour les égoutter ; étant égouttés, vous les employez pour ce que vous jugez à propos.

ÉPINE-VINETTE. Arbrisseau épineux, qui vient dans les terrains incultes, dans les vieux murs, et dont on fait des haies aux jardins : son fruit, qui vient en grappe, est long, d'un rouge clair, d'un goût acide et fort agréable. On en fait de la gelée, des confitures, des conserves, etc.

Épines-vinettes (*Confitures d'*). Cette sorte de confitures n'est estimée que par le sucre qui se cristallise autour du fruit, extrêmement aigre, quoiqu'on ait soin de le faire blanchir, avant de l'employer, dans de l'eau bouillante, où l'on a fait infuser un ou deux citrons, selon la quantité dudit fruit : aussi exigent-elles pour le moins une livre de sucre pour une livre d'épines-vinettes.

Après les avoir fait ainsi blanchir, vous les mettez égoutter sur un tamis ; vous attendez qu'elles soient bien sèches, pour les jeter dans le sirop, parfaitement clarifié ; vous les laisserez bouillir jusqu'à ce qu'enlevant quelques grappes avec l'écumoire, elles y tiennent et ne tombent qu'en se congelant.

Épines-vinettes (*Gelée d'*). Égrenez de l'épine-vinette bien mûre en poids quelconque; prenez en sucre les deux tiers du poids de votre fruit avant d'être égrené; faites cuire au perlé, et mettez y l'épine-vinette. Après avoir donné au mélange quelques bouillons, vous le versez dans un tamis de soie au-dessus d'une terrine, et le pressez avec une spatule pour faire sortir le suc de l'épine vinette; ensuite vous la remettez sur le feu, et lorsque vous apercevez qu'elle forme la nappe, vous la retirez, et la versez dans des pots.

Épines-vinettes (*Glace d'*). On épluche une livre et demie d'épine-vinette pour en séparer les grains d'avec les grappes; on fait bouillir ces grains avec une bouteille d'eau et une livre de sucre pendant un quart-d'heure, et on les passe au tamis de crin jusqu'à ce qu'il ne reste que la peau de l'épine-vinette; on y ajoute le jus de deux citrons et un peu de sucre clarifié; on fait ensuite glacer cette glace comme les autres.

ESCARGOT. Limaçon à coquilles: il passait anciennement pour un mets délicieux; mais il n'en est plus de même aujourd'hui; cependant on en mange encore dans quelques départemens de la France. On en distingue plusieurs espèces: celle qu'on apprête ordinairement dans les cuisines, est connue sous le nom d'escargot des vignes, et est réputée la meilleure.

Pour les accommoder, mettez de l'eau dans un chaudron, avec une poignée de cendres; lorsque votre eau commencera à bouillir, etez-y les escargots; laissez-les bouillir un quart-d'heure; ensuite retirez-les de leurs coquilles; lavez-les à plusieurs eaux, et nettoyez-les le mieux possible; mettez les bouillir dans une nouvelle eau pendant un quart-d'heure; rafraîchissez-les ; égouttez, et passez-les au beurre dans une casserole ; après quoi, accommodez-les, soit en matelote, soit à la poulette, ou à la bretonne.

Escargots à la bourguignonne. Faites-les bouillir dans leurs coquilles ; tirez-les ensuite de l'eau dans laquelle ils ont bouilli, et de leurs coquilles avec une fourchette ; jetez-les dans l'eau fraîche ; lavez les coquilles, et mettez dans chacune d'elles du beurre manié de fines herbes, avec sel et poivre ; remettez-y vos escargots ; couvrez-les du même beurre ; et, après les avoir fait rôtir sur de la braise bien allumée, servez.

ESSENCE. On entend par le mot d'essence, ce qu'il y a de plus subtil, de plus pur, de plus doux et de plus onctueux dans les substances qu'on emploie, et que l'on extrait par le moyen du feu.

Essence de gibier. Mettez dans une marmite quatre lapins, quatre perdrix, deux quasis de veau, deux livres de tranche, avec une bouteille de vin blanc ; faites bouillir le tout jusqu'à ce qu'il soit tombé à la glace ; lorsqu'il n'y aura plus de jus dans votre marmite, n'attendez pas que le fond ait pris couleur pour la remplir ; mettez-y moitié grand bouillon, moitié consommé ; faites en sorte qu'il n'y ait pas beaucoup de mouillement ; garnissez votre marmite de huit carottes, dix oignons, trois clous de girofle, un peu de thym, de serpolet et de basilic ; faites bouillir le tout doucement ; vos viandes cuites à point, passez votre essence de gibier à travers une serviette fine ; vous aurez eu soin de bien écumer la marmite, et de n'y point mettre de sel, votre grand bouillon étant assaisonné.

Essence de légumes. Mettez dans une marmite trois livres de tranche de bœuf, un jarret de veau, une poule, trente carottes, autant de navets, autant d'oignons, six pieds de céleri, deux laitues blanchies, un bouquet de cerfeuil, et quatre clous de girofle. Mouilez vos racines et vos viandes avec du grand bouillon; écumez bien votre marmite, afin que votre essence soit bien claire. Vos viandes étant cuites à point, passez votre essence à travers une serviette fine; faites ensorte que cette essence soit claire et qu'elle ne soit pas en grande quantité; votre grand bouillon étant assaisonné, il n'y faut point de sel.

Essence de jambon. Ayez des tranches de jambon cru, bien minces; après les avoir battues, garnissez-en une casserole, et faites suer; quand elles seront attachées, mettez-y un peu de lard fondu; poudrez d'une pincée de farine : remuez bien, et mouillez d'un jus de veau; assaisonnez d'un bouquet de ciboules et de fines herbes, d'un clou de girofle, de tranches de citron, de champignons et truffes hachés, croûtes et filet de vinaigre; le tout cuit, passez votre essence à l'étamine. Quelques personnes y ajoutent une gousse d'ail.

Essence liée de jambon. Après avoir ôté le gras du jambon, on le coupe par tranches et on le bat; on en fonce une casserole avec tranches d'oignons, carottes et panais; on fait suer le tout à petit feu, on poudre d'un peu de farine; quand les tranches s'attachent, on remue et on mouille de moitié jus de veau et bouillon; on assaisonne de quelques champignons, truffes et mousserons, de trois clous de girofle, basilic, ciboules et persil; on ajoute quelques croûtes de pain, selon la quantité que l'on veut d'essence; on laisse mijoter environ trois quarts-d'heure; on passe à l'étamine et on emploie son essence au besoin.

ESTRAGON. Plante potagère, d'un goût âcre, aromatique, accompagné d'une douceur agréable. Le meilleur et le plus salutaire est celui qui a été cultivé dans les jardins, et qui est venu en terre grasse et marécageuse. On l'emploie assez fréquemment en cuisine, et l'on en fait entrer les sommités dans les salades, pourvu toutefois qu'elles soient tendres, jaunes et d'un bon goût.

ESTURGEON ou ETURGEON. Poisson de mer, qui remonte quelquefois les rivières, où il engraisse beaucoup, et y devient plus délicieux que s'il était resté dans la mer.

Ce poisson a la tête longue et carrée, le museau pointu, le ventre plat, le dos bleuâtre. Il n'a point d'arêtes, mais il a un cartilage fort gros qui s'étend depuis la tête jusqu'au bout de la queue, et qui soutient tout son corps. On lève ce cartilage, et on le fait sécher au soleil pour le manger. C'est un fort bon mets. La chair de l'esturgeon est de différens goûts, selon les différentes parties de son corps, qui sont ou blanches ou brunes et d'égale bonté. Mais parmi les diverses espèces de ses chairs, celle qui domine ressemble beaucoup au veau; il y en a aussi qui ressemblent à celle du bœuf.

Ce poisson a été, de tous les temps, un des poissons les plus recherchés pour la délicatesse de sa chair. Il possède à un haut degré le mérite de la qualité réuni avec l'abondance. On trouve des esturgeons qui ont quatre pieds et plus de longueur.

L'esturgeon, à cause de son prix et de sa rareté, ne paraît guère en son entier que sur des tables souveraines. Alors on le sert à la broche, piqué d'anchois et d'anguilles, arrosé d'une marinade liée d'un coulis d'écrevisses. Mais il est plus ordinaire de l'acheter par portions, et de le servir en ragoût, soit aux croûtons, soit aux fines herbes, soit en fricandeaux au gras, soit en haricot aux navets, enfin soit froid à l'huile et au vinaigre.

Les œufs de l'esturgeon sont loin d'être dédaignés; on les saupoudre de sel, puis on les expose au soleil, où on les laisse quelques jours, en les remuant plusieurs fois. On en fait le kavial, qui est une espèce de mets qui se prépare comme les boutargues, œufs de poissons salés qu'on confit avec de l'huile et du vinaigre, et qu'on enferme dans des barils pour les envoyer en divers lieux. *Voy.* KAVIAL.

Esturgeon au court-bouillon. Procurez-vous un petit esturgeon, que vous viderez par la gorge et par le fondement, et dont vous ôterez les ouïes ; levez les plaques de chaque côté, en faisant glisser votre couteau entre la chair : après l'avoir bien lavé et bien égoutté, marquez-le dans une poissonnière avec un bon court-bouillon, soit de lard râpé ou de beurre ; assaisonnez-le fortement d'aromates et de sel ; faites-le cuire avec feu dessus et dessous, en l'arrosant constamment. L'ayant égoutté après sa cuisson, servez-le avec une sauce italienne, dans laquelle vous aurez fait réduire de son court-bouillon ; finissez votre sauce avec un bon morceau de beurre, que vous servirez dans une saucière.

Esturgeon grillé au gras. Ayez un tronçon d'esturgeon que vous couperez par morceaux. Faites-le cuire à petit feu dans du vin blanc, en y joignant du lard fondu, du sel et du poivre, du laurier et un peu de lait ; après avoir pané vos morceaux, mettez-les sur le gril : servez à sec sur une serviette ou avec une sauce à la Sainte-Menehould.

Esturgeon à la Grimod. On larde, moitié anchois, moitié lard, son esturgeon ; on le met cuire sur une bonne tranche de jambon, et quelques tranches de veau, avec bouquet de persil, ciboules, deux gousses d'ail, deux échalotes, trois clous de girofle, basilic, gros poivre ; ensuite, après l'avoir couvert de bardes de lard, on le fait suer pendant une demi-heure sur un feu doux ; on verse dessus une demi-bouteille de vin de Champagne pour le mouiller, et on achève de le faire cuire dans tout l'assaisonnement qu'on vient d'indiquer : on passe ensuite le fond de la sauce qu'on dégraisse ; on y met du coulis ; on fait réduire au point d'une sauce ; après avoir pressé dessus un jus de citron, on peut servir.

Esturgeon à la broche. Procurez-vous un tronçon ou un petit esturgeon ; si c'est un petit esturgeon, vous le viderez de la manière que nous avons indiquée dans l'un des précédens articles ; vous en leverez la peau et les plaques osseuses ; piquez-le comme un fricandeau ; si c'est en maigre, piquez-le avec de l'anguille et des anchois, et faites-le mariner au vin blanc. Après l'avoir couché sur la broche, ayez soin de l'arroser souvent, durant sa cuisson, avec cette marinade passée au tamis : faites-lui prendre une belle couleur et servez avec une sauce poivrade.

Esturgeon en papillotes (côtelettes d'). Après avoir levé la peau et les plaques osseuses de votre poisson, coupez-le en côtelettes de l'épaisseur d'un doigt : mettez ensuite un morceau de beurre dans une casserole, faites-y revenir vos côtelettes, avec la précaution de les retourner quand elles commenceront à blanchir ; mettez-les refroidir avec des fines herbes, comme il est indiqué aux côtelettes de veau en papillotes ; si c'est en gras, vous y mettrez du lard ; si c'est en maigre, mettez-y des filets d'anchois pilés, et servez.

Esturgeon en fricandeau. Levez la peau et les plaques osseuses d'un tronçon d'esturgeon, que vous battrez légèrement avec le plat du couperet : ayez soin de le piquer de petit lard, si c'est en gras, et de filets d'anguille et d'anchois, si c'est en maigre : foncez ensuite une casserole de tranches de veau, de lames de jambon, de quelques carottes, oignons et aromates ; placez-y votre poisson, que vous mouillerez avec du vin blanc et que vous couvrirez d'un papier beurré : faites-le cuire comme un fricandeau. La cuisson achevée et bien glacée, passez-en le fond au tamis de soie ; après l'avoir dégraissé, faites-le réduire avec trois cuillerées d'espagnole ; dressez votre fricandeau, et mettez votre sauce dessous.

Esturgeon cuit au four. Après avoir préparé un petit esturgeon, comme il est indiqué dans les articles précédens, fendez-le par le ventre sans le séparer : mettez-le sur un grand plafond, assaisonnez-le de sel, gros poivre et aromates ; arrosez-le d'huile, d'une bouteille de vin blanc et de jus de citron ; faites-le cuire au four, ayant soin de l'arroser avec sa cuisson, et donnez-lui une belle couleur ; après l'avoir glacé, vous le dressez sur un plat avec son fond par-dessous, servez-le avec une sauce à l'huile dans une saucière à part. *Voy.* Sauces.

ÉTOURNEAU. Oiseau dont le plumage est marqueté de taches blanches et noires ; il est de la grosseur du merle.

Les étourneaux habitent volontiers dans les lieux aquatiques ; ils volent toujours par bandes et avec impétuosité ; ils font comme un cercle en volant ; on les tire facilement : la chasse en est bonne vers le temps des vendanges, parce qu'ils sont gras, et qu'alors ils sont bons à manger ; mais il faut aussitôt leur couper la tête. Cet oiseau s'apprête comme le vanneau et le pluvier. *Voy.* Pluvier.

ÉTUVÉE. Ragoût de poisson, qui se fait dans un chaudron avec beurre, sel, poivre, laurier, oignons piqués de girofle, de bon vin avec un peu d'eau pour en ôter l'âcreté. *Voy.* Carpe.

F.

FAISAN. Le faisan est un oiseau sauvage, originaire de la Colchide (aujourd'hui Mingrélie), et naturalisé depuis long-temps dans nos climats; il est de la grosseur du coq domestique, ayant comme lui les plumes variées de diverses couleurs, fort agréables et une longue queue.

La femelle du faisan, qu'on appelle *faisande* ou *faisane*, est toute grise, n'a point de crête, et n'est pas, à beaucoup près, aussi grosse. La chair de l'un et de l'autre est très-délicate et d'un fort bon manger; cependant on fait moins de cas de la femelle que du mâle. On en a aussi de privés, qui ne sont guère moins bons que les sauvages.

L'étimologie du mot *faisander* annonce assez que le faisan doit être attendu. Naturellement un peu coriace, c'est de cette longue attente que résultent sa tendreté et la succulence de sa chair. On le suspend par la queue, et on le mange lorsqu'il s'en détache.

Anciennement cet oiseau se servait avec sa tête, ses ailes et sa queue non plumées, et on les joignait chacune à sa place, lorsque le faisan était rôti et dressé dans le plat où l'on voulait le servir. Aujourd'hui on se contente d'y laisser les plumes de la tête avec celles de la moitié du col.

Il se sert ordinairement à la broche, revêtu d'une feuille de papier, dont on le dégage ensuite pour lui faire prendre une belle couleur, et puis on l'accompagne d'une sauce au verjus, avec poivre et sel, ou bien l'on substitue l'orange au verjus. On le sert aussi la braise, à la sauce de carpe, en filet, et même en pâté chaud, etc., etc.

Faisan à l'étouffade. Procurez-vous un faisan qui soit en bonne chair; après l'avoir plumé, vidé et flambé, faites-lui rentrer les cuisses en dedans; bridez-le et piquez-le de moyens lardons que vous assaisonnez de sel, de gros poivre et d'un peu des quatre épices; vous en lardez l'estomac et les cuisses; vous le couvrez d'une barde de lard et le ficelez; mettez dans une casserole des bardes de lard, et votre faisan dessus; marquez une poêle, que vous mouillez avec moitié vin blanc et moitié bouillon; faites-le mijoter pendant deux heures. Au moment de servir, égouttez votre oiseau; après l'avoir débridé, dressez-le sur votre plat, et servez dessous une essence de gibier.

Faisan au suprême. On a un faisan bien attendu, ou plutôt bien faisandé; après l'avoir flambé et vidé, on fait une farce de son foie, que l'on hache et qu'on mêle avec des champignons, des truffes, une petite pointe d'ail, persil, ciboules hachés, du lard râpé, sel, gros poivre; on lie le tout avec un jaune d'œuf, et on en farcit le faisan, en faisant passer le bouton dans le croupion, et on l'arrête avec une ficelle; après l'avoir enveloppé de lard et de papier, on le fait cuire à la broche, et on le sert ensuite avec un ragoût d'olives, ou de truffes, ou de laitances, ou de pistaches, ou d'autres sauces convenables.

Faisan rôti. Procurez-vous un jeune coq-faisan, que vous reconnaîtrez aux pattes où il n'y a qu'un petit bouton à la place de l'ergot. Étant au point que vous le souhaitez, c'est-à-dire mortifié, plus même que tout autre gibier, coupez-lui les aîles à la première jointure, et plumez-le proprement jusqu'à la moitié du cou; videz le ensuite, et retroussez-le de la manière suivante:

Faites une incision sur le derrière du cou du faisan

pour détacher légèrement la poche d'avec la peau, sans rien déchirer ; glissez ensuite votre doigt jusqu'au dessous de l'estomac pour en détacher le boyau qui tient à la poche, et à cet effet, courbez-le en le tirant doucement : ensuite vous agrandirez un peu le trou auprès du croupion pour en ôter tout ce qu'il a dans le corps, en commençant par les boyaux, ensuite par le gésier, et après par le foie dans son entier, sans crever l'amer ; essuyez-le ; brûlez-lui légèrement les pattes sur des charbons ardens, pour en ôter la peau et les ongles, mais laissez les dans leur longueur. Assaisonnez-le en dedans du corps d'un peu de sel, et même d'un petit oignon fendu en quatre, pour lui donner plus de goût, et bridez-le ainsi qu'il suit :

Passez une aiguille et de la ficelle par le croupion et le long du corps jusqu'à l'estomac de votre faisan ; ce que vous ferez de chaque côté ; serrez les deux bouts de la ficelle, que vous nouerez sur le croupion.

Faites blanchir votre faisan sur la braise, d'abord sur le dos, ensuite sur les côtés, et enfin sur l'estomac ; après l'avoir essuyé et nétoyé de tous ses cotons, assujétissez-le en lui passant de la ficelle au travers des cuisses et du corps ; piquez-le proprement de menu lard ; mettez-le à la broche avec une barde de lard mince sur le dos ; et enveloppez-le de papier ; n'oubliez pas la tête pour empêcher que les plumes ne se roussissent, et faites-le rôtir à petit feu. Étant cuit, développez-le de son papier, excepté la tête ; donnez-lui de la couleur s'il en a besoin ; servez-le pour plat du milieu, après que la tête sera découverte de son papier, et qu'on en aura ôté toutes les ficelles.

Faisan en filets au jus d'orange. On lève à cru toute la chair d'un ou deux faisans ; on la coupe en filets amincis, et on les passe sur le feu avec deux pains de beurre et fines herbes hachées : on fait cuire en même temps, à part, les carcasses, avec du vin de Champagne, du blond de veau, sel, gros poivre; on fait réduire au point d'une sauce, qu'on passe au tamis; on la met sur les filets de faisan qu'on a passés à petit feu jusqu'à parfaite cuisson; on fait chauffer sans bouillir; on dégraisse la sauce, dans laquelle on exprime un jus d'orange, et on sert chaud.

Faisan à l'échalote (Filets de). Ayez un faisan cuit à la broche, ou le reste d'un faisan que l'on aura desservi de la table; levez-en les filets pour les émincer; coupez les carcasses par morceaux, et faites-les bouillir pendant une heure avec du bon bouillon, un verre de vin de Champagne, du coulis, une tranche de jambon, un bouquet de persil, ciboules, deux clous de girofle, thym, laurier, basilic; laissez réduire au point d'une sauce que vous passez au tamis; mettez-y une demi-douzaine d'échalotes hachées très-fin, sel, gros poivre et le jus d'une bigarade: mettez les filets de faisan chauffer dans cette sauce, sans les faire bouillir, et servez pour hors-d'œuvre.

Faisan (Salmi de). On prend un faisan froid, lequel a été cuit à la broche; on le coupe par membres en six morceaux; on met les débris à part dans une casserole, pour les faire bouillir une demi-heure avec un bon verre du meilleur vin de Bourgogne, un verre de bon bouillon, du coulis, persil, ciboules, deux clous de girofle, une gousse d'ail, deux échalotes, thym, laurier, basilic, sel et gros poivre; on laisse réduire au point d'une sauce qu'on passe au tamis; on y met chauffer son faisan, sans qu'il bouille; on le garnit de croûtons de pain frits, et on sert chaud.

Faisan à la sauce à la carpe. Après avoir plumé, vidé et retroussé votre oiseau, couvrez-lui l'estomac d'une barde de lard, et mettez-le à la broche. Pendant sa cuisson, foncez une casserole de tranches de veau et jambon, oignons, racines de persil et bouquet de fines herbes.

Videz une carpe, que vous lavez dans une eau seulement; coupez-la par tronçons; mettez le tout sur le feu pour prendre couleur; mouillez ensuite d'un bon jus de veau et d'un verre de vin de Champagne, en y ajoutant une gousse d'ail, des champignons et truffes hachées, avec quelques croûtes de pain. Le tout étant bien cuit, passez à l'étamine, en exprimant fortement. Si la sauce n'était pas assez liée, ajoutez-y un peu de coulis de perdrix; mettez-y votre faisan sans sa barde, et laissez-lui faire cinq à six bouillons dans cette sauce. On peut garnir le plat de laitances de carpes blanchies à qui on laisse faire un bouillon dans la sauce ci-dessus mentionnée, et on sert avec un jus d'orange sur le faisan.

Faisan à la Sainte-Menehould (*Filets de*). Levez les filets d'un faisan; après les avoir assaisonnés de sel et de poivre, faites tiédir du beurre, dans lequel vous les trempez; mettez-les ensuite dans la mie de pain les uns après les autres; tâchez qu'ils en soient bien imprégnés; au moment de servir, placez-les sur le gril, à un feu doux; dressez-les en couronne sur le plat, et mettez-y une sauce à la Sainte-Menehould, un fumé de gibier, une sauce tomate ou une italienne.

Faisan aux truffes (*Filets de*). Après avoir levé, paré et piqué vos filets, faites-les cuire de la manière suivante :

Mettez dans une casserole des bardes de lard, les débris de vos faisans, quelques tranches de veau, deux carottes, quatre oignons, une feuille de laurier, deux clous de girofle; arrangez dessus vos filets, et mettez au feu; leur cuisson presque achevée, ôtez le nerf du filet mignon; coupez un rond mince de truffe que vous partagez en deux; faites six incisions dans votre petit filet à égale distance, et mettez-y votre demi-cercle de truffe; lorsque vos filets mignons seront tous garnis, faites-leur prendre une forme demi-ronde ; placez-les sur une tourtière entre deux bardes de lard, avec un peu de sel et de gros poivre. Au moment de servir, posez-les sur un fourneau, et le four de campagne bien chaud par-dessus, ou sautez-les au beurre ; égouttez vos grands filets, et glacez-les ; mettez sur votre plat un sauté de truffes, et vos filets par-dessus : dans le milieu, arrangez vos petits filets garnis de truffes.

Faisans (Hachis de). Voy. PERDREAUX.

Faisans (Escalopes de). Après avoir levé les filets de deux ou trois faisans, dont vous enlevez les peaux, vous les coupez en filets, et vous en formez des escalopes. Faites fondre du beurre dans un sautoir, arrangez-y vos escalopes ; assaisonnez-les de sel et gros poivre ; arrosez-les de beurre fondu. Faites un fumé du restant de vos chairs et carcasses ; ajoutez-y trois cuillerées à ragoût d'espagnole ; faites réduire le tout à demi glace ; sautez vos escalopes, égouttez-en le beurre, mettez-les dedans votre réduction, sautez-les et finissez-les avec un pain de beurre ; après les avoir dressés, servez-les avec des croquettes autour.

FAON. C'est le petit du daim ou du cerf. Quelques personnes préfèrent les faons qui tètent à ceux qui sont plus vieux ; mais la viscosité de leur chair est si grande, qu'on n'en saurait manger sans être dégoûté.

Le faon de daim se traite à peu près comme son père ; il se sert, comme lui, pour rôt, si ce n'est que la marinade qu'il faut lui faire ne doive pas être si forte ; mais si l'on veut le festoyer encore davantage, on en sert une cuisse avec la croupe, moitié panée, moitié piquée, avec des petits pâtés pour garniture, et une poivrade dessous. On le mange encore à l'aigre doux, après avoir été piqué de menu lard. *Voy.* DAIM.

FARCE. C'est un mélange de viandes hachées et assaisonnées d'épices et de fines herbes, ou bien de différentes herbes hachées. On fait aussi des farces avec du poisson.

On farcit les volailles ou autres viandes, tant en gras qu'en maigre.

Farce de poisson. On habille et désosse des brochets, carpes, anguilles, barbeaux et autres poissons que l'on hache bien ensemble et bien menu. On joint à ce hachis une omelette pas trop cuite, des champignons, des truffes, persil, ciboules, une mie de pain trempée dans du lait, un peu de beurre et des jaunes d'œufs. On hache le tout, qu'on mêle avec le poisson haché; on en fait une farce qu'on assaisonne de sel, poivre, épices : on la fait cuire pour la servir seule, ou pour en farcir des soles, des carpes sur l'arête; on en fait aussi de petites andouillettes : on en farcit des choux, des pigeons, des croquets et toutes autres choses qui en sont susceptibles.

Farce cuite. Coupez en petits dés des blancs de volaille crus; mettez un petit morceau de beurre dans une casserole avec vos blancs de volaille, un peu de sel, un peu de gros poivre, un peu de muscade râpée; passez-les à petit feu pendant dix minutes; égouttez vos blancs et les laissez refroidir; mettez un morceau de mie de pain dans la même casserole avec du bouillon, un peu de persil haché bien fin : remuez avec une cuiller de bois, en la foulant et réduisant en panade : votre bouillon réduit, votre mie bien mitonnée, vous la mettrez refroidir : vous aurez une tétine de veau cuite et froide; au défaut, vous vous servirez de beurre; vous pilerez vos blancs de volaille; quand ils seront bien pilés, vous les passerez au tamis à quenelles, et les mettrez de côté; vous pilerez de même votre mie de pain; vous la passerez au tamis, et la mettrez à part; vous pilerez votre tétine, la passerez au tamis, et la mettrez de côté : vous ferez trois portions égales de blancs, de mie de pain et de tétine; vous pilerez le tout ensemble. Quand vous l'aurez pilé trois quarts-d'heure, vous y mettrez cinq ou six jaunes d'œufs, selon la quantité de farce; vous pilerez vos jaunes avec votre farce, à mesure que vous en mettrez; votre farce faite, vous la retirerez du mortier pour la mettre dans une terrine; vous vous en servirez pour les cas de besoin; soit en viande de boucherie, soit en volaille ou gibier, vous vous servirez du même procédé.

FAUVETTE. Oiseau de volière; presque aussi gros que le rouge-gorge, dont le chant est très-agréable.

La fauvette à *tête noire* et la fauvette à *tête rouge* approchent fort du bec-figue, et ne valent pas moins que l'ortolan, quand elles se sont nourries de figues, de raisins et autres choses meilleures que les grains de sureau. La fauvette a les mêmes vertus que le bec-figue, et s'apprête de la même manière *Voy*. Bec-figue.

FENOUIL. Plante qu'on sème dans les jardins potagers, d'une odeur agréable et d'un goût aromatique.

On fait entrer dans les salades les jets de fenouil encore nouveaux et tendres. La graine de cette plante est d'un certain usage dans la distillation des liqueurs, à cause de son goût aromatique.

Dans quelques pays on fait griller les maquereaux sur des feuilles de fenouil, qu'on étend sur le gril. Outre qu'on les empêche de s'attacher, on prétend que cette plante leur donne un relief qu'ils n'auraient pas sans elle.

Fenouil au candi et au caramel. Prenez du fenouil en grains nouvellement sortis de fleurs; faites sécher, et le coupez selon la longueur de la tige. Faites-le blanchir et confire au sucre comme l'angélique. Faites égoutter et sécher; mettez-le ensuite dans des moules à caramel; versez dessus du sucre cuit et soufflé; à moitié froid, mettez à l'étuve à une chaleur modérée. Le candi est fait lorsque le sucre forme le diamant.

Fenouillette ou *eau de fenouil*. Prenez deux onces de cette graine d'un jaune pâle et bien cannelée, trois pintes et demie d'eau-de-vie et chopine d'eau; faites distiller sans tirer de phlegmes, parce que cette liqueur est extrêmement susceptible du goût d'empyreume; une livre de sucre et trois pintes d'eau pour le sirop et pour six pintes de cette liqueur. Les esprits étant bien mélangés avec le sirop, passez la liqueur à la chausse; étant clarifiée, elle sera faite.

FEUILLETAGE. Se dit de la pâte maniée avec du beurre, de telle sorte qu'elle se lève par feuillets. Voici la manière de la confectionner.

Mettez un ou deux litres de farine, suivant ce que vous avez à faire; faites un trou au milieu, où vous mettez le sel nécessaire, et versez-y de l'eau fraîche avec une seule main; mêlez la farine avec l'eau; et, après en avoir formé une pâte avec assez de consistance, vous devez, en la tournant sur elle-même, réunir toute la farine; vous l'aplatissez avec le poing, et mettez une demi-livre de beurre manié par litre de farine, ce qui fait huit livres de beurre par boisseau. On peut la beurrer jusqu'à dix livres. Le beurre étant placé au centre de la pâte, vous la reployez pour que le beurre en soit couvert; et vous en formez un carré; vous couvrez d'un linge; et, après une demi-heure de repos, vous l'étendez avec le rouleau, dans une longueur qui ne laisse à la pâte que l'épaisseur d'un travers de doigt; vous reployez ce carré-long, de manière qu'un bout ne soit que du tiers de toute la longueur, et que l'autre bout, replié sur celui-là, forme un double en trois. Le second tour se donne à contre-sens; vous le repliez de même, et le laissez reposer de nouveau un quart-d'heure, et lui donnez deux autres tours. Il faut avoir soin de saupoudrer légèrement de farine le tour à pâte et le feuilletage; mais évitez d'en trop mettre. Après encore un peu de repos, vous donnez un cinquième tour. Étant le dernier, vous disposez votre pâte pour l'usage auquel vous la destinez. Le feuilletage s'emploie pour vol-au-vent, petites bouchées, petits pâtés, tourtes et toutes sortes d'autres gâteaux. Les rognures étant réunies avec précaution, servent au-dessous des petits pâtés, et à d'autres entremets, où il n'est pas nécessaire que le feuilletage soit aussi léger.

FÉVE. Plante légumineuse, fort connue, qu'on cultive dans les jardins et les marais. Les féves se mangent vertes ou mûres, après les avoir fait cuire avec des herbes aromatiques et les assaisonnemens ordinaires. On sert tous les jours sur les meilleures tables des féves vertes; on les prépare de diverses manières, après en avoir ôté l'écorce, pour les rendre plus tendres. Lorsqu'elles sont sèches, on en fait de la purée.

Féves à la crême. Quand elles sont grosses, vous ôtez la robe, et, les petites, vous les laissez entières; après les avoir fait bouillir un quart-d'heure dans l'eau et égoutter, vous les mettez dans une casserole avec un bouquet de persil, ciboules, un peu de sarriette, un morceau de beurre, du sel et du persil haché; passez-les sur le feu, et jetez-y une pincée de farine; mouillez de bon bouillon gras ou maigre; laissez cuire et réduire à courte sauce. Avant de servir, ajoutez une liaison de trois jaunes d'œufs avec un peu de crême, et servez à courte sauce pour entremets.

Féves à la bourgeoise. Procurez-vous de petites féves de marais, bien tendres et fraîchement épluchées;

après les avoir fait blanchir dans de l'eau bouillante faites-les cuire ; étant cuites, égouttez-les. Mettez ensuite un morceau de beurre dans une casserole, un peu de persil haché et de la sarriette, jetez-y vos féves, que vous sauterez avec un peu de sel et une prise de sucre pour en ôter l'âcreté ; après les avoir singés très-légèrement, vous les mouillez avec un peu d'eau et les laissez bouillir un instant ; tenez la sauce courte, et pour les finir mettez une bonne liaison avec de la crême.

FÉVEROLLE. La féverolle ou petite féve, qu'il ne faut pas confondre, comme quelques-uns, avec le haricot, ne diffère de la féve que par sa petitesse et parce qu'elle est plus garnie de feuilles et de fruits. Ces féves sont de couleur ou blanchâtre, ou jaunâtre, ou noire. On les cultive dans les champs.

Elle subit dans la cuisine les mêmes préparations et les mêmes apprêts que la féve. *Voy.* FÉVE.

FIGUE. Fruit à peu près de la grosseur d'une poire, d'un arbre très-commun dans nos départemens méridionaux, et qu'on cultive cependant avec succès dans ceux du nord, en l'exposant au midi. La peau de ce fruit est très-tendre, verte ; la chair molle, pleine de petites semences rondes, d'un goût sucré. On sert des figues avec de la glace bien nette pour hors-d'œuvre.

Les figues sèches nous viennent de Provence. Les épiciers de Paris les distinguent en *violettes*, en *figues grosses* ou *figues grasses*, et en *figues de Marseille* en petits cabats.

Figues confites au liquide. Choisissez-les à moitié mûres, piquez-les, faites blanchir et reverdir dans la même eau ; faites-leur faire ensuite, après les avoir égouttées, plusieurs bouillons dans le sucre au grand perlé ; livre de sucre pour livre de fruit. Laissez prendre sucre du jour au lendemain. Egouttez le sirop, faites-le rebouillir ainsi trois jours de suite, en le rejetant sur les figues après sa nouvelle cuisson. Le quatrième jour finissez ce sirop au grand perlé, pour être de garde.

Figues confites au sec. Tout consiste à tirer des figues confites au liquide, à les égoutter de leur sirop, à les poser sur des ardoises, feuilles d'office ou clayons, pour les faire sécher à l'étuve, après les avoir au préalable saupoudrées de sucre fin.

FILETS. Se dit de certaines parties de viandes grasses, prises le long de l'échine, ou de viandes coupées en façon de lanières, soit de volaille, gibier, venaison ou viande de boucherie, comme bœuf, veau, mouton, cochon, etc. *Voy.* aux articles respectifs de ces animaux, la manière d'apprêter leurs filets.

FLAMBER. C'est passer une volaille ou un autre oiseau sur la flamme, après l'avoir plumé, pour en brûler le duvet, qu'on ne peut ôter avec la main. On *flambe* une volaille, jusqu'à ce qu'il n'y ait plus de duvet, et l'on passe la main sur le corps de l'oiseau, pour ôter celui qui est brûlé.

Quand on *flambe* une volaille, il faut prendre garde de la noircir à la fumée, en la passant trop loin de la flamme, ou d'en griller la peau, en l'approchant trop près.

Flamber, se dit encore d'une viande sur laquelle on fait dégoutter du lard chaud : on prend pour cela un morceau de lard gras, piqué de grains d'avoine ; on l'enveloppe de papier ; on le fiche au haut d'un bâton pointu ; on allume ce lard à la flamme ; il prend feu aussitôt que le papier et l'avoine s'allument ; on le porte sur la branche qui tourne à la broche, soit volaille ou gibier, et on laisse dégoutter ce lard, jusqu'à ce que la substance en soit toute fondue, et ensuite on le jette. Les gouttes de lard, qui tombent sur la viande qu'on rôtit, et qui sont comme en feu, la pénètrent et lui font prendre une belle couleur. On ne flambe que les viandes qui ne sont pas piquées de lard ; c'est ce qui en hâte la cuisson.

FLAN. Sorte de pâtisserie qu'on fait avec de la crème cuite, dont la farce est faite comme celle de la tarte. *Voy*. TARTE.

FLEZ. Poisson de mer qui vient dans l'eau douce ; il est meilleur pêché en mer. On le fait cuire au vin blanc avec un peu de sel et de fines herbes. On le fait frire comme les limandes, dont ils sont une espèce. On les rôtit aussi, et on les accommode à la sauce blanche.

FOIE. Viscère qui, dans les animaux, est destiné à séparer la bile du sang. Ce viscère est ordinairement d'une substance compacte, resserrée dans ses parties. Il diffère beaucoup suivant l'espèce d'animal, son âge, les alimens qu'on lui donne et la qualité de ces alimens. Les animaux qui sont dans un âge florissant, nourris, engraissés avec de bons alimens donnés en assez grande abondance, ont un foie tendre, succulent et d'un bon goût. On mange avec délices les foies gras de poules, poulets, chapons, oies, dindes engraissés. On fait aussi beaucoup de cas des foies de veau.

Les foies gras de volaille, enveloppés chacun d'une petite barde de lard, menus et bien assaisonnés, pannés, mis au four pour leur faire prendre belle couleur, cuits, rangés dans un plat, après les avoir égouttés et sur lesquels on a mis de bon jus et pressé un jus d'orange, se servent toujours tout chauds en entremets ; on en fait cuire embrochés dans une hâtelette avec chacun une barde de lard, et on les sert avec une sauce convenable.

Le foie de veau se mange piqué de lard, cuit dans une casserole bien fermée, assaisonné de sel, poivre, girofle, bouquet de persil, laurier, ciboulette : on en met à la broche, piqué de menu lard, cuit à petit feu : on le sert avec une poivrade dessous ou bien au jus. *Voy.* aux divers articles des animaux, la manière d'accommoder leurs foies.

FRAISE. C'est, en cuisine, la peau ou membrane des animaux qui soutient et enveloppe leurs boyaux. La fraise d'agneau se sert cuite au pot, avec sel, poivre, fines herbes en paquet, pour petite entrée. La fraise de veau se mange aussi de même. *Voy.* Veau et Agneau.

FRAISE. Fruit du fraisier, semi-sphérique, pulpeux, d'un goût agréable, d'une odeur douce, et chargé à l'extérieur de petites semences garnies d'un tuyau droit. Les fraises des bois sont meilleures que celles des jardins, quoiqu'ayant moins d'apparence. On fait avec ce fruit, l'eau et le sucre, une boisson fort agréable, appelée *eau de fraises*, dont on fait usage dans les grandes chaleurs de l'été. Quand on veut la garder, on la confectionne de la manière suivante :

Fraises (eau de). On choisit les fraises les plus mûres ; on les passe dans un linge pour tirer le jus, qu'on met dans une bouteille de verre bien découverte. On l'expose au soleil ou devant le feu, ou dans une étuve ; jusqu'à ce que ce jus soit devenu clair ; on le verse ensuite doucement dans un autre vaisseau, crainte de remuer la lie ; on en prend un demi-setier qu'on met dans un pot ou dans une terrine, avec une pinte d'eau et un quarteron de sucre : on la bat bien ensuite, en la versant d'un vaisseau dans un autre ; on la passe dans un linge blanc, on la met rafraîchir et on en boit.

Fraises (*Compote de*). Après avoir épluché, lavé, égoutté vos fraises, vous les jeterez dans un sirop bouillant, semblable à celui indiqué pour les groseilles. *Voy.* Groseilles. Mais au lieu de les faire bouillir, vous les tirerez aussitôt du feu pour les laisser reposer ; peu après vous leur ferez faire un bouillon, et de suite les enleverez.

Fraises (*Conserve de*). On écrase des fraises en y mettant un peu de cerises et de groseilles, pour leur donner plus de couleur et on finit la conserve comme celle de framboise. *Voy.* Framboise.

Fraises (*Glace de*). Ayez des fraises fraîchement cueillies, bien mûres et d'un bon parfum ; après les avoir épluchées, passez-les sur un tamis de crin serré pour que les grains ne passent pas au travers. Pour une livre de chair de fruit passé, mettez une livre de sucre clarifié, cuit au petit lissé et le jus de deux citrons ; mêlez bien le tout ensemble, et laissez-le dans la terrine jusqu'au moment que vous voudrez mettre à la glace.

Fraises (*Crême de*). Faites bouillir de bonne crême avec du sucre, et faites-la réduire à moitié ; délayez-y ensuite du jus tiède de fraises écrasées et passées au tamis ; après y avoir mis un peu de présure, mettez à l'étuve et laissez prendre.

Fraises (*Marmelade de*). Ecrasez et passez au tamis une livre de belles fraises que vous mettez dans deux livres de sucre cuit à la grande plume ; mêlez bien le jus des fraises dans votre sucre et mettez en pot, que vous ne couvrirez que lorsqu'elle sera froide.

Nota. Nous ferons observer que dans presque toutes les préparations de fraises on y fait entrer des framboises.

FRAMBOISE. Fruit d'un arbrisseau très-commun dans nos climats et qui nous vient de Phrygie. Il y a deux sortes de framboises, les blanches et les rouges; il faut les choisir grosses, mûres, pleines d'un suc doux et vineux. Ce fruit a un goût et une odeur extrêmement agréables. On en fait du ratafia, de la conserve, de la compote, des confitures liquides, de la gelée, du sirop, etc.

Framboises (Compote de). Prenez des framboises bien fraîches et qui n'aient aucune odeur de punaises ou cantharides. Epluchez-les bien; faites cuire du sucre à perlé; mettez-y votre fruit, et lui faites prendre un bouillon couvert : il ne faut pas plus de temps pour les cuire. Ce fruit, ainsi que la fraise, étant extrêmement délicat, est sujet à se défaire; pour être servi à point, il ne faut le laisser qu'un instant dans le sucre cuit au degré que nous venons de marquer.

Framboises (Confiture de). Prenez-les moins mûres que pour les cannelons et clarequets, et les plus entières qu'il se pourra; épluchez-les, et les mettez dans une terrine plus plate que creuse par le fond. Faites cuire du sucre à soufflé, et le jetez sur vos framboises, que vous laisserez refroidir. Quand elles auront pris sucre, le temps de les laisser refroidir suffit pour cela, vous les passerez doucement dans la poêle à confitures, où vous les ferez cuire en les écumant, jusqu'à ce que votre sucre vienne à perler. Emportez-les alors, et ne les couvrez que lorsqu'elles seront refroidies.

Framboises (Conserve de). Choisissez les plus belles cerises; ôtez les queues et les noyaux; faites-les bouillir dans un peu d'eau; faites-les égoutter; écrasez-les ensuite, et faites-les dessécher; mettez-y quelques poignées de framboises ou leur suc. Faites cuire le tout dans le sucre à cassé. Remuez toujours jusqu'à ce que le sucre forme une glace à la superficie. Alors, dressez dans les moules, laissez refroidir, et ensuite coupez en tablettes pour le besoin.

Framboises (Crême de). Faites bouillir de la crême avec du sucre, et la faites réduire à moitié; délayez-y des framboises que vous aurez écrasées et passées au tamis, après avoir fait tiédir le jus. Joignez-y trois jaunes d'œufs, que vous ferez lier avec la crême, sans bouillir, avant d'y mettre les framboises. Mettez enfin un peu de présure, et faites prendre à l'étuve.

Framboises (Eau de). Exprimez du jus de ce fruit, en le pressant dans un linge. Laissez déposer ce jus; tirez-le à clair; mettez-en un demi-septier dans un pot, avec une pinte d'eau et un quarteron de sucre. Mêlez bien; passez encore à travers un linge; mettez rafraîchir à la glace ou sans glace.

Framboises (Gelée de). Prenez autant de groseilles que de framboises; écrasez-les et les passez au tamis. Faites cuire ce jus dans du sucre cuit à cassé, et le faites bouillir jusqu'à ce qu'il soit à perlé. Pour quatre livres de fruit, deux livres et demie de sucre.

Framboises (Glace de). C'est le même procédé que pour les cannelons de framboises. Toute la différence consiste dans le moule à cannelons qu'on emploie pour faire les premiers; au lieu que les autres se servent dans des tasses.

Framboises (Marmelade de). Ecrasez votre fruit; passez-le au tamis; faites bouillir et réduire le jus à moitié. Faites-lui faire ensuite plusieurs bouillons dans le sucre cuit à la grande plume. Il faut employer une livre de sucre pour deux livres de fruit.

Framboises (Sirop de). Epluchez de ce fruit. Faites bouillir, et le passez au tamis. Mettez ensuite ce jus cuire avec du sucre cuit à la grande plume, et ne retirez que quand il aura la consistance de sirop fort; livre de sucre pour livre de fruit.

FRANCHE-BARBOTTE, autrement appelée Lotte Franche, est semblable au goujon ordinaire, tant par sa forme que par sa couleur; mais elle a le corps plus petit.

On trouve ce poisson dans les rivières et les eaux douces de l'Europe et de l'Asie. Il passe surtout, lorsqu'il est jeune, pour un mets très-délicat. Il s'apprête et se sert comme le goujon. *Voy.* Goujon.

FRANCOLIN. Oiseau de la grosseur du faisan, auquel il ressemble beaucoup pour la forme du corps. Les Italiens avaient nommé cet oiseau francolin, parce qu'il était franc dans leur pays, c'est-à-dire, qu'il était défendu au peuple d'en tuer; il n'y avait que les princes qui avaient cette prérogative.

On trouve quelques francolins dans les contrées méridionales de la France. Sa chair a de la saveur et est très-bonne à manger. Galien dit qu'elle égale pour la bonté celle de la perdrix, qu'elle engendre un bon suc et se digère facilement.

Le francolin se prépare et s'apprête comme le faisan. *Voy.* Faisan.

FRESSURE, *en terme de boucherie*, c'est ce qui comprend le mou, le foie, le cœur, la rate du veau qu'on fait dégorger dans l'eau froide, et blanchir un moment à l'eau bouillante : on la met ensuite, coupée par morceaux, dans une casserole avec un morceau de beurre et une pincée de farine, et le tout mouillé avec du bouillon. Quand le ragoût est cuit et assaisonné de bon goût, on y met une liaison de trois jaunes d'œufs délayés avec un peu de lait qu'on fait lier sur le feu, et on sert.

La *fressure* de cochon se peut apprêter et accommoder de la même façon que celle du veau.

FRICANDEAU, *en terme de cuisine*, est une tranche de veau fort mince, bien battue, piquée par-dessus avec du petit lard qu'on fait blanchir un moment dans l'eau bouillante, et qu'on met cuire avec du bouillon et un bouquet garni. Quand les fricandeaux sont cuits, on les tire de la casserole, on dégraisse la sauce, on la passe dans une autre casserole avec un tamis : on la fait réduire sur le feu jusqu'à ce qu'il n'y en ait presque plus. On y met les fricandeaux pour les glacer. Quand ils sont bien glacés du côté du lard, on les dresse sur un plat. On détache sur le feu ce qui est dans la casserole, en y mettant un peu de coulis et très-peu de bouillon, qu'on met sous les fricandeaux.

Toutes sortes de fricandeaux se font de même ; on en sert de farcis, de cuits à la broche, à la sauce aux carpes, à l'oseille, etc. On fait aussi des fricandeaux de saumon et de brochet, au gras.

FRICASSÉE. Viande ou mets cuit promptement dans une poêle, assaisonné avec beurre, lard ou autre graisse.

FRITURE. On donne ce nom à la cuisson des viandes, poissons, légumes, fruits, crêmes, etc., faite dans la poêle, par l'intermédiaire des huiles ou des graisses.

La friture se compose de différentes sortes de substances. Pour la plus commune, on emploie de la graisse de bœuf et de veau, à parties égales. On les fait fondre sur un feu doux ; on les écume et on les décante dans le pot à friture, pour s'en servir au besoin.

On fait avec le sain-doux, qui n'est autre que la graisse qu'on obtient de la panne du porc, après l'avoir fondue et purifiée, une friture beaucoup plus délicate que la précédente. C'est ordinairement celle dont on se sert pour les beignets, soit de fruits, soit de crême, et les autres fritures sucrées.

C'est avec l'huile qu'on fait la friture la meilleure, la plus délicate et la plus croquante; mais il faut employer de l'huile d'olive, sinon la plus fine, au moins de la très-bonne, et qui n'ait aucun goût de rance.

De quelque matière que l'on se serve pour la friture, il faut qu'elle soit extrêmement chaude, si l'on veut que ce qu'on y fait frire ait belle apparence, soit ferme et bien croquant.

Il est bon de faire observer qu'une friture faite sur le fourneau n'est jamais bonne: il faut un feu clair et ardent sous la poêle.

A l'exception du poisson qu'on se contente de bien dessécher et de rouler dans la farine, presque tout ce qu'on y fait est enveloppé de pâte composée de la manière suivante:

Friture (*Pâte de*). On met un litron de farine dans une terrine, avec six jaunes d'œufs, deux cuillerées à bouche d'huile, ou gros comme un œuf de beurre, que l'on fait tiédir, pour qu'il se mêle avec la pâte; ajoutez-y du sel, du poivre, un verre de bière; délayez votre pâte de manière qu'il ne se forme pas de grumeaux; si votre pâte était trop épaisse, vous y remettriez du beurre, ayant soin cependant qu'elle ne soit pas trop claire: il faut qu'elle file en tombant de la cuiller. Fouettez deux blancs d'œufs comme pour le biscuit, et mêlez-les avec votre pâte; servez-vous en ensuite au besoin. Vous pouvez mouiller votre pâte avec du vin blanc ou du lait.

Friture à l'italienne (*Pâte de*). Mettez deux bonnes cuillerées de farine dans une terrine, avec un peu de sel et de gros poivre; ajoutez-y quatre jaunes d'œufs: délayez votre pâte avec un peu de lait. Quand elle est assez molle et bien battue, mettez-y une once d'huile d'olive, que vous mêlez avec vivacité, jusqu'à ce que la pâte soit bien veloutée ; alors vous pouvez vous en servir au besoin.

OBSERVATIONS ULTÉRIEURES. La friture qui fait partie des entremets, soit qu'elle recouvre des légumes, soit qu'elle entoure des fruits, soit qu'elle masque des crêmes, la friture, traitée selon les véritables règles de l'art, offre aussi de grandes difficultés. Il faut qu'elle soit d'une belle couleur, d'un bon goût, ferme et croquante ; ce qu'on n'obtient qu'à l'aide d'une excellente pâte, et par suite d'un degré de chaleur dans la poêle, qu'il n'est pas toujours facile de déterminer rigoureusement. Il est des légumes et des fruits plus aqueux que d'autres, qui par conséquent font relâcher plus ou moins la friture, et qui exigent nécessairement une pâte moins coulante et un degré de chaleur plus fort. Le savoir seul ne suffit point ici, et il ne saurait se passer d'une longue expérience.

FROMAGE. C'est le caillé du lait séparé du *serum*, et la partie du lait la plus grossière et la plus compacte.

On fait le fromage ou avec du lait, dont on a aupavant séparé la partie butireuse, ou avec le lait encore chargé de cette partie. Ce dernier fromage est d'un meilleur goût, à cause de sa partie crêmeuse, qui est la portion du lait la plus exaltée et la plus remplie de parties huileuses et de sel volatil.

On fait du fromage avec le lait de plusieurs animaux ; le fromage fait avec le lait de vache est celui dont on se sert le plus ordinairement ; il est d'un goût agréable.

Les plus estimés de ceux qu'on sert sur nos tables, sont ceux de Roquefort, de Sassenage, le Parmésan, le Brie, le Marolle et le Gruyère.

Fromage à la crême. Faites tiédir trois demi-setiers

de crême dans un demi-setier de lait ; mettez-y un peu de présure. Passez au tamis, et faites prendre sur la cendre chaude. Etant prise, faites égoutter, et servez avec de la crême et du sucre fin, comme celui à la Conti, indiqué ci-dessous.

Fromage à la bourgeoise. Mettez une demi-livre de sucre en poudre dans une pinte de crême, avec du citron râpé, et de l'eau de fleurs d'orange. Faites bouillir et réduire à moitié. Liez avec quelques jaunes d'œufs, sans bouillir ; faites prendre sur la cendre chaude, et mettez égoutter dans une éclisse garnie d'un linge fin. Servez avec du sucre.

Fromage à la Conti. Faites bouillir et réduire même quantité de crême que dessus, avec les mêmes ingrédiens, et du sucre en poudre. Liez ensuite avec quelques jaunes d'œufs. Faites prendre sur la cendre chaude ; faites égoutter ensuite dans une couloire à fromage, et servez avec de la crême autour, et du sucre.

Fromage à la Dauphine. Faites bouillir de la crême, avec du sucre et de l'eau de fleurs d'orange. Laissez-la refroidir ensuite, et la fouettez jusqu'à ce qu'elle soit bien montée. Faites égoutter dans une passoire garnie d'un linge, ou un panier d'osier, de la forme que vous voulez donner à votre fromage, et lorsqu'il sera bien égoutté, mettez-le dans le compotier, où vous devez le servir.

Fromage à la Duchesse. Pilez dans un mortier quelques abricots secs, écorce de citron vert, chair et marmelade d'oranges, parties égales. Passez ce mélange, et le délayez dans moitié crême et lait. Faites tiédir, et y mettez de la présure : le fromage étant pris, faites égoutter à l'ordinaire, et servez avec de la crême autour et du sucre fin.

Fromage à la Saint-Cloud. Faites d'abord un fromage comme celui *à la crême.* (Voyez ci-dessus à son article.) Pilez ensuite un citron confit, et le délayez avec de la crême double. Mettez ce nouveau mélange avec le premier fromage ; faites égoutter une seconde fois dans une éclisse, et servez avec de la crême et du sucre fin.

Fromage de pistaches glacé. On fait bouillir une pinte de bonne crême double avec une cuillerée d'eau de fleur d'orange et une demi-livre de sucre, cinq ou six bouillons ; on la retire du feu, et on y met cinq jaunes d'œufs frais qu'on fait lier sur le feu, sans bouillir : on délaye ensuite dans cette crême un quarteron et demi de pistaches pilées, assez fines pour les pouvoir passer au tamis ; on les met prendre à la glace, de la manière qu'on va dire ; et lorsque la crême est prise, on la travaille avec la houlette, et on la met dans le moule à fromage, pour la remettre à la glace jusqu'à ce qu'on la serve ; alors on trempe le moule dans l'eau bien chaude pour le détacher, et on le renverse tout de suite dans le plat ou vase qu'on doit servir.

Voici maintenant comment on s'y prend pour faire les glaces : toutes se font de la même manière. On met dans ce qu'on appelle une salbotière la liqueur ou fruit que l'on veut glacer, et on met cette salbotière dans un seau proportionné à sa grandeur. On met tout autour et dessous la salbotière, de la glace pilée très-fin, et mêlée avec du salpêtre ou du sel ; on la tourne sans cesse pendant un bon demi-quart-d'heure, jusqu'à ce qu'elle soit prise, et on a soin de temps en temps de détacher avec la houlette la crême ou liqueur qui se prend sur les bords, pour qu'elle se glace également : on ne les dresse dans les gobelets qu'au moment même de les servir.

C'est pour que la crême ne soit pas en glaçon, qu'on les tourmente avec l'espèce de spatule qu'on nomme houlette, en les remuant beaucoup jusqu'à ce qu'on n'y aperçoive plus de glaçons en grumeaux.

Fromage glacé au chocolat. On fait bouillir avec une demi-livre de sucre une pinte de crême double; en la retirant du feu, on y met six bonnes tablettes de chocolat, qu'il faut auparavant faire fondre sur le feu avec un peu d'eau, et qu'on délaye après, avec cinq jaunes d'œufs frais : on mêle le tout ensemble, qu'on fait chauffer sans bouillir, en remuant toujours pour faire prendre les œufs, et on le met ensuite dans la salbotière pour faire prendre à la glace, comme nous l'avons indiqué dans l'article précédent. Quand on l'a bien travaillé en glace, on le met dans le moule à fromage, d'où on le retire, et on le sert comme le fromage de pistache glacé ci-dessus.

Fromage glacé au beurre. Cette espèce de glace est recherchée par les gourmets. On fait bouillir une douzaine de bouillons à une pinte de bonne crême double avec écorce de citron vert râpé, deux cuillerées d'eau de fleur d'orange et une bonne demi-livre de sucre; on l'ôte du feu, et on y met douze jaunes d'œufs frais qu'on délaye ensemble, et qu'on fait prendre sur le feu sans bouillir; on passe au tamis toute cette composition, pour la mettre dans la salbotière prendre à la glace : lorsqu'elle est prise, on la travaille, et on remet la salbotière dans la glace, jusqu'à ce qu'on puisse enlever toute sa crême avec une cuiller, de la même manière qu'on lève le beurre, pour la dresser dans les gobelets destinés à servir.

FRUIT. Ce mot a deux significations : la première nous donne l'idée de la production d'un arbre ou d'une plante, tant pour la multiplication de son espèce que pour notre nourriture; on les distingue en *fruits à noyaux* et *fruits à pepin*, en *fruits rouges*, en *fruits d'été*, en *fruits d'automne* et en *fruits d'hiver*.

La seconde s'entend de ce qu'on sert sur nos tables

après les viandes ; c'est le dernier service, qu'on appelle dessert, composé pour l'ordinaire de fruits en nature, selon la saison, confits au sec ou au liquide, compotes, fromages, pâtisseries, sucreries, etc. Cette partie est du ressort de l'office.

G.

GALANTINE, est un entremets de poulardes, chapons désossés, comme de cuisses de dindon, de poulets, d'une tête de veau remplie de farce de poularde, etc. *Voy.* DINDONS, POULARDES, POULETS, etc.

Galantine de Champignons blancs. Ayez une quantité suffisante de champignons que vous tournez et que vous mettez à mesure dans de l'eau où vous aurez mis un jus de citron ; vos champignons ainsi préparés, mettez-les dans une casserole sur le feu, avec un bon morceau de beurre et un jus de citron ; quand ils auront bouilli cinq minutes, déposez-les dans un vase de faïence, pour les employer au besoin.

GALETTE. Espèce de pâtisserie cuite au four, et qui se fait de la manière suivante : On pétrit deux litrons de farine avec environ une livre de beurre frais, eau et sel suffisamment délayés petit à petit, ajoutant de l'eau jusqu'à ce que la pâte, de ferme, devienne molle. On la met en boule ; on l'aplatit ensuite avec le rouleau, en poudrant la table de farine, pour que la pâte ne s'y attache pas ; on lui donne un pouce d'épaisseur, et après l'avoir dorée on la met au four. Quand on veut la rendre plus délicate, on y ajoute quatre ou cinq œufs et du lait.

Galette feuilletée. Votre pâte étant formée comme

la précédente, il ne faut que la plier plusieurs fois en quatre, et l'étendre avec le rouleau. Votre galette confectionnée, dorez-la et faites-la cuir au four.

GARBURE. Ce potage ou ragoût, comme on voudra l'appeler, qui appartient à l'ancienne cuisine, est digne de figurer dans la nouvelle. On est parvenu aujourd'hui à le diversifier de plusieurs façons.

Garbure aux choux en gras. Ayez un bon empotage, ou, à défaut, d'excellent bouillon ; prenez ensuite des choux que vous coupez en quatre ; après les avoir fait blanchir et rafraîchir, pressez-les bien pour les égoutter, et ficelez chaque quartier séparément ; foncez une casserole ou une braisière avec des bardes de lard ; arrangez vos choux dessus avec du petit-lard, quelques petits morceaux de jambon, des rouelles ou un jarret de veau. Après avoir recouvert le tout de bardes de lard, ajoutez-y des carottes, des oignons et un bouquet garni ; mouillez ensuite avec votre empotage ou votre bouillon, et faites-le cuire à petit feu ; lorsqu'il est bien cuit, coupez du pain de potage, que vous faites mitonner un peu épais avec votre empotage ou votre bouillon. Egouttez ensuite vos choux sur un linge blanc et pressez-les : prenez du fromage de Gruyère et du Parmesan ; ayez une soupière d'argent, ou tout au moins d'une terre qui puisse aller sur le feu ; mettez-y un lit de choux poudré de fromage, puis un lit de pain mitonné, également poudré de fromage, et vous élevez successivement ces lits, jusqu'à ce que la soupière soit pleine, en observant que les choux doivent former la couche de dessus, que vous saupoudrez encore plus que les autres ; la soupière étant ainsi remplie jusqu'aux bords, vous la mettez gratiner doucement, soit au four, soit sous un four de campagne, soit, à défaut de l'un et de l'autre, sur un fourneau, avec un feu très-doux dessous et dessus son couvercle, et vous servez brûlant.

Vous servez, en même temps que la garbure, mais dans une écuelle à part, de bon bouillon bien chaud, pour les personnes qui n'aiment point le potage épais.

Garbure en maigre. Commencez par faire un bon bouillon maigre, avec pois secs, carottes, oignons et céleri. Lorsque le tout est cuit, passez ce bouillon : prenez d'autres oignons, carottes et céleri, que vous faites suer dans une marmite avec un peu de beurre : quand cela commence à s'attacher, mettez-y votre bouillon de pois, et laissez le tout bien cuire. Vous pouvez y ajouter des cuisses de grenouille, de la carpe, de la tanche, le tout bien frais, ce qui vous procurera un excellent empotage ; pressez-le tout après l'avoir goûté, et procédez comme ci-dessus pour faire votre garbure ; à l'exception cependant qu'au lieu de lard vous employez du beurre pour faire cuire vos choux, et que vous mouillez avec du bouillon maigre.

Garbure aux oignons. Prenez une quarantaine de gros oignons, que vous coupez en deux de la tête à l'autre extrémité ; coupez ensuite ces moitiés en quatre ou cinq parties, jusqu'à ce qu'elles forment la moitié d'un cercle, ayant soin de n'y pas mettre la tête ni la queue. Vos oignons coupés, mettez-les dans une casserole avec une demi-livre de beurre au plus, et faites-les frire assez pour qu'ils deviennent bien blonds ; prenez du pain coupé en tranches très minces ; faites un lit de pain et un lit d'oignons ; mettez sur chaque lit un peu de gros poivre, et continuez vos couches jusqu'à ce qu'elles arrivent au comble du plat ; arrosez avec du bouillon, et faites mijoter assez pour que le gratin se forme, sans qu'il brûle, car cela donnerait de l'âcreté à votre potage, qui doit être presque sec. Mettez du bouillon dans un vase que vous servez, afin que chacun des convives en mette sur son assiette. Faites attention au sel à cause de la réduction.

Garbure aux laitues. Ayez trente laitues, que vous

faites blanchir pendant une demi-heure ; faites en sorte qu'elles restent entières ; laissez-les refroidir, pressez-les, ficelez-les. Mettez dans le fond d'une casserole des tranches de veau et des bardes de lard ; placez-y vos laitues, que vous recouvrirez de lard, de trois carottes, de trois oignons et de deux clous de girofle. Mouillez vos laitues avec du bouillon, et faites mijoter une heure et demie jusqu'à ce qu'elles soient cuites ; puis vous les égouttez, les coupez en tranches dans leur longueur. Mettez un lit de pain émincé dans votre plat, et un lit de laitues et successivement jusqu'à ce que vous soyez arrivé au comble du plat ; mettez-y du bouillon de vos laitues sans le dégraisser, mais après l'avoir passé au tamis de soie ; posez votre plat sur le feu, afin que votre garbure mijote jusqu'à ce qu'elle soit d'un gratin blond. Epargnez le sel à cause de la réduction ; sur chaque lit mettez un peu de gros poivre.

Garbure au giraumon. Le giraumon est une espèce de citrouille, dont la chair est plus ferme et plus sucrée que celle du potiron ; on en fait une garbure de la manière suivante :

On choisit un giraumon bien mûr ; on en retire la peau, on l'épluche bien dans son intérieur, et après l'avoir coupé en lames égales, on le fait blanchir, environ un quart-d'heure, dans de l'eau bouillante, avec un peu de sel ; on l'égoutte ensuite dans une passoire ; on pare tous les morceaux, de manière à ce qu'ils soient bien égaux ; on met ces parures dans une casserole avec un morceau de beurre, du sel, de la muscade et un peu de mie de pain ; on mouille avec un peu de crême, et on met le tout sur le feu, ayant soin de le remuer avec un cuiller, afin de ne pas laisser attacher la panade.

On coupe une livre de pain de seigle par tranches, comme le giraumon ; on met la moitié de la panade dans un plat creux ; on range le pain et le giraumon en couronne, et on couvre cette couronne du restant de la panade; on place ensuite le plat sur de la cendre chaude, on gratine, et on a soin d'arroser la garbure avec de la crême bouillante et du beurre frais, et on sert de la crême chaude à part.

Garbure au potiron. Elle se prépare et se fait comme celle au giraumon ci-dessus détaillée.

GARDON. Poisson d'eau douce, qui se pêche comme le goujon. Il ressemble presque à la brême par l'écaille, mais il est beaucoup plus épais et plus allongé, et a les nageoires rouges comme celles d'une perche. Son apprêt est celui de la brême, soit pour frire, soit pour rôtir. *Voy.* BRÊME.

GARNITURE, en terme de cuisine, se dit de divers ingrédiens ou substances dont on garnit ou l'on accompagne les viandes de boucherie, la volaille, le gibier, et même certains plats de légumes.

Garniture de tomates. On coupe par le milieu une trentaine de tomates bien rondes et bien égales; on en presse le jus, les pepins et les morceaux du côté de la fleur, en faisant attention de ne pas trop les écraser. On les place sur un plafond et sur le même lit. On garnit alors les tomates de champignons hachés, échalotes, persil, un peu d'ail et jambon; on fait cuire le tout ensemble, en y ajoutant un peu de mie de pain, deux jaunes d'œufs, sel et muscade, un peu de beurre de piment et d'anchois; on pile le tout ensemble; en y versant peu-à-peu de l'huile; on passe la farce à travers un tamis à quenelles; on garnit les tomates, on les pane avec de la mie de pain, et un peu de parmésan; on les arrose avec un peu d'huile, on les fait cuire à four chaud. On se sert de ces tomates pour garnir une culotte de bœuf ou autres entrées.

Garniture à la flamande. Tournez une trentaine

de grosses carottes et autant de navets en bâtonnets ; faites blanchir et cuire vos racines dans du consommé et un peu de sucre ; ayez trente laitues braisées aux choux, que vous aurez soin d'égoutter, de presser et de trousser ; dressez-les autour de votre plat en couronne, en mettant une carotte et un navet entre chaque laitue ; laissez le milieu du plat libre, pour y poser la viande que vous aurez préparée ; posez trente oignons glacés sur le rebord des carottes et laitues. Quand votre relevé ou entrée est dressé, vous le masquez avec une nivernaise bien réduite à la glace ; allongez la sauce avec un peu d'espagnole réduite.

Garniture de raifort. Procurez-vous de la racine de raifort, dont vous enleverez la première peau : après avoir lavé votre racine à plusieurs eaux, vous la râperez en forme de vermicelle ; mettez-en autour des viandes bouillies ou rôties.

Garniture de culs d'artichauts. Choisissez des artichauts bien garnis en chair, dont vous retirerez toutes les feuilles vertes, jusqu'à ce qu'il ne reste que celles qui retiennent le foin ; alors vous enleverez le plus vert avec un couteau. A la seconde fois il faut tourner le cul d'artichaut en le plaçant dans la main gauche, et le couteau de la droite, en tournant continuellement l'artichaut contre le taillant du couteau, jusqu'à ce qu'il soit rond et sans écorchures ; frottez-le de citron, et mettez-le dans l'eau : faites-le blanchir à l'eau bouillante avec sel et vinaigre blanc. Aussitôt que le foin peut se retirer, rafraîchissez-le ; retirez tout le foin et les feuilles, tournez les bords, marquez-les dans une casserole entre deux bardes de lard, avec le jus de deux citrons, un quarteron de beurre, sel et bouquet assaisonné ; mouillez moitié de vin blanc et eau, faites bouillir vos artichauts, placez-les dessous un fourneau entre deux feux ; une heure et demie suffisent pour les cuire ; après les avoir égouttés, servez-les entiers ou coupés sur les viandes destinées à être garnies.

Garniture de pommes de terre frites. On tourne trente ou quarante pommes de terre à cru, de la forme que l'on veut, selon la garniture à faire. Quand elles sont tournées, on les lave et on les égoutte sur un linge blanc; cette opération terminée, on fait clarifier une livre de beurre, que l'on verse sur les pommes de terre dans un sautoir, ayant attention qu'elles soient toutes sur un même lit. On les fait partir à grand feu, on les couvre d'un plafond ou couvercle, on les place ensuite sur un feu doux avec du feu dessus, ayant soin de remuer de temps en temps, jusqu'à ce qu'elles prennent une couleur d'or. Quand elles sont cuites et bien sèches, on les fait égoutter, on les saute dans une casserole avec un peu de beurre frais et un peu de glace de veau, et on les sert à l'instant.

Garniture de crêtes de coqs. Mettez dégorger une quantité suffisante de crêtes dans l'eau tiède; étant dégorgées, jetez vos crêtes dans de l'eau plus que chaude, mais point bouillante, de manière que vous puissiez y tenir le doigt; remuez-les, et lorsque la pellicule s'en détache, retirez vos crêtes, et mettez-les dans un torchon avec une poignée de sel; frottez-les bien, et après vous être assuré que la pellicule est bien détachée, vous les mettez une seconde fois dégorger dans de l'eau fraîche, et une heure après faites-les cuire dans un blanc. *Voy.* BLANC.

Les *rognons* de coqs, après avoir été dégorgés, doivent être seulement pochés dans un blanc, c'est-à-dire, y bouillir une demi-heure.

Les *foies* doivent être aussi dégorgés et blanchis dans une eau qui frémisse, afin de ne pas les durcir. Lorsqu'ils ont acquis un peu de fermeté, on les rafraîchit, on les pare, et on les laisse égoutter.

Garniture en ragoût. On met dans une casserole crêtes, rognons de coqs, foies gras, ris d'agneau, quenelles, truffes et champignons; on verse dessus de l'espagnole travaillée: si on veut que le ragoût soit blanc, on lie avec trois ou quatre jaunes d'œufs la quantité de velouté nécessaire pour saucer les garnitures, et on sert pour les mets indiqués.

Garniture de foies gras. Procurez-vous six foies gras, dont vous supprimerez le cœur et les amers; parez-les bien où l'amer a posé, et prenez garde de le crever; faites dégorger vos foies comme les rognons de coqs, et faites-les blanchir légèrement; mettez-les cuire entre deux bardes de lard, mouillez-les avec une mirepoix bien nourrie; leur cuisson achevée, servez-vous-en pour garnir les alimens indiqués.

GATEAU. Pièce de pâtisserie à pâte ferme ou feuilletée, faite avec du lait, de la farine, des œufs, du sel et du beurre: outre ces gâteaux communs, on en fait d'amandes, au fromage, à la crême, au riz, au gras, au maigre, etc. *Voy.* Riz, Amandes.

Gâteau de Savoye. Ayez deux livres de sucre en poudre, vingt jaunes d'œufs, fleurs d'orange pilées, citron confit, citron vert haché menu; battez le tout ensemble; ayez deux douzaines de blancs d'œufs à part; fouettez-les bien; quand ils seront en neige, joignez-les au premier mêlange; passez-y ensuite une livre de fine fleur de farine au tamis; mêlez le tout, et le mettez dans une casserole de la grandeur dont vous voudrez faire votre gâteau, dans laquelle vous aurez fait fondre du beurre affiné, et que vous ferez égoutter, de sorte qu'il n'y reste qu'un léger enduit que vous laisserez figer; saupoudrez de sucre fin, faites cuire au four, mais pas trop chaud: quand il sera cuit et refroidi, glacez-le d'une glace blanche avec blancs d'œufs, sucre en poudre et jus de citron bien battu;

couvrez-en votre gâteau; faites quelques dessins dessus, avec du citron confit ou des confitures. On peut le servir sans glacer.

Gâteau feuilleté. Détrempez environ une livre de farine à l'eau et au sel sans beurre; que la pâte soit molle; laissez-la reposer une demi heure; étendez-la ensuite avec le rouleau à un doigt d'épaisseur; étendez du beurre frais sur cette abaisse, pliez-la en double, et la pétrissez avec le rouleau, incorporez votre beurre, et procédez comme dessus, cela par quatre à cinq fois; formez votre gâteau, dorez et faites cuire.

Gâteau fourré. Prenez de la pâte feuilletée, formez deux abaisses de l'épaisseur d'un écu : que la première excède l'autre d'un doigt; mettez dessus des confitures; recouvrez de l'autre abaisse; mouillez les bords et les soudez; dorez et faites cuire. Quand il sera cuit, passez dessus un doroir trempé dans le beurre, saupoudrez de nompareille, ou glacez à l'ordinaire.

Gâteau ordinaire. Prenez de farine ce qu'il faut pour la grandeur dont vous le voulez, avec du beurre aussi pesant que de farine et de fromage mou, non écrêmé; sel et eau; mettez votre farine sur un tour; faites un trou au milieu, votre eau et le beurre en dedans; pétrissez ferme; étendez avec le rouleau, et mettez votre fromage mou par-dessus; pliez en quatre; étendez et repliez ainsi plusieurs fois; formez votre gâteau; dorez et faites cuire au four.

Gâteau de Compiègne. Passez un quart de belle farine; faites deux fontaines comme pour la pâte à brioche; prenez un peu plus que le quart de votre farine pour faire un levain; mettez-y un peu plus de levure; tenez votre levain un peu moins ferme que pour la brioche; faites-le revenir : pendant ce temps, mettez dans votre grande fontaine une once de sel, un bon verre d'eau, deux onces de sucre, le zeste de deux citrons hachés, du cédrat confit coupé en petits dés;

faites votre pâte comme il est indiqué à l'article Pâte à brioche; tenez-la plus molle, et, si elle se trouvait trop ferme, mettez-y de l'eau; vous aurez beurré un moule comme pour le Pouplin (*voyez* cet article); posez-y votre pâte; laissez-la revenir cinq à six heures; mettez votre gâteau à un four bien atteint; faites le cuire environ deux heures et demie : renversez-le du moule, et servez-le froid pour grosse pièce.

Gâteau de plomb. Passez un quart de farine, faites une fontaine, mettez-y une once de sel, deux onces de sucre, une livre et demie de beurre et douze œufs; détrempez le tout ensemble; fraisez votre pâte trois fois; si elle était trop ferme, mouillez-la avec un peu de lait; rassemblez votre pâte, laissez-la reposer une demi-heure, ajoutez-y une demi-livre de beurre, et donnez-lui quatre tours comme au feuilletage; moulez votre gâteau, abaissez-le très-épais, coupez les bords en losange, dorez-le, mettez-le sur un plafond, rayez-le et piquez-le; faites-le cuire à un four atteint : une heure et demie environ suffisent pour sa cuisson.

Gâteau au lard. Prenez du petit lard, coupez-le en lames, mettez-le dessaler dans de l'eau; vous aurez fait une pâte brisée, dans laquelle vous aurez mis moins de sel qu'on n'en met ordinairement (*Voy.* article Pâte brisée); formez en un gâteau, échiquetez-en les bords, mettez-le sur un plafond, dorez-le, couvrez-le de lames de votre petit lard, que vous aurez égoutté, et desquelles vous aurez ôté les couennes.

Gâteau au fromage. Ayez le quart d'un fromage de Brie, gras et bien affiné, que vous pilerez et passerez au tamis, avec un litron et demi de farine; faites-y un trou, mettez-y trois quarterons de beurre, maniez votre fromage, pilez un peu de fromage de Gruyère râpé et six œufs entiers; détrempez votre pâte, fraisez-la trois fois; ramassez votre pâte, moulez-la, laissez-la reposer une demi-heure ; après, abaissez-la avec un rouleau, faites-en un gâteau de l'épaisseur de trois doigts, échiquetez-le autour avec le taillant de votre couteau ; retournez-le , dorez-le, rayez-le, faites-le cuire à un four ordinaire, et servez.

Gâteau du Sérail. On fait bouillir un moment un demi-setier d'eau, une pincée de sucre, un demi-quarteron de beurre, un peu d'écorce de citron vert râpé très-fin, avec un peu de sel ; on y met ce qu'il faut de farine pour faire une pâte bien liée, et on la remue sur le feu jusqu'à ce qu'elle quitte la casserole ; on la retire du feu, et on y met, pendant qu'elle est chaude, un œuf, blanc et jaune ensemble, lequel on remue jusqu'à ce qu'il soit bien lié dans la pâte ; et on continue ainsi à mettre des œufs l'un après l'autre, jusqu'à ce que la pâte se colle aux doigts. Alors on retire cette pâte du feu, et on y met encore des œufs, un à un, ce que la pâte en peut absorber, avec des macarons écrasés, des fleurs d'orange prâlinées et hachées, et du citron vert râpé ; on dresse ses gâteaux de la forme et de la grandeur qu'on les souhaite ; on les fait cuire à propos ; on sème dessus des pistaches délayées avec du sucre fin et un blanc d'œuf, et on les fait sécher au four un moment.

GAUFFRE. Menue pièce de pâtisserie qui se fait beaucoup en certains départemens et chez les bourgeois.

Gauffre commune. On prend des œufs frais, on les délaie avec autant de farine qu'ils en peuvent boire, du citron vert haché, de l'eau de fleur d'orange, du sucre fin. On délaie le tout ensemble, on y met ensuite de la crême, jusqu'à ce que la pâte soit liquide. Quand la pâte est prête, on fait chauffer le gauffrier, on le frotte en dedans avec de la bougie pour empêcher les gauffres de tenir. Quand le gauffrier est chaud, on y met de cette pâte plein une cuiller à bouche, cela suffit; on referme le gauffrier, on le remet sur le feu. Quand la gauffre est cuite d'un côté, on la retourne de l'autre, on la retire ensuite pour la mettre sur un rouleau de bois; on les courbe toutes chaudes. Quand elles sont toutes faites, on les met dans un lieu sec jusqu'à ce qu'on les serve.

Gauffres à l'allemande. Émondez une livre d'amandes douces; coupez-les en filets beaucoup plus minces que pour le nougat; vos amandes coupées, mettez-les dans un vase avec trois quarterons de sucre en poudre et deux pincées de fleur d'orange prâlinée; maniez-les avec des blancs d'œufs; ayez des feuilles d'office, frottez-les de cire vierge et d'un peu d'huile, mettez votre appareil dessus, le plus mince que vous pourrez; mettez-y, si vous voulez, des pistaches hachées dessus; mettez-les au four un peu chaud: à moitié cuites, retirez-les du four; coupez-les par carrés bien égaux, remettez-les au four un instant; retirez-les, et donnez-leur la forme des gauffres, sur un bâton que vous avez disposé pour cela: aussitôt qu'elles seront froides, mettez-les sur un tamis; tenez-les à l'étuve jusqu'au moment de servir: dressez-les et servez-les.

Gauffres aux amandes. Pilez une livre d'amandes, mettez la même quantité de sucre et d'odeur; jetez vos amandes dans un vase; mouillez-les avec assez de blancs d'œufs, en sorte que vous puissiez les étaler avec la lame du couteau sur des feuilles d'office (ainsi préparées comme à l'article précédent), étalez votre appareil le plus mince possible; ayez des amandes hachées bien fin et mêlées avec du sucre; mettez-les sur votre appareil: placez-les au four comme il est indiqué aux gauffres à l'allemande, et procédez-en tout de même.

Gauffres aux pistaches. Ayez une demi-livre de pâte à brioche, mouillez-la avec un demi-verre de vin de Madère, incorporez-y trois onces de sucre en poudre et deux onces de raisin de Corinthe ; versez sur un plafond beurré cet appareil ; étendez-le de l'épaisseur d'un demi-pouce ; faites-le cuire environ un quart-d'heure à un four vif ; sa cuisson faite, formez vos gauffres en coupant cet appareil de deux pouces carrés ; glacez-les au sucre cassé (*Voy.* Sucre cassé), et masquez-les légèrement avec des pistaches hachées, ou servez-les au naturel.

GELÉE. Sorte de confiture transparente, qui n'est autre chose que du jus ou suc de fruit, cuit avec le sucre, congelé en se refroidissant. Toutes les gelées doivent cuire à petit feu et couvertes, si elles sont de fruits rouges ou verts ; mais celles des fruits blancs veulent être faites à grand feu et découvertes. *Voy.* aux divers articles des fruits la manière de faire leur gelée.

On fait aussi des gelées de viandes, qui servent pour les entremets ; c'est une espèce de restaurant, qui se confectionne de la manière suivante.

Prenez des pieds de veau, selon la quantité de gelée que vous voulez faire, avec un bon coq : après les avoir lavés et épluchés, mettez-les dans une marmite avec la quantité d'eau suffisante ; faites cuire et écumer avec soin. Quand les viandes seront défaites, votre gelée est à son point : il ne faut pas qu'elle soit trop forte ; passez votre gelée à l'étamine ou par un linge, et la dégraissez bien ; mettez du sucre à proportion, cannelle en bâton, deux ou trois clous, deux ou trois écorces de citrons, et faites cuire la gelée quelque temps avec ces ingrédiens. Pendant ce temps, on fouette en neige quatre ou cinq blancs d'œufs ; on y met le jus des citrons dont on a employé l'écorce ; on verse ce mélange dans la gelée, en la remuant de temps à autre sur le fourneau; on la laisse ensuite bouillir jusqu'à ce que le bouillon soit prêt à passer les bords; on passe alors la gelée à la chausse jusqu'à ce qu'elle soit bien claire, et on la met en lieu froid pour la faire prendre. On teint les gelées de toutes sortes de couleurs; en gris de lin, avec la cochenille; en rouge, avec le suc de betterave; en violet avec la teinture de tournesol; en jaune, avec des jaunes d'œufs; en vert, avec le jus de poirée cuite, et on les blanchit avec le lait d'amandes.

GÉLINE ou GÉLINOTTE. Mots tirés du latin, qui signifient poule et jeune poule; mais le premier n'est guère en usage, et le second ne se dit que des poules sauvages, qui sont communes dans la forêt des Ardennes.

La gélinotte est un oiseau solitaire qui vit dans les bois, dont on ne le tire qu'avec peine. Le pays de Caux en fournit d'excellentes; mais c'est surtout dans les montagnes couvertes de sapins qu'elles se plaisent de préférence, parce qu'elles font de leurs bourgeons leur principale nourriture.

Cet oiseau subit toutes les préparations du faisan. *Voy.* FAISAN. C'est un manger fort délicat.

On connaît aussi une gélinotte d'eau, qui participe de la nature de la poule et du canard; elle s'apprête comme le canard sauvage. *Voy.* CANARD.

GENIÈVRE. C'est ainsi qu'on appelle les baies d'un arbrisseau très-commun appelé *genevrier*. Ces baies, d'abord vertes en mûrissant, deviennent noires. On fait de ces baies une liqueur appelée *eau de genièvre*, un sirop et du ratafia. Voici la recette de ce dernier.

Genièvre (Ratafia de). Ayez quatre pintes d'eau-de-vie, deux livres de sucre, une livre d'eau de rivière, douze onces de baies de genièvre; d'anis, de cannelle, de coriandre et de girofle, un gros de chaque; concassez les graines et les aromates, et mettez-les infuser dans l'eau-de-vie pendant trois semaines. Après ce temps, passez le mélange à travers un tamis, ajoutez le sucre que vous avez fait fondre dans l'eau de rivière, filtrez ensuite votre liqueur.

GÉNOISE. Espèce de pâtisserie assez saine et agréable au goût, faite avec du citron vert ou confit, deux macarons, six biscuits d'amandes amères, un morceau de moelle de bœuf, de la marmelade de fleur d'orange, quatre jaunes d'œufs, du sucre et de la crême convenablement, le tout pilé et mêlé ensemble; mis par petits morceaux entre deux abaisses. On le fait frire ou on le fait cuire au four sur une feuille de cuivre; on le glace ensuite et on le sert pour entremets.

GESSE. Plante dont la racine est menue et fibrée, les tiges rampantes, les feuilles oblongues et pointues, et les fleurs blanches. Ses semences se mangent comme les pois, les fèves et autres légumes elles sont fort nourrissantes.

GIBIER. On entend par ce mot tous les animaux quadrupèdes ou volatiles non domestiques, qu'on se procure par le moyen de la chasse, et qui sont bons à manger.

Le gibier veut être mangé à propos et dans le temps que son fumet est le plus agréable.

On distingue trois sortes de gibier, savoir :

1°. Le gros gibier ou venaison, qui comprend les fauves.

2°. Le gibier à poil.

3°. Le gibier à plume, ou menu gibier.

Gros gibier ou venaison.

Le cerf.	Le daim.
La biche.	Sa femelle.
Le faon de cerf.	Son faon.
Le chevreuil.	Le sanglier.
Sa femelle.	La laie.
Son faon.	Le marcassin.

Gibier à poil.

Les lièvres.	Les lapins.
Les levrauts.	Les lapereaux.

Gibier à plume ou menu gibier.

Le faisan.	Les ramereaux.
La poule-faisande.	Les grives.
Les faisandeaux.	Les merles.
Les perdrix rouges et grises.	Les beccots.
Les perdreaux.	Les bécasses.
Les cailles.	Les bécassines.
Les cailleteaux.	Les vanneaux.
Les ortolans.	Les pluviers.
Les bec-figues.	Les canards sauvages.
Les rouges-gorges.	Les sarcelles.
Les gélinottes.	Les rouges.
Les guignards.	Les albrans.
Les alouettes.	Les poules d'eau.
Les mauviettes.	Les plongeons, etc.
Les ramiers.	

On trouvera à leurs articles respectifs la manière d'apprêter ces sortes de gibier. *Voy.* VENAISON.

Gibier (*Purée de*). *Voy.* PURÉE.

GIGOT. Partie du quartier de mouton de derrière, qu'on mange rôti tout simplement, ou avec de la chicorée dessous, ou des haricots, et même avec des aulx. Il s'accommode aussi de plusieurs façons. *Voy.* Mouton.

GIMBLETTE. Sorte de pâtisserie sèche, faite en forme d'anneaux, de chiffres, etc., qui se confectionne de la manière suivante :

Ayez un quarteron de farine, deux onces, sucre de trois jaunes et un blanc d'œufs frais, un peu de fleur d'orange et d'ambre, mais en très-petite quantité ; pétrissez le tout ensemble. Si la pâte n'était pas assez maniable, mettez-y une goutte d'eau et un peu de fleur d'orange. Roulez cette pâte en ficelles, et formez-en des anneaux, que vous faites revenir à l'eau bouillante et cuire ensuite au four.

GINGEMBRE. Racine d'une plante qui croît aux Indes et aux Antilles, d'un goût âcre et piquant, de couleur grise et rougeâtre en dehors, blanche en dedans. On nous l'apporte soit confite, soit desséchée. C'est sous cette dernière forme qu'elle se trouve le plus ordinairement dans le commerce. Cette substance qui, comme nous l'avons dit, est d'un goût très-âcre, aromatique, brûlant et d'une odeur assez agréable, quoique très-forte, est la base des épices.

Le gingembre que l'on confit dans les colonies pour le débit ordinaire, est brun, et le sirop noir.

GIRELLE. Poisson de mer assez semblable au goujon, et dont la longueur est d'environ une palme. Il est distingué par la variété de ses couleurs, qui est agréable.

Ce poisson est commun dans le golfe de Gênes. On en pêche aussi dans la mer, auprès d'Antibes. Sa chair est tendre, cassante et très-estimée. Il s'apprête et se sert comme le goujon. *Voy.* Goujon.

GIROFLE. Fruit ou fleur endurcie d'un arbre qui croît aux îles Moluques; il a la figure d'un clou avec quatre petites dents étendues en étoile.

Le meilleur girofle est celui qui est gros, bien nourri, d'une couleur obscure, d'un goût piquant et aromatique.

On consomme principalement les clous de girofle dans les cuisines. Ils sont très-recherchés en Europe; on les mêle dans presque tous les mets, les sauces, les vins, les liqueurs spiritueuses et les boissons aromatiques; on les emploie aussi parmi les odeurs.

GLACE. En terme de *cuisine*, c'est faire réduire des jus en gelée, pour donner à un ragoût une espèce de croûte transparente.

Dans l'*office*, c'est faire cuire du sucre à lissé, et y tremper les fruits qu'on veut glacer.

En *pâtisserie*, c'est mettre du sucre avec du blanc d'œuf, dont on met une ou plusieurs couches sur diverses manipulations de pâtes, à l'effet de leur donner du relief et de l'éclat.

On glace les liqueurs pour les rafraîchir, comme les eaux de fraises, de framboises, de groseilles, etc., qu'on met dans des moules de ferblanc, qu'on couvre de glace, dans laquelle on a mis du sel, pour augmenter le degré du froid.

Glace de veau. Ayez un cuissot de veau que vous coupez en quatre morceaux, trois poules, une certaine quantité de légumes entiers; faites écumer le tout dans une casserole, que vous remplirez de consommé. Cela fait, mettez-le sur un feu doux pour faire mijoter trois on quatre heures, jusqu'à ce que la viande soit cuite, passez ensuite votre glace à travers une serviette fine, afin qu'elle soit claire.

On peut aussi tirer de la glace avec des parures ou des débris de viande, que l'on met dans une casserole avec beaucoup de légumes, du bouillon ou de l'eau que l'on fait écumer avec la viande. On fait mijoter jusqu'à ce que les viandes soient cuites. Quand le mouillement a été passé, on met la glace dans une casserole, sur un fourneau ardent, et on fait réduire jusqu'à ce qu'elle devienne épaisse comme une sauce. Point de sel dans votre glace, la réduction produisant seule l'assaisonnement.

Il ne faut pas employer les viandes noires, comme gibier, mouton, bœuf, parce que la glace deviendrait brune.

Glace de racines. On remplit aux trois-quarts une casserole de légumes, comme carottes, navets, oignons, avec cinq clous de girofle, selon la quantité de glace que l'on veut faire, ayant soin d'employer plus de navets et d'oignons que de carottes ; on y met du veau, et on mouille le tout avec du bouillon ou de l'eau. On fait cuire les légumes à petit feu, et on met en usage le même procédé que pour la glace ci-dessus.

Glace de cuisson. Passez le fond de vos cuissons, c'est-à-dire le mouillement qu'elles ont produit, à travers une serviette fine ou un tamis de soie ; ayez soin qu'il soit bien clair ; faites-le réduire ensuite dans une grande casserole à grand feu ; quand votre mouillement devient épais comme une sauce, c'est-à-dire, quand votre glace tient à la cuiller, mettez-la dans une petite casserole que vous exposez au bain-marie ou sur des cendres chaudes pour vous en servir au moment du service, en y ajoutant un petit morceau de beurre frais, pour en corriger le sel.

GLANDES. C'est, en cuisine, la chair molle, spongieuse et grasse de quelque animal. Ces glandes sont, pour l'ordinaire, tendres, friables et agréables au goût, de bon suc, nourrissantes, aisées à digérer, surtout quand l'animal s'est bien porté et qu'on lui a donné de bons alimens.

GODIVEAU. Espèce de pâté qui se fait de veau haché et d'andouillettes, avec plusieurs sortes d'ingrédiens, comme asperges, culs d'artichauts, champignons, cervelles, palais de bœuf, jaunes d'œufs, etc. Comme il entre dans le godiveau beaucoup de lard et de graisse, il est par cela même indigeste et pesant sur l'estomac. Sa préparation d'ailleurs exige beaucoup d'apprêts, surtout le godiveau de Poupeton. *Voy.* POUPETON.

GOGUE AU SANG. On donne ce nom à un foie de veau, dont on a ôté les filandres, haché grossièrement, auquel on ajoute de la panne, des oignons coupés en petits dés, des herbes fines avec un assaisonnement convenable. On détrempe le tout avec du sang de veau ou de porc, de manière que la préparation ne soit pas trop liquide. On y met encore des jaunes d'œufs crus, de la coriandre en poudre, de la mie de pain trempée dans de la crême ; le tout bien mêlé ensemble. On met ce foie de veau dans une casserole garnie de bardes de lard et d'une crépine de porc dessus. On fait cuire feu dessus, feu dessous, et la *gogue* étant cuite, on la sert pour entrée avec une essence de jambon par-dessus.

La même composition sert à faire des saucisses plates que l'on fait griller dans une abaisse, et qui se servent de même avec une essence de jambon.

GOUJON. Il y en a de deux sortes ; l'un de mer, qui est blanc ou noir, et l'autre de rivière. Le goujon de mer et celui de rivière doivent être choisis longs et menus. Le plus gros goujon est ordinairement œuvé, et n'a pas, à beaucoup près, une saveur aussi agréable que le petit.

On frit le goujon. Une friture de véritables goujons de Seine n'est pas une chose indifférente ; c'est l'éperlan des rivières, et un paquet de cure-dents fort distingués à la suite d'un grand repas. On apprête aussi ce poisson comme l'éperlan. *Voy.* Éperlan.

Goujon (Étuvée de). Écaillez, videz et essuyez vos goujons ; mettez dans le fond du plat que vous devez servir, du persil, de la ciboule, des champignons, deux échalotes, du thym, du laurier, du basilic, le tout haché menu, sel et gros poivre ; arrangez dessus vos goujons, et assaisonnez-les dessus comme dessous ; mouillez avec un verre de vin rouge, couvrez votre plat, et faites bouillir sur un bon feu pendant un quart d'heure, jusqu'à ce qu'il ne reste que peu de sauce, et servez.

Goujons frits. Après avoir écaillé, vidé et essuyé vos goujons sans les laver, mettez-les dans une bonne friture bouillante ; retirez-les après sept ou huit minutes de cuisson, et servez.

GRAISSE. Matière blanche, grasse et huileuse, qui se trouve répandue dans plusieurs parties du corps des animaux.

La *graisse de bœuf* sert à faire toutes sortes de farces, à nourrir des braises, et à cuire des cardons d'Espagne.

On n'emploie guère en cuisine la *graisse de mouton*, parce qu'elle est sujette à sentir le suif.

La *graisse de rôt*, qui tombe de la léchefrite, doit

être ramassée avec soin, pour être conservée dans des pots, afin de s'en servir au besoin.

La *graisse de volaille* est la plus fine et la meilleure, on peut l'employer dans plusieurs ragoûts. On comprend sous ce nom la graisse de chapon, de poularde et même d'oie; elles sont quelquefois mêlées d'un dégoût de perdrix ou d'autre gibier, mais elles n'en sont que meilleures.

La *graisse de cochon rôti* plaît assez au goût, et on s'en sert volontiers dans les maisons où la dépense est bornée.

GRAS-DOUBLE. On entend par ce mot des membranes dures, visqueuses, glutineuses; elles sont difficiles à digérer et propres à produire des obstructions.

On mange le gras-double grillé, avec une sauce piquante, à la braise, avec une sauce à l'échalote, mariné avec sel, poivre, persil, ciboule, une pointe d'ail, panné de mie de pain, grillé, servi avec une sauce au vinaigre. On le mange aussi à la sauce Robert.

GRATIN. La partie de la bouillie d'une ou plusieurs substances, qui demeure attachée au fond d'un poêlon ou d'une casserole; espèce de réduction culinaire que l'on emploie assez souvent pour donner du relief et du goût à un mets quelconque.

Coupez une demi-livre de rouelle de veau en petits dés, que vous mettrez dans une casserole avec un morceau de beurre, un peu de fines herbes hachées, telles que persil, échalotes, champignons; jetez-y un peu de sel, poivre et épices; passez le tout, en remuant avec une cuiller de bois. Faites cuire cette chair environ un quart-d'heure; après en avoir égoutté le beurre, hachez-la le plus fin possible, et mettez-la dans un mortier.

Vous aurez quinze foies de volaille ou de gibier, dont l'amer et la partie du foie où il porte ont été supprimés; faites-les dégorger et blanchir à moitié; après les avoir rafraichis et égouttés, mettez-les dans le mortier avec votre rouelle, pilez le tout, ajoutez-y autant de panade qu'il y a de chair. (*Voy*. PANADE.) Vous aurez fait cuire des tétines de veau dans la marmite, et les aurez laissé refroidir; parez-les en supprimant toutes leurs peaux; mettez par tiers autant de tétine que de chair et de panade, assaisonnez de sel et d'épices votre gratin; mettez-y, en le pilant, trois œufs entiers, l'un après l'autre, et trois jaunes. Le tout bien pilé, ramassez-le dans une terrine pour vous en servir au besoin.

On doit faire observer qu'on peut faire ce gratin, en n'employant pour toute chair que des foies crus, et, au lieu de veau, de la volaille et du gibier.

GRENADE. Fruit d'un arbrisseau nommé *grenadier*, dont l'écorce est fort dure, et qui ne vient bien que dans nos départemens méridionaux. On en distingue trois espèces, les aigres, les douces, les vineuses. On les mange crues; on en fait de la conserve, des gelées, du sirop.

Grenade (*Conserve de*). Otez la pulpe des grenades; pressez-en le jus, et mêlez-y du sucre en poudre; faites chauffer jusqu'à ce que le sucre soit bien fondu. Faites cuire d'autre sucre à soufflé; retirez-le, et y mettez votre jus de grenade. Lorsque la glace commence à se former, dressez votre conserve.

Grenade (*Gelée de*). Exprimez à travers un linge le jus de la pulpe de vos grenades; mesurez ce jus; et sur une pinte, mettez trois quarterons de sucre; mêlez, et faites cuire. Vous connaîtrez que votre gelée sera à son point, lorsqu'en en mettant sur une assiette elle se lève sans s'attacher.

Grenade (Glace de). Délayez bien la pulpe de grenade, bien mûre, avec de l'eau et du sucre ; passez ensuite avec expression, après l'avoir battu, d'un vase à l'autre, et finissez comme les autres glaces.

Grenade (Sirop de). Exprimez le jus de ce fruit, et le mettez dans une bouteille, sans la boucher ; exposez-la au soleil, ou à portée d'un feu clair, jusqu'à ce que son dépôt soit formé ; tirez ensuite à clair, et mettez quatre onces de jus du fruit, par livre de sucre cuit à soufflé. Faites bouillir ensemble en consistance de sirop. S'il était trop décuit, faites cuire le sirop à perlé, qui est le degré de cuisson de tous les sirops. S'il était trop cuit, on peut le décuire, en y mettant un peu de jus, jusqu'à ce qu'il soit à perlé, qui est le degré des sirops de garde.

GRENADIN. Mets qu'on compose avec poulardes, poulets, perdrix et autres volailles, en les farcissant d'un godiveau fin et bien assaisonné, et qu'on fait cuire à la braise dans une marmite foncée de bardes de lard et de godiveau. Quand la sauce est réduite, on dresse le grenadin dans une tourtière, on le pane ; on lui donne couleur au four, et on le sert avec un jus de citron ou un coulis de champignons.

GRENOUILLE. Petit animal amphibie, quadrupède, qui ne marche qu'en sautant, et qui nage fort vite. Il est couvert d'une peau dure, verte, plissée ; a la tête grosse, la bouche très fendue, les yeux à fleur de tête, le dos large et plat, le ventre ample et gonflé, pattes écrasées, ressemblant beaucoup au crapaud.

Il y a beaucoup d'espèces de grenouilles, qui diffèrent par leur grandeur, leur couleur et le lieu où elles habitent.

Les grenouilles de mer sont monstrueuses et ne sont point employées parmi les alimens.

Les grenouilles terrestres sont faites à peu près

comme les aquatiques, excepté qu'elles sont plus petites; on ne s'en sert point non plus parmi les alimens.

Les grenouilles aquatiques sont les seules bonnes à manger, encore n'en prend-on que les cuisses, c'est-à-dire le train de derrière; elles vivent dans les marais, les mares et toutes les eaux stagnantes; il faut les choisir bien nourries, grosses, charnues, vertes, le corps marqué de petites taches noires. On les mange soit à la poulette, soit en fricassée de poulets, soit frites dans une pâte à beignets; on en fait aussi des potages fort sains, qui conviennent dans toutes les chaleurs d'entrailles et pour dissiper les boutons du visage.

Grenouilles en fricassée de poulets. On écorche des grenouilles et on ne leur laisse que les cuisses et partie des reins. Après les avoir fait blanchir à l'eau chaude, et les avoir mises à l'eau froide, on les essuye bien et on les fricasse comme les poulets. *Voy.* POULET.

Grenouilles frites. Après avoir préparé vos cuisses comme il est indiqué ci-dessus, vous les faites mariner avec un peu d'eau, sel, poivre, vinaigre, beurre manié de farine, persil, ciboule et girofle, en faisant tiédir seulement l'eau, pour que le beurre fonde. Laissez-les dans votre marinade trois ou quatre heures; essuyez-les ensuite, farinez-les; puis faites-les frire; étant frites, servez-les garnies de persil frit.

Grenouilles (potage aux). Ayez une cinquantaine de cuisses de grenouilles, bien dégorgées et bien propres; mettez-les dans une casserole avec un bon morceau de beurre, sel, gros poivre, un peu de muscade; sautez vos grenouilles sur un bon feu pendant dix minutes; mettez-les ensuite sur un feu plus doux pendant une demi-heure, pour les achever de cuire; étant cuites, égouttez-les et mettez les dans un mortier avec un quarteron de mie de pain tendre, trempée dans du lait ou du bouillon; pilez le tout ensemble; quand il est bien pilé, et que vos grenouilles sont bien en pâte, vous les mettez dans une casserole et vous les délayez avec le jus qu'elles ont rendu ; passez le tout dans une étamine : s'il n'était pas assez liquide, on l'arroserait du bouillon destiné pour le potage ; passez votre purée pour la rendre liquide, et mettez-la sur un feu doux, ayant soin de ne pas la faire bouillir.

Préparez des croûtes comme pour le potage au pain ; faites bouillir un peu de bouillon que vous verserez sur vos croûtes un quart-d'heure avant de servir ; et au moment du service, versez votre purée de grenouilles sur le pain ; faites en sorte que votre potage ne soit ni trop épais, ni trop clair.

GRILLADE. La grillade est un des moyens de faire reparaître sous une forme nouvelle les débris d'un rôti de volaille, ou même de quelques espèces de gibier.

Ce sont ordinairement les cuisses de dindes rôties que l'on sert sur le gril, après les avoir tailladées et assaisonnées de poivre et de sel ; on les fait paraître sur un émincé d'oignons bien revenus dans le beurre et fortement assaisonnés de moutarde. *Voy.* DINDES A LA SAUCE ROBERT.

Les cuisses, même les ailes de poulets et de poulardes, se font souvent griller ; mais on les sert ordinairement au *feu d'enfer*, afin d'en relever le goût trop fade. On sait que le feu d'enfer est une couche assez épaisse de sel et de poivre dont on recouvre les membres sur le gril ; cet assaisonnement doit emporter la bouche.

Les pigeons à la crapaudine sont aussi une espèce de grillade ; mais on les sert toujours sur une sauce à la ravigotte, à la rocambole, ou même au pauvre homme.

Le boudin noir et blanc, les saucisses rondes ou

plates, les andouilles, se mangent presque toujours sur le gril : ce sont de véritables grillades.

Il en est de même des côtelettes de mouton; c'est la manière la plus simple, sans doute, de les manger; mais qui osera dire que ce n'est pas la meilleure, surtout si ces côtelettes sont panées et servies sous une sauce piquante?

Les côtelettes de veau, quoique cuites sur le gril, sortent de la classe des grillades proprement dites, pour rentrer dans celle des papillotes.

Parmi les poissons, ce sont principalement les harengs que l'on fait cuire sur le gril, et que l'on sert avec une sauce à la moutarde. On fait aussi griller les vives et les rougets, avec une sauce aux câpres ou au verjus, ainsi que les darnes de saumon, avec une sauce blanche aux câpres.

GRIVE. On distingue plusieurs espèces de grives, mais toutes ont le bec et les pieds conformés comme les merles; elles se nourrissent des mêmes alimens que ces derniers, avec lesquels elles ont plusieurs rapports d'habitude ; ce qui les fait considérer par les naturalistes comme oiseaux du même genre ; car on est convenu d'appeler grives ceux d'entre ces oiseaux dont le plumage est plus ou moins varié de taches régulières, à peu près arrondies et distribuées sur un fond uniforme.

Les grives sont répandues dans les quatre parties du monde; on en connaît de plusieurs sortes; mais celles qui se plaisent dans nos climats sont les *vraines*, appelées communément *grosses grives de gui*, et les *petits tourds* ou les *petites grives de gui*; celles dont la principale nourriture est le raisin, sont les plus recherchées.

Les grives se mettent à la broche sans être vidées; on les sert avec des rôties dessous, et ces rôties arrosées de leur suc, sont un manger délicieux, et nous offrent en quelque sorte l'esprit de la bête. Si l'on veut y ajouter quelques ornemens, on les flambera, tandis qu'elles rôtissent, avec du lard, on les saupoudrera de pain et de sel mêlés, et après avoir frotté le plat avec une échalote, ou mieux encore avec une rocambole; on les y dressera incontinent avec poivre et verjus. On les apprête aussi à la braise et même en ragoût, composé d'un verre de vin blanc, de fines herbes, lard fondu, etc.

Grives rôties. Nous avons indiqué ci-dessus la manière de les apprêter et de les servir.

Grives à la braise. Faites cuire vos oiseaux à la braise, et servez-les avec une sauce hachée.

Grives en ragoût. Après avoir préparé vos grives, passez-les à la casserole avec du lard fondu, un peu de farine pour lier la sauce, un verre de vin blanc, un bouquet de fines herbes et l'assaisonnement ordinaire : laissez mijoter le tout et servez avec un jus de citron.

Grives au genièvre. On débute par les couvrir de bardes de lard succulent, pour les envelopper ensuite d'un papier conservateur; on les attache (car l'on sait que les petits oiseaux ne s'embrochent jamais que dans des brochettes fixées à la grosse broche) après solidement à la broche, et on les abandonne à sa rotation. Pendant ce temps mettez dans une casserole parties égales de jus et de coulis, mouillez d'un verre d'excellent vin blanc et du jus d'un citron vert. Laissez ce mélange jeter quelques bouillons, puis faites blanchir douze à quatorze grains de genièvre que vous mettez dans votre coulis avec les grives, à leur descente de la broche. Laissez mijoter le tout et dégraissez votre coulis avant de servir. Lorsque ce petit ragoût est bien fait, il y a de quoi s'en lécher les doigts jusqu'à la moelle.

Grives au gratin. Procurez-vous une douzaine de grives bien fraîches; après les avoir plumées, vidées et flambées légèrement, mettez-les dans une casserole avec un morceau de beurre, et faites-les revenir jusqu'à ce qu'elles soient à moitié cuites; ôtez-les de dessus le feu pour les égoutter.

Prenez les foies de vos grives, auxquels vous joignez deux ou trois foies de volailles; après avoir pilé tous ces foies ensemble, mêlez-les avec du godiveau bien fait ou une farce bien fine; assaisonnez le tout d'un peu de sel, de poivre et de muscade.

Garnissez le fond d'un plat d'argent de la farce que vous venez de faire; enterrez-y vos grives de manière à ce qu'on ne les voie presque pas; couvrez-les de bardes de lard et d'un rond de papier beurré : mettez votre plat sur de la cendre chaude, le four de campagne par-dessus, et laissez cuire doucement pendant une demi-heure. Au moment de servir, ôtez les bardes de lard, égouttez bien vos grives, et saucez-les avec une bonne italienne.

Grives en prunes. Ayez dix ou douze grives bien grasses et bien fraîches; après les avoir plumées avec précaution, de crainte d'offenser la peau, flambez-les légèrement; ensuite vous les désossez en commençant par le dos. Cette opération terminée avec soin et dextérité, pilez les foies de vos oiseaux avec le dos du couteau, que vous mêlez avec de la farce fine, un peu d'aromates pilés et de gros poivre; remplissez-en vos grives : mais, préalablement, vous aurez eu le soin de leur faire passer dans le milieu du corps une patte, dont vous aurez coupé le gros bout, afin que cela représente la queue d'une prune. Les corps de vos grives remplis de farces, rapprochez les chairs avec une aiguille, et assujétissez-les; placez-les ensuite dans une casserole avec du sel et du gros poivre; faites tiédir un morceau de beurre, que vous verserez sur vos oi-

seaux : une demi-heure avant de servir, faites-les
mijoter dans le beurre; après les avoir égouttés, et ôté
les fils qui les assujétissent, arrangez-les sur votre plat
comme des prunes dans un compotier, et saucez-les
avec une italienne. *Voy. Sauce italienne.*

Grives à la flamande. Après avoir épluché et retroussé vos oiseaux sans les vider, mettez-les dans une
casserole avec un morceau de beurre et une pincée de
graines de genièvre ; poudrez-les de sel, saucez-les et
faites-leur prendre une belle couleur. Couvrez votre
casserole, mettez-y du feu dessus et dessous ; faites-
les cuire un peu vertes, et servez-les avec leur assaisonnement.

Grives (pâté chaud de). Videz, retroussez vos grives, et mettez les foies à part. Battez vos oiseaux sur
l'estomac, piquez-les de gros lard, et fendez-les ensuite sur le dos. Vos foies pilés avec du lard râpé,
champignons, truffes, ciboules et persil, sel et poivre,
fines herbes et épices, farcissez-en vos grives. Faites
deux abaisses ; sur celle du fond mettez de la farce
dont nous venons de parler ; assaisonnez vos grives et
dressez-les. Finissez votre pâté à l'ordinaire; après l'a-
voir doré, mettez-le au four. Lorsqu'il est cuit, vous
ôtez le lard qui couvre les grives, et vous versez dessus un ragoût de ris de veau, champignons et truffes,
lié d'un bon coulis : servez chaudement avec un jus de
citron.

GRONDIN. Poisson de mer d'une moyenne taille,
qui a quelque ressemblance avec le dauphin, ayant,
comme lui, la tête fort grosse et le corps rond, qui va
toujours en diminuant jusqu'à la queue, qui est un peu
large. Ce poisson est nommé *Grondin*, parce qu'il
gronde lorsqu'il se trouve pris.

Il y a deux sortes de grondins, des rouges et des gris :
les rouges sont les meilleurs ; leur chair est blanche,

sans beaucoup d'arêtes, très-bonne et très-nourrissante.

Ce poisson ne se mange guères que cuit au court-bouillon, à cause de sa tête qui est non-seulement grosse, mais encore remplie de plusieurs os, dont on ne pourrait rien tirer, si elle était cuite autrement.

On le mange cependant à l'huile ou à la sauce que l'on juge convenable.

Grondins à l'italienne. Procurez-vous deux ou trois grondins; après les avoir nettoyés et vidés, vous leur ficelez la tête, et vous les mettez dans une casserole avec quelques tranches d'oignon, du persil, une feuille de laurier, deux clous de girofle, du sel, du gros poivre, et deux bouteilles de vin blanc. Faites en sorte que votre poisson baigne à l'aise; faites-le mijoter un bon quart d'heure; égouttez-le ensuite et dressez-le sur le plat; servez-le avec une sauce italienne dessous. *Voyez* SAUCES.

GROSEILLES. Fruit d'un arbrisseau très-commun dans nos jardins, dont on distingue plusieurs espèces; savoir, la *verte*, dont le bois est gris et garni d'épines, dont on se sert comme de verjus dans la saison du maquereau; ce qui leur a fait donner le nom de *groseilles à maquereaux*; la *rouge*, qui vient en grappes sur un bois lisse et brun; la *blanche* ou perlée, qui vient de même en grappes que celui de l'espèce précédente. On fait de ces deux dernières, des gelées, des compotes, des conserves, des confitures, des sirops, etc., dont nous allons donner les procédés, et nous terminerons par ceux qui regardent les groseilles vertes.

Groseilles (Compote de). Procurez-vous de belles groseilles et du sucre en poids proportionné; après avoir égréné vos groseilles et les avoir lavées dans de l'eau bien fraîche, vous les égouttez sur un tamis; pendant ce temps vous clarifiez du sucre, et l'ayant fait cuire au petit boulé, vous procédez comme pour la compote aux framboises. *Voy*. Framboise.

Groseilles (*Gelée de*). On prend des groseilles rouges, et environ un quart de blanches ; on les égrène, et on les met dans une poêle à confitures avec un verre d'eau. Quand elles ont jeté quelques bouillons, on les met sur un tamis de crin, et on appuie dessus le fruit, pour que tout le jus passe. On le laisse déposer un instant. Le sucre étant au grand cassé, on y jette le jus que l'on a tiré à clair. On s'aperçoit que la gelée est cuite, lorsqu'en en laissant tomber quelques gouttes sur une assiette, elles ne s'écartent pas. On la retire du feu, et on la met dans des pots.

Lorsque l'on désire que la gelée de groseilles soit framboisée, sur une quantité quelconque, on peut mettre un cinquième de framboises, dont on obtient le jus avec celui de la groseille.

Groseilles (*Conserve de*). Exprimez le jus de groseilles bien mûres ; laissez un peu reposer ; séparez ce qu'il y aura de plus clair, et ne prenez que le plus épais de ce jus, faites-le réduire sur le feu, au tiers. Mêlez-le avec du sucre à la grande plume ; autant de sucre que de fruit. Mettez dans des moules ; et coupez ensuite, étant refroidi, de la grandeur et figure que vous voudrez.

Groseilles (*Eau de*). Prenez-les bien mûres ; exprimez-en le jus. Mettez-le dans une bouteille découverte, et l'exposez au soleil, ou à une certaine distance d'un feu clair. Le dépôt étant formé, tirez ce jus à clair ; mettez-en un demi-setier sur une pinte d'eau, avec un quarteron de sucre. Versez cette liqueur d'un vase à l'autre. Pour bien mêler le tout, on peut la mettre à la glace, ou la faire seulement reposer en lieu frais, et la passer avant d'en faire usage.

Groseilles (*Sirop de*). Exprimez du jus de groseilles, telle quantité que vous jugez à propos ; et laissez-le fermenter trois ou quatre jours. Pour qu'il ne prenne point en gelée dans la cuisson, on peut y mettre un quart de cerises. Faites cuire de la cassonade à la grande plume; mettez-y votre jus bouillir; faites réduire la cuisson au grand lissé, et mettez trois quarterons de sucre ou cassonade, pour livre de fruit.

Groseilles (*glace de*). Prenez deux livres de groseilles, que vous égrénerez, en y ajoutant un demi-panier de framboises, également épluchées; passez-les au travers d'un torchon neuf : pour une livre de jus de fruit, mettez-y une livre de sucre cuit au petit lissé, et deux jus de citron; mettez-les glacer comme les autres; si vos glaces se trouvaient trop grasses, mettez-y un verre d'eau : comme l'on n'a pas toute l'année de la groseille fraîche, vous prendrez des bouteilles de jus de groseilles conservé à cet effet, ou deux pots de gelée de groseille, suivant la quantité que vous voudrez en faire; faites-la fondre à l'eau chaude, pour qu'elle fonde plus facilement; si vous employez deux pots, vous y mettrez une bonne chopine d'eau, y ajouterez un peu de sucre, et la passerez au tamis avec une cuiller de bois; mettez votre décoction dans une salbotière, pour la faire prendre à la glace, comme il est indiqué à l'article GLACER.

Groseilles vertes au liquide. Otez les pépins, et faites confire comme les abricots verts. (*Voyez* ABRICOTS.

Groseilles vertes au sec. Tirez, et faites égoutter des groseilles vertes confites au liquide, et les faites sécher sur des clayons, à l'étuve.

Groseilles vertes (*Compote de*) Choisissez les plus belles; faites-les blanchir à l'eau chaude, et les retirez du feu avant que l'eau bouille; couvrez-les d'un linge. Faites cuire du sucre à la plume; livre pour litron de fruit. Faites prendre aux groseilles un grand bouillon couvert. Retirez et laissez reposer. Faites rebouillir ensuite tant soit peu. Retirez et les couvrez pour les laisser reverdir. Si votre sirop n'est pas assez cuit, donnez-lui un peu plus de cuisson. Cette compote se sert chaude ou froide, à volonté.

Groseilles vertes (*Gelée de*). Otez les pépins; blanchissez-les comme ci-dessus. Mettez-les en nouvelle eau, et faites-les reverdir à petit feu. Faites cuire du sucre autant que vous avez pesant de fruit. Faites bouillir le tout jusqu'à perlé; écumez soigneusement; passez le tout au tamis. Ce jus, en passant, doit être mis en pot; il s'épaissit en refroidissant.

GRUAU. C'est l'avoine bien mondée de sa peau et de ses extrémités, et réduite en farine grossière par le moyen d'un moulin fait exprès. Le meilleur gruau vient des ci-devant provinces de Touraine et de Bretagne; on en tire aussi d'excellent des Ardennes.

On doit choisir le gruau bien mondé, net, blanc, sec, qui ne sente point le relan, et qui ait été fait avec de l'avoine bien nourrie. On en fait une bouillie excellente, en la faisant cuire un peu lentement dans du lait. On en fait aussi des eaux rafraîchissantes.

Gruau (*Entremets de*). Mettez du gruau dans une marmite que vous remplirez de lait, avec un peu de cannelle en bâton, de citron vert, de la coriandre, du sel et du girofle; faites bouillir jusqu'à ce qu'il forme une crème délicate; passez à l'étamine dans une cuvette, et jetez-y du sucre; mettez sur le feu, sans le faire bouillir, et remuez jusqu'à ce que le sucre soit bien fondu; posez-le ensuite sur la cendre chaude, et couvrez-le de manière qu'il se forme dessus une crème épaisse; servez chaud.

GUIGNARD. Oiseau de passage de la grosseur d'un merle, à peu près aussi de celle du pluvier doré. Sa chair passe pour être savoureuse; c'est un gibier fort recherché. On vante particulièrement les guignards des environs de Chartres. Cette ville en fournit chaque année un grand nombre à Paris, renfermés dans d'excellens pâtés. On les mange à la broche, et on les accommode comme le pluvier. *Voy.* PLUVIER.

H.

HABILLER. Se dit de la première préparation qu'on fait aux viandes destinées pour manger.

Habiller une volaille ou du gibier à la plume, c'est les plumer, les vider proprement, les flamber sur le feu, et leur trousser les cuisses, pour les blanchir ensuite à la braise, ou à l'eau, suivant l'usage qu'on en veut faire.

Habiller un chevreuil, *un agneau*, ou autre animal, c'est l'écorcher, le vider, l'approprier, etc.

Habiller un saumon, c'est l'ouvrir, en séparer les entrailles et les ouïes, pour les mettre saler dans l'étuve.

Habiller une morue, c'est lui couper la tête, l'éventrer, en ôter les intestins, pour la mettre en état d'être salée.

HACHIS. Se dit des viandes qu'on réduit, à force de les couper, en très-petites parties : on en fait de toutes sortes de chairs, soit de volaille, grosse viande, ou gibier. On en fait aussi de poisson, en maigre. On trouvera les procédés à leurs articles respectifs.

Hachis de toutes sortes de viandes. Passez à la casserole, persil, ciboules, champignons hachés avec du bouillon et du coulis ; faites faire quelques bouillons ;

mettez-y vos viandes hachées prendre goût sans bouillir et bien assaisonnées. Servez votre hachis garni d'œufs frais pochés, avec de la mie de pain.

Il est bon de faire observer qu'un hachis ne se compose que de la viande, soit de boucherie, de volaille ou de gibier, cuite à la broche.

HARENG. Petit poisson de mer connu dans toute l'Europe, ayant neuf pouces ou un pied de longueur, et deux ou trois pouces de largeur.

On appelle *hareng frais* ou *hareng blanc*, celui qui se mange frais; *hareng pec*, celui qui se mange cru, après avoir été dessalé; et *hareng sauret* ou *saur*, celui qu'on a laissé sécher à la fumée.

Le hareng vient en troupes innombrables, qui se nomment *bancs de harengs*. On le pêche en grande quantité tant au printemps qu'en automne, sur les côtes de la Normandie et de la Bretagne.

La manière la plus ordinaire de servir le hareng frais, c'est cuit sur le gril, accompagné d'une sauce, aiguisée de moutarde. Mais il est essentiel d'observer que ce poisson ne demande qu'à voir le feu pour être cuit.

Si on veut absolument servir des harengs salés, il faut les faire dessaler dans du lait.

Harengs frais grillés. Videz, ratissez vos harengs; après les avoir bien essuyés, arrosez-les d'huile, avec sel et poivre; un quart-d'heure avant de servir, mettez-les sur le gril, à un feu ardent, ayant soin de les retourner; lorsqu'ils sont cuits, vous les dressez sur un plat. Servez-les avec une sauce au beurre, dans laquelle vous aurez mis plein une cuiller à bouche de moutarde. On peut aussi les servir avec une purée de haricots, ou avec une sauce aux tomates.

Autre manière. Vos harengs vidés, ratissés et essuyés, frottez-les de beurre, et faites-les cuire sur le gril; servez avec une sauce rousse, fines herbes hachées, sel, poivre, câpres, filet de vinaigre et tranches de citron.

Autre manière. Après avoir fait les préparations nécessaires à vos harengs, incisez-les le long du dos, frottez-les de beurre fondu et sel que vous laissez prendre; enveloppez-les de fenouil, mettez sur le gril; lorsqu'ils sont cuits, servez-les avec une sauce blanche ou avec un ragoût de champignons frits, pour entrée, ou faites-les frire, et alors servez avec jus d'orange pour entre-mets.

Harengs pecs. Ce n'est guère que dans le carême qu'on les sert pour hors-d'œuvres dans les bonnes tables; à cet effet, on les fait griller, et on les masque d'une sauce au beurre, ou d'une purée de pois, ou de toute autre purée que l'on juge couvenable.

Harengs pecs à la religieuse. Ayez cinq ou six harengs auxquels vous coupez la tête, et le petit bout de la queue; levez-en la peau, ôtez les nageoires, et mettez-les dessaler dans un vase où il y ait moitié lait et moitié eau; lorsqu'ils le sont à leur point, égouttez-les, dressez-les sur une assiette avec des tranches d'oignons et de pommes de reinette crues, et servez-les avec un huilier à côté.

Harengs saurets. Essuyez cinq ou six harengs, coupez leur la tête et le bout de la queue; fendez-leur le dos de la tête à la queue. Après les avoir ouverts, mettez-les sur un plat de terre, et arrosez-les d'huile; l'instant de servir, mettez-les sur le gril, et retournez-les; il ne faut les y laisser que quelques minutes; retirez-les, dressez-les sur une assiette, et servez.

HARICOTS. Le nom de haricot est commun à la plante et au fruit qu'elle produit; pour distinguer cependant la gousse qu'on mange en vert d'avec le grain, lorsqu'il est séparé de sa gousse, on dit *haricot vert* et *haricot blanc*, et lorsque le grain est sec, on dit *fève de haricot*.

Le haricot est universellement connu, et il y en a un grand nombre d'espèces ; on en a compté, dit-on, jusqu'à soixante et trois espèces très-distinctes par la forme et la couleur, mais qui n'ont que fort peu de différence pour le goût et les qualités.

Le haricot nommé *haricot gris* n'est employé qu'en vert, parce qu'il n'a point de parchemin ; c'est une espèce de haricot nain.

Le *haricot blanc nain hâtif* est de toutes les espèces celle qui donne le plus de profit dans un jardin bourgeois ; mais le grain sec ne renfle pas beaucoup.

Le *haricot de Soissons* est beau et d'un émail supérieur à tous les autres ; c'est celui qui tient le premier rang pour être mangé en sec, ou en grains lorsqu'il est encore frais et tendre ; il est le plus usité en cuisine.

Le *haricot rouge*, quoiqu'il ne paraisse pas sur les tables somptueuses, est estimé, parce qu'il a plus de goût que le haricot blanc.

Le *haricot de Prague* ou *haricot à la Reine* a une forme qui n'est pas bien décidée ; il s'en trouve de carrés, de ronds, tous plus petits que les plus petits pois, de couleur isabelle jaspée de noir ; cette espèce peut se manger en vert, en grains tendres ; ils ont même un goût fin en sec.

On confit ou on fait sécher les haricots verts.

Haricots blancs nouveaux à la bourgeoise. Mettez de l'eau bouillir dans une marmite avec du sel, du beurre, gros comme la moitié d'un œuf ; lorsque l'eau bout, mettez-y vos haricots ; étant cuits, égouttez-les : jetez ensuite un bon morceau de beurre dans une casserole ; versez-y vos haricots que vous sauterez ; vous y ajoutez une cuillerée de velouté, un peu de sel, de gros poivre, ainsi qu'un peu de muscade râpée. Au moment de servir, mettez-y une liaison de deux jaunes d'œufs.

Haricots blancs à la crême. Prenez un demi-litron de haricots, que vous faites cuire à l'eau avec beurre, sel, poivre, bouquet de persil et ciboules, ail, deux clous de girofle, une feuille de laurier; laissez-les égoutter sur un tamis; mettez une chopine de crême dans une casserole, faites bouillir en la remuant continuellement; assaisonnez de bon goût, et mettez-y vos haricots.

Haricots (Purée de). Voy. Purée.

Haricots au jus. Pour apprêter des haricots au jus, il faut prendre des haricots de Soissons, parce qu'ils sont les meilleurs. On les fait cuire et on les égoutte; après quoi, faites un roux léger que vous mouillez avec du jus, un peu de sel, du gros poivre; sautez vos haricots dans la sauce, et servez-les bien chauds. On peut aussi les fricasser de même que les lentilles. *Voy.* Lentilles.

Haricots à la purée d'oignons. Vos haricots étant cuits, vous les égouttez et les mettez ensuite dans une casserole avec gros comme deux œufs de beurre, et plein huit cuillerées à dégraisser de purée d'oignons; vous les sautez sur le feu, sans les faire bouillir, et après vous être assuré s'ils sont bien assaisonnés, vous les servez chauds.

Haricots au blanc. Vos haricots cuits comme il est indiqué dans les articles précédens, faites un roux avec beurre et farine, dans lequel vous mettez un oignon haché; faites-y fricasser les haricots avec persil, ciboules hachées, et un filet de vinaigre; mouillez de bouillon avec sel et poivre, et servez chaud.

Haricots verts à la bourgeoise. Après avoir épluché et lavé des haricots, mettez de l'eau et du sel dans un chaudron; faites bouillir votre eau, dans laquelle vous jetez vos haricots; dès qu'ils ont bouilli un quart-d'heure, vous vous assurez s'ils fléchissent sous les doigts, alors vous les laissez égoutter dans une passoire et les mettez dans l'eau froide ; au moment de servir, mettez un morceau de beurre dans une casserole avec vos haricots bien égouttés, sel, gros poivre, persil et ciboules hachés; posez-les sur un feu ardent, ayant soin de les sauter ; quand ils sont bien chauds, vous les servez sur le blanc, en y ajoutant, si bon vous semble, un jus de citron.

Haricots verts à la poulette. Epluchez de petits haricots verts, qui sont les meilleurs ; s'ils sont un peu gros, vous les coupez en filets ; faites-les cuire avec de l'eau, du beurre et du sel ; étant cuits et égouttés, vous les mettez dans une casserole avec du beurre, persil, ciboules, échalotes hachées, sel et gros poivre; passez-les sur le feu; singez et mouillez de bon bouillon; laissez cuire et réduire jusqu'à ce qu'il n'y ait plus de sauce ; mettez-y une liaison de jaunes d'œufs et de crème ; faites lier, et servez, avec un filet de verjus, pour entremets.

Haricots verts à la lyonnaise. Coupez deux ou trois oignons que vous mettez dans une poêle sur le feu avec un peu d'huile ; lorsque l'oignon commence à roussir, ajoutez-y vos haricots verts blanchis et cuits, pour les faire frire avec vos oignons ; mettez-y du persil et de la ciboule hachés ; assaisonnez de sel et gros poivre : après leur avoir fait faire deux tours de poêle, vous les dressez ; jetez un filet de vinaigre dans la poêle, que vous versez étant chaud sur vos haricots.

Haricots verts en salade. Après avoir fait blanchir, cuire, rafraîchir et égoutter vos haricots, vous les mettez dans un saladier, et les garnissez de quelques filets d'anchois, de plusieurs oignons cuits dans la cendre, de betteraves, de la ravigotte hachée, en les assaisonnant en outre de sel, gros poivre, huile et vinaigre : alors vous pouvez les servir comme un mets qui n'est point à dédaigner.

Haricots verts à l'anglaise. Procurez-vous de petits haricots verts bien tendres, en faisant attention qu'ils ne soient pas filandreux; après les avoir épluchés, jetez-les dans de l'eau bouillante; faites-les blanchir jusqu'à ce qu'ils soient cuits; mais ayez bien soin qu'ils ne le soient pas trop ; jetez-les ensuite dans une terrine d'eau fraîche, dans laquelle vous mettrez une poignée de gros sel, toujours en proportion de la quantité de haricots; lorsque vous voudrez les assaisonner, faites-les chauffer avec un peu de l'eau qui les a rafraîchis ; lorsqu'ils sont bien chauds, égouttez toute l'eau, qu'il n'en reste pas une goutte ; mettez-y un bon morceau de beurre, très-peu de sel, un peu de persil haché, et un peu de muscade ; remuez le tout bien légèrement avec une cuiller de bois. Lorsque le beurre sera fondu, versez un jus de citron dans vos haricots, et servez-les de suite pour entremets.

Haricots verts frits. Vos haricots épluchés, faites-les cuire aux trois-quarts ; mettez-les sécher entre deux linges, fendez-les en deux dans leur longueur, trempez-les dans une pâte à beignets (*Voy.* ce mot.); après les avoir fait frire bien blonds, servez-les de persil frit pour entremets ; ce persil, pour le frire, doit être bien vert et bien sec.

Haricots verts (Manière de conserver pendant toute l'année les). Il faut les bien choisir, et les éplucher soigneusement, les faire blanchir dans de l'eau et du sel, en observant de mettre beaucoup d'eau : les laisser bouillir pendant dix minutes, et les rafraîchir ensuite dans un même volume d'eau très-fraîche ; lorsqu'ils sont froids, les égoutter bien soigneusement, puis les mettre de même dans des bocaux ; cela fait, versez une saumure par-dessus ; faites clarifier du beurre, mettez un pouce d'épaisseur sur la salaison, et quand le beurre est froid, couvrez bien les pots avec du parchemin.

On peut également, après avoir épluché les haricots, les mettre dans un petit baril ou dans des pots, en ayant soin de placer alternativement un lit de haricots et un lit de sel, jusqu'au comble ; mettre ensuite un rond de bois qui ferme bien hermétiquement le baril ou le pot, et poser sur le tout une grosse pierre, afin de le mieux tasser. Quand on veut en manger, on les met dégorger pendant deux heures au moins, et on les fait cuire à l'eau froide.

HATELETS ou HATELETTES. Ce sont des mets qui tirent leur nom de petites broches de bois appelées *hâtelettes*, diminutif de *hâte*, mot synonyme à broche. Les *hâtelettes* sont des espèces d'entremets ; elles servent aussi de garnitures pour les plats de rôti. On mange les lapereaux, les pigeons, les poulets, les huîtres en *hâtelettes*. On en fait aussi avec des ris de veau et des langues de mouton.

Hâtelettes de langues de mouton. Prenez deux ou trois langues ; coupez-les en petits morceaux carrés, que vous passerez sur le feu, avec beurre, sel, poivre, persil, ciboules et champignons bien hachés ; mouillez avec du coulis ou, au défaut, avec du bouillon et une bonne pincée de farine ; faites cuire jusqu'à ce que la sauce soit bien épaisse ; liez avec deux jaunes d'œufs, sans bouillir ; laissez refroidir le ragoût ; embrochez vos morceaux de langue bien trempés dans la sauce ; panez vos hâtelettes, et les faites griller en les arrosant de beurre, servez à sec. On fait aussi des hâtelettes de *lapereaux*, *pigeons*, *poulets*, *huîtres*, etc. Voyez à leurs articles respectifs.

Hâtelettes au ris de veau. Faites blanchir des ris de veau, coupez-les par petits morceaux avec des foies et du petit lard blanchis ; passez le tout avec un peu de persil, ciboules et farine frite ; assaisonnez de bon goût, embrochez ces morceaux dans des hâtelettes de bois ; trempez-les dans leur sauce, panez-les, et les faites rôtir ou frire. Autrement, faites blanchir deux ris de veau avec du petit lard ; coupez les premiers par morceaux, l'autre en filets ; passez à la casserole au lard fondu, persil, ciboules, sel et poivre ; poudrez un peu fort de farine, mouillez de bouillon, faites cuire, laissez refroidir, embrochez ; trempez-les dans leur sauce, panez et faites griller à petit feu.

HOMARD. Ecrevisse de mer, fort commune sur les côtes occidentales et méridionales de la France ; il y en a d'une grosseur étonnante ; les moyens sont préférables. Comme ce coquillage nous vient des ports de mer, il est difficile, lorsqu'on n'en a pas une grande habitude, de distinguer les frais d'avec ceux qui ne le sont pas.

Quoi qu'il en soit, voici quelques moyens, appuyés par l'expérience, de faire cette distinction : s'ils sont lourds à la main, en raison de leur grosseur, cette pesanteur indique qu'ils n'ont pas été recuits une seconde ou une troisième fois. Prenez la queue par le petit bout, si vous éprouvez un peu de résistance à l'étendre, et qu'elle revienne sur elle-même, c'est une preuve de la fraîcheur du homard. Il est essentiel aussi de les flairer sur le dos, entre la queue et le corsage, pour s'assurer s'ils n'ont pas une mauvaise odeur. S'ils ont toutes les qualités énoncées ci-dessus, alors vous êtes sûr d'avoir de bons homards.

Homard à la remoulade. Rompez les coquilles d'un homard, fendez-le sur le dos, depuis la tête jusqu'à la queue ; ôtez avec une cuiller tout ce qui se trouve dans le corps ; pilez-le avec le dos d'un couteau ; mettez-le dans un vase de terre avec une cuillerée à bouche de moutarde, du persil et de l'échalote hachés, ainsi que sel, gros poivre et les œufs que souvent on trouve sous la queue; délayez le tout avec de l'huile et du vinaigre, et formez-en une remoulade. La remoulade faite, après vous être assuré qu'elle est d'un bon goût, versez-la dans une saucière, et servez-la à côté de votre homard.

HORS-D'OEUVRE. On appelle hors-d'œuvre, en cuisine, tout mets dont on pourrait se passer sans intéresser le service. Il y en a de gras et de maigre. *Voy.* SERVICE.

HOUBLON. Plante à tiges menues, sarmenteuses, flexibles, dures et velues, dont les fleurs et le fruit sont employés dans la composition de la bière. On se sert au printemps des premières pousses du houblon en place d'asperges; on les fait cuire comme ces dernières, et on les sert de même, soit à la sauce blanche, soit à l'huile. *Voy.* ASPERGES.

HERBES. C'est le nom qu'on donne aux plantes, dont les tiges périssent tous les ans; il y en a de plusieurs sortes.

1°. Les *herbes potagères* qu'on cultive pour l'usage de la cuisine, telles sont les herbes qu'on appelle fines, comme la poirée, l'oseille, le cerfeuil, le pourpier, la pimprenelle, la corne de cerf, l'estragon, le cresson alénois, etc.

2°. Les *herbes odoriférantes*, comme le baume, le basilic, l'absinthe, la camomille, le romarin, la sauge, la lavande, la mélisse, le thym, etc.

HOCHEPOT. Pot pourri, salmi, ou pâté en pot, est un hachis de bœuf dans un pot avec des marrons, des navets ou autres ingrédiens. *Voy.* BOEUF.

HUILE. Substance grasse, onctueuse et fluide, qu'on tire par expression, de diverses substances, comme des noix, des olives, des amandes, des noisettes, avelines, et d'un grand nombre de différentes graines, comme la navette, le colsa, le chenevi, la camomille, etc. Celle qu'on tire des olives par première expression, sans se servir d'eau chaude, et qu'on appelle *huile vierge*, est la meilleure. L'huile de la seconde expression lui est inférieure en qualité : la moindre est celle de la troisième expression. La plus nouvelle est la meilleure, elle peut se conserver plus d'un an, si elle est dans des vaisseaux de terre ou de verre bien bouchés et tenus fraîchement. On se sert aussi d'huile de noix ; mais elle n'a pas une saveur aussi agréable que celle d'olives, et échauffe beaucoup plus.

On compose, sous le nom d'huiles, des liqueurs onctueuses qui font les délices des gourmets ; entre autres celle-ci :

Huile de Vénus. Pour six pintes d'eau-de-vie, vous mettrez infuser dedans une demi-once de cannelle, un gros de macis, le zeste de quatre citrons, une demi-once de carmin, une demi-once d'anis, une once de coriandre, une demi-once de benjoin, une demi-once de storax et une petite poignée de feuilles de noyer ; pilez toutes ces drogues ; laissez-les infuser pendant huit jours, et faites-les distiller ; mettez pour votre mélange quatre livres et demie de sucre dans trois pintes et demie d'eau ; pour donner à votre liqueur la couleur de l'huile, vous ferez bouillir une pincée de safran dans un demi-verre d'eau-de-vie, pour en retirer la teinture, et vous colorerez votre liqueur, puis vous la passerez à la chausse.

HUITRE. Poisson de mer sans peau, écailles ni arêtes, renfermé entre deux coquilles, où il se nourrit d'eau de mer et de limon. On rend les huîtres vertes, en les faisant parquer dans des anses bordées de verdure. On prétend qu'elles sont meilleures que celles qui n'ont pas subi cette opération.

La manière la plus ordinaire de manger les huîtres, c'est de les manger crues, avec une pincée de poivre et un filet de jus de citron. Quoi qu'il en soit, il y a plus de vingt manières différentes de les apprêter ; nous allons donner les recettes de quelques-unes.

Huîtres à la bonne femme. Faites blanchir vos huîtres dans leur eau ; essuyez-les, et hachez-les bien menu ; prenez de la mie de pain trempée dans de la crême, persil, ciboules, anchois hachés menu, poivre, sel et un morceau de beurre frais ; pilez bien le tout avec les huîtres ; liez de quelques jaunes d'œufs ; mettez de cette sauce dans les coquilles, panez, mettez au four et servez de belle couleur.

Huîtres en coquilles. Vos huîtres ouvertes et détachées, mettez-les sans coquilles dans une casserole avec leur eau ; faites-les roidir sans bouillir. Préparez de fines herbes, comme pour les côtelettes, des échalottes, persil, champignons, des quatre épices, huile et beurre. Mêlez vos huîtres avec vos fines herbes, et remplissez-en des coquilles bien nettoyées ; arrangez de la mie de pain dessus ; placez-les ensuite sur le gril, à un feu ardent, un four de campagne dessus.

Huîtres en ragoût. Faites blanchir trois douzaines d'huîtres ; au premier bouillon retirez-les ; après les avoir égouttées, mettez-les dans une casserole avec un peu de sauce au beurre, et persil haché et blanchi. Cette sauce se prépare de même avec de l'espagnole réduite, en y ajoutant un quarteron de beurre au moment de la servir.

Huîtres sautées. On les met sur le gril dans leurs coquilles, feu dessous et la pelle rouge par dessus. Quand elles s'ouvrent, elles sont cuites.

Huîtres (*Potage aux*). Passez des huîtres avec du bon beurre, champignons coupés en dés et farine ; faites cuire le tout dans une purée claire, avec sel et poivre ; mitonnez des croûtes avec du bouillon de poisson ; mettez dessus vos huîtres et champignons, avec du jus de champignons et servez.

I.

ISSUE. C'est la petite oie, les extrémités ou les tripes de quelques animaux.

L'*issue d'agneau* comprend la tête, le foie, le cœur, le mou et les pieds. *Voy*. AGNEAU.

J.

JACOBINE. *Soupe à la Jacobine*, était dans l'ancienne cuisine un potage fait avec de la chair de perdrix et de chapons rôtis et désossés, et hachée bien menue, avec du bouillon d'amandes. Ce potage n'est pas à dédaigner, et c'est un devoir sacré imposé à nos artistes en cuisine à le faire revivre, pour la satisfaction de nos Lucullus modernes.

JAMBON. C'est la cuisse ou l'épaule du porc ou du sanglier, séchée, fumée et assaisonnée pour être gardée plus long-temps et mangée avec plus de goût. Les jambons de Bayonne et de Mayence sont les plus estimés ; ce qui tient autant à la manière de les faire, qu'à la personne même du cochon, qui, sous deux latitudes si différentes, réunit presque le même degré d'excellence. Les jambons de Bayonne sont plus gros, et pèsent ordinairement de quinze à vingt livres : ceux de Mayence, plus petits, sont aussi plus délicats.

Les jambons se mangent à la broche, au vin de Champagne, cuits sans eau. On en tire une essence, qui, dans une cuisine savante, devient une espèce de panacée : on le sert en tranches à l'allemande, à la poêle, etc.; mais toutes ces préparations ne conviennent qu'aux jambons vulgaires : ceux de Bayonne et de Mayence veulent être servis en entremets froids, panés et parés, et tout au plus glacés dans les grandes occasions, comme fêtes, bals, etc. C'est à Pâques qu'ils sont dans toute leur bonté; et jusqu'à la Pentecôte c'est le relevé de rôti le plus noble et le plus succulent.

Jambons (*Manière de faire les*). Suivant la quantité de jambons que vous voulez faire, vous faites une saumure plus ou moins grande. Pour la faire, mettez dans un vaisseau toutes sortes d'herbes odoriférantes, comme marjolaine, sarriette, baume, thym, laurier, basilic, genièvre, beaucoup de sel, du salpêtre; mouillez avec moitié lie de vin et moitié eau; laissez infuser toutes ces herbes ensemble pendant deux jours : pressez-les bien, et tirez la saumure au clair. Mettez dans cette saumure des épaules ou des cuisses de cochon pour les y faire tremper pendant quinze jours. Après cet espace de temps vous les tirerez de la saumure pour les égoutter et faire fumer à la cheminée.

Jambons (*Manière de conserver les*). Prenez du poivre et de la cendre selon la quantité de jambon que vous aurez; faites-en une pâte dont vous enduirez les crevasses qui s'y feront; cela empêche les mittes de s'y mettre : pendez-les en un lieu sec. Si l'on va à la campagne, on les encaisse avec des copeaux du dedans de vieux tonneaux et du foin pour les assujétir.

Jambons (Manière de faire cuire les). Nettoyez vos jambons sans intéresser la couenne; faites-les dessaler plus au moins de temps, suivant qu'ils seront vieux ou nouveaux. Enveloppez-les dans un torchon blanc; mettez-les dans une marmite avec deux litres d'eau et autant de vin rouge, plus ou moins, racines, oignons, gros bouquet de toutes sortes de fines herbes, faites-les cuire pendant cinq à six heures à petit feu, laissez-les refroidir dans leur bouillon, retirez-les, et ôtez légèrement la couenne, sans toucher à la graisse, sur laquelle vous mettrez du persil haché avec un peu de poivre et de la chapelure de pain; passez dessus la pelle rouge pour faire prendre la chapelure et une belle couleur au jambon : servez froid sur un plat pour entremets.

Jambon à la broche. Procurez-vous un excellent jambon de Bayonne nouveau, très gras, c'est-à-dire du poids de quinze à vingt livres : vous le parez par dessous et le faites tremper pendant deux ou trois jours, selon sa grosseur, afin de le bien dessaler. Pour le rendre encore meilleur, faites-le mariner ensuite pendant une demi journée dans du vin d'Espagne.

Après ces préliminaires, embrochez votre jambon et couvrez-le par dessous de bardes de lard ou de crépines; vous le faites cuire à la broche, à petit feu, pendant six heures, et même davantage s'il est gros, en l'arrosant continuellement avec de l'eau chaude que vous avez mise dans la lèchefrite. Cela fait sortir le sel en dilatant les pores, au lieu que le vin, en les resserrant, produirait un effet contraire. Lorsqu'il est presque cuit, vous levez la couenne et lui faites prendre couleur; vous le parez ensuite légèrement de chapelure ou de mie de pain.

Pour la sauce, vous faites réduire le vin d'Espagne dans lequel il a mariné; vous y joindrez le jus qu'il a rendu au sortir de la broche avec l'expression du jus de deux citrons. Dégraissez et servez chaud.

On peut aussi le servir avec une sauce pointue, manière d'épigramme qui se trouve être du goût de tous les gourmands.

Ce jambon ainsi apprêté et servi est un rôti du plus grand luxe et qui ne convient qu'à des tables opulentes. Il est très-supérieur à tous ceux que la boucherie, le poulailler, la basse-cour, les forêts, les plaines, les étangs et les mers pourraient nous offrir. Heureux celui qui peut une fois en sa vie manger un jambon de Bayonne à la broche ! Il n'a plus rien à regretter des sensualités de ce bas-monde.

Jambon à la Mayençaise. On fait cuire à moitié dans l'eau, sans le dessaler, un jambon nouveau de Mayence ; après l'avoir ôté tout chaud de sa cuisson, on enlève la couenne proprement et on le laisse refroidir. On l'enveloppe ensuite de six feuilles de papier bien beurré, et on achève de le faire cuire à la broche en l'arrosant de temps à autre avec un demi-setier d'eau-de-vie : on met un plat dessous pour en recevoir ce qui tombe en l'arrosant. Quand il est cuit, on le laisse refroidir dedans pour le servir.

Jambon glacé. Il se prépare comme le jambon au naturel ; quand il est cuit et paré, on le fait glacer au four, en faisant sécher le gras, ensuite en le glaçant avec une glace légère à plusieurs fois.

Jambon à la gelée fine. On met cuire à moitié un jambon dessalé à propos dans de l'eau, avec laurier, thym, basilic, et on le retire de cette première cuisson. On fonce une marmite juste à sa grandeur avec des tranches de rouelle de veau, sur lesquelles on place son jambon avec un jarret de veau : on mouille avec deux bouteilles de vin de Champagne, d'excellent bouillon, deux citrons, dont on ôte la peau et qu'on coupe par tranches, un gros bouquet de persil, ciboules, deux gousses d'ail, six clous de girofle, thym, laurier, basilic : on rachève de le faire cuire et réduire à courte sauce, jusqu'à ce qu'elle soit assez forte pour former une bonne gelée, laquelle étant froide, on passe au tamis, et on la dégraisse. On laisse ensuite refroidir son jambon dans la gelée, et on le sert froid avec.

Jambon à l'allemande. Coupez des tranches de jambon cru le plus mince possible ; passez au beurre des tranches de mie de pain ; foncez une casserole de lard râpé, mie de pain fine, fines herbes, champignons, et truffes hachées fin, un lit de jambon, ainsi de suite par lit, finissant par le jambon ; saupoudrez de mie de pain ; mettez au four pendant environ deux heures, et servez chaudement.

Jambon aux épinards. Votre jambon cuit et paré, mettez-le dans une casserole juste à sa grandeur ; faites-le mijoter pendant deux heures, avec une marinade composée de la manière suivante :

Émincez et passez dans une casserole avec un morceau de beurre, deux carottes, deux oignons, ail, thym, laurier et persil ; mouillez avec une bouteille de vin blanc et une cuillerée de consommé ; quand vos racines seront à moitié cuites, passez-en le fond au tamis sur votre jambon ; couvrez votre casserole d'un grand couvercle dessus, et faites glacer votre jambon à la manière ordinaire. Au moment de servir, ayez des épinards blanchis bien verts ; passez-les au beurre, dans lequel vous aurez mis un peu de sel, muscade et mignonette ; mouillez avec deux cuillerées d'espagnole réduite, et une cuillerée du fond de votre jambon ; dressez vos épinards sur un grand plat, et après avoir égoutté votre jambon, mettez-le sur vos épinards ; servez-le bien glacé.

Jambon aux deux hermites. Il se prépare de même que le jambon aux épinards ; au lieu d'épinards, mettez une garniture de laitues, carottes nouvelles tournées, oignons glacés, petits pois, et haricots verts blanchis.

Jambon (*Pain de*). On coupe des tranches de jambon cuit ; à l'égard de la graisse et des rognures de jambon, on les hache avec de fines herbes, et on en fait une farce. On met de la pâte de pain mollet dans une sébile de bois, et on fait une couche de pâte, une couche de jambon et une couche de farce ; on continue ainsi en finissant comme on a commencé, par la pâte de pain mollet, sans laisser paraître le jambon. Quand le four est chaud, on renverse la sébile sur une feuille de fer-blanc : on fait cuire une heure ou deux, selon la grosseur, et on sert froid. Ce pain de jambon remplace très-bien les pâtés de jambon.

Jambon (*Coulis de*). *Voy.* COULIS.

Jambon (*Pâté de.*). *Voy.* PATÉ.

JAMBONNEAU. On appelle ainsi la partie inférieure détachée d'un gros jambon.

JARRET DE VEAU. Il s'emploie dans les bouillons ; on l'accommode aussi de la manière suivante :

Jarret de veau à la boiteuse. Faites-le blanchir et cuire dans un bouillon bien assaisonné ; dressez-le ensuite dans un plat, de sorte que la chair couvre le fond ; mettez d'un côté du plat un ragoût d'épinards à la Chirac, tel que celui-ci. Choisissez les épinards nouveaux ; laissez-y les queues ; faites-les blanchir, et les passez, sans les hacher, au beurre fin ; le surplus, comme aux ragoûts d'épinards. Mettez de l'autre côté du plat, des choux-fleurs blanchis et cuits dans un blanc, avec une sauce au beurre par-dessus, sans couvrir le jarret.

JARS. C'est le mâle de l'oie. *Voy.* Oie.

JASMIN. Arbrisseau sarmenteux qui fleurit depuis le mois de juin jusqu'en octobre. Ses fleurs ont une odeur si suave qu'elles ont déterminé les officiers à en parfumer quelques substances comestibles.

Jasmin (biscuits au). Battez bien ensemble une cuillerée de marmelade de jasmin, demi-livre de sucre en poudre, quatre jaunes d'œufs frais; fouettez six blancs en neige, et les mêlez avec le reste, un quarteron de fine fleur de froment, que vous ferez passer au tamis, pour la distribuer plus également dans votre pâte; dressez dans les moules, et faites cuire à feu modéré, comme tous les biscuits; glacez-les d'une glace blanche.

Jasmin (Candi de). Épluchez des fleurs; faites-les cuire au sucre à la grande plume; mettez dans les moules à candi, et y versez du sucre cuit à soufflé, à moitié froid; mettez à l'étuve, à une chaleur modérée; quand le sucre formera le diamant, votre fleur sera à son point.

Jasmin confit. Prenez des fleurs bien fraîches et bien épanouies; ayez du sucre cuit au grand lissé tirez-le du feu; mettez-y les fleurs, et les y laissez vingt-quatre heures; après quoi donnez-leur quelques bouillons dans ce même sucre, jusqu'à ce qu'il soit à la petite plume. Empotez, quand il sera refroidi.

Jasmin (Conserve de). Pilez et passez au tamis comme les précédentes; mettez dans le sucre à la grande plume à demi-froid, demi-quarteron de fleurs pour livre de sucre; dressez dans des moules; laissez refroidir; coupez en tablettes, et serrez pour le besoin.

Jasmin (Gâteau de). Délayez un peu de sucre fin avec du blanc d'œuf, sans être trop liquide. Laissez-le sur l'assiette où vous l'aurez délayé. Faites un moule de la grandeur que vous voudrez donner à votre gâteau. Ce moule sera de papier. Pour un quarteron de fleurs de jasmin épluchées, faites cuire trois quarterons de sucre à la grande plume. Mettez-y vos fleurs. Travaillez le tout sur le feu; et quand le mélange commence à monter, mettez-y ce blanc d'œuf sucré. Versez le tout dans le moule; et tenez dessus, mais à quelque distance, le cul de la poêle encore chaude.

Jasmin (*Glace de*). Pilez une poignée de fleurs; mettez-les dans une pinte d'eau avec demi-livre de sucre; mêlez bien le tout. Le sucre étant fondu, passez à travers un linge serré. Faites prendre à la sarbotière.

Jasmin (*Marmelade de*). Faites cuire du sucre à la grande plume : étant à moitié chaud, délayez-y du jasmin pilé et passé au tamis; livre et demie de sucre pour livre de fleurs.

JULIENNE. Espèce de potage nourri qu'on compose avec poitrine de veau, chapon, poularde, pigeons et autres viandes qu'on fait blanchir, et qu'on empote avec du bon bouillon, des fines herbes et racines, dont on garnit le potage avec des sommités ou pointes d'asperges.

Julienne (*Autre*). On a une quantité suffisante de carottes, navets, poireaux, oignons, céleri, laitue, oseille, cerfeuil. On coupe les racines en filets, les oignons en tranches, les poireaux et céleri en filets, et l'on émince les laitues et l'oseille. On passe les racines au beurre jusqu'à ce qu'elles soient un peu revenues, puis on y ajoute les laitues, le cerfeuil et les herbes. Lorsque le tout est bien revenu, il faut mouiller avec du bouillon, faire bouillir à petit feu, pendant une heure ou plus, jusqu'à parfaite cuisson. Alors on prépare le pain, sur lequel on verse la julienne.

JULIS. Petit poisson de mer, vorace, qui nage en troupe, et qu'on prend principalement sur la côte de Gênes et d'Antibes. Il est délicat et très-bon à manger. On lui coupe la tête, parce qu'on prétend qu'elle est un poison.

JUS. Terme générique qui désigne une liqueur, un suc liquide, naturel ou artificiel.

Les chefs d'office et de cuisine définissent le jus une substance liquide qu'on tire par artifice de la viande de boucherie, de la volaille, du poisson ou des végétaux, soit par expression, soit par coction, soit par infusion; ainsi, l'on voit que le jus a différentes propriétés, suivant la nature des substances différentes dont il est tiré.

Le jus sert à nourrir les ragoûts, les potages. On a trouvé le moyen d'en former des coulis, c'est-à-dire, de les passer à l'étamine, de les épaissir et de leur donner une saveur agréable pour les ragoûts.

Jus (Confection du). Mettez dans une casserole trois livres de tranche de bœuf, les cuisses et les râbles de deux lapins, un jarret de veau, cinq ou six carottes, six oignons, deux clous de girofle, deux feuilles de laurier, un bouquet de persil et ciboules; ajoutez deux cuillerées, à pot de bouillon dans votre casserole, que vous posez sur un bon feu. Quand le bouillon est réduit, vous étouffez votre fourneau, puis vous remettez votre casserole, afin que votre viande jette son jus et qu'il s'attache tout doucement. Il faut que la glace qui se forme au fond de votre casserole soit presque noire. Quand elle est à ce point, vous tirez votre casserole du feu, et vous restez dix minutes sans mouiller; vous la remplissez avec du grand bouillon ou de l'eau, mais en moins grande quantité; faites mijoter ensuite votre jus pendant trois heures sur le feu; qu'il soit bien écumé et assaisonné. Si vous mouillez les viandes cuites avec de l'eau, vous passerez votre jus à travers un tamis de crin.

Jus de débris de viandes. Coupez des tranches d'oignons que vous mettez au fond de votre casserole, et vos débris par-dessus avec l'assaisonnement indiqué dans l'article précédent ; ajoutez deux ou trois verres d'eau, et faites réduire comme le jus ; lorsque le fond de votre casserole est à-peu-près noir, vous la remplissez presqu'entièrement d'eau, selon la quantité de viande ; après y avoir mis le sel nécessaire, laissez bouillir votre jus pendant deux heures, au bout desquelles vous le passez au tamis de crin.

Jus sans viande. Prenez du bon bouillon que vous faites réduire sur le feu, et attacher comme le jus ordinaire ; afin qu'il ne soit pas trop âcre, mettez-y un peu de lard fondu.

Jus au caramel. On met dans une casserole un morceau de sucre avec de l'eau, et on le fait bouillir jusqu'à ce qu'il devienne de la couleur dont on veut que soit le jus ; on y jette un peu d'eau, et on a du jus à l'instant. On ne se sert guère de ce jus que dans un besoin pressant, et lorsqu'on ne peut mieux faire, le goût n'en étant pas agréable.

Jus de veau. Battez des rouelles de veau, foncez en une casserole avec quelques oignons, carottes et panais, en y ajoutant du bouillon : faites suer doucement et attacher légèrement ; mouillez et laissez cuire à petit feu : le veau étant cuit, passez le jus au tamis, et conservez-le pour vos potages et ragoûts.

Jus maigre. On marque le jus comme dans le velouté maigre. *Voy.* à l'article *velouté maigre.* On le fait attacher jusqu'à ce qu'il soit presque noir ; on se sert des mêmes ingrédiens que pour les autres sauces, et on emploie le même mouillement. Le jus ayant bouilli une heure et demie, on le passe au tamis de soie, et on s'en sert pour ce dont on a besoin.

K.

KANTERKAAS. Espèce de fromage de Hollande ; il y en a de blancs et de verts, de ronds et d'autres formes. On met ordinairement dans les blancs de la graine de cumin, pour en relever le goût.

KAVIAC, ou **KAVIA**. OEufs d'esturgeons mis en galettes épaisses d'un doigt, et larges comme la paume de la main, salées et qu'on fait sécher au soleil.

Le meilleur kaviac se fait avec le bolluca, poisson de huit à dix pieds de long, qui se pêche dans la mer Caspienne. Il vient aussi du kaviac de la mer noire. Le bon doit être d'un brun rougeâtre et bien sec. On le mange avec de l'huile et du citron. On en use en Italie, on le connaît aussi en France. Voici la recette de l'apprêt fait par les Tartares du kavia, ou œufs d'esturgeon, pour le vendre en Russie ou en Italie.

Ils prennent les œufs de plusieurs esturgeons, ayant soin que ces œufs soient bien mûrs et qu'on leur voie un petit point blanc ; ils les mettent dans un baquet d'eau ; ils en ôtent les fibres, comme on ferait à une cervelle de veau ; avec un fouet de buis, ils battent ces œufs dans l'eau, comme nous faisons pour fouetter les blancs d'œufs, afin d'en tirer toutes les fibres qui s'attacheront au fouet, et qu'ils secouent chaque fois qu'il y en a ; cela fait, ils les déposent sur des tamis propres à passer la farine ; ayant remis ces œufs dans de la nouvelle eau, ils continuent à les fouetter et à les changer d'eau jusqu'à ce qu'il ne reste plus de fibres ni de limon, et que ces œufs soient bien appropriés ; alors, ils les laissent égoutter sur les tamis ; et les assaisonnent de sel fin et de poivre. Après avoir bien mêlé le tout, ils les déposent dans une étamine qu'ils lient des quatre coins avec de la ficelle, en leur donnant la forme d'une boule.

Ces œufs égouttés et ainsi apprêtés, on peut les servir avec des tartines de pain grillées et des échalotes hachées.

Quand on veut conserver ces œufs quelque temps, on les sale davantage.

KERKSOU. Le kerksou est un mets favori des Orientaux. La manière de le préparer nous a été indiquée par un voyageur qui a parcouru toutes les Indes.

Le kerksou se fait avec de la semoule que l'on jette dans un grand plat de bois par petites parties; en l'humectant dans cet état avec de l'eau tiède, et passant légèrement la main dessus, on en forme de petites graines. Ces graines sont mises dans un pot dont la base est percée circulairement de petits trous, et qu'on place sur un autre pot contenant les viandes qu'on fait cuire, et de manière à ce que la vapeur qui s'en élève, pénètre le kerksou, par les ouvertures dont il a été question. Le kerksou étant préparé, on le jette dans un plat et on le mêle, en versant dessus du beurre salé qu'on a fait fondre, et qui rend les graines moins adhérentes entre elles. Ensuite on l'humecte avec du bouillon; on garnit la surface des viandes, partie de volailles ou poissons; on y joint des légumes frais, des pois pointus, des œufs durs, du safran; on l'épice à fortes doses afin de lui ôter sa fadeur, et on le sert ainsi chaud.

On prépare aussi le kerksou à la vapeur de l'eau simple; mais alors on se sert de beurre frais au lieu de beurre salé. On l'aiguise avec de la cannelle, du girofle, de la muscade; on le saupoudre de sucre; on jette dedans des grains de raisins, des grenades, et, pour le faire passer plus facilement, on l'humecte quelquefois avec du lait.

KET-CHOP ou SOYAC. Espèce de préparation culinaire, ou sauce, qui sert à accompagner le poisson et à lui donner du relief et de la saveur, et qui se confectionne de la manière suivante :

Après avoir épluché et lavé une douzaine de manivaux de champignons, on les émince le plus possible ; on a une terrine d'office, neuve, dans laquelle on fait un lit de champignons de l'épaisseur d'un travers de doigt ; on le saupoudre légèrement de sel fin ; ainsi de suite, lit par lit, jusqu'à ce que les champignons soient employés ; ajoutez-y une poignée de brou de noix. (*Voy.* Brou.) Cela fait, on couvre la terrine d'un linge blanc, que l'on fixe avec une ficelle, et on recouvre la terrine avec un plat quelconque. On laisse pendant quatre ou cinq jours les champignons se fondre ; après en avoir tiré le jus clair, on en exprime le marc à force de bras, au travers d'un torchon neuf ; on met ce jus dans une casserole, on le fait réduire ; on y ajoute deux feuilles de laurier : on met avec ce jus de champignons, une livre de glace de veau ou autre, quatre ou cinq anchois pilés, et une cuillerée à café de poivre de Cayenne : après avoir fait réduire le tout à demi-glace, on ôte les feuilles de laurier, et on laisse refroidir ; on le verse ensuite dans une bouteille neuve bien bouchée, et on le sert avec le poisson.

L.

LAIT. Substance liquide, blanche, que la nature prépare dans les mamelles des femmes pour nourrir leurs enfans, et dans les tettes des animaux femelles, pour nourrir leurs petits.

Le lait est composé de trois sortes de parties, de *butireuses*, de *caseuses* et de *séreuses*.

Les *butireuses* sont la crême, et ce qu'il a d'onctueux qui s'élève au-dessus du lait.

Les *caseuses* sont les plus grossières, et celles qui se coagulent, et dont on fait les fromages.

Les *séreuses* sont proprement la lymphe, et ce qu'il y a de plus liquide, que nous appelons le lait clair, ou le petit-lait.

Celui dont on fait usage en cuisine est le lait de vache, et même on n'en emploie jamais d'autre.

Lait cuit. Faites bouillir trois demi-setiers de lait: mettez y le quart de crême, et faites réduire le tout à moitié; jetez-y peu de sucre et une pincée de sel; versez votre lait dans une porcelaine, et servez.

Lait (Potage ou soupe au). Faites bouillir votre lait; après qu'il a bouilli, assaisonnez-le de sucre ou de sel, suivant que vous le jugerez convenable; au moment de servir, versez votre lait sur des tranches de pain très-minces, ou sur du biscuit, si l'on est tant peu sensuel.

Lait lié (Potage au). Faites bouillir votre lait; lorsqu'il aura bouilli, mettez-y du sucre et une petite pincée de sel; au moment de servir votre soupe ou potage, mettez dans votre lait chaud une liaison de quatre œufs (pour une pinte de lait), et placez sur le feu; remuez bien avec une cuiller de bois. Du moment que votre lait s'épaissit et s'attache à votre cuiller, retirez-le du feu (car il faut avoir soin qu'il ne bouille pas, parce qu'il caillerait), et versez-le sur de la croûte de pain mollet bien émincée.

Lait (Potage au) à la d'Estainville. Coupez de la mie de pain en petits carrés longs de quatre lignes d'épaisseur, de deux pouces et demi de long, et d'un pouce et demi de large ; poudrez vos carrés de mie de sucre bien fin, et faites-les griller sur un feu doux, afin qu'elles ne prennent pas trop de couleur ; mettez-en la quantité suffisante dans votre soupière, pour que votre potage ne soit pas trop épais ; au moment de servir, versez votre lait lié sur votre pain, comme dans l'article précédent.

Lait caillé et tremblant. Versez dans un compotier près d'un demi-litre de bon lait, avec gros comme un pois de présure, que vous délayez dans une cuillerée de votre lait ; jetez-y une goutte d'eau de fleurs d'orange, et du sucre à discrétion ; mêlez le tout ensemble, et posez votre compotier sur de la cendre chaude ; faites le ensuite rafraîchir dans la même composition sur de la glace pilée, et servez.

LAITANCE ou LAITE. Partie des poissons mâles, où est contenue la semence qui féconde les œufs des femelles de leur espèce. C'est un manger fort délicat. Les laitances de carpes sont surtout renommées parmi les bouches fines.

On mange des laitances frites, on en fait des ragoûts et même des tourtes en gras et en maigre.

Une carpe *laitée* est plus estimée qu'une carpe *œuvée* ; la chair en est ferme et a meilleur goût. *Voy.* CARPE.

LAITUE. Plante ainsi appelée, parce que de toutes les plantes potagères, c'est celle qui rend le plus de lait ; il y en a deux espèces générales, la cultivée et la sauvage. La première se subdivise en bien des espèces, savoir : la petite laitue, qui ne fait pour ainsi dire que commencer à lever, la laitue-pommée, la romaine, la crêpée, etc. On les emploie en salades ; on les fait frire, on les farcit, on les met en ragoût. *Voy.* SALADES.

Laitues farcies. Faites blanchir vos laitues un moment ; égouttez, dépliez les feuilles, sans qu'elles quittent le tronc, jusqu'à ce que vous soyez parvenu au petit cœur; ôtez-le, et à sa place mettez-y un morceau d'une farce fine de volaille; ficelez vos laitues; coupez par tranches deux livres de rouelle de veau, foncez-en une casserole avec des bardes de lard, tranches d'oignons; faites suer sur le feu; mettez-y un peu de farine. Quand cela commence à s'attacher, remuez avec une cuiller sur le fourneau, pour que cela roussisse un peu; mouillez de moitié jus et moitié bouillon, avec sel, poivre, clous, laurier, basilic, persil et ciboules entières. Arrangez vos laitues farcies dans une marmite, mettez-y cette braise; mouillez et faites cuire. Si vous les voulez servir au blanc, tirez-les de la marmite, ôtez les ficelles, égouttez, mettez dans une casserole avec un coulis blanc, et faites-y mitonner vos laitues. Dressez proprement, et servez chaud.

Laitues farcies, frites. Procédez comme dessus, égouttez ensuite vos laitues; battez quelques œufs en omelette, trempez-y vos laitues une à une; panez-les, et faites frire au sain-doux de belle couleur; servez sur une serviette, garnie de persil frit. Elles servent pour garnitures de grosses entrées.

Laitues (Ragoût de) en gras. Prenez des cœurs de laitue pommée : faites blanchir un moment à l'eau bouillante, et les mettez à l'eau fraîche; égouttez bien, et mettez cuire dans une braise. Faites égoutter; coupez-les en dés, et les mettez dans une casserole avec de l'essence de jambon et un coulis clair; laissez mitonner; assaisonnez de bon goût. On les sert avec une éclanche, des filets, des fricandeaux, perdrix, poulardes, poulets, canards à la braise, comme les autres ragoûts de légumes, et toujours sous les viandes.

Laitues (Ragoût de) en maigre. Faites-les cuire à l'eau blanche, et faites-y la sauce suivante : Prenez du beurre fin, un peu de farine, sel, poivre et muscade; mouillez d'un peu de vinaigre et d'eau; ajoutez du coulis d'écrevisses, ou autre coulis maigre : tirez vos laitues, égouttez et les mettez dans cette sauce : faites chauffer jusqu'à ce que le ragoût soit lié, et servez.

Laitues (Ragoût de montans de) Mettez dans une marmite de l'eau à moitié, avec du beurre manié de farine, quelques bardes de lard, oignons piqués de clous et du sel. Lorsque cela bout, mettez-y vos laitues; retirez-les à demi cuites, et les mettez à la casserole, avec un coulis clair de veau et de jambon ; faites mitonner, et ensuite, à feu peu vif, faites réduire, et lorsqu'il sera à propos, mettez-y du beurre manié de farine, de la grosseur d'une noix; assaisonnez de bon goût, sans laisser trop lier.

LAMPROIE. Poisson dont on distingue deux espèces, celle de mer, et celle de rivière.

La lamproie de mer est comme une grosse anguille; elle a le ventre bleu, et le dos taché de couleurs blanches et bleues.

Celle des rivières est plus petite ; on la trouve souvent dans des ruisseaux : on la pêche comme les anguilles.

Dans le printemps, les lamproies sont tendres, délicates et de bon goût ; en toute autre saison, elles sont insipides, dures et coriaces.

Lamproie (Matelote de). Ayez deux lamproies, que vous limonez dans de l'eau presque bouillante ; videz-les, coupez-les par tronçons ; mettez le sang à part, et supprimez-en la tête et le bout de la queue comme à l'anguille : faites un petit roux dans une casserole, passez-y vos lamproies ; mouillez-les avec du vin rouge ; ajoutez-y des petits oignons passés au beurre, des champignons, un bouquet assaisonné et un peu de sel et de poivre ; faites-les cuire et dégraisser ; au moment de servir, liez votre matelote avec le sang de vos lamproies que vous avez mis à part : après vous être assuré qu'elles sont d'un bon goût, dressez et servez avec des croûtons et des écrevisses.

Lamproie à la tartare. On suit absolument les mêmes procédés pour ce poisson que pour l'anguille à la tartare, excepté qu'on échaude la lamproie pour la limoner.

Lamproie aux champignons. Mettez dans une casserole une lamproie coupée par tronçons avec champignons, du bon beurre, bouquet, persil, ciboules, gousse d'ail, clous de girofle, thym, laurier, basilic, une pincée de farine, une chopine de vin rouge, sel et gros poivre; faites réduire à courte sauce; mettez-y le sang de votre poisson que vous avez saigné préalablement, et faites lier. Servez, avec un jus de citron, votre lamproie garnie de croûtons frits.

On peut aussi faire frire ou griller les lamproies, et les servir à la sauce à l'huile ou à la sauce douce.

LANGOUSTE. Espèce d'écrevisse de mer qui est commune dans la Méditerranée. Elle ne diffère presqu'en rien du homard ; la légère différence qu'on remarque, c'est que le langouste a les deux grosses pattes plus petites que ce dernier.

Cette écrevisse a les mêmes propriétés que celle de rivière, et est susceptible, par conséquent, des mêmes apprêts.

Langoustes à la sauce blanche. Faites-les cuire et passez-les au beurre blanc, avec persil haché, bouillon de poisson, de la purée aux pois, sel et poivre ; laissez mijoter et liez la sauce avec des jaunes d'œufs déliés avec du verjus ; ou mettez-y un coulis de champignons.

Langoustes au court-bouillon. Servez-les garnies de pattes de langoustes marinées, avec persil frit.

LANGUE. Partie du corps qui, dans les quadrupèdes, leur sert principalement à faire passer sous les dents les alimens dont ils se nourrissent, et à faciliter la déglutition de ces alimens et de l'eau qu'ils boivent. *Voy.* aux divers articles des animaux dont on use en cuisine, la manière d'apprêter et d'accommoder leurs langues.

La langue, pour l'ordinaire, est de bon goût, et se prête à tous les caprices du cuisinier.

Ce qu'on appelle vulgairement langue de carpe, est proprement le palais. Elle subit, en cuisine, diverses préparations. *Voy.* CARPE.

LAPIN. Quadrupède qui a beaucoup de rapports avec le lièvre dans la conformation du corps.

On en distingue deux espèces, le lapin *sauvage* et le lapin *domestique*.

Le lapin sauvage ou libre, qui se nourrit dans les terreins secs, élevés et fertiles en herbes aromatiques, peu aqueuses, est un aliment très-délicat, très-succulent et d'un goût très-relevé.

Le lapin domestique, ou celui qui vit dans les pays gras ou dans des terreins couverts d'herbes fades et grasses, comme les bords des ruisseaux, les prés arrosés, les potagers ou marais, etc., est, au contraire, d'un goût plat, fade, et quelquefois même d'un fumet désagréable, surtout lorsqu'il a vécu de choux.

Le lapin sauvage, choisi jeune, (pour n'y être pas trompé, il faut lui tâter les jointures des pieds de devant, au-dessous du genou ; si l'on y trouve une petite grosseur comme une lentille, on peut être assuré que c'est un adolescent.) est un bon manger aussi sain que délicat. On le sert à la broche, piqué ou bardé, en giblotte, à l'étuvée, en fricassée de poulet, en casserole, en brezolles, à la polonaise, à l'italienne, à l'anglaise, à l'espagnole, au gîte, au coulis de lentilles, et de mille autres manières ; on en fait même des boudins, et jusqu'à des papillotes.

En traitant des lapins, nous traiterons aussi des lapereaux, leurs enfans ; parce que la manière de les apprêter et de les accommoder est la même, à quelques modifications près, résultantes de la différence des âges.

Lapereaux (*Gibelotte de*). Après avoir dépouillé et vidé deux lapereaux, coupez-les en morceaux d'égale grosseur afin qu'ils puissent bien cuire en même temps ; mettez ensuite dans une casserole un bon morceau de beurre, une cuillerée et demie de farine, et faites un roux ; lorsqu'il commence à devenir blond, jetez-y une demi-livre de petit-lard coupé en dés ; remuez fortement l'un et l'autre jusqu'à ce que le tout soit très-blond ; mettez-y vos morceaux de lapereaux pour les faire bien revenir ; mouillez votre ragoût avec deux tiers de vin blanc et un tiers de bouillon, en remuant toujours jusqu'à ce qu'il bouille ; ajoutez-y des champignons entiers, un bouquet garni de persil, des ciboules, une demi-feuille de laurier, un peu de thym et trois clous de girofle. Faites cuire ce ragoût sur un feu un peu vif ; mettez-y très-peu de sel et un peu de poivre, et lorsqu'il sera aux deux tiers cuit, ajoutez-y une moyenne anguille coupée en six ou sept tronçons, auxquels vous mêlez une vingtaine de petits oignons, passés préalablement dans du beurre. Lorsque le tout sera cuit, dégraissez bien la sauce, en ayant soin de ne la laisser ni trop longue, ni trop liée. Voyez si l'assaisonnement est bon ; retirez le bouquet ; arrangez bien vos morceaux de lapereau et d'anguille sur un plat, versez votre ragoût par-dessus, et servez bien chaud.

Lapin à la bourgeoise. Après avoir dépouillé et vidé votre lapin, vous le coupez par membres que vous passez au beurre avec bouquet garni, champignons, culs d'artichauts blanchis ; vous passerez ensuite le tout avec une pincée de farine, du bouillon, un verre de vin blanc, sel et poivre; la sauce étant réduite à son point, vous la liez de trois jaunes d'œufs délayés dans du bouillon, avec un peu de persil haché.

Lapins et lapereaux rôtis. Vous dépouillez et videz vos lapins ou lapereaux, en leur laissant néanmoins les foies; après les avoir refaits, vous les piquez de menu lard; vous les mettez à la broche, et les servez cuits et de belle couleur.

Lapereau à la minute. Votre lapereau dépouillé et vidé, coupez-le en morceaux, après avoir eu la précaution d'ôter le mou; essuyez-les bien, afin qu'il n'y reste point de sang. Mettez un quarteron de bon beurre dans une casserole; quand il sera un peu chaud, mettez-y votre lapereau avec sel, gros poivre, un peu de muscade râpée et d'aromates pilés; vous ferez cuire à grand feu; la cuisson aux trois quarts achevée, ajoutez-y un peu de persil et d'échalotes hachés bien fin; laissez encore votre lapereau trois ou quatre minutes sur le feu, après quoi vous pouvez le servir sortant de la casserole, après vous être assuré s'il est d'un bon sel. Un quart-d'heure au plus suffit pour cuire à point un lapereau.

Lapins en fricassée de poulets. Après avoir dépouillé et vidé vos lapins, coupez-les par membres, et faites-les dégorger long-temps à l'eau; faites-les cuire comme la poitrine de veau en fricassée de poulets. *Voy.* VEAU.

Lapereau sauté au vin de Champagne. Après avoir préparé et fait cuire votre lapereau de la même manière que le lapereau à la minute, et y avoir mis le même assaisonnement, vous versez dessus une petite cuillerée à bouche de farine, que vous mêlez avec votre lapereau sans le poser sur le feu; versez-y aussi un verre de vin de Champagne; mettez ensuite votre casserole sur le feu; remuez fréquemment pour que votre ragoût se lie sans bouillir ; votre sauce étant bien liée, vous pouvez servir.

Lapereaux au gîte. Il faut choisir des lapereaux de bon fumet, les dépouiller en conservant les pattes, les vider, et leur ôter, sans les déformer, quelques os des reins, pour pouvoir les plier, comme s'ils étaient au gîte ; on fait une farce comme celle pour les lapereaux en brézolles, et on les farcit ; on les trousse ensuite, de manière que les quatre pattes se trouvent jointes à la tête ; on les pique ensuite de moyen lard ; on les fait cuire dans une braise, comme à l'article *Brézolles* ; on égoutte leur bouillon au clair dans une autre casserole et on les fait cuire au caramel ; alors on y fait glacer les lapereaux comme des fricandeaux. Quand ils sont glacés, on laisse attacher le reste de leur bouillon ; on y met un peu de jus et une carafe de vin de Champagne pour détacher ce caramel ; on écume, on dégraisse et on passe le tout dans un tamis sur un plat, sur lequel on sert les lapereaux.

Lapins ou lapereaux en brézolles. Ayez deux lapereaux que vous coupez en quatre, que vous désossez, dont vous levez la chair que vous mettez à part, et dont vous conservez la peau ; faites une farce de la chair et des foies, avec graisse de veau, bœuf et lard blanchi, sel, poivre, fines herbes, épices, câpres hachées ; pilez le tout dans un mortier ; ajoutez-y trois jaunes d'œufs, pour lier le tout ; étendez les morceaux de la peau qui se trouve entre la première peau et la chair ; mettez dessus de la farce, roulez-les et les ficelez ; faites-les cuire à la casserole dans une braise, avec carottes, panais, laurier et coriandre ; mouillez de bouillon, et faites cuire à petit feu ; étant cuites, égouttez ces brézolles de leur jus que vous mettrez dans une autre casserole ; joignez aux brézolles de l'essence de jambon, des mousserons hachés que vous ferez mijoter ; faites attacher le jus de votre braise ; mouillez encore de jus ; dressez vos brézolles avec une échalote hachée et jus de citron sur le tout.

Lapins aux truffes. Faites cuire des lapins en casserole, de la manière que nous l'avons indiquée dans les articles précédens ; passez dans une autre casserole des truffes avec un peu de beurre fondu ; mouillez-les de moitié jus de veau et essence de jambon ; laissez-les mijoter pendant un quart-d'heure ; dégraissez et liez de coulis ; égouttez vos lapins, mettez-les dans le ragoût de truffes, et servez.

Lapins aux champignons. Ce ragoût se fait de même que celui aux truffes, indiqué ci-dessus.

Lapins en papillotes. Coupez votre lapin en cinq ou six morceaux, cassez les gros os ; faites une farce avec le foie, du lard râpé, persil, ciboules, champignons, ail, échalotes, le tout haché, sel et gros poivre. Mettez sur du papier huilé une barde de lard, un peu de farce, un morceau de lapin, et par-dessus de la farce avec une barde de lard ; enveloppez le tout dans votre papier, comme une papillote ; faites-en de même des autres morceaux. Cela fait, vous mettez un grand papier huilé sur le gril, les papillotes par-dessus, et vous faites griller à petit feu. La cuisson achevée, servez vos papillotes à sec avec leur papier.

Lapereaux (Hachis de). Ayez quatre lapereaux cuits à la broche ; lorsqu'ils sont froids, vous en levez les filets et le gras des cuisses ; après en avoir ôté les nerfs et les peaux, vous hachez toute votre viande, que vous mettez ensuite dans une casserole avec deux ou trois cuillerées à dégraisser de bechamel chaude, que vous mêlerez avec votre hachis. Il ne faut pas que votre hachis soit trop clair ; vous le tiendrez chaud au bain-marie ; et vous collerez des croûtons autour du plat. On peut placer des œufs pochés autour, et des petits filets piqués et glacés entre les œufs.

Lapins (Ragoût de). Choisissez deux lapins de moyenne grosseur ; coupez-les par membres ; cassez les gros os ; mettez-les dans une casserole avec champignons, ris de veau blanchis, truffes, tranches de jambon et bouquet ; mouillez avec du bouillon, un verre de vin de Champagne et un peu de coulis ; faites cuire à petit feu ; dégraissez ; pressez dans la sauce, suffisamment réduite, un jus de citron ; servez les lapins au milieu, la garniture autour.

Lapin en galantine. Choisissez un bon lapin, que vous dresserez à l'exception de la tête ; ôtez le gros de la chair des cuisses, afin de pouvoir y insinuer de la farce ; piquez les chairs de moyens lardons assaisonnés ; hachez les chairs des cuisses et les filets de deux autres lapins ; prenez autant de lard que de chair ; hachez le tout ensemble, en y ajoutant du sel, du gros poivre, un peu d'aromates pilés, des truffes hachées. La farce confectionnée, étendez votre lapin, assaisonnez-le ; mettez-y un lit de farce et dessus des lardons de langue à l'écarlate, des morceaux de truffes, des lardons, encore un lit de farce, et ainsi de suite. Votre lapin bien rempli, vous le rendez à sa forme première, vous le couvrez de bardes de lard, vous le ficelez et le mettez dans un linge blanc, que vous aurez encore soin de ficeler ; cela fait, mettez des bardes de lard dans une braisière, ensuite votre lapin, un jarret de veau coupé en morceaux, avec les débris de vos deux autres lapins, deux carottes, trois oignons dont un piqué de deux clous de girofle, deux feuilles de laurier, un peu de thym, un bouquet de persil et de ciboules, une demi-bouteille de vin blanc, une cuiller à pot de bouillon, un peu de sel ; faites mijoter votre lapin pendant deux heures à un très-petit feu. Quand il est cuit, retirez votre braizière du feu ; une demi-heure après vous en retirez votre lapin ; laissez-le refroidir dans son linge et servez-le glacé ou à la chapelure.

Lapereaux (Cuisses panées et grillées de). Vous désossez, jusqu'au joint de l'avant-cuisse, dix ou douze cuisses de lapereaux; après les avoir bien battues, les avoir passées au beurre fondu ou à l'huile et les avoir assaisonnées de sel et gros poivre, vous les faites griller à petit feu; une demi-heure suffit pour leur cuisson; vous les dressez en couronnes sur un plat, avec une sauce à l'échalote ou au diable. *Voy.* SAUCES.

Lapereaux (Friteau de). Choisissez quatre jeunes lapereaux que vous coupez comme pour une gibelotte; faites-les mariner dans une terrine avec du vinaigre ou du citron, un oignon coupé en tranches, du persil en branches, ail, thym, laurier, sel et gros poivre. Une demi-heure avant de servir, vous égouttez vos morceaux de lapereaux sur un linge blanc; vous les épongez bien, vous les farinez et les faites frire. Lorsqu'ils sont frits à point, vous les dressez sur un plat, en buisson, avec des œufs frits autour; glacez, et servez avec une sauce à votre goût ou une poivrade.

LARD. Graisse ferme qui se trouve entre la peau et la chair du cochon; ou pour parler plus proprement, ce qui est compris entre l'épaule et la cuisse de l'animal, depuis l'échine jusqu'au-dessous du ventre des deux côtés.

On appelle *flèche de lard*, la longue pièce de cette graisse, que l'on lève de dessus les côtes de l'animal qu'on sale et que l'on garde pour les usages de la cuisine.

On entend par *petit-lard*, un morceau de cochon, où il y a un peu de chair qui tient à la graisse; le meilleur et le plus apétissant, est celui qu'on appelle *entrelardé*, c'est-à-dire, où la graisse et la chair se trouvent distribuées en plusieurs couches.

Le lard des porcs nourris de glands est plus ferme

et d'un meilleur goût que celui des cochons qu'on nourrit de son.

Lard (manière de faire le). On prend le lard de dessus le cochon, et on ne laisse de chair que le moins qu'on peut, on l'arrange sur des planches dans la cave ; on jette une livre de sel sur dix livres de lard ; après l'avoir frotté de sel partout, on le met l'un sur l'autre, chair contre chair sur les planches, des pierres sur le lard pour le charger, afin que le lard en soit plus ferme. On le laisse au moins quinze jours dans le sel, et on le suspend ensuite dans un lieu sec, pour le faire sécher.

Le lard gras sert pour former des lardons, pour piquer les viandes, ou faire des bardes.

LARDER. En terme usité de cuisine, c'est passer des lardons à travers une viande quelconque avec une lardoire.

Les lardons sont de petits morceaux de lard dont on garnit la viande avec la lardoire, soit qu'on la veuille rôtie, soit qu'on la veuille cuite d'une autre façon. Il y a de gros et petits lardons ; ceux-ci s'emploient pour les viandes rôties, et les autres pour le bœuf à la mode, et autres apprêts où il faut que les viandes soient lardées, pour avoir plus de goût, comme les pâtés, les daubes, etc.

Pour larder proprement une viande, il faut que les lardons soient gros comme la moitié du petit doigt, et bien assaisonnés de sel et de poivre ; puis, avec une grosse lardoire, on les passe à travers cette viande. On larde le bœuf pour le mettre à la mode et à la royale ; on larde aussi les langues fourrées et les viandes qu'on met en pâté ; pour la volaille et le gibier, on dit *piquer* et non pas *larder.*

LAURIER. Arbrisseau dont il y a différens genres qui se divisent en plusieurs espèces ou variétés ; celui dont nous ferons mention ici est le *laurier franc*, ou *laurier commun*, ou *laurier jambon*, et appelé en Bourgogne *laurier-sauce*.

Ce laurier, toujours vert, de moyenne grandeur, se plaît dans les pays chauds. Ses feuilles, lorsqu'elles sont sèches, entrent dans plusieurs sauces et ragoûts. C'est aussi avec les feuilles de cette espèce de laurier qu'on couronne les jambons.

LAYE, ou LAIE. Femelle du sanglier. Elle s'apprête et s'accommode en cuisine, comme son mâle. *Voy.* SANGLIER.

LAZAGNES. Pâtes de la même composition que celle du vermicelle, si ce n'est qu'au lieu de passer en filets, on la découpe par les côtés.

Les lazagnes forment un excellent potage farineux, surtout au maigre, et de toutes les pâtes d'Italie, c'est, après les macaronis et le vermicelle, celle qui s'allie le mieux avec le fromage.

Lazagnes (Potage aux). Versez du bon bouillon dans une casserole que vous mettrez sur le feu ; quand il bouillira, vous y mettrez une demi-livre de lazagnes, plus ou moins, selon la grandeur de votre potage ; faites bouillir jusqu'à ce que vos lazagnes soient crevées, mais ne le soient pas trop, car votre potage se tournerait en pâte. Au moment de le servir dans une soupière, jetez-y un peu de gros poivre.

On peut aussi faire blanchir les lazagnes dans de l'eau où l'on met un peu de sel ; après les avoir fait bouillir peu de temps, on les verse dans le bouillon.

LÉGUMES. On appelle en cuisine *légumes*, les graines qui viennent en gousses, et qu'on cueille avec à main, comme pois, fèves, lentilles et haricots. On distingue encore ces plantes en *légumes secs* et en *légumes verts*. Mais on comprend également sous le nom de légumes toutes les plantes potagères.

Les épinards, les choux-fleurs, les cardons d'Espagne, le céleri, les salsifis, les carottes, les oignons, les navets et les poireaux, sont les principaux légumes que le mois de janvier concède à nos cuisines.

Les légumes qu'on mange en février sont à-peu-près les mêmes que dans le mois précédent; on en excepte cependant les choux-fleurs, qui commencent à devenir rares, et on les remplace par les champignons venus sur couche, assez communs dans ce mois.

Les légumes sont à-peu-près les mêmes en mars qu'en janvier et février; et comme la terre n'en produit point encore, on ne mange que ceux qu'on a su conserver. Les choux-fleurs ont disparu; les salsifis sont plus robustes, et les pommes de terre encore davantage; mais le carême est proprement la saison des farineux, et celle où on fait le plus d'usage des haricots blancs, des lentilles et des pois secs.

Sur la fin du mois d'avril on voit pointer les asperges, ce qui devient une grande consolation pour ceux qui soupirent après la verdure.

Pois ramés! pois écossés! c'est la chanson du mois de mai, et la musique qui plaît le plus aux oreilles des gourmands. Le pois, qui dure quatre mois consécutifs, se marie avec toute espèce de viande et de volailles, et, par lui-même, peut être considéré comme le prince de l'entremets.

Le mois de juin est celui où les bons légumes arrivent en foule sur nos tables. Outre les petits pois, on doit à ce mois les haricots verts, les concombres, les fèves de marais, les choux-fleurs qui sont alors dans leur primeur, et les laitues.

Les mois de juillet et d'août voient répéter les mêmes légumes que ceux du mois de juin.

Parmi les légumes de septembre, on distingue les artichauts d'automne, remarquables par leur bon goût et leur délicatesse.

Les légumes d'octobre et de novembre sont les mêmes que ceux de septembre.

Et ceux de décembre sont les mêmes que ceux de janvier, mais cependant meilleurs, comme étant plus récens. On peut y ajouter les tomates, qui sont d'une grande ressource pour une cuisine recherchée.

Légumes (Macédoine de). On coupe avec un coupe-racine autant de carottes que de navets, selon la quantité qui est nécessaire; on les fait blanchir, ensuite cuire avec un peu de consommé et on les fait réduire à la glace. Quant aux légumes verts, haricots blancs, choux-fleurs, culs d'artichauts, champignons tournés, concombres, pointes d'asperges et petits oignons, taillés de la même grosseur et en même quantité, on les fait blanchir un moment. Un quart-d'heure avant de servir, on fait chauffer tous les légumes, et on les fait égoutter ensuite sur un linge blanc.

On prépare, dans une casserole, une sauce allemande réduite, à laquelle on a joint la glace de racines; alors on tient l'allemande bien bouillante et bien réduite; on met les légumes et racines dans cette sauce avec un peu de beurre fin et de sucre; on mêle le tout ensemble jusqu'à ce que les légumes se tiennent et se trouvent enveloppés de leur sauce.

On se sert de cette garniture pour les relevés de potages, entrées, pâtés et entremets.

LENTILLES. Légume en grain rond et plat, dont il y a deux espèces, la *lentille vulgaire* et la *grande lentille*. On les emploie toutes deux en cuisine. Les petites lentilles, ou lentilles *à la reine*, sont celles qu'on emploie pour faire du coulis, parce que la couleur en est plus belle. L'une et l'autre se transforment aussi en purée.

Lentilles (manière d'apprêter les). Choisissez les mieux nourries, larges, d'un beau blond, qui se cuisent promptement. Après les avoir épluchées et lavées, faites-les cuire dans l'eau, et fricassez-les comme les haricots blancs. *Voy.* HARICOTS.

Lentilles fricassées à la bourgeoise. Faites un roux léger, mettez-y de fines herbes ou de l'oignon coupé en petits dés; passez-les dans le roux que vous mouillerez avec un peu de bouillon ou d'eau; quand le tout sera délayé, mettez-y vos lentilles cuites avec sel et gros poivre, et servez chaudement.

Lentilles à la maître d'hôtel. On fait cuire des lentilles; étant cuites, on les égoutte et on les met dans une casserole avec un bon morceau de beurre, du persil et de la ciboule bien hachée, du sel et du gros poivre; on saute le tout ensemble, et on sert les lentilles bien chaudes.

Lentilles (coulis de). Après avoir épluché et lavé vos lentilles, vous les faites cuire avec de bon bouillon gras ou maigre, suivant l'emploi que vous en voulez faire; passez-les à l'étamine en les mouillant de leur bouillon, et servez-vous-en alors soit pour potage, soit pour terrine.

Lentilles (Autre coulis de). On passe à l'huile ou au beurre bien chaud des croûtons de pain, des carottes, panais, racines de persil, oignons coupés par tranches. Si c'est en gras, on y met du lard bien roux; on y ajoute des lentilles cuites et un peu de bouillon; on assaisonne de bon goût, en y joignant un morceau de citron : après quelques bouillons on passe le coulis à l'étamine. On se sert de ce coulis pour les potages aux lentilles et pour beaucoup d'autres.

Lentilles (Coulis maigre de). Mettez un peu de

beurre dans une casserole, avec un oignon coupé par tranches, une carotte, un panais, et faites roussir ; mouillez de bouillon de poisson ; aissaisonnez de trois clous de girofle, d'un peu de basilic, persil, ciboule entière, deux rocamboles, quelques champignons et quelques croûtes ; laissez mijoter le tout ensemble ; après avoir écrasé les lentilles cuites dans du bouillon, mettez-les dans le coulis ; faites mijoter et passez à l'étamine, pour vous en servir au besoin.

Lentilles (Purée de). *Voy.* PURÉE.

LEVAIN. Morceau de pâte qui s'est aigri par la fermentation, ou par quelqu'acide qu'on y a mêlé, et qui sert à faire lever la pâte, et à la rendre plus légère. Il faut tenir le levain bien chaud, surtout en hiver.

LEVRAUT, c'est le jeune lièvre. On donne le nom de *levreteaux* aux petits levrauts, qui sont encore nourris par le père et la mère. *Voy.* LIÈVRE.

Le levraut ne diffère du lièvre que par un petit saillant qu'on sent à la première jointure, près de la patte du devant. Jeune, tendre, bien nourri, et surtout bien fatigué à la chasse, il fournit un excellent manger, et se prête comme son père à toutes les métamorphoses de la cuisine.

Levraut à la broche. Votre levraut dépouillé et vidé, faites-le revenir sur un fourneau ardent, et quand vous vous serez assuré que les chairs sont assez fermes pour que la lardoire puisse passer facilement, retirez-le de dessus le feu ; trempez ensuite le mou du foie dans son sang, et servez-vous-en en guise d'éponge pour le colorer dans tout son extérieur ; piquez-le ensuite, depuis le cou jusqu'au bout des cuisses, en observant cependant de laisser une distance d'environ un pouce entre les reins et ces dernières : embrochez-le, et retirez-le de la broche après trois quarts-d'heure ; ce temps suffit (à un feu égal) pour sa cuisson.

L'usage est de servir avec le levraut rôti une sauce piquante, connue, principalement dans le midi de la France, sous le nom de *saupiquet. Voy.* SAUCES.

Il n'est pas essentiel de piquer toujours un levraut pour le mettre à la broche : mais, dans le cas contraire, il faut au moins le couvrir de bardes depuis le cou jusqu'aux cuisses, afin d'humecter sa chair, naturellement sèche.

Levraut à la minute. Après avoir dépouillé un levraut, vous le coupez en morceaux : faites fondre dans une casserole un quarteron de beurre, et mettez-y vos morceaux avec sel et poivre ; placez votre casserole sur un feu ardent ; remuez vos morceaux ; lorsqu'ils seront fermes, ce que vous connaîtrez par leur résistance sous le doigt, jetez-y de fines herbes ; en sautant votre levraut, ajoutez-y deux cuillerées à bouche de farine, un verre de vin blanc, un peu de bouillon ou d'eau ; au premier bouillon, retirez votre levraut du feu, car il est cuit, et servez.

Levrauts à la provençale (Filets de). Après avoir levé les filets de deux levrauts, vous les parez et en retirez les nerfs ; vous les piquez de filets d'anchois dessalés : versez ensuite de l'huile dans une casserole, ajoutez-y une demi-gousse d'ail, un peu d'échalotes hachées, un peu de sel et du gros poivre ; passez vos filets dans cette casserole, que vous mettez au feu ; étant cuits, égouttez-les chaudement ; versez dans votre casserole deux cuillerées d'espagnole, autant de consommé, une cuillerée à bouche de vinaigre d'estragon. Après avoir fait réduire votre sauce, vous la dégraissez, et après l'avoir passée à l'étamine, vous la remettez sur le feu, vous la dégraissez de nouveau ; vous vous assurez si elle est d'un bon goût ; alors vous la versez dans votre plat, et vous servez dessus vos filets bien glacés.

Levrauts ou lièvres, sauce poivrade (*Cuisses de*). Mettez quatre culottes de lièvres ou levrauts à la broche; quand elles sont cuites, laissez-les refroidir; parez vos cuisses, en retirant tous les os des quasis, et donnez-leur une forme ronde, grattant le bout de l'os de la cuisse; placez-les sur une sauteuse; faites-les chauffer dans une demi-glace sans les laisser bouillir; dressez-les sur votre plat; mettez dans votre plat à sauter trois cuillerées de poivrade; faites réduire et finissez alors avec un pain de beurre, et saucez pour servir.

Levrauts à la ciboulette (*Filets de*). Procurez-vous deux levrauts; après les avoir bardés, faites-les cuire à la broche; levez-en les filets, que vous couperez le plus mince qu'il se pourra : hachez très-mince de la petite civette; ayez une essence de haut goût, dans laquelle mettez vos filets avec votre civette, gros poivre et jus de citron; faites chauffer sans bouillir, et servez.

Levrauts en serpent (*Filets de*). Après avoir levé les filets de deux ou trois levrauts, que vous parez comme des filets piqués; formez avec le gros bout du filet une espèce de tête de serpent; foncez une casserole de bardes de lard, arrangez-y vos filets en les faisant serpenter; mouillez-les d'une bonne marinade cuite au vin blanc; après avoir couvert vos filets d'un papier beurré, faites-les cuire un quart-d'heure feu dessus et dessous; leur cuisson faite, égouttez-les, glacez-les, dressez-les sur une bonne purée de gibier, et après les avoir arrosés d'un bon fumé, servez.

Levrauts ou lièvres (*Pâtés de*). *Voy.* PATÉS.

Levrauts en caisse. On se procure un fort levraut ou deux petits; après les avoir détaillés en morceaux, comme pour un civet, mettez dans une casserole un quarteron de beurre, deux onces de lard râpé, douze échalotes hachées, autant de gros champignons, ou parures, et persil haché; assaisonnez de sel, poivre, épices, muscade, une gousse d'ail pilée, et une feuille de laurier; mouillez le tout d'une demi-bouteille de vin blanc; faites réduire vos fines herbes jusqu'à ce que le beurre ressorte; alors mettez vos morceaux de lièvre dedans; faites cuire feu dessus et dessous une demi-heure; retirez votre lièvre sur un plat de terre: faites réduire vos fines herbes avec deux cuillerées d'espagnole réduite, versez-les dessus votre lièvre; laissez le refroidir; quand il sera froid, vous huilerez six feuilles de papier, la première sera couverte de minces bardes de lard; vous placerez votre lièvre dessus en forme carrée, ainsi que vos fines herbes; vous recouvrirez de bardes de lard, et vous l'envelopperez d'une feuille de papier, de manière que votre assaisonnement ne s'en aille pas; puis vous la recouvrirez d'un autre, ainsi de suite, jusqu'à ce que vos six feuilles soient employées. Que votre caisse soit hermétiquement fermée, et d'une forme bien carrée; vous ficelerez votre caisse comme une pièce de bœuf, afin qu'étant sur le gril, votre papier ne se déploie pas. Une heure avant de servir, mettez-la sur le gril à feu doux; prenez garde que votre papier ne brûle, et que votre assaisonnement n'en sorte; dressez votre caisse sur un plat; retirez la ficelle et la première feuille; faites à votre caisse une petite ouverture carrée, et saucez votre animal d'une espagnole réduite.

Levrauts ou lièvre (*Terrine de*). Levez les filets de votre lièvre ou de vos levrauts; après les avoir piqués de moyen lard assaisonné, foncez une terrine de bardes de lard, et tranches de jambon assaisonnées de sel, poivre et épices; placez-y vos filets assaisonnés dessus comme dessous, avec truffes vertes et champignons: couvrez le tout de tranches de bœuf battues, et de bardes de lard; couvrez la terrine, que vous fermez tout autour avec de la pâte ; faites cuire feu dessus et dessous, mais pas trop ardent. Vos filets cuits, ôtez le bœuf et le lard ; après avoir dégraissé la sauce, mettez-y de l'essence de jambon, et servez chaudement.

LIAISON. Dans la cuisine vulgaire, on entend par liaison, ce qu'on emploie dans les sauces pour leur donner plus de corps et moins de liquidité, comme sont les coulis, les jaunes d'œufs, la farine frite, ou la crême.

L'art des liaisons est un des grands secrets de la haute cuisine ; car il ne s'agit pas de les faire épaisses, il faut qu'elles soient onctueuses, insinuantes, et qu'elles lient parfaitement toutes les parties d'un ragoût, de manière à n'y jamais dominer. La liaison ne doit donc jamais s'apercevoir, elle ne se fait sentir que par la perfection qui résulte de l'accord simultané de toutes les parties constituantes d'une sauce, d'une entrée, ou d'un entremets bien finis, et dont l'heureux achèvement est tout entier son ouvrage.

Les œufs sont la base des liaisons ; ils sont à la cuisine d'une indispensable nécessité : mais on se tromperait si l'on croyait qu'ils suffisent à leur confection ; de la farine et certaines fécules employées avec modération, de vrais coulis de viande et de gibier, des essences et des réductions bien faites entrent souvent aussi dans la composition des saisons. C'est de l'art de les bien combiner, qu'une bonne liaison tire son principal mérite. La plupart des liaisons ne se mettent qu'au moment même de servir.

LIÈVRE. Animal quadrupède plantivore très-connu. On donne assez communément à sa femelle le nom de *hase*, et on nomme ses petits *levrauts*. *Voy.* LEVRAUT.

On doit préférer les lièvres de montagnes à ceux des plaines ; et lorsqu'ils ont été bien courus à la chasse, ils n'en valent que mieux. Le *trois-quarts*, qui tient le milieu entre le levraut et le capucin, est le plus estimé par les gourmands. On fait, comme l'on sait, un civet du train de devant ; et le train de derrière, piqué en fin, figure merveilleusement rôti. On en fait des pâtés froids et chauds, des daubes ; on le sert à la bourgeoise, à la singaraz, en haricot, au bon chasseur, etc., etc.

Lièvre à la broche. Procurez-vous un bon lièvre ; après l'avoir dépouillé et vidé, faites-le revenir sur un fourneau ardent ; en l'ôtant de dessus le fourneau, trempez votre main dans son sang, et vous la passez sur le dos et les cuisses de votre bête ; piquez-le depuis le cou jusqu'au bout des cuisses : une heure de broche suffit pour cuire un lièvre, et servez-le avec la sauce suivante.

Pilez le foie cru de votre lièvre avec le dos du couteau ; passez ensemble un petit morceau de beurre, quelques échalotes, du persil en branche, un peu de thym, une feuille de laurier ; joignez-y les trois-quarts d'une cuillerée à bouche de farine, que vous faites revenir avec votre assaisonnement ; ajoutez un verre de vin blanc et deux verres de bouillon ; tournez votre sauce jusqu'à ce qu'elle bouille ; mettez-y du sel et du poivre ; faites réduire votre sauce à plus de moitié ; quand elle est réduite, passez-la à l'étamine en la foulant légèrement, et servez-la dans une saucière à côté de votre plat de rôt.

Lièvre en guise de pâté. On a un vieux lièvre dont on garde le sang : on en lève toute la chair en gros filets ; après l'avoir désossé, on le coupe en six morceaux ; on le larde partout avec de gros lardons de fin lard, assaisonnés de sel fin, gros poivre, fines épices, thym, laurier, basilic en poudre, ciboules, échalotes, une pointe d'ail, le tout haché. On met le lièvre dans une petite marmite entre des bardes de lard, et sur les bardes on place les os du lièvre avec le sang, en y ajoutant un quarteron de bon beurre et un verre d'eau-de-vie. On bouche bien la marmite et on laisse cuire sur de la cendre chaude ou au four, pendant quatre ou cinq heures. La cuisson achevée, on ôte les os du lièvre, et on dresse dans le plat ou dans une terrine, les morceaux de chair serrés l'un contre l'autre; on met par-dessus les bardes de lard et toute la sauce; on laisse refroidir, et on sert froid.

Lièvre (*Civet de*). Choisissez un bon lièvre des montagnes (qui vaut infiniment mieux qu'un lièvre de la plaine), et lorsque vous l'aurez dépouillé et vidé, coupez-le par morceaux d'égale grosseur. Mettez dans une casserole un morceau de beurre et de la farine en proportion, pour faire un roux, et lorsqu'il sera presque fini, jetez-y une trentaine de morceaux de petit lard; passez-les à petit feu pendant dix minutes; mettez-y votre lièvre ainsi que vous l'avez préparé, et faites le revenir jusqu'à ce que la chair en soit bien ferme. Mouillez alors votre civet avec du vin rouge et un peu de bouillon; ayez soin que votre ragoût soit baigné, c'est-à-dire que la viande nage dans la sauce; assaisonnez de très peu de sel à cause du petit lard, ajoutez-y poivre, trois clous de girofle, un bouquet garni de persil, ciboules, thym, une feuille de laurier et quelques champignons. Lorsque votre civet sera aux trois-quarts cuit, mettez-y quelques petits oignons bien épluchés. (Vous pouvez les passer dans du beurre, si vous voulez, comme une matelote.) La sauce réduite et votre civet cuit à point, dégraissez-le; après vous être assuré qu'il est de bon goût, dressez-le en passant la sauce à l'étamine, si vous le jugez convenable, et servez bien chaud.

Lièvre au sang (*Civet de*). Le civet au sang se fait de

la même manière que le précédent ; on observe seulement de conserver tout le sang du lièvre. On le met dans la sauce, avant de la vider ; on remue fortement jusqu'à ce qu'elle soit bien chaude, car il ne faut pas qu'elle bouille ; on la passe à l'étamine ainsi que la première, et on la verse de même sur le ragoût, que l'on a également eu soin de dresser sur un plat.

Une chose essentielle à suivre en pareil cas, c'est de tenir le roux plus léger que dans le civet ordinaire, attendu que le sang lie assez la sauce par lui-même.

Lièvre en daube. Votre lièvre dépouillé et vidé ; piquez-le de moyens lardons assaisonnés d'aromates pilés, de sel et de poivre. Lorsque les cuisses et les filets seront piqués, vous mettrez dans une daubière quelques bardes de lard, votre lièvre dessus, un quart de veau coupé en morceaux, que vous placez à l'entour ; couvrez-le de bardes de lard ; ajoutez-y un bouquet de persil et de ciboules, deux feuilles de laurier, un bouquet de thym, deux ou trois carottes, trois oignons, deux clous de girofle ; mouillez le tout avec du bouillon. La cuisson achevée, dressez votre mets sur le plat, et servez chaud.

Lièvre au bon chasseur. Videz votre lièvre de toutes ses tripailles, sans le dépouiller de sa peau ; farcissez-le de son foie, accompagné d'autres foies, si vous en avez avec du persil et de la ciboule, le tout haché bien menu et pilé dans un mortier avec un bon morceau de beurre frais, du sel et du poivre. Cousez le ventre à votre bête pour empêcher que rien ne sorte ; mettez-le à la broche, et faites-le rôtir à petit feu, jusqu'à ce qu'il soit cuit dans sa perfection, ce que l'on aperçoit lorsque sa peau se détache de son corps. Alors débrochez-le, levez-lui le reste de ses peaux, en sorte qu'il soit bien propre, servez avec une poivrade.

On peut accommoder ainsi les levrauts, les lapereaux et les lapins.

Lièvre en haricot. Faites un roux avec de la farine et du beurre; mettez-y un vieux lièvre par morceaux; faites le refaire dans le roux, et mouillez-le avec un demi-setier de vin blanc, une cuillerée de vinaigre, du bouillon, un bouquet de persil, ciboules, une gousse d'ail, trois ou quatre échalotes, trois clous de girofle, thym, laurier, basilic, un peu de jus de veau; assaisonnez de sel, gros poivre. A la moitié de la cuisson, mettez-y des navets coupés proprement et blanchis à deux bouillons; passez au beurre quelques mies de pain coupées proprement; après les avoir retirées, poudrez-les légèrement de sel fin, et arrosez-les avec quelques gouttes de vinaigre; le lièvre étant cuit à propos avec les navets, assaisonné de bon goût, et bien dégraissé, dressez dans le fond du plat que vous devez servir, les rôties de pain, votre lièvre dessus; couvrez le tout avec les navets, et servez pour entrée.

Lièvre (Filets marinés et sautés de). Levez, parez et piquez des filets de lièvre comme à l'ordinaire; mettez-le dans une terrine avec sel, poivre, feuilles de laurier, thym, persil en branches, ciboules entières, et un grand verre de vinaigre; laissez-les dans ce bain pendant huit jours; ôtez-les le jour que vous voulez vous en servir. Après les avoir appropriés et égouttés, mettez-les dans un sautoir, arrosez-les de beurre tiède, de manière qu'ils y baignent à l'aise. Au moment du service, placez votre sautoir sur un feu ardent, afin que vos filets ne suent pas, ayant soin de les retourner; lorsque vous sentez qu'ils sont fermes sous le doigt, retirez-les; après les avoir égouttés, dressez-les sur votre plat, et servez avec une poivrade dessous.

Lièvre (Boudin de). Il se prépare et s'apprête comme celui du lapin. *Voy.* Boudin.

LIMANDE. Poisson plat de mer dont la chair est assez estimée, lorsqu'il est frais et d'une certaine grosseur. On en distingue de trois sortes, la *limande* proprement dite, le *flez* et le *flêtelet*.

Limandes sur le plat. Videz et nettoyez vos limandes; faites fondre dans un plat un morceau de beurre, auquel vous ajoutez un peu de muscade râpée; arrangez vos limandes sur votre plat, mettez-y l'assaisonnement nécessaire, arrosez-les avec un verre de vin blanc, masquez-les ensuite avec de la chapelure, posez-les sur le fourneau, un four de campagne par-dessus. Étant cuites, servez-les.

Limandes à la bourgeoise. Mettez du beurre fin dans un plat, avec persil, ciboules, champignons hachés, sel, poivre et vos limandes; ajoutez le même assaisonnement que ci-dessus; couvrez-les d'un autre plat, et faites cuire à petit feu; servez à courte sauce avec un filet de verjus.

Limandes frites. Vos limandes bien vidées, bien nettoyées et bien essuyées, farinez-les, faites-les frire dans une friture bien chaude, à feu clair, ayant soin de ne point les laisser languir sur le feu, sans quoi elles deviendraient mollasses. Servez-les sur une serviette pour rôt. On les sert aussi pour entrée, avec une sauce aux câpres et aux anchois, ou une sauce à l'huile; une sauce hachée, ou quelque ragoût, comme de ris de veau et de champignons.

Limandes grillées. Vos limandes étant marinées avec huile, sel, poivre, persil et ciboules entières, faites-les griller, en les arrosant de leur marinade, et servez avec telle sauce que vous jugerez convenable.

LIMON. Fruit du limonnier, arbre commun dans nos départemens méridionaux, et qui est une espèce de citronnier. Le limon est plus long, plus jaunâtre, plus mou que le citron, et son écorce est moins quintessencieuse ; on en distingue de deux sortes, le doux et l'aigre. Le doux est de peu d'usage; on en confit seulement l'écorce. L'aigre s'emploie avec le sucre, et sert à faire une boisson agréable, qu'on appelle limonade, et dont la recette est connue de presque tout le monde.

Limon. (*Sirop de*) On prend suc de limon une livre, sucre très-blanc, une livre quatorze onces; on met ces deux substances dans un vase de faïence; on place le vaisseau sur un feu très-doux; on remue le mélange jusqu'à ce que le sucre soit fondu; alors on le retire du feu, on le laisse refroidir, et on le passe à travers une étamine.

On est dans l'usage d'aromatiser ce sirop. Il y a deux procédés pour y parvenir : le premier, qui est le moins bon, consiste à frotter l'écorce jaune d'un citron contre un morceau de sucre, pour faire ce que l'on appelle un *oleo-saccharum*; on délaye ensuite cette espèce de conserve dans le sirop : mais cette manière d'aromatiser n'est bonne que quand on a l'intention de l'employer de suite, à cause que ce mélange trouble et fait fermenter ce sirop très-promptement. Le deuxième procédé, qui est le meilleur, est d'ajouter vingt-quatre gouttes d'esprit de citron par pinte de sirop.

Limon. (*Manière de préparer le suc de*) On prend le nombre que l'on désire de limons; on les pèle, on les coupe en deux, on en sépare les pépins, comme inutiles, et on les écrase dans un vase de faïence; on les laisse fermenter pendant vingt-quatre heures; ensuite on les exprime dans un linge. Le suc qui découle passe trouble; on le dépure, en le filtrant à travers un papier sans colle, et on l'obtient très-clair. On en prend la quantité prescrite ci-dessus pour en faire le sirop. S'il en reste, on le conserve dans des bouteilles pleines, avec un peu d'huile d'olive dans le goulot de la bouteille, et on les met dans une cave. Ce suc se conserve très-long temps. Quand on veut s'en servir, on a soin d'en ôter l'huile, en introduisant dans le cou de la bouteille, une ou plusieurs mèches de papier gris ou du coton, jusqu'à ce que l'on n'aperçoive plus d'huile. Ce suc peut servir aux mêmes usages que le nouveau.

LIMONNER, se dit des poissons comme la tanche, la lotte, etc., que l'on met dans l'eau prête à bouillir, et que l'on retire un instant après, pour enlever le limon avec un couteau, en allant de la tête à la queue, sans offenser la peau.

LOCHE. Petit poisson de la grosseur et de la taille de l'éperlan. On le trouve dans les petites rivières et dans les ruisseaux. Quoique ce poisson se plaise dans la bourbe, sa chair est délicate. Il s'apprête et s'accommode comme l'éperlan. *Voy.* EPERLAN.

LONGE de BOEUF. C'est la partie qui est depuis les aloyaux jusqu'à la cuisse, qui comprend le flanchet et la pièce parée.

LONGE de VEAU. C'est la même partie que celle du bœuf; mais elle comprend la cuisse et le rognon qui est attaché aux vertèbres lombaires.

LOTTE ou LOTE. Poisson d'eau douce, gras et délicat, ressemblant assez à la lamproie. Il a la queue faite en manière d'épée, et le corps rond et brun. On l'apprête et on l'accommode comme l'anguille. *Voyez* ANGUILLE. Plusieurs confondent assez gratuitement les *lotes* avec les *barbotes*.

LUBINE. Poisson de mer que l'on pêche sur les côtes de la ci-devant Bretagne; il est plus gros que la morue, et ressemble assez à la truite; il a les écailles beaucoup plus larges et la chair plus blanche. On le fait cuire à l'eau de sel ; mais généralement il s'apprête et s'accommode comme la morue. *Voy*. Morue.

M.

MACARONI. Sorte de pâte d'Italie, faite avec de la farine et du fromage. Il ne faut y épargner, ni le beurre ni le fromage. Cependant, lorsqu'on veut aller à l'économie, on peut mettre moitié Gruyère et moitié Parmesan. On sert aussi les macaronis en potage, soit en gras, soit en maigre ; mais cette pâte figure mieux à l'entremets.

Macaroni. (*Potage au*) On casse une livre de macaroni en petits morceaux ; après l'avoir blanchi et égoutté, on le fait cuire dans un consommé de potage : étant cuit, on le verse dans la soupière, et on le sert avec du Parmesan râpé, à part.

Macaroni à la Napolitaine. Faites cuire à l'eau de sel, deux livres de macaroni ; une demi-heure suffit pour sa cuisson ; égouttez-le ensuite dans une passoire. Vous avez trois quarts de livre de Parmesan râpé à part ; dressez votre macaroni dans une soupière à potage, ou sur un grand plat ovale ; placez alors un lit de macaroni et un lit de fromage, et ainsi de suite, que vous aurez soin d'arroser avec un jus d'étouffade ou du bon bouillon. Le tout ainsi préparé, arrosez le dernier lit avec une demi-livre de beurre fin que vous aurez fait fondre, et servez chaudement.

Macaroni. (*Timbales de*) Elles se préparent de même que le macaroni à la Napolitaine, à l'exception que l'on saute le macaroni avec les garnitures suivantes :

On coupe en gros filets, deux blancs de volaille rôtie, un quarteron de langues à l'écarlate, une vingtaine de champignons, cinq ou six truffes, une gorge de ris de veau, crêtes et rognons de coq; le tout cuit à point; on manie le tout avec un quarteron de beurre, et on le verse dans la timbale, qui doit être foncée avec de la pâte brisée, ou des rognures de feuilletage; on recouvre avec la même pâte, et on fait prendre couleur au four.

On peut faire une croûte de timbale, et verser l'appareil au moment, bien chaud, et le renverser sur un plat.

Les timbales de lazagnes et de nouilles, se préparent et se font de même que celles de macaroni.

MACARONS. Sorte de pâtisserie faite avec sucre, farine, amandes douces ou amères, pilées, dont on fait une pâte qu'on taille en petits pains plats et ronds, ou de figure ovale.

Macarons d'amandes douces. On émonde une demi-livre d'amandes douces. Etant bien ressuyées, on les pile fortement dans un mortier, et on y met environ deux blancs d'œufs, pour qu'elles ne tournent pas en huile; puis on les met dans une terrine avec une livre de sucre pilé; on remue avec une cuiller de bois. Si l'appareil est trop ferme, on y ajoute un blanc d'œuf, de la fleur d'orange ou de la râpure d'écorce de citron. Etant à son point, on tourne les macarons de forme ronde; on les place à des distances telles qu'ils ne puissent se joindre en cuisant, et on met au four.

Macarons d'amandes amères. Même procédé pour les émonder et les piler. On y met un peu plus de sucre; on les fait cuire comme les précédens.

Macarons pralinés. On coupe des amandes émondées en petits filets; on les fait praliner un instant comme la fleur d'orange; puis on les met dans une terrine avec du sucre et du blanc d'œuf. Cet appareil ayant assez de consistance pour être maniable, on couche les macarons sur le papier, et on les fait cuire au four.

MACHE. Plante potagère aussi nommée *Doucette*, *salade de chanoine*, *blanchette* et *poule grasse*, dont il y a deux espèces, la *commune* et la *grasse*.

On mêle la mâche avec toutes sortes de salades d'hiver, céleri, betterave, chicorée et aussi avec des anchois.

MACIS, connu improprement sous le nom de fleur de muscade, est une petite écorce intérieure et rougeâtre, dont la noix muscade est enveloppée dans sa maturité. On l'emploie rarement dans les ragoûts; mais on le fait entrer quelquefois dans les crèmes, dans les entremets sucrés, ainsi que dans les compotes. Il leur communique un goût très-agréable, et plus fin que celui de la muscade. On tire aussi du macis, une huile qui est fort utile.

MACREUSE. Oiseau qui participe de la nature du poisson. Il a l'apparence du canard, et demeure presque toujours sur la mer, où il plonge jusque dans le fond de l'eau pour chercher dans le sable, de petits coquillages dont il se nourrit.

La chair de la macreuse est dure, coriace et d'un suc grossier; elle a le goût marin et sauvage.

La macreuse *noire* passe pour la meilleure; la *grise*, qui est la femelle, et qu'on appelle communément *bisette*, est plus coriace. On peut, sinon en tout, du moins en partie, corriger, par le moyen des assaisonnemens, le mauvais goût et la mauvaise qualité de la macreuse. On la plume, on la vide, on la trousse, et on peut lui faire subir toutes les préparations du canard. *Voy.* CANARD.

Macreuse au chocolat. On lave bien sa macreuse

après l'avoir vidée, on la fait blanchir sur la braise, ensuite on la met avec un peu d'eau dans un vaisseau de terre, où on la fait cuire avec du sel, du poivre, du laurier et des fines herbes; après quoi on prépare un peu de chocolat de la même manière que si c'était pour le boire, et on le verse dessus la macreuse. Etant cuite de cette façon, on la mange avec tel ragoût que l'on veut. On remarque qu'elle est beaucoup moins coriace, ainsi préparée, que d'aucune autre manière ; ce qui vient de la substance fine et sulphureuse du chocolat, qui, en pénétrant la chair de la macreuse, en attendrit les fibres. Cet oiseau ainsi apprêté, perd beaucoup de son mauvais goût et de sa mauvaise qualité.

MAENA. Petite espèce de hareng, qui est marqué à chaque côté, d'une tache ronde, noire azurée ou jaune, et quelquefois varié par tout le corps, de beaucoup de couleurs différentes. Il naît dans l'Océan, comme l'autre espèce. Les plus grands ne passent pas la longueur de la main. On le sale comme les autres harengs, auxquels il ne cède rien pour le goût. On les apprête et on les accommode comme ces derniers.
oy. Hareng.

MAÏS, ou *blé d'Inde*, ou *blé de Turquie*. Il est différent par la couleur de ses épis ; il y en a de blancs, de rouges, de presque noirs, de pourprés, de bleus et de bigarrés de plusieurs couleurs, le tout par l'écorce ; car la farine est toujours blanche.

Il y a deux sortes de maïs ; le dur, qu'on mange au lieu de pain, grillé ou bouilli dans l'eau ; l'autre est tendre et délicieux. C'est avec la farine de ce dernier qu'on fait des beignets, de la galette et des biscuits.

Des tuyaux de maïs, qui sont fort doux, avec le grain, quand il est mûr, il se fait de bon miel, en y mêlant quelques ingrédiens.

MAQUEREAU. Poisson de mer sans écailles, et, dont le corps rond, épais et charnu peut avoir un pied de long; il a les yeux de couleur dorée, et paraît dans l'eau, d'un jaune de souffre. Lorsqu'il en est dehors et qu'il est mort, il a le ventre d'un blanc argenté; et le reste du corps parsemé de petites taches d'un bleu verdâtre et foncé. Il se pêche particulièrement aux mois d'avril et de mai.

Maquereaux à la maître d'hôtel. Ayez deux ou trois maquereaux que vous videz et dont vous ôtez les boyaux, en insinuant la pointe du couteau dans le trou qu'ils ont au milieu du corps; essuyez-les avec un linge mouillé. Après les avoir fendus du côté du dos, depuis la tête jusqu'à la queue, mettez-les sur un plat de terre, avec sel, gros poivre, ciboules, persil en branches; arrosez-les d'huile une demi-heure avant de servir; mettez-les sur le gril à un feu très-doux, ayant soin de les retourner. Au moment de servir, dressez-les sur un plat, et mettez-leur dans le dos une maître-d'hôtel froide; ou si vous le croyez plus convenable mettez dans une casserole, un morceau de beurre, plein une cuiller à bouche de farine; du persil, de la ciboule bien hachée, du sel, du poivre; mêlez la farine avec l'assaisonnement; ajoutez-y un demi-verre d'eau et un jus de citron; mettez votre sauce sur le feu, ayant soin de la tourner; au premier bouillon, si elle est de bon goût; versez-la sur votre poisson, et servez pour entrée.

Maquereaux à l'Anglaise. Ayez deux ou trois maquereaux très-frais, videz-les par les ouïes, tirez leur le boyau, ficelez la tête, coupez le petit bout de la queue, et ne leur fendez point le dos. Mettez dans une poissonnière une bonne poignée de fenouil vert qui ait sa feuille; placez vos maquereaux dessus, mouillez-les d'une légère eau de sel, et faites-les cuire à petit feu: leur cuisson achevée, tirez votre feuille, égouttez-les, dressez-les sur un plat, et saucez-les d'une sauce au fenouil, ou de celle connue sous le nom de sauce aux groseilles à maquereaux.

Maquereaux aux écrevisses. Procurez-vous deux ou trois maquereaux bien frais, auxquels vous faites les préparations nécessaires. Faites blanchir des écrevisses; épluchez-les, pilez-en les coquilles; hachez-les queues avec champignons, persil et ciboules; mêlez avec du bon beurre, sel et poivre; farcissez-en vos maquereaux; enveloppez-les ensuite de papier graissé; faites-les griller à petit feu, et servez-les avec du coulis d'écrevisses.

Maquereaux. (*Laitances de*) Apprêtez et accommodez-les comme celles de carpe. *Voy.* CARPE.

Maquereaux au beurre noir. Préparez et faites griller vos maquereaux comme ceux à la maître-d'hôtel; leur cuisson achevée, dressez-les sur un plat avec un cordon de persil frit à l'entour, et servez-les avec du beurre noir. *Voy.* SAUCES.

Maquereaux au gras. Faites suer du jambon, mouillez de bouillon, d'une chopine de vin blanc, avec sel, gros poivre, bouquet et quelques clous de girofle; votre braise ainsi faite, mettez-y cuire vos maquereaux; étant cuits, dressez-les sur un plat; ouvrez-les, et servez dessus une bonne essence avec civette hachée et beurre frais. Liez le tout, et ajoutez-y un jus de citron.

Maquereaux en papillottes. Ayez trois beaux maquereaux laités et bien frais; videz-les par les ouïes; faites cuire vos laitances dans une casserole, avec du beurre frais, sel, poivre et un jus de citron; laissez-les refroidir; maniez avec vos laitances, une bonne maître-d'hôtel froide, que vous introduirez dans le ventre de vos maquereaux par les ouïes; mettez chaque maquereau dans une feuille de papier huilé; ficelez-en les deux bouts; faites cuire sur le gril ou au four, et servez-les avec leurs papillottes.

Maquereaux en caisse à la Périgord. Prenez une certaine quantité de truffes, que vous hachez avec un peu de persil et de ciboules; maniez ce hachis avec un morceau de bon beurre, sel et poivre. Ayez deux bons et beaux maquereaux bien frais; farcissez-les avec la préparation ci-dessus mentionnée; enveloppez ensuite vos maquereaux de feuilles de vigne et de bardes de lard. Faites une caisse de papier double, frottez-en les dehors avec de l'huile; mettez-y vos maquereaux, avec un peu de beurre au fond; posez sur le gril, une feuille de papier graissé et la caisse par-dessus; faites griller à petit feu; servez-les dans leur caisse avec un jus de citron.

Maquereaux. (*Sauté de filets de*) Pour lever les filets de vos maquereaux en entier, glissez votre couteau entre la peau et la chair, pour en ôter la peau; parez vos filets et mettez-les dans un sautoir avec du sel, du gros poivre, du persil, de la ciboule bien hachée; faites ensuite tiédir un bon morceau de beurre que vous verserez dessus : au moment de servir, mettez-les sur le feu, remuez-les pour les empêcher de s'attacher; quand ils sont un peu chauffés d'un côté par quelques bouillons de beurre, retournez-les avec beaucoup de précaution, pour éviter de les rompre. Après vous être assuré de leur cuisson, dressez-les sur le plat.

Mettez dans une casserole un bon morceau de beurre, une cuillerée à dégraisser de velouté, trois jaunes d'œufs, le jus de deux citrons, du sel, du gros poivre, une ravigotte bien hachée; tournez toujours votre sauce jusqu'à ce qu'elle soit liée; ne la laissez pas bouillir, parce qu'elle tournerait; goûtez si elle est de bon sel, et versez-la sur vos filets; on peut aussi y mettre une autre sauce, comme italienne, velouté lié, sauce tomate, etc.

MARCASSIN. C'est le nom que l'on donne au petit du sanglier. Il ne se montre guère qu'en entier, rôti à la broche.

Marcassin rôti. Après avoir laissé mortifier votre bête pendant quelques jours, dépouillez-la de sa peau, à la réserve de la moitié du col et de la tête, et si vous le jugez à propos, de celle des pieds de derrière et de la queue (On peut bruler ses soies). Après l'avoir vidé de toutes ses tripailles, essuyez-le avec un linge, troussez-lui les pieds de devant par-dessous; faites-les tenir avec une brochette; passez les pieds de derrière l'un dans l'autre; faites-les blanchir sur le feu, piquez-les de menu lard qui soit un peu rond pour soutenir la cuisson; mettez dans le corps de votre marcassin un morceau de beurre frais manié avec du sel, du poivre, du persil et de la ciboule hachés menu; après quoi cousez-lui le ventre, pour empêcher que rien n'en sorte; faites-le mariner, si bon vous semble, dans du vinaigre ou mieux dans du vin blanc et un peu d'eau-de-vie, du sel menu, du poivre, tranches d'oignons, persil, ciboules entières avec de fines herbes. Mettez-le à la broche, enveloppé de papier et de bardes de lard; faites-le cuire à petit feu; la cuisson achevée, donnez-lui de la couleur, excepté à la tête et aux pieds; servez-le accompagné d'une sauce piquante : la sauce à part dans une saucière.

MARINADE. Espèce de préparation qu'on fait aux viandes en les laissant tremper quelque temps dans une sauce de vinaigre, avec sel, poivre, épices, clous de girofle, citron, orange, oignons, romarin, sauge, pour en relever la saveur et les rendre plus agréables au goût. On met différentes choses en marinade, ou pour garnir d'autres plats, ou pour en faire même des plats. La marinade de veau sert à garnir des poitrines de veau farcies, ou des longes de veau rôties. On garnit des fricassées de poulets d'autres poulets en marinade.

Marinade cuite. On met un morceau de beurre dans une casserole sur le feu, avec trois carottes, quatre oignons coupés en tranches, deux feuilles de laurier, un peu de thym et deux clous de girofle ; on passe les racines ; cela fait, on y ajoute du persil en branches et quelques ciboules, que vous passez également avec les légumes ; on y joint deux cuillerées à café de farine, que vous mêlez avec le beurre : après quoi, on y verse un verre de vinaigre et deux verres de bouillon, du sel et du poivre. On fait mijoter le tout pendant près d'une heure, au bout de laquelle on le passe au tamis pour s'en servir au besoin.

MARJOLAINE. Plante aromatique dont on distingue plusieurs espèces, la grande et la petite, la musquée et la citronnée. Elle est employée en cuisine avec les fèves, les pois, le poisson, et pour relever le goût de certains mets.

MARMELADE. Pâte confite, à demi-liquide, faite de la chair des fruits qui ont quelque consistance, comme les prunes, les coings, les abricots, les pommes, etc., etc., etc. *Voy.* aux divers articles des fruits la manière de les présenter en marmelade.

MARRON. Espèce de grosse châtaigne, mais plus ferme et de meilleur goût que la châtaigne ordinaire.

Le maron de Lyon, d'Aubray, d'Agen ou du Luc, est le plus gros et le plus renommé de tous. Le cuisinier, l'officier et le confiseur s'en emparent à l'envi pour le faire paraître sur nos tables.

Le premier prépare un potage de marrons au gras, qui est un mets très-distingué ; il les fait entrer dans les chipolatanes ; dans les corps des dindes à la broche ; il en fait une excellente purée, sur laquelle on peut dresser diverses sortes de viandes; enfin avec la farine des marrons, il prépare des crêmes ou plutôt des omelettes soufflées.

L'officier les fait bouillir ou rôtir, et c'est sous cette dernière forme qu'ils paraissent le plus souvent au dessert; il en fait aussi des compotes, des biscuits, et les sert à l'étouffade, avec une sauce à la bigarrade, et beaucoup de sucre.

Qui ne connaît les marrons confits, tirés au sec, et improprement appelés marrons glacés. Les pâtés de marrons glacés sont une friandise des plus agréables: enfin on glace les marrons en fruit, et l'on en fait une pâte.

Marrons (*Potage de*). Ayez un cent ou un cent et demi de marrons dont vous ôtez la première peau. Mettez-les dans une poêle percée, sur le feu, pour les faire chauffer et faire lever la seconde peau. Quand ils sont pelés, faites-les cuire avec du bouillon et un peu de sel: étant cuits, mettez-les plus gros à part; pilez les autres dans un mortier. Arrangez dans une casserole, veau, jambon, racines, oignons; faites suer, attacher, et mouillez de bon bouillon; passez cette essence que vous joindrez aux marrons pilés, et passez le tout à l'étamine. Si votre coulis n'est pas assez coloré, versez-y du jus. Faites mitonner des croûtes avec du bouillon, et servez dessus le coulis de marrons, et garnissez le potage des gros marrons que vous avez mis à part.

Marrons (*Potage à la purée*). Faites cuire vos marrons comme il est expliqué pour la garbure (*Voy.* Garbure). Lorsqu'ils sont cuits, mettez-en à part vingt-quatre entiers, et pelez le reste.

Faites tremper dans du bouillon un morceau de mie de pain tendre, pesant un quarteron, que vous pilez avec vos marrons; quand le tout est bien écrasé, vous le délayez avec du bouillon chaud, puis vous le passez à l'étamine; mettez votre purée sur le feu, en observant de la tenir assez claire pour que votre potage ne soit pas trop épais; au moment de la servir, versez-la sur des croûtons passés dans le beurre, et mettez-y vos vingt-quatre marrons.

On peut aussi faire ce potage au maigre, en se servant de bouillon maigre au lieu de bouillon gras.

Marrons (Pâte de). Vous ôterez la première peau de vos marrons et vous les ferez blanchir dans de l'eau; vous les nettoierez ensuite et les pilerez dans un mortier avec un peu d'eau de fleur d'orange et d'eau pure pour les humecter; passez-les par un tamis et ajoutez-y un peu de marmelade de pommes, pour leur donner plus de corps. Sur une livre de pâte, prenez une livre de sucre cuit à la petite plume; délayez le tout avec une cuiller et mettez-le quelque temps sur le feu; vous dresserez votre pâte quand elle sera à moitié froide.

Marrons au caramel. Otez la première peau à de gros marrons; faites-les cuire dans de l'eau jusqu'à ce que vous en puissiez ôter la seconde; après les avoir fait égoutter et un peu ressuyer à l'étuve, faites cuire du sucre au caramel, que vous entretiendrez chaudement sur un petit feu; mettez les marrons dans le sucre un à un, en les retournant avec une fourchette; lorsque vous les retirez, vous mettez à chacun une brochette pointue pour les faire égoutter sur un clayon, en glissant le petit bâton dans la maille du clayon pour que le caramel puisse sécher en l'air.

Marrons (Crême ou *plutôt omelette soufflée de).* Mettez dans une casserole deux onces de farine de marrons de Lyon, en y ajoutant deux jaunes d'œufs bien frais. Vous délayez le tout avec environ un demi-setier de crême, de lait, ou même simplement d'eau de rivière.

Lorsque cette opération est terminée, que ce mélange est bien fait et n'offre plus aucun grumeau, ajoutez-y gros comme un œuf d'excellent beurre, et pareille quantité de sucre en poudre. Mettez incontinent votre casserole sur le feu, en agitant sans cesse ce qu'elle contient.

Lorsque la crème est prise (et elle doit être alors assez épaisse pour s'attacher à la cuiller), vous lui laissez faire quelques bouillons, et vous la descendez du feu.

Alors vous ajoutez un troisième blanc d'œuf aux deux que vous avez précédemment mis à part. Vous les fouettez en neige jusqu'à ce qu'elle ait acquise une consistance bien serrée.

Vous amalgamez ces blancs ainsi fouettés avec votre crème, en remuant bien également et bien légèrement.

Versez le tout dans un plat un peu creux, en le saupoudrant de sucre fin et passé au tamis de soie. Mettez ensuite ce plat sur un fourneau chaud, mais dont le charbon ait perdu sa grande ardeur.

Faites chauffer votre four de campagne que vous mettez sur le plat, et en moins d'un quart-d'heure cette crème est levée comme une omelette soufflée. Dès que l'élévation est de quatre pouces, il faut la servir.

Si votre four de campagne n'a pas suffi pour donner à votre crème une belle couleur, vous la glacez avec la pelle rouge.

A défaut d'un four de campagne, cette crème levera aussi bien dans le four d'un poêle ; ce qui ne causera aucun embarras.

Marrons glacés. Procurez-vous de beaux marrons de Lyon que vous ferez cuire à la braise ; pendant ce temps, clarifiez du sucre, faites-le cuire à perlé ; pelez ensuite vos marrons, et jetez-les les uns après les autres dans le sucre ; retirez-les aussitôt avec une cuil-

29

ler, et mettez-les à mesure dans de l'eau fraîche; le sucre qui est autour se glacera aussitôt.

Marrons en chemise. On fait légèrement griller des marrons sur un petit feu, pour pouvoir enlever les peaux qui les enveloppent; on les trempe ainsi épluchés dans du blanc d'œuf fouetté en neige; on les roule sur du sucre en poudre, et on les met sur un tamis pour les faire sécher à l'étuve.

Marrons (Compote de). Faites cuire sous la cendre chaude un demi-cent de beaux marrons, que vous aurez un peu coupés pour les empêcher de sauter; après les avoir essuyés avec un linge, pelez-les proprement, aplatissez-les un peu avec les doigts, et mettez-les dans un vase où vous les ferez mijoter sur le feu avec un quarteron de sucre fin. Otez-les quand vous voudrez les servir; exprimez y le jus de la moitié d'un citron, dressez-les dans un compotier, et poudrez-les de sucre.

Marrons confits. Prenez des marrons de Lyon, choisissez les plus plats, ôtez la première peau; ayez de l'eau bouillante sur le feu dans deux poêles; dans l'une, vous leur ferez prendre cinq à six bouillons, ensuite vous les ôterez avec l'écumoire, et vous les remettrez dans l'autre poêle pour achever de les blanchir; si en les piquant avec une épingle elle ne résiste point, c'est une marque qu'ils sont comme il faut; ôtez-les de dessus le feu, tirez-les les uns après les autres pour en ôter la peau qui reste, et mettez-les à mesure dans de l'eau tiède; égouttez-les ensuite et passez de l'eau fraîche par-dessus; pour les tenir plus blancs, mettez-les au sucre clarifié, faites-les frémir; ôtez-les de dessus le feu et portez-les à l'étuve, ou bien laissez-les sur la cendre chaude jusqu'au lendemain; vous augmenterez le sucre s'ils n'en ont pas assez; faites-leur prendre un bouillon et remettez-les à l'étuve jusqu'au lendemain.

MAS

MASSEPAINS. Pâtisserie faite d'amandes pilées et maniées avec le beurre. On en fait de toutes sortes de formes et de diverses espèces, selon les fruits et les marmelades qu'on y employe.

Massepains ordinaires. Prenez trois livres de beau sucre, trois livres d'amandes douces et une livre d'amandes amères; pelez les amandes et les faites bien sécher, pilez-les dans un mortier, et faites-en une pâte très-fine, en jetant dessus de temps en temps un peu de blanc d'œuf; cela fait, clarifiez le sucre et le faites cuire au petit boulé; retirez ensuite votre bassine de dessus le feu, et versez-y votre pâte d'amandes; vous remettez la bassine sur les cendres chaudes, et vous remuez sans discontinuer, pour que la pâte ne brûle pas. Vous jugerez que votre pâte est bien faite, lorsqu'en en ayant mis un peu sur le dos de la main, vous pouvez l'enlever sans qu'elle s'y attache; alors mettez-la sur une table saupoudrée de sucre; vous l'y laissez refroidir, et l'étendez en abaisses de l'épaisseur d'un petit écu; ensuite vous la découpez en différens dessins avec des emporte-pièces de fer blanc; mettez-les à mesure sur des feuilles de papier; faites-les cuire à une chaleur douce, après quoi, glacez-les comme les biscuits.

Massepains aux pistaches. Prenez une livre et demie de pistaches et autant de sucre, pilez-les dans un mortier, en y ajoutant de temps en temps un peu de blanc d'œuf, et réduisez-les en pâte très-fine; clarifiez le sucre et le faites cuire au petit boulé; retirez ensuite la bassine du feu; mettez-y la pâte de pistaches et remuez le mélange; vous remettez la bassine sur des cendres chaudes, et remuez toujours, jusqu'à ce que la pâte ait assez de consistance; vous la posez sur la table saupoudrée de sucre, et lorsqu'elle est refroidie, vous en faites des abaisses, que vous découpez en différens dessins avec des emporte-pièces.

Massepains aux fraises, aux framboises, aux ce-

rises, aux groseilles, à l'épine vinette, etc. Prenez trois livres d'amandes douces, deux livres et demie de sucre, et une livre du fruit que vous préférez; lorsque vos amandes sont réduites en pâte fine et mêlées avec le sucre que vous avez fait cuire au petit boulé, vous y ajoutez le jus du fruit que vous avez écrasé et passé au tamis; vous remuez bien le tout, et remettez la bassine sur les cendres chaudes, en continuant de remuer sans interruption; lorsque la pâte est assez faite, vous la laissez refroidir comme pour les massepains, ainsi qu'il a été dit.

Massepains à la fleur d'orange. Prenez six onces de marmelade de fleur d'orange, deux livres d'amandes douces et une livre et demie de sucre; pelez vos amandes, et les pilez jusqu'à ce qu'elles soient en pâte fine; clarifiez le sucre et le faites cuire au petit boulé, joignez-y la pâte d'amandes et la marmelade; remuez le mélange jusqu'à la consistance nécessaire, et le laissez refroidir pour en former vos massepains.

MATELOTTE. Manière d'apprêter le poisson passé au roux et cuit avec un peu d'eau, du vin, sel, poivre et farine frite. On coupe le poisson par tronçons, soit barbillon, carpe ou anguille. On les met avec huit ou dix écrevisses sans être blanchies, dont on ôte les pattes; on ajoute de petits oignons blanchis, cuits à moitié, des champignons coupés en gros dés : on fait un petit roux avec de la farine et du beurre qu'on mouille avec du bouillon : on met par-dessus le poisson, qui doit être rangé dans une casserole, avec petits oignons, champignons, bouquet de fines herbes; on y ajoute du vin rouge, sel, poivre, un morceau de beurre : on fait cuire à grand feu, et on sert après avoir mis les croûtes frites. *Voy.* CARPE.

MAUVIETTES. Les mauviettes sont des espèces de petites grives qui ressemblent assez aux alouettes pour la couleur, mais qui ont la queue plus courte; on les confond souvent avec ces dernières. Elles ne sont pas fort communes, et presque toujours les rôtisseurs et les cuisiniers font passer de grosses alouettes pour des mauviettes.

La manière de les apprêter et de les accommoder est la même que celle employée pour les alouettes; et il faut être un gourmand très-exercé pour saisir la différence qui existe entre ces deux oiseaux. *Voy.* ALOUETTES.

MELON. Fruit d'une plante potagère, qui vient en été, et rampant comme le concombre.

On distingue une douzaine d'espèces de melons qui réussissent le mieux dans notre climat, qui sont:

1°. Le melon français, nommé le melon maraîcher;
2°. Le melon des carmes, qui est de trois sortes; le long, le rond et le blanc;
3°. Le Saint-Nicolas, à côtes;
4°. Le melon de Langeais;
5°. Le melon à graine blanche;
6°. Le melon à graine rouge;
7°. Le melon morin;
8°. Le melon de Florence;
9°. Le sucrin de Tours, gros et moyen.

Le melon, en général, est un fruit agréable, estimé et recherché par les personnes d'un goût délicat. Il en vient de Coulommiers et d'Honfleur, qui sont d'une grosseur prodigieuse, et, en général, assez bons. Les melons de Malte sont réputés délicieux. On cultive en Provence des melons d'eau, qu'on y appelle *pastèques*: la chair en est verte, rafraîchissante et très-juteuse; mais ils ont très-peu de goût.

Les melons se servent en hors-d'œuvre et ne se mangent jamais au dessert. On en fait deux sortes de potages, soit au beurre, soit au lait; mais ceux de potiron doivent leur être préférés, car la cuisson enlève au melon son parfum et lui communique un goût assez désagréable.

Melon (Potage de) au beurre. Coupez votre melon comme la citrouille; passez-le de même à la casserole avec de bon beurre; assaisonnez de sel, poivre, et fines herbes; passez-en à l'étamine, avec le bouillon, dont vous vous servirez pour mitonner les croûtes; et ayant dressé le tout, servez, garni de melon frit et de grains de grenade.

Melon (Potage de) au lait. On peut encore le faire comme celui de la citrouille au lait, si ce n'est qu'il y faut mettre du sucre, et le border de macarons, de pralines et de biscuits d'amandes amères. Servez sans mitonner.

Melon confit. On confit, dans quelques pays, la chair du melon au sucre et au vinaigre, après en avoir enlevé l'écorce extérieure, et l'avoir piquée de cannelle et de clous de girofle. On fait, de cette manière, une compote très-estimée, fort saine et très-appétissante, qu'on mange avec le bouilli, et qui peut se conserver plusieurs années.

Dans les pays chauds, et surtout à Béziers, on confit le melon au sec, et ses tranches font toujours partie des confitures sèches, si renommées, de cette ville. Mais on doit douter que les melons des autres endroits puissent subir cette sorte d'apprêt.

MENU. Se dit chez les rôtisseurs, et même chez les cuisiniers, des foies, bouts d'ailes, gésiers, ou autres extrémités, dont on fait des ragoûts ou des fricassées.

Menus droits à la bourgeoise. Procurez-vous des palais de bœuf; ôtez-en la première peau; coupez-les en petites tranches, passez-les au lard fondu avec persil, ciboules, champignons en dés, mouillez ensuite de jus et faites cuire. La cuisson achevée à point, dégraissez et liez ensuite d'un coulis de veau et jambon; servez pour entremets.

Menus droits au docteur Gastaldi. Faites cuire des oreilles de cochon dans du bouillon; étant cuites et refroidies, coupez-les en filets très-minces. Passez-les au beurre avec des oignons coupés par tranches. Mettez-y vos filets, que vous mouillez de coulis et d'un peu de jus. Faites-leur faire quelques bouillons; avant de servir, mettez-y un peu de moutarde; servez sur ce ragoût un croûton de pain frit, que vous coupez en six, sans détacher les morceaux, et sur lequel vous servirez ces menus droits. Ce mets, qui n'est pas très-recherché, a néanmoins son prix au goût de quelques personnes.

Menus droits maigres à la trappe. Faites fondre dans une casserole un peu de beurre; jetez-y de l'oignon coupé en filets, passez le tout; ensuite singez et mouillez de jus maigre. Ayez des carottes, navets, panais, betteraves, céleri, le tout coupé en filets, blanchis et cuits, chacun selon sa quantité, dans un bon bouillon maigre; ensuite égouttez. Votre ragoût d'oignons étant bien fini, vous jetez dedans des racines et vous les faites mijoter; finissez par un peu de moutarde et un filet de vinaigre, et servez.

MERINGUES. Espèce de pâtisserie, ou petit ouvrage de sucre dont on se sert pour garnir des potages au lait, ou des entremets de crême. On les fait de la manière suivante :

Meringues liquides. Fouettez des blancs d'œufs en neige; mettez-y du citron râpé, avec beaucoup de sucre fin. Dressez vos meringues, poudrez-les de sucre fin, et faites cuire au four à une chaleur très-douce.

Meringues sèches. Faites-les comme les précédentes, et les faites cuire sur du papier. Avant de les faire cuire, on peut y mettre une cerise, une fraise, une framboise, une pistache, un grain de verjus confit, ou telle autre confiture qu'on veut. On peut encore, avant de les faire cuire, en coller deux ensemble, pour en faire des meringues jumelles.

MERISES. Espèce de cerises, qui vient dans les bois. Ce fruit est petit et noir, mais très-doux. Son suc teint en pourpre noir. On s'en sert pour colorer le ratafia de cerises et lui donner de la douceur et du velouté. En Alsace et dans le comté de Bourgogne, on en met fermenter une grande quantité, dont on exprime le jus qu'on fait distiller ensuite. L'esprit qu'on en tire est connu sous le nom de *kirchwaser*, liqueur forte qu'on prétend très-bonne pour hâter la digestion, et qu'on rend agréable, en y mettant un tiers de sirop capillaire.

MERLAN. Poisson de mer, qui a les yeux fort brillans et la chair légère, long d'un pied, quelquefois davantage, qui a la tête et le corps aplatis sur les côtés. Tout son corps est d'une couleur blanche argentée, mais le dos est plus foncé ou grisâtre. Ce poisson délicat se prend fréquemment dans la Manche et dans toute la mer Baltique.

La manière la plus usitée de le servir, c'est frit, d'une belle couleur dorée, et saupoudré de sel blanc. Le merlan, ainsi accommodé, forme un rôti, en maigre, ou un relevé de rôt en gras, qui n'est pas sans mérite. On le sert en entrées de diverses manières, toutes plus apéritives les unes que les autres.

Merlans frits. Choisissez trois ou quatre beaux merlans, écaillez-les, coupez-leur le bout de la queue et les nageoires, videz-les, lavez-les et remettez-leur des foies dans le corps; ciselez des deux côtés; après les avoir farinés, faites-les frire d'une belle couleur;

les ayant égouttés, poudrez-les d'un peu de sel fin ; mettez une serviette sur le plat que vous devez servir, et dressez-les dessus.

Merlans grillés. Après avoir vidé et nettoyé vos merlans, ciselez les deux côtés ; versez dessus de l'huile, du sel et du gros poivre : une demi-heure avant de servir, posez-les sur le gril, à un feu un peu vif ; quand ils seront grillés, vous les masquerez avec une sauce au beurre ; on peut aussi les servir avec une sauce tomate.

Merlans à la bourgeoise. Faites fondre du beurre frais dans un plat, en y ajoutant persil, ciboules, champignons hachés, sel et poivre. Mettez-y vos merlans, auxquels vous aurez fait les préparations nécessaires ; assaisonnez dessus comme dessous. Couvrez bien votre plat ; faites cuire à petit feu ; servez à courte sauce avec un filet de verjus.

Merlans aux fines herbes. Après avoir préparé vos merlans, comme il est indiqué à l'article des merlans frits, mettez-les dans un vase creux dans lequel vous aurez étendu du beurre, avec persil et ciboules hachés, un peu de sel, de muscade et de gros poivre ; arrangez vos merlans dessus ; arrosez-les de beurre fondu ; mouillez-les avec du vin blanc ; retournez-les, lorsqu'ils sont à moitié cuits ; leur cuisson achevée, versez leur mouillement dans une casserole, sans les ôter de leur plat ; ajoutez-y un peu de beurre manié avec de la farine ; faites cuire et liez votre sauce dans laquelle vous exprimez un jus de citron ; saucez vos merlans et servez.

Merlans (Filets farcis de). Levez les filets de six gros merlans, et parez-les convenablement : faites une farce avec la chair de trois autres merlans de taille commune, et pilez cette chair dans un mortier ; après quoi vous la passerez dans un tamis à quenelles ; pilez et passez de la même manière au tamis une quantité égale de mie de pain, que vous aurez fait tremper dans du lait ; faites trois parts égales de cette mie ; mêlez les trois merlans, au moyen d'une quantité équivalente de beurre frais ; pilez le tout ensemble, assaisonné de sel, de poivre et d'un peu de muscade ; ajoutez-y une truffe coupée en petits dés ; fouettez deux blancs d'œufs que vous incorporez dans cette farce, en la remuant légèrement.

Ces préparatifs faits, couvrez de votre sauce le fond d'un plat d'argent à trois lignes d'épaisseur ; couchez-y vos filets du côté de la peau, et étendez sur chacun d'eux un peu de ladite farce, l'épaisseur d'un écu de six livres.

Ayez soin que vos filets soient artistement roulés, et qu'ils aient la forme de boudons : ainsi arrangés sur le plat, de manière que la farce remplisse tous les vides, faites-les cuire dans un four de campagne une demi-heure avant de les servir : versez dessus une bonne sauce à l'italienne, et servez chaud.

Merlans au gratin. Préparez trois merlans de la même manière que nous avons indiqué à l'article des merlans frits ; mettez-les sur un plat d'argent avec des fines herbes cuites et du beurre ; assaisonnez-les de sel, poivre et muscade ; après les avoir poudrés de chapelure de pain, arrosez-les de beurre, mouillez-les de vin blanc ; mettez-les cuire sur un fourneau, avec un four de campagne dessus, et servez à courte sauce.

Merlans aux truffes (Filets de). Levez les filets de cinq ou six merlans, et parez-les ; coupez chaque filet en quatre morceaux ; mettez du beurre fondre dans un sautoir, placez vos filets dessus, avec sel et gros poivre ; versez du beurre fondu dessus et deux jus de citron. Au moment de servir, sautez vos filets ; quand ils seront cuits d'un côté, retournez-les de l'autre ; égouttez-les avec un linge blanc : mettez dans votre sautoir des truffes coupées en lames ; faites réduire avec trois cuillerées d'allemande; liez votre sauce avec un morceau de beurre; mettez vos filets dans la sauce, dressez-les sur un plat garni de croûtons, et servez.

Merlans (Paupiettes de filets de). Levez les filets comme pour un sauté, parez-les de même; du côté de l'intérieur, étendez avec égalité un peu de farce de poisson, roulez vos filets dessus, en forme de baril; mettez de cette même farce sur votre plat, et arrangez vos filets à l'entour et au milieu; couvrez-les ensuite de bardes de lard ou d'un double papier beurré; mettez-les au four, ou sur un fourneau avec un four de campagne par-dessus; une demi-heure suffit pour les cuire; masquez-les avec une sauce italienne.

MERLE. Les naturalistes distinguent deux sortes de merles, le blanc et le noir; le premier est commun en Arcadie et dans la Norwège et autres pays du nord; il a le bec et les pieds jaunes.

Le merle de nos contrées est de la grosseur d'une grive, et de couleur noire sur le dos; l'estomac et le ventre sont de même couleur, mais semés de petites taches de blanc sale; il a outre cela le bec et les jambes d'un jaune qui tire sur le rouge.

On apprête les merles comme les pluviers, les vanneaux, les grives, etc., et autre gibier de cette espèce. *Voy.* ces oiseaux.

MERLUCHE. La merluche, ou morue sèche ou desséchée, est plus dure et plus compacte que la morue fraîche, et d'un goût bien inférieur; mais quand elle a été bien battue et bien apprêtée, elle devient plus saine et plus appétissante qu'elle n'aurait été sans cette opération préliminaire.

Merluche à la bourgeoise. Coupez votre merluche par morceaux, faites-la tremper pendant un jour;

après quoi faites-la cuire à grande eau. Mettez sur le feu un bon morceau de beurre avec ciboules, persil haché, poivre concassé et oignons cuits dans la braise; remuez cette sauce jusqu'à ce qu'elle soit liée. Versez-la sur votre merluche, et servez-la pour entrée.

Merluche frite. Après avoir fait dessaler votre merluche, coupez-la par morceaux et faites-la cuire. L'ayant essuyée, poudrez-la de farine; faites cuire au beurre roux, et servez avec une sauce Robert, ou avec du beurre, un oignon haché, sel et poivre.

Merluche (Brandade de). Prenez un morceau de belle merluche et faites-la tremper dans l'eau pendant vingt-quatre heures pour la dessaler et la ramollir. Mettez-la ensuite dans un pot sur le feu avec de l'eau, en observant qu'il faut la retirer dès que l'eau commence à bouillir.

Mettez du beurre, de l'huile, du persil et de l'ail, dans une casserole, que vous faites fondre sur un feu doux.

Pendant ce temps, épluchez la merluche, que vous cassez par petits morceaux; puis mettez-la dans la casserole, et ajoutez de temps en temps de l'huile, du beurre ou de lait, quand vous voyez qu'elle épaissit.

Remuez très-longtemps la casserole sur le fourneau, ce qui fait que la merluche se réduit alors en une espèce de crême.

Si vous la voulez verte, pilez des épinards, que vous substituez au persil.

La perfection des brandades dépend surtout du mouvement imprimé pendant très-longtemps à la casserole, et qui seul opère l'extrême division de toutes les parties de ce poisson naturellement coriace, et le métamorphose en une espèce de crême. Il ne faut donc point se lasser de remuer, autrement vous n'auriez qu'une béchamel au lieu d'une brandade.

MERLUS. Poisson qui se trouve dans la haute mer; il croît jusqu'à près de dix pieds; il a les yeux grands, le dos d'un gris cendré, le ventre blanc, la queue plate, la tête allongée et aplatie.

Les merlus qui vivent dans l'eau pure, en pleine mer, ont la chair tendre et de bon goût; ceux au contraire qui restent dans les endroits fangeux, deviennent gluans et de mauvais goût. Le foie de ce poisson peut être comparé pour la bonté à celui du surmulet. La pêche du merlus ne se pratique que dans la baie d'Audierne, département du Finistère.

Ce poisson se sale et se fait sécher à peu près comme le maquereau.

Étant frais, il s'apprête et s'accommode comme le merlan.

MEUNIER. Poisson d'eau douce, ainsi appelé, parce qu'il se tient pour l'ordinaire près des moulins, ou parce qu'il a la chair blanche. On le nomme aussi *vilain*, parce qu'il se plaît et se nourrit dans la bourbe: quelques-uns le nomment encore *têtu* ou *têtard*, à cause de sa tête qui est fort grosse, et qui n'a point de dents. Ce poisson, à l'exception de la tête, a le corps assez semblable au barbeau. Sa chair est blanche et molle, et par-là peu estimée. Néanmoins on le sert en étuvée, comme la carpe; il se met aussi sur le gril, et on le mange à la sauce. En général, on lui donne le même apprêt que celui du barbeau. *Voy.* BARBEAU, CARPE.

MIEL. C'est la substance la plus pure des fleurs, recueillie et digérée par les abeilles.

Le premier, qui découle ordinairement des gâteaux de cire, sans pression, est un miel blanc, qu'on appelle *miel vierge*.

Celui qu'on tire ensuite par expression, ou par le

feu, est plus jaune, est le *miel commun*, moins doux, moins agréable, et sentant, pour l'ordinaire, la cire dont il a été exprimé.

Quand on a moins d'égard à la délicatesse du goût qu'à la bonté intrinsèque des confitures, on préfère le miel au sucre, en ce qu'il est un extrait de ce qu'une infinité de plantes salutaires ont de plus pur et de plus éthéré; aussi est-il plus pectoral, plus balsamique, plus anodin que le sucre, qui n'est que le sucre exprimé et épaissi par la cuisson d'une seule plante, qui est la canne de sucre; d'ailleurs, la substance du miel reçoit dans l'abeille et la ruche, une élaboration qui la perfectionne et l'épure mieux que l'action du feu, qui, toujours violente, fait probablement évaporer ce que le suc de la canne de sucre a peut-être de meilleur et de plus volatil.

Le meilleur miel est celui qui vient du Languedoc, de Provence et du Dauphiné, parce que les plantes sont plus odorantes dans ces contrées. On le nomme *miel de Narbonne*.

MIGNONETTE. Pour faire une mignonette, mettez dans un petit morceau d'étamine, du poivre long, une muscade entière, coriandre, cannelle, clous de girofle; on ficelle l'étamine, et on lui fait faire quelques bouillons dans une marmite à potage. Une mignonette peut servir plusieurs fois.

MIROTON. Manière d'apprêter certaines viandes ou poissons en gras ou en maigre : on en fait de plusieurs façons, et surtout de bœuf, qu'on sert pour entrée. Les procédés pour faire un miroton sont si connus, qu'il est superflu de les détailler ici.

MOELLE. Substance grasse, de la nature de la graisse et insipide comme elle, contenue dans le creux les os. On l'emploie dans les cuisines pour les farces, comme celle de bœuf dans les petits pâtés, tourtes de moelle, et dans les hachis. Il est aussi une sorte de moelle qui occupe toute la longueur des vertèbres des animaux, et qu'on nomme *Amourettes*. On emploie aussi celle des veaux et moutons.

MONDAIN. C'est le nom qu'on donne à une race de pigeons de volière, la plus estimée, à cause de sa grande fécondité; les mondains de race pure sont moitié plus gros à-peu-près que les *bisets*. C'est la plus excellente race pour le produit, et une des meilleures pour la bonté des *pigeonneaux*; ce sont ceux qu'on sert le plus souvent et ordinairement sous le nom de *pigeons de volière*. Voy. PIGEONS.

MORILLE. Espèce de champignon poreux et spongieux. Elle ne diffère de ce dernier qu'en ce qu'elle est spongieuse et percée de plusieurs trous à-peu-près comme la mûre, au lieu que le champignon est feuilleté. Il faut choisir les morilles tendres, de la grosseur d'une noix, de couleur jaunâtre, ou d'un blanc tirant sur le jaune.

On se sert de morilles dans une infinité de ragoûts, sans compter qu'on en fait des plats particuliers, tant pour hors-d'œuvres que pour entremets.

Morilles (*Ragoût de*). On a des morilles, en proportion du ragoût que l'on veut faire; après en avoir épluché les queues pour en ôter la terre, on fend les grosses en deux, on les lave, on les met dans l'eau tiède pour qu'elles dégorgent, et qu'elles déposent au fond du vase le sable qu'elles sont sujettes à contenir; les ayant retirées de l'eau, on les fait blanchir, on les égoutte, et on les met dans une casserole avec un morceau de beurre et un jus de citron; on les passe, on les mouille avec de la sauce rousse ou blanche, comme il est indiqué pour les ragoûts de champignons, et on les finit de même.

Morilles à la crème, en gras (*Ragoût de*). Après avoir coupé, lavé et approprié vos morilles comme ci-dessus, faites-les égoutter, passez au lard fondu, avec bouquet, sel, poivre et un peu de farine; mouillez de bouillon, et faites mijoter; liez votre ragoût de de deux jaunes d'œufs et de crème; servez pour entremets.

Morilles à la crème, en maigre (*Ragoût de*). Vous les passez au beurre avec sel, poivre, bouquet garni et persil haché; vous mouillez de bouillon de poisson, et finissez comme ci-dessus.

Morilles au lard. Après avoir coupé vos morilles en deux, vous les nettoyez comme les précédentes; étant bien égouttées, mettez-les dans du lard fondu; embrochez-les ensuite dans de petites hâtelettes; et après les avoir panées, faites-les griller de belle couleur. Coupez du petit-lard en tranches bien minces, que vous arrangez dans une poêle; faites-les frire en quatre; disposez-les dans un plat, vos morilles dessus, après les avoir retirées des hâtelettes, et servez à sec.

Morilles à l'Italienne. Après avoir lavé vos morilles dans plusieurs eaux tièdes, égouttez-les bien; faites-les cuire sur la cendre chaude, avec persil, ciboules, champignons, pointe d'ail, le tout haché; du beurre, une cuillerée d'huile, sel et poivre. Quand elles sont cuites, servez-les sur une croûte passée au beurre.

Morilles frites. Vos morilles bien appropriées, coupez-les en long; faites-les bouillir dans du bouillon, à très-petit feu; quand le bouillon est consommé, farinez-les bien, et faites frire dans le sain-doux. Faites une sauce avec le reste du bouillon, assaisonnez de sel et muscade, que vous servirez sous vos morilles, avec du jus de mouton.

Morilles farcies. Après avoir ôté la queue de vos morilles et les avoir lavées, faites une farce de blanc de volaille cuite, et les farcissez; unissez avec de l'œuf battu; saupoudrez de mie de pain; foncez une casserole de veau et jambon; après y avoir mis du lard fondu et un bouquet, arrangez-y vos morilles, que vous couvrez de bardes de lard, et que vous faites cuire à très-petit feu à la braise; étant cuites, retirez-les et dégraissez; mettez du coulis dans une casserole; faites faire un bouillon pour dégraisser; passez la sauce au tamis; servez dessus les morilles, avec un jus de citron.

Morilles (Croûte aux). On ôte la mie, on fait sécher la croûte, et on met dedans un ragoût de morilles à la crème, soit gras ou maigre, tel que nous l'avons indiqué dans un des articles précédens.

MORTADELLE. Espèce de saucisson qui nous vient de Bologne en Italie. Ces saucissons sont de haut goût: le poivre sur-tout y domine.

Mortadelle de poulets. Levez la peau de deux poulets gras; hachez-en la chair avec du filet de carré de mouton, truffes, jambon et lard; mêlez le tout. Mettez-y un peu de crème, quatre jaunes d'œufs crus; fines herbes, épices, sel et poivre. Enveloppez le tout dans les peaux des poulets et dans une étamine; ficelez et mettez cuire à une braise blanche. Si vous servez votre mortadelle pour entrée, mettez-y une bonne essence liée; si vous la servez pour entremets, assaisonnez davantage votre braise, et servez votre mortadelle froide.

MORUE. Poisson de mer très-connu, qu'on pêche aux bancs de Terre-Neuve en Amérique. Quand il est frais, on l'appelle *morue.* Quand il est sec, on l'appelle *merluche.*

Cabillaud, *Cabiliau* ou *Cabliau*, sont autant de synonymes du terme de *morue*. On regarde dans le commerce la morue et le cabillaud comme deux poissons différens. Mais cette différence tient uniquement à la manière de préparer la morue.

On dit encore que le cabillaud salé est plus blanc que la morue qui a subi la même préparation ; mais cette diversité provient de ce que les Hollandais emploient, pour la salaison des morues, du sel blanc, qui leur donne un air de fraîcheur que n'ont pas les mêmes poissons préparés avec du sel gris.

Quant aux morues fraîches que l'on apporte des côtes de Flandre et de Picardie, sous le nom de *cabillauds*, elles ne diffèrent pas même, par le coup-d'œil, des morues ordinaires, puisqu'elles n'ont passé par aucun apprêt. On les appelle *cabillauds*, parce que c'est le nom qu'elles portent dans le pays d'où on nous les envoie.

On prétend que le cabillaud est plus alongé et a la tête moins grosse que la morue ; mais cette différence, si elle existe, est purement accidentelle, et n'empêche pas que les poissons qu'on appelle *cabillauds* ne soient absolument de la même espèce que ceux qui portent plus particulièrement le nom de *morues*.

Le cabillaud, quoique très-bon, lorsqu'il est bien frais et bien choisi, ne trouve cependant pas beaucoup d'amateurs ; une des principales raisons, peut-être, c'est qu'il est souvent mal apprêté. Les flamands le font mettre au sel, tout cru, après l'avoir bien vidé et lavé ; ils le mettent ensuite à l'eau de sel bouillante pour le faire cuire ; et aussitôt que l'eau commence à bouillir, ils le laissent mijoter pendant une heure, plus ou moins, selon sa grosseur ; de cette manière sa chair est ferme et agréable à manger.

Ce poisson se sert à plusieurs sauces, à la sauce blanche, aux câpres, à la maître-d'hôtel, au beurre fondu avec des pommes de terre cuites à l'eau de sel ; on le sert aussi à la hollandaise : cette sauce se fait avec du beurre, des jaunes d'œufs crus et du vinaigre ; mais dans les repas d'apparat il se sert à la crême.

Cabillaud à la sauce blanche. Videz votre cabillaud, ôtez-lui les ouïes, lavez-le ; faites une forte eau de sel, parce que ce poisson ne prend pas plus de sel qu'il ne faut. Quand elle sera claire, ficelez la tête de votre cabillaud ; mettez-le dans la poissonnière et l'eau de sel par-dessus ; faites-le cuire à très-petit feu sans qu'il bouille ; égouttez-le et servez-le avec une sauce blanche aux câpres.

Cabillaud à la hollandaise. Préparez-le et faites-le cuire comme le précédent ; dressez-le sur un plat, garnissez-le de pommes de terre cuites à l'eau et bien épluchées, et servez-le avec du beurre fondu dans une saucière.

Morue à la maître d'hôtel. Faites-la dessaler dans un mélange égal d'eau et de lait ; ensuite échaudez-la pour l'écailler plus facilement. Lorsqu'elle sera bien préparée, mettez-la cuire à l'eau froide. Vous aurez soin de tourner lorsqu'elle commencera à bouillir, et de ne point tarder à la retirer. Vous l'égoutterez et la mettrez sur un plat. Masquez-la avec une sauce à la maître-d'hôtel, dans laquelle vous verserez quelques gouttes de citron, et servez de suite.

Morue à la sauce blanche, aux câpres. Après l'avoir fait dessaler et cuire de la façon que nous venons d'indiquer plus haut, servez-la comme le cabillaud à la même sauce.

Morue à la hollandaise. Faites-la dessaler et cuire comme la morue à la maître-d'hôtel ; quand elle sera prête, vous la dresserez comme le cabillaud à la hollandaise.

Morue au beurre noir. Dessalez et faites cuire votre morue comme il a été indiqué au commencement de cet article; faites un beurre noir, dans lequel vous jeterez un peu de vinaigre, et arrosez-en votre morue après l'avoir bien égouttée et dressée sur le plat que vous voulez servir.

Morue (Brandade de). Otez les arêtes d'une crête de morue, après l'avoir fait dessaler de la manière indiquée pour la morue à la maître-d'hôtel, et cuire de même, écrasez-la avec vos doigts, et la mettez dans une casserole, avec une gousse d'ail hachée, deux jaunes d'œufs et une cuillerée de crème double; posez-la sur un fourneau bien doux, en la remuant toujours; faites-lui boire peu-à-peu une bonne demi-livre d'huile fine; servez-la chaudement, entourée de croûtons passés au beurre.

Morue à la provençale. Dépouillez un morceau de morue cuite à l'eau et dessalée comme il a été dit déjà; prenez le plat que vous devez servir, mettez dans le fond de l'échalote, un peu d'ail écrasée, persil, ciboules, du citron en tranches sans peau ni pépins, du gros poivre, deux cuillerées d'huile, gros comme la moitié d'un œuf de beurre; arrangez la morue dessus; couvrez-la d'un lit du même assaisonnement que dessous, et panez-la ensuite avec de la chapelure de pain; mettez le plat sur un petit feu, pour qu'elle bouille doucement; ajoutez-y du jus de citron, un peu de gros poivre; et faites-lui prendre couleur sous le four de campagne.

Morue à la bourguignonne. Votre morue étant dessalée et cuite comme celle à la maître-d'hôtel, faites roussir dans le beurre des oignons coupés en tranches. Lorsqu'ils seront cuits, vous les égoutterez, les dresserez sur votre morue, puis ferez roussir le beurre dans lequel ils auront cuit; et l'ayant tiré au clair, en saucerez vos oignons et votre morue.

Morue à l'anglaise (Queues de). Faites fondre un peu de beurre frais, ajoutez autant d'huile, des filets d'anchois, persil, échalotes et ciboules hachés, et des tranches de citron sans peau ni pépins; faites chauffer le tout sur un feu doux, épicez de sel, gros poivre, un peu d'ail. Cette sauce étant bien liée, vous en mettrez la moitié au fond d'un plat, vous dresserez dessus vos queues de morue dessalées, cuites comme la morue à la maître-d'hôtel; vous les entourerez de croûtons frits au beurre, et vous les arroserez avec le reste de la sauce. Servez promptement.

MOTELLE. Petit poisson de rivière, et principalement de lac. Il est ordinairement gras comme l'éperlan; il a la peau visqueuse, sans écailles; le corps tortueux, la tête grande, large et un peu aplatie, et il est très-gourmand; il est commun en Suisse et dans la ci-devant Bourgogne; sa chair, quoique visqueuse, est assez estimée par son goût. Il s'apprête et s'accommode comme l'éperlan. *Voy.* Éperlan.

MOUDON. Espèce de boudin blanc, fait avec de la fraise de veau, dégorgée dans de l'eau tiède, cuite dans une demi-braise, hachée, mise dans une casserole avec une pinte de sang de cochon, sel, épices, fines herbes, persil, ciboules, échalotes, pointe d'ail, et qu'on entonne dans un boyau bien net. On en forme des boudins que l'on fait cuire encore dans une demi-braise.

MOULE. Espèce de poisson de mer renfermé entre deux écailles noires au-dehors, qui s'attache aux pierres et aux rochers comme les huîtres. Il est d'un goût agréable; mais on le croit dangereux dans certaines saisons. Il y a des moules d'eau douce, mais rarement bonnes à manger.

Moules à la provençale. Vous lavez vos moules, vous les égouttez, et les faites cuire jusqu'à ce qu'elles s'ouvrent; ôtez la moitié des coquilles; mettez dans une casserole un demi-verre d'huile, persil, ciboules, champignons, truffes, une demi-gousse d'ail, le tout haché très-fin; passez et mouillez d'un verre de vin de Champagne, d'une cuillerée de bouillon et de la moitié de l'eau de moules. Faites cuire et presque réduire; mettez-y les moules avec une cuillerée de coulis; faites faire quelques bouillons, ajoutez-y un jus de citron, du gros poivre, une muscade râpée, et servez à courte sauce.

Moules à la poulette. Vos moules bien ratissées et bien lavées, mettez-les à sec dans une casserole et sur un feu ardent; vous les sautez; à mesure qu'elles s'ouvrent, ôtez la coquille et mettez-les dans une autre casserole; passez l'eau qu'ont produite vos moules, au tamis de soie, mettez ensuite un bon morceau de beurre dans une casserole, de la ciboule hachée, passée au beurre; ajoutez-y du persil, que vous passez de même: joignez-y plein une cuillerée à bouche de farine, que vous mêlez avec votre beurre; arrosez vos fines herbes avec l'eau de vos moules; ajoutez un peu de poivre et de muscade râpée; faites jeter quelques bouillons à votre sauce; mettez-y une liaison de deux ou trois œufs, en proportion de la quantité des moules; mettez ensuite vos moules dans votre sauce; sautez-les, et tenez-les chaudes sans les faire bouillir. Au moment de servir, mettez-y un jus de citron, et dressez vos moules sur le plat.

On peut faire aussi des ragoûts et des potages aux moules; mais la cuisine moderne les a rejetés depuis quelque temps, comme des préparations qui ne méritent pas de fixer un moment l'attention du gastronome.

MOUSSE. Préparation d'office qui se fait de la manière suivante:

On a de la meilleure crême possible ; on la met dans une terrine, avec un quarteron de sucre pilé pour une chopine de crême, de la fleur d'orange ; on place cette crême sur la glace, comme la crême à la Chantilli ; on la fouette de même. A mesure qu'elle mousse, on doit l'enlever avec une écumoire, et la déposer sur un tamis : on met un ou deux blancs d'œufs, si la mousse ne se fait pas bien. Il ne faut faire ces choses-là qu'au moment où l'on est pour les servir, et les tenir dans un endroit bien frais, à moins que l'on n'ait des gobelets d'argent ou de vermeil, que l'on pourrait tenir à la glace : on les dresse dans des verres à pattes.

On leur donne le goût de marasquin et de toute autre odeur, par les essences qui les procurent.

MOUSSELINE. Pâte de pastillage faite avec la gomme adragante fondue et mêlée avec du jus de citron, qu'on dresse en rocher, en clocher, en dôme, ou d'autre manière, et qu'on fait sécher à l'étuve. Ce pastillage s'appelle *Mousseline blanche*.

La *mousseline jaune* se fait de même, si ce n'est qu'on la teint avec l'infusion de safran, ou la gomme-gutte ; la *rouge*, de même, et se teint avec la cochenille ; la *bleue*, avec l'indigo ; la *verte*, avec le jus d'épinards ; la *violette*, avec la teinture de tournesol.

Mousseline (*Bastion de*). Ce sont des rouleaux des différentes mousselines ci-dessus, qu'on unit ensemble avec du sucre au caramel, en forme de bastion. Ces diverses préparations se servent avec ce qu'on appelle *assiettes de four*, comme *gimblettes*, *cornets*, *meringues*, *biscotins*, *tourons*, etc.

MOUSSERON. Espèce de champignon printannier, gros comme un pois, odorant et fort bon à manger. On en trouve au commencement du printemps au milieu de la mousse, dans les endroits ombrageux, dans les bois, sous les arbres, entre les épines, dans les prés; il en revient chaque année au même lieu d'où l'on en a tiré.

On sert les mousserons dans les meilleures tables, sous toutes sortes de faces. On nous donne des croûtes aux mousserons, des mousserons à la crême, des mousserons à la provençale, des tourtes de mousserons, des pains aux mousserons, enfin des potages de croûtes aux mousserons, en gras et en maigre. On peut les faire sécher pour l'hiver.

Mousseron (Ragoût de). Après avoir épluché et lavé vos mousserons, passez-les au lard fondu, avec bouquet, sel et poivre; mouillez de jus de veau, et faites mitonner: dégraissez ensuite et liez d'un coulis de veau et jambon; servez pour entremets.

Mousserons (Croûte aux). Vous faites un ragoût de mousserons comme il est indiqué dans l'article précédent. Vous mettez une croûte bien sèche et bien chapelée au fond d'un plat. Servez votre ragoût dessus pour entremets.

On peut préparer d'une autre manière cette croûte aux mousserons : à cet effet, on prend un pain bien chapelé; on en coupe les croûtes de la grandeur d'un écu; on les fait tremper dans du lait, et frire de belle couleur; après les avoir égouttées on les dresse dans un plat, et on verse par-dessus le ragoût de mousserons.

Mousserons à la crême, en gras (Ragoût de). Vous épluchez et lavez vos mousserons, comme il est indiqué ci-dessus; vous les passez ensuite au lard fondu avec bouquet et persil haché. Après les avoir poudrés d'un peu de farine, vous les laissez mitonner; vous y ajoutez deux cuillerées de coulis gras, vous liez avec deux jaunes d'œufs et de la crême, et servez pour entremets.

Mousserons à la crême, en maigre (Ragoût de). On

ait les mêmes procédés pour leur confection que pour celle des morilles à la crême en maigre. *Voy.* MORILLES.

Mousserons à la Provençale. Après avoir épluché et lavé vos mousserons, vous les passez avec un demi-verre d'huile, un verre de vin de Champagne, bouquet de persil, ciboules, deux cuillerées de réduction, une de coulis, une tranche de jambon, sel et gros poivre ; vous faites mitonner le tout, et vous dégraissez ensuite. Otez le jambon et le bouquet ; coupez de la mie de pain en petites pièces ; passez-les à l'huile ; égouttez-les ; mettez-les dans le ragoût, avant de servir, avec le jus d'un citron.

Mousserons en gras (Potage de croûtes de). Vous passez des mousserons au lard fondu, vous les mouillez de jus de veau, et vous les laissez mitonner. Dégraissez ensuite, et liez d'un coulis roux de perdrix. Mitonnez des croûtes dans moitié jus et moitié bouillon ; laissez-les attacher, et versez dessus le ragoût et le coulis clair.

Mousserons en maigre (Potage de croûtes de). Faites le ragoût de mousserons au beurre, et liez d'un coulis maigre. Faites mitonner des croûtes au bouillon de poisson et laissez attacher ; mettez au milieu un pain farci d'un hachis de carpe ou autres poissons. Versez le ragoût par-dessus.

Mousserons (Pain aux). Ayez un pain bien rond, dans lequel vous faites un trou par-dessous ; ôtez-en la mie ; remplissez ce trou de hachis de perdrix ou de tout autre ; après quoi bouchez-le et ficelez-le. Faites tremper ensuite votre pain dans du lait, et frire au sain-doux de belle couleur. Faites mitonner une poignée de mousserons dans de l'essence de jambon. Mettez le pain mitonner dans ce ragoût ; déficelez et dressez dans un plat ; versez dessus le ragoût et servez pour entremets.

Mousserons (tourte de). Vous faites un ragoût de mousserons, comme nous l'avons déjà indiqué. Foncez une tourtière d'une abaisse de feuilletage. Versez dessus votre ragoût ; recouvrez d'une même abaisse ; finissez à l'ordinaire ; mettez au four. Votre tourte cuite, servez-la chaudement.

Mousserons (Poudre de). Ayez une demi-livre de champignons, autant de morilles, autant de truffes et une livre de mousserons. Après avoir bien épluché le tout, faites-le sécher au soleil ou au four ; pilez le tout ensuite et passez-le au tamis. Vous tiendrez cette poudre bien close, pour vous en servir au besoin. Elle donne un relief singulier aux ragoûts dans lesquels on la fait entrer.

MOUTARDE. Graine du Senevé, qui est une silique pleine de graines fort âcres, rondelettes, chaudes, piquantes au goût.

On fait avec la graine de moutarde une sauce appelée *sauce à la moutarde*, propre à provoquer l'appétit. Elle se manipule avec la graine de moutarde broyée et du vinaigre. En Italie, on se sert du vin.

La moutarde ordinaire est une pâte liquide, âcre et piquante, composée de graines de moutarde et de vinaigre.

MOUTON. Quand l'agneau est parvenu à une certaine grandeur, on le châtre, et alors il s'appelle *mouton*. Celui qu'on ne châtre point s'appelle *bélier*, et il est réservé pour la propagation de l'espèce.

En cuisine, on doit choisir la chair et les autres parties d'un mouton, qui soit jeune, médiocrement gras, tendre, qui ait été nourri de bons alimens, et élevé dans un air pur et sec. Les plus estimés sont ceux des Ardennes, de Cabourg, de Pré-Salé et d'Arles.

On peut nommer ensuite ceux de Beauvais, de Reims, de Dieppe et d'Avranches.

Le gigot de mouton est le rôti le plus ordinaire des tables bourgeoises; mais quoique vulgaire, il n'en est pas moins un manger nutritif et succulent; il ne doit pas être trop cuit pour être mangé dans sa gloire. Si le gigot n'est pas assez cuit, il est facile d'y remédier, quoique découpé, en passant un moment ses tranches dans la casserole, sur un feu clair; mais s'il l'est trop, plus de remède, c'est un malheur irréparable.

Toutes les parties du mouton s'apprêtent de cent manières différentes. D'un gigot de mouton cuit à la broche on en fait un hachis; des carrés on en fait des haricots. On sert les collets aux navets, à la sauce hachée, à la chicorée, aux lentilles, etc.

Mouton à la broche (*Gigot de*). Nous avons exposé au commencement de cet article tout ce qui pouvait le rendre un rôti merveilleux; ainsi il serait superflu de s'étendre sur l'apprêt d'un mets qui est à la portée du moindre marmiton.

Mouton de sept heures (*Gigot de*). Le gigot qui ne se trouve point assez tendre pour supporter les honneurs de la broche, figure très-bien à la braise, sous le nom de gigot de sept heures, et offre un relevé fort estimable.

Désossez un gigot jusqu'à la moitié du manche, assaisonnez-le de lardons, de sel, de gros poivre, de thym et de laurier pilés; piquez le dedans de votre gigot, ayant soin de ne pas faire sortir vos lardons par-dessous. Quand il est bien piqué, faites-lui prendre sa forme première; ficelez-le de manière qu'on ne s'aperçoive pas qu'il ait été désossé. Mettez ensuite des bardes de lard dans le fond de votre braisière, quelques tranches de jambon, les os concassés, quelques tranches de mouton, quatre carottes, six oignons, deux feuilles de laurier, un peu de thym, trois clous de girofle, un bouquet de persil et ciboules, une cuillerée à pot de bouillon; répandez tout cela sur votre gigot, que vous couvrez de lard et par-dessus d'un papier beurré. Faites cuire votre gigot pendant sept heures, s'il est fort, à petit feu; mettez-en aussi sur le couvercle de la braisière. Au moment de servir, vous l'égouttez, le déficelez et le glacez; alors servez-le avec le mouillement réduit, dans lequel il a cuit.

Mouton à l'eau (Gigot de). Après avoir désossé le quasi de votre gigot jusqu'à l'os de la cuisse, vous en piquez l'intérieur avec de gros lardons assaisonnés de sel, poivre et épices, ayant soin qu'ils ne ressortent pas par-dessous; vous le ficelez, et vous mettez par-dessus quelques bardes de lard, trois ou quatre carottes, cinq ou six oignons, dont un piqué de quatre clous de girofle, trois feuilles de laurier et un peu de thym. Mouillez votre gigot avec de l'eau, et mettez-y du sel; ayez soin qu'il baigne dans l'eau; faites-le bouillir pendant trois heures. Au moment de servir, déficelez-le, et servez-le avec un peu du mouillement dans lequel il a cuit, et que vous passez à l'étamine; on peut servir à l'entour des pommes de terre tournées et cuites à blanc avec le gigot. On peut aussi employer une sauce tomate.

Mouton à la gasconne (Gigot de). Procurez-vous un bon gigot que vous laissez bien mortifier; lorsque vous voulez vous en servir, vous le piquez d'une douzaine d'aulx et d'une douzaine d'anchois en filets; faites-le cuire à la broche, et servez-le avec un ragoût d'ail ainsi préparé.

Vous éplucherez une livre d'aulx, que vous faites blanchir à plusieurs bouillons; quand ils sont presque cuits, vous les égouttez et les mettez dans une casserole avec cinq cuillerées d'espagnole réduite, un morceau de beurre et un peu de jus; faites réduire, et serez votre ragoût d'ail sous votre gigot en place d'haricots.

Mouton (*Hachis de*). Faites cuire un gigot à la broche, et le laissez refroidir. Prenez-en le meilleur que vous hacherez menu. Faites suer et attacher une tranche de jambon; mouillez de coulis et de bouillon; retirez ensuite le jambon et mettez-y votre hachis; faites chauffer sans bouillir; assaisonnez de bon goût; dressez et garnissez d'œufs frais pochés à l'eau, et de croûtes frites.

Mouton à la chicorée (*Émincé de gigot de*). Votre gigot cuit à la broche et refroidi, enlevez les chairs que vous émincerez et que vous déposerez dans une casserole.

Faites blanchir des cœurs de chicorée : Quand votre chicorée a été bien pressée, et que l'eau en est sortie, vous la hachez et vous la passez avec un morceau de beurre; vous y mettez ensuite trois cuillerées à dégraisser de sauce espagnole, autant de consommé, un peu de sel et de gros poivre. Faites réduire votre chicorée; lorsqu'elle sera un peu épaisse, vous la versez sur votre émincé; vous mêlez le tout ensemble, et vous le tenez chaud sans le faire bouillir. Au moment de servir, dressez-le en buisson; mettez à l'entour des croûtons frits dans le beurre et versez un peu de la sauce espagnole par-dessus.

Mouton à la bourgeoise (*Haricot de*). Procurez-vous la quantité de viande dont vous avez besoin, comme carré, poitrine, col, épaule; il n'importe quels endroits; quoi qu'il en soit, les côtelettes sont les meilleures; coupez cette viande par gros morceaux, lavez-la, si elle en a besoin; et après l'avoir égouttée, passez-la dans une casserole avec du beurre frais; mouillez-la après avec du bouillon et un peu de vin blanc; faute de bouillon, on y met de l'eau chaude; assaisonnez de sel et d'épices fines avec deux ou trois oignons, un bouquet de fines herbes, dans lequel seront deux gousses d'ail; faites bouillir et cuire doucement.

Choisissez des navets bien tendres que vous ratissez ou pelez légèrement; s'ils sont gros, coupez-les par morceaux, faites-les frire dans de bon sain-doux ou de la graisse de rôt; quand ils seront d'un bon roux, tirez-les avec une écumoire pour les mettre cuire séparément dans une casserole avec du bouillon et un peu d'assaisonnement. Le tout étant cuit à point, tirez la sauce de votre viande, que vous passerez au travers d'une passoire bien fine; vous la dégraissez bien, et la liez d'un peu de farine frite. Mettez cette liaison parmi vos navets; faites faire quelques petits bouillons; versez ce ragoût de navets sur votre viande; faites mijoter le tout ensemble; dressez et servez ensuite pour entrée.

Mouton (*Haricot de poitrine de*). Après avoir coupé votre poitrine en morceaux, mettez dans le fond d'une casserole des tranches d'oignons; arrangez vos morceaux par-dessus; joignez-y deux carottes, une feuille de laurier, un peu de thym, avec un grand verre de bouillon; faites bouillir votre viande jusqu'à ce que votre mouillement soit tombé à glace un peu brune; mettez-y deux cuillerées à pot de bouillon ou d'eau; alors ajoutez-y du sel; faites mijoter votre poitrine pendant deux heures; quand elle sera cuite, vous passerez votre mouillement au tamis de soie; mettez-y vos morceaux de poitrine, dont vous ôterez les os des côtes.

Tournez des navets en petits bâtons que vous mettrez dans une casserole, et que vous ferez sauter dans le beurre, jusqu'à ce qu'ils aient pris une couleur blonde; vous les saupoudrerez d'une cuillerée à bouche de farine, ayant soin de les remuer; versez sur vos navets le mouillement dans lequel a cuit votre poitrine, et mettez-y un morceau de sucre. Quand vos navets seront cuits, si la sauce est trop longue, vous les retirez pour les mettre sur votre viande; alors faites réduire votre sauce à son point; après l'avoir dégraissée, passez-la à l'étamine sur votre poitrine et vos navets; faites ensuite mijoter votre ragoût pendant une demi-heure, pour qu'il prenne goût, et servez.

Mouton (*Épaule de*). Elle se sert cuite à la broche, avec les sauces à la ciboulette, à l'échalote, avec ragoût de chicorée, de laitues à la Sainte-Menehould; on la mange au four, en ballon, en croustade, à la roussie, etc., etc.

Mouton à l'eau (*Épaule de*). Cassez les os de votre épaule; parez le manche; faites-la cuire dans du bouillon, avec bouquet, clous de girofle, racines, oignons et peu de sel. Quand elle est cuite, vous dégraissez la sauce; vous la faites réduire en glace; vous glacez ensuite votre épaule; vous mettez un peu de coulis clair, pour détacher ce qui reste dans la casserole; vous le versez sur l'épaule que vous servez pour entrée.

Mouton aux oignons glacés (*Épaule de*). Procurez-vous une épaule de mouton bien couverte, que vous désosserez jusqu'à la moitié du manche; piquez l'intérieur de votre épaule avec des lardons assaisonnés, mettez-y un peu de sel, de poivre; quand elle sera piquée, vous la trousserez en ballon; bridez-la de manière qu'elle conserve la forme que vous lui donnez; après l'avoir ficelée, mettez des bardes de lard dans une braisière; placez-y votre épaule, en y joignant trois carottes, quatre oignons, dont un piqué de deux clous de girofle, deux feuilles de laurier, un peu de thym, les os de votre épaule; mouillez avec du bouillon et de l'eau; alors mettez-y du sel, et faites mijoter votre épaule pendant près de quatre heures. Au moment de servir, égouttez votre épaule, et après l'avoir débridée, déficelée et glacée, dressez-la sur un plat. Mettez ensuite à l'entour des oignons glacés. Employez pour sauce une espagnole réduite.

Mouton (*Côtelettes grillées de*). Coupez un carré de mouton par côtelettes un peu courtes ; aplatissez-les avec le plat du couperet, et ratissez-leur proprement le bout de l'os. Panez-les de mie de pain bien fine, mêlée de sel menu, de poivre et de ciboule hachée menu ; faites-les griller de belle couleur des deux côtés ; étant cuites, servez-les avec une sauce au jus et aux échalotes.

On peut, avant que de griller ces côtelettes, les faire mariner comme celles de veau. *Voy.* VEAU. Ce qui contribue à les rendre plus tendres et meilleures. On les sert en entrée ou en hors-d'œuvre.

Mouton aux concombres (*Côtelettes de*). Coupez vos côtelettes, parez-les et faites-les cuire comme celles dites à la Soubise ; au moment de les servir, vous les égouttez, les glacez, et les dressez en couronne sur le plat ; vous mettez dans le milieu des concombres à la crème, ou d'autres légumes.

Mouton au basilic (*Côtelettes de*). Coupez un carré de mouton en côtelettes, que vous faites cuire de la même façon que les côtelettes en robe de chambre, et que vous finissez de même, à cette différence près, que vous y mettez du basilic haché très-fin, un œuf de plus et moins de crême. Quand elles seront bien enveloppées de farce et panées, vous les ferez frire de belle couleur, et les servirez garnies de persil frit ; vous les dresserez autour d'un morceau de mie de pain que vous aurez mis dans le plat. Servez pour entrée.

Mouton à la ravigotte (*Côtelettes de*). Mettez dans une casserole un carré de mouton coupé en côtelettes, avec un peu de beurre ; passez-les sur le feu, et ajoutez-y une pincée de farine ; mouillez avec du bouillon ; joignez-y un bouquet de persil, ciboules, une demi-gousse d'ail, deux clous de girofle, et faites cuire à petit feu. Lorsqu'il est dégraissé, prenez de la même sauce, que vous mettez sur une assiette; délayez avec trois jaunes d'œufs et des herbes à ravigotte; versez cette liaison dans la casserole où sont vos côtelettes; faites-la lier sur le feu sans qu'elle bouille; dressez votre viande dans le plat et votre sauce pardessus; servez pour entrée. *Voy.* RAVIGOTTE.

Mouton (*Côtelettes sautées de*). On coupe des côtelettes depuis la troisième côte, près du collet, jusqu'à la dernière, de l'épaisseur d'un pouce; on les pare, c'est-à-dire, on en ôte les peaux et les os, excepté l'os de la côte; on lui donne une forme ronde du côté du filet; on approprie le bout de l'os du côté de la poitrine, afin qu'on puisse prendre la côtelette avec les doigts, sans toucher la viande. Après avoir battu le filet de la côtelette avec un couperet, parez-la encore une fois, pour ôter les chairs qui excèdent les autres : mettez vos côtelettes dans votre sautoir; vous les assaisonnez et versez ensuite du beurre dessus. Au moment de servir, placez votre sautoir sur un feu ardent; lorsque vos côtelettes ont roidi d'un côté, retournez-les de l'autre. Cinq minutes suffisent pour les cuire; dressez-les en couronne, et servez dessous une sauce liée, dans laquelle vous mettez un jus clair, et au milieu de vos côtelettes de petites racines tournées.

Mouton aux navets (*Côtelettes de*). Après avoir coupé et paré vos côtelettes, faites-les cuire comme celles aux concombres; couvrez-les de tranches de navets et de bardes de lard; faites-les mijoter pendant deux heures; au moment de servir, égouttez-les, glacez-les et dressez-les sur votre plat en couronne; placez vos navets dans le milieu, et servez pour entrée.

Mouton aux petites racines (*Côtelettes de*). Après

avoir préparé, approprié et paré vos côtelettes comme les précédentes, vous les faites cuire et les couvrez de tranches de carottes; au moment de servir, vous les égouttez, les glacez et les dressez en couronne; vous mettez les carottes dans le milieu, et vous servez pour entrée.

Mouton (*Selle braisée de*). Ayez la moitié d'une selle, qui est depuis la première côte jusqu'au gigot; désossez-la, et assaisonnez-la bien dans l'intérieur de sel et de poivre; roulez-la de manière qu'elle présente un carré long, et ficelez-la bien; mettez ensuite dans une casserole des bardes de lard; placez-y la selle, en y ajoutant trois carottes, quatre oignons, deux clous de girofle, une feuille de laurier, un peu de thym, un bouquet de persil et ciboule, et les parures que vous aura fournies cette selle; jetez par-dessus cela une cuillerée à pot de bon bouillon, et couvrez le tout d'un rond de papier beurré; faites cuire ensuite, feu dessus et dessous, pendant trois bonnes heures. Au moment de servir, égouttez, déficelez, enlevez la peau de votre selle et glacez-la.

On peut servir dessous ce que l'on veut, comme chicorée, épinards, purée de cardes ou de champignons. On peut mettre aussi des laitues à l'entour, une sauce dessous, des oignons glacés, ou bien la servir à l'anglaise; c'est-à-dire, qu'après avoir enlevé la peau, au lieu de glacer, il faut la paner et mettre un jus clair dessous. On peut apprêter les gigots et les épaules de la même manière.

Mouton à la brochette (*Rognons de*). Procurez-vous douze rognons de moutons; après les avoir mouillés, fendez-les légèrement à l'opposé du nerf; ôtez-en les peaux qui les enveloppent, et achevez de les fendre sans les séparer; passez au travers, de quatre en quatre, une brochette de bois, en sorte qu'ils ne puissent se refermer; trempez-les dans du beurre fondu;

panez-les, faites-les griller, ayant soin de les retourner à propos. Quand ils sont cuits, retirez-en les brochettes, et dressez-les sur un plat; mettez dans chacun gros comme la moitié d'une noix de maître-d'hôtel froide (*Voy*. ce mot); faites chauffer votre plat, et exprimez dessus le jus d'un citron.

Mouton au vin de Champagne (*Rognons de*). Supprimez les peaux de douze rognons; émincez-les. Mettez dans une casserole gros de beurre comme un œuf, avec vos rognons assaisonnés de sel, poivre, muscade, persil haché et champignons; faites-les sauter à grand feu; lorsqu'ils sont roidis, vous y mettez une cuillerée à bouche de farine, et un verre de vin de Champagne, que vous avez fait bouillir avec deux cuillerées d'espagnole réduite; remuez-les sur le feu sans les laisser bouillir; au moment de servir, ajoutez-y gros comme une noix de beurre fin et un jus de citron; servez alors avec des croûtons autour.

Mouton piqués de persil (*Carrés de*). Achetez trois carrés de mouton; après en avoir supprimé l'échine, parez les filets; prenez une lardoire avec trois branches de persil bien vert; piquez droit dans les filets de vos carrés sur trois : quand ils seront piqués, faites-les mariner avec de l'huile, du sel et du poivre : passez un hatelet au travers, couchez-les sur la broche, et faites-les cuire, ayant soin de les arroser avec de l'huile; une demi-heure suffit pour leur cuisson; dressez-les alors sur un plat, le persil en dessus, avec un aspic clair.

Mouton piqué (*Carrés de*). Parez trois carrés de la manière indiquée dans l'article précédent; piquez-les de lard fin; couchez-les sur broche, et faites-les cuire; trois-quarts d'heure suffisent; dressez-les sur votre plat, le lard en dessus. Après les avoir glacés et saucés, vous les servez avec une poivrade.

Mouton en fricandeau (*Carrés de*). Supprimez l'échine de deux carrés de moutons ; parez-en les filets, et piquez-les comme un fricandeau : foncez une casserole des débris de vos carrés, de quelques parures de veau, de deux carottes, de deux oignons et d'un bouquet assaisonné ; vos carrés posés dessus, mouillez-les d'une cuillerée à pot de bon consommé ; couvrez-les d'un papier beurré, et faites-les cuire comme un fricandeau ; leur cuisson achevée, vous les égouttez, les mettez sous presse et les parez avec la peau qui couvre les côtes ; faites glacer vos carrés en les mettant sur un plafond avec leur fond, que vous aurez passé à la serviette ; dégraissez et faites réduire à demi-glace au four de campagne, ayant soin de les arroser de temps en temps : servez-les sur une purée d'oseille ou de chicorée.

Mouton (Carbonnade de). Vous passez des tranches minces de mouton, saupoudrées de sel, poivre et mie de pain, dans une casserole, au lard fondu. Ayez soin de les faire bien rissoler. Faites frire de la farine dans votre roux, et servez sur vos carbonnades. Votre roux lié avec du jus de champignons, garnissez de croûtes de pain ou de persil frit.

Mouton (Langues braisées de). Ayez quinze langues de mouton, que vous faites dégorger ; après les avoir bien frottées et lavées pour ôter le sang caillé qui peut s'y attacher, faites-les blanchir pendant près d'une demi-heure ; vous les rafraîchissez, les égouttez, les essuyez, ayant soin de couper le cornet ; vous pouvez les piquer avec de moyens lardons assaisonnés.

Mettez dans une casserole des bardes de lard, quatre carottes coupées en morceaux, quatre oignons, dont un piqué de deux clous de girofle, quelques tranches de veau, deux feuilles de laurier, un peu de thym, un bouquet de persil et ciboules : placez vos langues sur cet assaisonnement ; couvrez-les de bardes de lard ;

nouillez-les avec du bouillon, faites-les mijoter pendant cinq heures environ, et servez ensuite.

On peut aussi servir ces langues ainsi apprêtées, avec des navets, des petites racines, aux fines herbes ou à la sauce tomate.

Mouton au gratin (*Langues de*). Vos langues étant préparées et cuites comme celles dites braisées, mettez dans le fond de votre plat une farce de quenelles de volaille ou de godiveau, à laquelle vous ajoutez un peu de velouté. Placez vos langues dessus, afin qu'elles soient assises sur le gratin; couvrez-les de bardes de lard; mettez ensuite votre plat sur un feu qui ne soit pas trop vif, afin que votre gratin ne brûle pas; posez le four de campagne dessus, ayez soin qu'il ne soit pas trop chaud. Lorsque votre gratin est cuit à point, vous versez sur vos langues, à l'instant de servir, une sauce italienne, ayant eu préalablement la précaution d'ôter la graisse qui est dans le plat, et les bardes qui couvrent les langues.

Mouton en papillotes (*Langues de*). Après avoir préparé et fait cuire vos langues comme celles dites braisées, coupez-les en deux dans leur longueur, mettez-les sur un plat, et versez dessus de fines herbes. Ayez des carrés de papier huilé : lorsque vos langues, assaisonnées de fines herbes, seront refroidies, vous posez sur chaque carré de papier un petit morceau de barde de lard, une moitié de langue par-dessus; vous y mettez aussi un peu de fines herbes, avec une petite barde. Pliez votre papier de manière que chaque langue se trouve enfermée; coupez les angles de votre papier, et plissez-le de telle sorte que vos fines herbes ne puissent s'en échapper; ficelez alors le bout de vos papillottes. Un quart-d'heure avant de servir, mettez vos langues sur le gril, à feu doux, afin que votre papier ne brûle pas. Au moment du service, dressez-les en couronne, et mettez dessus un jus clair.

Mouton en crépinettes (Langues de). Ayez douze langues de mouton apprêtées comme dans les articles précédens; enveloppez-les d'oignons préparés comme les palais de bœuf en crépinettes. (*Voy.* Bœuf.) Quand vos langues auront pris une couleur bien jaune, glacez-les, dressez-les en couronne sur votre plat; saucez d'un aspic ou d'une sauce tomate.

Mouton au blanc. (Pieds de) Après avoir échaudé des pieds de mouton, désossez-les jusqu'à la jointure faites-les blanchir, rafraîchissez-les et flambez-les; ôtez le saut de mouton qui se trouve dans le fourchu des pieds, qui est un petit amas de poils; après les avoir bien essuyés, faites-les cuire dans un blanc; laissez-les mijoter sur le feu pendant quatre heures; lorsqu'ils sont cuits, retirez-les pour les égoutter; parez les extrémités de telle sorte que vos pieds soient bien entiers et bien propres, et mettez-les dans une casserole; ayez six cuillerées à dégraisser de velouté, et quatre de consommé, que vous faites réduire presque à moitié; un instant avant de servir, mettez une liaison de deux jaunes d'œufs dans votre sauce, avec un peu de muscade; quand elle est liée, passez-la à l'étamine sur vos pieds. Tenez-les chaudement sans faire bouillir, et après y avoir mis un peu de gros poivre, servez.

Mouton en marinade (Pieds de). Vos pieds de mouton préparés et cuits comme ceux dits au blanc, vous les égouttez, les parez et les mettez ensuite dans une marinade; si vous n'en avez pas, vous les assaisonnez avec un peu de sel, de poivre, et les arrosez de vinaigre; au moment de servir, après les avoir égouttés, mettez-les dans une pâte à frire; posez-les dans une friture bien chaude, et ayez soin de leur faire prendre une belle couleur: égouttez-les, dressez-les sur un plat, avec du persil frit dessus.

Mouton à la Sainte Menehould (Pieds de). Après avoir préparé vos pieds, vous les faites cuire dans l'eau vous leur ôtez le gros os, et les laissez entiers; mettez-les ensuite dans une casserole avec un morceau de beurre, persil, ciboule et une pointe d'ail hachés, sel et poivre; faites-les mijoter jusqu'à ce qu'il n'y ait plus de sauce; sur la fin remuez-les, de crainte qu'ils ne s'attachent. Quand ils sont froids, trempez-les dans le restant de la sauce, et panez-les de mie de pain; faites-les griller et servez-les à sec, avec une sauce piquante.

Mouton à la poulette (Pieds de). Vous flambez un certain nombre de pieds de mouton, et vous en ôtez une petite touffe de poils qui se trouve au milieu de la fente du pied; faites-les cuire dans un blanc; étant cuits, ce qui ne peut s'opérer qu'au bout de quatre bonnes heures, vous les égouttez sur un torchon blanc, et vous leur ôtez les os de la jambe : faites réduire quelques cuillerées de coulis blanc avec des champignons passés auparavant au beurre; liez avec trois jaunes d'œufs; ajoutez trois quarterons de beurre frais, une pincée de persil blanchi, un jus de citron; mettez vos pieds de mouton dans cette sauce et servez.

Mouton (Queues braisées de). Procurez-vous sept ou huit queues de mouton, toutes de la même grosseur et de la même longueur; mettez dans une casserole des bardes de lard, quelques tranches de mouton, quatre carottes, quatre oignons, dont un piqué de deux clous de girofle, deux feuilles de laurier, un peu de thym : mettez-y vos queues, que vous couvrirez de bardes de lard, et sur lesquelles vous versez une cuiller à pot de bouillon; faites-les mijoter pendant quatre heures. Au moment de servir, sortez-les avec précaution de votre braise, égouttez-les, glacez-les, et servez dessus une espagnole réduite. *Voy.* SAUCES.

Les queues de mouton à la purée d'oseille ou à la chicorée se préparent et se cuisent comme celles ci-dessus ; on les égoutte, on les glace et on les sert avec de l'oseille ou de la chicorée.

Mouton (*Ragoût de queues de*). Vos queues préparées et cuites comme celles à la braise, coupez-les en deux, et mettez-les dans une casserole avec des ris de veau sautés, deux culs d'artichauts coupés en quatre, ou bien des marrons, quelques quenelles de veau : tournez un maniveau de champignons que vous sauterez dans le beurre ; après les avoir égouttés, ajoutez à vos champignons plein une cuiller à pot d'espagnole, la moitié d'une cuillerée de consommé ; faites réduire votre sauce, et versez-la sur votre ragoût.

Mouton (*oreilles de*). Elles se préparent, s'apprêtent et s'accommodent comme les oreilles d'agneau. *Voy.* Agneau.

Mouton (*Cervelles de*). On suit les mêmes procédés pour leur apprêt que pour celles de veau. *Voy.* Veau.

Mouton à la broche (*Rosbif de*). Procurez-vous le derrière d'un mouton ; coupez-le à la première ou seconde côte ; cassez les deux os des cuisses ; battez vivement les deux gigots avec le plat du couperet ; rompez les côtes du côté du flanchet ; roulez les deux flancs, et passez un hatelet dans chacun d'eux ; dégraissez les rognons ; enfoncez un petit hatelet dans la moelle ; allongez, couchez votre rosbif sur le feu ; attachez bien le petit hatelet d'un bout, et les deux jarrets de l'autre ; passez un hatelet dans les deux noix des gigots ; mettez un autre grand hatelet qui se croise sur celui qui est passé entre les deux noix ; attachez-le fortement pour que le rosbif ne tourne pas ; enveloppez-le tout entier de papier beurré ; faites-le cuire pendant deux heures et demie à trois heures ; servez-le avec du jus dessous, ou des haricots à la bretonne.

Mouton (*Animelles de*). On a six paires d'animelles, dont on supprime les peaux ; on les coupe en six morceaux, et on les marine dans du citron avec sel, poivre et persil en branche ; on les égoutte un quart-d'heure avant de servir, on les farine, et on les fait frire à deux fois, afin qu'elles soient bien croquantes, et on les sert avec un aspic à demi-glace.

Mouton en papillotes (Noix de). Vous avez deux noix de gigot de mouton rôti ; après les avoir parés, mettez-les dans une durcelle bien remplie de beurre fin ; garnissez une feuille de papier huilé de bardes de lard, ou de rôt, levées bien minces ; posez vos noix dessus ; enveloppez-les de votre durcelle ou fines herbes et de bardes de lard ; pliez votre feuille de papier en forme de carré long ; redoublez de même avec six feuilles de papier huilé, et serrez-les avec une ficelle ; faites griller votre papillote. Une heure suffit au plus pour la cuire ; servez-la avec une italienne à part.

Mouton (Filets mignons sautés de). Vous levez les filets mignons de plusieurs carrés de mouton ; vous en levez aussi les peaux ; ciselez légèrement vos filets, battez-les de même, et placez-les sur un sautoir avec du beurre clarifié ; faites-les sauter sur un fourneau vif. Quand ils sont bien roidis, égouttez en le beurre, et ajoutez-y un morceau de glace, ayant soin de la faire fondre de manière que les filets en soient enveloppés ; dressez-les sur votre plat en couronne ; mettez dans votre sautoir deux cuillerées d'espagnole réduite : faites bouillir, mettez un jus de citron et saucez.

Mouton à la maître d'hôtel (Filets de). Ayez douze filets de mouton, que vous préparez comme ceux dits sautés ; vous les panez à l'anglaise, et les faites griller de belle couleur. Vous les servez avec une maître-d'hôtel froide. *Voy.* SAUCES.

MULET ou CABOT. Poisson de mer écailleux ; c'est une espèce de muge. On le trouve aussi dans les étangs formés par la mer, et il remonte les rivières. Sa chair est blanche et molle. Le mulet ne mange pas d'autres poissons; il trouve sa nourriture dans la boue, et sa chair la sent, surtout en été; les mulets de mer sont les meilleurs; ceux des étangs sont plus gras, mais ils ont moins de goût.

On fait cuire généralement ce poisson à l'eau de sel, ou on les sert grillés.

MURES. Fruit oblong, composé de plusieurs grains unis, et remplis d'une liqueur d'un rouge purpurin. On en connaît de deux sortes, de *blanches* et de *noires*. Ces dernières sont les seules dont on use. Soit qu'on les mange en nature, soit qu'on les emploie en confiture ou d'autre manière, il faut les prendre grosses, bien nourries et bien mûres. Il faut avoir soin de les cueillir de grand matin, avant le lever du soleil, pour qu'elles soient plus fermes, plus fraîches, et ne se défassent point.

Mûres confites au liquide. Prenez-les pas-tout-à-fait mûres, mais grosses et bien nourries. Faites cuire du sucre à perlé, trois livres pour quatre de fruit, ou trois quarterons de sucre pour livre de fruit. Coulez-y les mûres, et leur faites prendre un bouillon couvert, en remuant doucement la poêle, pour qu'elles ne se défassent point. Tirez-les ensuite du feu; laissez-les reposer, et les écumez bien. Au bout de deux heures, remettez-les sur le feu, et les faites recuire jusqu'à ce que le sucre soit à lissé.

On les fait encore confire de même que les cerises; mais il leur faut moins de temps pour cuire et les mener doucement. Ce fruit étant très-tendre, est dans le cas de la fraise et de la framboise, qui, par leur délicatesse, sont très-susceptibles de se défaire.

Mûres confites au sec. Il faut les prendre un peu vertes, et leur faire faire un bouillon couvert dans le sucre cuit à souflé; les ôter du feu, les écumer, et leur laisser prendre sucre vingt-quatre heures à l'étuve. Tirez-les ensuite; faites égoutter sur le tamis. Dressez-les sur des ardoises; saupoudrez-les de sucre fin; et étant sèches d'un côté, finissez-les de même que l'autre et serrez-les pour vous en servir au besoin. Pour cette seconde manière de confire les mûres, il faut livre de sucre pour livre de fruit.

Mûres (Sirop de). Choisissez-les bien mûres, faites les fondre sur un feu doux. Passez-les au tamis, pour en bien exprimer le jus. Ce jus étant tiré, clarifiez-le en le passant à la chausse; ensuite mettez-le dans du sucre cuit à cassé, deux livres pour chopine de jus, et le tenez à l'étuve à une chaleur douce jusqu'à ce qu'il vienne à perlé. Laissez refroidir pour le mettre en bouteilles.

MUSCADE. Fruit d'un arbre qui croît dans une île des Indes, appelée *Banda*, d'un goût et d'une odeur aromatique et très-agréable : on l'emploie beaucoup en cuisine, surtout pour le poisson, dont on prétend qu'il corrige singulièrement la crudité.

Muscade (eau de). Si on la veut commune, double ou fine, il faut proportionner les doses à ces différentes qualités ; pour la *commune*, il faut une muscade ordinaire ; une belle pour la *double*, une et demie pour la *fine et sèche.* Au lieu de la piler, il vaut mieux la râper. Faites distiller, avec trois pintes et chopine d'eau-de-vie, un peu d'eau, à feu modéré, et distillez jusqu'à ce qu'il vienne un peu de phlegme. Faites le sirop avec deux pintes et chopine d'eau, une livre et demie de sucre pour l'eau *commune*; deux pintes d'eau, et deux livres de sucre pour la *double*, trois ou quatre pintes d'eau-de-vie, et deux pintes d'eau pour le sirop, avec une livre et demie de sucre pour la *fine et sèche.* Les esprits étant mêlés avec le sirop, clarifiez à la chausse, à l'ordinaire; étant claire, elle sera faite.

MUSCAT. Raisin excellent à manger, et qu'on emploie beaucoup en confitures et dans différentes préparations d'office. On en connaît de plusieurs sortes, savoir: le muscat blanc de Frontignan, le muscat blanc de Piémont, le muscat de Rivesaltes, le muscat rouge, le muscat noir, le muscat violet, le muscat de Malvoisie, le muscat long ou passemusqué d'Italie, le muscat long violet, le muscat de Jésa : ces trois dernières espèces sont fort rares.

Muscat (Compote de). Otez les pepins; levez la peau légèrement, et faites-lui prendre seulement deux bouillons dans du sucre cuit à la grande plume.

Muscat confit à l'eau-de-vie. Prenez du raisin sec de Damas; faites-le tremper huit jours à l'eau-de-vie; au bout de ce temps, mettez de cette eau-de-vie trois quarts sur un quart de sirop ordinaire; passez ce mélange à la chausse, et le mettez sur votre raisin.

Muscat confit au liquide. Prenez du muscat bien nourri, encore un peu vert; ôtez-en la peau et les pepins; faites-le reverdir à l'eau mise seulement sur la cendre chaude, bien couvert : au bout d'une heure, passez-le au sucre cuit à la plume. Faites-le bouillir à grand feu un demi-quart d'heure; et le sirop étant fait, laissez refroidir, en le versant dans une terrine; puis le mettez en pot.

Muscat confit au sec, en grappes. Faites cuire du sucre à la grande plume; rangez-y votre fruit. Faites-lui prendre ensuite quelques bouillons couverts; écumez-le bien; et, votre sucre étant revenu à perlé, tirez le fruit, faites-le égoutter; dressez sur des feuilles d'office, et faites sécher à l'étuve.

Muscat (Conserve de). Écrasez ce raisin; passez le jus au tamis; faites-le dessécher, et le délayez avec du sucre cuit à la grande plume ; livre de sucre pour livre de fruit.

Muscat (*Gelée de*). Exprimez le jus ; passez-le au tamis, et le coulez dans du sucre cuit au cassé ; faites-lui faire quelques bouillons. Quand votre gelée tombera en nappes de l'écumoire, elle sera faite ; livre de sucre pour chopine de jus.

Muscat (*Glace de*). Écrasez le fruit ; passez le jus au tamis ; mettez-y beaucoup de sucre, et le repassez ensuite à la chausse ; faites prendre à la glace comme à l'ordinaire.

Muscat (*Marmelade de*). Faites-le reverdir, comme nous avons dit pour la compote ; passez-le ensuite au tamis, avec expression. Faites dessécher, et le mêlez ensuite avec du sucre cuit au cassé ; faites chauffer sans bouillir ; livre de sucre pour livre de fruit desséché.

Muscat (*Ratafia de*). Exprimez du muscat beau et bien sain ; écrasez le, et pressez-en le jus dans un linge fort et bien net, passez ce jus à la chausse, et mettez-y fondre votre sucre. Mettez-y autant d'eau-de-vie que de jus de fruit, un quarteron de sucre par pinte de ce jus ; et pour l'assaisonner, un peu d'esprit de macis et de muscade distillée, avec un peu de cannelle. Laissez ce mélange long-temps avant de le clarifier tout-à-fait : pour lui donner plus de parfum, on peut y mettre un grain de musc.

N.

NAVET. Racine d'une plante qui est annuelle et très-connue, et qui porte le même nom. Il y a le navet cultivé et le navet sauvage.

Le navet cultivé se divise en navet *commun blanc long*, navet *rond*, navet *gris*, navet de *Meaux*, navet de *Vaugirard*.

Le navet *cultivé* est de figure ronde ; le rond devient plus gros que long ; la peau en est fort blanche. La chair de l'un et de l'autre est douce, tendre et de fort bon goût.

Le navet *gris*, ainsi nommé à cause de sa couleur, est de forme allongée, et d'un goût un peu plus relevé que le précédent ; mais pour l'ordinaire il n'est pas si tendre et si sujet à être véreux.

Le navet de *Meaux* est le plus gros et le plus long de tous, de couleur jaunâtre : sa chair est blanche, tendre, d'une saveur fort agréable.

Le navet de *Vaugirard* est fort commun et estimé pour son bon goût ; il est de médiocre grosseur, un peu allongé, d'un blanc sale, et tirant sur le gris du côté de sa tête.

On mange les navets apprêtés de diverses manières ; on les mange simplement bouillis dans l'eau, accommodés au beurre frais ; on les sert encore frits ; ils ne sont pas à dédaigner, lorsqu'ils accompagnent un canard. On les emploie aussi dans les potages, tant en gras qu'en maigre.

Navets (Ragoût de). Après avoir coupé proprement vos navets, faites-leur faire un bouillon dans l'eau ; mettez-les cuire ensuite avec du bouillon, du coulis et un bouquet de fines herbes. Quand ils sont cuits et assaisonnés de bon goût, dégraissez votre ragoût.

On sert assez souvent les navets avec des viandes cuites à la braise ; une façon plus simple est celle-ci : Quand la viande est à moitié cuite, on y met des navets pour faire cuire le tout ensemble ; et quand on a assaisonné de bon goût, on dégraisse le ragoût avant de servir.

Navets à la sauce blanche. Cette manière d'apprêter

les navets est connue de tout le monde. L'usage où sont plusieurs personnes, de mettre de la moutarde dans cette sauce, ne la rend que plus apétissante : cette façon de les manger peut même les rendre moins venteux qu'ils ne le sont naturellement.

Navets vierges (*Ragoût de*). Voy. RAGOUT.

Navets glacés. Choisissez seize ou dix-huit gros navets ; après les avoir épluchés et tournés dans toute leur grosseur, en leur donnant la forme d'une poire, ou toute autre forme, posez sur le feu une casserole avec un peu de beurre dedans ; mettez-y vos navets pour leur faire prendre couleur : vous les égouttez et les changez de casserole ; joignez-y plein quatre cuillers à dégraisser de velouté, autant de bouillon, du gros poivre, gros comme la moitié d'un œuf de sucre, une cuillerée de jus ; faites mijoter vos navets ; quand ils sont cuits, laissez réduire la sauce ; dressez vos navets, et versez la sauce dessus.

On peut aussi, suivant une autre manière, lorsque les navets sont roussis dans le beurre, y mettre plein une cuiller à bouche de farine, du sucre, du bouillon, et les faire cuire de même. On les sert avec la sauce.

Navets (*Potage aux*). Voy. POTAGES.

Navets (*Purée de*). Voy. PURÉE.

NÈFLE. Fruit du néflier, arbre nain, qui vient dans les bois, et dont le fruit est plus beau, lorsqu'on l'ente, et qu'on le cultive. Ce fruit, avant sa maturité, est très-dur, d'un goût acerbe et très-âpre dans la bouche. On le cueille, pour l'ordinaire, avant sa maturité, et on le fait mûrir sur la paille ; alors il devient mollet, d'un goût assez agréable. On le sert en nature, en compote et glacé.

Nèfles (*Compote de*). Choisissez-les belles et bien mûres, et surtout bien saines et point moisies ; ôtez-en les ailes. Faites fondre du beurre frais à la poêle, un peu plus que roux, passez-y vos nèfles, et les y faites bien bouillir; mettez-y ensuite environ un demi-setier de vin rouge, et faites encore bouillir jusqu'à ce qu'il se fasse une espèce de sirop; tirez alors vos nèfles, et les servez, saupoudrées de sucre fin.

NOISETTE. *Voy.* AVELINES.

NOIX. Fruit très-connu, d'un arbre appelé *noyer*. C'est une espèce d'amande composée de plusieurs lobes, renfermée dans une coque ligneuse, recouverte d'une peau verte, épaisse, et pleine d'un suc âcre et brûlant, qui s'en détache lorsque ce fruit atteint sa maturité. Ce fruit se mange en nature, vert ou sec; on le confit de plusieurs manières.

Les noix se servent en cerneaux, confites, ou dans leur maturité; celles qui ne sont pas encore mûres, que nous appelons *cerneaux*, sont très-tendres. Il faut les choisir grosses et bien blanches. Celles que l'on confit ne doivent pas être mûres. On en fait de blanches et de noires, et l'on en confit à l'eau-de-vie.

Noix à l'eau-de-vie. Parez des noix tendres au blanc, et les mettez à mesure à l'eau fraîche, puis dans de l'eau prête à bouillir, où vous les laisserez un peu frémir; ensuite dans de l'eau bouillante, où vous aurez fait dissoudre un peu d'alun en poudre, et laissez-les bouillir jusqu'à ce qu'elles quittent l'épingle. Tirez-les dans l'eau fraîche de citron; faites cuire pour trois livres de fruits, deux livres de sucre clarifié au petit lissé, et le versez sur vos noix égouttées dans une terrine, où vous les laisserez du jour au lendemain. Faites recuire ce sucre au grand lissé, et le remettez sur vos noix pour un autre jour entier. Le troisième jour, faites-le cuire au petit perlé; versez encore sur les noix, et le quatrième jour, au grand perlé. Cela fait, mettez autant d'eau-de-vie que de sirop; faites chauffer le tout, pour frémir seulement : étant un peu refroidi, mettez en bouteilles, ayant soin que les noix baignent.

Noix blanches confites au liquide. Prenez-les tendres ; parez-les au blanc ; faites blanchir comme dessus ; et bouillir jusqu'à ce qu'elles quittent l'épingle ; pressez-les pour les égoutter ; piquez-les d'un clou de girofle ou d'un peu de cannelle, ou d'écorce de citron confite. Faites cuire du sucre à lissé, deux livres pour trois de fruit ; jetez sur les noix, et les laissez reposer une demi-heure. Faites bouillir à grand feu ensuite, jusqu'à ce que le sirop soit à perlé ; laissez un peu refroidir et mettez dans les pots. On peut encore, pour leur donner plus de relief, délayer un peu d'ambre dans le sirop.

Noix blanches tirées au sec. Faites-les confire comme ci-dessus ; laissez-les reposer à l'étuve, une demi-journée ; égouttez-les de leur sirop ; rangez-les sur des ardoises pour les faire sécher d'un côté, et après, retournez-les pour les faire sécher de l'autre. Etant bien sèches, serrez-les dans des boîtes garnies, pour vous en servir au besoin.

Noix noires confites. Prenez-les bien tendres ; parez-les en pointes de diamant, en leur laissant un peu de vert ; mettez-les à mesure à l'eau fraîche, et les en changez trois ou quatre fois en vingt-quatre heures ; faites-les bouillir ensuite à grande eau, jusqu'à ce qu'elles quittent facilement l'épingle. Finissez-les comme les blanches, en observant de leur donner le sucre un peu plus chaud et de les faire bouillir au dernier sucre, avant de les mettre en pots.

Noix (Brou de). Voy. BROU.

NOUILLES. Ces pâtes, connues en Allemagne sous le nom de *nufdels*, et importées en France sous celui de *nouilles*, sont une espèce de vermicelle extrêmement délié, dont on garnit quelquefois des vol-au-vent, et qui, plus souvent encore, se servent sous une volaille bouillie, avec une sauce à la poulette et sans autre garniture.

Nouilles (Manière de servir les). Après les avoir fait cuire dans du grand bouillon, on les égoutte. On met dans la soupière une cuiller à pot de jus d'étouffade, un lit de nouilles, un lit de fromage de Parmesan ; on peut s'en servir de même pour relevé, en plaçant les nouilles sur un plat, et une noix de bœuf dessus, bien glacée.

Nouilles à l'italienne. On se sert de la même pâte que pour les rabioles (*Voy*. RABIOLES) ; quand la pâte est abaissée, bien mince, on la laisse sécher un peu, posée sur une serviette ou un linge blanc, jusqu'à ce qu'elle puisse se plier et ne se pas coller ensemble ; lorsqu'elle est un peu sèche, on la roule et on la coupe le plus fin possible ; à mesure que l'on coupe les nouilles, on les lève légèrement avec la pointe du couteau, on les étend sur la table où on les laisse sécher jusqu'au moment de s'en servir. On fait bouillir du même consommé que pour le potage à la tortue (*Voy*. POTAGES), et on jette les nouilles dans le bouillon ; on laisse bouillir dix minutes ; aussitôt que les nouilles sont montées sur le bouillon, c'est une preuve qu'elles sont cuites, alors on les met dans une soupière, et on sert à part du fromage de Parmesan râpé.

NOYAU. Partie dure et solide de certains fruits, qui enferme leur semence, laquelle est ordinairement une amande.

Avec les noyaux d'abricots ou de pêches, on fait un ratafia très-agréable, dont voici la recette.

Noyaux (Ratafia de). Prenez quatre pintes d'eau-de-vie, deux livres de sucre concassé, une livre d'eau de rivière, une livre et un quart d'amandes d'abricots ou de pêches, un gros de cannelle ou girofle. Vous avez soin que vos amandes soient fraîches; vous leur enlevez la peau, les concassez et les mettez dans un vase de grès, avec la cannelle, infuser pendant trois ou quatre mois; alors vous passez au tamis le mélange, auquel vous ajoutez le sucre, que vous avez fait fondre dans votre eau de rivière; vous filtrez ensuite la liqueur.

O.

OEILLET. Fleur d'une forme agréable, d'une odeur suave et aromatique, approchant du girofle et très-variée dans ses espèces. Celle qu'on emploie d'ordinaire à l'office, est l'œillet d'un rouge foncé et d'une seule couleur; on en fait de la conserve, des glaces, un sirop, du ratafia.

Œillet (Conserve d'). Prenez des œillets rouges, bien nets; pilez-les et les mettez dans du sucre cuit à la grande plume, à moitié froid; mêlez bien; mettez dans des moules de papier, et coupez de la grandeur et forme que vous voudrez; demi-quarteron de fleurs pour livre de sucre.

Œillets (Glace d'). Pilez et délayez des fleurs de l'œillet ci-dessus, avec du sucre et de l'eau; passez ce mélange au tamis, et le travaillez à la sabotière, comme on a dit à l'article *Jasmin*; et pour qu'elles aient plus de goût, et parce que la glace concentre les saveurs, il faut en mettre plus, les verser plusieurs fois d'un vase dans un autre, et de haut, avant de les passer, et les mettre à la glace.

Œillets (Ratafia d'). Faites infuser dans de l'eau tiède, et pendant deux jours, des œillets rouges; pressez-les bien; passez ce mélange; mettez un quarteron d'œillets et chopine d'eau pour pinte de ratafia, avec une livre de sucre et chopine d'eau-de-vie, avec un peu de cannelle et de coriandre; laissez infuser dix ou douze jours avant de le passer.

Œillets (*Sirop d'*). Faites infuser par pinte de sirop, un quarteron de fleurs avec demi-setier d'eau tiède, pendant un jour, bien couvert, en un lieu chaud; passez cette infusion et la mettez dans deux livres et demie de sucre cuit au cassé, et faites cuire jusqu'à ce que le sirop vienne à perlé.

OEUF. Corps que les oiseaux, les poissons et quelques insectes poussent au dehors, qui contient leur semence, et qui produit leurs semblables, quand il est couvé par ceux-là, ou qu'ils ont reçu par le frai de ceux-ci une espèce de maturité.

Les œufs de poule sont les seuls dont on se sert en cuisine, et quelquefois ceux de cane, qui se confondent de temps en temps avec eux, quoique sensiblement plus gros.

L'œuf de poule est d'une nécessité forcée à la cuisine; il est la liaison nécessaire de la plupart des sauces, de tous les ragoûts maigres, de presque tous les entremets. C'est l'indispensable fondement de toutes les espèces de pâtes, soit brisées, soit feuilletées, soit croquantes, en un mot la base de tout ce qui appartient au grand comme au petit four, même au four de campagne; sans lui donc, point de crèmes, point de pâtisserie, point d'entremets sucrés, et surtout point d'omelettes.

On connaît en France deux cent vingt-cinq manières différentes d'accommoder les œufs, sans compter celles que nos cuisiniers imaginent chaque jour. Nous nous bornerons à ne donner ici que les principales façons où ils peuvent se présenter dans les tables les plus somptueuses, comme dans les tables les plus frugales.

Pour choisir les œufs, il faut les présenter à la lumière, et lorsqu'on les voit clairs et transparens, on peut être assuré qu'ils ne sont pas vieux; car dans ce cas, le temps aurait brouillé leurs parties et ils paraîtraient nébuleux. Les œufs ainsi choisis s'appellent *œufs mirés*.

Omelette. OEufs brouillés et fricassés à la poêle ; il s'en fait de différentes façons ; des omelettes *farcies*, des omelettes de *champignons à la crème*, des omelettes au *jambon*, des omelettes de *rognon de veau*, des omelettes *roulées*, des omelettes aux *huîtres*, aux *écrevisses*, etc. Nous nous bornerons ici à celles dont la confection est moins connue et l'usage moins habituel.

Omelette aux truffes. Vos œufs cassés, assaisonnés et battus, mettez un morceau de beurre dans une poêle sur un feu clair; étant fondu, jetez-y vos œufs; remuez l'omelette par secousses, pour l'empêcher de s'attacher, ou bien avec une fourchette soulevez-la jusqu'à ce qu'elle soit prise; alors ôtez-en avec une cuiller le gros de l'intérieur, et mettez dans le vide que vous aurez fait des truffes sautées dans une espagnole réduite; après quoi pliez votre omelette en forme de chausson, et posez-la sur le plat; hachez ensuite bien fin deux truffes que vous passez dans un petit morceau de beurre; joignez-y quatre cuillerées à dégraisser d'espagnole, et versez votre sauce bien chaude sur votre omelette.

On peut, par le même procédé, faire diverses omelettes comme suit :

Omelette à la jeune mariée. On casse dix œufs dans lesquels on met un peu de sel, de la fleur d'orange pralinée, des macarons, du citron confit, le tout haché très-fin : on fait son omelette moelleuse à l'ordinaire; on sert chaud, et on glace de sucre en poudre.

Omelette gastronomique. Mettez dans une casserole

un verre de sang de volaille (poulets ou poulardes) ou d'agneau, avec douze œufs, un demi-verre de crême, du basilic en poudre, une petite pincée de coriandre pilée, sel et gros poivre; ajoutez-y gros comme la moitié d'un œuf de beurre par petits morceaux; fouettez le tout ensemble et finissez votre omelette comme à l'ordinaire; servez-la bien chaude.

Omelette au Parmesan. On casse douze œufs dans lesquels on met du fromage de Parmesan râpé, du gros poivre et point de sel; on en fait quatre omelettes: à mesure qu'elles sont cuites, on les étend sur un couvercle, et on y met du fromage de Parmesan râpé; on les roule et on les dresse sur le plat; on mouille tout le dessus avec du beurre, et on poudre avec du Parmesan: on met ensuite ces omelettes au four pour les glacer. On les sert bien chaudes.

Omelette au suprême. On a des épinards passés au beurre, sans être hachés; des laitances de carpes, et des queues d'écrevisses cuites en ragoût; des filets d'anchois bien dessalés, et des filets de pain passés au beurre.

On fait deux omelettes que l'on étend sur la table, et on met dessus une rangée d'épinards, une de laitances, une d'anchois, une de queues d'écrevisses, et une de filets de pain.

On continue de cette manière jusqu'à la fin de ces deux omelettes; puis après les avoir roulées, on les coupe en rouelles, et on les arrange sur le plat; on les fait chauffer et on les sert avec une bonne sauce.

Omellette soufflée. Cassez six ou huit œufs, dont vous mettez les blancs et les jaunes à part; ajoutez plein quatre cuillerées à bouche de sucre en poudre; hachez bien fin la moitié du zeste d'une écorce de citron, que vous mettez avec les jaunes; mêlez-les avec le sucre et le citron; au moment de servir l'entremets, fouettez vos blancs d'œufs comme pour des biscuits;

mêlez bien les jaunes avec les blancs; cela fait, jetez un quarteron de beurre dans la poêle sur un feu ardent; votre beurre fondu, joignez-y les œufs; remuez l'omelette pour que le fond vienne dessus; quand l'omelette a bu le beurre, vous la versez en chausson sur un plat beurré, que vous mettez sur un lit de cendres rouges; après avoir jeté du sucre en poudre sur votre omelette, posez dessus le four de campagne très-chaud; prenez garde surtout que votre omelette ne prenne trop de couleur : servez ensuite.

Omelette à la crême. On a une composition de crême à la frangipane, ou autre bien faite; on y met de la moelle de bœuf fondue et un quarteron d'amandes douces pilées très-fin; on la fait cuire au four ou sous une tourtière; après l'avoir glacée de sucre, on la sert chaudement.

Omelette friande. On délaie avec trois œufs, deux cuillerées de farine de riz; on y met un demi-quarteron de sucre et un peu de sel, une chopine de crême et deux pains de beurre; on fait cuire et bien lier comme une frangipane presque froide; on y met un citron vert, un citron confit, des macarons, des fleurs d'orange prâlinées, le tout haché fin, avec dix jaunes d'œufs dont on fouette bien les blancs : on garnit le dedans d'une casserole avec du papier blanc bien beurré; on y met toute la composition ci-dessus, et on fait cuire au four. La cuisson faite, on renverse sa casserole sur le plat, on ôte le papier, et on sert bien glacé de sucre.

Œufs à la Conti. Battez dix œufs ensemble comme pour une omelette, avec deux pains de beurre que vous faites fondre et deux ou trois cuillerées de crême, des pistaches coupées en filets, peu de sel, du sucre en poudre, des fleurs d'orange prâlinées, des massepains, des macarons, des citrons confits, le tout haché, et de la cannelle en poudre; mettez le tout sur le plat destiné à servir; faites cuire un moment, feu dessus, feu dessous; glacez de sucre avec la pelle rouge, et servez les œufs un peu tremblans.

Œufs brouillés. Cassez quinze œufs, dont cinq, auxquels vous ôterez les blancs; passez-les ensuite à travers une étamine dans une casserole; ajoutez-y un quarteron de beurre coupé en petits morceaux, plein une cuillerée à dégraisser de velouté, du sel, du gros poivre, un peu de muscade râpée; mettez vos œufs sur le feu, tournez-les avec un fosset de buis jusqu'à ce qu'ils soient pris; versez-les sur le plat; faites blanchir du verjus en grain, et placez-le à l'entour, ou bien mettez-y des croûtons passés au beurre, et servez pour entremets.

On peut aussi casser des œufs tout simplement dans une casserole et y joindre du beurre; posez-les sur le feu et tournez-les avec une cuiller de bois; quand ils sont pris, dressez-les sur votre plat, en les décorant de croûtons à l'entour.

Œufs brouillés aux pointes d'asperges. On fait blanchir des pointes d'asperges que l'on mêle avec les œufs; on les fait prendre; après avoir fait cuire vos œufs, vous les dressez sur votre plat, en les entourant encore de pointes d'asperges; on y peut mettre aussi des petits pois, des petits concombres, des choux-fleurs concassés, ou autres légumes.

Œufs brouillés au jambon. Préparez vos œufs brouillés comme les précédens; coupez un quarteron de jambon en petits dés, et finissez d'apprêter vos œufs comme à l'ordinaire; ajoutez-y des croûtons à l'entour.

Œufs brouillés à la provençale. On hache trois ou quatre anchois bien lavés, et on les met dans une casserole avec deux cuillerées de coulis, dix jaunes d'œufs, les blancs de six, du gros poivre, peu ou point de sel, et on les brouille sur le feu; on ne les fait cuire qu'aux trois-quarts ; on les dresse sur le plat, et on les saupoudre de fromage de Parmesan râpé, sur lequel on promène la pelle rouge pour les glacer, et on sert chaud.

Œufs à la crême. Coupez en tranches dix ou douze œufs durs ; mettez dans une casserole un morceau de beurre, plein une cuiller à bouche de farine, un peu de persil et de ciboules bien hachés, sel, gros poivre et un peu de muscade râpée ; après avoir mêlé le tout ensemble, ajoutez-y un verre de crême ; tournez la sauce sur le feu ; au premier bouillon, versez la sur vos œufs ; sautez-les ; et lorsqu'ils seront bien chauds, vous pourrez les servir.

Œufs au gratin. Après avoir préparé des œufs comme ceux ci-dessus, collez des croûtons autour du plat, et mettez vos œufs dedans ; panez le dessus ; passez quatre jaunes d'œufs à travers une passoire, masquez-en vos croûtons ; mettez vos œufs sur de la cendre rouge, un four de campagne bien chaud par-dessus ; servez-les lorsqu'ils ont pris une belle couleur.

Œufs à la turque. On coupe de l'oignon en filets, que l'on met dans une casserole avec un bouquet de fines herbes et du beurre ; on passe sur le feu ; on poudre de farine, et on mouille avec un verre de vin de Champagne, du coulis, en y ajoutant sel et gros poivre. On a une douzaine d'œufs durs ; après avoir levé les jaunes entiers, on coupe les blancs en filets, que l'on met dans le ragoût ci-dessus ; lorsqu'il est cuit et bien lié, on y met les jaunes, et on sert chaudement.

Œufs à la tripe. Vous coupez en tranches dix ou douze œufs durs, que vous mettez dans une casserole ; vous jetez un morceau de beurre dans une autre casserole ; vous coupez douze oignons en tranches, que vous passez au blanc dans le beurre ; quand ils sont fondus, vous y mettez plein une cuillerée à bouche de farine, que vous mêlez avec les oignons; ajoutez-y deux verres de crème, du sel, du poivre; faites mijoter vos oignons, et lorsqu'ils sont réduits, versez-les sur vos œufs; après les avoir sautés, servez-les chauds.

Œufs à la Suisse. On met une bonne demi-livre de fromage de Gruyère râpé, dans une casserole, avec deux pains de beurre, un bon verre de vin de Champagne ou d'excellent vin blanc, persil, ciboules hachés, gros poivre et muscade; on fait bouillir quelques bouillons; quand le fromage est bien fondu, on y met six œufs, dont on a bien fouetté les blancs; on les fait cuire comme les œufs brouillés; on garnit tout autour le plat de mouillettes de pain passées au beurre, et on sert chaud.

Œufs au ragoût. On fait un bon ragoût de ris de veau, de foies gras, de champignons, de ce qu'on veut, dans lequel même on peut ajouter morilles, mousserons, truffes; quand le ragoût est lié à propos et fini de bon goût, on y met des œufs coupés comme à la tripe; on les fait chauffer, et on sert chaud.

Œufs sur le gril. Faites une petite caisse de papier dans laquelle vous mettez gros comme une noix de beurre, un peu de persil et ciboules; faites-la chauffer sur le gril, pour faire fondre le beurre; cassez un œuf, introduisez-le dans la caisse, avec sel, poivre et un peu de mie de pain par-dessus; placez sur un feu doux, avec un charbon allumé de chaque côté de la caisse, sans qu'ils y touchent; passez une pelle rouge sur la caisse, pour que l'œuf soit cuit par-dessus. On en peut faire ainsi plusieurs, pour faire un plat propre à figurer sur une table.

Œufs à la Sybarite. On fait bouillir et diminuer d'un quart une pinte de crème avec un quarteron de sucre, de l'écorce de citron vert et de la cannelle en bâton; ensuite après avoir ôté la cannelle et le citron, on y poche la valeur de cinq blancs d'œufs bien fouettés, bien montés ; puis on les retire, et on les fait égoutter dans un plat qu'on met sous la passoire sur laquelle on les pose. On verse ensuite huit jaunes d'œufs dans la crême ; lorsqu'elle est à moitié froide, on la passe au tamis, et on la fait cuire au bain-marie dans le plat qu'on doit servir. Lorsqu'elle est cuite, on fouette les trois blancs d'œufs qui restent, et on en fait une meringue, que l'on dresse en dôme sur le milieu de la crême, en laissant un bord de deux doigts. On fait cuire sous le couvercle d'une tourtière ; et lorsqu'elle est de belle couleur et bien glacée de sucre, on met les blancs d'œufs qu'on a pochés, tout autour, on les arrondit, on les sème de nompareille de toutes couleurs, et on sert.

Œufs à la pauvre femme. Faites tiédir un peu de beurre sur un plat, cassez dessus des œufs, et mettez-les sur de la cendre chaude ; coupez de la mie de pain en petits dés, que vous passez au beurre ; quand votre mie est bien blonde, après l'avoir égouttée, vous la répandez sur vos œufs ; vous mettez un four de campagne chaud par-dessus ; lorsque les œufs sont cuits, versez dessus une sauce espagnole réduite.

Œufs à la vestale. On fait bouillir et réduire à moitié une chopine de crême avec une chopine de lait, en y ajoutant une écorce de citron, un peu de coriandre et du sucre : on laisse refroidir à moitié, et alors on y délaie un peu d'amandes douces pilées, et deux amandes amères, aussi pilées ; on y ajoute six ou huit jaunes d'œufs ; après avoir passé le tout à l'étamine, on fait cuire au bain-marie, et on sert pour entremets.

Œufs en croquettes. Coupez en petits dés le blanc et le jaune de quinze à dix-huit œufs durs ; mettez-les dans une casserole. Faites une sauce à la crême, dans laquelle jetez un peu de persil et ciboules bien hachés et lavés ; versez-la sur vos œufs ; il faut qu'ils soient un peu liés; remuez-les dans leur sauce; après avoir laissé refroidir votre appareil, prenez-en plein une cuillerée à bouche, que vous verserez sur un plafond; vos œufs bien refroidis, donnez-leur la forme de croquettes; roulez-les dans de la mie de pain; trempez-les dans de l'œuf battu, et panez-les une seconde fois; au moment de servir, mettez-les dans une friture bien chaude; vos croquettes ayant pris une belle couleur, égouttez-les sur un linge blanc ou dans une passoire, et dressez-les sur votre plat pour service d'entremets.

Œufs à la nonne. On délaie une pincée de farine de riz avec six jaunes d'œufs et quatre blancs fouettés; on y met une chopine de crême, très-peu de sel, du sucre, du citron vert râpé, des fleurs d'orange prâlinées, quatre macarons, le tout haché : on fait cuire sur le feu, en tournant toujours pendant une demiheure : on dresse sur le plat, on le saupoudre bien avec du sucre; on glace avec la pelle rouge, et on sert.

Œufs pochés à la poulette. Mettez dans une casserole une bonne tranche de jambon et un quarteron de tranches de rouelle de veau, avec une poignée de champignons, deux pains de beurre et un bouquet de toutes sortes de fines herbes; passez le tout sur le feu; poudrez de farine, mouillez de bon bouillon, avec sel et gros poivre ; laissez cuire à petit feu, jusqu'à parfaite cuisson du veau et à sauce courte : ôtez le jambon, le bouquet et le veau; mettez-y une liaison de crême et de trois jaunes d'œufs; faites lier sans bouillir; exprimez-y un jus de citron, et servez dessus des œufs pochés dont les jaunes sont mollets.

Œufs pochés au jus. Mettez de l'eau aux trois-quarts d'une moyenne casserole, avec du sel et un peu de vinaigre; quand elle bouillira, vous la placerez sur le bord du fourneau, en cassant l'œuf; prenez garde, en ouvrant les coquilles, d'endommager le jaune ; vous verserez doucement l'œuf dans l'eau, vous en mettrez quatre, vous les laisserez prendre ; tenez toujours l'eau bouillante ; vous les retirez de l'eau avec une cuiller percée, vous posez le doigt dessus ; s'ils ont un peu de consistance, vous les mettez à l'eau froide. Pochez-en douze ou quinze pour un entremets ; vous les parerez et vous les changerez d'eau : un instant avant de servir, vous les ferez chauffer ; égouttez-les sur un linge blanc, et dressez-les sur un plat ; mettez un peu de gros poivre sur chaque œuf, et du jus dessous.

Œufs pochés à la chicorée. On arrange de la chicorée sur un plat et des œufs pochés dessus ; on peut mettre sous les œufs pochés des choux à la crême, une purée d'oseille, une purée de champignons, de cardes, de concombres, du céleri à la crême et haché, ou une sauce aux tomates, aux pointes d'asperges, etc., etc.

Œufs pochés à l'aspic. Faites tiédir de l'aspic ; mettez-en dans le fond d'un moule ou de plusieurs petits moules ; laissez-le se congeler ; vous décorez des œufs pochés avec des truffes ; mettez-les sur la gelée ; remplissez ensuite les moules d'aspic fondu ; posez-les sur de la glace, ou mettez-les seulement au froid : au moment de servir, détachez l'aspic et posez-le sur un plat.

Œufs à la neige. Cassez dix ou douze œufs, dont vous séparez les blancs et les jaunes ; fouettez les blancs comme pour des biscuits ; quand ils sont pris, joignez-y deux cuillerées de sucre en poudre, et un peu de poudre de fleur d'orange : versez une pinte de lait dans une casserole, six onces de sucre, un peu de fleur d'orange : quand votre lait bouillira, vous prendrez plein une cuiller à bouche de blanc, vous le mettrez dans votre lait ; faites pocher les blancs ; laissez-les égoutter sur un tamis : quand ils sont tous pochés, ôtez la moitié du lait, ou seulement le quart; vous délayez les jaunes, et vous les mettez dans le lait; vous les remuez avec une cuiller de bois; dès qu'ils se lient, vous retirez du feu ce mélange, et vous le passez à l'étamine dans une autre casserole; vous dressez après les œufs sur le plat, et vous les masquez avec votre sauce.

Œufs à la vierge des derniers amours. On délaie une cuillerée de farine avec quatre jaunes d'œufs, de l'eau de fleur d'orange, du citron vert râpé, du sucre, un demi-setier de crême; on fait cuire en tournant toujours, et en ajoutant un peu de crême, afin qu'elle n'épaississe pas trop; la cuisson faite, on retire du feu; on y met de la marmelade d'abricots, ou de cerises, ou de pêches: on a huit œufs pochés bien ronds, dont on ôte les jaunes, et on met à la place une partie de sa crême; on met le restant de la crême dans le fond du plat, et on la fait gratiner sur un petit feu: on dresse ensuite les œufs dessus, et on les saupoudre de sucre; on fait glacer à bon feu sous un couvercle de tourtière, et, avant de servir, on sème un peu de nompareille de toutes les couleurs.

Œufs farcis. Coupez par le milieu, dans leur longueur, douze œufs que vous aurez fait durcir; ôtez-en les jaunes, que vous pilerez dans un mortier; passez-les ensuite au tamis à quenelles. Laissez tremper de la mie de pain dans du lait; vous la presserez bien pour en extraire le lait; vous la pilerez, et vous la passerez au tamis, ainsi que les œufs; vous ferez piler dans le mortier autant de beurre que vous avez de jaunes pilés; vous mettrez portion égale de mie, de beurre et de jaunes d'œufs; vous broyez le tout ensemble: quand votre farce sera bien pilée, vous y mettrez un peu de ciboule et de persil haché bien fin et lavé, du sel, du gros poivre, un peu de muscade râpée; vous pilez encore la farce, ajoutez-y deux ou trois jaunes d'œufs entiers; conservez la farce mamiable, en y mettant de l'œuf à mesure : lorsqu'elle est finie, vous la mettez dans un vase ; vous en arrangerez épais d'un doigt dans le fond du plat ; vous farcirez vos moitiés d'œufs ; vous tremperez la lame d'un couteau dans du blanc d'œuf, pour unir le dessus. Vous mettrez les œufs avec ordre sur la farce qui est sur le plat, vous poserez sur la cendre rouge, et un four de campagne par-dessus : lorsqu'ils ont une belle couleur, vous les servez.

OIE, ou OISON. Gros oiseau à cou long, ayant les jambes courtes et les pattes à-peu-près comme celles du canard. Il vit sur terre et se plaît sur l'eau. On en distingue de deux sortes, l'*oie domestique* et l'*oie sauvage*.

L'*oie sauvage* est un oiseau de passage, qui cherche les pays froids et aquatiques, et qu'on ne voit en France qu'aux approches de l'hiver et pendant la saison rigoureuse. Il part pour des climats plus froids au retour de la belle saison. Il est d'un goût bien supérieur au domestique.

L'*oie domestique* est du nombre des volailles que l'on élève dans les basses-cours. Il ne fournit pas à la cuisine une aussi grande variété de ragoûts que le poulet et la poularde. Mais, qui ne connaît ces fameuses cuisses d'oie, qu'on prépare dans le Languedoc, et qu'on envoie tous les hivers à Paris et dans toutes les grandes villes de la France, en barils ou en pots, confites dans leur graisse ? Ces cuisses, qu'on dresse sur une purée de pois ou sur un matelas d'oignons émincés et frits, ou sur une sauce Robert, sont un manger très-substantiel.

Mais ce qui assure à l'oie un rang distingué parmi les volailles, ce sont ses foies, dont on fabrique à Strasbourg ces pâtés admirables, le plus grand luxe d'un entremets.

La graisse qui découle de l'oie, lorsqu'elle est à la broche, doit être précieusement recueillie et conservée. On l'accommode avec les légumes et surtout les épinards, auxquels elle communique un goût distingué. On en fait même des rôties qui ne sont point à dédaigner.

Oisons à la braise. Procurez-vous un ou deux oisons en bonne chair ; après les avoir plumés, vidés et flambés, piquez-les de gros lard et de jambon ; vous les ficelez ensuite ; vous faites une braise à l'ordinaire ; mettez-y vos oisons avec même assaisonnement dessus que dessous.

Ayez des ris de veau, foies gras, truffes, champignons, morilles, mousserons, culs d'artichauts ; passez le tout à la casserole, avec du beurre fondu. Ajoutez-y de bon jus de bœuf, sel, poivre et fines herbes, et faites cuire à petit feu. Ce ragoût fait, liez-le d'un coulis de veau et de jambon. Tirez vos oisons de la marmite, dressez-les sur un plat, versez votre ragoût par-dessus et servez chaudement. On peut aussi les servir comme le canard avec un ragoût de petits pois. *Voy.* CANARD.

Oie à la daube. Ordinairement l'on prend une oie qui n'est pas assez tendre pour mettre à la broche. Après l'avoir vidée et lui avoir troussé les pattes dans le corps, on la fait refaire sur le feu et on l'épluche. Il faut ensuite la larder partout avec des lardons de lard assaisonnés et maniés avec persil, ciboules, deux échalotes, une demi-gousse d'ail, le tout haché, une feuille de laurier, thym, basilic haché comme en poudre, sel, gros poivre, un peu de muscade râpée. Votre oie ainsi lardée, vous la ficelez et la placez dans une marmite juste à sa grandeur, avec deux verres d'eau, autant de vin blanc, un demi-verre d'eau-de-vie, et encore un peu de sel et de gros poivre. Bouchez bien la marmite et faites cuire à très-petit feu pendant trois ou quatre heures. La cuisson faite et la sauce assez réduite pour qu'elle puisse se mettre en gelée, dressez la daube dans son plat; quand elle sera presque froide, versez la sauce par-dessus, et ne la servez que quand elle sera tout-à-fait en gelée pour entremets froid.

Oison à l'anglaise. Procurez-vous un oison gras; pour vous assurer s'il est jeune et tendre, essayez de lui rompre la partie supérieure du bec; si elle se rompt facilement, c'est une preuve qu'il a les qualités que vous recherchez; alors, supprimez-en les ailes, videz-le, épluchez-le, flambez-le, refaites-lui les pattes; coupez en les ongles, hachez-en le foie. Épluchez trois gros oignons que vous couperez en petits dés; après les avoir passés dans le beurre, faites-les cuire à blanc; ajoutez une pincée de sauge bien hachée, ainsi que vos foies, du sel et du poivre. Mettez cet appareil dans le corps de votre oison; après l'avoir cousue et lui avoir bridé les pattes en long, faites-la cuire à la broche; la cuisson achevée, mettez la bête sur votre plat, et servez-la avec un jus de bœuf ou un blond de veau réduit.

Oies (Aiguillettes d'). Faites cuire à la broche trois oies; la cuisson achevée, et au moment de servir, coupez vos filets en longs morceaux égaux; faites réduire de l'espagnole jusqu'à ce qu'elle soit très-épaisse, et versez-y le jus qu'auront jeté vos oies; ajoutez un peu de zestes d'orange ou de citron, et un peu de gros poivre. Faites chauffer votre sauce sans la faire bouillir, versez-la sur les aiguillettes, et servez.

Oie aux marrons. Préparez votre oie comme celle dite à l'anglaise; hachez son foie; coupez de petits oignons en dés; passez votre volaille dans du lard râpé; préparez quarante ou cinquante marrons, comme il est indiqué au potage à la purée de marrons; faites-les mijoter dans votre farce; assaisonnez de sel, poivre, épices. Ces marrons cuits s'écrasent facilement dans les doigts; rentrez le croupion de votre oie en dedans; remplissez-la de votre appareil; cousez la poche, mettez votre oie à la broche, dont vous la retirez au bout de cinq quarts-d'heure, et servez. *Voy.* POTAGE A LA PURÉE DE MARRONS.

Oie rôtie. Procurez-vous une belle oie, jeune, tendre et d'une graisse bien blanche. Étant tuée, plumée et mortifiée de quelques jours, flambez, épluchez-la proprement; et après l'avoir vidée, essuyez-la bien tant à l'intérieur qu'à l'extérieur. Coupez-lui le cou proche du corps, les ailes à la première jointure, et les pattes au-dessous du joint. Votre oie ainsi parée, faites-la cuire à la broche à petit feu, enveloppée de papier. Étant cuite et de belle couleur, servez-la avec une sauce piquante, ou toute autre sauce que vous jugerez convenable.

On peut aussi servir cette oie avec un ragoût de céleri ou de concombres, ou tel autre ragoût que l'on juge à propos.

Oie rôtie et farcie. Votre oie préparée et parée ainsi qu'il est indiqué dans l'article précédent, procurez-vous des marrons rôtis dans la poêle, bien nétoyés de leur peau, et coupés par morceaux. Ayez aussi de la chair de saucisses bien entrelardée; hachez-la un peu menu avec le foie de votre oie. Mettez ce hachis dans une casserole avec un peu de lard fondu ou de beurre frais; joignez-y les marrons que vous avez préparés, avec un peu de persil et de ciboules hachés menu, et un bon assaisonnement; remuez bien le tout ensemble sur le feu; faites cuire à moitié; laissez refroidir; après avoir farci votre oie de ce hachis, cousez-la, pour que la farce ne puisse s'échapper, et faites-la cuire à la broche à petit feu, comme nous l'avons dit dans le précédent article.

Oie à la purée (Cuisses d'). Levez six cuisses d'oies

bien grasses ; désossez-les jusqu'au joint de l'intérieur, et assaisonnez-les de sel et de gros poivre; mettez en place de l'os un peu de lard haché : rassemblez ensuite les chairs, que vous couserez de manière à leur donner une belle forme. Mettez dans une casserole des bardes de lard, sur lesquelles vous placez vos cuisses, que vous recouvrez aussi de bardes; ajoutez-y trois ou quatre oignons, une ou deux feuilles de laurier, un peu de thym, deux clous de girofle, et plein une cuiller à pot de bouillon. Faites mijoter pendant deux heures. Au moment de servir, après avoir égoutté vos cuisses et ôté le fil qui les maintient, vous les dressez sur un plat et vous les masquez avec une purée de lentilles, de pois verts, d'oignons, une sauce Robert ou une sauce tomate, etc.

Oies à la lyonnaise (*Cuisses d'*). Ayez trois ou quatre cuisses d'oies, que vous ferez chauffer et un peu frire dans leur saindoux; coupez six gros oignons en anneaux, faites-les frire dans une partie du saindoux, dans lequel vous aurez fait chauffer les cuisses. Quand ils seront cuits et d'une belle couleur, dressez vos cuisses, mettez vos oignons dessus, et servez dessous une bonne poivrade, ou toute autre sauce relevée que vous jugerez convenable.

Oie à la flamande. Après avoir vidé, flambé et épluché votre oie, préparez-la comme la dinde en daube; marquez-la et faites-la cuire de même; sa cuisson achevée, vous l'égouttez, vous la dressez, vous l'entourez d'une garniture à la flamande, et vous servez. *Voy.* DINDE EN DAUBE.

Oisons (*Potage d'abattis d'*). Faites cuire vos abattis avec de bon bouillon, sel et bouquet de fines herbes. Étant cuits, coupez-les en morceaux, passez-les au lard fondu, avec persil, cerfeuil et un peu de poivre blanc. Blanchissez le tout avec des jaunes d'œufs, un filet de verjus et un jus de citron. Faites mitonner des croûtes séchées au four, avec de bon bouillon ; dressez dessus vos abattis et servez.

On peut en faire de même des béatilles des autres volailles.

Oisons farcis (*Potage d'*) Faites une farce avec leurs foies, cœurs et fines herbes hachées. Faites une omelette de quatre œufs ; pilez le tout ensemble dans un mortier ; farcissez-en vos oisons entre la peau et la chair ; empotez-les avec du bon bouillon ; jetez sur votre potage une purée verte ; garnissez de laitues farcies ou de petits oignons blancs.

Oies (*Salaison des*). On connaît deux méthodes pour conserver les oies en pot : par la première, on fait fondre et rissoler les quartiers des oies dans un chaudron de cuivre, jusqu'à ce que les os paraissent et qu'une paille entre dans la chair. On arrange alors les quartiers dans des pots de terre vernissés, au fond desquels on met trois ou quatre brins de sarment pour empêcher les quartiers de toucher au fond, et en même temps pour les entourer de graisse. On y verse de cette graisse ; quinze jours après on met par dessus une couche de graisse de cochon, et l'on couvre bien le vase d'un papier trempé dans l'eau-de-vie et d'un gros papier huilé, qui les empêche de contracter une odeur de rance.

On confit aussi les oies crues ; pour cela on coupe la viande en demi-quartiers ; on la presse en tout sens sur du sel égrugé comme du gros sable, et bien sec, et on les place dans un pot avec le sel qu'ils ont pu prendre ; on continue ainsi, morceau par morceau, en ayant le soin de les presser fortement les uns contre les autres et contre les parois du pot, pour n'y laisser que le moins possible de vide ; et on le remplit ainsi jusqu'à quatre travers de doigt de l'entrée, avant d'y mettre de la graisse dont on remplit peu à peu le pot lorsqu'elle ne bout déjà plus.

Oies à la façon de Bayonne (*Cuisses et ailes d'*). Levez les ailes entières ainsi que les cuisses d'un certain nombre d'oies que vous voulez conserver, de manière à ne rien laisser sur la carcasse; désossez en partie les cuisses avec la main, frottez-les, ainsi que les ailes, de sel fin, dans lequel il y aura une demi-once de salpêtre pilé, pour les membres de cinq oies. Rangez toutes vos ailes et vos cuisses dans une terrine; insérez entre elles du laurier, du thym et du basilic, couvrez-les d'un linge blanc; laissez-les vingt-quatre heures dans cet assaisonnement; les ayant retirées, passez-les légèrement dans de l'eau, laissez-les égoutter. Vous aurez préalablement ôté toute la graisse qui est dans le corps de vos oies, même celle qui est attachée aux intestins, et que vous aurez préparée comme le saindoux : faites-les cuire à un feu très-modéré; il faut que ce saindoux ne fasse que frémir : vous êtes assurés que ces membres sont cuits, lorsque vous pouvez y enfoncer une paille. Alors égouttez-les, et quand ils sont bien refroidis, arrangez-les le plus serré possible dans des pots. Coulez-y votre saindoux aux trois-quarts refroidi. Laissez le tout ainsi refroidir vingt-quatre heures; au bout de ce temps, couvrez vos pots bien hermétiquement de parchemin mettez-les dans un endroit frais, sans être humide, pour vous en servir au besoin.

OIGNON. Plante bulbeuse et potagère, *fac totum* dont la présence est indispensable dans la plupart des assaisonnemens. On en distingue de deux sortes, le rouge et le blanc : tous deux s'emploient aux mêmes usages. On prétend que les blancs ont moins de goût que les autres.

L'École du potager en donne de neuf espèces différentes très-distinctes et que l'on peut prendre pour des variétés.

On fait, en cuisine, des ragoûts d'oignons, des sauces aux oignons, des potages de santé aux oignons, au blanc, au roux, en maigre et en gras.

Oignons (Ragoût d'). Vous faites cuire des oignons sous la cendre chaude ; après les avoir pelés, vous les mettez dans une casserole, et vous les mouillez d'un coulis clair de veau et de jambon. Quand ils ont mijoté quelque-temps, liez ce ragoût d'un peu de coulis un peu plus nourri. On peut, en les servant, y mettre un peu de moutarde, surtout lorsqu'on sert ce ragoût pour toutes sortes d'entrées aux oignons.

Oignons farcis. Épluchez une vingtaine de gros oignons, en ayant la précaution de ne pas écorcher les têtes ni la première peau ; après les avoir fait blanchir et rafraîchir comme les navets, égouttez-les sur un linge blanc, retirez l'intérieur des oignons avec un vide-pomme, sans offenser la première peau ; remplissez-les de quenelles ; mettez-les dans une casserole plate, afin que vos oignons soient sur un même lit ; couvrez-les de lard, mouillez avec un peu de sel et de sucre, faites-les partir à grand feu dessus. Vos oignons cuits, faites réduire leur fond et servez-les pour garniture de grosses pièces.

Oignons glacés. On choisit une vingtaine d'oignons, tous de la même grosseur, que l'on épluche avec soin, ayant l'attention de ne pas trop couper la tête et la queue. On beurre le fond d'une casserole, on y met des oignons du côté de la tête, du sel, un peu de gros poivre, un verre d'eau, gros comme la moitié d'un œuf de sucre, autant de beurre, un rond de papier beurré par dessus les oignons. On les place sur un fourneau un peu ardent ; le mouillement étant à moitié réduit, on le met sur un feu doux. Au moment de servir, on fait tomber à la glace : on dresse ensuite les oignons sur un plat, et on met dessus une sauce espagnole.

OILLE. Par ce mot, qui a passé de l'espagnol dans notre langue, on entend une espèce de potage dans lequel il entre plusieurs racines et plusieurs viandes différentes.

Oille à l'espagnole. Ce potage, très-dispendieux, ne se montre que sur les tables somptueuses ; il se compose de la manière suivante : on se procure dix livres de culotte de bœuf, que l'on a soin de parer et de ficeler, une poitrine de mouton, un tendon de veau, un combien de jambon dessalé, un poulet, deux pigeons, deux cailles, deux vieilles perdrix, troussées en poule piquée, un canard, une livre de petit lard, un saucisson cru, huit saucisses avec du piment rouge dedans ; après avoir paré et ficelé le tout, on le place dans une braisière avec deux livres de pois espagnols, que l'on a fait tremper, de la veille, dans de l'eau tiède ; on mouille le tout avec du grand bouillon, et on le fait bouillir, en y ajoutant six pimens enragés, quatre clous de girofle, un peu de muscade, et un peu de macis enveloppé dans un petit linge blanc. On laisse aller le tout jusqu'à parfaite cuisson, en retirant les pois les plus tendres.

On a quatre choux, dix laitues, trente carottes, tournées le plus également possible, autant de navets ; après les avoir fait blanchir, on les marque dans une casserole bien couverte de bardes de lard, et on mouille avec le dégraissis de la braisière.

On prépare une douzaine de culs d'artichauts bien tournés et bien ronds, que l'on fait cuire dans un blanc, avec vingt-quatre oignons glacés ; on tourne plein un verre de petites carottes en olives, autant de navets. Après les avoir fait blanchir, on les fait cuire avec du consommé et un peu de sucre ; on prend la même quantité de petits haricots verts, coupés en losanges, de petites fèves, concombres, petits pois, le tout blanchi, et chaque article mis à part.

Après avoir égoutté les viandes et les légumes, on passe le bouillon de la braisière; on le fait dégraisser et clarifier; on le passe à la serviette et on le tient bouillant.

On presse les choux et les laitues, que l'on dresse sur un grand plat dans l'ordre suivant : un morceau de chou, une carotte, une laitue, un navet, jusqu'à ce que le cercle du plat soit formé; on met dans le puits les pois espagnols. On place les viandes par ordre sur le milieu du plat, et les douze culs d'artichauts sur le bord des légumes, à distance égale, en mettant un oignon glacé entre.

Quant aux petits légumes bien chauds, on les saute au moment de servir, avec un peu de glace et de beurre, et on les place par bouquets dans les culs d'artichauts; on glace toutes les viandes. Il faut servir chaudement avec le consommé clarifié à part.

Oille à l'espagnole (*Autre manière de servir pour relevé l'*). Vos viandes étant cuites à propos, vous passez votre consommé, et le faites travailler, avec quatre cuillers à pot de grande espagnole. Faites dégraisser et réduire la sauce et ajoutez-y une bouteille de vin de Madère. Passez votre sauce à l'étamine ou au bain-marie; au moment de vous en servir, joignez-y un beurre de piment. Après avoir dressé votre oille comme ci-dessus, saucez, et servez le plus chaudement possible.

OLIVE. Fruit de l'olivier, d'abord vert, d'une âpreté insoutenable, qui noircit en mûrissant, et dont on adoucit l'âpreté en le faisant confire avec du vinaigre et du sel, ou seulement de l'eau et du sel. On en distingue de trois sortes, qui diffèrent en bonté et en grosseur, savoir : les olives de *Vérone*, les olive d'*Espagne* et les olives de *Provence*. Sans parler des deux premières espèces, nous ne ferons mention que de celles de Provence, qui sont de diverses grosseurs; mais les olives qu'on nomme *picholines* ou *petites* sont plus exquises que les autres.

Il vient encore quantité d'autres olives du Bas-Languedoc, d'Italie, et surtout de la rivière de Gênes.

Les olives ne paraissent jamais au dessert. On les sert à l'entremets ou plutôt au rôti, dans un saladier de porcelaine et dans de l'eau fraîche; on en tire dans la cuisine un assez grand parti. On fait avec ce fruit des entrées de volailles et surtout de gibier, qui sont excellentes. C'est une manière sûre d'ennoblir un canard; et lorsqu'il est couché sur un lit d'olives, il peut paraître avec orgueil sur les tables les plus distinguées.

Les olives farcies aux câpres et aux anchois, et confites à l'huile vierge, sont un manger délicieux. Elles ne se servent ainsi qu'en hors-d'œuvre.

On connaît dans la cuisine une autre espèce d'olives farcies, ce sont celles dont on a retiré le noyau (en les tournant comme des poires), qu'on a remplacé par une farce quelconque. On peut servir ce ragoût comme entremets; mais plus ordinairement il paraît comme entrée sous différentes espèces de gibier ou de volailles.

Olives (*Ragoût d'*). Passez au beurre un peu de ciboules et de persil hachés avec un peu de farine; ajoutez-y deux cuillerées de jus, un verre de vin de Champagne, câpres hachées, un anchois, des olives, de l'huile d'olives et un bouquet de fines herbes. Liez la sauce d'un bon coulis, assaisonnez de bon goût, dégraissez et servez votre ragoût avec vos viandes cuites à la broche.

Olives farcies (*Ragoût d'*). On pèle trois ou quatre douzaines d'olives comme des poires, sans casser la peau. On a de la farce, dont on forme des espèces de noyaux que l'on couvre des peaux d'olives. Après leur avoir fait faire un bouillon à l'eau bouillante, on les retire pour les mettre dans une casserole avec de l'essence de jambon. On les fait mijoter et on les sert avec de la volaille, du gibier ou d'autres viandes.

OMBRE-CHEVALIER. Espèce de poisson nommé en latin *thymallus*, parce qu'il a une odeur de thym. Il ressemble assez, par sa figure, aux truites ordinaires. Il habite, comme elles, dans les eaux pures et nettes; il vit des mêmes alimens, mais on l'estime plus que les truites à cause de son bon goût. On estime surtout les ombres issues du lac de Genève; elles passent pour un manger divin que les Bourvalais du siècle se procurent quelquefois; mais c'est une jouissance fort rare. Ce beau poisson, cuit dans un savant court-bouillon, et mangé avec une sauce à la genevoise qui rappelle son origine, et qui lui convient plus que toute autre, honore les tables les plus recherchées.

Les ombres s'apprêtent comme les truites et se mangent de même; elles ont cela de remarquable, que ce sont les seules ombres palpables qui existent dans ce bas monde. *Voy.* Truites.

OMELETTE. *Voy.* Œufs.

ORANGE. Fruit d'odeur, d'un goût agréable; on en distingue de deux espèces, d'*aigres* et de *douces*. Les aigres sont plus petites, d'une couleur moins foncée que les douces. La fleur et le fruit sont également en usage. Les oranges qui nous viennent des pays chauds, sont les meilleures, parce que leurs principes sont plus exaltés, et parce que la chaleur du soleil fait que leurs sucs y sont plus digérés, et par-là même d'un goût plus exquis.

Nous commencerons par la fleur, à détailler les divers apprêts dont elle est susceptible. Il faut choisir la fleur d'orange belle, grasse, blanche, d'une odeur suave; et l'employer fraîche cueillie.

Orange (Fleurs d') au candi. Mettez de la fleur d'orange dans du sucre cuit au soufflé. Tirez de dessus le feu et lui laissez jeter son eau. Cela fait, remettez ce sucre sur le feu, et le faites revenir au soufflé. Laissez refroidir à moitié, et mettez dans des moules à candi, pour les faire cristalliser à l'ordinaire. Il faut demi-livre de sucre par livre de fleurs.

Orange (Fleurs d') au caramel. Ayez de la fleur d'orange confite; dressez-la sur une assiette ou compotier, versez dessus du sucre cuit au caramel, en trempant une fourchette dedans, pour former dessus une espèce de réseau ou filigrane.

Orange (Fleurs d') confites au liquide. Faites-leur faire quelques bouillons à l'eau bouillante. Retirez-les, et les mettez dans de nouvelle eau chaude, avec du jus de citron, bouillir jusqu'à ce qu'elles soient tendres sous le doigt. Mettez-les ensuite à l'eau fraîche, avec de nouveau jus de citron. Faites égoutter; versez dessus autant de sucre cuit à lissé, à demi-chaud. Faites rebouillir ce sucre, toujours en le remettant sur les fleurs, à quatre reprises différentes. Finissez-les au grand perlé, et les laissez reposer douze heures au moins à l'étuve, avant de les empoter.

Oranges (Fleurs d') confites au sec. Prenez des fleurs confites au liquide : faites-les égoutter de leur sirop; rangez sur des feuilles d'office, et les poudrez de sucre fin, avec un tamis; faites sécher à l'étuve, et mettez en lieu sec dans des boîtes garnies.

Orange. (Conserve d'eau de fleurs d') Faites cuire du sucre à la grande plume, et lorsqu'il commencera à blanchir, mettez-y de l'eau de fleurs d'oranges suffisamment, pour en donner le goût à la conserve, que vous mettrez dans des moules de papier, et que vous coupérez, quand elle sera froide, de la forme et grandeur que vous voudrez.

Orange. (*Conserve de fleurs d'*) Hachez de la fleur d'orange ; pressez-y le jus d'un citron : délayez-la dans du sucre cuit à la grande plume, livre de sucre pour quarteron de fleurs. Faites-lui prendre un peu de sucre et mettez dans des moules pour faire sécher à l'étuve, et vous en servir au besoin.

Au défaut de fleurs et hors la saison, on peut se servir de la marmelade de fleurs d'orange, qu'on délaie dans du sucre cuit à la plume, et le surplus comme ci-dessus.

Orange (*Eau de fleurs d'*) *pour boisson.* Prenez une poignée de fleurs d'orange épluchées ; mettez dessus une pinte d'eau, un quarteron de sucre ; laissez infuser une heure. Versez d'un vase à l'autre, pour faire prendre goût ; passez et mettez rafraîchir.

Orange. (*Eau distillée de fleurs d'*) Prenez telle quantité de fleurs épluchées que vous voudrez ; mettez-les dans un alambic de verre, avec une pinte d'eau par livre ; faites distiller au bain-marie, ou au bain de vapeurs.

Orange. (*Gâteau de fleurs d'*) Délayez un peu de blanc d'œuf avec du sucre fin, sans faire une pâte trop molle ; faites un moule de papier de la grandeur du gâteau que vous voulez faire. Pour un quarteron de fleurs d'oranges épluchées, faites cuire à la grande plume, trois quarterons de sucre ; mettez y la fleur et travaillez ce mélange sur le feu. Quand il commence à monter, mettez-y le blanc d'œuf, versez dans le moule et tenez dessus à peu de distance, le cul de la poêle, encore tout chaud, pour le former promptement.

Orange. (*Glace de fleurs d'*) Pilez de la fleur d'orange, délayez-la avec de l'eau et du sucre ; passez et mettez à la glace.

Orange. (*Grillage de fleurs d'*) Faites cuire demi-livre de sucre à la plume; mettez-y un quarteron de fleurs d'oranges épluchées; remuez bien avec la spatule. Étant grillées, dressez en rocher sur un plat frotté d'huile, et mettez sécher à l'étuve.

Orange (*Liqueurs de fleurs d'*). Faites fondre du sucre dans de l'eau fraîche, une livre pour chopine d'eau; mettez-y une chopine d'esprit-de-vin et de l'eau de fleurs d'orange double, environ un poisson; passez à la chausse, et mettez en bouteilles.

Orange (*Marmelade de fleurs d'*). Faites faire quelques bouillons à votre fleur d'orange pour la blanchir, mettez-la dans d'autre eau chaude avec du jus de citron, et la faites rebouillir jusqu'à ce qu'elle s'écrase facilement sous les doigts; retirez-la et la mettez dans de l'eau fraîche avec du jus de citron; faites-la égoutter; pressez-la dans une serviette et la pilez; mettez-la sur le feu sans bouillir, et délayez-y du sucre cuit au soufflé. Il faut deux livres et demie de sucre, pour livre de fleurs épluchées.

Orange (*Ratafia de fleurs d'*). Faites faire à la fleur, cinq à six bouillons dans du sucre cuit à la grande plume, et faites-y chauffer, sans bouillir, autant d'eau-de-vie qu'il y aura de sirop; faites infuser long-temps avant de le tirer à clair; mettez un quarteron de fleurs pour livre de sucre.

Orange (*Autre ratafia de fleurs d'*). Mettez dans une cruche une pinte d'eau-de-vie, un quarteron de fleurs d'orange, une livre de sucre, environ trois demi-setiers d'eau. Bouchez bien le vase et faites bouillir douze heures au bain-marie.

Oranges à l'eau-de-vie. Faites-les confire comme ci-après. Étant finies, mettez-les dans des bouteilles, et versez dessus autant d'eau-de-vie que vous aurez de sirop, que vous aurez fait chauffer ensemble, sans bouillir; il faut que votre fruit baigne dans son jus.

Oranges (*Compote d'*) *à la bourgeoise*. Il faut les

peler et les couper par tranches, les arranger avec du sucre fin dessus et dessous, et les servir avec un peu de sirop.

Oranges confites au sec. Prenez des oranges confites au liquide, égouttez-les de leur sirop; faites ensuite cuire du sucre, et le blanchissez à force de le travailler, en l'amenant au bord de la poêle avec la cuiller; pressez-y vos oranges; arrangez-les sur des feuilles ou clayons; faites sécher à l'étuve et les placez en lieu sec.

Orange (Conserve d'). Râpez de leur écorce; mettez de cette râpure dans du sucre cuit à la grande plume; étant à moitié froid, travaillez-le, et lorsqu'il sera prêt à s'épaissir, mettez-le dans des moules.

Orange (Eau d') pour boisson. Coupez la peau d'une orange en zestes, que vous mettez dans un vase avec une pinte d'eau et un quarteron de sucre; exprimez-y le jus de deux oranges, et la moitié de celui d'un citron; battez bien le tout d'un vase à l'autre; passez à travers un linge et mettez rafraîchir.

Orange (Filets ou Tailladins d') à l'eau-de-vie. Ratissez la superficie de quelques oranges douces, avec du verre; coupez l'écorce en filets; faites-les blanchir; donnez-leur sept à huit bouillons, au sucre simplement clarifié, le lendemain autant. Le troisième jour, finissez votre sucre en sirop; mettez-y vos filets faire quelques bouillons; faites chauffer ensemble, mais sans bouillir, autant d'eau-de-vie que de sirop; mettez vos filets en bouteilles, le sirop par-dessus; livre de sucre pour deux livres de fruit.

Oranges glacées en fruits. Prenez de la marmelade d'orange, faites comme nous dirons ci-après à l'article *marmelade d'orange.* Faites-la prendre à la glace dans la salbotière; mettez-la dans des moules que vous remettrez à la glace: prêtes à servir, joignez-les avec de la gomme-gutte, pour leur donner la couleur qui leur est naturelle.

Orange (Marmelade d') Coupez des oranges douces par morceaux; ôtez-en les durillons; faites-les cuire jusqu'à qu'elles soient tendres, dans l'eau bouillante, avec un peu de jus de citron; tirez-les à l'eau fraîche; égouttez-les et les pressez dans une serviette; pilez-les et les passez à l'étamine; mettez cette marmelade dans du sucre à la grande plume faire quelques bouillons; sur demi-livre de marmelade, mettez une livre de sucre.

Oranges (Zestes d'). Prenez de belles oranges de Portugal, coupez-les en zestes; faites-les bouillir dans quatre eaux différentes, et mettez-les autant de fois à l'eau fraîche, et les tenez un quart-d'heure sur le feu, chaque fois que vous les y mettrez; après quoi vous les confirez et les dresserez comme les tailladins.

ORFE. Poisson de fleuve et de lac, plus large que la carpe, et plus épais que la brême; il ressemble au premier de ces deux poissons par sa couleur qui est d'un brun jaunâtre, et par les dimensions de ses écailles. La longueur ordinaire de ce poisson est depuis un pied jusqu'à seize pouces. Sa chair est très-estimée pour sa qualité; il est de saison pendant toute l'année, excepté au mois d'avril, temps auquel il fraie et perd de sa qualité.

Il y a deux variétés de ce poisson, dont l'une a la chair blanche après la cuisson, et l'autre l'a rougeâtre comme celle des truites. Cette dernière est la meilleure.

On trouve l'orfe dans le Rhin, et dans plusieurs fleuves et lacs d'Angleterre.

On la prépare et on l'apprête comme la carpe ou la brême. *Voy.* CARPE et BRÊME.

ORGE. Espèce de blé qui vient sur des tiges plus courtes et plus grêles que le froment. Ses feuilles sont plus larges, et les barbes de l'épi plus grandes et plus piquantes que celles du seigle et du froment barbu. On en distingue de deux sortes, qui n'ont point de différence essentielle pour les qualités.

Orge mondé. On le lave, on le nettoie bien : on le fait bouillir doucement dans l'eau, pendant cinq ou six heures, jusqu'à ce qu'il soit réduit en crême. On y met, en commençant, un peu de beurre bien frais, et sur la fin un peu de sel. Quand on veut rendre cette bouillie plus agréable, on y met quelques amandes avec un peu de sucre. Si on la veut rafraîchissante, on y met des graines de melons et de citrouilles mondées.

Orge passé. Se fait comme l'orge mondé ; on le passe ensuite à l'étamine ; alors il nourrit moins. Mais, si, après l'avoir passé, on le fait épaissir sur le feu, il devient aussi nourrissant que l'orge mondé, si l'on en prend la même quantité. On peut mettre du lait dans ces différentes préparations : il en est plus agréable au goût.

Comme l'orge mondé est sujet à s'altérer avec le temps, le meilleur moyen de le conserver bon, est d'y mettre quelques feuilles de laurier.

ORGEAT (*Sirop d'*). Prenez un quarteron des quatre semences froides, trois quarterons d'amandes douces, très-blondes, quelques amères ; échaudez-les et les pelez ; pilez le tout et tirez-en la substance laiteuse, en l'arrosant peu à peu d'une chopine d'eau, et en pressant cette pâte dans une serviette ; faites cuire deux livres de sucre à cassé, versez dessus votre lait d'amandes, et le mettez à l'étuve à une chaleur douce, jusqu'à ce qu'il vienne à perlé.

ORTOLAN. Petit oiseau de passage, d'un plumage varié, ayant le chant assez agréable, moins gros qu'une alouette, originaire des contrées méridionales de l'Europe, où l'on en trouve toute l'année.

Les ortolans arrivent à peu près avec les cailles dans les pays où ils se fixent, et ils en partent vers le mois de septembre. On les prend lors de leur passage, aux gluaux et à la nappe; ils ont alors fort peu de graisse, mais au moyen du millet dont on les nourrit dans un endroit couvert et privé de lumière, ils en acquièrent beaucoup et en fort peu de temps.

On peut facilement enfermer des ortolans dans des coquilles d'œuf de poule bien lutées, et les faire cuire dans l'eau ou sous la cendre; mais ils sont préférables à la broche.

Ortolans à la broche. Bardez vos oiseaux, enfilez-les dans une brochette que vous attachez à la broche. Arrosez-les en cuisant, d'un peu de lard fondu, ou flambez-les; sept ou huit minutes suffisent pour les cuire. Servez chaud avec un jus d'orange.

On apprête aussi les ortolans comme les cailles. *Voy*. CAILLES.

OSEILLE. Herbe potagère très-connue, dont il y a deux espèces, qui sont d'un grand usage en cuisine, savoir : l'oseille *ordinaire* et l'oseille *ronde*.

Les feuilles d'oseille, dont tout le monde connaît le goût très-acide, se mangent dans les potages, avec les viandes, le poisson, les œufs; un fricandeau ne peut guère se passer de leur intervention; elles se servent en substance, accommodées à la manière des épinards, et mêlées avec cette dernière plante, on peut tempérer convenablement leur acidité.

Oseille (*Farce à l'*). Votre oseille bien épluchée, lavée et égouttée, hachez-là; mettez-la ensuite dans une casserole avec de bon beurre frais, sel et poivre, ciboules et cerfeuil, un peu de muscade. Laissez cuire et mitonner; pour adoucir l'acide qui est propre à cette plante, mettez-y sur la fin un peu de crême.

Oseille (ragoût d') en gras. Épluchez, lavez et faites cuire votre oseille à l'eau bouillante; faites-la égoutter ensuite comme les épinards; mettez-la dans une casserole, et mouillez-la de coulis clair de veau et jambon, en y ajoutant sel et poivre; faites mitonner à petit feu; le ragoût bien mitonné, jetez-y un peu d'essence de jambon, et servez-vous-en pour toutes les entrées à l'oseille.

Oseille à la bourgeoise, en maigre. Votre oseille bien épluchée, bien lavée et bien égouttée, hachez-la et mettez-la fondre dans une casserole; quand elle est bien fondue, mettez-la dans une autre casserole avec un morceau de beurre, pour frire un peu l'oseille. Mettez plein deux cuillers à bouche de farine dans un vase; cassez-y un œuf; délayez la farine; prenez encore un œuf, que vous battez avec votre farine; mettez-y un verre de lait; délayez le tout ensemble et versez sur l'oseille; tournez-la sur le feu; lorsqu'elle aura bouilli un quart-d'heure, mettez-la sur un plat. Après vous être assuré qu'elle est d'un bon sel, mettez-y des œufs pochés, des œufs durs ou un fricandeau.

Oseille confite. Ayez de l'oseille, cerfeuil, poirée, bonne dame, persil, ciboules, pourpier, que vous préparerez en proportion de leurs forces. Ces herbes épluchées et lavées, faites-les égoutter.

Mettez un bon morceau de beurre dans un grand chaudron, vos plantes par-dessus, et autant de sel qu'il en faut pour les bien saler. Faites cuire à petit feu, jusqu'à ce que l'eau soit entièrement tarie. Vos herbes refroidies, mettez-les dans des pots bien nets. Moins on en consomme, plus les pots doivent être petits, parce qu'étant entamés, les herbes ne se conservent tout au plus que trois semaines. Quand elles sont dans les pots, faites fondre du beurre, et lorsqu'il est tiède couvrez-en vos herbss. Le beurre devenu froid, couvrez les pots et mettez-les dans un endroit sec, ni trop chaud, ni trop froid, pour vous en servir au besoin, soit pour la soupe, ou pour des farces.

Oseille (Purée d'). Voy. PURÉE.

OUTARDE, OSTARDE, OTARDE. Oiseau de la grosseur du coq d'Inde, ou plutôt de l'oie, ayant environ quatre pieds sept pouces de longueur, depuis la pointe du bec jusqu'à l'extrémité de la queue. Il a été mis par les Anciens au nombre de ceux qui étaient du goût le plus exquis, et qu'on servait sur les meilleures tables.

Les outardes ne sont pas fort communes en France; on y en tue pourtant quelquefois, et on en élève même dans les basses-cours.

Quand cet oiseau est jeune, sa chair est assez tendre et d'un bon goût. Le temps où il est le meilleur, c'est en automne et dans l'hiver. Il faut le laisser mortifier un certain temps, sans quoi il est de difficile digestion. On apprête les outardes comme les oies et oisons. Voy. ces mots.

Outarde (Pâté d'). Vuidez votre outarde; battez l'estomac, et cassez-lui les os des cuisses; couvrez-la d'un lard moyen, assaisonné de sel et poivre, en y ajoutant girofle, muscade râpée et laurier. Mettez dans votre pâté beaucoup de lard pilé, et de bardes de lard, parce que cet oiseau a la chair très-sèche. Formez votre pâté comme à l'ordinaire, et faites-le cuire pendant quatre heures au moins.

P.

PAIN. Préparation du blé, soit froment ou seigle, ou d'un mélange des deux, réduit en farine, qu'on pétrit avec de l'eau un peu chaude, en y mettant un peu de sel et du levain, pour lui donner, par la fermentation que ces substances excitent, une sorte de cuisson anticipée, et plus de légèreté qu'il n'en aurait sans leur secours. C'est l'aliment ordinaire de l'homme, le plus sain, le plus nourrissant, et celui qui lui convient le mieux, dans tous les états qu'on puisse supposer.

Pain à la crême. Faites une crême épaisse, avec de la farine, huit jaunes d'œufs, la moitié d'un citron, une partie coupée en tranches, l'autre hachée, conserve de fleurs d'oranges écrasée, crême et sucre. Faites cuire. Ayez un pain rond d'une livre, chapelé; tirez la mie, en la prenant par-dessous. Faites-le tremper dans du lait et du sucre. Faites égoutter, et le farcissez de la crême ci-dessus. Rebouchez le trou. Mettez de la crême au fond d'un plat; dressez le pain, et le couvrez de crême bien unie, le citron en tranches par-dessus. Glacez de sucre, et faites cuire au four. Étant cuit, servez chaudement.

Pains à la crême (Petits). Il faut les faire de la grosseur d'un œuf, les chapeler, les vider par-dessous, les remplir de la crême des pains à la Bavière; les ficeler; les tremper dans du lait, et quand ils sont égouttés, les faire frire au sain-doux, ou au beurre affiné, et étant de belle couleur, les déficeler, râper du sucre par-dessus, les glacer avec la pelle rouge, et les servir chaudement, pour entremets ou garnitures.

Pain d'amandes et de pistaches. Prenez une demi-livre d'amandes douces, un quarteron de pistaches; pilez-les dans un mortier, avec du citron confit, et demi-livre de sucre; ajoutez six ou huit jaunes d'œufs frais, dont vous aurez fouetté les blancs; mêlez le tout; frottez un plat de beurre; dressez votre pâte dessus; unissez-la; faites cuire au four, et servez glacé.

Pains de sainte Geneviève. Délayez demi-litron de fleur de farine avec trois œufs, les blancs fouettés, un quarteron de sucre, un peu de crème. Faites la pâte liante, et cuisez vos pains comme les gauffres dans un fer à pains de sainte Geneviève.

On fait aussi des pains de diverses sortes, comme pains aux champignons, aux choux, à la crème, au jambon, aux morilles, aux mousserons, de perdrix, aux truffes, de veau, etc.

PALAIS. On en emploie de deux espèces, en cuisine : ceux de bœuf et de mouton. *Voy.* Bœuf et Mouton.

PALOMBE. Oiseau de passage en automne, qu'on trouve plus communément près des Pyrénées et dans le Béarn, qu'ailleurs. C'est une espèce de pigeon sauvage, plus gros que les ramiers, dont la chair est noire et d'un bon goût. On lui fait subir en cuisine les mêmes apprêts que le pigeon. *Voy.* Pigeon.

PANACHE DE PORC. On donne ce nom à des oreilles et des pieds de cochon à la Sainte-Menehould, qu'on pane pour les griller, et qu'on sert ensuite à sec pour entremets.

PANADE. Pain cuit et imbibé de jus de viande ou de bouillon, ou sorte de mets fait de pain émietté et long-temps mitonné dans du bouillon ; voici la manière de la faire.

On met dans un petit pot de terre, ou autre vase, de la mie de pain mollet avec de l'eau, du sel, un peu de gros poivre, gros comme la moitié d'un œuf de beurre, plus ou moins, selon que la panade doit être plus ou moins forte ; on fait mijoter le tout ensemble pendant une heure ; au moment de servir votre panade, on y ajoute une liaison de deux ou trois œufs ; il faut avoir soin que la panade ne bouille pas, quand la liaison sera dedans.

PANAIS. Plante ou racine potagère d'une odeur et d'un goût assez agréable et aromatique. Il y en a de trois espèces, le long, dont la racine est très-longue et la tige haute de trois ou quatre pieds ; le rond, dont la racine est plus grosse et plus courte ; et celui de Siam, qui est fort gros du côté de la tête et qui a la chair plus jaunâtre.

Les racines du panais cultivé, cueillies avant que la plante soit montée, sont douces, sucrées et très-nourrissantes ; on les cuit à l'eau comme les carottes. Mais son principal usage en cuisine est pour les potages, ragoûts et coulis de racines ; on en fait rarement des mets particuliers.

PANNE. Se dit de la graisse des animaux, et principalement de celle de l'intérieur du ventre du porc : c'est de la panne de ce dernier, battue et fondue, que se fait le sain-doux. On la coupe et on la hache par petits morceaux, pour en faire des saucisses et du boudin.

PAON. Oiseau étranger, originaire des Indes, et anciennement apporté en Europe, où il est à présent commun. On lui a donné le premier rang parmi les iseaux domestiques. Le paon est gros comme un dindon; il est remarquable par sa huppe, en forme de couronne, diversifiée de plusieurs couleurs, et surtout par sa longue queue composée de plumes de différentes couleurs, qu'il lève et étale à son gré, pour en faire la roue, et pour s'y mirer au soleil, avec complaisance.

Les paons se servaient autrefois dans les festins de noces et aux repas somptueux des seigneurs les plus qualifiés. Aujourd'hui on en sert très-rarement, ou si on le fait, c'est plutôt par ostentation, qu'à raison de leur bonté; peut-être a-t-on perdu l'apprêt qu'on leur donnait pour les trouver bons; car leur chair est dure, sèche et difficile à digérer, surtout dans les vieux paons; celle des jeunes est assez délicate. On peut leur donner les apprêts du faisan. *Voy.* FAISAN.

PASTILLES. Espèce de pâte faite avec du sucre et divers ingrédiens, pour leur donner différens goûts. On les dresse, pour l'ordinaire, dans des porcelaines qu'on sert avec le fruit : outre la variété qu'elles mettent dans les desserts, elles sont agréables au goût.

Pastilles blanches. Faites fondre de la gomme adragante, et la passez; mettez dans cette eau du jus de citron, où auront infusé des zestes de ce fruit; versez sur du sucre royal pilé et bien tamisé, avec quelques gouttes d'essence de bergamote. Mêlez bien le tout, et faites une pâte maniable, dont vous formez vos pastilles, que vous faites sécher à l'ordinaire.

Pastilles de bouche. Pour celles-ci, ajoutez à la gomme adragante, fondue et passée, un peu d'eau de fleurs d'orange, deux gros d'essence d'ambre, douze grains de musc, que vous pilerez et passerez avec une livre de sucre royal; vous ferez du tout une pâte dont vous formerez vos pastilles. Les moules dont on se sert ordinairement pour les faire, sont de fer blanc; la pâte étendue, on appuie dessus, en tournant, et on les taille : en soufflant par l'autre côté, on les détache, et on les roule ; si l'on veut en cornets ; on les fait sécher à l'air, en été, couvertes d'un papier. En toute saison, on ne doit les serrer que quand elles sont sèches.

PATE. Se dit de différentes manière d'apprêter les diverses farines des grains différens, en les détrempant avec de l'eau, ou d'autres liqueurs.

Pâte à frire. Prenez un peu de beurre, du lait, et un peu de sel fin. Mettez le tout dans une casserole sur le feu : quand le lait est prêt à bouillir, mettez-y de la farine, et la desséchez sur le feu, comme pour les petits choux. Étendez-la ensuite avec le rouleau, le plus mince que vous pourrez ; découpez-la en petits carrés ; faites-la frire dans l'huile ; glacez-la avec du sucre ; et servez pour rôt, ou collation.

Pâte à l'huile. Faites bouillir de l'huile sur le feu, jusqu'à ce qu'elle ne fasse plus de bruit. Elle aura perdu alors de son âcreté. Prenez un litron de fleur de farine ; mettez-y trois ou quatre jaunes d'œufs, une pincée de sel, de l'huile à discrétion, un petit verre d'eau. Mêlez le tout, et pétrissez de sorte que la pâte reste un peu ferme, d'autant que cette pâte n'est jamais aussi ferme qu'avec du beurre, quoiqu'on s'en serve rarement.

Pâte bise. Prenez un boisseau de farine de seigle ; ôtez-en seulement le gros son. Pétrissez-la à l'eau chaude, de sorte qu'elle soit ferme ; n'y mettez qu'une demi-livre de beurre. Formez-en votre abaisse avec un rouleau. Cette pâte est propre pour les pâtés de jambon, et de grosse venaison, qu'on transporte au loin ; c'est pourquoi leur croûte doit avoir deux doigts d'épaisseur.

Pâte blanche pour les gros pâtés qui se mangent

froids. Mettez sur une table un demi-boisseau de fleur de farine ; faites un creux dans le milieu, dans lequel vous mettrez deux livres de beurre frais. Si ce beurre est dur, vous le manierez auparavant, pour l'amollir. Mettez-y trois onces de sel fin, un demi-setier d'eau, plus ou moins : détrempez peu-à-peu cette farine, en l'arrosant d'eau tiède ; cette pâte étant liée, étendez-la avec le rouleau ; jetez un peu de farine dessus et dessous, afin qu'elle ne tienne point à la table. Il faut dans la pâte plus de beurre en hiver qu'en été, parce que le froid la sèche et la rend plus difficile à manier. On peut la rendre plus fine, en y mettant plus de beurre.

Pâte blanche, pour les tourtes et autres pâtisseries qui se mangent chaudes. Prenez trois livres de beurre et un demi-boisseau de farine. Pétrissez votre pâte comme la précédente. Elle est propre à faire des pâtés d'entrées de veau, pigeonneaux, béatilles, et autres mets chauds.

Pâte croquante. Prenez environ deux poignées d'amandes, si vous ne voulez faire qu'une petite tourte ; échaudez-les pour les peler ; et en les pelant, jetez-les dans de l'eau fraîche ; vous les essuierez ensuite pour les piler au mortier, en les arrosant, de temps en temps, d'un peu de blanc d'œuf, et d'eau de fleurs d'oranges, battus ensemble, afin qu'elles ne viennent point en huile. Il est important de les bien piler, et l'on pourrait même les passer au tamis, afin qu'il n'y reste point de grumeaux. Vos amandes étant ainsi préparées, vous mettez cette pâte dans une poêle, et vous la desséchez avec du sucre en poudre, comme une pâte ordinaire, jusqu'à ce qu'elle soit bien maniable : vous en formerez alors un rouleau, pour la laisser reposer quelque temps ; puis vous en retirerez une abaisse que vous mettrez sécher au four dans une tourtière.

Pâte demi-feuilletée. Pour faire cette pâte, le procédé consiste tout simplement à mettre moins de beurre dans la pâte qu'on fait.

Pâte feuilletée. Prenez un demi-quart de fleur de farine. Faites la pâte à l'eau froide. Mettez-y un peu de sel fin, avec quelques jaunes d'œufs, pour la rendre plus délicate. Maniez le tout ensemble, en l'arrosant de temps à autre, selon le besoin. Quand cette pâte est mollette et bien liée, mettez-la en masse, et la laissez reposer une demi-heure; après ce temps, étendez-la, avec un rouleau, de l'épaisseur d'un pouce. Éparpillez dessus la quantité de beurre qu'il y faut, que vous mettrez en petits tas, pour le moins une livre. Pliez-la en double, en y renfermant du beurre; étendez-la de nouveau avec le rouleau, et cela, jusqu'à cinq ou six fois, et la réduisez à l'épaisseur que vous voudrez, en la poudrant de farine, des deux côtés, pour qu'elle ne s'attache point à la table. Cette pâte sert pour ce qu'on appelle *pâtés d'assiettes*, soit de veau, pigeonneaux, béatilles, et autres pâtés à manger chauds. Elle peut aussi servir à faire des tourtes de confitures, et autres pièces de four.

Pâtes de fruits. Les pâtes de fruit sont d'une grande ressource à l'office, pour orner les desserts, et suppléer au fruit, lorsqu'il manque: on trouvera, à leurs articles respectifs, les fruits qu'on emploie le plus ordinairement pour ces sortes de préparations.

PATÉ. On en fait de plusieurs manières, tant en gras qu'en maigre. On en fait de chauds, qu'on sert pour entrée; ou en fait de froids, qui se servent pour entremets.

Pâté à l'anglaise. Prenez de la chair de lièvre, un gigot bien tendre et bien dégraissé; hachez bien le tout avec du lard cru, de la moelle, un peu de graisse de veau, le tout bien haché, bien assaisonné de toutes sortes d'épices et fines herbes, avec quelques truffes et champignons hachés. Faites une abaisse d'une bonne pâte. Mettez-y votre farce; couvrez de bardes de lard, et ensuite d'une autre abaisse; mettez au four. Quand le pâté est cuit, ouvrez-le et le dégraissez; mettez dedans un coulis de perdrix, et servez chaudement.

Pâté à la ciboulette. Faites une farce de godiveau avec de la tranche de bœuf, crue et blanchie, persil et ciboules, le tout bien haché et bien nourri; assaisonnez de fines épices. Mettez-y de la moelle de bœuf, et un peu de mie de pain trempée dans du jus, quelques truffes et champignons hachés. Faites deux abaisses de bonne pâte; celle de dessous plus forte, l'autre plus mince : dressez votre pâté; rangez-y votre sauce; couvrez de bardes de lard et tranches de citron, et de la seconde abaisse. Façonnez; mettez au four. Étant cuit, dégraissez-le, jetez dedans un petit coulis, et servez chaudement.

Pâtés (petits), en gras. De rouelle de veau, graisse de bœuf, persil, ciboules, champignons; trois œufs, et demi-setier de crème, le tout bien haché et mêlé, faites un godiveau. Mettez-en entre deux abaisses de pâte feuilletée; soudez avec de l'œuf battu, et dorez; mettez au four et servez tout bouillant.

Il est encore une infinité d'autres manières de faire des petits pâtés. Ce que nous venons de donner de procédés, suffit avec un peu d'intelligence et de goût, pour en faire de toutes les sortes, et en imaginer de nouveaux.

Pâté à la royale. Coupez par rouelles une éclanche de mouton; ôtez-en bien les peaux. Dressez un pâté de pâte ordinaire. Mettez-y votre chair avec des filets de bœuf, de perdrix et de ramiers désossés, si on en a; garnissez de lard pilé, truffes, champignons, morilles, crêtes; assaisonnez à l'ordinaire d'épices, sel et fines herbes; finissez et faites cuire au four, huit ou dix heures. Dégraissez ensuite ; mettez-y une sauce hachée, ou un jus de citron.

Pâtés (petits) à l'Espagnole. Faites blanchir du lard, du veau, un blanc de poulet; hachez le tout; assaisonnez et le pilez dans un mortier, avec un peu d'ail et rocambole. Dressez vos pâtés ; remplissez-les de cette farce et finissez à l'ordinaire.

Pâtés (petits) aux écrevisses. Faites blanchir des écrevisses ; mettez les queues à part ; pilez les corps dans un mortier, et passez-les avec trois quarterons de beurre ; faites bouillir une demi-heure. Exprimez-en le coulis à travers une serviette. Mettez dans ce beurre d'écrevisses demi-poignée de mie de pain bien fine, que vous aurez délayée dans de la crème, avec sel, safran et une douzaine de jaunes d'œufs. Faites un ragoût de ris de veau, queues d'écrevisses, champignons, persil, œufs, culs d'artichauts ; liez de coulis de jambon, le tout bien assaisonné. Faites des caisses de cartes en rond, que vous cousez ou que vous collez avec de l'œuf battu ; beurez-les ; foncez-les de votre godiveau, et mettez-le dans votre ragoût ; couvrez du même godiveau ; mettez au four à un feu doux. Tirez-les de leur moule, étant cuits ; servez à sec.

Pâtés d'assiette. Hachez un morceau de rouelle de veau, avec de la graisse de bœuf, comme pour le pâté de godiveau ; assaisonnez de même. Faites une abaisse de pâte fine, avec des œufs, un peu ferme. Mettez-y votre godiveau en pyramide. Couvrez d'une abaisse mince ; dorez, et faites cuire une bonne heure. Mettez-y ensuite un coulis clair de veau et jambon, ou du jus de mouton, avec le jus d'un citron.

Pâtés (petits) de foies gras aux truffes. Piquez de truffes des foies gras ; faites un hachis d'autres foies gras ; dressez vos pâtés ; mettez-y du hachis, et par-dessus, un morceau de foies gras piqué, et des truffes à côté ; recouvrez de farce ; finissez à l'ordinaire. Étant cuits, mettez-y un peu d'essence claire. On en fait de même de ris de veau piqués de truffes, de foies, de lottes, et laitances de carpes, lardées de truffes.

Pâté de godiveau. Ajoutez au godiveau précédent un blanc d'œuf cru, et aux épices du clou et de la muscade; formez votre pâte de pâte fine. Ajoutez à la garniture ci-dessus, des morilles et andouillettes; laissez une ouverture au-dessus, pour y mettre, lorsqu'il sera cuit, un coulis clair de veau et jambon; et servez chaud.

Pâté de Périgueux. Pour deux livres de truffes, mettez douze foies gras, trois livres de panne de porc, persil, ciboules et champignons; hachez le tout. Dressez un pâté de la hauteur qu'il faut, pour y faire entrer votre mixtion; formez-le de panne hachée, et par-dessus une couche de tranches de truffes assaisonnées de sel fin et fines épices mêlées, et fines herbes; ensuite une autre couche de panne par-dessus, une couche de foies gras, assaisonnés comme dessus, et de champignons, persil et ciboules : continuez dans le même ordre, jusqu'à ce que le pâté soit fini; couvrez le tout de bardes de lard; finissez à l'ordinaire; faites cuire et servez froid pour entremets.

Pâté de poisson. Voy. POISSON.

Pâté dressé au blanc. Faites une farce de volailles cuites, tetine de veau et lard blanchi, une mie de pain trempée dans la crème, persil, ciboules, champignons, pointes d'ail hachées, sel et poivre, et pour lier, deux jaunes d'œufs. Dressez; mettez la sauce, et faites cuire. Le pâté cuit, retirez cette sauce; délayez-la dans un blanc bien assaisonné; faites-la chauffer sans bouillir; remettez-la dans le pâté, et par-dessus, un jus de citron; servez chaud.

Pâtés (petits) dressés au blanc. Dressez vos petits pâtés et les remplissez d'un godiveau de volaille cuite, graisse, tetine de veau, lard blanchi, mie de pain trempée dans la crême, ciboules, sel et poivre, le tout haché et mélangé; et lié de cinq jaunes d'œufs. Finissez, dorez, et les mettez au four. Étant cuits, ôtez-en le godiveau, et le délayez dans un coulis blanc; faites chauffer sans bouillir; remettez dans les pâtés: au défaut de coulis, on peut faire cette opération avec de la crême et des jaunes d'œufs.

Pâté en croustade. Coupez des noix de veau bien minces; hachez du lard et de la graisse de bœuf; faites-les fondre; passez et laissez refroidir cette graisse; faites une sauce de toutes sortes de foies avec une livre de bon beurre, et la graisse ci-dessus; pilez le tout dans un mortier; assaisonnez de sel et poivre, un peu de fines herbes et fines épices. Faites deux abaisses de pâte fine; dressez votre pâté dans une tourtière; mettez au fond deux tranches de jambon et un lit de farce, et par-dessus, une des noix de veau, ensuite deux autres tranches de jambon, un autre lit de farce, un autre de noix de veau; ainsi de suite jusqu'à la fin. Couvrez le tout de bardes de lard. Mettez-y un oignon piqué de deux clous; couvrez de l'autre abaisse; mettez au four, et faites bien cuire: étant cuit, faites un trou au-dessus; dégraissez le pâté, en le renversant sens-dessus-dessous dans un plat: mettez dedans une farce hachée, et servez pour entrée.

Pâtés (Petits) feuilletés en maigre. Hachez chair d'anguille, laitances de carpes, champignons à demi-cuits, ciboulettes et fines herbes. Assaisonnez; faites fondre la moitié autant de beurre que vous avez de hachis. Faites vos pâtés de pâte feuilletée, et les faites cuire au four, ou dans des tourtières: étant cuits, mettez-y du jus de citron, ou du verjus en grains.

Pâté fin. D'une rouelle de veau avec graisse de bœuf, lard fondu, sel et poivre, fines herbes et ciboules hachées, faites un godiveau; dressez un pâté de feuilletage; mettez-y le godiveau avec culs d'artichauts, champignons, truffes, ris de veau, et crêtes : une heure suffit pour le cuire. Étant cuit, mettez-y une sauce blanche avec verjus et jus de citron; servez chaud.

On fait encore beaucoup d'autres pâtés, tant chauds que froids, en gras ou en maigre. Les pâtés chauds se servent pour entrées; les pâtés froids, pour entremets.

PÊCHE. Fruit de l'arbre appellé *pêcher*. Ce fruit est couvert d'une laine courte, rempli d'une chair succulente et fort agréable au goût, sillonné dans toute sa longueur, et renfermant un noyau creusé de fosses assez profondes, qui renferme une amande plate et longuette. La plupart des pêches ont la peau cotonneuse et velue; les pêches violettes l'ont d'ordinaire velue : il y en a qui quittent le noyau; d'autres, dont le noyau est adhérent au fruit : tels sont les *pavis* et les *brugnons*. Ce fruit, pour être bon, doit être fondant, et avoir la chair fine et un peu ferme : il faut que son goût soit vineux et relevé; que le duvet en soit fin; car celles dont le poil est long, sont, pour l'ordinaire, d'un goût amer et plat; d'une chair pâteuse et sèche, et le jus en est fade et insipide.

Pêches à la bourgeoise. Coupez des pêches presques mûres en deux, et les faites cuire avec un peu d'eau et de sucre, à petit feu, pour qu'elles ne se défassent point. Quand elles fléchiront, tirez-les; faites cuire un peu leur sirop et les servez dessus.

Pêches à la cloche. Faites-les cuire entières sur un plat, avec du sucre fin, sous un couvercle de tourtière; glacez-les bien et les servez chaudes.

Pêches à l'eau-de-vie. Prenez des pêches entières; faites-les blanchir et les pelez, et les faites confire, comme nous dirons ci-après, *au liquide*. Mettez les avec autant d'eau-de-vie que de sirop. Mêlez bien l'un et l'autre, sans bouillir ; demi-livre de sucre pour livre de fruit.

Pêches au caramel. Prenez des pêches crues ou confites à l'eau-de-vie ; faites-les égoutter, retournez-les ensuite dans du sucre grillé ; enfilez-les dans de petites brochettes que vous ferez entrer dans les mailles d'un clayon, pour les faire sécher à l'étuve; dressez-les pour le service, soit en pyramide, ou de telle autre manière que vous jugerez à propos.

Pêches (Compote de). Prenez des pêches un peu fermes, pelez-les, ôtez les noyaux, faites-les bouillir jsuqu'à ce qu'elles montent et s'amollissent ; tirez-les et les passez à l'eau fraîche ; mettez-les ensuite bouillir dans du sucre clarifié, jusqu'à ce qu'elles n'écument plus ; tirez du feu et servez chaudement.

Pêches (Compote de) crues. Choisissez-les bien mûres. Pelez-les et les coupez en tranches ; dressez-les dans un compotier, avec du sucre en poudre dessous et dessus, à court sirop.

Pêches confites au liquide. Prenez des pêches presque mûres, pelez-les et les coupez en deux ; ôtez le noyau ; faites-les blanchir un peu. Faites-leur faire ensuite deux bouillons seulement dans du sucre cuit à la grande plume ; laissez-les ainsi jusqu'au lendemain ; faites-les égoutter ; faites bouillir ce sirop ; remettez-y votre fruit, pour lui faire prendre quelques bouillons ; finissez-les ; il faut autant de sucre que de fruit. Les pavis se confisent de la même manière.

Si vous voulez les tirer au sec, laissez-les une nuit dans le poëlon à l'étuve, pour en dessécher l'humidité. Faites-les égoutter ensuite ; poudrez-les bien de sucre fin et les mettez sécher à l'étuve.

Pour confire les pêches vertes au liquide, il faut les peler, ôter les noyaux, les mettre à mesure à l'eau fraîche ; les faire blanchir en bouillant à feu modéré. Lorsqu'elles verdissent, il faut les tirer, les laisser refroidir et les mettre dans de nouvelle eau fraîche; étant égouttées, mettez-les dans le sucre cuit à perlé; faites bouillir et écumez; tirez ensuite du feu et laissez refroidir. Remettez de nouveau bouillir, jusqu'à ce que le sirop soit à perlé, et dressez ensuite dans leurs pots. On peut encore, au lieu de les peler, les lessiver comme les abricots et les amandes vertes. Le procédé pour les mettre au sec est le même que celui ci-dessus.

Pêches (Conserve de). Faites-les cuire en marmelade: passez cette marmelade au tamis; desséchez-la, et délayez dans du sucre à la grande plume. Il faut livre de sucre pour quarteron de marmelade.

Pêches (Glace de). Choisissez-les bien mûres, écrasez-les et les délayez avec un peu d'eau; laissez infuser un peu; passez ensuite au tamis avec expression; mettez-y beaucoup de sucre et de fruit, parce que la glace concentre les saveurs; mettez à la sabotière et faites prendre à la glace, en travaillant le mélange; servez dans des gobelets.

Pêches (Marmelade de). Coupez des pêches en tranches minces, faites-les cuire dans un chaudron, avec trois quarterons de sucre pour livre de fruit; lorsque la marmelade sera près de finir, mettez-y les noyaux que vous aurez pilés.

Pêches (Noyaux de). Prenez de la pâte à pastilles; mettez des amandes au centre, et les formez en noyaux de pêches dans des moules à cet effet, en les colorant d'une teinte approchant de celle du noyau de pêche: au défaut de pâte, faites dessécher de la marmelade de groseilles; faites-en une pâte avec du sucre en poudre, et formez-la dans des moules; faites sécher à l'étuve et serrez en lieu sec.

PERCE-PIERRE ou SAXIFRAGE. Plante ainsi nommée, parce qu'elle vient dans les fentes des pierres. On fait, avec cette plante et le pourpier confit, des salades de carême ; ou on l'emploie dans les salades, comme les cornichons en garniture.

PERCHE. Poisson d'eau douce, de couleur différente sous le ventre, et qui a presque tout le reste du corps tout cendré, excepté quelques bandes noirâtres qui lui descendent du dos. Ce poisson, qui est couvert de petites écailles très-aiguës, se nourrit dans les rivières. La perche des marais et des étangs est sujette à sentir la bourbe ; elle est facile à connaître par sa couleur, plus rembrunie que celle de rivière. La chair de cette dernière est blanche et si délicate ; qu'on l'appelle communément la *perdrix de la rivière*.

Les perches se mangent pour l'ordinaire à la sauce blanche ou à l'huile, après qu'elles ont été cuites dans un bon court-bouillon ; on leur donne aussi d'autres apprêts.

Les œufs de la perche sont fort bons, et ils se mangent ordinairement rôtis sur le gril, après avoir été cuits dans le court-bouillon.

En général, la meilleure manière d'accommoder la perche, est de la faire cuire à la Watterfitch, et de la manger avec une sauce d'excellent beurre : en voici la recette.

Perches à la Watterfitch. Videz trois belles perches par les ouïes ; à la place des œufs, que vous supprimez, mettez des laitances de carpe ; ficelez les têtes de vos poissons, mettez-les dans une casserole avec une légère eau de sel, de la racine de persil ; coupez en filets, du zeste de carotte, ainsi que des feuilles de persil et une feuille de laurier, faites-les cuire ; leur cuisson achevée, levez la peau et les écailles ; ôtez les nageoires de vos perches, et plantez-les de distance en distance sur le corps de vos poissons ; cela fait, déposez vos perches dans une autre casserole ; passez dessus leur assaisonnement ; supprimez-en le laurier : mettez dans une casserole trois cuillerées de velouté, avec un quarteron de beurre, la chair d'un citron coupé en petits dés, sel et gros poivre; ajoutez-y vos filets de persil et de carottes; faites chauffer le tout; que votre sauce soit bien liée; égouttez vos perches, dressez-les, et masquez-les de votre sauce. Si vous n'avez point de velouté, faites usage de la sauce au beurre, ou simplement de l'eau de la cuisson, et servez.

Perches (*rôt de*). Choisissez de belles perches, dont vous ôtez les ouïes et une partie des œufs; faites-les cuire à petit feu, avec vin blanc, beurre, bouillon maigre, racines, oignons piqués de clous de girofle, bouquet, un zeste d'orange, ail, sel et poivre. Servez avec les écailles sur une serviette à sec, avec du persil frit.

On les sert encore pour rôt, cuites au court-bouillon ou à la sauce verte, ou à la sauce aux mousserons. *Voy.* SAUCES.

Perches au beurre. Après avoir vidé vos perches, leur avoir ôté les ouïes, vous les lavez et vous leur ficelez les têtes; vous les mettez dans une casserole, avec un oignon coupé en tranches, une carotte, une feuille de laurier, quelques branches de persil, du sel, et vous les mouillez avec de l'eau; faites-les cuire; leur cuisson achevée, égouttez-les; levez la peau et les écailles de vos perches; ôtez-en les nageoires, que vous fichez au milieu de leurs corps, d'espace en espace; tenez vos poissons chaudement dans leur assaisonnement. Au moment de servir, égouttez-les, et masquez-les avec une sauce au beurre. *Voy.* SAUCES.

Perches au coulis d'écrevisses. Après avoir fait cuire vos perches au court-bouillon, vous les laissez refroidir; ensuite vous les parez, vous les dressez dans un plat, avec la précaution de les tenir chaudement. Vous faites une sauce avec un anchois haché, beurre frais, sel, poivre et muscade, un peu de farine, d'eau et de vinaigre : liez la sauce avec un coulis d'écrevisses, et servez.

Perches au vin. Après avoir échaudé vos perches, vous leur ôtez les ouïes ; vous les mettez dans une casserole, avec moitié vin blanc et moitié bouillon, une feuille de laurier, une gousse d'ail, un bouquet de persil, deux clous de girofle et du sel ; vous les faites cuire, et leur cuisson achevée, vous passez le fond au travers d'un tamis : maniez ensuite du beurre dans une casserole avec un peu de farine ; mouillez-le avec le fond de vos perches, tournez cette sauce jusqu'à ce qu'elle soit liée et cuite ; ajoutez-y du gros poivre et un peu de muscade râpée, gros comme un œuf de pigeon de beurre d'anchois ; égouttez vos perches, mettez-les dans la sauce et servez.

Perches frites. Vos perches, échardées ou échaudées, videz-les, ôtez-en les ouïes, lavez-les, ciselez-les des deux côtés ; ensuite mettez-les mariner avec sel, un peu d'huile, oignons, persil et jus de citron ; vous les égouttez, et après les avoir farinées, vous les faites frire d'une belle couleur, et vous servez.

Perches en matelote. Après avoir fait les préparations nécessaires à vos perches, vous les coupez en tronçons, et vous procédez comme pour une matelote de carpes. *Voy.* CARPE.

PERDRIX. Oiseau très-connu, dont on distingue trois espèces, les rouges, les grises et les blanches. Les rouges sont fort communes dans le midi de la France. Les blanches, qui ne se trouvent que dans les Alpes et les Pyrénées, sont estimées. Les grises cependant tiennent une place distinguée dans la catégorie alimentaire ; surtout lorsque dans la force de l'âge, leur chair a acquis tous les avantages qu'on doit à la maturité.

La perdrix rouge est meilleure que la grise. Elle a

un très-beau plumage et la chair d'un blanc jaune. La grise a la chair d'un gris noir, selon son âge.

Les perdreaux gris se connaissent d'avec les perdrix, quand ils ont la première plume de l'aile pointue, le bec noir et les pattes noires; pour la bonté, il faut distinguer la fraîcheur et le fumet. Les perdreaux rouges se distinguent à la première plume de l'aile; il faut qu'elle soit pointue, et qu'elle ait un peu de blanc au bout.

Le perdreau rôti, piqué, bardé, enveloppé d'une feuille de vigne, est un morceau délicieux; on le sert aussi à l'orange, au coulis de son propre foie, au Parmesan, aux truffes, en papillottes, etc. On en fait des pâtés chauds, des tourtes, etc.

Perdrix aux choux et au petit lard. Vous faites cuire deux ou trois perdrix à la braise; pendant leur cuisson, vous prenez deux petits choux de Milan, dont vous ôtez les premières feuilles jusqu'à la pomme, que vous couperez en quatre sans les séparer, et dont vous ôterez le trognon. Faites-les blanchir dans de l'eau bouillante, jetez-les dans de l'eau fraîche, et pressez-es bien pour en faire sortir l'eau. Ayez un morceau de petit-lard bien frais et bien entre-lardé, c'est-à-dire, qu'il s'y trouve beaucoup de maigre; nettoyez-lui la couenne bien proprement, et levez-en la levure; faites blanchir dans l'eau bouillante. Après l'avoir coupé par petites tranches, sans le détacher de la couenne, mettez-le au fond d'une petite marmite avec un peu de graisse de poularde ou d'oie; joignez-y les choux, que vous assaisonnez de bon goût. Mouillez-les de bon bouillon, dont vous ne mettrez qu'autant qu'il en faut pour cuire les choux et le lard, et faites-les aller à petit feu comme une braise. Vos choux cuits, tirez-les à sec dans une casserole; nourrissez-les avec un peu de la cuisson de vos perdrix, et d'un peu de coulis de veau et de jambon; faites-les mijoter doucement sur un petit feu. Après vous être assuré s'ils sont de bon goût, tirez vos perdrix de la braisière, et dressez-les sur le plat que vous devez servir, et dont vous garnissez les bords de vos choux coupés par petits quartiers, entre lesquels vous insinuez une tranche de lard. Versez la sauce dessus et servez pour entrée.

Les perdrix apprêtées ainsi se servent pour l'ordinaire en terrine, cette manière étant la plus propre à conserver la chaleur des viandes, surtout en hiver, lorsqu'il fait froid. On sert ainsi les cailles, les pluviers, les vanneaux, les grives, les merles, et autre gibier de cette espèce.

Perdrix à l'étouffade. Plumez et videz trois vieilles perdrix ; après les avoir légèrement flambées, piquez-les de moyens lardons que vous assaisonnez de sel, de gros poivre et d'aromates pilés ; troussez-leur les pattes comme celles d'une poularde poêlée ; mettez ensuite dans une casserole des bardes de lard, vos perdrix, avec quelques tranches de veau, deux carottes, deux oignons, deux clous de girofle, un bouquet de persil et de ciboules, une feuille de laurier et un peu de thym ; alors couvrez vos oiseaux de bardes de lard et d'un rond de papier beurré ; arrosez-les d'un verre de vin blanc, d'autant de bouillon, et d'un peu de sel ; faites-les mijoter pendant une demi-heure au plus. Au moment de servir, égouttez-les et débridez-les ; mettez dans une casserole plein trois cuillers à dégraisser d'espagnole, et trois de fumé de gibier ; faites réduire le tout à moitié et saucez-en vos perdrix.

Perdrix (Marinade de). Ayez deux ou trois perdrix bien appropriées ; fendez-les en deux, battez-les et faites-les mariner dans une sauce telle que nous l'avons indiquée à l'article Marinade (*Voy.* MARINADE) pendant trois heures. Faites ensuite une pâte claire, avec farine, vin blanc et jaunes d'œufs, un peu de beurre fondu. Égouttez vos perdrix, trempez-les dans la pâte, et les faites frire au saindoux. Servez avec persil frit, pour entrée et hors-d'œuvre, ou garniture.

On peut encore les faire frire sans pâte, en ayant soin seulement de les fendre.

Perdreaux (*Sauté de filets de*). Procurez-vous cinq ou six perdreaux de même grosseur ; levez-en les filets le plus correctement possible ; parez-les, avec la précaution d'en ôter la peau nerveuse.

Mettez du beurre dans un sautoir ; placez-y vos filets en les assaisonnant de sel et de gros poivre ; dix minutes avant de servir, mettez-les sur le feu ; quand ils seront roidis d'un côté, retournez-les de l'autre, mais ne les laissez que très-peu de temps ; penchez votre sautoir afin que le beurre se détache plus facilement des filets, et dressez-les ensuite en couronne sur votre plat, un croûton glacé entre chaque filet.

Employez pour sauce une espagnole travaillée à l'essence de gibier ; et, si vous n'avez ni sauce ni fumé, vous ferez attacher le jus que les filets auront jeté dans le sautoir. Quand le fond sera blond, vous y verserez environ trois cuillerées de blond de veau ou de consommé ; faites réduire le tout à moitié : finissez votre sauce avec un peu de beurre et un jus de citron ; versez sur vos filets et servez chaud.

Perdreaux au charbon. Après avoir vidé et flambé légèrement quatre ou cinq perdreaux, faites les pattes ; coupez vos oiseaux en deux ; rentrez les pattes en dedans ; faites-les repasser par un trou entre les reins et le croupion, de manière à ce que chacune d'elles serve d'os de côtelette ; battez vos perdreaux légèrement, et assaisonnez-les de sel et de gros poivre ; faites fondre du beurre, trempez-y vos demi-perdreaux, et panez-les avec des truffes hachées ; faites-les griller un quart-d'heure avant de servir, dressez-les, et saucez-les d'une demi-glace, avec un jus de citron dedans.

Perdreaux grillés et panés. Videz et flambez légèrement quatre ou cinq perdreaux ; cela fait, coupez-les en deux ; parez-les comme les perdreaux au charbon, mentionnés dans l'article précédent ; trempez-les dans du beurre fondu, et panez-les à deux fois. Un quart-d'heure avant de servir, faites-les griller, et dressez-les avec une sauce piquante. *Voy.* SAUCES.

Perdreaux à la périgourdine. Après avoir ôté le brichet à ses perdreaux, on les aplatit un peu sans casser les os ; on les farcit en dedans avec leurs foies hachés, truffes aussi hachées, lard râpé, sel, poivre, persil, ciboules ; on les met refaire avec deux pains de beurre, six truffes entières et pelées, un bouquet de persil, ciboules, une demi-gousse d'ail, deux clous de girofle, sel, gros poivre ; on les met avec tout leur assaisonnement sur des tranches de veau ; on les couvre de bardes de lard, on les fait suer un quart-d'heure, et on les mouille avec un peu de bon bouillon et un verre de vin de Champagne : on rachève la cuisson ; on arrange ensuite les perdreaux et les truffes dans le plat qu'on doit servir, et on les tient chaudement ; on met du coulis dans la cuisson ; on fait bouillir pour dégraisser et réduire au point d'une sauce ; on la passe au tamis ; on y presse un jus de citron, et on arrose de cette sauce les perdreaux et les truffes, puis on sert chaud.

Perdreaux (Salmi de). Mettez quatre perdreaux à la broche ; laissez-les refroidir ; levez-en les membres avec le plus grand soin, et placez-les dans une casserole.

Concassez ensuite les débris de vos perdreaux, et jetez-les dans une autre casserole, en y joignant six cuillerées à dégraisser d'espagnole, quelques échalotes, une feuille de laurier, un peu de thym, du persil, une forte pincée de gros poivre, fort peu de sel, un verre de vin blanc et autant de bon bouillon. Faites aller votre sauce à grand feu, et quand elle sera réduite à-peu-près à un tiers, passez-la à l'étamine sur les membres des perdreaux, et tenez le tout bien chaud sans cependant le laisser bouillir.

Quelques minutes avant de servir, dressez vos membres de perdreaux; placez dessus de petits croûtons; ajoutez un jus de citron, et servez.

Perdreaux ou *Perdrix à la cendre.* Vos perdreaux étant proprement épluchés et vidés, retroussez-les en poule, c'est-à-dire, passez-leur le bout des cuisses dans le corps par le moyen d'une petite fente que vous ferez avec la pointe du couteau de chaque côté; passez-les sur le feu dans une casserole avec un morceau de beurre, un peu d'assaisonnement, du persil, de la ciboule et des champignons, le tout haché menu. Quand vos oiseaux auront pris le goût de la marinade, enveloppez-les chacun d'une barde de lard et ensuite d'une feuille de papier, que vous mouillerez un peu par-dessus, de peur qu'ils ne brûlent. Enterrez-les dans des cendres rouges. Quand ils seront cuits, servez-les avec un coulis et du jus de citron, ou une sauce telle que vous jugerez à propos.

Perdreaux en entrée de broche. Videz, flambez, sans les faire roidir, plusieurs perdreaux; après les avoir bridés, embrochez-les sur un hatelet, l'estomac couvert de tranches de citron, dont on aura ôté les pepins et la peau; couvrez-les de bardes de lard; enveloppez-les de papier; fixez les bouts de votre papier sur l'hatelet avec de la ficelle attachée sur la broche. La cuisson de vos oiseaux exige trois-quarts d'heure; la cuisson achevée, déballez-les, et après les avoir égouttés, dressez-les sur votre plat; saucez-les avec un jus clair où vous aurez mis une pincée de gros poivre; exprimez dessus le jus d'une ou deux bigarades, et servez.

Perdrix à la braise. Après avoir plumé, vidé et

flambé deux perdrix, et leur avoir retroussé les pattes dans le corps, faites-les refaire; piquez-les de gros lard; assaisonnez-les de fines herbes, persil et ciboules hachés, sel, poivre et épices; foncez une casserole de bardes de lard, tranches de bœuf, racines, oignons et même assaisonnement que dessus; mettez-y vos perdrix sur l'estomac; couvrez et assaisonnez comme dessous.

Faites un ragoût de foies gras, riz de veau et crêtes, avec champignons, truffes et un bouquet. Faites mitonner le tout; dégraissez ensuite; mettez-y, selon la saison, ou des pointes d'asperges, ou des culs d'artichauts blanchis; liez d'un coulis de veau et jambon.

Vos perdrix étant cuites, égouttez-les, faites-les mitonner un peu dans le ragoût; versez le ragoût dessus et servez chaudement pour entrée.

On peut aussi servir ces perdrix avec un ragoût de concombre ou de chicorée, ou avec une sauce hachée.

Perdreaux à la tartare. Ayez quelques perdreaux que vous videz, flambez, troussez et fendez à la manière ordinaire. Cette préparation achevée, faites tiédir un morceau de beurre dans une casserole; trempez-y vos perdreaux de manière qu'ils soient imprégnés de beurre partout; poudrez-les de sel et de gros poivre; mettez-les dans de la mie de pain, pour qu'ils soient bien panés partout. Une demi-heure avant de servir, placez vos perdreaux sur le gril à un feu doux, et lorsque vous servirez, mettez sur votre plat une sauce à la tartare, et vos perdreaux par-dessus.

Perdreaux sautés. Préparez vos perdreaux comme ceux indiqués dans l'article précédent; mettez ensuite un bon morceau de beurre dans une casserole; placez-y vos perdreaux du côté de l'estomac : vingt ou vingt-cinq minutes avant de servir, faites aller vos perdreaux à feu ardent; jetez dessus du poivre et du sel; retournez-les quand vous sentez qu'ils sont fermes sous le doigt; retirez-les ensuite du feu, et dressez-les sur un plat avec une sauce espagnole réduite, dans laquelle vous exprimerez le jus de la moitié d'un citron.

PERSIL. Plante potagère, bisannuelle, qui offre plusieurs variétés. Elle est d'un grand usage en cuisine pour l'assaisonnement, à cause de son odeur agréable et aromatique.

On ne cultive dans les jardins et on n'emploie en cuisine que les variétés suivantes du persil :

1°. Le persil *commun* qui entre dans tous les ragoûts et toutes les sauces. On doit choisir les sommités de cette plante, avant qu'elles aient commencé à fleurir ou à porter des semences, parce qu'elles sont alors plus tendres; elles ont plus d'odeur et sont moins âcres. Comme les racines sont employées dans les potages, etc., il faut les prendre longues, grosses, blanchâtres, tendres et d'un bon goût.

2°. Le persil à *grandes feuilles*, ne diffère du persil *commun* que par ses feuilles, qui sont plus grandes que celui-ci ; il a toutes les vertus et les propriétés du commun, et s'élève de la même manière.

3°. Le persil à *grosse racine*; il ne diffère du *commun*, que par la côte de ses feuilles, qui est plus grosse, et par sa racine, qui a trois fois plus de grosseur. On connaît peu ce persil en France ; mais les Allemands en font beaucoup usage.

4°. Le persil de *Macédoine* est assez semblable au persil *commun* ; mais ses feuilles sont plus amples et plus découpées : il croît en Macédoine, d'où l'on nous a apporté la semence. Ce persil est une des fournitures de salades d'hiver, qu'il faut faire blanchir comme la chicorée sauvage.

Persil haché. On a du persil bien épluché, bien lavé et bien égoutté, que l'on cisèle et hache bien fin, en prenant garde de ne pas le peler : quand il est aux trois quarts haché, on le met dans le coin d'un linge, on verse de l'eau dessus, on le lave et on le presse, afin qu'il ne reste pas de jus; on le remet sur la table, où l'on finit de le hacher. On se sert du même procédé pour les échalotes et les champignons.

PIEDS. Extrémités des animaux, composées de nerfs, de tendons, membranes, cartilages, qui produisent un aliment doux, glutineux, rafraîchissant. On ne doit employer, autant qu'il est possible, que les pieds des jeunes animaux.

On sert, en cuisine, les pieds d'agneaux, de cochon, de mouton ou de veau. *Voy*. ces mots.

PIGEON. Oiseau très-connu, dont il y a plusieurs espèces, savoir: les *pigeons communs*, les *pigeons de volière* et les *pigeons ramiers*.

1°. Le *pigeon commun* est un oiseau domestique qui vit dans un colombier; ces pigeons communs sont fuyards ou domestiques. Ces derniers ne quittent presque point la maison; mais les autres vont chercher leur vie au loin.

2°. Les *pigeons de volière* ou *pigeons privés*, ne diffèrent en rien des autres, quant à leur nourriture, mais bien à l'égard de leur grosseur et de leur fécondité, car ils sont beaucoup plus gros et beaucoup plus féconds; ils font des petits tous les mois de l'année, même en hiver, quand ils sont bien nourris. Il y en a de plusieurs espèces:

Les *mondains*, qui sont de gros pigeons blancs, ou noirs et blancs, ou presque tous gris, mêlés de blanc;

Les *polonais* ou *jacobins*, qui ont comme une robe noire qui leur couvre le dos; ils ont l'estomac blanc;

Les *bédorés*, qui ont le bec et les pattes jaunes comme de l'or;

Les *pigeons à queue de paon*, ainsi nommés, parce qu'ils lèvent et étalent la queue comme font les paons;

Les *pigeons à grosse gorge*, qui ont un jabot extrêmement gros, qui leur tombe sur l'estomac ;

Les *pigeons pattés* ou *pattus*, qui ont de grosses pattes couvertes de plumes qui leur descendent en manière de bottes, jusque sur les pieds ;

Les *pigeons nouets* sont très-petits ;

Les *pigeons frisés* ont des plumes comme les poils d'un chien barbet, et sont d'un tempérament très-délicat ;

Les *pigeons heurtés*, les *Suisses*, ceux d'Espagne, ceux de couleur de soupe au lait, et quelques autres, sont assez estimés ;

Les *pigeons ramiers*, appelés *bisets*, parce qu'ils ont assez souvent le bec et les pieds rouges, et le plumage de couleur plombée, ne sont autre chose que des *pigeons sauvages*. Ils perchent ordinairement sur les arbres, et ne viennent guère à terre, parce qu'ils sont fort timides. Leur chair est d'un bon goût, quoique beaucoup plus sèche que celle du *pigeon domestique*, qui ne perche point sur les branches. C'est un oiseau de passage, qu'on voit par bandes sur la fin de septembre. On connaît son âge par la longueur de ses ongles, qui augmentent considérablement à mesure qu'il vieillit.

Les pigeons dont on se sert le plus ordinairement en cuisine, sont ceux de volière et les bisets; le ramier n'est pas commun ; on l'emploie quand il est jeune, plus souvent pour la broche qu'autrement, parce que sa chair est noire, et que son goût sauvage convient mal pour entrée ; celui à la cuiller, et qu'on nomme à la Gautier, est de grande ressource pour garniture et pour entrée ; on ne se sert du pigeon biset qu'à défaut de celui de volière.

Pigeons et pigeonneaux à la broche. Après avoir vidé, flambé et épluché vos pigeons, vous les bridez, ensuite vous leur mettez sous la barde une feuille de vigne, si vous en avez. Mis à la broche, une demi-heure suffit pour les cuire.

Pigeons farcis à la broche. Vos pigeons, préparés comme il est indiqué à l'article précédent, couvrez-leur l'estomac d'une farce fine; entourez-les de tranches de veau et de bardes de lard bien minces, et d'une feuille de papier. Étant cuits, servez-les au coulis clair de veau et de jambon.

Pigeons à la Saint Laurent. Choisissez trois ou quatre pigeons de volière; après les avoir flambés légèrement, et leur avoir troussé les pattes en dedans du corps, fendez-les par le dos, depuis le cou jusqu'au croupion; videz-les et battez-les sur l'estomac pour les aplatir; assaisonnez-les de sel et de gros poivre; mettez tiédir un morceau de beurre dans une casserole; trempez vos pigeons dedans, et ensuite dans la mie de pain; quand ils sont bien panés, une demi-heure avant de servir, posez-les du côté de l'estomac sur le gril, à un feu doux; retournez-les à propos, et dressez-les sur votre plat; mettez dessous un jus clair ou une sauce à l'échalote; ajoutez-y un demi-verre de bouillon ou d'eau, du sel, du poivre, plein deux cuillerées à bouche d'échalotes bien hachées, trois cuillerées de bon vinaigre, une cuillerée de chapelure de pain; faites jeter deux ou trois bouillons; versez votre sauce sur vos pigeons, après vous être assuré qu'elle est de bon goût.

Pigeons aux petites racines. Vos pigeons vidés, flambés, troussés et bridés, mettez des bardes dans une casserole avec vos oiseaux, que vous couvrez aussi de bardes; placez à l'entour quelques tranches de veau, deux ou trois carottes, trois oignons, une feuille de laurier, un ou deux clous de girofle, un bouquet de persil et ciboules, un peu de thym, plein une cuiller à pot de bouillon; faites mijoter pendant une heure; au moment de servir, égouttez, débridez vos pigeons et dressez-les sur votre plat, en les décorant à l'entour, d'un cordon de laitues glacées, et le milieu de petites racines; servez pour entrée. *Voy*. LAITUES et PETITES RACINES.

Pigeons en surprise. Après avoir fait les préparations nécessaires à vos pigeons, faites-les cuire à la braise; prenez autant de laitues pommées que vous avez de pigeons; faites-les blanchir et égoutter; ôtez-en les cœurs; mettez à la place un pigeon entouré de godiveau et de coulis froid. Ficelez alors vos laitues, et faites-les cuire dans la braise où vos pigeons ont cuit. Vos laitues, cuites et égouttées, faites-les mitonner dans une essence de jambon; servez avec un jus d'orange ou de citron.

Pigeons ou *ramereaux poélés*. Videz et flambez légèrement trois ou quatre de ces oiseaux, retroussez-leur les pattes dans le corps; foncez une casserole de bardes de lard; ajoutez-y une lame de jambon, un bouquet assaisonné, une carotte coupée en lames, deux oignons piqués de deux clous de girofle; mouillez avec un verre de vin blanc et un peu de consommé; posez vos pigeons sur ce fond, couvrez-les de bardes de lard, et faites partir; mettez-les sur la paillasse avec un feu modéré dessus et dessous. Trois quarts-d'heure suffisent pour leur cuisson, au bout desquels, après les avoir égouttés, vous les dressez sur un plat et les servez avec une sauce-poivrade dessous.

Pigeons ou *ramereaux marinés*. On vide et on flambe trois ou quatre ramereaux; après les avoir coupés en deux ou en quatre, on les fait cuire dans une légère marinade. Un peu de temps avant de servir, on les trempe dans une pâte à frire; lorsqu'ils sont frits d'une belle couleur, on les égoutte et on les sert comme les autres marinades.

Pigeons à la crapaudine. Procurez-vous trois beaux pigeons de volière, s'il est possible; après les avoir vidés, coupez-leur les pattes, troussez-leur les cuisses en dedans du corps, et flambez-les bien légèrement. Levez ensuite toute la chair de l'estomac, en commençant par le bout du bricnet jusque près des ailes ; tenez-le ouvert et aplatissez légèrement vos pigeons avec le couperet. Faites fondre un peu de beurre dans une casserole ; mettez-y sel et poivre ; trempez-y vos pigeons, et jetez-les ensuite dans de la mie de pain. Lorsqu'ils sont bien panés, mettez-les sur le gril, du côté de l'estomac, et faites-les cuire sur un feu doux, afin que la mie de pain ne brûle pas. Lorsqu'ils seront cuits, vous les dresserez sur le plat, en mettant dessous une petite sauce à l'échalote, faite de la manière suivante :

Hachez bien menu cinq à six gousses d'échalotes, que vous mettez dans une casserole avec sel, poivre, deux cuillerées à bouche de vinaigre, et faites cuire tout doucement. Votre sauce étant cuite, ajoutez-y trois à quatre cuillerées à ragoût, de jus, faites faire encore un bouillon, puis mettez-la sous les pigeons. Servez chaud.

Pigeons en compote. Vous avez trois beaux pigeons de volière ; vous les videz, flambez et leur troussez les pattes. Cette opération terminée, mettez un morceau de beurre dans une casserole, une cuillerée à bouche de farine et faites un roux ; lorsqu'il est bien blond, jetez-y une demi-livre de petit-lard, coupé en morceaux, puis vos pigeons ; faites bien revenir le tout dans votre roux ; mouillez avec du bouillon, et gardez-vous de mettre du sel à cause du petit-lard ; ajoutez un peu de poivre, un bouquet garni de persil, ciboule, thym, laurier, deux clous de girofle et quelques champignons. Ecumez votre ragoût lorsqu'il commencera à bouillir (c'est à l'instant où vos pigeons sont à moitié cuits) ; épluchez de petits oignons, passez-les dans du beurre, jusqu'à ce qu'ils soient bien blonds ; étant égouttés, jetez-les dans votre ragoût.

Quand vos pigeons seront cuits, dressez-les sur un

plat, ôtez le bouquet, dégraissez bien votre sauce, ayant soin qu'elle ne soit pas trop longue ; versez votre ragoût sur vos pigeons, et servez.

Pigeons à l'étouffade. Ce sont ordinairement les ramereaux ou jeunes ramiers, que l'on traite et que l'on accommode de cette manière : à cet effet, après les avoir flambés et vidés, on les assaisonne de sel, de poivre, de persil et d'échalotes hachées, d'épices et d'aromates pilés (il faut que le basilic y domine) ; on les larde de moyens lardons ; on les marque dans une casserole, comme il est indiqué à l'article pigeons poêlés. On les fait cuire ; leur cuisson achevée, on les dresse sur un plat ; on passe leur fond au tamis ; on les sauce et on les sert.

Pigeons aux petits pois. Procurez-vous quatre gros pigeons, que vous échaudez et faites blanchir. Après leur avoir troussé les pattes, mettez-les dans une casserole avec un bon morceau de beurre, un litron de petits pois, un bouquet de persil, ciboules ; passez-les sur le feu : faites cuire à petit feu. Quand ils sont cuits et qu'il n'y a plus de sauce, jetez-y un peu de sel fin, une liaison de deux œufs avec de la crème ; faites lier sur le feu sans bouillir, et servez à courte sauce pour entrée.

Si on veut les mettre au roux, en les passant, on y jette un peu plus de farine, et on mouille avec moitié jus et moitié bouillon. On laisse cuire et réduire jusqu'à ce qu'il n'y ait que peu de sauce et bien liée, et on y met le sel un moment avant que de servir, et gros comme une noisette de sucre fin.

Pigeons à la casserole. Préparez vos pigeons comme ceux dits à la crapaudine : après avoir fait tiédir un bon morceau de beurre dans une casserole, vous assaisonnez vos pigeons de sel, de gros poivre, d'un peu d'aromates pilés, et vous les mettez dedans, du côté de l'estomac ; vous les placez sur un feu un peu ardent ; vous les retournez lorsqu'ils ont resté dix minutes d'un côté. Une demi-heure suffit pour les cuire ; vous les dressez alors sur votre plat : après avoir ôté les trois-quarts du beurre qui reste dans votre casserole, jetez-y une pincée de farine que vous mêlez avec votre fond, le jus d'un citron, un demi-verre de bouillon ou d'eau, en y ajoutant du sel ; faites jeter deux bouillons à votre sauce avec laquelle vous masquez vos oiseaux. Assurez-vous si votre sauce est de bon goût.

Pigeons en ragoût. On échaude de petits pigeons et on les vide ; on trousse les pattes dans le corps ; on les fait blanchir avec un ris de veau et quelques culs d'artichaut (les pigeons ne doivent bouillir qu'un instant) ; on laisse le ris de veau et les artichauts plus long-temps ; on retire les pigeons à l'eau froide et on les épluche ; on coupe le ris de veau en plusieurs morceaux, et les culs d'artichauts en quatre ; on met le tout dans une casserole avec un morceau de bon beurre, des champignons, un bouquet de persil, ciboules, une demi-gousse d'ail, deux clous de girofle, une demi-feuille de laurier, thym, basilic et une bonne tranche de jambon ; on passe sur le feu, on poudre de farine, on mouille avec de bon bouillon, un demi-verre de vin de Champagne, et un peu de jus : quand la cuisson est à moitié, on dégraisse son ragoût, dans lequel on met un peu de coulis, peu de sel et gros poivre ; on laisse réduire à courte sauce ; on ôte le bouquet et le jambon, et on sert chaud avec un jus de citron.

Pigeons à la cuiller. Procurez-vous six petits pigeons autrement dits à la Gautier ; après les avoir flambés légèrement, épluchés et parés, mettez dans une casserole un bon morceau de beurre, le jus d'un citron, un peu de sel et de gros poivre ; faites roidir vos oiseaux dans cet assaisonnement ; mettez-les ensuite dans une casserole entre des bardes de lard, et le beurre dans lequel vous les avez fait roidir ; ajoutez-y de la poêle pour les faire cuire. Un bon quart-d'heure avant de servir, placez-les sur le feu ; égouttez-les ensuite, et dressez-les sur votre plat. Si vous avez des écrevisses, vous en placerez une entre chaque pigeon ; versez dessous, une sauce hollandaise verte.

Pigeons en timbales. Après avoir préparé et paré plusieurs pigeons, faites-les cuire dans un blanc, passez des champignons et des ris de veau coupés en dés, faites le ragoût comme la compote de pigeons et laissez refroidir. Composez une pâte avec un peu d'huile, de saindoux et quatre jaunes d'œufs. Faites autant d'abaisses que vous avez de pigeons ; posez ces abaisses dans des timbales, du ragoût dessus, un pigeon, et du ragoût sur le pigeon. Couvrez de même pâte ; soudez les deux abaisses ; faites cuire au four, et servez avec une essence claire.

Pigeons à la bourgeoise (*Côtelettes de*). Choisissez un ou deux beaux pigeons ; coupez-les en deux depuis le croupion jusqu'au cou ; séparez-les, de sorte que chaque pigeon fasse deux morceaux ; passez-leur les pattes en-dedans comme l'on fait pour les pigeons à la crapaudine, mais en les allongeant de telle sorte qu'elles semblent être quelques-uns des os des côtelettes. Coupez les nerfs de l'intérieur de la patte ; après avoir assaisonné vos moitiés de pigeons, trempez-les dans du beurre tiède, panez-les, si vous le jugez à propos, et mettez-les sur le gril. Lorsqu'elles seront cuites, dressez-les en couronne sur votre plat, et mettez-leur pour sauce un jus clair ou bien une sauce à l'échalote.

Pigeons à l'eau-de-vie. Apprêtez une casserole assaisonnée comme pour une braise. Donnez d'abord un petit feu pour faire suer ; poussez-le ensuite pour faire prendre le gratin. Après avoir ôté le lard et le jambon, dégraissez ; mettez les pigeons l'estomac en dessous ; versez une chopine d'eau-de-vie, et gros comme une noix de sucre; faites bouillir jusqu'au caramel; ajoutez-y du jus de veau; mettez un peu d'essence dans un plat, et de la sauce des pigeons; dressez-y vos oiseaux et servez chaudement.

Pigeons à l'impromptu. Passez de petits pigeons bien choisis avec du lard fondu, du beurre, un demi-verre d'huile, deux tranches de citron, un verre de vin de Champagne, trois ou quatre gousses d'ail, un bouquet garni, une tranche de jambon, dont quelques morceaux coupés en dés et blanchis à l'eau bouillante; faites cuire d'abord à grand feu, et remuez continuellement pendant un demi-quart-d'heure; mettez ensuite des bardes de lard, et faites mitonner comme à la braise; après avoir égoutté vos pigeons, dressez-les sur un plat, et servez avec la sauce que vous jugerez convenable.

Pigeon (Carbonade de). Procurez-vous un bon pigeon, ou plutôt un pigeonneau; fendez-le le long de l'estomac; et, après l'avoir ouvert, saupoudrez-le en dedans de mie de pain, sel et poivre mêlés ensemble; mettez votre pigeonneau sur le gril; faites une sauce avec vinaigre, échalotes, ou oignons hachés menu, pour servir sous votre carbonade.

On peut faire cuire de même des tranches de viande crue, coupées mince et battues, pour les attendrir, et qu'on peut piquer de clous de girofle et de feuilles de laurier; il ne faut pas les laisser trop cuire. On les sert avec une sauce douce. *Voy.* SAUCES.

Pigeons à la cendre. Vos pigeons bien appropriés, farcissez-les d'une farce fine sur l'estomac, entre la chair et la peau; après avoir mis sur des feuilles de papier, des bardes de lard et des tranches minces de veau et de jambon, avec fines herbes, sel et poivre, placez un pigeon sur chaque feuille, en les assaisonnant de même dessus que dessous; couvrez de feuilles de papier mouillées; après avoir ficelé vos pigeons, mettez-les dans la cendre chaude, que vous entretiendrez dans la même chaleur, en mettant de temps à autre du feu dessus; laissez-les cuire ainsi pendant trois heures; dressez-les ensuite sur votre plat, et servez-les avec une essence de jambon.

Pigeons au soleil. Ayez de petits pigeons naissans bien échaudés. Après les avoir vidés, et leur avoir laissé les ailes, la tête et les pattes, passez à chacun une brochette au travers des cuisses, pour empêcher qu'elles ne s'écartent trop en les faisant blanchir un instant à l'eau bouillante. Lorsqu'ils sont bien épluchés, mettez-les cuire dans une casserole avec un verre de vin blanc, bouquet de persil, ciboule, une gousse d'ail, deux clous de girofle, sel, gros poivre et un petit morceau de beurre. La cuisson achevée, vous les égouttez, et vous les laissez refroidir pour les tremper ensuite dans une pâte et les faire frire de belle couleur; servez chaudement avec du persil frit, pour entrée.

Cette pâte se fait en mettant dans une casserole deux poignées de farine, du sel fin, un peu d'huile, et en y versant peu-à-peu du vin blanc pour délayer la pâte, jusqu'à ce qu'elle soit ni trop claire, ni trop épaisse; c'est-à-dire, qu'il faut qu'elle file en la versant de la cuiller.

Pigeons aux pois. Faites-les blanchir et cuire plus qu'à moitié dans un blanc; passez des pois au beurre, et mouillez de jus et de bouillon; liez d'un coulis; vos pois étant presque cuits, faites-y mitonner les pigeons; ajoutez un peu de sucre, et servez chaudement.

Pigeons en papillotes. Vos pigeons vidés et flambés, vous leur coupez les pattes et leur troussez les cuisses en dedans; vous les coupez par le dos comme un poulet à la tartare, vous les aplatissez, vous les assaisonnez de sel, de gros poivre, d'un peu d'aromates pilés; mettez un bon morceau de beurre dans une casserole, un quarteron de lard gras râpé, plein quatre cuillers à bouche d'huile; posez votre casserole sur le feu, avec vos pigeons dedans; vous les passerez pendant un bon quart-d'heure; vous les placerez sur un plat; vous passerez dans votre beurre plein trois cuillers à bouche de champignons hachés bien fin, une cuillerée d'échalotes, autant de persil; le tout bien haché, un peu de sel et d'épices; lorsqu'ils seront revenus dans le beurre, vous les mettrez sur vos pigeons; laissez-les refroidir; vous préparez des carrés de papier que vous huilez; vous renfermez vos pigeons comme il est dit aux articles Papillotes; une demi-heure avant de servir, vous mettez vos pigeons sur le gril à un feu doux; et au moment du service, vous les dressez sur le plat, avec un jus clair dessous.

Pigeons à la braise. Procurez-vous de gros pigeons de volière; après les avoir retroussés, piquez-les de gros lard bien assaisonné; farcissez-les d'une farce de leurs foies, et faites-les cuire dans une bonne braise, comme à l'ordinaire. Avant de servir, jetez dessus un ragoût de truffes ou de ris de veau.

Pigeons ou Pigeonneaux (Tourte de). Faites une abaisse de pâte fine; foncez-en une tourtière; arrangez-y vos pigeons, que vous apprêterez comme les perdrix en tourte; couvrez-les de tranches de veau, de bardes de lard et de beurre frais; recouvrez d'une abaisse de même pâte ou de feuilletage: finissez à l'ordinaire; dorez et mettez au four. Votre tourte cuite, dégraissez-la; ôtez le veau, le lard, le bouquet, les oignons; versez-y un coulis clair de veau et jambon, et servez chaud.

Pigeons (Terrine de). Farcissez vos pigeons sur l'estomac, entre cuir et chair, comme ceux dits à la cendre; faites-les cuire à la braise avec les ingrédiens ordinaires et des racines. Faites blanchir un chou pommé, coupé en deux, que vous mettrez à l'eau froide ; après l'avoir égoutté, vous le ficelez. Mettez vos pigeons dans une marmite avec le chou, du jambon et du petit lard ; faites cuire entre deux feux ; lorsque le tout est cuit, dressez dans la terrine avec le petit lard et les choux coupés en filets ; servez avec une essence, et sur le tout un coulis de perdrix.

Pigeons au gratin. Après avoir approprié de bons pigeons de volière, faites-les blanchir et cuire à moitié dans un blanc de farine avec du bouillon et la moitié d'un citron en tranches ; faites un ragoût de ris de veau et de champignons coupés par moitié, en y ajoutant du beurre et un bouquet garni ; mouillez avec moitié jus et bouillon. Votre ragoût presque cuit, liez-le de coulis ; mettez-y vos pigeons, pour y achever de cuire, avec culs d'artichauts ; assaisonnez de bon goût. Prenez de la sauce que vous mettrez dans le plat que vous devez servir. Faites prendre en gratin. Dressez votre ragoût, faites-le attacher un peu, et servez dessus le reste de la sauce.

Pigeons (Pâté de). Faites une abaisse de pâte fine ; mettez dessus vos pigeons ; garnissez de ris de veau, champignons, crêtes, moelle de bœuf et lard pilé ; assaisonnez le tout convenablement ; couvrez ; finissez à l'ordinaire, faites cuire pendant une heure et demie ; et servez votre pâté avec jus de veau et de citrons, chaudement, pour entrée.

PILAU. La plupart des Orientaux, et surtout les Turcs, font un grand usage du riz ; il est en quelque sorte la base et le fondement de tous leurs repas, et ils l'accommodent de mille manières différentes. Mais celle qui est le plus en usage, et certainement la meilleure, est le *pilau*. On le fait soit au gras, soit au maigre.

Pilau turc au gras. Prenez une mesure de riz, que

vous lavez bien à l'eau tiède, et trois mesures de bon bouillon; mettez le tout dans un vase qui ferme hermétiquement, sur un feu bien ardent. Lorsqu'il commence à bouillir, délayez dans une soucoupe ou dans une tasse un peu de safran du Gâtinois, avec du bouillon, et versez-le dans le vase. Faites ensuite bouillir à gros bouillon, tenant toujours le vase exactement clos. Le riz crève, se durcit, et le tout prend de la consistance. Alors dépotez-le, et servez-le sur un plat en pyramide. Cette opération bien conduite dure une heure ou tout au plus une heure et demie.

Pilau turc au maigre. Mesurez une partie de riz et trois parties d'eau, où vous aurez fait fondre un peu de sel. Menez le tout à gros bouillon dans un vase bien clos et sur un feu très-ardent. Lorsque le riz est crevé et cuit, on y fait des trous avec le manche d'une cuiller de bois, et l'on introduit dans ces trous de bon beurre frais ou roussi dans la poêle. Le beurre pénètre le riz et lui sert d'assaisonnement. On dégraisse et l'on dresse le pilau sur un plat.

PIMENT ENRAGÉ ou **POIVRE DE GUINÉE**. Cette espèce d'épices, dont la cuisine anglaise fait un usage presque exclusif, a non seulement les vertus du poivre, mais il les possède avec plus d'intensité encore. Sa saveur est plus forte et plus piquante; on peut par conséquent l'employer à petite dose. Son arôme est plus spiritueux, ses principes moins âcres, moins corrosifs; combiné par une main habile, il communique aux mets un goût très-distingué.

Piment (Beurre de). On prend du piment en poudre, que l'on manie avec gros comme une noix de beurre, et on l'emploie dans différens ragoûts au moment de servir.

PIMPRENELLE. Plante qui pousse des tiges à la hauteur d'un pied ou d'un pied et demi, rouges et rameuses. Il y en a de deux sortes, la grande et la petite. Les feuilles de la première sont grandes, celles de la seconde sont plus allongées. Ce sont toujours les petites feuilles du cœur que l'on met ordinairement dans les salades et qui servent à relever le goût des substances trop insipides.

PINTADE. Poule des Indes et d'Afrique, que les Espagnols ont nommée *Pintade*, parce que les couleurs de son plumage paraissent avoir été peintes. Il est ordinairement blanc et noir, avec un duvet noir au cou. Ses œufs sont noirs et blancs comme son plumage. Depuis une soixantaine d'années, ces oiseaux se sont fort multipliés en France.

La pintade est susceptible de se charger d'une assez grande abondance de graisse; sa chair est blanche, délicate et d'un goût fin. Les pintadeaux domestiques passent pour être un très-bon manger: les connaisseurs préfèrent la chair des pintadeaux sauvages, qu'on dit en effet exquise; mais à tout prendre, nous croyons que pintadeaux ou pintades sont très-inférieurs à une bonne poularde du Mans.

Les pintadeaux se servent à la broche, piqués ou bardés. Les pintades, lorsqu'elles sont jeunes et tendres, peuvent également se manger rôties. Une pintade en daube est un plat très-distingué.

En général, on peut appliquer à cet oiseau les différentes préparations des poulardes. *Voy.* POULARDE.

PISSENLIT. *Voy.* DENT DE LION.

PISTACHE. Fruit d'un arbre nommé *Pistachier*, très-commun dans l'Orient. Ce fruit est une espèce de térébenthine, oblong, pointu, de la grosseur d'une noisette, vert, d'un goût doux et agréable. On met des pistaches dans des ragoûts, on en confit pour en faire des dragées et des conserves.

Les meilleures pistaches viennent d'Arabie et de Syrie. Il s'en trouve à Naples et à Venise, et de sauvages dans les bois.

On doit choisir les pistaches pesantes, bien pleines, nouvelles, d'une odeur agréable et d'un bon goût.

Pistaches à la fleur d'orange. Faites dissoudre deux gros de gomme bien nette, dans deux cuillerées d'eau de fleurs d'orange, et à peu près autant d'eau; passez à travers un linge, et la mettez dans un quarteron de pistaches pilées; broyez bien le tout au mortier, avec du sucre fin, jusqu'à ce que cela devienne une pâte maniable; formez-en des espèces d'amandes, en les roulant dans les mains; dressez sur du papier, et faites sécher au four à feu doux.

Pistaches (Conserve de). Pilez des pistaches, en les arrosant de jus de citron; délayez-les ensuite dans du sucre cuit à la grande plume, lorsqu'il commencera à blanchir. Il faut une livre de sucre par quarteron de pistaches.

Pistaches (Crème de). Echaudez vos pistaches, et les pilez avec de l'écorce de citron confit et de citron vert; délayez deux pincées de farine avec trois ou quatre jaunes d'œufs, et du sucre à proportion; versez sur ce mélange, et peu à peu, une bonne chopine de lait frais; passez le tout, deux ou trois fois, à l'étamine; et faites cuire au bain-marie comme les autres crêmes. Servez-la froide; ou si vous la voulez servir chaude, alors faites-y une glace blanche que vous ferez sécher au four.

Pistaches (Dragées de). Echaudez des pistaches, et les faites sécher ensuite à l'étuve; mettez-les dans du sucre gommé. Mêlez-les ensuite avec du sucre cuit à lissé, et les mettez dans la poêle sur un feu moyen, en les remuant toujours, pour qu'elles prennent le sucre bien égal ; lorsqu'elles commenceront à sécher, trempez-les de nouveau dans le sucre gommé, et les remettez au sucre cuit à lissé, par deux ou trois fois; après quoi vous leur donnerez cinq à six couches de nouveau sucre à lissé sans gomme; et lorsqu'elles seront bien lissées, vous les mettrez sécher à l'étuve.

PLIE. Poisson de mer et d'eau douce, plat, à nageoires molles. On en distingue deux espèces, savoir, la grande et la petite, qui est parsemée de taches jaunes ou rougeâtres. Celle-ci est le carrelet. *Voy.* ce mot.

La grande plie est de figure semblable au turbot, mais plus étroite et plus large que la sole. Elle entre dans les étangs de mer, quelquefois dans les rivières fangeuses. Celle de rivière est moins noire sur le dos, et plus molle que celle de mer. Les plies qui sont pêchées en mer valent infiniment mieux que celles de rivière.

Ce poisson est plus sain rôti et avec une sauce blanche, que frit, parce qu'il boit beaucoup de friture; comme il est visqueux, on en corrige la mauvaise qualité en le faisant cuire dans du vin blanc avec un peu de sel et de fines herbes.

Les plies s'apprêtent et s'accommodent généralement comme les *limandes*, *soles* et *carrelets*. Voy. ces mots. Voici cependant quelques apprêts qui leur sont particuliers.

Plies grillées, sauce aux câpres. Vous videz, nettoyez et ciselez vos plies, que vous arrosez d'huile, avec sel et poivre. Une demi-heure avant de servir, posez-les sur le gril à un feu un peu ardent. Quand elles sont cuites, dressez-les sur le plat et masquez-les d'une sauce au beurre. Semez des câpres dessus.

On peut aussi employer une sauce espagnole, dans laquelle on met gros comme la moitié d'un œuf de beurre d'anchois, ou une italienne.

Plies à l'italienne. Après avoir préparé vos plies comme il est indiqué dans l'article précédent, vous les faites cuire dans une bonne eau, ou mieux au court-bouillon. Dressez-les ensuite sur votre plat, et masquez-les d'une sauce italienne liée, c'est-à-dire, sauce à laquelle vous ajoutez la liaison d'un jaune d'œuf.

PLONGEON. Oiseau aquatique dont on distingue plusieurs espèces. Nous ne parlons ici que du petit plongeon que l'on trouve en tout temps sur nos étangs. Il est à-peu-près de la grosseur de l'oie domestique. On l'apprête et on le sert comme le canard. *Voy.* CANARD.

PLUVIER. Oiseau de passage, de couleur brune, marqueté de jaune, ayant le bec noir, long et courbé. Il est de la grosseur du pigeon.

Les pluviers arrivent dans nos climats, à la Saint-Michel, et s'en retournent au commencement d'avril. Ils s'établissent ordinairement près des rivières, des étangs et des lieux humides. On en distingue deux espèces, qui diffèrent principalement par leur couleur : celui de la première est jaune, c'est le *pluvier doré* ; celui de la seconde est *cendré*. Ces deux espèces sont un aliment très-recherché, mais on préfère le pluvier *doré*, qui est excellent lorsqu'il gèle. On le mange à la poêle, au gratin, à la braise et à la broche.

Pluviers en entrée de broche. Après avoir flambé trois ou quatre pluviers, videz-les par le dos ; faites une farce de leurs intestins ; remplissez-les de cette farce ; cousez leur dos ; embrochez-les sur un hatelet fixé sur la broche, enveloppés de bardes de lard, et couverts de papier. Lorsqu'ils sont cuits, vous les déballez et les dressez sur votre plat en les masquant d'un ragoût de truffes. *Voy.* TRUFFES.

Pluviers à la braise. Vos pluviers bien appropriés, faites-les cuire comme les pigeons et autres volailles à la braise. Mettez du coulis dans leur cuisson, dégraissez la sauce, que vous passez au tamis, et que vous servirez sous vos oiseaux.

Pluviers aux truffes. Procurez-vous trois ou quatre pluviers; après les avoir flambés, vidés et épluchés, mettez-les dans une casserole avec une douzaine de belles truffes entières, dont la peau aura été ôtée, un bouquet assaisonné, un peu de basilic, sel et poivre; faites revenir le tout dans le beurre, et mouillez-le avec un verre de vin de Champagne, six cuillerées d'espagnole réduite. Faites cuire ainsi vos pluviers. Leur cuisson achevée, et vos oiseaux dégraissés, mettez-les, ainsi que les truffes, dans une autre casserole; passez la sauce à l'étamine; dressez vos pluviers sur un plat; mettez dessus vos truffes en rocher; faites réduire la sauce, sur laquelle versez du jus de citron, et servez.

Pluviers au gratin. Ayez trois ou quatre pluviers, que vous flambez, videz, épluchez; vous faites une farce de leurs intestins comme celle indiquée pour les bécasses à l'anglaise (*Voy.* Bécasse); vous en remplissez leurs corps; cela fait, mettez au fond d'un plat d'entrée l'épaisseur d'un travers de doigt de gratin; arrangez dessus vos pluviers; remplissez de ce gratin les vides qui peuvent se trouver entre eux; relevez-en la farce autour, ayant la précaution de n'en point garnir les estomacs que vous couvrez de bardes de lard. Mettez-les cuire au feu, ou sous un four de campagne, avec feu modéré dessous et un peu ardent dessus. La cuisson achevée, dégraissez vos oiseaux, et saucez-les avec une italienne rousse.

POÊLÉE. Espèce de sauce, ragoût, ou préparation supplémentaire que l'on emploie en cuisine pour donner plus de relief à divers alimens qui doivent faire l'honneur d'une table; elle se compose de la manière suivante :

On coupe en gros dés deux livres de veau, autant de lard, ainsi que deux grosses carottes et trois oignons, que l'on met dans une grande casserole sur un bon feu; on y ajoute une livre de beurre, le jus de trois ou quatre citrons, trois ou quatre clous de girofle, un peu de basilic, deux feuilles de laurier concassées, un peu de thym, du sel et du poivre. Lorsque cela est réduit, on y verse plein une cuiller à pot de bouillon du derrière de la marmite. Lorsque le tout est à moitié, on le retire du feu, et on le met dans une terrine, pour s'en servir au besoin.

POIRE. Fruit rond et charnu, d'une figure pyramidale, extrêmement varié dans ses espèces, soit pour les saisons, la grosseur, la couleur, l'odeur et le goût. On les distingue en trois saisons, poires d'*été*, poires d'*automne* et poires d'*hiver*.

On fait cuire les poires de plusieurs manières, ainsi que les pommes. On les confit, on en fait des compotes, des gelées; on les glace, on les apprête au caramel, on en compose des sirops, etc.

Poires à la bourgeoise (*Compote de*). Prenez des poires moyennes, de quelque saison que ce soit; coupez un peu la queue; ôtez-en la tête; lavez-les bien, et les faites cuire à l'eau avec du sucre et de la cannelle. Servez à court sirop.

Poires à la cloche (*Compote de*). Pelez des poires d'hiver, coupez-les en deux; dressez-les sur un plat avec un peu d'eau, du sucre, girofle et cannelle. Mettez ce plat sur un feu modéré, et, par-dessus, un couvercle de tourtière, et feu dessus. Dressez votre compote : si le sirop se trouvait un peu long, faites le réduire doucement, et le versez sur vos poires pour servir.

Poires au caramel. Prenez des poires cuites en

compote; faites-les rebouillir dans leur sirop, jusqu'à ce que le dessus soit d'un caramel grillé. C'est ainsi qu'on rafraîchit et qu'on renouvelle les compotes un peu vieilles, en les décuisant.

Poires blanquettes. Ce fruit étant l'un des plus hâtifs de l'espèce des poires, et d'un goût assez agréable, on le pique par la tête, et on le met blanchir à l'eau chaude sans bouillir. Lorsqu'elles sont molettes, on les pèle, et on les met à mesure à l'eau fraîche. Étant égouttées, on les met au sucre clarifié; on les tire, on les fait égoutter de leur sirop; on les poudre de sucre fin, et on les met sécher à l'étuve; étant sèches d'un côté, on les retourne pour les saupoudrer et les faire sécher de l'autre.

Poires confites au liquide. Prenez des poires mûres; faites-les blanchir; pelez-les, et les coupez par quartiers; ôtez-en les cœurs; mettez-les dans le sucre cuit à la grande plume faire quelques bouillons. Laissez-les douze heures dans le sucre; tirez-les, et les égouttez. Faites rebouillir le sucre; remettez-y votre fruit, pour le faire rebouillir et le finir; autant de sucre que de fruit.

Poires confites au sec. Prenez des poires confites au liquide; mettez à l'étuve pour liquéfier le sirop, en l'échauffant un peu. Tirez-en les poires, et les égouttez. Faites-les sécher à l'étuve, sur des feuilles d'office, ou des ardoises. Retournez-les jusqu'à ce qu'elles soient bien sèches, et les serrez après dans des boîtes. Si votre sirop de poires au liquide était trop épais, ou candi par vétusté, mettez le pot au bain-marie : la chaleur le liquéfiera.

Poires de bon-chrétien (*Compote de*). Prenez de belles poires de bon-chrétien; coupez-les en deux; mettez-les dans une poêle cuire à grand feu. Quand elles seront molettes, passez-les à l'eau fraîche, pelez-les, et les remettez dans de nouvelle eau fraîche. Si vous en avez quatre livres ; faites cuire à la plume trois livres de sucre, et faites prendre quelques bouillons à votre fruit, avec quelques tranches de citron. Le fruit étant cuit, dressez-le dans un compotier.

Poires de Martin-sec (*Compote de*). Coupez de la queue et le dessus de la tête, et les lavez. Faites-les cuire, couvertes avec un peu d'eau, de sucre et de cannelle. Quand elles seront molettes, retirez-les, et les dressez dans le compotier.

Poires de muscat confites au liquide. Ces poires se confisent comme le rousselet (*Voy.* l'article qui suit); à la différence près, qu'au lieu de les confire entières, on les coupe par quartiers. La blanquette, la muscate, la poire d'orange, le carteau, la bergamote musquée, se confisent de même. La blanquette, la muscate se confisent entières : les autres étant plus grosses, se confisent coupées par moitié ou en quartiers ; mais il faut les mettre à mesure à l'eau fraîche, pour qu'elles ne moisissent pas et ne se mettent point en marmelade.

Poires de rousselet à l'eau-de-vie. Prenez-les presque mûres ; faites blanchir, et les pelez. Faites-leur faire ensuite huit ou dix bouillons au sucre clarifié ; le lendemain, autant, et le troisième jour, égouttez vos poires ; finissez le sirop au grand perlé ; faites faire quelques bouillons à vos rousselets. Mettez-les en bouteilles sans sirop ; mêlez avec ce sirop partie égale d'eau-de-vie ; faites chauffer sans bouillir, versez le tout sur les poires : il faut pour cette confiture la moitié de sucre de ce que pèse le fruit.

Poires de rousselet (*Marmelade de*). Pelez des rousselets mûrs ; faites-les cuire bien mollets ; passez-les au tamis, avec forte expression. Faites dessécher cette marmelade sur le feu. Quand elle sera bien épaisse, délayez-la dans du sucre cuit à la grande plume : faites chauffer sans bouillir ; livre de sucre pour livre de fruit à cette confiture. Toutes les autres marmelades de poires, qui sont susceptibles de cette manière de confire, se font de même.

Poires (*Gelée de*). Pelez-les; coupez en quartiers, et les faites cuire en marmelade avec de l'eau. Passez cette marmelade au tamis, avec expression; mettez dans du sucre cuit au cassé. Faites bien bouillir, et écumez; et lorsque la gelée tombera en nappe de l'écumoire, dressez dans des pots. Il faut à cette confiture chopine de sucre clarifié, pour autant de jus de poires.

Poires séchées. Mettez-les dans l'eau tiède jusqu'à ce qu'elles soient bien revenues; mettez ensuite du sucre dans cette eau, et faites-y cuire les poires. Faites un court sirop que vous passerez au tamis; trempez-y vos poires; faites-les sécher par quatre jours différens, toujours en les trempant à chaque fois dans ce sirop; et ne les servez que lorsqu'elles seront parfaitement sèches.

Poires tapées. Préparez-les comme les poires séchées; prenez celles de la meilleure qualité; et quand elles seront à demi-sèches, aplatissez-les avec la main; remettez-les au four, pour les faire sécher entièrement; achevez de les sécher, et les mettez en boîtes garnies de papier, pour les conserver, et les tenez en lieu sec.

POIRÉ ou CIDRE DE POIRÉ. Liqueur vineuse, claire, approchant en couleur et en goût du vin blanc; elle est faite avec le suc tiré par expression de certaines poires acerbes et âpres à la bouche, que l'on cultive en Normandie. Ce suc, en fermentant, devient vineux comme le cidre et le vin, parce que son sel essentiel atténue, raréfie, et exalte ses parties huileuses et les convertit en esprit; il enivre presqu'aussi vite que fait le vin blanc, et on en tire une eau-de-vie par la distillation. Il contient un sel tartreux qui peut le réduire en vinaigre par une seconde fermentation quand il est vieux.

POIREAU ou **PORREAU.** Racine potagère, bulbeuse, qui croît naturellement en Suisse, dont il y a deux espèces, le long et le court, qui ne diffèrent que par leur longueur.

Le poireau est la plus modeste des plantes potagères; il ne paraît jamais sur nos tables que dans la soupe et le potage, auxquels il sert à donner un bon goût: on l'emploie au même usage dans quelques ragoûts en bouquet garni; c'est un légume dont on pourrait peut-être tirer un parti plus apparent, surtout comme garniture.

Poireaux (Potage aux). Après avoir bien lavé vos poireaux, coupez-les en filets de la longueur d'un pouce. Passez-les dans le beurre jusqu'à ce qu'ils soient blonds, mouillez-les avec du bouillon; et les ayant laissé mijoter pendant près d'une heure, apprêtez-les de même que le potage au pain.

POIRÉE. *Voy.* **BETTE.**

POIS. Sorte de légume très-connu, dont il y a plusieurs espèces qui se réduisent à trois principales.

Les premiers sont de couleur verte au commencement; et en se séchant ils deviennent anguleux, blancs ou jaunâtres.

Les seconds sont gros, anguleux, de couleur variée, blanche et rouge, et ils naissent dans de grandes gousses succulentes.

Les troisièmes sont blancs, petits, et renfermés dans de petites gousses.

Outre ces trois espèces de pois, il y a le pois *Baron*, le pois *Dominé*, et le pois *Michaux*.

Le pois baron a le grain petit, sans sucre et sans

finesse ; il a perdu beaucoup de son mérite depuis la découverte du pois *Michaux* et du pois *Dominé*.

Le pois *Michaux* est le premier qui paraît; il est gros, fort tendre et sucré, quand il est mangé en vert.

Le pois *Dominé* succède au pois *Michaux*. Le grain en est blanc, rond et d'une bonne grosseur.

Le pois *lorrain* succède aux précédens; il est gros et sucré.

Le pois *normand* est carré, d'un vert blanchâtre et fort gros, tendre et moelleux : il est bon en vert et en sec, et rend plus en purée qu'aucune autre espèce.

Outre ces diverses espèces, et d'autres que nous avons cru devoir omettre ici, parce qu'ils sont de peu d'usage en cuisine, il y a encore le *cul noir*, dont on distingue deux espèces, l'un rond et l'autre carré. Tous deux ont le germe noir, d'où ils tirent leur nom. Le carré est le plus estimé; c'est celui qui sert, pendant le carême, pour les purées.

Le pois *sans parchemin*, appelé autrement le pois *gourmand*, se mange avec sa cosse, comme les haricots verts. Son goût est sucré et fin.

Presque toutes les sortes de pois sont en usage parmi les alimens. Plus ils sont petits et verts, et plus ils ont bon goût. On les sert en cet état sur les tables les meilleures et les plus délicates. Apprêtés en entremets par les mains d'un artiste consommé, bien maniés de beurre, privés de sauce, et liés en façon d'un mortier savant, ils se présentent comme une montagne de verdure que chaque gourmand brûle d'entamer.

Pois à la bourgeoise. (*Petits*). Faites un roux léger pour y mettre vos pois revenir; quand ils sont bien revenus, mouillez-les d'eau bouillante; ajoutez-y du sel, du poivre, trois oignons, un bouquet de persil et ciboules, ainsi qu'une romaine émincée; laissez réduire le tout; lorsque vos pois seront cuits, au moment de servir, mettez-y une liaison de trois jaunes d'œufs; ne les laissez pas bouillir avec la liaison, de crainte qu'elle ne tourne; après vous être assuré qu'ils sont de bon sel, servez pour entremets.

Pois à la crême (*Petits*). Ayez un litre et demi de petits pois bien fins; mettez-les dans de l'eau avec un un bon morceau de beurre; pétrissez-les ensemble avec les mains; jetez-les ensuite dans une passoire pour bien les égoutter; étant bien égouttés, mettez-les dans une casserole. Ayez un fourneau bien vif, passez vos pois, en ayant soin de les sauter souvent; mettez-y un peu de sel, un peu de sucre si vous voulez, et un bouquet de persil et de ciboules; mouillez-les avec de l'eau bouillante, et faites-les cuire à grand feu : lorsqu'il n'y aura presque plus de mouillement, faites une liaison de quatre jaunes d'œufs frais; délayez-les avec de la bonne crême; liez vos pois; et servez-les.

Pois verts à l'anglaise. Mettez un litre de pois, ou davantage, selon la quantité que vous voulez en faire, avec du sel dans de l'eau froide; que vos pois baignent à l'aise; faites-les bouillir jusqu'à ce qu'ils soient cuits; jetez-les dans une passoire bien propre; lorsqu'ils sont bien égouttés, mettez-les sur un plat; faites un petit trou au milieu des pois, mettez-y trois ou quatre pains de beurre, et servez de suite.

Pois verts au petit beurre (*Petits*). Mettez dans un vase quelconque deux litrons de pois avec un quarteron de beurre; pétrissez-les ensemble avec les mains; laissez-les égoutter dans une passoire, ensuite jetez-les dans une casserole que vous placez sur un feu ardent; sautez vos pois; quand ils auront bien senti la chaleur, mouillez-les d'eau bouillante, en y ajoutant du sel, du gros poivre, un petit morceau de sucre, un bouquet de persil et ciboules; faites réduire votre mouillement jusqu'à ce qu'il n'y en ait plus. Au moment de servir, lorsque les pois bouillent, mettez dedans trois petits pains de beurre; sautez vos pois sans les tenir sur le feu, jusqu'à ce qu'ils soient bien liés; et dressez-les en buisson, après vous être assuré qu'ils sont d'un bon sel.

Pois (Recette pour conserver les petits). Il faut les cueillir avant le lever du soleil, les écosser aussitôt, choisir les plus tendres, les jeter dans l'eau bouillante et les retirer après le premier bouillon; les passer à l'eau puis les égoutter sur un linge, les éparpiller froids, les étendre sur un grand tamis, sous lequel on met de la cendre chaude pendant six heures, en les remuant souvent.

On peut également se servir du dessus d'un fer chaud.

Après cette préparation, on met les petits pois dans un lieu sec, et ils conservent, dans le sac ou la bouteille, leur verdeur et leur saveur jusqu'à l'hiver; ils ramènent ainsi mai en décembre, et arrivent avant mars en carême.

POISSON. Animal qui vit dans l'eau. Il y a des poissons de mer, tels que la baleine, la morue, le maquereau, le hareng, etc. Il y en a d'eau douce, tels que le brochet, la carpe, l'anguille, etc.

Le poisson d'eau douce est ou de lac, ou d'étang ou de rivière, etc.

Le poisson de lac ou d'étang est malfaisant, parce qu'il se nourrit ordinairement d'une eau bourbeuse, ou qui n'a pas de cours.

Celui de rivière est plus sain, pourvu qu'il soit de quelque rivière rapide, comme du Rhône, de la Garonne, de la Loire, etc.

Les poissons qu'on prend dans les rivières au-dessous des grandes villes, sont toujours moins bons, à cause des immondices qui les y attirent et dont ils se nourrissent.

Le poisson de mer est le meilleur de tous et le plus sain de tous, parce que la salure de la mer corrige sa viscosité.

Parmi les poissons de mer, les plus sains sont les *saxatiles*, c'est-à-dire ceux qui se nourrissent dans les lieux pleins de rochers. Ils doivent être préférés, comme on préfère le mâle à la femelle, à cause de ses laitances, qui sont un manger délicat.

On estime les poissons qui habitent le fond des mers; mais pour ceux qui vivent sur les bords, on leur donne avec raison le dernier rang, à cause que l'eau où ils vivent est moins pure.

Il y a des poissons qui entrent dans les fleuves, et on remarque que lorsqu'ils ont habité l'eau douce quelque temps, ils en sont beaucoup plus agréables au goût.

Le poisson se mange frit, rôti ou bouilli. On verra aux articles particuliers qui regardent chaque poisson, le choix que l'on doit en faire, et la manière de l'apprêter et de l'accommoder.

Poisson (*Bouillon de*). Faites dégorger des tanches, habillez des anguilles, brochets et carpes, ôtez-leur les ouïes; coupez-les par tronçons; empâtez-les avec beurre, eau, sel, bouquet de fines herbes, oignons piqués de clous de girofle; faites bouillir le tout une bonne heure et demie; passez ce bouillon, et séparez-le en trois vases particuliers.

Dans le premier, mettez des épluchures de champignons; faites cuire et passez à l'étamine, avec du coulis, farine frite et un peu de citron vert; ce mélange sert pour les potages bruns, entrées ou entremets.

Dans le second, passez des amandes pilées et des jaunes d'œufs durs, pour les potages blancs et les ragoûts.

Dans le dernier, vous pouvez faire cuire le poisson

de tous vos potages, tant blancs que bruns, entrées et entremets, et même pour les gelées.

Poisson (Farce de). *Voy.* FARCE.

Poisson (Hachis de). Après avoir ôté la peau d'une carpe, vous la désossez; vous hachez la chair; que vous faites dessécher dans une casserole jusqu'à ce qu'elle devienne blanche; vous la hachez de nouveau avec persil et ciboules, beurre frais, champignons, truffes vertes. Vous faites un petit roux; mettez-y ce hachis avec sel, poivre et une tranche de citron; mouillez de bouillon de poisson, et liez de quelques cuillerées de coulis d'écrevisses, ou de coulis de poisson: servez pour entrées les hachis de saumon, truites, poisson blanc et barbeaux.

On fait aussi des rissoles et des petits pâtés avec ce hachis.

Poisson (Bisque de). Désossez une carpe laitée; faites-en un hachis, avec dix ou douze champignons blanchis; passez avec beurre, sel, poivre, fines herbes et bouillon de poisson; faites à part un ragoût de laitances de carpes, foies de brochets, pattes d'écrevisses; mitonnez des croûtes de bouillon de poisson; garnissez le potage du hachis et du ragoût. On peut le garnir de hachis seul, sans le ragoût; il faut servir chaudement.

Poisson (Jambon de). Faites une farce comme elle est indiquée dans un des articles précédens, et dans laquelle vous ajoutez du saumon frais et des laitances de carpe. Formez de cette farce une sorte de jambon sur des peaux de carpes; enveloppez le tout d'un linge neuf bien cousu, et faites cuire avec moitié eau et vin, clous de girofle, laurier et poivre; laissez-le refroidir dans sa cuisson, et servez avec du laurier et fines herbes hachées.

On peut le couper par tranches comme un jambon ordinaire.

Poisson (*Pâté de*). On fait un godiveau, comme il a été dit de la farce, excepté l'omelette et les jaunes d'œufs, qu'on ne peut pas y mettre ; on dresse un pâté à l'ordinaire ; on le fonce de ce godiveau, avec truffes, culs d'artichauts, champignons, morilles, filets de poisson cru ; on couvre de godiveau, on assaisonne et on finit à l'ordinaire. Étant cuit on y met un coulis de champignons, ou coulis blanc, ou quelque ragoût, et l'on sert chaud.

Poisson (*Petits pâtés de*). On a du godiveau comme ci-dessus, avec autant de beurre frais que de hachis. On finit les petits pâtés à l'ordinaire, et on les sert très-chauds.

Poisson (*Tourte de*). Prenez du hachis de carpe comme ci-dessus ; faites une abaisse de pâte feuilletée, dans laquelle vous mettrez votre hachis ; finissez à l'ordinaire. Votre tourte étant cuite, servez chaudement.

POIVRE. Baie d'un arbre commun dans plusieurs contrées de l'Asie, dont la qualité est aromatique, chaude et sèche.

Le poivre tient, sans contredit, le premier rang parmi les épices, et c'est celle dont l'usage est le plus commun et le plus universel en cuisine.

On le divise en poivre blanc et en poivre noir ; c'est le produit du même arbre, et la différence de leur couleur provient de celle de leur préparation ; le poivre blanc n'étant que le noir dépouillé de son écorce, et par cela même, moins âcre et moins piquant. On les connaît dans le commerce sous les noms de poivre de Hollande et poivre d'Angleterre, parce que c'est par la voie des Anglais et des Hollandais qu'il nous en vient de l'Inde la majeure partie.

Tout le poivre qu'on emploie en cuisine, pour mettre dans les ragoûts, est réduit en poudre impalpable, et connu dans les boutiques sous le nom de poivre fin. Celui que l'on sert sur la table, et dont le principal usage est dans les huîtres, la soupe aux choux, les salades, etc., est seulement concassé et s'appelle *mignonette*. La plus belle est faite avec du poivre blanc.

Poivre long. Cette plante, âcre, extrêmement chaude, est rarement employée en cuisine. Son goût excessivement fort, ne saurait plaire qu'à des palais blasés.

POMME. Fruit du pommier, rond, à pepins, qui vient en été et en automne, bon à manger et à faire du cidre.

A proprement parler, il n'y a qu'une seule espèce de pomme ; ce qui en constitue plusieurs espèces, consiste seulement dans quelques différences accidentelles, telles que la *grosseur*, la *figure*, la *couleur*, le *goût*, et le temps de la maturité : mais ces variétés ne suffisent point pour établir plusieurs espèces.

Les meilleures pommes qu'on mange en hiver sont la *calville*, la *reinette*, la *court-pendu* et la *pomme d'apis*. Les autres pommes sont fort bonnes cuites et subissent diverses préparations à la cuisine et à l'office.

Pommes (Charlotte de). Ayez quinze pommes que vous coupez en quartiers ; ôtez le cœur, et pelez-les légèrement ; émincez-les ensuite. Mettez sur le feu, dans une casserole, un quarteron de beurre fin et un quarteron de sucre. Le beurre étant fondu, mettez-y les pommes, sautez-les ou remuez-les légèrement avec une cuiller de bois, jusqu'à ce qu'elles soient à peu près cuites (il ne faut pas les réduire en marmelade) ajoutez à vos pommes une demi-livre de marmelade d'abricots. Étant bien mêlées, goûtez si c'est assez sucré. Il faut avoir un pain rond de ménage, de quatre ou six livres; vous levez la croûte, et vous disposez des morceaux de la mie que vous coupez en lames qui, placées dans le fond de votre casserole, puissent la garnir entièrement; coupez d'autres tranches de pain, un peu plus épaisses qu'une pièce de cinq francs, de la largeur de deux doigts, et de la longueur du fond de votre casserole, à la hauteur du bord. Tout étant disposé de cette sorte, vous faites fondre environ une demi-livre de beurre; vous trempez les croûtons en lames du côté qui touchera à la casserole, et les croisez l'un sur l'autre, de manière que la pomme ne puisse pénétrer les autres croûtons; vous les trempez de même, et les disposez de sorte qu'un des bouts pose sur le bord de ceux qui garnissent le fond, et les croisez sur le tour de la casserole. Étant arrangées, vous remplissez l'intervalle avec les pommes préparées; vous couvrez le dessus avec d'autre pain, et les faites cuire au four: à défaut de four, on l'entoure de feu et de cendres rouges, de manière que vos croûtons soient partout également d'une belle couleur jaune; on met un couvercle et du feu dessus. Vous regardez de temps à autre; en inclinant la casserole, vous apercevez le degré de couleur, et vous disposez le feu en conséquence. Au moment de servir, vous mettez le plat dessus la charlotte, et la renversez le mieux possible, pour éviter de déranger les croûtes. Enlevez le beurre, s'il s'en trouve autour du plat, et servez.

Pommes au beurre. Prenez de même une quinzaine de pommes; coupez-les en quartiers; ôtez-en le cœur et la peau. Étant bien épluchées, parez de nouveau les pommes, et leur donnez une forme égale; mettez-les dans une casserole avec un morceau de beurre et du sucre pilé. Lorsqu'ils commencent à s'amortir, retirez avec une fourchette tous les morceaux de pommes qui sont entiers, et mettez-les sur une assiette. Les rognures de pommes que vous avez parées, mettez-les dans la casserole avec les autres morceaux qui se sont trouvés écrasés ; faites de tout une marmelade, dans laquelle vous mettrez une demi-livre de marmelade d'abricots. Etant sucrée à son point, vous mettez une couche de cette marmelade, sur laquelle vous arrangez les morceaux de pommes que vous avez réservés, ensuite un lit de marmelade, et vous continuez jusqu'à ce que tout soit élevé en pyramide, et couvrez le tout d'une légère couche du reste de vos pommes écrasées. Mettez au four ou sous le four de campagne.

Pommes (*Miroton de*). Prenez douze à quinze pommes ; enlevez-en le cœur avec un vide-pomme ; puis pelez-les et tournez-en sept à huit ; émincez les autres, et faites-en une marmelade, en y ajoutant les tournures ; mettez-y une demi-livre de marmelade d'abricots ; faites-en un lit au fond de votre plat. Les pommes que vous coupez en tranches minces, arrangez-les en miroton ; recouvrez-les ensuite de marmelade, et ensuite de pommes, et finissez par couvrir d'une légère couche de marmelade. Mettez le miroton cuire au four ou sous le four de campagne.

Compote de pommes. Coupez vos pommes en deux ou en quatre, selon la grosseur ; ôtez-en le cœur, mettez-les cuire avec un peu d'eau et suffisante quantité de sucre ; vous n'attendrez point pour les dresser qu'elles se mettent en marmelade ; vous les arroserez de leur sirop après l'avoir fait réduire.

Nota. On ne pèle que les pommes de reinette, et l'on se contente de piquer légèrement la peau des autres, de quelque espèce qu'elles soient.

Compote de pommes à la portugaise. Pelez et nettoyez de leurs pepins des pommes de reinettes, jetez du sucre en poudre sur une tourtière, et les arrangez dessus ; mettez d'autre sucre en poudre dans le cœur de chaque pomme, et placez la tourtière ainsi garnie soit dans le four, soit sous le four de campagne; quand vos pommes seront cuites, vous les saupoudrerez bien de sucre, et les servirez chaudes.

Pommes de reinette au caramel (Compote de). S'il vous reste quelque vieille compote de pommes, pour ne la pas perdre et lui redonner de la fraîcheur et un air de nouveauté, faites recuire jusqu'à ce que le sirop soit au caramel grillé, ainsi que nous avons dit précédemment à l'article POIRE.

Pommes de reinettes confites au liquide. Prenez-les mûres, belles et bien saines; pelez les et les faites blanchir. Coupez-les par quartiers, et leur faites prendre deux bouillons dans le sucre cuit à la grande plume. Otez-les du feu et les laissez dans leur sucre vingt-quatre heures; égouttez-les ensuite, et faites rebouillir votre sucre. Remettez-y le fruit faire encore deux bouillons; autant de sucre que de fruit : finissez votre confiture au perlé et l'empotez.

Pommes de reinette confites au sec. Les pommes qu'on tire au sec sont, pour l'ordinaire, la reinette et le calville ou le court-pendu, qu'on pourrait encore confire de même; les autres en sont moins susceptibles. Etant confites, comme nous venons de dire à l'article précédent, on les fait égoutter, on les dresse sur des ardoises, à l'ordinaire, et on les poudre de sucre fin. La pomme confite au liquide est sujette à se décuire, à cause de son humidité : lorsque l'on s'en aperçoit, on peut faire recuire le sirop, en le rafraîchissant d'un peu de nouveau sucre; on le remet à perlé; et lorsqu'il est question de tirer ce fruit au sec, on fait fort bien de prendre la précaution de recuire le sirop et d'y renouveler le fruit. Il n'en vaut que mieux, et ne s'en conserve que plus long-temps.

Pommes (Gelée de), façon de Rouen. Pour faire cette gelée, il faut choisir les plus belles reinettes et les plus saines, les bien laver, les couper en rouelles, et les faire cuire à grand bouillon, avec de l'eau et quelques tranches de citron, sans couvrir votre poêle. Lorsque le jus sera gluant, passez votre décoction au tamis; mettez-la dans le sucre cuit au cassé; faites bouillir, et écumez jusqu'à ce que la gelée tombe en nappes de l'écumoire : il faut pour cette gelée autant de sucre clarifié que de décoction.

Pommes (*Marmelade de*). Pelez vos pommes; faites-les cuire à l'eau; passez-les au tamis : faites dessécher ce que vous aurez exprimé dans une poêle à confiture, sur le feu, jusqu'à ce qu'il ait une certaine consistance. Délayez-le ensuite dans du sucre cuit à la grande plume; faites chauffer sans bouillir. Sur une livre de fruit desséché, il faut cinq quarterons de sucre.

Pommes (*Pâte de*). Pelez de belles reinettes, ôtez-en les cœurs; faites-les cuire à l'eau, tirez-les, et les mettez à l'eau fraîche. Faites-les égoutter ensuite; après quoi vous les presserez à travers un linge. Faites dessécher cette marmelade dans un poêlon sur le feu, en la remuant toujours avec une spatule; et quand elle ne s'attachera plus, ôtez la poêle du feu; mettez-y du sucre ce qu'il en faut; mêlez bien le tout. Dressez votre pâte sur des feuilles ou des ardoises, et faites sécher à l'étuve, comme les autres confitures sèches.

D'autres délaient cette marmelade dans le sucre cuit à la grande plume, autant de sucre que de marmelade, qu'on fait seulement frémir et sécher ensuite dans des moules.

Pommes (*Tourte de*). Prenez des pommes de reinette ou de calville : coupez-les par la moitié; pelez-les, et ôtez-en le cœur. Faites-les cuire dans une poêle avec une quantité suffisante de sucre, deux verres d'eau, un morceau de cannelle en bâton, quelques zestes de citron vert : couvrez la poêle. Vos pommes étant cuites, et le sirop réduit, retirez-les, et les laissez refroidir. Faites une abaisse de pâte feuilletée; foncez-en une tourtière ; dressez-y vos pommes ; recouvrez d'une même abaisse ; dorez avec de l'œuf battu ; faites cuire au four, ou sous le couvercle de la tourtière : étant cuite, glacez-la à l'ordinaire ; servez-la chaudement.

POMME DE TERRE. La pomme de terre est une espèce de *solanum*, dont la racine est tuberculeuse, oblongue, inégale, plus ou moins grosse, couverte d'une écorce brune ou rouge, ou noirâtre, blanche en dedans et bonne à manger. Elle nous vient primitivement de l'Amérique septentrionale.

On en distingue onze espèces jardinières, ou variétés bien caractérisées, lesquelles sont :

1°. La pomme de terre, *grosse, blanche, tachée de rouge*. Dans quelques cantons on en nourrit le bétail ; elle est appelée *pomme de terre à vache*.

2°. La *blanche longue*, d'une excellente qualité ; elle est encore connue sous le nom de *blanche irlandaise*, parce que les Irlandais cultivent particulièrement cette variété.

3°. La *rouge longue*, dont la forme est assez communément celle d'un rognon ; sa qualité est bonne.

4°. La *violette*. Cette espèce, un peu hâtive, est une des meilleures.

5°. La *rouge souris*, à laquelle on donne aussi le nom de *corne-de-vache*. Elle est un peu précoce et d'une très-belle qualité.

6°. La *blanche ronde, aplatie*. Elle vient de New-Yorck, est très-délicate à manger.

7°. La *rouge oblongue*, originaire de Long-Island, est généralement d'un goût excellent.

8°. La *pelure d'oignon*, d'une assez bonne qualité.

9°. La *ronde, rouge en dehors et en dedans*, est extrêmement féconde et fort vigoureuse ; sa qualité ne vaut point celle des rouges longues et rondes, dont nous venons de parler.

10º. La *rouge ronde* ressemble parfaitement à la rouge oblongue ; elle est seulement un peu plus précoce.

11. La *petite blanche*, connue aussi sous le nom de *petite chinoise*, est fort bonne à manger.

Quoique les variétés des pommes de terre ci-dessus mentionnées puissent servir indifféremment à tous les usages, il s'en trouve cependant dans le nombre qui doivent les faire rechercher de préférence selon les différens emplois. La *ronde jaunâtre de New-York*, la *blanche longue*, la *ronde* et la *longue rouge*, ayant la chair plus délicate, doivent être destinées pour la table.

Pommes de terre en salade. Après avoir bien lavé vos pommes de terre, faites-les cuire sous la cendre, dans un four, ou bien mettez-les sans eau dans un vase de terre que vous couvrirez hermétiquement. Placez ce vase sur un feu doux, et remuez-le souvent sans le découvrir. Lorsque vos pommes de terre seront cuites, vous les pelerez toutes chaudes et les couperez par rouelles minces. Mettez-les dans un saladier, et accommodez-les, chaudes ou froides, comme une salade ordinaire, en observant néanmoins qu'il leur faut beaucoup plus d'assaisonnement. Vous pourrez y ajouter des tranches fort minces de betteraves blanches et des cornichons confits.

Pommes de terre à la sauce blanche. Vos pommes de terre étant cuites et coupées comme nous l'avons dit ci-dessus, tenez-les le plus chaudement possible. Vous délayerez de la fécule de pommes de terre avec un morceau de beurre, du bouillon, sel et poivre, sur un feu doux. Aussitôt que cette sauce sera suffisamment liée, vous y jeterez, si bon vous semble, quelques anchois hachés, des câpres, et en arroserez vos pommes de terre. Servez le plus chaud que vous pourrez.

Pommes de terre au blanc. Mettez-les dans une casserole avec persil et ciboules hachés : vos pommes de terre cuites et coupées commes celles en salade ci-dessus, faites-les revenir, mouillez-les avec du lait, ayez soin de les bien tourner, et servez-les avant qu'elles bouillent.

Pommes de terre à la crême. Après avoir fait cuire, épluché et coupé vos pommes de terre, mettez dans une casserole un morceau de beurre manié avec de la farine ; arrosez avec de la crême ; assaisonnez de sel et gros poivre ; tournez cette sauce ; quand elle sera près de bouillir, vous jeterez vos pommes de terre dedans, les sauterez et les servirez bien chaudes.

Pommes de terre en matelote. Coupez en tranches des pommes de terre cuites comme il a été dit plus haut ; mettez-les dans une casserole avec du beurre, du sel, du poivre, du persil et de la ciboule bien hachés ; saupoudrez le tout d'un peu de farine ; mouillez-le avec du bouillon et suffisante quantité de bon vin. Faites-les bouillir et réduire à courte sauce.

Pommes de terre à la provençale. Coupez en tranches un peu épaisses des pommes de terre cuites ; mettez-les dans une casserole avec de bonne huile, persil, ciboules, un peu d'ail, le tout haché bien menu ; ajoutez-y sel, gros poivre, jus de citron ou un filet de vinaigre ; faites-les chauffer et servez. On peut parer ce plat de quelques anchois dessalés.

Pommes de terre à la hollandaise. Lorsque vous aurez mis vos pommes de terre en pâte comme les précédentes, passez cette pâte ; assaisonnez-la de sel, poivre et fines herbes hachées ; mouillez-la avec un peu de jus de bœuf ; formez-en des boulettes ; trempez-les une à une dans des œufs bien battus et faites-les frire. Vous les servirez garnies de persil frit.

Pommes de terre à la sybarite. Procédez en tout comme il est indiqué ci-dessus pour les pommes de terre à la hollandaise : hors qu'au lieu de mouiller votre pâte avec du jus, vous le ferez avec de la crême ou du lait, et mettrez un peu de sucre en poudre à la place de poivre.

Pommes de terre à la barigoule. Prenez des pommes de terre crues, d'une moyenne grosseur, pelez-les et mettez-les cuire dans du bouillon gras ou maigre et de l'eau, avec un peu de bonne huile, un peu de sel et de poivre, des racines, quelques oignons, un bouquet de persil garni; quand elles seront cuites et qu'il n'y aura plus de sauce, laissez-les frire un moment dans l'huile et prendre une belle couleur; vous les servirez alors avec une sauce à l'huile, vinaigre, sel et gros poivre.

Pommes de terre à la morue. Pelez des pommes de terre crues ; mettez-les cuire dans l'eau avec un peu de sel ; lorsqu'elles seront aux trois-quarts cuites, jetez-y un morceau de morue que vous laisserez bien cuire ; égouttez-la ainsi que les pommes de terre ; dressez la morue sur un plat qui aille au feu, et entourez-la de pommes de terre ; vous les couperez en deux si elles sont trop grosses. Mettez avec un morceau de beurre, persil, ciboules, échalotes hachés, un peu de verjus ou un filet de vinaigre, du gros poivre ; placez votre plat sur le fourneau, à un feu doux et le remuez souvent ; vous servirez votre ragoût bien chaud dès qu'il aura suffisamment pris l'assaisonnement.

Pommes de terre en ciboulettes. Réduisez en pâte des pommes de terre cuites comme il est dit de celles en salade, et mêlez-les bien avec une égale quantité de hachis fait avec des parures ou restes de viande, et assaisonné de beurre, sel, poivre, persil, ciboules, échalotes hachés ; liez le tout avec quelques jaunes d'œufs et formez-en des boulettes de moyenne grosseur ; trempez-les dans des blancs d'œufs fouettés ; roulez-les dans la farine et faites-les frire. Vous les servirez soit garnies de persil, soit avec toute sauce qui leur puisse convenir.

Pommes de terre au lard. Faites roussir du beurre, délayez de la farine; quand votre roux sera bien foncé en couleur, assaisonnez-le de poivre et d'un bouquet de persil garni; ajoutez du lard gras et maigre, coupé en gros dés, et laissez-le cuire à moitié dans le roux; vous y jeterez alors vos pommes de terre crues, après les avoir pelées et coupées. Quand elles seront cuites, dégraissez le ragoût et servez.

Pommes de terre à la maître d'hôtel. Coupez en tranches des pommes de terre cuites à l'étouffade (*Voy.* pommes de terre en salade); mettez-les dans une casserole avec un bon morceau de beurre, sel et gros poivre; sautez-les de temps en temps sur un bon feu; après quoi vous les arroserez avec une sauce à la maître-d'hôtel faite avec un bon morceau de beurre, du persil, des échalotes hachées très-menu, du sel, du poivre et un jus de citron pétris ensemble, et liés dans une casserole sur un feu doux. Servez ce ragoût le plus promptement possible.

Pommes de terre aux champignons. Pelez et coupez en tranches des pommes de terre cuites dans de l'eau et du sel, ou mieux comme il est indiqué pour celles en salade; mettez-les dans une casserole avec de la ciboule, des champignons, de l'échalote, le tout haché, un bon morceau de beurre; passez-les sur le feu; ajoutez-y une pincée de farine; tournez-les bien et mouillez-les avec du bouillon; assaisonnez-les de sel et gros poivre; faites cuire le tout. Aussitôt que la sauce sera suffisamment réduite, vous la lierez avec des jaunes d'œufs; ajoutez, au moment de servir, du jus de citron, ou un peu de verjus; et à défaut de l'un et de l'autre, un petit filet de vinaigre.

Pommes de terre frites. Pelez des pommes de terre crues; coupez-les par tranches minces ou par quartiers longs, trempez-les dans une pâte et faites-les frire de belle couleur; avant de les servir sur table, saupoudrez-les de sel blanc. Vous emploierez de préférence pour votre pâte de la farine de pommes de terre.

Pommes de terre en ragoût. Faites cuire de bonnes pommes de terre à moitié, pelez-les, coupez-les en tranches, mettez-les dans une casserole sur un feu doux avec un bon morceau de beurre; mouillez-les avec un demi-verre de vin blanc et deux cuillerées d'espagnole réduite ou du velouté, et à défaut de l'un et de l'autre, avec du consommé ou du bouillon. Achevez de les faire cuire en mijotant. Quand elles seront cuites, vous dégraisserez votre sauce et la finirez avec un morceau de beurre.

Pommes de terre au beurre noir. Faites cuire des pommes de terre de la manière accoutumée; pelez-les, coupez-les en morceaux, et arrangez-les sur un plat; entourez-les de persil frit en branches. Vous les arrosez avec une sauce au beurre noir, et les servez promptement. (*Voy.* Sauce au beurre noir).

Pommes de terre à la poêle. Pelez et coupez en tranches minces des pommes de terre que vous aurez fait cuire auparavant; mettez-les dans une poêle avec très-peu de beurre ou de graisse; retournez-les jusqu'à ce qu'elles soient bien colorées; servez-les sans sauce. Vous pouvez vous en servir en guise de croûtons de pain au beurre, pour garnir des plats d'épinards, des hachis de viande et des mirotons.

Pommes de terre au verjus. Mettez dans une casserole deux cuillerées de verjus, autant de coulis, sel, gros poivre, ciboules, échalotes hachées bien menu; faites en sorte que votre sauce soit bien claire; faites-la chauffer, et jetez-y vos pommes de terre cuites et coupées en tranches minces. Vous les dresserez après les avoir fait mijoter quelques minutes.

Pommes de terre en haricot. Vos pommes de terre

n'étant cuites qu'à moitié, pelez-les, coupez-les en deux si elles sont grosses; mettez-les dans une casserole où vous aurez mis cuire du mouton, et finissez-les comme un haricot aux navets.

Pommes de terre aux oignons. Faites roussir de l'oignon dans du beurre, coupez des pommes de terre à moitié cuites, et mettez-les finir de cuire avec cet oignon roussi; mouillez-les avec du bouillon gras ou maigre; ne les faites que mijoter.

Pommes de terre (Gâteau de). Faites cuire des pommes de terre sous la cendre, épluchez-les, réduisez-les en pâte. Vous la délayerez avec six jaunes d'œufs par livre pesant, et ajouterez quatre onces de sucre en poudre pour le même poids de pâte. Pétrissez le tout ensemble; mettez-y ensuite le zeste d'un citron râpé, son jus et des blancs d'œufs; façonnez le tout et le mettez dans une tourtière graissée légèrement avec du beurre; vous lui ferez former sa croûte et prendre couleur sous le four de campagne.

Pommes de terre pour garniture. Vous les choisirez petites et bien rondes; pelez-les; mettez-les cuire dans du jus gras ou maigre, et servez-vous-en pour garnir tel plat auquel elles puissent convenir, ou pour mettre dans le corps de certaines volailles en guise de marrons ou mêlées avec.

PONCIRE. C'est une espèce de citron fort gros et dont la peau est très-épaisse; c'est de cette peau dont on se sert pour faire ce qu'on appelle *écorce de citron confite*. Ce fruit se confit en bâtons ou par tranches, en les coupant en rouelles qu'on partage en deux, ou de la première façon, en les tournant et en les coupant en travers, dont on forme des bâtons plus ou moins gros.

Les qualités du poncire et celles du citron sont les

mêmes : on fait subir au premier toutes les préparations du second. *Voy.* CITRON.

POPULO. Liqueur ; sorte de rossoli léger, délicat, qui se fait ainsi. Faites bouillir trois pintes d'eau, et les laissez refroidir ; après quoi, vous y mettrez une pinte d'esprit de vin, une pinte de sucre clarifié, demi verre d'essence d'anis distillé, autant de cannelle, très-peu de musc et d'ambre en poudre. Il ne faut point que le sucre cuise en le clarifiant ; il se candirait, et ferait des nuages dans la liqueur. Celle qui nous vient de Marseille, de cette espèce, est sujette à se gâter, parce qu'on la fait à l'eau froide ; au lieu que, de la façon dont nous le disons, elle ne se gâte point.

Populo (*Autre façon de faire le*). Prenez une pinte de sirop, ayant de la consistance ; mettez-y une pinte d'un bon vin blanc et bien clair, et autant d'esprit de vin. Faites chauffer tant soit peu pour les bien mêler ; passez le tout à la chausse avec quelques amandes pelées et pilées, et un peu d'essence d'anis.

POTAGE. Jus de viandes cuites à l'eau bouillante, dans lequel on fait mitonner ou tremper des croûtes ou du pain coupé en tranches très-minces.

Le meilleur bouillon pour les potages s'obtient avec la viande la plus fraîche ; les morceaux de bœuf qu'on doit préférer pour s'en procurer d'excellens, sont la tranche, la culotte, les charbonnées, le milieu du trumeau, le bas de l'aloyau, et le gîte à la noix.

On connaît plusieurs potages, tant en gras qu'en maigre, sous les noms de *bisques*, *julienne*, *oilles*, etc., qu'on trouvera à leurs lettres respectives. Nous avons dit à l'article *Bouillon*, qui fait le corps de tous les potages, et à l'article *Coulis*, qui les nourrit, tout ce qu'il y avait à savoir sur ces sujets.

On fait des potages au riz, au vermicelle, au sagou,

aux lazagues, à la semouille, qui ont leur mérite. *Voy.* ces mots.

Les pâtes d'Italie fournissent une grande variété de potages farineux, et l'on peut, avec leur secours, en préparer d'un grand nombre d'espèces.

On sert aussi les macaronis en potage, soit au gras, soit au maigre; mais dans tous les cas le fromage y est d'obligation.

Potage au naturel. On met dans une soupière des croûtes bien préparées, sur lesquelles on verse assez de bouillon pour les faire tremper; au moment de servir le potage, on y renverse du bouillon en assez grande quantité pour que le pain baigne facilement. On peut ajouter des légumes dessus. Il faut bien se garder de faire bouillir le bouillon avec le pain, parce que cette opération ôte la qualité du bouillon.

Potage de croûtes au pot. Émincez des croûtes de pain peu chargées de mie; mettez-les dans un plat creux, et versez dessus du bouillon et de la graisse du pot; posez-les sur le feu jusqu'à ce qu'elles soient gratinées; ayez trois entames de pain dont vous ôtez la mie; trempez-les dans la graisse du bouillon; après les avoir assaisonnées d'un peu de sel et de gros poivre, vous les placerez droites sur votre gratin; au moment de servir, égouttez-en la graisse pour que le potage soit à sec: alors, mettez du bouillon dans un vase pour que chaque convive en verse à volonté sur son assiette, où il aura mis du pain et du gratin.

Potage aux choux. On fait blanchir une demi-heure dans l'eau bouillante deux choux de moyenne grosseur, coupés en quatre; après les avoir rafraîchis, égouttés et ficelés, on met dans le fond d'une casserole des tranches de veau que l'on couvre de lard; on y place les choux, auxquels on fait une couverture de lard, en ajoutant dessus deux carottes, deux oignons et deux clous de girofle. Les choux cuits, on trempe le potage comme celui au pain, c'est-à-dire avec du bouillon ; puis on égoutte les choux et on les met sur le potage ; on passe le fond de la cuisson des choux, on le dégraisse, et on le verse sur le potage.

On peut encore faire ce potage d'une autre manière. Après avoir fait blanchir les choux, les avoir pressés et ficelés, on les met dans une casserole avec des carottes et des oignons ; on les mouille avec le gras du bouillon, et on les fait mijoter deux heures, plus ou moins, selon la qualité des choux, jusqu'à ce qu'ils soient cuits.

Potage aux petits oignons blancs. Après avoir préparé votre potage comme celui au naturel, épluchez une soixantaine de petits oignons plus ou moins, suivant la grandeur du potage à faire, en faisant attention, en les épluchant, de ne pas les écorcher ni les découronner ; les ayant fait blanchir, mettez-les dans du bouillon avec un petit morceau de sucre ; tâchez que votre bouillon soit assez abondant, pour que le pain baigne à l'aise dans la soupière, et servez.

Potage au pain. Coupez du pain en lames très-minces dans une soupière ; vous aurez préalablement fait cuire des légumes ; versez votre bouillon sur le pain, ayant le soin d'écumer et de dégraisser votre potage, sur lequel vous arrangez vos légumes au moment de servir.

Potage au pain et à la purée. On met de la purée dans du bouillon maigre, que l'on fait bouillir ensemble, mais très peu de temps, de crainte que le potage ne prenne de l'âcreté : on dégraisse ensuite le potage, et on le verse sur le pain un demi-quart d'heure avant de servir.

Potage aux carottes nouvelles. Choisissez de préférence, pour la confection de ce potage, des carottes rouges ; après les avoir coupées et tournées en petits bâtons de la même longueur et de la même grosseur, vous les faites blanchir, les mettez dans du bouillon, et les faites bouillir jusqu'à ce qu'elles soient cuites; au moment de servir, vous les versez dans la soupière où vous aurez mis tremper votre pain, comme au potage au pain.

Potage aux navets. On prépare les navets comme il est indiqué ci-dessus pour les carottes; on les saute dans le beurre jusqu'à ce qu'ils soient un peu revenus; après les avoir fait égoutter dans une passoire, on dispose le potage comme celui des carottes.

Potages divers au vermicelle. Voy. VERMICELLE.

Potage à la Monaco. On coupe des mies de pain en petits carrés de trois lignes d'épaisseur, longs de deux pouces et demi, et larges d'un pouce et demi; on poudre ces mies de sucre bien fin, et on les fait griller sur un feu doux, afin qu'elles ne prennent pas trop de couleur; on en met ce qu'il faut dans la soupière, pour que le potage ne soit pas trop épais; au moment de servir, versez du lait lié sur votre pain. Ce potage se fait aussi sans être lié.

Potage à la Grimod de la Reynière. Mettez dans une moyenne marmite un chapon bien troussé, comme pour le potage au riz; deux pigeons; un morceau de tranche de bœuf de trois livres, le tout bien ficelé; remplissez cette marmite de bon bouillon; après l'avoir écumée, garnissez-la de carottes, navets, oignons, céléri, poireaux, et deux clous de girofle. Vos viandes cuites, au moment de servir, mettez le chapon et les deux pigeons dans un plat, avec des laitues entières, de petits oignons, des carottes et des navets coupés en gros dés; de ces trois sortes de légumes en grande quantité et cuits comme pour la *Garbure au hameau* (*Voy.* ce mot). Vos légumes cuits, dressez-les sur le chapon et les pigeons, de manière qu'ils forment buisson; passez le bouillon de votre marmite au travers d'une serviette fine ou d'un tamis de soie : servez à côté de votre plat un pot plein de bouillon bien chaud et d'un bon sel.

Potage au riz au lait. Voy. Riz.

Potage au riz au lait d'amandes. Voy. Riz.

Potage au riz à la turque. Voy. Riz.

Potage au riz à la Créole. Voy. Riz.

Potage au riz à l'italienne. Voy. Riz.

Potage à la provençale. On met dans une casserole une demi-livre d'huile d'olive, avec trois oignons émincés, deux gousses d'ail, un peu de laurier, et une poignée de persil en branches ; on fait frire le tout légèrement sur un fourneau. On mouille le potage avec une pinte d'eau, assaisonnée de sel, poivre et muscade. On fait cuire dedans un merlan, une sole et un petit turbot ; le poisson cuit, on l'égoutte sur un plat. Le bouillon étant passé au tamis, on le fait bouillir et on met dedans une pincée de feuilles de fenouil hachées ; après avoir versé le bouillon dans une soupière, avec des croûtons frits dans l'huile, on sert chaudement.

A défaut d'huile pour ce potage, on peut se servir de beurre.

Potage économique de Rumfort. On fait bouillir ensemble, dans une chaudière, de l'eau et de l'orge mondé ; on y joint ensuite des pois, et l'on continue ensuite la cuisson pendant deux heures à un feu toujours modéré ; on y ajoute des pommes de terre épluchées, et l'on prolonge la cuisson pendant une heure, en ayant soin de remuer sans cesse ce mélange, pour broyer entièrement les pommes de terre, et pour réduire le tout en pâte ; après quoi on met du vinaigre et du sel, et on ajoute les tranches de pain au moment seulement de servir le potage.

Potage aux menues herbes. On a deux laitues, une poignée d'oseille, du cerfeuil, que l'on épluche et qu'on lave avec soin ; on concasse les feuilles de laitues, dont on rejette les côtons; on concasse aussi l'oseille et le cerfeuil; on tire du derrière de la marmite du bouillon qu'il faut passer au tamis; après avoir fait fondre les herbes, on les mouille avec du bouillon pour les faire cuire; leur cuisson achevée, on trempe le potage avec du bouillon, et on arrange ses herbes sur le potage.

Potage aux herbes maigre. Vous coupez en filets une poignée d'oseille, ainsi que deux laitues en y joignant forte pincée de cerfeuil; vous passez le tout dans le beurre; quand le tout est bien fondu, mouillez avec de l'eau, du sel et du gros poivre; faites bouillir une demi-heure, et au moment de servir ajoutez-y une liaison de trois œufs.

Potage aux poireaux. Voy. POIREAUX.

Potage à la Pourceaugnac. On délaie douze ou quinze jaunes d'œufs dans une pinte de bouillon, que l'on passe plusieurs fois à l'étamine; on met cet appareil dans un moule ou un vase, afin de pouvoir le faire prendre au bain-marie; lorsqu'il est bien pris, on verse du bouillon chaud dans une soupière; puis avec une écumoire on prend de ces œufs, de manière que cela forme des soupes que l'on met dans la soupière; il faut que le potage en soit bien garni.

Potage savant. Faites rôtir une vieille perdrix fraîchement tuée; ayez une cinquantaine de marrons de Lyon bien rôtis et bien épluchés; faites-les cuire dans un bon empotage. Otez la peau et désossez votre perdrix, et pilez-en bien la chair; égouttez ensuite vos marrons, et mettez-les dans un mortier avec la chair déjà pilée de la perdrix; pilez et amalgamez le tout ensemble, et passez-le ensuite à l'étamine avec expression: faites mitonner du pain de potage, et mêlez-le avec votre résidu, en procédant comme pour une purée de lentilles.

Potage à l'allemande. On fait bouillir une pinte de

bouillon dans une casserole; on prépare dans une terrine trois jaunes d'œufs, avec une cuillerée et demie à bouche de fécules de pommes de terre, une cuillerée de fromage de parmesan râpé, et une pincée de gros poivre; on mêle le tout ensemble, en y ajoutant un œuf entier et un peu de crême double : il faut que l'appareil soit assez liquide pour passer au travers d'une passoire; alors on le fait passer rapidement dans le bouillon bouillant; cinq minutes de cuisson sont suffisantes : on verse le potage dans une soupière; et on sert du fromage râpé à part.

Potage à l'italienne. On fait cuire du macaroni, comme le riz, dans du bouillon gras, le meilleur possible : quand il est cuit, on met au fond d'un plat creux un lit de macaroni et un lit de fromage de Parmesan ou de Gruyère râpé : on remet du macaroni sur le fromage et du fromage sur le macaroni, en continuant ainsi jusqu'à la fin, qui doit être un lit de fromage; on fait mitonner son potage à petit feu; on promène la pelle rouge sur le fromage, pour lui donner de la couleur; on met un peu de bouillon, et on sert chaud.

Potage au laurier d'amande. Faites bouillir une chopine de lait avec deux feuilles de laurier d'amande. Taillez des croûtons de mie de pain en rond, glacés au four de campagne; mettez ces croûtons dans une soupière avec un peu de sucre, fleur d'orange, sel, et deux jaunes d'œufs; versez votre lait bouillant en remuant votre potage, afin d'empêcher les jaunes d'œufs de tourner, et servez. Ce potage se mange après les huîtres.

Potage au sagou. Voy. SAGOU.

Potage au céleri. Coupez en dés bien égaux deux bottes de céleri, que vous lavez à plusieurs eaux et que vous faites blanchir; après l'avoir fait égoutter et rafraîchir, faites-le cuire avec du bon consommé et un peu de sucre. Quand le céleri est cuit, vous le versez dans une purée de pois ou de lentilles, en place de croûtons.

Potage à la Camérani. Procurez-vous d'abord de véritables macaronis de Naples, et d'excellent fromage de Parmesan, avec de l'excellent beurre de Gournay ou d'Isigni, selon la saison; environ deux douzaines de foies de poulets gras, d'une raisonnable grosseur; du céleri et de toutes sortes de légumes potagers, tels que choux, carottes, panais, poireaux, navets, etc., etc.

Commencez par hacher bien menu les foies de poulets, le céleri et les légumes; faites cuire le tout ensemble dans une casserole avec du beurre.

Pendant ce temps faites blanchir les macaronis; assaisonnez-les de poivre et d'épices fines, et laissez-les bien égoutter.

Prenez ensuite la soupière que vous devez servir sur table, et qui doit aller sur le feu; dressez au fond un lit de macaronis; par dessus, un lit de hachis précité; enfin un lit de fromage de Parmesan. Recommencez ensuite dans le même ordre, et élevez les assises de ce bâtiment jusques vers les bords de la soupière; remettez-la ensuite sur un feu doux, et laissez mitonner le tout pendant un temps convenable.

Potage aux pointes d'asperges. Voy. ASPERGES.

Potage à l'anglaise. Ayez quatre livres de gigot ou d'épaule de mouton que vous ficelez et mettez dans une marmite, avec une botte de navets, quatre gros oignons, quatre pieds de céleri, deux clous de girofle, un peu de gingembre; mouillez le tout avec du bouillon; faites écumer votre marmite, et laissez mijoter auprès du feu pendant trois heures. Au moment de servir, dégraissez bien votre bouillon, servez-le dans une soupière avec la viande et les légumes ensemble; si le bouillon se trouve chargé d'écume, il faut le passer à travers un tamis.

Potage aux choux-fleurs. Faites cuire deux têtes

de choux-fleurs ; étant cuites, égouttez-les, et même pressez-les un peu. Vous aurez un peu de béchamel maigre bien réduite, que vous liez avec six jaunes d'œufs, un quarteron de beurre fin, sel, gros poivre et un peu de muscade ; mêlez vos choux-fleurs avec votre béchamel ; laissez-les refroidir, et moulez-les ensuite de la grosseur d'un œuf de pigeon dans de la farine ; faites-les frire dans du beurre clarifié, égouttez-les, mettez-les dans votre soupière, et versez dessus du consommé ; vous aurez du fromage de Parmesan râpé à part.

Potage à la polacre. Faites cuire des pommes de terre à l'eau ; étant cuites, coupez-les par tranches, en forme de sous ; faites bouillir du bouillon, dans lequel vous mettrez une poignée de fenouil haché, et laissez bouillir le tout un quart-d'heure ; versez ensuite ce bouillon sur les pommes de terre que vous aurez mises dans la soupière. Faites en sorte qu'il y ait assez de pommes de terre pour tenir lieu de pain.

Potage au riz et à la volaille. On choisit d'abord un excellent chapon ; on le flambe, on le vide, et on lui trousse les pattes en dedans, de façon qu'on n'en voie plus que les ergots ; on le met cuire dans la marmite ordinaire des pots au feu ; on fait cuire une demi-livre de riz épluché et lavé, comme il faut, dans le bouillon du chapon, que l'on ne dégraisse point ; on y met de bon jus pour le colorer. Quand le riz est cuit, pas trop épais et de bon goût, on le dresse dans un plat, le chapon au milieu, et l'on sert.

Potage aux œufs pochés. Ayez des œufs pochés, rafraîchis et parés de manière à ce qu'ils soient propres à mettre dans votre soupière ; vous aurez de bon bouillon que vous verserez sur les œufs qui seront dans la soupière ; dix minutes avant de servir, jetez dans votre bouillon un peu de gros poivre.

Potage au coulis de marrons. On a cent bons marrons bien choisis, dont on ôte la première peau : on les met dans une tourtière entre deux feux, ou dans une poêle pour les dépouiller de la seconde peau. On les met ensuite dans une petite marmite pour les faire cuire avec du bouillon dans lequel on verse du bon jus de viande : les marrons cuits de cette manière, on met ceux qui sont entiers à part, et on écrase les autres qu'on passe à l'étamine pour en faire un coulis. On fait, avec d'excellent bouillon, mitonner le potage, dans lequel on met son coulis de marrons; on garnit les bords du plat de ceux qui sont restés entiers, et l'on sert.

Potage aux petits pois. Faites blanchir légèrement vos pois, puis jetez-les dans la moitié de bouillon qui doit être employé dans le potage; faites-les bouillir une demi-heure plus ou moins, selon la quantité des pois; ajoutez un petit morceau de sucre, et trempez votre potage comme celui au pain.

Potage à la bourguignonne. Après avoir émincé six grosses carottes, autant de gros oignons, quatre gros navets, autant de poireaux, trois pieds de céleri, mettez dans une casserole un morceau de beurre suffisant, gros comme la moitié d'un œuf de sucre, avec vos légumes que vous passez à blanc, c'est-à-dire, auxquels vous ne laissez pas prendre couleur en les faisant revenir sur le feu; si vous voyez qu'elles veulent prendre couleur, mouillez-les de bouillon, et faites-les mijoter deux heures sur le feu; passez-les ensuite à l'étamine, puis clarifiez votre purée; qu'elle ne soit pas trop épaisse; trempez votre pain avec de bon bouillon.

Potage dit faubonne. Les légumes que l'on emploie pour ce potage sont les mêmes que ceux pour la julienne (*Voy.* JULIENNE), excepté qu'il faut les couper en dés; on concasse l'oseille et la laitue; on passe de même les racines au beurre, puis les poireaux et les rerbes, tout ensemble ; on mouille avec du bouillon en quantité suffisante pour le potage, et on trempe comme le potage au pain.

Potage à la purée de lentilles. Après avoir fait votre purée comme il est indiqué à l'article Purée (*Voy.* ce mot.), vous la versez sur vos croûtes au moment de servir, afin que le pain ait le temps de tremper.

Potage à la purée de haricots. Vous préparez votre purée comme il est indiqué à cet article (*Voy.* Purée). Vous y ajoutez, au moment de la verser sur vos croûtes, un morceau de beurre, que vous faites fondre en tournant la purée autant qu'il est nécessaire. Avant de servir votre potage, assurez-vous s'il est d'un bon sel.

Potage à la d'Artois. On passe des croûtons dans le beurre, c'est-à-dire, qu'on les fait frire jusqu'à ce qu'ils soient blonds ; ces croûtons faits avec la mie de pain, peuvent être taillés en rond, en ovale, ou en gros dés. On fait une purée de pois verts (*Voy.* Pois verts) ; on la mouille avec du bouillon, jusqu'à ce qu'elle soit assez claire pour le potage ; au moment de la servir, on y fait fondre un morceau de beurre, et on la verse en même temps sur les croûtons.

Potage à la Chantilly. Préparez des croûtons comme dans l'article précédent ; préparez aussi une purée de lentilles à la reine (*Voy.* Purée) ; vous la clarifierez, et vous y mettrez gros comme un œuf de beurre, que vous laisserez fondre sans le mettre sur le feu ; ne versez votre purée sur le potage qu'au moment de servir, après vous être assuré qu'il est d'un bon sel.

Potage à la royale. On coupe le pain comme pour le potage à la monaco, dont nous avons parlé dans l'un des précédens articles ; on passe les mies dans du beurre, comme il est expliqué au potage des croûtons ; on met le nombre de croûtons nécessaires pour que le potage ne soit pas trop épais ; au moment de servir, on verse sur eux du lait lié, qui soit un peu sucré; on y ajoute aussi cinq ou six grains de sel.

Potage aux grenouilles. Voy. GRENOUILLES.

Potage à la chicorée à l'eau. Procurez-vous quatre ou cinq chicorées frisées que vous émincerez, ayant le soin d'en supprimer les côtons; passez votre chicorée émincée dans un morceau de beurre, en prenant garde de la laisser roussir; mouillez-la avec de l'eau; votre chicorée ayant bouilli trois quarts-d'heure, au moment de servir votre potage, dans lequel vous aurez mis du sel, du gros poivre et un peu de muscade, vous le lierez avec trois œufs, et vous le verserez sur votre pain.

Potage à la reine. On lève les chairs de trois ou quatre poulets cuits à la broche et refroidis; on les pile avec deux grandes cuillerées de riz qui n'aura cuit qu'un quart-d'heure dans l'eau bouillante. Les blancs de volaille et le riz bien pilés ensemble, on délaie la purée avec du bon consommé, et on la passe à l'étamine; lorsque la purée est passée, on la mouille avec du consommé, pour qu'elle ne soit ni trop claire ni trop épaisse; on prépare des croûtes comme pour le potage, et un quart-d'heure avant de servir on les mouille avec du consommé bouillant. Dans le consommé, on met les débris de volaille, que l'on laisse mijoter sur un petit feu pendant deux heures: cela fait, on passe le bouillon à travers une serviette fine ou un tamis de soie; on verse la purée au moment de servir; que le potage soit bien chaud et qu'il soit d'un bon sel.

Ce potage se fait aussi au riz, que l'on fait crever au court-bouillon, afin qu'on puisse le mélanger avec la purée.

Potage à la purée de gibier. Voy. PURÉE.

Potage aux quenelles de volaille. Après avoir haché et pilé les quatre filets de deux poules, on les passe au tamis à quenelles; on fait une panade avec un petit pain à café que l'on mouille avec un peu de lait; on la fait dessécher par le feu comme de la pâte à choux, en y joignant deux jaunes d'œufs et un peu de beurre. Lorsqu'elle ne colle plus au doigt, on la fait refroidir. On pile le tout ensemble, avec un quarteron de beurre fin, assaisonné de sel, d'épices, de muscade, d'un peu de fromage de parmesan râpé et d'un peu de gros poivre. Il faut bien mêler le tout ensemble, et mouiller avec trois œufs entiers. Après avoir moulé les quenelles avec des cuillers à café, on les place sur les couvercles de casserole beurrés. On prépare du consommé, dans lequel on a fait cuire les carcasses de poules; le consommé étant bien clarifié, on le fait bouillir, et on poche les quenelles dedans au moment de servir. Alors on verse le potage dans la soupière avec du parmesan râpé à part.

Potage au lait. Voy. LAIT.

POTIRON ou POTURON. Espèce de citrouille arrondie, dont l'écorce est quelquefois chargée de tubercules semblables à des verrues. Son fruit est d'un grand usage dans les cuisines de la petite propriété, et s'accommode comme la citrouille. *Voy.* CITROUILLE.

POULARDE. Jeune poule qu'on a engraissée comme un chapon. C'est l'un des plus fins et des plus succulens rôtis qui aient jamais honoré la broche.

La poularde de sept ou huit mois est la meilleure et celle que l'on doit préférer. Sa chair n'en est que plus succulente. Les poulardes les plus estimées sont celles du Mans et du pays de Caux; plus vieilles d'un an, elles ont souvent pondu; alors elles ont le derrière rouge et très-fendu. Sa chair alors n'est propre qu'à faire des quenelles et du bouillon.

On ne compte pas moins de manières de manger à

la broche les poulardes que les poulets. Les poulardes dans cet état, se servent à la Jamaïque, à la Villeroy, aux cerneaux, aux écrevisses, aux olives, aux petits œufs, aux huîtres, etc. Si c'est en ragoût qu'on les préfère, on aura à choisir à la provençale, à l'étouffade, en ballons, en croustade, à l'anguille, à la crême, etc., etc. Mais, cependant, nous oserons dire que c'est déshonorer une poularde fine que de la manger autrement qu'à la broche. Elle vaut tant par elle-même, que c'est l'enlaidir que de chercher à la parer.

Poularde en entrée de broche. Après avoir épluché et vidé par la poche une belle poularde, flambez-la légèrement ; refaites-lui les pattes et prenez garde d'en rider la peau ; supprimez-en le bréchet, et faites attention surtout à ne pas crever l'amer : maniez dans une casserole, avec une cuiller de bois, un morceau de beurre que vous assaisonnez d'un jus de citron et d'un peu de sel ; remplissez-en le corps de votre poularde ; retroussez-lui les pattes en dehors, bridez-en les ailes ; embrochez-la sur un hatelet : après lui avoir frotté l'estomac d'un citron, poudrez-la d'un peu de sel, et couvrez-la de tranches de citron, auxquelles vous aurez ôté les pepins et le blanc ; enveloppez-la ensuite de bardes de lard, de plusieurs feuilles de papier liées sur votre hatelet par les deux bouts ; posez-la sur la broche du côté du dos ; faites-la cuire environ une heure ; la cuisson achevée, déballez-la, et après l'avoir égouttée, servez-la avec la sauce que vous jugerez convenable.

Poularde à la broche accompagnée. Après avoir préparé et paré votre poularde, fendez-la sur le dos, et n'ôtez que les os de l'estomac. Faites une farce de blanc de volaille, jambon cuit, lard, tétine de veau, champignons, herbes, épices à l'ordinaire, jaunes d'œufs, mie de pain trempée dans la crême, le tout haché et pilé; étendez cette farce sur votre poularde. Faites un ragoût d'ortolans, cailles ou pigeons, avec les ingrédiens nécessaires; mouillez de jus et laissez mitonner; alors dégraissez, et liez d'un coulis de veau et de jambon. Votre ragoût refroidi, mettez-le sur votre farce; couvrez-le légèrement de la même farce. Renfermez votre poularde et cousez-la. Enveloppez la de tranches de veau et de jambon, bardes de lard, fines herbes, poivre et sel; cela fait, couvrez votre volaille de feuilles de papier; ficelez, mettez à la broche et faites cuire à petit feu. Ensuite, après l'avoir déficelée, servez-la avec de l'essence de jambon, ou ragoût de concombres, selon la saison.

Poularde à la Hollandaise. Procédez pour cette poularde comme pour celle en entrée de broche, et servez dessous une sauce Hollandaise. *Voy.* cette sauce.

Poularde à l'estragon. Préparez cette poularde comme celle dite en entrée de broche; on peut la faire cuire dans une poêle, au lieu de la mettre à la broche, et on sert dessous une sauce à l'estragon. *Voy.* cette sauce.

Poularde à la broche, aux écrevisses, autrement dite à la cardinale. Ayez une poularde fraîchement tuée et plumée; passez le doigt entre la peau et la chair. Pilez en coquilles une trentaine d'écrevisses que vous passez entre la chair et la peau, partout, avec quelques queues passées au beurre avec fines herbes, épices, sel et poivre, persil et ciboules, que vous aurez également pilés: passez à l'étamine, et mêlez le tout avec les écrevisses. Après avoir enveloppé votre poularde de lard et de papier, mettez-la à la broche; étant cuite, servez-la avec une essence de jambon: on peut aussi, au lieu de la barder, l'arroser du beurre d'écrevisses dont on l'a farcie.

Poularde à la broche, à la Jamaïque. Après avoir

préparé et paré une bonne poularde, mettez-lui dans le corps un petit ragoût, à votre volonté; enveloppez-la comme la poularde accompagnée. Faites-la cuire à la broche, et servez-la avec une sauce hachée. *Voy.* SAUCES.

Poularde à la broche, aux olives. Votre poularde préparée et parée comme il est indiqué dans les articles précédens, faites-la cuire; pendant qu'elle cuit, faites un ragoût de foies gras, ris de veau, assaisonnés de bon goût, où vous ajoutez un anchois et des olives; la cuisson de votre volaille achevée, coupez-lui les pattes, écrasez un peu l'estomac; faites-la mitonner ensuite dans le ragoût, et servez-la, le ragoût par-dessus.

On peut encore perfectionner ce ragoût, en y admettant quelques câpres hachées et un peu d'huile fine, et le lier d'un bon coulis.

Poularde à la broche, aux huîtres. On apprête et on pare sa poularde à la manière accoutumée; on la farcit comme celle aux écrevisses; et au lieu d'un ragoût de ces dernières, on la sert avec un ragoût d'huîtres.

Poularde aux truffes. Choisissez une belle poularde; après l'avoir flambée et vidée par l'estomac, ôtez-lui les os du brechet, remplissez-la de truffes, passées préalablement dans un bon morceau de beurre, assaisonné de sel, de gros poivre et des quatre épices; arrangez le tout dans le corps de votre poularde; troussez-la comme pour entrée; frottez-lui d'un jus de citron l'estomac, que vous couvrez de bardes de lard.

Mettez deux ou trois bardes de lard dans une casserole, et votre poularde par-dessus; coupez en gros dés environ une livre et demie de rouelle de veau; ayez quatre oignons, trois carottes coupées en morceaux, deux feuilles de laurier, deux clous de girofle, une demi livre de beurre, toutes les parures de vos truffes, mettez le tout dans une casserole sur un feu ardent, pendant dix minutes, et ajoutez-y plein une cuiller à pot de bouillon; versez cet assaisonnement sur votre poularde; une heure avant de servir, mettez-la sur le fourneau, avec du feu sur le couvercle; la cuisson achevée, après l'avoir égouttée, débridée, dressez-la sur votre plat. La sauce se compose de la manière suivante :

On hache trois truffes que l'on passe dans du beurre; on y ajoute plein six cuillerées à dégraisser d'espagnole, trois cuillerées de consommé; on met dans cette sauce douze truffes, on la fait réduire d'un tiers; après l'avoir dégraissée, on la sert sous la poularde.

Poularde poêlée. Lorsque votre poularde est vidée, troussez-la en poule, flambez-la très-légèrement, et bridez-la; mettez ensuite des bardes de lard dans une casserole, placez-y votre poularde, couvrez-la de tranches de citron bien minces et d'autres bardes de lard; mouillez d'une cuillerée de bouillon bien gras; ajoutez une carotte, deux oignons et un petit bouquet garni; faites cuire à grand feu dessus et dessous pendant trois-quarts d'heure au plus.

Vous pouvez servir sous votre poularde soit un consommé, soit un jus clair, un beurre d'écrevisses, une tomate, ou un ragoût mêlé de crêtes et de rognons de coq.

Poularde à l'étouffade. Votre poularde vidée et flambée, piquez-la de gros lardons; assaisonnez-la de sel, poivre et épices; retroussez les pattes de votre bête en dedans; bridez-la, rentrez-lui le croupion en dedans du corps, en lui donnant une belle forme.

Mettez ensuite dans une casserole des bardes de lard, des parures de veau et deux lames de jambon, quelques carottes coupées en tranches, deux oignons, deux clous de girofle, un bouquet de persil assaisonné : après avoir frotté votre poularde de jus de citron, couvrez-la de bardes de lard, et placez-la sur votre assaisonnement avec un rond de papier; mouillez-la d'un verre de vin de Madère, et de deux cuillerées à pot de consommé; faites-la mitonner pendant une bonne heure; sa cuisson achevée, passez le fond à la serviette, que vous dégraissez, et que vous faites réduire avec trois cuillerées d'espagnole : après avoir égoutté votre poularde, vous la débridez, et la dressez sur votre plat, en la masquant de votre sauce.

Poularde à la Grimod. On trousse une poule, après l'avoir flambée, épluchée et vidée; on la coupe en deux, et on la fait mariner pendant une heure avec deux cuillerées de bonne huile et deux pains de beurre, sel, gros poivre, persil, truffes, champignons, échalotes et basilic, le tout haché très-fin. On enveloppe chaque morceau de poularde dans deux doubles de papier avec tout son assaisonnement; on la fait cuire à petit feu sur un couvercle de tourtière entre deux cendres chaudes; on ramasse ensuite toutes les fines herbes qui tiennent après le papier, la poularde et le jus qu'elle a rendu, et on les met dans une casserole, avec un peu de consommé ou de bon bouillon, et deux cuillerées de coulis; on lui donne deux bouillons; on dégraisse, et on sert la poularde en exprimant dessus un jus de citron.

Poularde au riz. Choisissez une bonne poularde; après l'avoir flambée, désossez-la entièrement par le dos, et prenez garde surtout de lui gâter l'estomac.

Faites bouillir dans du bouillon, pendant dix minutes, une demi-livre de riz bien épluché et bien lavé, que vous laisserez ensuite égoutter sur un tamis de crin.

Faites tiédir un quarteron de beurre dans une casserole, et mettez-y votre riz; ajoutez-y un peu de muscade, du sel et de gros poivre; mêlez le tout ensemble; joignez-y quatre jaunes d'œufs que vous mélangez bien avec votre riz; après l'avoir laissé refroidir, emplissez-en votre poularde; cousez-lui le dos, et donnez-lui sa forme première; frottez-lui ensuite avec un jus de citron l'estomac, que vous couvrez de bardes et que vous ficelez.

Mettez des bardes de lard dans une casserole avec votre poularde et une poêlée dans laquelle il n'y aura point de citron, que vous posez sur le feu une heure avant de servir.

Ayez une demi-livre de riz propre, que vous mettrez dans une casserole avec trois fois autant de consommé, c'est-à-dire, que si la demi-livre de riz tient dans un verre, il en faut trois de consommé ou de bouillon; faites mijoter votre riz pendant trois quarts-d'heure, au bout desquels vous l'égouttez sur un tamis de crin: mêlez ensuite avec votre riz quatre cuillerées à dégraisser d'espagnole bien réduite; ajoutez-y gros comme un œuf de beurre.

Au moment de servir, égouttez votre poularde, dont vous ôtez le fil; posez-la sur un plat; faites un cordon de votre riz bien chaud, et versez sous votre poularde une espagnole claire, dans laquelle mettez gros comme la moitié d'une noix de glace.

Poularde à la reine. On choisit une bonne poularde fine ou une bonne poule de Caux, qu'on flambe, qu'on vide et qu'on désosse par le dos; on la remplit de quatre beaux foies gras, de quatre grosses truffes et de champignons, le tout mêlé avec du lard râpé, deux jaunes d'œufs, sel, gros poivre et basilic en poudre; on coud la poularde, et on la met entre des bardes de lard, dans une casserole pour la faire cuire sous une tourtière, entre deux cendres chaudes, sans la mouiller aucunement: on y met un peu de sel, de gros poivre; on y exprime le jus d'une bigarade, et on la sert chaude avec le jus qu'elle a rendu.

Poularde au suprême (filets de). Levez les filets de

quatre ou cinq poulardes, parez-les et enlevez la peau nerveuse; glissez la lame de vore couteau entre la peau et la chair, sans trop mordre sur la viande. Après les avoir arrangés sur un sautoir, assaisonnez-les de beurre, de sel et de gros poivre; saupoudrez-les de persil haché bien fin. Au moment de servir, mettez vos filets sur un feu ardent, ayant soin de les retourner; ne les laissez que peu de temps sur le feu; penchez votre sautoir, et laissez-les sur la hauteur, pour que le beurre s'en sépare; mettez plein quatre cuillers à dégraisser de béchamel, une de consommé; après leur avoir laissé jeter trois ou quatre bouillons, ajoutez du persil haché, un petit morceau de bon beurre; remuez-le dans votre sauce; trempez-y vos filets, et dressez-les en couronne sur votre plat, un croûton glacé entre chaque filet.

Poularde farcie et masquée. On coupe une douzaine de tranches de jambon nouveau, de la longueur de sa volaille et de la largeur du doigt, avec autant de tranches de mie de pain; on aplatit à force de la battre, une bonne poularde flambée et vidée, laquelle on farcit de son foie avec truffes, champignons, persil, ciboules, sel, gros poivre, de la moelle de bœuf et du lard râpé, le tout mêlé ensemble; on la fait refaire avec un peu de beurre; on la met en broche, et on la couvre absolument de tranches de pain, sur lesquelles on assujétit des tranches de jambon, qu'on ficèle pour les faire tenir enveloppés d'une feuille de papier de la grandeur de la poularde; on fait cuire à petit feu, avec un plat dessous pour recevoir le jus, et on le sert dessous sa poularde.

Poulardes au sauté de champignons (Cuisses de). Désossez jusqu'au joint de l'intérieur de la cuisse, neuf ou dix cuisses de poularde; assaisonnez-les d'un peu de sel et de gros poivre. Ayez de la farce cuite, que vous mêlez avec autant de purée de champignons, dont vous remplirez l'intérieur de vos cuisses, et que vous cousez de manière que la farce n'en sorte pas.

Placez des bardes de lard dans le fond d'une casserole et vos cuisses par-dessus; couvrez-les aussi de bardes; ajoutez une poêle pour les faire cuire. Mettez-les au feu une heure, en ne les laissant que mijoter. Au moment de servir, après les avoir égouttées et ôté le fil qui les assujettit, dressez-les autour du plat, et mettez un sauté de champignons au milieu. On peut les servir indistinctement avec une sauce tomate, une italienne, une espagnole travaillée, des concombres à la crème, etc., ou toute autre sauce ou ragoût que l'on jugera convenables.

POULE. Oiseau domestique qu'on élève dans la basse-cour : c'est la femelle du coq. Lorsqu'elle est jeune et qu'elle n'a point encore pondu, elle s'emploie en cuisine comme le poulet; mais lorsqu'elle est d'un certain âge, elle ne trouve sa place que dans le pot, pour donner de la force au bouillon. *Voy.* POULET.

POULE ou POULETTE. Oiseau aquatique dont le corps est grêle, la tête petite, les plumes de différentes couleurs, le bec long, noir et un peu courbé, la queue courte et les jambes oblongues. Il y en a de plusieurs espèces et de différentes grosseurs; les unes ont les pieds verdâtres, d'autres couleur de rose ou rouges.

Les poules d'eau, surtout quand elles sont jeunes et bien grasses, honorent les meilleures tables et les mieux servies. Cependant elles ne sont pas toujours également bonnes; il y en a qui sentent le limon et le poisson et qui sont d'un goût assez désagréable; d'autres, au contraire, sont d'une saveur exquise. Elles se préparent et s'apprêtent toutes de la même façon que les canards et les plongeons. *Voy.* CANARD.

POULET. C'est le fils de la poule et du coq ; mais c'est un enfant que l'on préfère à ses parens. Il faudrait un livre tout entier pour décrire les différentes métamorphoses qu'on lui fait subir en cuisine. Nous ne donnerons ici que les principales.

On distingue cinq sortes de poulets, savoir : les poulets de grains, les poulets à la reine, les poulets aux œufs, les poulets gras et les poulets communs. Les poulets à la reine sont les plus petits et les plus estimés : ceux aux œufs viennent après. Le poulet gras est excellent quand il est blanc et bien en chair ; le poulet commun est ordinairement employé pour toutes sortes de fricassées.

Poulets rôtis. Ayez des poulets gras mortifiés de quelques jours, selon la saison. Coupez-leur, si vous voulez, les ailes à la première jointure et les pattes au-dessous du joint. Videz-les ensuite de la manière suivante, en faisant une incision sur le derrière du cou de chaque poulet pour détacher légèrement la poche d'avec la peau sans rien déchirer. Glissez ensuite votre doigt jusqu'au-dessous du bréchet pour en détacher le boyau qui tient la poche ; vous le courbez pour cet effet en le tirant doucement. Agrandissez ensuite le trou auprès du croupion pour en ôter tout ce qu'il a dans le corps, en commençant par les boyaux ; ensuite le gésier et puis le foie dans tout son entier, sans crever l'amer, et essuyez-le bien (les gros poulets gras peuvent se vider par le côté, comme les chapons et les poulardes). Étant ainsi tout préparés, faites-les blanchir sur la braise, d'abord sur le dos, ensuite sur les côtés, et enfin sur l'estomac, en les essuyant à mesure. Épluchez-les, retroussez-les en leur passant une ficelle au travers des cuisses et du corps. Piquez-les proprement de menu lard, ou placez-leur sur l'estomac une barde de lard ; mettez-les à la broche, faites-les rôtir à petit feu jusqu'à parfaite cuisson, et servez-les ensuite.

Poulets à la broche. Choisissez deux poulets gras de moyenne grosseur; après les avoir flambés, épluchés et vidés, farcissez-les avec leurs foies hachés et maniés avec du lard râpé, sel, poivre, persil et ciboules hachées; retroussez les pattes, faites refaire les poulets avec du beurre, et mettez-les cuire à la broche, après leur avoir mis quelques tranches de citron sur l'estomac pour les tenir blancs, et les avoir enveloppés de lard et de papier; étant cuits, servez-les avec le ragoût de légumes que vous jugez convenable, comme aux épinards, aux morilles, aux mousserons, aux petits melons, aux pois, aux montans, aux cardes, aux petits oignons, aux racines, aux cornichons, aux olives, etc., *Voy.* RAGOUTS; ou avec la sauce que vous jugerez à propos, *Voy.* SAUCES : cela dépend absolument du goût de l'Amphytrion ou des convives.

Poulets à la broche à la russe. Procurez-vous des poulets de grains; après les avoir piqués de moyen lard et d'anchois bien assaisonnés, vous leur farcissez l'intérieur du corps d'une farce fine de truffes hachées; faites-les cuire à la broche. Etant presque cuits, vous les surfondez de lard brûlant, en prenant garde de les noircir, et les servez avec une remolade chaude.

Poulets à la reine. Après avoir flambé trois petits poulets à la reine, vous les videz par la poche, les troussez, les garnissez de beurre et les faites cuire comme les poulets dits poêlés, dont il est fait mention dans l'article suivant. Au moment de servir, après les avoir égouttés, vous les débridez et les dressez sur votre plat avec une sauce hollandaise et une grosse écrevisse dans chaque poulet. On peut servir dessous une aspic chaude, une sauce tomate, un beurre

43*

d'écrevisses; un ragoût mêlé. *Voy*. Sauces et Ragouts.

Poulets poêlés. Choisissez deux bons poulets que vous plumez et flambez légèrement; après les avoir épluchés et vidés par la poche, ôtez les os de l'estomac; mettez dans une casserole un morceau de beurre, du sel, du gros poivre, et le jus d'un citron. Mêlez cet assaisonnement avec votre beurre, vous en remplissez vos poulets; vous leur coupez le cou près des reins. Bridez-les avec une aiguille à brider et de la ficelle, que vous passez ainsi d'une cuisse à l'autre, en mettant une patte entre vos ficelles, et en l'assujétissant sur la cuisse; vous faites bomber l'estomac, et vous donnez toute la grâce possible à votre poulet; arrangez la peau de la poche pour que le beurre ne sorte pas, mettez des bardes de lard dans une casserole; coupez des tranches de citron bien minces; vous les appliquez sur l'estomac de vos poulets, vous les placez dans votre casserole, vous les couvrez de lard, et vous mettez une poêle par dessus pour les faire cuire; trois quarts-d'heure avant de servir, vous les mettez au feu; ayez soin qu'ils bouillent toujours. Au moment de servir, vous les égouttez et les débridez; cernez-leur le trou près du croupion, dressez-les sur le plat; vous servirez pour sauce une aspic chaude, un velouté lié, une sauce tomate, un sauté de champignons ou un ragoût de crêtes et de rognons de coqs, etc.

Poulets en ragoût. Ayez deux poulets mortifiés; après les avoir coupés en deux, lardez-les de gros lard et passez-les au roux avec lard fondu, beurre et farine frite; mouillez de bouillon, avec bouquet, champignons, truffes, sel et poivre. Laissez cuire et lier la sauce. Dressez vos poulets, que vous servirez garnis de foies gras rôtis et de persil frit.

Poulets à la tartare. Après avoir flambé légèrement un poulet gras, coupez-lui les pattes et troussez-lui les cuisses en dedans ; ôtez la poche de votre poulet et le cou ; fendez-le par le dos jusqu'au croupion, videz-le et aplatissez-le sans le meurtrir. Après avoir fait tiédir un bon morceau de beurre, assaisonnez de sel et de gros poivre votre poulet, que vous trempez dans ce beurre, de manière qu'il en soit tout imprégné ; roulez-le ensuite dans de la mie de pain et faites-lui en prendre le plus possible. Trois-quarts d'heure avant de servir, posez votre bête sur le gril à un feu doux. Etant cuite, dressez-la sur votre plat, et mettez dessous une sauce à la tartare. *Voy.* SAUCES.

Poulet à l'entrée de carpe. Dépouillez un poulet de sa peau ; après l'avoir dépecé, vous le passez avec champignons, persil, bouquet, ciboules, gousse d'ail, avec une petite carpe œuvée, coupée en tronçons et ses œufs, jambon, beurre, deux cuillerées de coulis, un verre de vin de Champagne, sel et gros poivre. Faites cuire ; votre poulet étant presque cuit, ôtez la carpe, laissez les œufs ; mettez de petits oignons blancs cuits au bouillon, achevez de cuire. L'étuvée étant finie et de bon goût, la sauce courte, servez avec des croûtons de pain frits.

Poulet (*Fricassée de*). Procurez-vous un bon poulet demi-gras, ou prenez-en un bien en chair ; après l'avoir flambé, enlevez-en les membres le plus correctement possible pour qu'ils conservent une belle forme. Coupez ensuite le bout de la cuisse du côté de la patte. Votre poulet ainsi coupé, mettez-le blanchir dans environ un litre d'eau avec un peu de thym et une feuille de laurier. Lorsqu'il a jeté un bouillon, égouttez-le et passez l'eau au tamis ; mettez ensuite votre poulet dans une casserole avec environ un quarteron de beurre ; sautez-le un instant et mettez une cuillerée à bouche de farine en la mouillant avec l'eau qui a servi à blanchir le poulet (ajoutez un peu de bouillon si vous n'avez pas assez d'eau). Mettez-y sel, poivre, champignons, et faites cuire le tout à grand feu. Quand la fricassée sera presque cuite, vous la dégraisserez et vous y mettrez de petits oignons blancs bien égaux et bien épluchés, et dès qu'elle sera entièrement cuite, vous y mettrez une liaison de trois jaunes d'œufs, en y ajoutant du verjus ou du citron. Vous pouvez aussi y faire figurer quelques écrevisses.

Poulets à la minute (*Fricassée de*). Après avoir fait les préparations nécessaires à vos poulets, et les avoir coupés par membres, mettez un morceau de beurre dans une casserole et placez-y vos membres avec sel, poivre, une feuille de laurier, des champignons; placez votre casserole sur un grand feu, sautez vos poulets. Dès que vos membres sont bien atteints, mêlez-y un peu de farine avec un verre de bouillon ou de l'eau. Si vous vous servez de bouillon, vous le remuerez sur le feu; au premier bouillon retirez votre fricassée de dessus le feu; mettez-y une liaison si vous le jugez convenable, et le jus d'un citron.

Poulets à la bourguignote (*Fricassée de*). Après avoir dépecé vos poulets, vous mettez dans une casserole un morceau de beurre que vous faites fondre; rangez les membres de vos bêtes dessus. Assaisonnez de sel, gros poivre, muscade avec bouquet; mettez-les sur un fourneau, feu dessus et dessous. La cuisson achevée, mouillez-la d'un verre de vin blanc et d'une cuillerée de velouté; faites réduire, et liez avec quatre jaunes d'œufs. Ajoutez-y du persil haché et le jus de deux citrons. Dressez sur un plat et servez.

Poulets à la Frédéric (*Fricassée de*). Découpez deux poulets, que vous faites dégorger et blanchir; assaisonnez de sel, gros poivre et d'un bouquet assaisonné; faites fondre dans une casserole un quarteron de beurre, mettez-y vos poulets bien parés et faites-les revenir. Liez d'une cuillerée à bouche de farine, mouillez avec l'eau dans laquelle vos poulets ont blanchi. Coupez en gros dés dix ou douze gros oignons. Après les avoir fait blanchir et égoutter, mettez-les dans une casserole avec un morceau de beurre, une cuillerée de consommé et un peu de sucre. Faites-les cuire ; dégraissez votre fricassée à fond, passez votre sauce sur vos oignons, faites réduire le tout ensemble ; liez votre sauce avec trois jaunes d'œufs ; dressez vos poulets, masquez-les de votre sauce, et servez.

Poulets (*Grenadin de*). Coupez en dés des foies gras, champignons, ris de veau blanchis ; maniez le tout avec du lard râpé, deux jaunes d'œufs crus, échalotes, persil, ciboules hachées, sel, gros poivre ; mettez ce salpicon dans de moyens poulets que vous aurez flambés, épluchés et désossés à forfait, en les ouvrant par le dos ; cousez vos poulets en les arrondissant ; après les avoir essuyés, faites-les refaire sur le feu dans un peu de beurre ; piquez tout le dessus avec du menu lard, et mettez-les cuire dans une casserole avec du bon bouillon, une tranche de jambon et de veau. La cuisson achevée, passez le fond de la sauce, que vous dégraissez pour la faire réduire en glace ; ensuite glacez tout le dessus de vos poulets, et servez-les pour entrée avec une sauce convenable.

Poulets aux truffes. On fonce une casserole avec des tranches de veau et une bonne tranche de jambon ; on arrange dessus des poulets préparés comme pour la broche, et des truffes coupées en tranches ou entières ; on y ajoute un bouquet de persil, ciboules, un peu de basilic, une demi-gousse d'ail, deux clous de girofle, et on mouille avec deux cuillerées d'huile ; après avoir assaisonné de sel et de gros poivre, et couvert le tout de bardes de lard, on fait suer sur un moyen feu pendant un quart-d'heure, et on mouille avec un bon verre de vin de Champagne. On fait cuire sur une cendre chaude ; ensuite on passe le fond de la sauce pour la dégraisser ; on y ajoute, pour la lier, deux cuillerées de coulis, et on fait réduire au point d'une sauce ; on dresse les truffes autour des poulets et la sauce pardessus.

Poulets au fromage de Parmesan. On fonce de bardes de veau sa casserole, on arrange dessus deux poulets gras, flambés et vidés, et auxquels on aura aplati l'estomac : on couvre avec des bardes de lard, un bouquet de persil, ciboules, deux échalotes, thym, laurier, basilic, deux clous de girofle ; on mouille avec un demi-verre de vin de Champagne et autant de bouillon, peu de sel, du gros poivre, et on fait cuire à petit feu ; on y ajoute deux pains de beurre. La cuisson faite, on y met un peu de coulis : après avoir donné deux bouillons, on passe la sauce au tamis, laquelle doit être courte et douce de sel ; on en met une partie dans le fond du plat qu'on doit servir avec du bon fromage de Parmesan râpé ; on arrange ses poulets dessus, et on les arrose avec le restant de la sauce ; on recouvre ensuite avec du même fromage de Parmesan râpé ; on met le plat sur un feu doux, qu'on recouvre d'un couvercle de tourtière, avec assez de feu pour dorer d'une belle couleur, et on sert à sauce courte et bien dégraissée.

Poulets (Salade de). Ayez deux poulets rôtis et froids, que vous coupez par membres ; retirez-en les peaux, et après les avoir parés, mettez-les dans un vase de terre, et assaisonnez-les comme une salade ; dressez-les sur un plat ; garnissez les bords du plat avec des laitues coupées par quartiers, et d'œufs durs coupés de même ; décorez-les avec des filets d'anchois, des cornichons et des câpres ; saucez votre salade avec son assaisonnement, et servez.

Poulets mignons aux écrevisses. Après avoir flambé et épluché deux poulets gras, vous les fendez par le dos pour les vider et désosser à forfait ; vous mettez dedans un salpicon cru coupé en petits dés, fait avec des ris de veau, champignons, lard assaisonné de persil, ciboules, basilic en poudre, sel et gros poivre; vous arrondissez les poulets et les cousez; après les avoir revêtus de bardes de lard, vous les enveloppez de morceaux d'étamine, pour les faire cuire dans une petite marmite juste à leur grandeur, avec du bouillon, un verre de vin blanc, un bouquet de fines herbes, sel et poivre; la cuisson achevée, ôtez l'étamine, les bardes et les ficelles; après les avoir essuyés de leur graisse, vous les servez pour entrée avec un ragoût de queues et coulis d'écrevisses. *Voy.* Coulis.

Poulets marinés. Coupez par membres deux bons poulets, comme si vous vouliez en faire une fricassée; mettez-les dégorger dans de l'eau tiède; après les avoir égouttés, laissez-leur prendre du goût pendant deux ou trois heures dans une marinade faite avec un peu d'eau, du vinaigre, sel, poivre, tranches d'oignons et de citron, persil en branche, ciboules entières, basilic, thym, laurier, une gousse d'ail, clous de girofle; tenez votre marinade sur de la cendre chaude pour qu'elle prenne plus de goût. Après avoir égoutté vos poulets et les avoir bien essuyé avec une serviette, trempez chaque morceau dans du blanc d'œuf fouetté, et farinez-les à mesure; faites-les frire dans une friture neuve, pour qu'ils soient d'une belle couleur dorée; servez-les garnis de persil frit pour entrée.

Poulets gras au vin de Champagne. On larde deux poulets gras avec du jambon et du lard (bien entendu qu'on les a flambés, vidés, et qu'on leur a troussé les pattes dans le corps). On les fait revenir dans une casserole sur le feu avec un peu d'huile vierge; on les met dans une casserole foncée de tranches de veau avec l'huile, dont on les a passés, un bouquet de persil, ciboules, deux gousses d'ail, deux clous de girofle, thym, laurier, basilic, sel et gros poivre; on couvre de bardes de lard et de la moitié d'un citron en tranches ; on fait suer pendant une demi-heure ; on mouille ensuite avec un verre de vin de Champagne : la cuisson faite, on passe le fond de la sauce au tamis, et on dégraisse ; on y met la moitié d'un pain de beurre manié de farine ; on fait lier sur le feu, et on sert sur les poulets.

Poulets aux mousserons. Ayez deux bons poulets ; fendez-en un par le dos et l'autre par l'estomac. Après en avoir tiré les gros os, vous les bardez de jambon en dedans ; vous les cousez ensemble, et les remplissez d'un ragoût de mousserons. Faites-les cuire à une braise sèche avec lard, tranches de veau et de jambons, oignons, fines herbes, sel et poivre, autant dessus que dessous ; dressez-les ensuite, et servez dessus une bonne essence de jambon, ou un ragoût de mousserons.

Poulets à la jardinière. Procurez-vous deux bons poulets ; désossez-leur l'estomac ; farcissez-les de filets gras mêlés de filets de truffes et de lard râpé, le tout passé dans une casserole, et assaisonné de bon goût. Mettez-les cuire dans une petite braise. Étant cuits, dressez-les sur un plat qui sera couvert de quelques rouelles, de gros oignons vidés en dedans, et garnis de persil, de ciboules, d'échalotes, de champignons et de chair de citron, le tout haché menu. Versez sur vos poulets une essence de jambon ; faites chauffer un peu et servez pour entrée.

On peut servir de même pigeons et autre gibier.

Poulets au suprême (Sautés de filets de). Levez les filets de cinq ou six poulets gras ; après les avoir parés, arrangez-les dans le sautoir ou sur une tourtière ; assaisonnez-les de sel, de gros poivre, de persil haché bien fin et lavé ; vous ferez tiédir un bon morceau de beurre que vous verserez dessus : au moment de servir, vous les mettrez sur un feu ardent ; lorsqu'ils seront roidis d'un côté, tournez-les de l'autre, retirez-les un instant après ; vous les séparez du beurre ; vous les dressez en couronne sur un plat, un croûton glacé entre chaque filet ; ayez du velouté réduit dans lequel vous tremperez vos filets avant de les dresser, mettez-y le fond de votre sauté, après en avoir ôté le beurre ; jetez-y gros comme la moitié d'un œuf de beurre frais, que vous ferez fondre dans votre velouté chaud.

POUPELIN. Pâtisserie délicate, qu'on fait avec beurre, lait, œufs frais, et qu'on pétrit de la fleur de farine : on y mêle du sucre et de l'écorce de citron.

POUPETON. Espèce de hachis qu'on fait, tant en gras qu'en maigre, de la manière suivante :

Poupeton en gras. Prenez cuisse de veau, moelle de bœuf, lard blanchi, et les hachez avec champignons, ciboules, persil, mie de pain trempée dans de bon jus, deux œufs crus. Foncez une poupetonnière de bardes de lard, par-dessus du hachis, ensuite quelques pigeons ou poulets ; passez au roux, et couvrez de hachis. Faites cuire entre deux feux. Pour servir, renversez le poupeton dans un plat, sens dessus dessous.

Poupeton en maigre. Faites un bon godiveau de chair de carpes et d'anguilles, bien assaisonné, avec mie de pain et farine ; mettez-le dans une poupetonnière, avec du beurre frais dessus et dessous, des filets de soles ou autres poissons. Passez au beurre, mettez au milieu des culs d'artichauts, champignons, mousserons, du hachis par-dessus. Faites cuire, feu dessus et dessous, et servez.

POURPIER. Plante potagère, d'un assez grand usage en cuisine, dans sa saison. On le confit aussi dans le vinaigre, pour le conserver plus long temps et le manger en salade.

Pourpier frit. Prenez du pourpier dans son entier; lavez-le, et le trempez dans une pâte faite avec œufs battus, farine, sel, poivre, vinaigre. Faites frire à petit feu; servez garni de persil frit.

Pourpier (Ragoût de). Prenez des côtes de pourpier de la longueur du doigt, bien épluchées. Faites-les cuire à demi dans une eau blanche; égouttez, et les passez avec du coulis clair de veau et de jambon. Faites mitonner à petit feu; faites réduire; mettez-y ensuite un peu de beurre manié de farine; donnez au ragoût une pointe de vinaigre. On le sert avec toute sorte d'entrées, sur fricandeau de veau, poulets, cuisses de dindon, pigeons, moutons et autres.

PRALINE. Sorte de dragée, amande ou pistache, qu'on fait rissoler dans du sucre. On fait des pralines de violettes, de roses, de genêt, d'orange et de citron, etc.

PRÉSURE. C'est un acide qui se trouve dans l'estomac des veaux qui n'ont encore vécu que de lait, lorsqu'on les tue avant qu'ils en aient fait la digestion. C'est de cet acide qu'on se sert communément pour faire coaguler le lait qu'on prépare pour en faire des fromages.

PRUNEAUX. Les pruneaux sont, pour l'ordinaire, des prunes de Damas, qu'on fait sécher au four sur des claies, ou même au soleil, lorsqu'il est assez chaud pour cela. Les pruneaux qu'on appelle *Brignolles*, ville dont elles nous viennent, sont des prunes de perdrigon, séchées au soleil, après en avoir ôté les noyaux. Les plus agréables et les plus beaux nous viennent de Tours. On les fait cuire, pour l'ordinaire, avec du sucre; mais les brignolles, qui sont extrêmement sucrées, n'en ont pas besoin. Quand on veut donner un peu plus de relief aux uns et aux autres, il faut y mêler quelques pruneaux aigres; le sirop en a plus de couleur et de consistance.

PRUNES. Fruit dont les espèces sont très-multipliées. Il y en a de différentes couleurs, figures, grosseurs. Quelques-unes sont douces, d'autres acides, d'autres âpres et austères. Les meilleures sont celles qui sont douces, dont la peau est fine et tendre, qui sont saines et qui ont été fraîchement cueillies, et à la pointe du jour. On les mange crues; on les confit; on en fait des compotes, des tourtes, etc. Celles que l'on confit d'ordinaire, sont le perdrigon, la mirabelle, l'île verte ou le saint Julien, la reine-claude; celles surtout, qui ont une saveur douce et sucrée, et dont la chair est assez ferme pour pouvoir se soutenir entières, étant confites.

Prunes à mi-sucre. Faites cuire à perlé deux livres de sucre pour quatre livres de fruit. Faites-y prendre un bouillon à vos prunes; tirez-les du sucre, et leur laissez jeter leur eau. Remettez-les ensuite sur le feu, et faites recuire le sirop à perlé; laissez refroidir et les empotez.

Prunes (Compote de). On prendra celles qu'on voudra à cet effet; mais la mirabelle, le perdrigon, le saint-Julien, sont les meilleures. Choisissez-les belles et presque mûres. Piquez-les et les mettez à l'eau bouillante. Dès qu'elles monteront sur l'eau, ôtez-les du feu et les laissez refroidir dans leur eau. Remettez-les sur un feu doux et couvert, pour les faire reverdir; et lorsqu'elles fléchiront sous le doigt, faites-les égoutter, et finissez votre compote dans le sucre au petit lissé. Dressez dans un compotier et versez le sirop sur le fruit; demi-livre de sucre pour livre de fruit.

Prunes confites au liquide. Toutes sortes de prunes, sauf le damas rouge, peuvent se confire de cette manière. Pelez-les et les mettez à mesure à l'eau fraîche. Passez-les ensuite à l'eau bouillante, et couvrez le feu pour les faire cuire doucement, jusqu'à ce qu'elles commencent à reverdir. Retirez-les alors du feu, et les laissez refroidir dans leur eau. Étant refroidies, remettez-les à l'eau fraîche. Faites cuire du sucre à soufflé; mettez-y vos prunes bien égouttées de leur eau; faites bouillir à grand feu; ayez soin d'écumer. Retirez du feu, et laissez refroidir dans le sucre. Remettez-les ensuite sur le feu, et menez votre confiture à perlé. Dressez alors dans des pots, que vous ne couvrirez que quand votre confiture sera froide. Il faut les prendre, lorsqu'elles commencent à mûrir, sans quoi votre fruit se déferait à la cuisson; pour parer à cet inconvénient, il y a bien des personnes qui se contentent de les piquer avec une épingle pour leur faire prendre sucre.

Prunes de mirabelle et de reine claude à l'eau-de-vie. Prenez de l'une et de l'autre espèce la quantité que vous voudrez; choisissez-les presque mûres; piquez-les; mettez-les à l'eau bouillante, et les retirez, lorsqu'elles commenceront à monter. Laissez-les reverdir dans cette eau; remettez-les ensuite sur le feu, sans bouillir, jusqu'à ce qu'elles deviennent mollettes. Faites-les rafraîchir; mettez-les ensuite dans une terrine; versez du sucre clarifié dessus; cinq livres pour demi cent de belles reines-claudes, et autant pour un cent de mirabelles. Faites bouillir, par quatre jours différens, ce sucre, et le remettez à chaque fois sur le fruit. Le quatrième jour, finissez ce sucre au grand perlé, et mettez-y vos prunes faire quelques bouillons; laissez refroidir. Versez autant d'eau-de-vie que de sirop, et mettez en bouteilles, de sorte que le fruit baigne dans le sirop.

Prunes de reine-claude confites. Procédez de même que pour les reines-claudes à l'eau-de-vie. La quantité du fruit règle celle du sucre, dont la dose est de quatre livres pour un cent de prunes.

Prunes de reine-claude (Ratafia de). Prenez-les belles et mûres, cueillies en temps frais; et après les avoir essuyées avec soin, ôtez-en les noyaux. Écrasez-les dans un vaisseau bien net, où vous les laisserez au plus trois heures, pour en développer tant soit peu l'acide spiritueux, par une légère fermentation. Pressez-les pour en exprimer le jus. Mettez-y la quantité de sucre nécessaire, une livre sur quatre pintes avec un tiers d'esprit-de-vin assaisonné de cannelle, ou un quart, si vous le voulez plus moelleux ou moins fort. Passez-les à la chausse; mettez en bouteilles; et pour prévenir l'évaporation, mettez-les en lieu frais.

Prunes (Marmelade de). Faites cuire de bonnes prunes avec un peu d'eau. Exprimez-les; faites dessécher cette marmelade, et la délayez ensuite avec autant pesant de sucre cuit à cassé. Faites frémir sans bouillir, et mettez en pot quand elle est refroidie.

Prunes (Pâté de). Faites cuire des prunes en marmelade. Passez-les au tamis; faites dessécher et délayez cette marmelade dans autant pesant de sucre cuit au cassé. Mettez cette pâte dans des moules à cet effet et faites sécher à l'étuve, à l'ordinaire. Les prunes qu'on emploie pour la pâte, sont la mirabelle, l'île-verte, le perdrigon, et le mirobolan.

Prunes (Tourte de). Pelez le fruit; ôtez-en les noyaux; foncez une abaisse de pâte feuilletée; mettez-y vos prunes avec quelques tranches de citron vert confit. Couvrez d'une abaisse de même pâte dorée d'un œuf battu, et faites cuire. Quand elle sera cuite, glacez à l'ordinaire. Dressez-la, et la servez chaudement.

PURÉE. Espèce de jus ou de suc qu'on tire des pois et autres légumes farineux, pour nourrir et donner plus de corps aux potages; elle sert aussi de matelas à un grand nombre de mets, et peut s'assimiler aux sauces, dont elle ne diffère assez souvent que parce qu'elle est moins liquide et plus épaisse que ces dernières.

Purée de pois verts. Faites baigner dans l'eau un litron ou un litron et demi de pois verts; mettez-y un quarteron de beurre avec lequel vous maniez vos pois: après avoir jeté l'eau, vous égouttez vos pois dans une passoire et les mettez ensuite dans une casserole, sur un fourneau qui ne soit pas trop ardent, avec une poignée de feuilles de persil et un peu de vert de queues de ciboules, vous sautez vos pois pendant un quart-d'heure; jetez-y ensuite un peu de sel, avec la moitié d'une cuiller à pot de consommé ou de bouillon; faites-les bouillir sur un feu moins ardent, ayant soin de couvrir votre casserole de son couvercle. Au bout de trois-quarts d'heure, retirez vos pois du feu et mettez-les dans un mortier pour les piler; étant pilés, passez-les à l'étamine; servez-vous de consommé froid ou de bouillon pour les passer; votre purée étant passée, déposez-la dans une casserole. Si elle n'était pas assez verte, vous y joindriez un vert d'épinards; faites-la chauffer au moment de servir, afin qu'elle ne jaunisse pas, et servez-vous-en au besoin.

Purée de pois secs. Lavez un litron de pois secs que vous mettrez dans une petite marmite, en y joignant une livre de petit lard blanchi, une livre et demie de tranches de bœuf, deux ou trois carottes, autant d'oignons, dont un piqué de deux clous de girofle; remplissez votre marmite presqu'entièrement de bouillon;

vos pois étant cuits, vous les jeterez dans une étamine, vous les mettrez à sec, et vous en ôterez le bœuf, le lard et les légumes. Passez vos pois à l'étamine, mouillez-les petit à petit avec le bouillon dans lequel ils ont cuit; faites en sorte que votre purée soit épaisse, parce qu'il est plus facile de l'éclaircir que de la rendre épaisse. Versez-la dans une casserole avec quatre cuillerées à dégraisser de velouté; après avoir fait bouillir et écumer votre purée, vous la dégraissez. Quand elle sera assez épaissie, vous la changerez de casserole; au moment de servir, vous y mettrez du vert d'épinards, pour l'employer sur ce que vous jugerez à propos.

Purée de lentilles. Après avoir lavé un litron et demi de lentilles, vous les mettrez dans une marmite avec une livre de petit lard blanchi, une livre et demie de tranches de bœuf, deux carottes, trois oignons, dont un piqué de deux clous de girofle: vous remplirez votre marmite de bouillon, et vous ferez cuire; vos lentilles cuites, ôtez-en les légumes, le lard et le bœuf, passez-les à l'étamine; lorsque vous en aurez exprimé le bouillon, vous mettrez votre purée dans une casserole avec quatre cuillerées à dégraisser d'espagnole; versez plus de mouillement dans cette purée que dans celle des pois, parce qu'il faut qu'elle bouille long-temps pour qu'elle rougisse; il faut avoir soin de l'écumer et de la dégraisser. Il faut surtout avoir attention à ce qu'elle ne soit pas trop salée, parce qu'à la réduction elle prendrait de l'âcreté. Lorsqu'elle est réduite, mettez-la dans une casserole pour vous en servir aux articles alimentaires indiqués.

Purée de navets. Mettez un quarteron de beurre dans une casserole avec une douzaine de gros navets coupés en tranches; placez votre casserole sur un feu un peu ardent, ayant soin de retourner souvent vos navets avec une cuiller de bois. Quand ils seront blonds, mettez y une cuiller à pot de velouté, et plein une cuiller à pot de blond de veau ; faites réduire le tout jusqu'à ce qu'il soit bien lié ; ayez soin de dégraisser ; passez à l'étamine, et déposez votre purée dans une casserole, en attendant l'instant de vous en servir.

Quand on veut faire cette purée d'une manière plus économique, alors, quand les navets sont blonds, on y met une forte cuillerée à bouche de farine que l'on mêle avec les navets, et plein deux cuillerées à pot de bouillon : on fait bouillir le tout ensemble, jusqu'à ce qu'il devienne épais ; on y ajoute un petit morceau de sucre, et on passe ensuite la purée à l'étamine ou au tamis; la purée mise dans une casserole sur le feu, on la fait bouillir, on l'écume et on s'en sert pour ce dont on a besoin.

Purée aux champignons. Procurez-vous des champignons très-blancs ; après leur avoir coupé le bout terreux de la queue et les avoir lavés, mettez dans une casserole un peu d'eau, dans laquelle vous exprimerez le jus d'un citron; sautez-y vos champignons ; les ayant égouttés, hachez-les le plus fin possible ; mettez-les dans un linge blanc, puis pressez les bien fort. Mettez un morceau de beurre dans une casserole ; versez-y un jus de citron ; jetez-y vos champignons hachés ; passez-les jusqu'à ce que votre beurre tourne en huile ; ajoutez-y six cuillerées à dégraisser de grand velouté, autant de consommé ; faites réduire jusqu'à ce que votre purée soit assez épaisse ; ajoutez-y un peu de gros poivre ; changez ensuite votre purée de casserole pour vous en servir pour ce dont vous aurez besoin. Si l'on n'a pas de velouté, on met à la place une cuiller à bouche de farine, et on verse du bouillon en place de consommé.

On accommode aussi des champignons blancs pour galantine, de la manière suivante :

On tourne des champignons que l'on met à mesure dans l'eau où l'on aura jeté un jus de citron. Quand ils sont tournés, on met un bon morceau de beurre dans une casserole avec un jus de citron et les champignons : on les place sur le feu ; quand ils ont bouilli cinq à six minutes, on les dépose dans un vase de faïence, pour s'en servir au besoin.

Purée d'oseille en gras. On a de l'oseille selon la quantité de purée que l'on veut faire, trois ou quatre cœurs de laitues, et une poignée de cerfeuil bien épluché ; après avoir haché le tout, et l'avoir bien pressé pour en extraire le jus, on met un bon morceau de beurre dans une casserole avec des champignons hachés, des échalotes et du persil que l'on passe dans le beurre ; alors on met l'oseille par-dessus les fines herbes et l'on fait cuire. Le tout cuit à son point, on y verse quatre cuillerées à dégraisser, plus ou moins, selon la quantité de purée que l'on veut faire.

A défaut de velouté, et surtout pour économiser, on met plein une cuiller à bouche de farine; on mouille la purée avec du bouillon, en y ajoutant du sel et du poivre; quand elle est réduite à point, on la fortifie de cinq ou six jaunes d'œufs; on la passe à l'étamine, et on la dispose dans une casserole pour l'employer au besoin.

Purée d'oseille en maigre. Vous préparez et vous assaisonnez votre oseille comme dans l'article précédent ; vous la faites cuire de même ; après l'avoir bien passée au beurre, vous mettez sur six jaunes d'œufs, plein deux cuillers à bouche de farine, que vous mêlez avec de la crême, ou trois verres de lait ; vous mettez cet appareil dans votre oseille. Votre oseille fondue, faites-la réduire sur un fourneau un peu ardent, en la tournant continuellement avec une cuiller de bois ; votre purée réduite à point, vous la passez à l'étamine, et la tenez chaude, pour être à même de vous en servir.

Purée de cardons. Après avoir fait cuire vos cardons

dans un blanc, vous les coupez en petits morceaux, et les mettez dans une casserole avec trois cuillers à dégraisser de velouté, et six cuillerées de consommé; faites réduire le tout. Vos cardons réduits en pâte, passez-les à l'étamine, en ayant soin que la purée soit la plus épaisse possible; si elle l'était trop, vous l'allongeriez avec de la crême réduite; ajoutez-y gros comme une noix de glace; ne faites pas bouillir votre purée; tenez-la chaudement au bain-marie.

Purée de carottes. Coupez en lames une trentaine de carottes bien appropriées; mettez dans une casserole une demi-livre de beurre, en y ajoutant sept ou huit oignons dont vous ôtez la tête et la queue et que vous coupez en quatre. Quand le beurre est fondu, mettez-y vos carottes, que vous aurez soin de remuer afin qu'elles ne s'attachent point. Vos racines un peu fondues, mouillez-les avec du bouillon, en y ajoutant gros comme une noix de sucre. Après avoir laissé mijoter votre purée pendant trois heures, vous vous assurez avec les doigts si vos carottes s'écrasent facilement; alors tirez votre purée du feu pour la mettre dans une étamine; ôtez le mouillement; écrasez vos racines, passez-les à l'étamine, en les mouillant de temps en temps, pour faciliter leur passage; il ne faut pas que la purée soit trop claire, et qu'elle bouille long-temps, si l'on veut qu'elle ne prenne pas d'âcreté. Votre purée étant dans la casserole, mettez-y quatre cuillerées à dégraisser de velouté; au cas qu'il vous reste un peu de mouillement de vos carottes, versez-le dans la purée, ensuite faites-la réduire en l'écumant et la dégraissant, jusqu'à ce qu'elle soit devenue assez épaisse pour masquer vos entrées.

Purée d'oignons. Après avoir épluché trente ou quarante oignons que l'on coupe en deux de la tête à la queue, et dont on supprime les deux extrémités, on met près d'une demi-livre de beurre dans une casserole, dans laquelle on coupe les oignons par tranches; après avoir passé ces oignons jusqu'à ce qu'ils soient blonds, on y met deux cuillers à dégraisser d'espagnole et plein une cuiller à pot de bouillon; on fait réduire la purée : quand elle s'est épaissie, on la passe à l'étamine. Il faut éviter de la faire bouillir, parce qu'elle prendrait de l'âcreté. On la tient chaude au bain-marie.

A défaut d'espagnole, on met sur les oignons plein une cuillerée à bouche de farine. Lorsque les oignons sont devenus blonds, on y met du bouillon et gros comme une noix de sucre. La purée étant réduite à point, on la passe à l'étamine.

Purée de marrons. Enlevez la première peau de trente ou quarante marrons; mettez-les dans une sauteuse avec un peu de beurre, et faites-les sauter sur le feu jusqu'à ce que la seconde peau tombe d'elle-même. Après les avoir épluchés, marquez-les dans une marmite avec du consommé; faites-les cuire pendant une heure et demie : la cuisson achevée, passez-les à l'étamine, ayant soin que votre purée soit un peu épaisse; si elle l'était trop, vous l'éclairciriez avec un peu de crême. Au moment de servir, ajoutez-y un peu de beurre.

Purée aux pommes de terre. Ayez douze ou quinze pommes de terre crues, dont vous enlevez la peau; après les avoir lavées et émincées, vous les mettez dans une casserole avec un verre d'eau, un peu de beurre, sel et muscade, et les faites bouillir et cuire sur un fourneau, avec feu dessus et dessous, pendant une demi-heure. Vos pommes de terre étant cuites, vous les maniez avec une cuiller de bois : après les avoir remises au feu, vous les faites réduire en les mouillant avec de la crême réduite : un bon morceau de beurre pour finir, et un peu de sucre.

Purée de homards. Procurez-vous un homard bien

frais. Après l'avoir cassé, retirez-en les chairs blanches de la queue et des pattes; coupez ces chairs en petits dés et mettez-les sur une assiette à part. Cela fait, pilez bien les parures, les chairs et les œufs qui se trouvent dans la coquille avec un morceau de beurre fin; passez-les à travers un tamis : ce qu'il en passera, vous le mettrez dans une casserole chauffer au bain-marie, en y ajoutant les chairs coupés en dés. Cet appareil sert à garnir des vols-au-vent, des petits pâtés, des casseroles au riz ou coquilles.

Purée de haricots. On fait cuire un litron de haricots blancs dans de l'eau, du sel et du beurre; on épluche une douzaine d'oignons, dont on coupe la tête et la queue, et que l'on amincit : on les met dans une casserole avec une demi-livre de beurre, et on les passe sur un feu un peu ardent; les oignons devenus très-blonds, on y met quatre cuillerées à dégraisser d'espagnole et un verre de bouillon, après avoir fait mijoter les oignons pendant trois-quarts d'heure environ. Lorsque la sauce est bien réduite, on y met les haricots cuits, que l'on remue bien dedans : le mélange bien opéré, on le passe à l'étamine. Si la purée était trop épaisse, on la mouillerait avec un peu de consommé ou de bouillon; la purée passée, il ne faut point la faire bouillir, parce qu'elle contracterait de l'âcreté. On la tient chaude au bain-marie ou sur un fourneau.

A défaut d'espagnole, on met avec les oignons une cuiller à bouche de farine; on remue et on mouille la purée avec du bouillon ou quelque fond de cuisson, et on la finit comme il est expliqué ci-dessus.

Purée de chicorée. Après avoir blanchi et haché votre chicorée, comme il est indiqué à l'article CHICORÉE (voy. ce mot), passez-la au beurre avec un peu de gros poivre; ajoutez-y une petite cuillerée à pot de velouté, un peu de crème, un très-petit morceau de sucre, pour en ôter l'âcreté. Tournez votre purée jusqu'à ce qu'elle soit bien liée : après l'avoir passée à l'étamine, déposez-la dans une casserole pour vous en servir dans la confection de vos mets.

Purée à la Gastaldi. On prépare l'oignon comme celui pour la purée d'oignons ; on le passe sur le feu, afin qu'il ne prenne pas couleur. Quand il est bien fondu, on y met plein quatre cuillerées à dégraisser de velouté, une pinte de crême et de lait, et gros comme une noix de sucre : on fait réduire la purée à grand feu en la tournant continuellement ; quand elle est épaissie, il faut la passer à l'étamine.

A défaut de velouté, on y met une cuillerée de farine, de la crême, du sel et du gros poivre. On finit la purée comme celle ci-dessus : on la place sur un feu doux ou dans un bain-marie, afin d'éviter qu'elle entre en ébullition.

Purée de gibier. On met dans une marmite de moyenne grandeur trois livres de tranche de bœuf, trois ou quatre vieilles perdrix, deux livres de jarret de veau, un faisan, des carottes, des oignons, trois ou quatre pieds de céleri, trois clous de girofle, un petit bouquet de fenouil. On fait cuire trois perdreaux à la broche, que l'on pile à froid dans un mortier, avec une mie de pain trois fois grosse comme un œuf, qui sera trempée dans du bouillon : on mouille les perdreaux avec du bouillon ; étant bien pilés, on les passe à l'étamine. Votre purée étant passée, mettez-y du bouillon, afin qu'elle ne soit ni trop épaisse ni trop claire : on la pose sur un feu doux ; il ne faut pas qu'elle bouille.

Q.

QUARRELET. Poisson de mer, espèce de plie plus carrée, et semée de taches roussâtres. *Voy.* CARRELET.

QUATRE-FRUITS (*Ratafia des*). On prend douze livres de cerises, trois de griottes, trois de merises, trois de groseilles et trois de framboises : il faut que ces fruits soient bien mûrs. On épluche les groseilles et les framboises; on ôte les queues aux autres fruits; on écrase le tout, et après quelques heures d'infusion, on en exprime le jus, en le passant dans un linge neuf. On le mesure, et par pinte de jus on met les deux tiers d'une pinte d'eau-de-vie à vingt degrés, et sur chaque pinte de ce mélange on met un quarteron de sucre; on le dépose dans des cruches de grès, et au bout d'un mois on le tire à clair; on passe le fond à la chausse ou au filtre. On mêle le tout ensemble, et on le met dans des bouteilles.

QUENELLES. Espèce de farce, sauce ou garniture faite avec les chairs ou filets de viandes de boucherie, de volaille, de gibier ou de poissons, d'une grande ressource dans la haute cuisine. Elles se font également en gras ou en maigre.

Quenelles de merlans. Levez les filets de six ou huit moyens merlans, après les avoir écaillés et bien lavés; puis ôtez-en la peau et les nageoires. Vous pilez la chair fortement, et la passez au travers d'un tamis à quenelles. Vous ramassez cette chair pilée, et en formez une boule; vous avez mis de la mie de pain mollet tremper dans du lait froid. Lorsqu'elle en est bien pénétrée, vous la retirez et la pressez fortement dans un linge; vous en faites une autre boule de pareille grosseur à celle de la chair de merlans, et en formez une de beurre un peu plus forte, pour que le tout soit par tiers à peu près égaux. Vous commencez à piler la mie de pain; à laquelle, étant bien écrasée, vous ajoutez le beurre; et après qu'il se trouve bien mêlé à la mie de pain, vous mettez la chair de merlans. Le tout étant bien amalgamé, vous ajoutez quatre à six jaunes d'œufs, suivant la quantité, du sel et un peu d'épices, le tout bien mêlé. Vous en mettez gros comme une petite noix, ou dans la marmite, ou dans une casserole, avec un peu d'eau et de sel, et la faites bouillir. Vous la coupez et l'égouttez, pour voir si elle se trouve d'un bon sel, et au degré où elle doit être. S'il arrive qu'elle soit trop délicate, il faut la retirer du mortier, piler un peu de mie de pain trempée, et la mêler avec la farce. Si, au contraire, elle se trouve trop ferme, vous y pilez un morceau de beurre. Ces précautions prises, fouettez la moitié ou les deux tiers de vos blancs d'œufs, et les mêlez à votre farce. Étant ainsi préparée, vous la retirez du mortier, la déposez dans une terrine, la couvrez d'un papier beurré, et vous en servez au besoin.

Quenelles de carpe. Elles se font comme celles de merlans.

Quenelles de brochet. La chair de brochet étant plus ferme que celle des merlans, on peut y mettre un peu plus de beurre : rien ne diffère de la manière ci-dessus.

Quenelles de saumon. Le saumon étant plus gras qu'un autre poisson, on y met un peu moins de beurre ; mêmes soins que pour les précédentes.

Quenelles de veau, de volaille et de gibier. On prend un quarteron de veau ou de volaille : après que l'on aura bien ôté la graisse et les nerfs, on les hache bien, et on les passe à travers un tamis à quenelles. Après les avoir pilés, on y met de la panade (*Voy.* PANADE), à peu près autant que de chair. Après l'avoir bien pilé, on y met la chair que l'on a retirée, et on les pile, pour qu'ils soient mêlés; puis on ajoute un peu plus d'un quarteron de beurre, que l'on joint à cet appareil en le pilant. Il faut que le tout soit bien amalgamé : on l'assaisonne de sel et d'un peu d'épices; on y met trois jaunes d'œufs, on en met pocher dans du bouillon gros comme une noix, et l'on voit si elles sont délicates et de bon goût. Si elles se trouvent trop fermes, on y ajoute un morceau de beurre, la quantité que l'on croit nécessaire. Si, au contraire, elles étaient trop délicates, on y ajoute un peu de panade, le tout bien pilé, et on finit en mettant les blancs d'œufs fouettés, que l'on mêle doucement avec une cuiller de bois; puis on les poche, et on les met dans une terrine. On s'en sert au besoin.

Quenelles, farces fines (*Panade pour les*). On prend de la mie d'un pain mollet, ayant soin qu'il n'y ait point de croûte; on y met du bouillon en petite quantité. Étant dans une casserole, on la dessèche sur le feu, en la remuant avec une cuiller de bois : il faut qu'elle ait beaucoup de consistance, en ce qu'elle ne donnerait point de corps aux quenelles. On la verse sur une assiette, et on l'emploie à froid dans les choses indiquées ci-dessus.

Quenelles (*Manière de pocher des*). La farce à quenelles étant dans une terrine, on en prend deux cuillerées à bouche ou à café, suivant la grosseur que l'on veut leur donner; on emplit une de ces cuillers, et avec un couteau, dont on trempe la lame dans l'eau tiède, on l'unit, en lui faisant prendre la forme en dessus qu'elle peut avoir en dessous; on prend la cuiller, que l'on trempe dans l'eau tiède, et qui sert à l'enlever de celle où on l'a formée, et on la dépose sur un papier beurré. Lorsque toutes les quenelles sont ainsi formées, on met dans une grande casserole de l'eau ou du bouillon; il faut qu'elles soient à l'aise : si c'est de l'eau, il est nécessaire d'y mettre du sel et un petit morceau de beurre. Le bouillon étant assaisonné, on le met naturellement; lorsqu'il bout, on glisse le papier beurré dans la casserole, et lorsque les quenelles en sont détachées, on l'enlève. Il faut qu'elles cuisent pendant dix minutes, mais sur le bord du fourneau, afin qu'elles se conservent entières. Etant cuites, on les met dans une terrine, et on s'en sert au besoin.

Quenelles de lapereau. Après avoir employé les filets, on prend les chairs des cuisses, dont on a eu soin d'ôter la peau et les nerfs; on les hache et on les pile : ensuite on les passe au tamis à quenelles. On a une panade ou de la mie d'un pain mollet, où il ne sera pas resté de croûte; on la met tremper dans du lait ou de l'eau froide : au bout d'un quart-d'heure on la retire, et on la presse dans un linge neuf. Soit de la panade ou du pain trempé, on en met autant que de chair de lapereau passée au tamis; puis on met du beurre, mais un peu moins que les chairs et le pain réunis. Si le beurre est ferme, il faut le piler avant que de le réunir aux deux autres parties. Etant toutes trois bien pilées, il faut y mettre trois ou quatre jaunes d'œufs, du sel et un peu d'épices : on en essaye gros comme une noix, pour s'assurer si elles sont trop fermes ou trop délicates; on remédie au trop de fermeté, en ajoutant du beurre, et lorsqu'elles sont trop délicates, en y mettant de la panade ou de la mie de pain trempée. Assuré qu'elles sont d'un bon sel, on y met deux ou trois blancs d'œufs fouettés.

Les quenelles ainsi préparées, on les forme à la cuiller; on les roule sur la table; ensuite on les poche dans du bouillon ou de l'eau, du sel et un peu de beurre.

Etant cuites, on les dépose dans une terrine, et l'on s'en sert au besoin.

Quenelles au consommé de gibier. On les forme dans des cuillers comme celles de volailles ; on ne les fait pocher qu'au moment de servir ; on a du consommé de gibier (*Voy.* cet article) ; on le fait clarifier au blanc d'œuf, et on passe à la serviette ; on met ce consommé bouillant dans une casserole d'argent, où l'on met les quenelles, en les retirant du bouillon où elles ont poché.

Quenelles (Friture de). Des quenelles que l'on a servies, et d'autres qui n'ont pas été employées, on peut en faire une entrée. On fait réduire de la sauce tournée, dans laquelle on met une couple de jaunes d'œufs ; on trempe les quenelles dans cette sauce, et on les met dans de la mie de pain ; puis on les trempe une seconde fois dans des œufs battus ; on les pane une seconde fois, et on les fait frire avec du persil frit.

Quenelles (Ragoût de). Etant pochées, on peut les servir avec une sauce aux truffes ; un ragoût à la finannancière, soit au blanc ou au roux ; elles servent de bases ou d'accessoires ; elles sont, en général, d'une grande utilité.

QUEUE. Espèce de membre des quadrupèdes, placé à l'extrémité de la croupe. Aux poissons et aux oiseaux, il tient lieu de gouvernail pour se diriger dans l'air ou dans l'eau.

On apprête les queues de bœuf, de veau, de mouton, d'agneau, de cochon, de diverses manières. *Voy.* ces mots.

QUINTESSENCE. Extrait le plus subtil et le plus épuré, qu'on tire, par le moyen du feu, des substances, tant minérales que végétales, comme des fruits à écorce, de certaines fleurs, particulièrement des fleurs d'orange; de certaines plantes, comme le romarin, la lavande, l'aspic; des graines, comme l'anis et autres graines odorantes; d'épices, comme la cannelle, le girofle, la muscade. Les quintessences des fruits à écorce, des graines odorantes des épices, servent à faire des liqueurs, sans le secours de la distillation. Les quintessences des fleurs, comme de jonquille, jasmin, fleurs d'orange, tubéreuses et autres, peuvent s'employer à cet usage, ou à la composition de certains parfums, de même que celle des plantes odorantes, comme le romarin, la mélisse et la lavande; on en compose aussi des eaux d'odeur, et pour la propreté du corps.

Quintessence de viandes. Mettez dans une casserole trois ou quatre livres de veau, selon la quantité du bouillon que vous voulez tirer, un quarteron de jambon en tranches, tranches d'oignons et de carottes, et panais, oignon piqué de girofle, un poulet en quatre, quelques champignons, gousse d'ail, et autres ingrédiens. Ajoutez-y un peu de bouillon; couvrez bien la casserole: faites suer le tout, d'abord à un feu vif, et ensuite sur des cendres chaudes, en augmentant le feu peu à peu. Quand le tout est prêt de s'attacher, mouillez-le avec de très-bon bouillon; faites cuire doucement; que le tout soit moelleux et ait du corps, sans être salé.

R.

RABLE. C'est la partie du lièvre et du lapin qui est vers les reins, entre le train de devant et celui de derrière; c'en est la plus délicate partie et à laquelle les gastronomes donnent la préférence.

RACINE. Organe par lequel les plantes en général tirent leur nourriture de la terre. Il se dit en cuisine, des plantes dont la racine est bonne à manger, telles que sont les carottes, les panais, les betteraves, les navets, etc. On donne, à leurs articles respectifs, les différentes manières de les employer, soit séparément, soit conjointement avec d'autres substances alimentaires.

RAGOUT. Manière particulière d'apprêter les différentes substances que l'on sert sur table. Comme ce sont ces substances qui leur donnent leurs dénominations différentes, c'est aux noms de chacune d'elles que nous devons renvoyer.

Il est cependant quelques ragoûts qui, sous les noms de sauces, méritent ici d'être classés, attendu qu'ils peuvent se servir indifféremment avec ou sous les viandes, volailles, gibier, etc., etc.

Tous les ragoûts sont entrées ou garnitures d'entrées.

Ragoût à la financière. Mettez dans une casserole une demi-bouteille de vin de Madère sec, avec une vingtaine de gros champignons, autant de truffes tournées en boules; ajoutez-y deux petits pimens enragés, un peu de tomate, une once de glace de veau; faites réduire le tout à glace, mouillez de suite avec quatre cuillerées à pot d'espagnole : après avoir travaillé deux cuillerées de blanc de veau, faites bouillir votre sauce; faites-la dégraisser et réduire sur le bord du fourneau, passez-la à l'étamine, mettez ensuite vos champignons et vos truffes dans une casserole, versez votre sauce dessus.

On peut ajouter au ragoût une vingtaine de crêtes et de rognons de coqs, autant de quenelles mouillées à la cuiller, douze ris de veau ou d'agneau, que l'on coupe en lames ou qu'on laisse entiers, comme on le juge à propos, et l'on sert.

Ragoût dit *Salpicon*, voy. SALPICON.

Ragoût a la champenoise. On met dans une casserole une bonne tranche de jambon, pour la faire suer jusqu'après de sa cuisson ; on la retire pour la couper en très-petits dés de la grosseur d'un pois, et on la remet dans la même casserole, avec une carotte cuite, quelques champignons et un couple de truffes, le tout coupé de la même manière ; on les passe avec un pain de beurre sur le feu ; on poudre de farine, et on mouille avec du coulis, un peu de consommé et un verre de vin de Champagne ; on laisse cuire et réduire à courte sauce, et on dégraisse la sauce : on y met ensuite du blanc de volaille cuite à la broche, des cornichons blanchis, des feuilles de persil blanchies et rompues de même grandeur, deux anchois à moitié dessalés et coupés comme tout le reste, en petits dés ; on fait chauffer sans bouillir ; on y ajoute du sel, s'il en est besoin ; on y presse un jus de citron. Ce ragoût sert à accompagner d'autres viandes.

Si l'on veut le manger seul, au jambon, on met ce qu'on veut de jambon, indépendamment de celui qu'on a coupé en petits dés.

On le mange également bon aux foies gras et aux ris de veau ; alors on fait blanchir un ou deux ris de veau, qu'on coupe en trois ou quatre morceaux ; on les met dans une casserole avec des champignons, un pain de beurre, un bouquet garni ; on passe sur le feu, on poudre de farine et on mouille de bon bouillon, jus et coulis ; on fait cuire à petit feu ; on dégraisse et on réduit un peu lié ; on met ensuite ses ris de veau s'achever dans le ragoût ci-dessus, et on les sert chauds.

Ragoût à la toulousaine. On emploie les mêmes fournitures que pour le ragoût, dont il est fait mention dans un des articles précédens ; on les met dans une casserole avec une demi-glace de volailles ; on fait bouillir le tout ensemble à l'exception des quenelles, que vous faites à part. Après y avoir versé une cuiller à pot d'allemande, on met le ragoût au bain-marie, sans le faire bouillir. Si la sauce se trouvait trop épaisse, on l'éclaircirait avec un peu de consommé de volaille.

Ragoût chipolata. Après avoir tourné en olives une vingtaine, plus ou moins, de carottes, autant de navets, oignons et marrons, faites-les blanchir, et ensuite cuire dans du consommé avec un peu de sucre. Faites cuire douze petites saucisses à l'eau avec douze morceaux de petit lard ; mettez toutes vos garnitures dans une casserole avec une vingtaine de champignons et une cuiller à pot d'espagnole ; travaillez et relâchez avec le fond de l'entrée destinée pour les grosses pièces que vous aurez préparées. Servez le plus chaudement possible.

Ragoût aux délices. On fait cuire comme ci-dessus une vingtaine de petits morceaux de petit lard et autant de saucisses à chipolata. On met le tout dans une casserole avec une vingtaine de champignons. Après avoir tourné autant de marrons et quenelles, on moule de la grosseur des saucisses douze truffes tournées en boule et que l'on fait cuire dans un verre de vin de Madère avec un peu de glace, crêtes et rognons de coqs. On verse sur les garnitures un jus d'étouffade clarifié, réduit à demi-glace, ou le fond de votre entrée, ou de grosses pièces, bien dégraissé et clarifié. On fait chauffer ce ragoût, qui doit accompagner les mets indiqués.

On peut ajouter, si l'on veut, une trentaine d'olives tournées et blanchies.

Ragoût de laitances de carpes. Voy. CARPE.
Ragoût de langues de carpes. Voy. CARPE.
Ragoût de navets vierges. Tournez trente ou quarante navets en boules de la même grosseur ; que vous

faites blanchir dans l'eau bouillante et un peu de sel ; après les avoir rafraîchis, vous les mettez cuire dans un bon consommé avec un peu de sucre. Quand ils sont cuits, versez dessus une bonne cuiller d'allemande, et finissez avec un peu de beurre fin au bain-marie.

RAIE. Poisson de mer, plat, d'une figure hideuse, visqueux, difficile à digérer, et cependant d'un goût assez bon pour le faire rechercher. C'est presque le seul poisson qui, dans les grandes chaleurs, brave l'élévation du thermomètre. On en distingue différentes sortes plus ou moins estimées ; mais il y en a deux espèces que l'on préfère à toutes les autres, parce qu'elles sont également bonnes, la *raie bouclée* et la *grosse raie* ou *raie de turbot*. Il n'y a guère que deux manières fort usitées de la faire paraître sur nos tables, à la sauce blanche, lorsqu'elle est fraîche ; au beurre noir, entourée de persil, lorsqu'elle est soupçonnée d'être suspecte.

Raie à la sauce blanche. Après avoir ôté l'amer de votre raie et après l'avoir lavée, faites-la cuire dans un court-bouillon, dans lequel vous mettrez un verre de vinaigre. Quand elle est cuite, ôtez-en le limon ou la peau de dessus des deux côtés : après l'avoir parée, mettez-la sur le plat ; masquez-la d'une sauce blanche avec des câpres par dessus, ou avec des cornichons coupés en dés. *Voy.* Sauces.

Raie frite. Levez la peau de votre raie ; coupez-la en filets, sans ôter les arêtes ; faites-la mariner avec sel, poivre, clous de girofle, ail, tranches d'oignons, persil, ciboules, beurre manié d'un peu de farine, vinaigre et fines herbes. Faites tiédir cette marinade pour que le beurre fonde, et laissez-y vos filets environ quatre heures ; retirez-les, essuyez et faites-les frire de belle couleur ; servez avec du persil frit.

Raie au beurre noir. Préparez et faites cuire votre

raie comme celle à la sauce blanche, nettoyez-la et parez-la de même; faites frire du persil en feuilles, que vous mettrez autour de votre raie; masquez-la ensuite de beurre noir. *Voy.* SAUCES.

Raie à la sauce aux câpres. Otez l'amer du foie; lavez votre raie et faites-la cuire avec sel, poivre et ciboules. Epluchez-la et la mettez ensuite chauffer avec un peu de bouillon de sa cuisson, et servez-la avec une sauce aux câpres. *Voy.* SAUCES.

Raie à la Sainte-Menehould. Mettez dans une casserole un demi-setier de lait, sel et poivre; beurre manié de farine, deux oignons en tranches, une racine de persil, un bouquet, quelques clous de girofle, une pointe d'ail, une feuille de laurier; tournez le tout jusqu'à ce qu'il bouille. Placez-y vos filets de raie, et faites cuire à petit feu, tirez-les ensuite; panez-les; trempez-les dans du beurre fondu, et repanez-les. Faites griller, et servez avec une remolade.

Raies (Canapés de foies de). Coupez en forme de rôties des morceaux de pain rassis, de la largeur et de la longueur du pouce, même un peu plus grands. Passez-les dans d'excellente huile vierge; faites fondre ensuite dans une casserole deux pains d'excellent beurre; mettez-y des foies de raies, quelques filets d'anchois bien dessalés, un peu d'huile, persil, ciboule, une petite gousse d'ail, échalotes hachées bien menu, des câpres hachées de même, sel, poivre et une pincée d'épices fines : remuez bien le tout ensemble; formez vos canapés. Pour y parvenir, vous mettez d'abord un lit de ces fines herbes, quand elles sont froides, ensuite du foie de raie coupé de même, et des filets d'anchois; faites à tous de même, et finissez par les fines herbes. Jetez dessus un peu de mie de pain bien fine; faites prendre couleur sous un couvercle garni de braise et de cendres chaudes. Servez-les pour entremets avec l'expression d'un jus de citron.

RAIFORT. *Voy.* Rave.

RAIPONCE. Plante qui est une espèce de campanule. On mange la raiponce en salade, au printemps. Il y en a quatre espèces, dont trois n'entrent aucunement dans les alimens. Celle dont on mange la feuille et la racine, est mêlée avec la mâche. Le goût de cette plante tient un peu de la noisette.

RAISIN. Ce fruit est trop connu pour le définir ici. Les grappes varient par la grosseur, la couleur et le goût. Il résulte de ces différences une quantité considérable d'espèces, qui peuvent se multiplier à l'infini par la différence de la culture. Les espèces u'on connaît dans ce pays-ci, sont le raisin précoce, le morillon noir et blanc, le malvoisie, le raisin de Corinthe, le Corinthe violet, l'acioutat ou raisin d'Autriche, le chasselas blanc et noir, le muscat blanc et noir, le jennetin ou raisin d'Orléans, le damas, etc.

Ce fruit se confit; on le sèche au four, on en fait du ratafia. Tels sont, entre les autres espèces, le muscat, et le bourdelais qui est le verjus confit. Le raisin séché au four, ou au soleil, est d'autant plus sain, que cette méthode le dépouille de la majeure partie du flegme qu'il contient et en corrige l'acide. On confit le raisin de Corinthe; on en fait une gelée d'un goût agréable, aussi bonne en alimens qu'en remèdes. Cette gelée délayée dans de l'eau, fait une boisson très-propre à tempérer les ardeurs de la fièvre. On fait encore avec le fruit, dont on exprime le jus dans l'eau et où l'on met du sucre, une boisson agréable qu'on appelle vin de Corinthe, et bonne pour rafraîchir dans les chaleurs de l'été.

Raisins en chemise ou *au blanc.* Détachez du raisin en petites grappes, trempez-le dans du blanc d'œuf fouetté. Roulez-le dans du sucre fin et soufflez dessus pour qu'il n'y reste que la quantité de sucre qui sera attaché à l'œuf. Arrangez-les sur un papier que vous poserez sur un tamis ou clayon, pour faire sécher votre raisin à une chaleur douce.

Quant aux autres préparations du raisin, *Voy.* Muscat et Verjus.

RAISINÉ. Confiture qu'on fait avec le vin doux ou moût de raisin dans le temps des vendanges, de la manière suivante :

Exprimez du jus de raisins égrainés ; mettez ce jus dans une chaudière, et faites-le bouillir doucement en l'écumant et le remuant de temps à autre, pour qu'il ne s'attache point au fond de la chaudière, et ne donne point à la confiture un goût de brûlé. A mesure que le jus cuit et s'épaissit, diminuez le feu, et lorsqu'il sera réduit au tiers, passez-le à l'étamine. Achevez de le cuire, et empotez-le ensuite dans des pots bien propres.

Pour donner à cette confiture plus de consistance et un goût particulier, on fait choix presque toujours des meilleures poires de la saison, et surtout du messire Jean, qu'on pèle, qu'on met en quartiers, et qu'on mêle avec le raisiné.

RALE. Oiseau de passage de la grosseur du pigeon ; il y en a de deux sortes : le *râle de genêt* et le *râle d'eau*.

Le *râle de genêt* arrive avec les cailles au mois de mai, et part avec elles en septembre. On a cru qu'il était leur conducteur ; c'est ce qui l'a fait nommer dans quelques pays, le *roi des cailles*. Il se nourrit de différens grains, et principalement des semences du genêt, dont il a tiré son nom. Il passe pour un excellent gibier, et s'il faut en croire plusieurs gastronomes, il a même dans son goût quelque chose de plus délicat et de plus agréable que la perdrix. C'est sans doute pour cela que plusieurs naturalistes ont regardé ce râle comme une espèce de perdrix champêtre, *Perdix rusticula*.

Le *râle d'eau* est généralement un oiseau voyageur, mais qui n'habite que les marais. Sa chair est beaucoup moins estimée que celle du *râle de genêt*.

Ces deux espèces de râles s'apprêtent et se servent comme les canards; mais quoiqu'on puisse, par conséquent, en faire plusieurs sortes d'entrées, le râle de genêt se sert plus souvent à la broche que de toute autre manière. *Voy*. CANARD.

RAMEQUINS. Espèce de pâtisserie qui se manipule de la manière suivante:

On prépare de l'eau dans une casserole; on y met un peu de beurre et point de sucre, du sel, du fromage de Gruyère et de Parmesan râpés; vous les finissez avec de la farine et des œufs, comme l'autre pâte. On peut les faire d'une autre sorte: on fait de la pâte royale sans sucre, et lorsqu'elle est mouillée avec les œufs, on met du fromage de Parmesan râpé, et le double de Gruyère coupé en petits dés. Etant mêlés, couchez-les sur le plafond, et faites cuire.

Nota. On doit faire observer aux personnes qui n'ont pas l'habitude de la pâtisserie, qu'il faut beurrer bien légèrement le plafond, et le fariner de même; car s'il y avait trop de beurre, les pains glisseraient l'un contre l'autre, et feraient un très-mauvais effet. L'autre précaution, c'est de ne point les mettre trop près l'un de l'autre; ce qui aurait encore le même inconvénient.

RAMIER. Espèce de pigeon sauvage qui perche. On sert ces pigeons pour d'excellens plats de rôts. On les pique et on les fait ensuite cuire de belle couleur. On en fait aussi des entrées de plusieurs façons. *Voy.* Pigeon.

RATAFIA. Liqueur composée d'eau-de-vie, et jus de fruits, sur-tout de fruits rouges, et de différentes fleurs d'odeur, qu'on assaisonne avec du sucre et des épices, ou autres ingrédiens ; on en fait de rouge et de blanc.

Ratafia blanc. Prenez un cent de noyaux d'abricots, concassez-les grossièrement, amandes et bois, dans un mortier, et les mettez dans une grande bouteille à ratafia avec deux pintes d'eau-de-vie, une chopine d'eau, une livre de sucre, dix grains de poivre blanc, huit ou dix clous de girofle, deux bâtons de cannelle de la longueur du doigt ; bouchez bien ; mettez pendant quinze jours ou trois semaines, au soleil, pour que sa chaleur développe le parfum des ingrédiens qui composent votre ratafia. Ce temps passé, vous clarifierez la liqueur en la faisant passer à la chausse, et la mettrez dans des bouteilles, que vous aurez soin de bien boucher.

Les ratafias sont d'un usage d'autant plus commun, qu'ils n'exigent pas, pour la plupart, des opérations compliquées, comme les liqueurs qu'on fait par la distillation. Presque tout le monde en fait ; et pour l'ordinaire, presque tout le monde croit en savoir faire, surtout ceux des fruits rouges ; mais on ne les fera bien qu'autant qu'on suivra les procédés que nous avons donnés aux différens articles des substances qu'on emploie le plus communément.

RATON, Espèce de pâtisserie. Faites une pâte mollette et bien liée, avec un litron de farine, un quarteron de beurre frais, demi-once de sel, demi-setier d'eau tiède. Faites de petites abaisses de cette pâte sur du papier beurré ; faites-leur un bord, et les remplissez de la farce suivante :

Mettez du lait dans un poêlon sur le feu : on casse

d'abord quelques œufs, et on y délaie de la farine, comme pour faire de la bouillie. Lorsqu'elle est bien délayée, on y casse encore d'autres œufs, un à un. Le tout étant bien mélangé, versez-le dans le lait, et remuez avec une cuiller; faites cuire à feu clair, en remuant toujours. Mêlez du beurre frais à cette farce; quand elle cuite, garnissez-en vos ratons; faites cuire au four, et servez avec du sucre en poudre.

Raton de mouton. Coupez des noix de mouton par tranches; aplatissez-les; assaisonnez de sel, poivre, épices et fines herbes, persil, ciboule, pointe d'ail, de tout un peu; un verre d'huile, un jus de citron: laissez mariner le tout deux heures. Etendez vos noix; couvrez-les d'une farce de volaille; roulez-les une à une; embrochez-les dans une petite broche, ayant soin d'attacher des bardes de lard des deux côtés, pour que la farce ne sorte point. En rôtissant, arrosez-les de leur marinade mêlée avec un verre de vin blanc. Servez-les avec leur dégout, un peu de jus et de coulis. Dégraissez cette sauce, ou servez avec une sauce à l'italienne.

On peut les servir rôtis et piqués de menu lard, ou en fricandeaux, et glacés.

RAVE. On en distingue de plusieurs sortes, savoir: celle qu'on appelle communément *rave*, ou *petite rave*; le grand et le petit *raifort*, et autres. On ne mange guère de ces trois espèces, que celle qu'on appelle *raves* et *radis*. Le printemps est le temps où elles sont meilleures: il faut les choisir tendres, bien nourries et faciles à rompre. Lorsqu'il fait chaud, elles deviennent trop piquantes.

RAVIGOTTE (Herbes à). Les herbes à ravigotte sont toutes des fournitures de salade, comme cerfeuil, estragon, pimprenelle, cresson alénois, civette;

on en met de chacune suivant leur force. On en prend une demi-poignée, plus ou moins, que l'on fait bouillir un demi-quart-d'heure dans de l'eau ; on les retire à l'eau fraîche, on les presse bien dans les mains, et on les pile très-fin avant de les mettre dans les liaisons, les sauces ou les ragoûts.

Ravigotte (*Vert de*). Epluchez une bonne poignée d'estragon, deux de cerfeuil, de la pimprenelle, du cresson de santé, du cresson alénois, un peu de feuilles de persil et de céleri ; après avoir bien lavé toutes ces herbes, faites-les blanchir à grand feu et à grande eau, dans un poêlon de cuivre rouge, sans être étamé ; laissez-les bouillir un bon quart-d'heure ; égouttez-les ensuite, et rafraîchissez à grande eau ; pressez-les comme les épinards ; après avoir haché votre ravigotte, pilez-la dans un mortier, en y ajoutant un peu d'allemande froide ; vous la pilez jusqu'à ce qu'elle forme une pâte, et la passez au tamis de soie avec une cuiller de bois, ou à l'étamine. Vous vous en servirez alors comme ingrédiens dans vos sauces ou ragoûts.

RÉDUCTIONS. L'art des réductions qui s'opère sur les fourneaux, a été porté dans la cuisine moderne à un degré de perfection inconnu à nos pères.

Dans l'ancienne cuisine, la réduction s'opérait seulement sur les bouillons, jus et coulis, et consistait à leur donner plus de force, en les réduisant à une moindre quantité.

Dans la cuisine du XIXe. siècle, la réduction est une véritable opération chimique, qui consiste dans l'évaporation graduée, opérée par l'effet d'un calorique savamment dirigé, et dont le résultat est le rapprochement des parties soumises à la réduction, qui, concentrant tous les principes générateurs et leurs esprits volatils, donnent au résidu une force et un arôme qu'il n'aurait jamais eu sans cela.

Autrefois on n'opérait dans la réduction que sur les jus, les coulis, le bouillon et les sauces; aujourd'hui on réduit les vins liquoreux, et principalement ceux de Madère et de Malaga.

Avec une chopine de vin de Madère, réduite en consistance de sirop épais, on trouve l'excipient de six entrées et d'autant d'entremets; il ne s'agit plus que de masquer avec art les accompagnemens de cette réduction, qui sert dans une foule de choses, au moyen de ces déguisemens.

RÉGLISSE. Plante qui vient sans culture en Italie, en Languedoc, et surtout en Espagne. Sa racine, de couleur roussâtre au dehors, d'un jaune citron dans l'intérieur, est mucilagineuse, et d'une saveur douce; c'est cette plante qu'on emploie, soit à en faire un extrait qu'on appelle *jus de réglisse*, soit une pâte de ce nom, soit enfin des pastilles.

Réglisse (Jus de). Faites bouillir une certaine quantité de racines de réglisse d'Espagne. Pressez cette décoction, et y faites fondre les gommes de prunier, abricotier, cerisier, pour lui donner une consistance plus mucilagineuse, et desséchez-la ensuite au feu jusqu'à ce qu'elle soit réduite en consistance d'extraits; roulez-la en bâtons, que vous envelopperez de feuilles de laurier.

Réglisse (Pastilles de). Faites fondre de l'extrait de réglisse, tel que celui dont nous venons de donner le procédé. Ajoutez-y un peu d'essence d'anis, pour l'aromatiser, et formez-en des pastilles.

Réglisse (Pâte de). Ayez une demi-livre de réglisse verte; ratissez-la, ou la hachez menu. Faites-la bouillir dans un vaisseau avec deux pommes de reinette en quartiers, et une poignée d'orge. Quand votre décoction sera réduite à un demi-setier, passez-la dans un linge, en en exprimant fortement les substances; faites-y fondre une once de gomme bien nette, et mettez-y une demi-livre de sucre clarifié; faites dessécher le tout sur le feu, en remuant, jusqu'à ce que cette pâte ne s'attache plus aux doigts ni à la poêle. Dressez-la sur des ardoises légèrement huilées d'huile de noisette; coupez-la en tablettes de la largeur d'un doigt, et faites sécher à l'étuve.

Réglisse (*Tablettes de*). Faites une décoction un peu forte de racine de cette plante; édulcorez-la avec beaucoup de sucre, autant qu'elle en pourra prendre; faites cuire cette décoction à la plume, dans laquelle on aura fait dissoudre, en le clarifiant, de la gomme bien nette, et où l'on mettra de la réglisse en poudre, et dont on forme des tablettes qu'on fait alors sécher à l'étuve.

REMOLADE. Sauce composée d'anchois, de câpres hachées, persil et ciboules hachés à part; le tout passé avec bon jus, une goutte d'huile, gousse d'ail, et assaisonnement ordinaire.

RIBLETTE. Ragoût qu'on prépare sur le gril, d'une tranche déliée de viande, soit bœuf, veau, porc, ou autre; qu'on assaisonne de sel et poivre : on les apprête comme les côtelettes. *Voyez* CÔTELETTES.

Riblette au lard. Espèce d'omelette qu'on fait avec du lard coupé par morceaux. *Voy.* OEUFS.

RIS DE VEAU. Morceau fort délicat, qui se prend à la gorge du veau, tenant par une de ses extrémités à la partie supérieure de la poitrine de l'animal. Ils entrent dans les meilleurs ragoûts. On en fait des plats particuliers, pour hors-d'œuvres, entrées ou entremets. *Voy.* VEAU.

Les ris d'agneau subissent les mêmes préparations que celles du veau. *Voy.* AGNEAU.

RISSOLE. Sorte de pâtisserie qu'on sert pour hors-d'œuvre, entremets ou garnitures.

Rissoles d'abricots. Faites une sorte de pâte brisée avec farine fine, du beurre, eau de fleurs d'orange, écorce de citron râpée, une pincée de sel, et de l'eau. Formez-en de petites abaisses ; mettez entre deux un peu de marmelade d'abricots ; dorez et faites frire au saindoux ; glacez avec du sucre, et la pelle rouge.

Rissoles de champignons et mousserons. Faites un ragoût de champignons et mousserons coupés en dés ; dégraissez et le faites lier ; mettez-y jus de citron, et laissez refroidir. Faites de petites abaisses de pâte brisée ; mettez entre deux un peu de votre ragoût ; soudez-les et faites frire au saindoux. Servez glacés comme dessus.

Rissoles de chocolat. Sur des abaisses de pâtes ci-dessus, mettez un peu de crême pâtissière, où vous aurez râpé suffisamment de chocolat, pour qu'elles en ait le goût. Faites frire ; glacez comme dessus.

On en fait de café, de safran, de crême, de riz, d'amandes, pistaches, avelines, et de toutes sortes de fruits.

Rissoles de tétines de veau. Faites blanchir des tétines ; coupez-les en morceaux ; et entre deux morceaux, arrangez de la farce fine ; soudez les morceaux avec des œufs trempés dans une pâte légère, et faites frire.

Rissoles d'épinards. Pilez des épinards cuits, dans un mortier avec du beurre frais, écorce de citron, quelques biscuits d'amandes amères, sucre, eau de fleurs d'orange, dont vous farcirez vos rissoles ; le reste, comme dessus.

Rissoles en gras. Ayez un hachis frit de volailles, bien assaisonné, lié avec mie de pain trempée dans de la crême, deux jaunes d'œufs crus, bien pilés dan un mortier; mettez sur chaque abaisse la grosseur d'une noix de cette farce, et finissez comme dessus.

Rissoles en maigre. Elles ne diffèrent qu'en ce que le hachis est de poisson, et que l'on les fait frire à l'huile fine.

Rissoles glacées à la moelle. Ayez de la crême pâtissière gros comme deux œufs, un quarteron de moelle, fleurs d'orange; grillez du sucre, un peu de crême, quelques biscuits d'amandes amères : pilez le tout; le surplus, comme il a été dit.

RIZ ou RIS. Plante dont les graines courtes, presqu'ovales et blanches, sont disposées en bouquets, et enfermées chacune dans une capsule jaunâtre, rude, terminée par un filet. Elle vient dans les endroits humides et marécageux. On cultive le riz dans les Indes orientales, la Grèce et l'Italie. On se sert de ces graines pour les alimens, et quelquefois en médecine. Le grain de riz n'est blanc que quand il est mondé.

On ne cultive point ou presque point de riz en France; on nous l'apporte tout sec de Piémont et d'Espagne. On en recueille cependant dans le département de l'Isère. Le riz de la Caroline est le meilleur pour la cuisine.

Le riz est d'une grande utilité pour varier les potages et les entremets d'hiver; il se sert en gras, en maigre, à toute espèce de purée; c'est le mausolée le plus honorable dans lequel on puisse ensevelir une fricassée de poulets. On en fait du pilau, ragoût ottoman, qui commence à se naturaliser en France. Il sert de garniture à des chapons qui lui communiquent leur succulence; en entremets sucré, il s'apprête à la chancelière, au caramel; en crême soufflée, en gâteaux, etc.

On doit choisir le riz net, blanc, nouveau, assez

gros, dur, et qu'il s'enfle aisément quand il a bouilli.

Riz (Potage au). Après avoir épluché et lavé plusieurs fois dans de l'eau tiède en le frottant bien, puis à l'eau froide, une demi-livre de riz, vous le mouillez à grand bouillon, afin que le riz ne se mette pas en bouillie; vous le faites bouillir pendant deux heures à petit feu; faites en sorte que votre bouillon ne soit pas trop salé, à cause de la réduction. Pour lui donner une belle couleur, ajoutez-y deux cuillerées de blond de veau, ou une cuillerée de jus.

Riz à la purée (Potage au) Après avoir préparé votre riz comme il est indiqué dans l'article précédent, vous le mouillez moins, afin de pouvoir y ajouter la purée que vous jugez convenable. Votre riz bien cuit, versez-y votre purée au moment de servir, ayant eu préalablement le soin de bien dégraisser votre potage et de le tenir d'un bon sel.

Riz au lait. Lavez un quarteron de riz, ou plus, selon que votre potage sera grand; ayez votre lait bouillant; mettez-y votre riz que vous faites bouillir à petit feu une heure et demie; tâchez qu'il y ait toujours assez de lait pour que votre riz cuise à l'aise, et qu'il ne soit pas en pâte. Votre riz crevé, prêt à servir, mettez y le sucre nécessaire; ayez soin de ne pas couvrir tout-à-fait le vase dans dans lequel votre riz cuit, parce que le lait tournerait.

Quelques personnes mettent deux feuilles de laurier-amande dans le lait, avant de le faire bouillir, et au moment de servir un jaune d'œuf délayé dans du lait tiède, et quelques gouttes d'eau de fleurs d'orange.

Riz au lait d'amandes. Dérobez vos amandes, c'est-à-dire, mettez-les dans une casserole avec de l'eau que vous ferez presque bouillir, pour enlever la peau de l'amande; vos amandes mondées et la peau enlevée, jetez-les dans l'eau fraîche. Une demi-livre d'amandes douces, six amandes amères suffisent pour un potage de deux pintes de lait. Après avoir bien pilé les amandes dans un mortier, vous les mettez dans une casserole sur le feu, et les mouillez avec une demi-pinte de lait; puis vous les placez dans une serviette fine, et les pressez jusqu'à ce que tout le lait en soit sorti; versez ce lait dans votre potage au moment de le servir; servez bien chaud et bien sucré, avec un peu de miel.

Riz à l'eau (Potage au). On coupe en petits dés trois ou quatre carottes, autant de navets, cinq ou six poireaux, autant d'oignons, et un peu de racine de persil; on passe le tout dans un bon morceau de beurre; les légumes bien passés, on les mouille avec de l'eau, suivant l'étendue du potage; on y met un quarteron de riz ou plus; on fait bouillir une demi-heure : le riz et les légumes cuits à point, on les assaisonne de sel et gros poivre, et l'on sert chaudement.

Riz en gras (Potage au). Épluchez et lavez à plusieurs eaux tièdes une demi-livre de riz; après l'avoir fait blanchir et égoutter sur un tamis, faites-le cuire à petit feu, avec du lard et du bon bouillon. Quand il est cuit, ajoutez-y encore du bouillon, délayez bien votre riz, afin qu'il ne se forme point de grumeaux. Remettez du bouillon et du jus, pour qu'il soit de belle couleur et un peu clair; servez chaud.

Riz à la Turque. Choisissez une livre de bon riz, que vous laverez à plusieurs eaux; après l'avoir fait blanchir à grande eau et égoutter, vous le mettez dans une casserole, et le faites crever avec du bon consommé; il faut le mouiller très-peu; votre riz à moitié cuit, joignez-y un peu de safran en poudre, un morceau de beurre fin, de la moelle de bœuf fondue, un peu de glace de volaille; maniez le tout ensemble, et servez dans une soupière ou sur un plat avec du consommé clarifié à part.

Riz à l'Italienne. On fait crever une livre de riz bien lavé; on râpe une demi-livre de lard; on a un chou de Milan que l'on émince et que l'on fait suer avec le lard, assaisonné de persil haché, ail, sel, poivre et quelques graines de fenouil. Quand le chou a été étouffé pendant trois quarts-d'heure, on met le riz dedans avec très-peu de mouillement, afin que le riz soit à peine couvert; on le laisse ainsi cuire un quart-d'heure, et on le sert avec du parmesan.

Riz aux oignons (*Potage au*). On a des oignons, dont on retranche la tête et la queue et que l'on coupe en dés. On passe ces oignons dans un bon morceau de beurre, que l'on laisse frire jusqu'à ce qu'il soit plus que blond; alors on le mouille avec autant d'eau qu'il en faut pour le potage; on assaisonne de sel et de poivre fin. On met un quarteron de riz au plus, selon la grandeur du potage, dans le bouillon où est l'oignon, et on laisse bouillir une heure et demie; après quoi, l'on peut servir.

Riz à la chancelière. Procurez-vous le plus beau riz; après l'avoir épluché et lavé dans plusieurs eaux tièdes, vous l'égouttez et le faites sur le feu; vous mouillez de lait pour le faire cuire; mettez ensuite une poignée de sucre sur un plat; versez-y votre riz qui ne doit pas être épais; poudrez de sucre fin par-dessus, et de cannelle en poudre; faites prendre couleur au four ou à la pelle, et servez.

Riz maigre à la purée de pois verts. Après avoir épluché votre riz, et l'avoir lavé à quatre ou cinq eaux tièdes, vous le mouillez avec du bouillon maigre; vous le faites bouillir une heure et demie; le riz étant cuit, une heure et demie avant de servir votre potage, vous y mettez votre purée; faites ensorte que la purée lie bien le potage, et qu'il ne soit ni trop clair, ni trop épais.

Riz (*Casserole au*). Prenez deux livres de riz,

plus ou moins, selon la grandeur du plat que vous voulez servir; épluchez-le, lavez-le, faites-le blanchir, mettez-le dans une casserole, mouillez-le avec du derrière de la marmite; on doit peu le mouiller, et on doit le faire aller très-doucement; faites ensorte qu'il soit bien nourri, c'est-à-dire qu'il soit bien gras; salez-le convenablement; sa cuisson achevée, faites un bouchon de mie de pain de la grandeur du fond de votre plat; dressez autour votre riz, comme vous feriez pour un pâté; soudez bien votre riz sur le plat, couvrez votre pain aussi; donnez à tout une forme agréable avec un morceau de carotte; formez votre couvercle pour pouvoir l'enlever facilement; faites-lui prendre couleur dans un four très-chaud; lorsque vous serez près de servir, levez votre couvercle avec soin, mettez-le sur un couvercle de casserole, videz votre casserole au riz, remplissez-la d'un ragoût tel que vous jugerez à propos, remettez son couvercle, et servez.

Avant de dresser votre casserole au riz, votre riz étant cuit, de manière à ce que les grains se tiennent ensemble, retirez votre riz du feu, mouillez-le d'un verre d'eau, remettez-le à grand feu; maniez-le de sorte qu'il prenne du corps; jusqu'à ce que la graisse ressorte; dégraissez-le, maniez-le jusqu'à ce qu'il soit à moitié froid, et dressez-le comme il est indiqué ci-dessus : quand votre casserole au riz est prête à servir, vous pouvez mettre un cordon d'œufs mollets sur le bord, avec un filet mignon de volaille, décoré de truffes, à cheval entre chaque œuf, et servez.

Riz au caramel. Après avoir approprié votre riz, faites-le cuire avec un peu d'eau; mouillez de lait bouilli et chaud; mettez-y du sel et un peu de sucre; quand il est cuit et un peu épais, mettez de l'eau dans un plat, avec du sucre que vous faites réduire au caramel; lorsqu'il a pris une couleur bien blonde, versez y votre riz, pendant que le caramel est chaud; étendez ce caramel dessus, comme pour une crême brûlée.

Riz aux poulets. On découpe deux poulets comme pour une fricassée. On les passe au beurre assaisonné d'un bouquet garni de deux clous de girofle, de huit ou dix petits pimens enragés, écrasés ou pilés, et d'un peu de safran. On mouille les poulets avec du bouillon, en y ajoutant vingt-cinq à trente oignons amincis, dont on a retranché les bouts et le cœur; on les fait frire, et après les avoir égouttés, on les met cuire avec les poulets, et on fait bouillir le tout à grand feu.

Après avoir épluché et lavé une livre de riz à plusieurs eaux, on le fait blanchir; on jette cette première eau; on fait cuire le riz dans de la nouvelle eau; que ce riz soit à peine crevé.

On sert les poulets dans une terrine et le riz dans une autre, avec l'attention de ne pas dégraisser les poulets : que la sauce soit un peu longue sans être liée.

Riz (Gâteau au). Faites bouillir une pinte de crême, dans laquelle vous mettrez une demi-livre de sucre, trois quarterons de riz; le riz crevé, faites fondre dedans un quarteron de beurre, en y ajoutant le zeste d'un citron haché. Lorsque le riz sera froid; joignez-y quatre œufs entiers et quatre jaunes, et même davantage, si le riz est épais; beurrez un moule dans lequel vous mettrez de la mie de pain; vous renverserez le moule, afin qu'il ne reste que la mie qui doit tenir après; une demi-heure avant de servir, vous mettrez le riz dans le moule, vous le poserez sur la cendre rouge, vous en placerez à l'entour et vous mettrez par-dessus un couvercle garni de feu. Il ne faut pas que le moule soit plein, de peur que le riz en gonflant ne s'en aille par-dessus; au moment du service, vous renverserez le plat, ayant soin d'en détacher les bords.

Si l'on veut faire un soufflé, on fouette six blancs d'œufs, et on les met dans le riz, que l'on verse dans une petite casserole d'argent.

ROCAMBOLE. Plante bulbeuse, de la nature de l'ail, que l'on emploie dans les alimens, comme ce dernier. Le grand usage qu'en font les Espagnols, lui a fait donner le nom d'échalote d'Espagne. On peut faire cuire la rocambole avec les herbes potagères, aqueuses et insipides.

Rocamboles (Préparation des). On épluche plein un grand verre de rocamboles que l'on jette dans l'eau bouillante; on les retire quand elles commencent à s'écraser sous les doigts, et on les met dans l'eau fraîche. Quand elles sont froides, on les égoutte, on fait réduire du velouté, et on les met dedans. On peut lier le velouté.

ROGNONS ou REINS. Parties des animaux dans lesquelles les sérosités du sang se filtrent et coulent continuellement. Ces parties sont pour l'ordinaire d'une substance solide et compacte, qui les rend difficiles à digérer. Il y a cependant quelques animaux jeunes, dont les rognons sont assez tendres et d'un bon goût; par exemple ceux des agneaux, des veaux et des cochons de lait.

On mange les rognons de bœuf à l'oignon, à la poêle et grillés. *Voy.* BOEUF.

On apprête ceux de mouton sur le gril, marinés, à la broche, aux concombres et glacés. Ces rognons ont pris une telle faveur aujourd'hui, qu'ils sont devenus la préface obligée de tous les déjeûners à la fourchette. *Voy.* MOUTON.

On fait des omelettes avec le rognon de veau, et des ragoûts avec les rognons de coq. *Voy*. VEAU.

ROMARIN. Arbrisseau ligneux, d'une odeur forte, d'un goût âcre, que l'on emploie quelquefois avec les autres plantes odorantes. On tire de cet arbrisseau des huiles, des essences, des eaux, des sels et des conserves sèches et liquides.

ROSE. Cette fleur, très-commune, est, par sa couleur, sa forme et son parfum, l'ornement et les délices de nos jardins, outre sa beauté et l'odeur agréable qu'elle exhale. Son parfum, tout délicat qu'il soit, se conserve dans l'eau qu'on en distille, dans les compositions qu'on en fait.

Roses (Conserve de). Prenez des roses blanches bien fraîches ; effeuillez-les, et les hachez bien menu ; pour une livre de sucre vous mettrez demi-once de roses. Votre sucre étant cuit à la plume, vous le retirerez du feu et le laisserez un peu refroidir. Mettez-y vos roses et les remuez quelques tours dans la poêle ; après quoi vous dresserez votre conserve.

Roses (Glace de). Pilez des roses épluchées, et les délayez avec de l'eau ; versez plusieurs fois cette eau d'un vase dans un autre, pour qu'elle en prenne mieux le parfum. Passez au tamis ; mettez-y du sucre ; travaillez ce mélange à la salbotière à l'ordinaire : sur pinte d'eau, mettez au moins demi-livre de sucre, parce que le froid concentre les saveurs.

Roses (Pralines de). Hachez des roses effeuillées ; mettez-les dans du sucre cuit à soufflé. Retirez ce sucre de dessus le feu ; pour un quarteron de roses, mettez une demi-livre d'amandes à la praline ; remuez le tout ; dressez sur des ardoises, et faites sécher à l'étuve.

Roses (Ratafia de). Prenez des roses blanches ou

rouges, un quarteron ; faites-les infuser dans une chopine d'eau tiède ; laissez-les deux jours en cet état ; après quoi, vous passerez et presserez à travers un linge. Mettez-y autant d'eau-de-vie que de décoction et une demi-livre de sucre clarifié pour pinte. Assaisonnez d'un peu de coriandre, de macis et de cannelle. Laissez infuser ainsi douze ou quinze jours. Passez-le à la chausse, pour le mettre à clair.

ROSSOLIS. Liqueur assez agréable, qu'on boit ordinairement après le repas : on en fait de plusieurs espèces, dont voici les principales.

Rossolis. Mêlez demi-setier d'eau tiède avec chopine d'esprit-de-vin, une livre et demie de sucre cuit à la petite plume ; mettez-y un demi-citron, de l'anis, de la cannelle, de la coriandre et du macis ; laissez infuser le tout seulement quatre jours ; passez à la chausse ; étant clair il est potable.

Rossolis de Turin. Mettez ensemble du bon vin foncé en couleur, de la cannelle, du macis, du girofle avec du sucre dissous dans l'eau distillée de fleurs d'oranges, de jonquilles, roses ou jasmin, de celles que vous voudrez ; mettez le tout dans un alambic bien lutté ; faites distiller à petit feu. Si vous voulez donner un goût ambré à votre liqueur, vous pourrez y délayer quelques grains d'ambre, selon la quantité de liqueur que vous aurez ; mais vous ne les mettrez alors qu'après la distillation.

Rossolis ou *Liqueur parfumée.* Faites bouillir deux livres de sucre dans deux pintes d'eau, à la réduction d'un quart sur le tout. Mêlez-y deux cuillerées d'eau de fleurs d'oranges que vous ferez bouillir un instant. Cassez un œuf frais, ôtez le jaune ; jetez le blanc et la coquille dans la liqueur, et dès qu'elle commencera à bouillir, ôtez-la du feu ; passez-la plusieurs fois à la chausse. Lorsqu'elle sera bien clarifiée, mettez-y de bonne eau-de-vie la quantité proportionnée à la force que vous voudrez lui donner, avec quelques gouttes d'essence d'ambre, ou de l'essence d'hypocras.

ROT. Viande cuite à la broche. C'est ordinairement le second service des tables réglées. La viande de boucherie, les pièces de venaison sont de gros rôt. Le petit rôt, c'est la volaille, le gibier et les petits pieds. On ne peut marquer à point le degré de cuisson; l'œil, la nature et la grosseur des viandes, avec un peu de jugement, assignent la mesure.

ROTIE. Tranches de pain qu'on fait rôtir, et sur lesquelles on sert différentes substances, maigres ou grasses.

Rôties à la moelle. Faites des abaisses de pâte d'amandes, comme des rôties, avec un petit rebord. Faites-les cuire au four; couvrez-les d'un peu de crême à la moelle bien délicate; unissez avec de l'œuf battu; glacez-les, et servez chaud.

Rôties à la provençale. Faites frire à l'huile fine des rôties de mie de pain; dressez-les dans un plat; fendez et mettez sur chacune un anchois dessalé et du poivre concassé par-dessus; arrosez d'huile fine, et servez pour entremets, avec un jus d'orange.

Rôties à l'anglaise. Coupez en deux des ris de veau blanchis, avec champignons et jambon. Passez-les au beurre, bouquet. Mouillez avec jus et bouillon; et quand le ragoût est à demi-cuit, liez-le avec du coulis. Laissez réduire presqu'à sec, et liez encore de trois jaunes d'œufs. Mettez sur chaque rôtie de ce ragoût ce qu'elle en pourra tenir, et pardessus des petits œufs; trempez les rôties dans de l'œuf battu. Faites frire et servez à sec, ou avec une essence.

Rôties au jambon. Coupez plusieurs tranches de

jambon égales; faites-les dessaler pendant deux heures, et les faites suer ensuite. Quand elles s'attacheront, mouillez d'un coulis de veau et jambon, faites bouillir un peu de cette sauce, dégraissez-la, et la passez au tamis. Mettez-y un filet de vinaigre et de gros poivre; coupez des rôties de la grandeur de vos tranches de jambon; passez-les au beurre de belle couleur; dressez vos tranches, et arrosez-les de la sauce ci-dessus.

Rôties de bécasses. Hachez la chair et le dedans des bécasses fort menu, avec sel, poivre, lard, le tout mêlé. Faites vos rôties à l'ordinaire, et les faites cuire à petit feu à la tourtière, servez avec un jus de citron.

Rôties de chapon. Faites une farce de chair de chapon, avec sauce et citron vert. Formez vos rôties glacées, et faites frire comme les précédentes.

Rôties de foies gras. Passez les foies gras à la poêle, hachez-les ensuite avec du lard, quelques champignons, fines herbes, sel et poivre; le reste à l'ordinaire.

Rôties de poisson. Hachez de la chair de carpe avec persil, écorce de citron vert; pilez le tout avec biscuit d'amandes amères, un peu de beurre et de sel, quelques jaunes d'œufs, et mie de pain trempée dans la crème; mettez de cette farce sur des rôties que vous mettez au four ou dans une tourtière. Faites prendre couleur; sucrez et glacez avec la pelle rouge, et servez pour entremets ou garniture.

Rôties en canapé. Faites un salpicon de ris de veau, crêtes et culs d'artichauts coupés en dés; passez des champignons en dés, mouillez de jus; mettez-y le salpicon; faites cuire le tout avec un blanc de veau; assaisonnez et liez sur la fin avec des jaunes d'œufs, peu de sauce; laissez refroidir; garnissez ensuite vos rôties, frottez-les d'œufs battus; faites frire, et servez avec un blanc de veau.

ROUELLE DE VEAU (*Hachis de*). Hachez votre veau avec du lard, mêlez-y des champignons, persil et mie de pain, deux œufs durs, et deux jaunes d'œufs, pour lier le tout. Mettez ce hachis dans une tourtière foncée de bardes de lard; faites cuire à l'étouffée; il se formera une croûte, à laquelle il faut donner l'air, en la parant par-dessus. Quand le hachis sera cuit, mettez-y du jus de gigot avec un jaune d'œuf délayé dans un peu de verjus.

Rouelle de veau (*Pâté de*). Coupez-la en trois; lardez de moyen lard bien assaisonné, et la dressez sur une abaisse de pâte fine, garnie d'un bon godiveau. Garnissez le pâté de pointes d'asperges, champignons, ris de veau, truffes, morilles, culs d'artichauts, lard pilé; assaisonnez de sel, poivre, fines herbes et épices: couvrez d'une seconde abaisse; faites cuire pendant deux heures; découvrez et dégraissez; et mettez-y un coulis clair de veau et de jambon, servez chaud pour entrée.

Rouelle de veau (*Pâté froid de*). Lardez de gros lard bien assaisonné. Faites mariner dans le vinaigre; mettez sur un papier beurré une abaisse de pâte commune; dressez-y votre veau avec lard pilé et bardes de lard, feuilles de laurier et assaisonnement nécessaires. Couvrez d'une seconde abaisse; façonnez et dorez le pâté; mettez au four pendant trois heures, et sur la fin de la cuisson jetez une gousse d'ail ou une échalote écrasée, par le soupirail, et servez froid.

Rouelle de veau (*Ragoût de*). Prenez des rouelles un peu épaisses; piquez-les beaucoup de lard, avec sel, poivre, épices. Foncez une casserole de bardes de lard; arrangez le veau dessus; ne leur donnez d'abord qu'un feu médiocre, afin que la viande donne son suc; ensuite augmentez le feu, pour lui faire prendre couleur des deux côtés, en les poudrant d'un peu de farine. Faites-les roussir ensuite dans le lard fondu, que vous ôterez après, pour y mettre un peu de bouillon ; quand la viande sera rousse, laissez cuire doucement, et ajoutez du persil et de la ciboule ; liez ensuite la sauce avec des jaunes d'œufs délayés dans un peu de verjus.

ROUGE. Oiseau aquatique, qui ressemble au canard, mais plus petit et d'un goût assez délicat. On le sert assez ordinairement pour un plat de rôt, après avoir été flambé et vidé. On peut aussi lui faire subir toutes les préparations du canard. *Voy.* CANARD.

Rouge à la sauce d'orange. Faites cuire votre oiseau à la broche : mettez dans une casserole un quarteron de beurre fin et frais, manié de farine, deux anchois hachés, quelques zestes d'orange, le jus de deux oranges, sel et gros poivre; mouillez avec du jus. Faites lier la sauce sans qu'elle bouille, et servez dessus votre rouge.

ROUGE-GORGE ou GORGE-ROUGE. Petit oiseau de passage qui pèse une demi-once, ayant un demi-pied de longueur, depuis la pointe du bec jusqu'à l'extrémité de la queue. La poitrine a une couleur rouge ou orangée, qui a fait donner à cet oiseau le nom de *gorge-rouge*. Il tient un rang distingué dans la classe des becs-figues, et c'est un rôti très-succulent. On en fait à Metz, dans la Lorraine et l'Alsace, un assez grand commerce. Cet oiseau se mange à la broche et en salmi. *Voy.* SALMI.

ROUGET. Poisson de mer qui tire son nom de sa couleur, qui est rouge surtout en dehors. Il a le corps rond et charnu, et la tête assez grosse. Ce qu'on appelle *rouget* à Paris, est appelé par d'autres, *grelot*. Il est recherché pour son bon goût, lorsqu'il est bien frais et d'une chair ferme ; mais il est sujet à se corrompre.

Le rouget ne s'écaille point : on le vide, on le lave, et on en garde les foies. On le mange ordinairement rôti sur le gril comme la vive : on le sert avec les mêmes sauces. On a soin de mettre les foies dans la sauce qu'on sert dessus. On le mange encore cuit au four sur une tourtière, ou bien enfin au court-bouillon de la manière qui suit :

Rougets accompagnés. Faites bouillir de l'eau et du vin dans une casserole avec quelques tranches d'oignons, des racines, un bouquet de fines herbes et un morceau d'excellent beurre ; mettez-y ensuite les rougets que vous aurez vidés préalablement ; il ne faut qu'un quart-d'heure pour la cuisson ; levez-en la peau, et servez-les avec la sauce que vous jugerez convenable.

Rougets grillés. Videz vos poissons à la réserve du foie ; ciselez-les, et faites-les mariner avec du beurre, du sel, du poivre, du persil et de la ciboule hachés menu ; faites-les griller des deux côtés ; étant cuits, ôtez-leur les foies que vous écraserez, avec un peu d'eau ou de court-bouillon ; faites-en une sauce avec de bon beurre, du sel, du poivre, de la muscade et des câpres ; servez-la bien chaude sous vos rougets pour entrée.

Rougets aux câpres. Videz vos rougets, dont vous ôtez les ouies ; après les avoir lavés, mettez-les dans un court-bouillon avec vin blanc, beurre, racines, tranches d'oignons, bouquet, ail, clous de girofle, que vous ferez bouillir un peu. Quand le court-bouillon aura pris, mettez-y cuire vos rougets ; étant cuits, dressez-les dans un plat. Servez avec une sauce aux câpres.

Rougets au coulis et aux queues d'écrevisses. Faites cuire vos rougets au court-bouillon, comme ceux aux câpres indiqués ci-dessus. Ayez du coulis d'écrevisses. Faites-en cuire les queues avec du bouillon et du sel.

Egouttez vos rougets; dressez-les, les queues d'écrevisses par-dessus, et le coulis sur le tout.

ROULADE. Tranche de bœuf, veau ou mouton, bien aplatie, et roulée avec une farce quelconque bien assaisonnée.

Roulades à l'anguille. Prenez une grosse volaille; flambez-la, et la fendez par le milieu; désossez et étendez dessus une farce bien fine; couvrez cette farce de lardons de jambons et d'anguilles; roulez ensuite votre volaille de son long; ficelez-la bien, et faites cuire dans une bonne braise avec un verre de vin de Champagne. Faites cuire dans la même braise des tronçons d'anguille piqués; glacez-les ensuite; dressez les roulades sur un plat, un morceau d'anguille dans le milieu, les autres autour; et pour sauce, mettez-y du jus de la braise réduit, dégraissé et passé au tamis avec un jus de citron.

Roulades de bœuf. Coupez des tranches de bœuf, aplatissez-les; faites une farce de chair de chapon, d'un morceau de cuisse de veau, lard et moelle de bœuf, jambon cuit, persil, ciboules, ris de veau, truffes, champignons, le tout bien haché, avec fines herbes et épices. Etendez cette farce sur les tranches de bœuf; roulez-les ensuite bien ferme; ficelez et faites cuire à une bonne braise. Etant cuites, dégraissez; coupez-les en deux; servez-les avec un coulis, ou un petit ragoût de ris de veau, crêtes, ou autre chose.

Roulades de mouton en hâtelettes à l'échalote. Levez le filet d'un carré de mouton mortifié, et le coupez par tranches minces; faites mariner les tranches avec huile fine, sel et gros poivre, persil, ciboules, ail, échalote. Quand elles seront assez marinées, étendez sur chacune de la farce fine; roulez-les, et les passez dans des hâtelettes, et les faites cuire à la broche, enveloppées de lard et de papier ; arrosez-les de leur marinade en cuisant ; et servez-les, quand elles seront cuites, avec une sauce à l'échalote.

Roulade de veau à la Bavaroise. Laissez mortifier une cuisse de veau ; levez-en toutes les noix. Dégraissez-les bien ; ôtez-en les peaux ; coupez le maigre par tranches minces ; battez ces tranches avec un couperet ; étendez ensuite sur une table une crépine de veau trempée à l'eau fraîche ; mettez dessus vos tranches de veau, et les couvrez de lard râpé, jambon pilé, cuit avec sel, poivre, girofle, cannelle, muscade battue, et coriandre pilée, persil, ciboules, échalotes ; ail, rocambole, thym, basilic, sarriette, laurier, champignons, téline de veau en filets, ris de veau, et bon beurre ; roulez le tout ensemble comme une andouille ; attachez votre roulade et la ficelez ; enfilez-la dans une hâtelette enveloppée de papier beurré, et faites rôtir à petit feu, en l'arrosant. Etant cuite, ôtez le papier ; faites-lui prendre couleur. Servez pour entrée avec du coulis de veau, où vous mettrez une pointe d'ail et du poivre concassé.

ROUX. Les roux jouent en cuisine un rôle assez étendu, et quoique les élémens qui les composent se réduisent au beurre et à la farine, ils demandent cependant une aptitude et un tact qui ne sont point à la portée des artistes vulgaires. Destinés à lier un grand nombre de sauces, leur défectuosité entraînerait de graves inconvéniens auxquels il serait assez difficile de parer, et qu'un cuisinier habile ne peut guère envisager sans frémir.

Roux blond. Faites fondre une livre de beurre dans une casserole ; mettez-y un litron de farine, et même plus, si votre beurre en peut boire davantage, c'est-à-dire, que par le mélange, la farine liée avec le beurre soit plus épaisse que si c'était une bouillie bien matte ;

si votre roux était trop clair, vous y remettrez de la farine; placez votre beurre et votre farine sur un feu un peu vif; tournez jusqu'à ce que votre roux soit un peu blond; arrivé à ce point, placez-le sur un feu doux, couvert d'un peu de cendres, et faites aller à petit feu jusqu'à ce que votre roux prenne la couleur d'un beau blond.

La farine dont vous vous servirez doit être de froment, pour ce roux, ainsi que pour le suivant, celle de seigle n'étant pas susceptible de bien lier.

Roux blanc. On prépare du beurre et de la farine comme pour le roux précédent; on le met sur un fourneau qui ne soit pas trop ardent; on le tourne sans le quitter, jusqu'à ce qu'il soit bien chaud; on ne le laisse point prendre de couleur; plus il est blanc, plus il est beau. On se sert de ce roux pour lier le velouté et d'autres sauces.

S.

SAFRAN. Plante dont on cultive une quantité considérable dans le Levant; on en cultive aussi en France de très-estimé, sur-tout dans le Gâtinois. On n'emploie de cette plante, que les filamens déliés, qui naissent en manière de houppe au centre de la fleur. Il est des pays où l'on en fait usage dans presque tous les mets. La cuisine française en fait peu d'usage. Dans l'office, on s'en sert beaucoup plus. Il entre dans la composition de plusieurs liqueurs et sucreries.

Safran (Conserve de). Faites cuire du sucre cuit à la petite plume, la quantité que vous voudrez; mettez-y du safran en poudre, seulement pour lui donner couleur; et dressez comme nous avons dit des conserves, pour les mettre sécher à l'étuve.

Safran (*Mousse de*). Faites bouillir de la crême avec un peu d'eau de fleurs d'orange, dans laquelle vous mettrez un peu de safran : étant refroidie, fouettez-la bien ; dressez-la dans des gobelets faits exprès ; mettez ces gobelets sur de la glace, et par-dessus un couvercle couvert de glace que vous y tiendrez jusqu'à ce que vous serviez. Si votre crême ne moussait pas assez, vous pourrez y mettre un peu de blanc d'œuf.

Safran (*Pastilles de*). Pour une once de safran, faites fondre une once de gomme bien nette, et y mettez une livre de sucre en poudre : faites du tout une pâte maniable, et formez-en des pastilles qu'on fait sécher à l'ordinaire.

SAGOU. Espèce de fécule desséchée qu'on tire dans les Indes Orientales de la moelle d'une espèce de palmier nommé *zagu*.

Pour faire usage de cette fécule ou grosse farine transportée en Europe, il faut d'abord l'époudrer et l'éplucher comme on épluche les lentilles, en choisissant les parties les plus grosses et les plus blanches. Ensuite on la lave dans de l'eau qui soit tiède seulement, et alors on s'en sert pour en faire des potages.

Sagou (*Potage au*). Après avoir préparé deux onces de sagou, vous les faites tremper dès la veille et égoutter dans une passoire ; faites-le bouillir pendant trois quarts-d'heure dans du bon consommé : quand il formera gelée, il sera assez cuit, et vous pouvez le servir.

Sagou à l'espagnole. Lavez votre sagou comme le riz et faites-le cuire dans du consommé de volaille jusqu'à ce qu'il forme une gelée ; préalablement vous aurez préparé une purée de gibier, que vous tiendrez bouillante au bain-marie ; au moment de servir, mêlez votre sagou avec votre purée ; si votre potage était trop épais, vous l'éclairciriez avec un peu de consommé de volaille et de glace de gibier.

SAINDOUX. Graisse de porc, d'un grand usage en cuisine, surtout pour les fritures. Voici la manière de le faire.

Procurez-vous de la panne bien blanche et qui soit épaisse; supprimez-en les peaux, battez-la bien avec un morceau de bois; après l'avoir coupée par petits morceaux, mettez-la sur le feu dans une marmite ou casserole avec un peu d'eau. On y ajoute, si l'on veut, des oignons piqués de clous de girofle. Faites-la aller à petit feu et bouillir longtemps, pour qu'elle soit cuite et que le saindoux se conserve. On est assuré qu'elle est bien cuite lorsque les cordons se brisent facilement : alors laissez-la refroidir. Lorsqu'elle ne sera plus que tiède, passez-la au travers d'un tamis, et pour la conserver, mettez-la dans un endroit frais. Quelques personnes, pour mieux conserver le saindoux, y ajoutent, en le faisant fondre, un peu de verjus.

SALADES. Les salades se composent de diverses plantes potagères crues, que l'on assaisonne avec de l'huile, du vinaigre, du sel, du poivre et quelquefois de la moutarde. On y ajoute souvent, pour en relever le goût, des herbes aromatiques, telles que l'estragon, la pimprenelle, etc.

On en fait aussi de cuites avec de la racine de la betterave, des confites avec de la passe-pierre, des concombres, des cornichons, des graines de capucine, des câpres, etc., confits au vinaigre, auxquels on ajoute des anchois.

Les salades varient selon les saisons. Sur la fin de l'automne commencent celles de chicorée; on la choisit bien tendre, bien blanche et bien fournie, et l'on n'y mêle jamais de ces herbes aromatiques qu'on connaît en général sous le nom de fourniture. On se contente de mettre au fond du saladier une croute de pain bien frottée d'ail, qu'on appelle le *chapon*, et qui ne sert qu'à donner du goût à cette salade.

A peu près dans le même temps, on en fait avec la scarole, qui est une espèce de chicorée, mais qui est moins tendre, qui a moins de goût que la chicorée ordinaire, et qui s'emploie de même sans fourniture.

La salade qu'on sert le plus souvent en hiver se fait avec des betteraves cuites, coupées en tranches très-minces, des mâches et du céleri coupé par morceaux. On n'y met point non plus de fourniture; mais les betteraves exigent beaucoup de vinaigre.

Les betteraves forment une très-bonne salade; il faut choisir les blanches. Ce sont, en général, les plus honorables, les meilleures et les plus sucrées.

Le céleri s'emploie aussi quelquefois seul en salade : alors on choisit les pieds les plus beaux, et on les sert sans assaisonnement, mais avec une saucière qui renferme de l'huile bien battue avec de la moutarde. C'est une salade très-distinguée.

Le cresson est encore une salade d'hiver, mais qui paraît rarement sur les grandes tables; on l'y admet tout au plus sous une poularde rôtie. On l'assaisonne avec beaucoup de vinaigre et un peu d'huile.

Quelques personnes font aussi des salades, qui ne sont pas merveilleuses, avec de la chicorée sauvage.

Sur la fin de l'hiver paraît la plante connue sous le nom de *barbe de capucin*, et qui est une espèce d'endive. On en fait des salades assez peu estimées, cette plante étant amère et rarement tendre. On l'assaisonne comme la chicorée.

Au commencement du carême paraît ordinairement la laitue; mais quoique très-tendre alors, elle est comme les primeurs, sans saveur et trop aqueuse pour être réellement bonne ; mais ce ne sera guère que vers Pâques qu'elle sera vraiment digne de notre sensualité.

La laitue pommée est une des meilleures salades et celle qui plaît le plus généralement. On y met de la fourniture, des œufs durs coupés par quartiers et quelques filets d'anchois : cette salade demande beaucoup d'huile.

Vient ensuite la laitue romaine, moins tendre, moins aqueuse que la laitue pommée, mais qui, en général, a plus de goût, et qui est adoptée de préférence sur les tables opulentes; lorsqu'elle est panachée, c'est vraiment une salade de distinction. Elle se sert avec ou sans fourniture, mais jamais avec des œufs ; elle consomme moins d'huile que la laitue pommée.

On fait des salades avec d'autres plantes potagères, telles que le salsifis, ou avec d'autres herbes, telles que le pourpier, etc.; mais elles ne se servent pas habituellement.

Une salade très-distinguée est celle qui se fait avec de petits oignons cuits, des cornichons, des filets d'anchois, différentes herbes aromatiques, quelques morceaux de thon mariné, des jaunes d'œufs durs, des câpres et des olives farcies.

Salades de volaille ou *de gibier.* Prenez la volaille ou le gibier que vous jugez à propos, mais de préférence les poulets gras, les faisans ou les perdrix qui ont été cuits à la broche et lorsqu'ils sont refroidis. Coupez-les en filets ; ayant soin de retirer exactement les os. Arrangez-les par compartimens avec une laitue hachée qu'on met au fond du plat, et d'autres laitues et fournitures pour former les compartimens. Assaisonnez-les comme les autres salades. Quelques filets d'anchois et quelques cornichons coupés en tranches très-minces ajoutent beaucoup de prix aux salades de volaille ou de gibier, dont ils relèvent merveilleusement le goût.

SALÉ. C'est la chair du cochon qu'on a salé. Toutes les parties du cochon, sauf les pieds, se salent; mais le filet vaut mieux que le reste. Coupez votre cochon par morceaux, et sur quinze livres de chair employez une livre de sel pilé, dont vous frotterez les morceaux partout, et que vous mettrez ensuite dans un vaisseau qui ferme hermétiquement. Il suffit de sept à huit jours pour qu'il prenne le sel. Si l'on veut le garder plus longtemps, il faut le saler davantage. Plus le salé est nouveau, meilleur il est. S'il avait trop pris de sel, il faudrait le faire tremper à l'eau tiède, jusqu'à ce qu'il soit au degré de salure qu'on désire.

Salé (Petit). Le petit salé se fait en coupant par morceaux des poitrines de cochon que l'on frotte de sel fin; on y ajoute un peu de salpêtre; on arrange ces morceaux les uns sur les autres dans un pot. Il faut avoir soin de les bien fouler pour éviter qu'ils ne prennent le goût d'évent. Pour parer à cet inconvénient on bouche les vides avec du sel, on recouvre le vase d'un linge blanc, que l'on ferme le plus hermétiquement possible. Au bout de huit ou dix jours, on peut manger ce petit salé, soit avec la purée de pois, de lentilles ou avec des navets, soit avec des ragoûts de choux ou d'autres légumes.

SALICOQUE. Petite écrevisse de mer d'un excellent goût, qui se nomme aussi *écrevette*, diminutif d'écrevisse, et dans quelques endroits par corruption *crevette*. Voy. ce mot.

SALMI. Espèce de ragoût qu'on fait avec des viandes cuites à la broche, auxquelles on fait une sauce, après les avoir dépecées.

Salmis (*Manière de faire toutes sortes de*). Mettez une tranche de jambon dans une casserole ; faites-la suer et attacher ; mouillez-la avec demi-setier de vin blanc, un peu de coulis ; mettez bouquet et girofle, faites bouillir une heure ; passez ensuite cette sauce au tamis ; dépecez lapereaux, levrauts, perdreaux, bécasses ou autres viandes cuites à la broche. Mettez les dans la sauce susdite, avec échalote hachée, sel et gros poivre ; faites chauffer sans bouillir, et servez avec croûtons frits. D'ordinaire on coupe les levrauts en filets ; quant aux bécasses, on délaie ce qu'elles ont dans le corps avec la sauce. On peut aussi y écraser les foies des lapereaux.

SALPICON. On nomme salpicon un assemblage de plusieurs viandes telles que jambon, ris de veau, foies gras, qu'on coupe en gros dés, ainsi que des truffes et des champignons ; on les met dans une casserole avec un pain de beurre, un bouquet de persil, ciboules, une gousse d'ail, deux clous de girofle, deux feuilles de laurier, et on passe sur le feu. Après avoir poudré de farine, on mouille de jus de veau, bouillon, coulis avec sel et gros poivre. On fait cuire et réduire à courte sauce, après avoir dégraissé.

On peut faire entrer tout ce qu'on veut dans le salpicon, mais en faisant bien cuire auparavant tout ce qui est dur à cuire, comme culs d'artichauts, palais de bœuf, crêtes, petits œufs blanchis, et on ne les met que sur la fin de la cuisson, comme on y met les cornichons blanchis et les blancs de volaille cuite. Le nom de ce ragoût indique son usage.

SALSIFIS. Racine commune des jardins, qu'on mange cuite. Ses feuilles sont longues et étroites, et ses fleurs de couleur violette. Il y a un salsifis qui vient d'Espagne et qui en porte le nom, ou celui de *scorso* nère, du mot espagnol *scorsonera*, qui signifie *écorce noire*, parce que sa peau ou son écorce est en effet de cette couleur.

Ces deux espèces de salsifis sont un aliment bon et sain ; il faut les choisir tendres, charnus et faciles à rompre.

Salsifis (*Manière d'apprêter les*). Ratissez vos salsifis pour en enlever l'écorce noire ; n'y laissez pas de taches, et jetez-les à mesure dans un vase où il y aura de l'eau et du vinaigre blanc ; versez ensuite beaucoup d'eau dans une casserole, ajoutez-y du sel, gros comme un œuf de beurre, et quatre cuillerées à bouche de vinaigre blanc. Lorsque l'eau bout, mettez-y vos salsifis, que vous laissez bouillir pendant une heure ; après vous être assuré s'ils sont cuits à propos, égouttez-les et arrangez-les dans une sauce blanche ou brune. *Voy.* SAUCES.

Salsifis frits. Vos salsifis cuits et préparés comme dans l'article précédent, laissez-les égoutter ; faites une sauce blanche un peu relevée ; sautez-les dedans, mettez-les ensuite refroidir sur un plat ; au moment de servir, trempez les dans une pâte à frire : on peut aussi, quand ils sont égouttés, les mettre dans une terrine avec un peu de sel, du poivre, du vinaigre, et les laisser mariner un instant avant de les mettre dans la pâte.

On peut encore les accommoder de différentes autres façons, et leur donner différentes formes. On en fait aussi des entremets en gras estimés.

SANG. On fait quelquefois, en cuisine, usage du sang des animaux ; on ne l'emploie guère seul ; mais de quelque façon qu'on l'apprête, ce ne peut être qu'un aliment mal-sain, comme celui du cochon, dont on fait du boudin ; celui de lièvre dont on se sert pour lier les sauces qu'on fait à ce gibier, ainsi que celui de quelques poissons.

SANGLIER. Animal quadrupède de même espèce que le cochon domestique et le cochon de Siam. Il habite les forêts. Quand il est jeune, on l'appelle marcassin. *Voy.* Marcassin.

La femelle du sanglier s'appelle *laie*; elle ressemble assez au sanglier, comme la truie ressemble au cochon domestique. Les mâles de ces deux espèces sont toujours plus estimés que les femelles.

La hure de sanglier est la plus estimée, et se sert pour gros entremets froid; c'est un des plus honorables. Il n'y a guère que le fumet qui distingue le sanglier du cochon. Ils appartiennent à la même famille; leur hure se présente de la même manière, leurs pieds se servent simultanément à la Sainte-Menehould, et leurs filets également piqués à la broche. Mais c'est là que finissent leurs rapports; et si le sanglier se refuse à la confection du boudin, des saucisses, des andouilles, il permet que l'on serve à la broche, et comme un rôti des plus distingués, ses quartiers de devant et de derrière, après les avoir fait mariner convenablement; il se sert aussi en pâté froid, en civet, en bœuf à la mode, etc., etc.

Le sanglier se dépèce par morceaux, savoir : le quartier de devant, le quartier de derrière, la longe, l'épaule, le filet et autres parties, sans compter la hure et les pieds, qui sont les menus droits.

Sanglier (Hure de). On emploie pour arranger une hure de sanglier, le même procédé que celui pour la hure de cochon; il faut avoir soin surtout d'en griller les soies, et de bien la laver, la ratisser, etc. *Voy.* Cochon.

Sanglier (Hure braisée de). On fait brûler la hure à un feu clair : lorsque le plus gros est ôté, on la met sur un fourneau vif pour brûler le reste, et on la ratisse avec un couteau jusqu'à ce qu'elle soit bien nette ; on la désosse ensuite à moitié, en ôtant le museau et les deux mâchoires, de façon que la peau ne soit pas endommagée, et qu'elle reste adhérente à la tête. On la larde en dedans avec du gros lard ; on assaisonne de sel, fines épices mêlées, thym, laurier, basilic en poudre, persil, ciboules, une gousse d'ail, quatre échalotes, champignons, le tout haché très-fin ; on enveloppe la hure d'une grosse toile bien propre et on la ficèle ; on la met dans une marmite juste à sa grandeur, avec des oignons, des carottes, des panais, un citron coupé en tranches avec sa peau, trois pintes du meilleur vin rouge, deux pintes d'eau, un gros bouquet de persil, ciboules, deux gousses d'ail, six clous de girofle, thym, basilic, trois feuilles de laurier, sel, poivre, une racine de persil ; on fait cuire au moins six heures, et réduire la braise à moitié. On laisse refroidir la hure dans sa braise, et on la sert sur une serviette.

Sanglier rôti (filet de). Le morceau le plus honnête et le meilleur à servir sur une table, est sans contredit le filet ; on l'apprête de la manière suivante :

On a un filet de sanglier mortifié de quelques jours ; après l'avoir piqué proprement de menu lard, on le fait mariner quelques heures dans un peu de vinaigre, avec du vin blanc et de l'eau-de-vie, du sel menu, du gros poivre, tranches d'oignons, persil et ciboules entières, fines herbes et un peu de beurre frais, le tout sur des cendres chaudes, pour tiédir seulement. Quand il a pris le goût de la marinade, on le met à la broche, enveloppé de papier ; on le fait rôtir à petit feu, et on lui donne de la couleur ; il se sert pour entrée avec une sauce piquante.

Sanglier à la braise (filet de). On suit les mêmes

procédés que pour le filet de bœuf à la braise. *Voyez* Bœuf.

Sanglier à la daube. Ayez un cuisseau de sanglier que vous larderez partout avec du gros lard; après l'avoir assaisonné de sel, fines épices, ail, échalotes, persil, ciboules, thym, laurier, basilic, le tout haché très-fin, mettez-le dans une marmite juste à sa grandeur, avec quelques bardes de lard, tranches d'oignons, zestes de carottes, panais, un gros bouquet de persil, ciboules, deux gousses d'ail, quatre clous de girofle, deux feuilles de laurier, thym, basilic, sel et gros poivre; faites suer une demi-heure à petit feu, et mouillez avec un poisson d'eau-de-vie, une chopine de vin blanc et du bouillon; faites suer à petit feu six ou sept heures; ensuite laissez refroidir votre cuisseau dans sa cuisson, et servez-le pour gros entremets froid avec sa sauce, qui doit être très-courte et d'un bon goût.

Sanglier en haricot. Coupez proprement de la poitrine de sanglier, et mettez-la cuire avec un demi-setier de vin blanc, du bouillon, un bouquet de persil, ciboules, une gousse d'ail, trois clous de girofle, thym, laurier, basilic, un filet de vinaigre, sel et poivre.

Coupez des navets en amandes, que vous ferez blanchir et cuire avec du jus de veau, un bouquet de fines herbes, du bouillon, sel et gros poivre; la cuisson achevée et réduite à courte sauce, mettez-y quelques cuillerées de bon coulis; faites bouillir quelques bouillons. Servez ce ragoût de navets sur les morceaux de sanglier, pour entrée.

Sanglier (Côtelettes sautées de). Après avoir coupé et paré vos côtelettes de sanglier, comme celles de veau, vous les mettez dans votre sautoir, en les assaisonnant de sel et gros poivre; après avoir fait tiédir du beurre que vous versez dessus, vous les posez sur un feu ardent ; étant roides d'un côté, retournez-les de l'autre ; lorsqu'elles sont devenues fermes, dressez-les en couronnes sur votre plat : mettez dans une casserole quatre cuillerées à dégraisser d'espagnole, et un verre de vin blanc que vous verserez dans votre sautoir. Pour détacher la glace qu'ont produite vos côtelettes, mettez ce vin dans votre sauce, que vous faites réduire à moitié; passez votre sauce à l'étamine, et versez-la sur vos côtelettes.

Sanglier piqué et glacé (Filet de). Après avoir paré votre filet de sanglier comme un filet d'aloyau, faites-le mariner pendant quarante-huit heures, et donnez-lui la forme que vous jugerez convenable.

Mettez du lard dans une casserole, avec quelques tranches de sanglier, du thym, un peu de sauge, trois feuilles de laurier, des carottes et des oignons ; posez votre filet sur cet assaisonnement, couvrez-le d'un papier beurré ; jetez-y un verre de vin blanc, un verre de bouillon et un peu de sel ; faites-le cuire à feu dessus et dessous pendant deux heures. Au moment de servir, après avoir égoutté et glacé votre filet, dressez-le sur le plat, et servez-le avec une sauce piquante.

Sanglier (Cuisse de). Brûlez les soies de votre cuisse, que vous nettoyerez le mieux possible ; après l'avoir désossée jusqu'à la jointure du manche, piquez-la de gros lardons assaisonnés d'aromates pilés, d'un peu de sauge, des quatre épices, de sel et de gros poivre. Garnissez ensuite une terrine de beaucoup de sel, auquel vous ajoutez du poivre fin, du poivre en grains, du genièvre, du thym, du laurier, du basilic, des oignons coupés en tranches, du persil en branches et de la ciboule entière ; posez-y votre cuisse, que vous laissez mariner pendant quatre ou cinq jours. Lorsque vous voudrez la faire cuire, vous ôterez de son intérieur les aromates que vous y avez mis ; après l'avoir enveloppée dans un linge blanc et l'avoir ficelée comme une pièce de bœuf, vous la mettrez dans une braisière avec la saumure dans laquelle elle a mariné, six bouteilles de vin blanc, autant d'eau, six carottes, six oignons, six clous de girofle, un fort bouquet de persil et ciboules ; vous la ferez mijoter pendant six heures ou sept heures au plus ; après quoi laissez-la une demi-heure dans sa cuisson, au bout de laquelle vous la retirez. Vous la laissez dans sa couenne, si vous le jugez à propos ; couvrez-la de chapelure. Cependant si votre cuisse est grasse, ôtez la couenne, et laissez-la à blanc ; glacez-la et donnez-lui une belle forme.

Sanglier (*Quartier de derrière de*). Piquez-le de gros lard, faites-le mariner, et cuire ensuite à la broche, ou en daube, ou en bœuf à la mode. *Voy*. DAUBE et BOEUF.

Sanglier (*Quartier de devant de*). Faites-le mariner avec sel et poivre, vinaigre, ail et toutes sortes de fines herbes. Faites-le cuire ensuite à la broche, et servez avec une sauce piquante. *Voy*. SAUCES.

Sanglier à la poivrade. Ayez un filet de sanglier, dont vous larderez la chair avec de gros lardons ; assaisonnez-le de sel fin, fines épices mêlées, une pointe d'ail, thym, laurier, basilic en poudre, faites-le cuire à la broche, en l'arrosant souvent. Sa cuisson achevée, servez-le pour entrée avec une sauce piquante, comme celle à la nivernaise ou à la poivrade, etc.

Sanglier (*Boudin de*) Aussitôt que le sanglier est tué, les chasseurs doivent avoir soin de le saigner, de manier le sang avec un peu d'acide, comme vinaigre, citron ou verjus, et le mettre dans des bouteilles pour le porter au logis ; l'on procède de même que pour le boudin noir de cochon. *Voy*. BOUDIN.

Sanglier (*Jambon de*). On prépare et on apprête ce jambon comme celui de cochon. *Voy*. JAMBON.

Sanglier (*Saucisson de*). La préparation et l'apprêt de ces saucissons s'opèrent comme ceux de cochon. *Voy.* Saucisson.

SARCELLE. Oiseau aquatique, mis au nombre des canards sauvages, mais d'une espèce plus petite et d'un goût plus agréable. Il se mange également en maigre comme en gras, et se prête à un grand nombre de métamorphoses, puisqu'on l'apprête à la rocambole, aux choux-fleurs, aux huîtres, aux navets, à la bigarade, aux olives, enfin aux truffes, en pâté et même en terrine.

Sarcelles à la broche. Choisissez deux sarcelles bien grasses; plumez-les, ôtez-en le duvet; coupez-en les ailes bien près du corps; supprimez-en les cous; videz, flambez, épluchez-les, retroussez-leur les pattes, bridez-les et frottez-les avec leurs foies; mettez-les ensuite à la broche; faites-les cuire; débrochez, puis dressez-les, pour les servir avec des citrons entiers.

Sarcelles à la rocambole. Après avoir approprié vos sarcelles, faites-les cuire à la broche. Faites suer ensuite une tranche de jambon; si elle s'attache, vous la mouillez de bouillon et de coulis; faites bouillir et dégraissez; passez au tamis; écrasez quelques rocamboles, mettez-les dans cette essence, et servez avec les sarcelles.

Sarcelles aux choux-fleurs. Vos sarcelles flambées et vidées, troussez-leur les pattes. Epluchez ensuite des choux-fleurs; faites-les blanchir et cuire dans un blanc de farine avec de l'eau, du sel et du beurre. Quand ils sont cuits, faites-les égoutter; mettez-les dans une bonne essence avec du beurre frais et du gros poivre. Faites lier la sauce; dressez les sarcelles sur un plat, les choux-fleurs autour, et versez la sauce sur le tout.

Sarcelles aux navets. On les fait cuire à la broche,

ou à la braise, piquées de gros lard ; ensuite on coupe des navets en dés, ou on les tourne en olives ; après leur avoir fait prendre couleur dans du saindoux, on les égoutte et on les fait mijoter avec du bon jus, lié d'un bon coulis ; après quoi, on dresse les sarcelles et le ragoût par-dessus.

Sarcelles aux olives. Vos sarcelles appropriées, faites-les refaire dans la graisse et cuire ensuite à la broche ou à la braise. Tournez des olives, et les mettez ensuite à l'eau fraîche ; quand elles sont égouttées, vous les faites mijoter dans une bonne essence, et vous les servez sous les sarcelles.

Sarcelles aux truffes. Faites cuire vos oiseaux à la broche avec une farce légère dans le corps et quelques truffes ; servez ensuite avec un ragoût de truffes. *Voy.* TRUFFES.

Sarcelles à la bigarade. Rassemblez quatre sarcelles jeunes et convenablement mortifiées ; qu'elles aient été chassées, s'il se peut, sur les côtes de la Manche, et surtout dans la baie d'Étaples. Videz-les avec soin ; flambez-les légèrement, de manière à ne brûler que le duvet ; épluchez-les avec attention, et qu'il n'y reste aucun tuyau qui rappelle ses plumes.

Pilez les foies des quatre défuntes, avec le dos du couteau pour en faire une petite farce ; mêlez-y un copieux morceau de beurre, du sel, du poivre, quelques épices, et un peu de zeste de citron haché.

Farcissez de ce composé vos quatre sarcelles, de façon que leurs ventres s'arrondissent mollement ; troussez-les, et passez votre ficelle avec adresse, afin de leur donner, dans cet état, un aspect gracieux et appétissant.

Couvrez leurs estomacs d'une tranche de citron que vous recouvrirez d'une barde de lard, et ensuite d'un surtout de papier bien beurré. Il faut avoir soin de les ficeler dans cet état par les deux bouts, de peur que le jus ne s'échappe. Embrochez-les toutes quatre sur un hâtelet que l'on attache à la grande broche. Une demi-heure suffit pour leur cuisson.

Au moment de servir, développez-les et débridez-les proprement; vous en égoutterez le beurre et ôterez les tranches de citron. Servez-les avec une espagnole bien finie, dans laquelle vous ajouterez le jus de deux bigarades.

A défaut de bigarade, on peut employer le citron.

Sarcelles aux huîtres. Faites cuire deux ou trois sarcelles à l'ordinaire; faites blanchir en même temps des huîtres dans leur eau, et jetez-les à l'eau fraîche; faites égoutter sur un tamis. Faites suer une tranche de jambon; quand elle est un peu attachée, vous la mouillez de bouillon et de coulis: faites-lui faire quelques bouillons; dégraissez cette essence, et passez-la au tamis. Vous hachez deux anchois un peu dessalés que vous délayez dans cette essence; vous y mettez ensuite les huîtres avec un peu de gros poivre, et vous servez ce ragoût avec vos sarcelles.

On fait aussi des pâtés et des terrines de sarcelles, et qui se confectionnent de même que ceux des canards sauvages. *Voy.* CANARD.

SARDINE. Petit poisson de mer, dont le ventre est blanc, et le dos bleu et vert, appelé communément le *goujon de la mer*.

Les sardines sont des poissons de passage, ainsi que les harengs, avec lesquels elles ont, pour la forme seulement, beaucoup d'affinité. Elles nagent en grandes troupes; tantôt en pleine mer, tantôt vers le rivage, tantôt entre les rochers. On en pêche dans la Méditerranée, dans le golfe Adriatique, sur les côtes de la Provence, du Languedoc et de l'Espagne; mais c'est principalement sur celles de l'Océan, surtout depuis la Bretagne jusqu'au Portugal, qu'elles sont plus abondantes.

La grosseur des sardines varie ; celles qu'on prend à Saint-Jean-de-Luz sont le double plus grosses que celles qu'on prend à l'embouchure de la Garonne, vis-à-vis Royan ; mais ces dernières sont plus estimées.

La sardine se corrompt très-facilement ; les pêcheurs, quand ils sont éloignés du port, prennent la précaution de la saupoudrer avec un peu de sel ; c'est ce qu'ils appellent *saler en vert* ; et la sardine n'en est pas moins pour cela vendue et mangée comme fraîche.

Mais lorsqu'on veut conserver les sardines et les livrer au commerce, on les arrange par lits dans des barils, avec des couches de sel interposées ; c'est ce qu'on appelle les *parquer*. Ainsi parquées, pressées et encaquées, elles peuvent se conserver bonnes pendant sept à huit mois, mais pas au-delà, surtout dans les pays méridionaux.

On en prépare une quantité immense à la manière des anchois ; c'est ce qu'on appelle *sardines anchoisées* ; mais les amateurs savent bien en faire la différence. Autant la sardine fraîche est au-dessus de l'anchois, autant la sardine en saumure est au dessous.

Cependant on est parvenu à conserver aux sardines une partie de leur délicatesse et de leur saveur, en les *confisant* ; car on donne en Bretagne le nom de *confiture* aux diverses préparations imaginées pour maintenir les sardines dans toute leur fraîcheur pendant un laps de temps assez considérable.

Ces confitures sont de trois espèces : au beurre, au vinaigre et à l'huile. Les sardines ainsi préparées peuvent voyager sans risque, et arriver presqu'aussi bonnes que lorsqu'elles sortent de la mer.

Les sardines confites dans le beurre doivent être consommées promptement. Celles au vinaigre peuvent se garder une année sans altération ; enfin celles à l'huile sont les meilleures, et forment un hors-d'œuvre très-distingué, soit au déjeûner, soit au dîner.

Les meilleures sardines confites se confectionnent à Nantes.

Sardines en caisse. Procurez-vous des sardines fraîches, auxquelles vous couperez la tête et le bout de la queue. Mettez de la farce de poisson au fond d'une caisse et par-dessus vos sardines; couvrez-les de la même farce; unissez avec de l'œuf battu; saupoudrez de mie de pain, couvrez d'une feuille de papier et faites cuire au four. La cuisson terminée, égouttez la graisse de vos sardines, et versez par-dessus un coulis maigre qui soit clair.

SARRIETTE. Plante odoriférante, qui a quelque ressemblance avec le thym, mais dont l'odeur et le goût ne sont par tout-à-fait si forts. On s'en sert pour assaisonner divers alimens. Mais son principal mérite est de relever le goût des fèves de marais, avec lesquelles elle s'allie fort bien. Elle entre aussi quelquefois dans les sauces qui demandent des herbes fortes. Les Allemands la mettent dans leurs choux confits, qu'ils appellent *saud-kraudlt*; ils prétendent qu'elle sert à conserver les choux plus long-temps.

SAUCE. Sorte de liqueur composée de divers ingrédiens, pour donner plus de relief et de goût aux alimens.

Les sauces forment l'excipient de la plupart des mets qui figurent à un dîner; car si l'on en excepte les rôtis de basse-cour, quelques-uns de ceux de la boucherie, et ceux connus sous le nom de petits pieds, on les retrouve sous presque toutes les préparations alimentaires. Elles servent à en lier les diverses parties et à en varier les goûts.

On divise les sauces en grandes et en petites sauces.

Sauce (*Grande*). Mettez dans une casserole quatre morceaux des dessous de la noix du cuissot de veau, avec deux cuillerées à pot de consommé; faites suer sur un feu un peu ardent; ayez bien soin d'ôter l'écume et de bien essuyer avec un torchon blanc ce qui s'attache à l'entour de l'intérieur de votre casserole, afin que votre sauce ne soit point trouble : quand le consommé sera réduit, vous piquerez vos sous-noix avec votre couteau, pour en faire sortir le jus; puis vous mettrez votre casserole sur un feu doux, afin que votre viande et votre glace s'attachent tout doucement; quand la glace qui sera au fond de votre casserole sera blonde, vous tirerez votre casserole du feu, vous la laisserez couverte; puis dix minutes après vous la remplirez de grand bouillon, où vous mettrez quatre ou cinq grosses carottes tournées et trois gros oignons : vous laisserez mijoter vos sous-noix pendant deux heures; pendant ce temps vous aurez pris les quatre noix, que vous mettrez dans une grande casserole avec quatre ou cinq carottes tournées, quatre ou cinq oignons, dont un piqué de deux clous de girofle; vous y mettrez plein deux cuillers à pot de consommé; vous mettrez la casserole où sont vos noix, sur un feu un peu ardent, afin que le mouillement réduise et tombe à la glace; quand vous verrez que votre glace sera plus que blonde, vous transvaserez le mouillement de vos sous-noix qui auront bouilli deux heures, et le verserez sur vos noix; vous les laisserez détacher tout doucement; puis vous les faites partir, c'est-à-dire bouillir : vous faites un roux (*Voy.* Roux), et le délayez avec le mouillement qui est dans votre casserole : quand votre roux est bien délié, vous le versez sur vos noix de veau, où vous ajoutez quelques champignons, un bouquet de persil, de ciboules, et deux feuilles de laurier; vous avez soin d'écumer lorsque cela a commencé à bouillir; vous l'écumez encore lorsque vous liez votre sauce avec le roux : tâchez que votre sauce ne soit ni trop claire ni trop liée; si elle était trop liée, il faudrait y ajouter du mouillement; si elle ne l'était pas assez, il faudrait délayer un peu de roux, et le mettre dans votre sauce: quand votre sauce aura bouilli une heure et demie, vous la dégraisserez, c'est-à-dire, vous ôterez la graisse qui se trouve sur le derrière de votre sauce; et, quand votre viande sera cuite, vous passerez votre sauce à travers une étamine.

Sauce brune (*Grande*). Mettez dans une casserole une ou deux livres de tranches de bœuf, deux ou trois livres de veau, des parures de volaille et d'autres viandes, si vous en avez, quelques carottes et oignons, avec une cuiller à pot d'eau; placez vos viandes sur un feu un peu ardent; lorsqu'il n'y a presque plus de mouillement dans votre casserole, vous la mettez sur un feu doux, pour que la glace qui est au fond se colore sans brûler; si elle est brune, vous la mouillez avec de l'eau et du bouillon; alors vous y ajoutez un fort bouquet de persil et de ciboules, deux feuilles de laurier, deux clous de girofle et des champignons; laissez cuire votre viande pendant trois heures, ayant soin de la saler et de bien l'écumer: votre viande cuite, passez-en le jus à travers un tamis de soie; faites un roux que vous délayez avec votre mouillement, et laissez bouillir votre sauce pendant une heure à petit feu; après quoi, après l'avoir dégraissée, passez-la à l'étamine ou au tamis de crin, pour vous en servir ensuite au besoin. Que votre sauce ne soit ni trop pâle, ni trop brune, ni trop claire, ni trop liée, et qu'elle soit d'un bon sel et de bon goût.

Sauce italienne (*Grande*). On met dans une casserole plein une cuiller à bouche de persil haché, la moitié d'une cuillerée d'échalotes, autant de champignons hachés bien fin, une demi-bouteille de vin blanc, et gros comme un œuf de beurre; faites bouillir le tout jusqu'à ce qu'il soit bien réduit. Quand il n'y a plus de mouillement dans la casserole, on y met plein deux cuillers à pot de velouté, une de consommé, et on fait bouillir la sauce sur un feu un peu ardent; il faut avoir soin de l'écumer et de la dégraisser; lorsqu'elle est réduite à son point, c'est-à-dire, quand elle est épaisse comme un bouillon clair, on la retire du feu, et on la dépose dans une casserole, en la tenant chaude au bain-marie.

Sauce romaine (*Grande*). Mettez dans une casserole sur un feu ardent une livre de veau, une demi-livre de chair de jambon, l'une et l'autre coupés en dés, deux cuisses de poule, trois carottes, quatre oignons, deux feuilles de laurier, trois clous de girofle, un peu de basilic, une demi-livre de beurre et un peu de sel. Votre viande un peu revenue, pilez douze jaunes d'œufs durs que vous y joindrez, et remuez vos jaunes avec votre viande lorsque votre beurre sera chaud; ne posez votre casserole sur le feu que quand vous y aurez mis votre mouillement. Vos jaunes bien remués, versez-y une pinte de crème petit à petit, pour que vos jaunes se délayent bien; faites bouillir le tout à un feu un peu ardent, ayant soin de tourner votre sauce, afin qu'elle ne se mette pas en grumeaux; au cas qu'elle soit trop liée, mettez-y de la crème et du lait; quand votre sauce aura bouilli une heure et demie, vous la passerez pour vous en servir pour les mets qui vous seront indiqués.

Espagnole (*Grande*). Dans une cuisine bien montée, la sauce de la grande espagnole est de première nécessité; sans elle, il faut renoncer à l'amélioration de plusieurs mets qui sont les délices d'une table recherchée, et l'*ultimatum* des jouissances d'un gourmand.

Mettez dans une casserole deux noix de veau, trois

ou quatre perdrix, la moitié d'une noix de jambon, cinq grosses carottes, autant d'oignons, dont un piqué de cinq clous de girofle; mouillez le tout avec une bouteille de vin de Madère sec, et une cuiller à pot de gelée; posez votre casserole sur un grand feu; votre mouillement étant réduit, mettez-le sur un feu doux; lorsque la glace est plus que blonde, retirez votre casserole du feu, et laissez-la reposer dix minutes, pour que la glace puisse bien se détacher : ayant fait suer des sous-noix comme pour la grande sauce (*Voy.* Sauce (Grande), et vous prenez ce mouillement pour votre espagnole. Quand elle est bien écumée, ayez un roux que vous délayez avec le mouillement et que vous versez sur votre viande. Ajoutez-y deux feuilles de laurier, un peu de thym, des champignons, un bouquet de persil et ciboules et quelques échalotes; quand la sauce bouillira, vous la mettrez sur le coin d'un fourneau, pour qu'elle bouille doucement pendant deux ou trois heures, jusqu'à ce que les viandes soient cuites : ayez soin que votre sauce ne soit ni trop brune, ni trop pâle, ni trop claire, ni trop liée; qu'elle soit surtout d'un sel doux.

Espagnole travaillée. Ayez cinq cuillerées à pot de grande espagnole, trois autres de consommé, et une poignée de champignons : si votre espagnole n'était pas bien colorée, vous y mettriez du blond de veau. Faites bouillir votre sauce à un feu un peu ardent, ayant soin de l'écumer et de la dégraisser, afin qu'elle soit de belle couleur. Votre sauce étant réduite et liée comme une bouillie claire, passez-la à l'étamine, mettez-la ensuite dans une casserole, en la tenant chaude au bain-marie, pour vous en servir au besoin.

On peut travailler cette sauce d'une autre manière, en y ajoutant les trois-quarts d'une bouteille de vin blanc, selon la quantité de sauce; il est essentiel de s'assurer si elle est d'un bon sel.

Béchamel. Prenez du velouté plein huit cuillers à pot; mettez-le dans une casserole; vous emploierez trois cuillerées à pot de consommé; vous ferez réduire à grand feu, et toujours en tournant votre sauce, ces onze cuillerées à cinq seulement; vous aurez trois pintes de crême que vous mettrez sur un fourneau, et que vous ferez réduire à moitié: il faut bien tourner votre crême avec une cuiller de bois, et gratter le fond de la casserole, pour qu'elle ne s'attache pas et ne prenne pas le goût du gratin: votre velouté et votre crême réduits, vous mêlerez le tout ensemble, et le ferez bouillir à grand feu; vous tournerez toujours votre sauce, afin qu'elle ne s'attache pas; après avoir tourné votre béchamel trois-quarts d'heure ou une heure, si votre sauce se trouve assez liée, vous la passerez à l'étamine.

Béchamel (Petite). Vous prendrez environ une livre de veau et une demi-livre de jambon, que vous couperez en dés; ajoutez-y quelques carottes, quelques petits oignons, trois clous de girofle, deux feuilles de laurier, un peu de basilic, une demi-livre de beurre; vous mettrez le tout dans une casserole, et le ferez revenir: prenez garde que votre viande ne prenne couleur; remuez-la avec une cuiller; quand votre viande sera bien revenue, vous mettrez cinq cuillerées à bouche de farine de froment, que vous remuerez; lorsque votre farine sera bien mêlée avec le beurre et la viande, vous mouillerez avec deux pintes de lait; vous aurez soin de toujours tourner votre sauce, afin qu'elle ne s'attache pas: il faut que cette sauce bouille sur un feu un peu ardent, une heure et demie; en cas qu'elle se réduise trop, il faudrait y mettre du bouillon: cette sauce doit être liée comme une bouillie, lorsqu'on veut la servir: si elle est trop épaisse, vous y ajouterez un peu de lait, de crême, ou du bouillon : ne salez pas trop cette sauce, à cause du jambon, et parce qu'il faut la laisser réduire : la sauce faite, passez-la à l'étamine.

Au nombre des grandes sauces, on réputé *bouillon* (le grand), le *bouillon à la minute*, l'*empotage*, le *blond de veau*, le *jus*, le *consommé*, l'*essence de gibier*, l'*essence de légumes*, la *glace de veau*, de *racines*, les *veloutés*, les *roux blond* et *blanc*. Voy. ces mots à leurs lettres respectives.

Sous la dénomination de petites sauces, dont la nomenclature est très-étendue, on met principalement en usage les suivantes :

Sauce blanche. Mettez dans une casserole un quarteron de beurre, une demi-cuillerée à bouche de farine, du sel, du gros poivre ; pétrissez-le tout ensemble avec une cuiller de bois, et un peu d'eau ; placez votre sauce sur le feu, et tournez-la jusqu'à ce qu'elle soit liée ; ne la laissez pas bouillir, de crainte qu'elle ne sente la colle.

Sauce blanche sans beurre. Prenez un jaune d'œuf et du sel que vous délayez avec une cuiller de bois ; versez, en filant et en agitant, quatre ou cinq onces d'huile, et arrosez de cette sauce vos poissons ou vos légumes, en y ajoutant un jaune d'œuf, du vinaigre, de la muscade ou du poivre, selon le goût. Nous ferons observer de ne point faire cuire la sauce sur le feu ; il suffit que le plat soit un peu échauffé.

Sauce aigre. On met dans une casserole trois ou quatre jaunes d'œufs, un peu de fleurs de muscade, un verre de vinaigre, un peu d'eau, un morceau de beurre fin, sel et poivre. On fait cuire la sauce, en la remuant toujours, et en prenant garde surtout qu'elle ne tourne ; on peut manier le beurre d'un peu de farine, pour donner plus de consistance à la sauce; on y ajoute quelques anchois. On emploie cette sauce pour des perches ou autres poissons ; on peut la servir aussi à part dans une saucière.

Sauce poivrade. Jetez dans une casserole une grosse pincée de persil en feuilles, quelques ciboules, deux feuilles de laurier, un peu de thym, une forte pincée de poivre fin, un verre de vinaigre, un peu de beurre ; après avoir fait réduire votre vinaigre et votre assaisonnement jusqu'à ce qu'il en reste peu dans la casserole, vous y verserez alors plein deux cuillers à pot de grande espagnole, et une seule de bouillon. Cette sauce étant réduite à son point, vous la passez à l'étamine sans la fouler.

Sauce piquante. On met dans une casserole un poisson de vinaigre, deux gousses de petit piment enragé, une pincée de poivre fin, une feuille de laurier et un peu de thym ; après avoir fait réduire le tout à moitié, on y ajoute plein trois cuillerées à dégraisser d'espagnole et deux de bouillon. On fait réduire la sauce assez pour qu'elle devienne comme une bouillie claire, et on s'en sert ensuite, après s'être assuré si elle est d'un bon sel.

On peut faire aussi un petit roux, faute de sauce, on le mouille avec du bouillon ; on y met tous les ingrédiens indiqués dans la précédente sauce, et on la fait réduire jusqu'à ce qu'elle soit assez épaisse pour la servir.

Sauce à la maître-d'hôtel. Mettez un quarteron de beurre dans une casserole, avec un peu de persil et d'échalotes hachés bien fin, du sel, du gros poivre et le jus d'un citron ; pétrissez le tout ensemble avec une cuiller de bois ; au moment de servir, versez votre maître-d'hôtel dessus, dessous ou dedans les viandes ou poissons.

On peut y mettre une ravigote hachée en place de persil.

Sauce à la maître-d'hôtel liée. On met dans une

casserole un quarteron de beurre, une cuillerée à café de farine, avec persil, ciboules hachés bien fin, sel et gros poivre ; après y avoir ajouté deux cuillerées à dégraisser d'eau, on place la sauce sur le feu, au moment de servir, ayant soin de la tourner comme une sauce blanche ; au cas qu'elle fût trop liée, on y mettrait un jus de citron avec un peu d'eau. Il est essentiel que cette sauce soit épaisse comme une sauce blanche.

Sauce à la jardinière. Garnissez une casserole de veau et jambon avec carottes, panais, deux gousses d'ail, persil et ciboules ; faites suer, et mouillez avec deux verres de vin de Champagne, deux cuillerées d'huile fine et de bon bouillon. Après qu'elle a bouilli une bonne heure, vous dégraissez votre sauce et la passez au tamis ; ajoutez-y du sel, du gros poivre, un morceau de beurre fin, du persil blanchi et haché. Faites lier, et servez sur ce que vous voudrez avec un jus de citron.

Sauce à la crême. On met dans une casserole un quarteron de beurre, une cuillerée à bouche de farine, une cuillerée à café de persil haché, autant de ciboules bien hachées et ensuite bien lavées, une pincée de sel, un peu de gros poivre et une muscade râpée ; on mêle bien tous ces ingrédiens avec le beurre, et on y verse un moyen verre de crême ou de lait. On pose la sauce sur le feu, ayant soin de la tourner lorsqu'elle bouillira ; si elle était trop épaisse, on y remettrait de la crême. Il faut que cette sauce bouille un quart-d'heure en la tournant sans relâche.

Sauce hollandaise. On a du velouté réduit, dans lequel on met du gros poivre et un filet de vinaigre d'estragon ; on tient sa sauce chaude ; au moment de la servir, on y met gros comme la moitié d'un œuf de beurre fin, que l'on fait fondre dans la sauce qui est chaude ; puis on prend un peu de vert d'épinards que l'on délaie dans la sauce au moment du service.

Quand on n'a pas de velouté, on fait un petit roux blanc que l'on mouille avec un peu de fond de cuisson, comme cuisson de volaille, de noix de veau, de tendons de veau, etc. Il faut que votre mouillement ne soit pas coloré; quand la sauce est réduite et de bon goût, on y met les mêmes ingrédiens que l'on vient d'indiquer ci-dessus.

Sauce Robert. C'est au restaurateur de ce nom que la secte des gourmands doit cette sauce, qui se traite de la manière suivante :

On coupe neuf ou dix oignons que l'on met dans une casserole avec un quarteron de beurre au fond : on pose la casserole sur un feu ardent, afin que cet apprêt ne languisse point; quand les oignons sont devenus blonds, on y met plein trois cuillerées à dégraisser d'espagnole et deux cuillerées de bouillon; la sauce réduite et dégraissée, et devenue un peu épaisse, on la retire du feu; au moment de s'en servir, on y ajoute une cuillerée de moutarde, sans la laisser bouillir.

Au lieu d'espagnole, on met avec les oignons une cuillerée de farine, un verre de bouillon ou d'eau, du sel et du poivre. Quand la sauce est cuite et prête à être servie, on y ajoute de la moutarde.

Sauce aux anchois. Cette sauce se fait en lavant bien les anchois dans du vinaigre; on en ôte ensuite l'arête, on les hache très-menu et on les met ensuite dans une casserole avec un coulis clair de veau et de jambon, poivre, sel, muscade et épices fines; faites chauffer, réduire à consistance convenable, et donnez la pointe. Cette sauce sert pour le rôti.

Sauce au beurre d'anchois. On a de la sauce espagnole bien réduite, dans laquelle on met, au moment de servir, gros comme la moitié d'un œuf, de beurre d'anchois et du jus de citron, pour détruire le sel que pourrait produire le beurre; on a soin, en mettant le beurre d'anchois, qui sera plus chaud, de la bien tourner avec une cuiller, afin que le beurre se lie bien avec la sauce. Si l'on n'a pas d'espagnole, on fait une sauce brune, dans laquelle on met le beurre d'anchois, qui se compose de la manière suivante :

On a cinq à six anchois bien lavés; après en avoir levé les chairs, on les pile bien, ensuite on les passe sans mettre de mouillement à travers un tamis de crin : on amalgame ces chairs avec autant de beurre, et on s'en sert au besoin.

Sauce à la Saint-Cloud. Faites blanchir une poignée de persil et deux laitues; mettez-les ensuite à l'eau fraîche; après les avoir bien pressées et pilées, faites-les cuire avec un peu de réduction et de bouillon, en y ajoutant une gousse d'ail; passez au tamis : mettez ensuite cette sauce dans une casserole avec un morceau de bon beurre, quatre jaunes d'œufs durs hachés très-fin. Faites lier sans bouillir; ajoutez en servant, le jus d'un citron.

Sauce à la portugaise. On met dans une casserole un quarteron de beurre, deux jaunes d'œufs crus, une cuillerée à bouche de jus de citron, du gros poivre, du sel. On place la casserole sur un feu qui ne soit pas trop ardent, ayant soin de bien tourner la sauce et de ne pas la quitter, parce qu'elle caillerait. Quand elle est un peu chaude, on la vanne, c'est-à-dire, on prend de la sauce dans une cuiller, que l'on laisse retomber dans la casserole. On la remue avec force, afin que le beurre se lie avec les jaunes. On a soin de ne faire cette sauce qu'au moment de servir. Au cas qu'elle soit trop liée, on y met un peu d'eau.

Sauce à la Grimod. M. Grimod de la Reynière a perfectionné la sauce portugaise ci-dessus énoncée, en y faisant râper un peu de muscade, et en y ajoutant trois gousses de petit piment enragé bien écrasé, plein un dé de poudre de safran de l'Inde, et il la finit comme il est indiqué ci-dessus.

Sauce remolade. Mettez dans un vase plein un verre de moutarde, un peu d'échalotes hachées, et un peu de ravigotte ; jetez-y sept ou huit cuillerées de bonne huile, trois ou quatre de vinaigre, du sel et du gros poivre ; délayez le tout ensemble ; ajoutez-y deux jaunes d'œufs crus que vous remuerez dans votre remolade ; ayez soin de la bien tourner, afin que la sauce soit bien liée ; elle doit être un peu épaisse.

Sauce remolade verte. Procurez-vous une petite poignée de cerfeuil, une demi-poignée de pimprenelle, autant d'estragon, autant de civette ; faites blanchir ces herbes connues sous le nom de *ravigote* ; quand elles seront bien pressées, vous les pilerez ; ensuite vous y joindrez du sel, du gros poivre, plein un verre de moutarde ; pilez encore le tout ensemble, puis mettez-y la moitié d'un verre d'huile, que vous amalgamez avec votre ravigote et votre moutarde ; le tout bien délayé, mettez-y deux ou trois jaunes d'œufs crus, et cinq cuillerées à bouche de vinaigre. Le tout mêlé ensemble, passez à l'étamine comme si c'était une purée. Faites en sorte que votre remolade soit un peu épaisse. Au cas qu'elle ne soit pas assez verte, mettez-y un peu de vert d'épinards.

Sauce remolade russe. Pilez dix ou douze jaunes d'œufs durs ; quand ils sont bien pilés, mouillez-les avec huit cuillerées à bouche d'huile, que vous mettrez l'une après l'autre, en pilant toujours vos jaunes d'œufs, dix gousses de petit piment, plein une cuiller à café de poudre de safran d'Inde, du sel, du gros poivre. Amalgamez le tout avec quatre ou cinq cuillerées de vinaigre, et passez cette sauce à l'étamine comme une purée, ayant soin qu'elle soit un peu épaisse ; on peut la servir dans une saucière.

Sauce à l'huile. On enlève le blanc de trois citrons ;

on coupe ce qui enveloppe le jus, et on en fait des tranches les plus égales possibles; on les met dans une terrine, avec sel, gros poivre, un piment enragé en poudre, une poignée de persil haché, de l'estragon, un peu d'ail, de vinaigre et d'huile; on mêle le tout ensemble, et on en sauce les poissons grillés ou les volailles.

Sauce pluche. On met dans une casserole quatre ou cinq cuillerées à dégraisser de velouté; un demi verre de vin blanc, du gros poivre, un peu de racine de persil coupée en petits filets, que l'on met cuire dans la sauce; quand elle est réduite, on y ajoute, au moment de servir, du persil concassé, blanchi à l'eau de sel et rafraîchi à l'eau froide.

Sauce ravigote hachée. Hachez très-fin un peu de cerfeuil, de civette, de pimprenelle et d'estragon; ce dernier doit être dominant; mettez dans une casserole du velouté avec plein deux cuillers à bouche de vinaigre, un peu de gros poivre; tenez votre sauce bien chaude; au moment de servir, jetez-y votre ravigote hachée avec un petit morceau de beurre fin; remuez votre sauce pour faire fondre le beurre; qu'elle soit d'un bon sel.

A défaut de velouté, on fait un roux blanc que l'on mouille avec du bouillon, et on finit la sauce comme ci-dessus.

Sauce ravigote à l'huile. On met dans une casserole une ravigote hachée, avec sel, gros poivre et plein une cuiller à dégraisser de velouté: on fait chauffer, ayant soin de bien remuer la sauce; on y ajoute deux cuillerées à dégraisser d'huile que l'on mêle bien avec la sauce, et quatre ou cinq cuillerées à bouche de vinaigre; on remue bien la sauce au moment de la verser sur la salade de viande ou de poisson.

Sauce aux câpres. Mettez dans une casserole des câpres fines entières, deux anchois bien lavés et ha-

50.

chés, une pincée de farine, un morceau de beurre fin, avec sel, poivre, deux ciboules entières et un peu d'eau. Faites lier la sauce sans qu'elle bouille, et employez-la à ce que vous jugerez à propos. On peut varier cette sauce de la manière suivante :

On met de l'essence de jambon dans une casserole avec des câpres auxquelles on a donné quelques coups de couteau, ou que l'on hache grossièrement. On assaisonne cette sauce de sel et de poivre, et on sert chaudement.

Sauce aux échalotes. Après avoir haché cinq ou six échalotes le plus fin possible, vous les lavez dans le coin d'une serviette : après quoi vous les mettez dans une casserole avec du gros poivre et un verre de vinaigre ; faites réduire cette sauce jusqu'à ce qu'elle soit à glace, et mouillez avec un bon jus et un peu de glace de cuisson.

Sauce provençale chaude. Mettez dans une petite casserole deux jaunes d'œufs crus, avec une cuillerée à café d'allemande, un peu d'ail pilé, du piment enragé en poudre et le jus de deux citrons. Faites prendre votre sauce au bain-marie, sur de la cendre chaude, ayant soin de la tourner jusqu'à ce qu'elle prenne un peu de corps ; retirez-la du feu, en y ajoutant de l'huile d'olive et remuant doucement afin qu'elle ne tourne pas. On peut alors servir cette sauce ainsi composée et y ajouter, si l'on veut, soit une ravigote, un vert de ravigote, un vert d'épinards, ou persil blanchi. On se sert ordinairement de cette sauce pour les entrées de volaille ou de poisson.

Sauce de kari. Mettez dans une casserole un demi-quarteron de beurre, plein une cuiller à café de safran de l'Inde, en poudre, cinq petites gousses de piment enragé, haché ou écrasé ; faites frémir votre beurre ; quand il est bien chaud, vous y mettez cinq cuillerées à dégraisser de velouté ; remuez bien votre sauce, et servez-vous-en sans ôter la graisse et sans la passer à l'étamine ; joignez-y un peu de muscade râpée, et servez votre sauce bien chaude.

Sauce tomate à la bourgeoise. On met dans une casserole dix ou douze tomates coupées en quatre, quatre ou cinq oignons coupés en tranches, une pincée de persil, un peu de thym, un clou de girofle et un quarteron de beurre ; faites bouillir le tout ensemble ; prenez garde que votre préparation ne s'attache. La sauce ayant bouilli trois quarts-d'heure, passez-la au tamis de crin : assurez-vous si elle est d'un bon sel. Cette sauce sert également pour la viande, les légumes et le poisson.

Sauce tomate à l'Italienne. On coupe cinq ou six oignons en tranches dans une casserole, dans laquelle on ajoute un peu de thym et de laurier, avec douze pommes d'amour ou tomates, que l'on arrose de bouillon pris du derrière de la marmite, ou d'un bon morceau de beurre, en assaisonnant de sel, de cinq gousses de petit piment enragé, d'un peu de poudre de safran de l'Inde. Faites chauffer vos tomates, ayant soin de les remuer de temps en temps, parce que cette sauce est susceptible de s'attacher ; lorsque votre sauce sera un peu épaissie, passez-la à l'étamine comme une purée ; qu'elle ne soit pas trop claire.

Sauce aux truffes. Hachez bien fin trois truffes que vous faites revenir légèrement dans de l'huile ou du beurre ; ajoutez-y quatre cuillerées à dégraisser de velouté et une cuillerée de consommé. Faites bouillir votre sauce un quart-d'heure à petit feu ; après l'avoir dégraissée, vous la mettrez dans une petite casserole, que vous tiendrez au bain-marie.

A défaut de velouté, servez-vous d'un peu de farine pour passer vos truffes ; passez six cuillerées de bouillon, un peu de gros poivre et un peu des quatre épices ; faites mijoter votre sauce et servez-la sur les mets indiqués.

Sauce allemande. Mettez dans une casserole, sur un fourneau du velouté travaillé, avec deux ou trois jaunes d'œufs, selon la quantité de sauce dont vous aurez besoin. Lorsqu'elle sera liée, vous y jeterez gros comme la moitié d'un œuf de beurre. Votre beurre étant fondu, en remuant votre sauce, vous la passerez à l'étamine tenez-la au bain-marie ; ajoutez-y un peu de gros poivre, et servez.

Sauce bretonne. Coupez douze gros oignons en deux, ayant soin aussi de couper les deux extrémités à germe ; après les avoir ciselés bien mince, mettez-les dans une casserole avec un quarteron de beurre, un peu de laurier, ail, thym, sel et poivre. Vos oignons passés au feu, jusqu'à ce qu'ils aient pris une couleur foncée, vous les placez dessous un fourneau entouré de cendres chaudes, et feu dessus, jusqu'à ce qu'ils soient bien cuits : remettez-les au feu, en y ajoutant un peu de sucre et un peu de vinaigre. Faites réduire le tout à la glace avec un peu de sauce tomate, et mettez-y une grande cuiller à pot de haricots blancs que vous arroserez ; passez le tout à l'étamine ; mettez votre purée dans une casserole avec des haricots blancs nouveaux ; faites-la mijoter ; au moment de servir, ajoutez-y un quarteron de beurre fin : servez en purée pour entrée, et pour relevé avec les haricots.

Sauce au vin de Madère. Délayez une demi-cuillerée à bouche de farine, et du citron vert coupé en petits dés, avec un verre de vin de Madère, un peu de consommé, gros comme une noix de beurre, sel et muscade ; faites prendre votre sauce sur un fourneau ardent, et après l'avoir laissé bouillir un quart-d'heure, retirez-la, en la remplissant avec un quarteron de beurre, en la remuant pour qu'elle ne tourne pas. On se sert de cette sauce pour le plum-pouding.

Sauce au fenouil. On épluche quelques branches de fenouil vert, à l'instar du persil; après les avoir hachées très-fin, on les fait blanchir, rafraîchir et on les jette sur un tamis. On met ensuite dans une casserole deux cuillerées de velouté, autant de sauce au beurre, et on fait chauffer, ayant soin de les vanner avant de servir. On manie le fenouil avec un morceau de beurre, et on le jette dans la sauce; on le mêle bien, et on y ajoute du sel, du gros poivre avec un peu de muscade.

Sauce piquante du midi, ou *Saupiquet*. Pilez le foie à cru d'un levreau, passez-le dans une casserole avec un petit morceau de beurre, quelques échalotes ou de l'ail, du persil, du thym, du laurier et environ une cuiller à bouche de farine, qu'il faut faire revenir avec l'assaisonnement; ajoutez deux verres de bouillon, un verre de vin blanc et un peu de vinaigre; tournez constamment votre sauce jusqu'à ce qu'elle bouille; mettez-y du sel une dose ordinaire, mais du poivre assez pour qu'il domine; laissez-la réduire à moitié; passez-la à l'étamine, sans la fouler trop fort, et servez-la dans une saucière à côté du plat de rôt.

Sauce bigarade. Levez la peau, le plus mince possible, de deux bigarades, ou citrons, ou oranges; retirez avec beaucoup de précaution le blanc qui reste entre la bigarade et sa peau; émincez votre reste le plus fin possible. Au moment de vous en servir, mettez-le dans l'eau bouillante, faites-lui jeter un bouillon, et rafraîchissez-le; après l'avoir égoutté, mettez-le dans une demi-glace ou fumet de gibier, pour vous en servir au besoin.

Sauce aux homards. Pilez des œufs de homard que vous mêlez avec un petit morceau de beurre; passez au tamis de soie : coupez de la chair de homard en gros dés, que vous mettrez dans une casserole avec un peu de sauce au beurre, un peu de poivre de Cayenne et de beurre de homard; vannez le tout ensemble, et servez cette sauce pour le poisson.

Sauce au beurre. Assaisonnez de sel, gros poivre, deux clous de girofle et muscade, une cuillerée de farine; délayez le tout avec de l'eau et gros comme une noix de beurre; faites prendre votre sauce au feu, ayant soin de la tourner, et de la tenir plutôt claire qu'épaisse. Après l'avoir laissé bouillir un bon quart-d'heure, retirez-la du feu; remplissez-la d'une livre de beurre, que vous y glissez peu à peu, et en la tournant toujours, afin qu'elle ne se convertisse pas en huile; après y avoir mis un peu de vinaigre, passez votre sauce à l'étamine ou au bain-marie.

Cette sauce sert de relief pour le poisson et les légumes cuits à l'eau.

Sauce à l'anglaise. Hachez sur une nappe quatre jaunes d'œufs durs. Mettez dans une essence claire câpres et anchois hachés, deux ciboules entières et du beurre. Faites lier la sauce sur le feu, mettez-la sur un plat et pardessus les jaunes d'œufs hachés, ensuite ce que vous voudrez y servir, et sur le tout d'autres jaunes d'œufs hachés.

Sauce aux huîtres. Faites blanchir quatre douzaines d'huîtres; au premier bouillon, retirez-les; après les avoir égouttées, mettez les dans une casserole avec une sauce au beurre et du persil haché et blanchi.

Cette sauce se prépare de même avec de l'espagnole réduite, en y ajoutant un quarteron de beurre au moment de servir. On emploie cette sauce pour le poisson.

Sauce dite mayonnaise. On met un jaune d'œuf cru dans une petite terrine avec un peu de sel et de jus de citron; on tourne ce mélange avec une cuiller de bois, en laissant tomber un filet d'huile et en remuant sans relâche. A mesure que la sauce s'épaissit, on y verse un peu de vinaigre et une livre de bonne huile pour que la sauce soit d'un bon sel. On la sert blanche ou verte, en y ajoutant un vert de ravigote ou un vert d'épinards.

On peut aussi faire prendre cette sauce avec de la gelée, de la glace de veau, ou de la glace de cervelle de veau.

On emploie cette sauce pour les entrées froides de poisson, ou les salades de légumes cuits à l'eau de sel.

Sauce aux olives farcies. Jetez dans l'eau bouillante une demi-livre d'olives farcies, et retirez-les de suite; après les avoir égouttées, mettez-les dans une espagnole réduite au bain-marie. Au moment de servir ajoutez-y deux cuillerées d'huile d'olives, et servez sur les mets indiqués.

Sauce aux oignons. On met dans une casserole du jus de veau avec deux oignons coupés en tranches, sel et poivre. On laisse mijoter à petit feu. Après avoir passé cette sauce à l'étamine, on la sert dans une saucière et chaudement.

Sauce hachée. Mettez dans une casserole une pincée de persil, une pincée d'échalotes, une cuillerée de champignons, le tout haché, un demi-verre de vinaigre, un peu de gros poivre; placez votre casserole sur le feu et faites réduire votre vinaigre au point qu'il n'y en ait presque plus; alors ayez quatre cuillerées d'espagnole, autant de bouillon; faites réduire et dégraisser votre sauce; quand elle le sera à son point, jetez-y une cuillerée de câpres hachées, trois cornichons aussi hachés; changez votre sauce de casserole, et mettez-la au bain-marie; au moment de servir, ajoutez-y deux anchois maniés avec du beurre, que vous vannerez dans votre sauce.

Si l'on n'a pas d'espagnole, on fait cette sauce avec un petit roux; on y jette des fines herbes; on mouille avec un peu de bouillon et un filet de vinaigre. On finit la sauce comme la précédente, ayant soin de la rendre d'un bon sel.

Sauce à l'aspic. On met dans une casserole tranches de veau et de jambon, ail, échalotes, bouquet, girofle, coriandre, macis, gingembre, cannelle, un peu de baume, huile, tranches de citron, un verre de vin de Champagne et deux verres de bouillon; faites bouillir et réduire tout doucement. Ajoutez-y un verre de vinaigre blanc, un peu de sel; passez votre sauce au clair et liez-la à demi-dégraissée.

Sauce à l'aspic claire. Mettez dans une petite casserole un bon verre de vinaigre, une pincée de poivre en grains, une poignée d'estragon; faites bouillir le tout jusqu'à ce qu'il tombe à glace. Mouillez avec deux cuillerées à pot de consommé de volaille; faites cuire votre viande; dégraissez-la sur le coin d'un fourneau; faites clarifier avec un œuf et un peu d'eau fraîche; passez à la serviette double; mettez votre aspic dans un petit bain-marie, et servez avec des feuilles d'estragon blanchies. On emploie cette sauce pour la volaille, ou pour la friture de poisson.

Sauce claire au fumet de gibier. On se sert du même procédé que pour l'essence de gibier, et on peut faire le fumet avec les débris de lapereaux et de perdreaux, quand on a des entrées de filets. Quand l'essence est passée, on la met dans une casserole; on la fait bouillir, on la met sur le coin du fourneau, en ajoutant un demi-verre d'eau fraîche pour la faire écumer et dégraisser, ce que l'on exécute en enlevant avec soin toutes les graisses, et en écumant avec une cuillère; on fait réduire l'essence jusqu'à demi-glace; c'est-à-dire jusqu'à ce qu'elle soit comme du sirop. On se sert de ce fumet pour toutes les entrées de gibier, panées, grillées, entrées de broche, etc.

Sauce à la matelote. On employe ordinairement, pour composer cette sauce, tous les dégraissis des autres petites sauces. On met tous ces dégraissis dans une casserole mouillée avec la cuisson du poisson, que l'on a disposé pour entrées ou relevés, et deux cuillerées à pot de blond de veau. On fait bouillir la sauce, et on la place sur le coin du fourneau; il faut avoir soin de l'écumer et de la dégraisser avec soin; on la fait réduire à grand feu, on la passe à l'étamine ou au bain-marie, avec les oignons ou champignons, qui auront été cuits avec le poisson. Au moment de servir, on y ajoute du beurre et deux anchois; on vanne le tout ensemble, et on sauce les poissons ou les cervelles.

A défaut de dégraissis, on se sert alors de grande espagnole.

Sauce au beurre noir. Mettez dans une casserole un demi-verre de vinaigre, du sel et du poivre en proportion, faites-lui jeter quelques bouillons. Mettez dans une autre casserole une demi-livre de beurre, que vous faites chauffer jusqu'à ce qu'il soit presque noir; alors laissez-le reposer, et versez-le ensuite sur le vinaigre, et tenez chaud pour le servir sur les mets indiqués.

Sauce aux groseilles à maquereaux. On a deux pleines mains de groseilles à maquereaux, à moitié mûres; après les avoir ouvertes en deux et en avoir ôté les pepins, on les fait blanchir dans de l'eau avec un peu de sel, de la même manière que l'on ferait blanchir des haricots; on les égoutte et on les jette dans une sauce, comme celle indiquée dans un des articles précédens, avec fenouil ou sans fenouil. Cette sauce sert pour les maquereaux bouillis.

Sauce dite *la durcelle.* Après avoir lavé et haché une certaine quantité de champignons, vous les pressez dans le coin d'une serviette; vous lavez et pressez de même persil, ciboules et des truffes, si vous en avez, le tout par quart; mettez-les dans une casserole avec un quarteron de beurre, autant de lard râpé;

passez ces fines herbes sur le feu, avec une demi-bouteille de vin blanc; assaisonnez de sel, poivre, épices, muscade, feuille de laurier et un peu d'ail; laissez-les réduire à la glace, ayant soin de les remuer; ajoutez-y quatre cuillerées d'allemande réduite; déposez dans une terrine, pour vous en servir sur toutes les viandes à mettre en papillotes.

Sauce à l'orange ou *au citron*. Prenez le zeste d'un citron ou d'une orange, dont vous aurez soin de bien retirer le blanc, à cause de son amertume; ciselez-le en petits filets, faites-le blanchir et rafraîchir dans de l'eau fraîche; servez-vous-en au besoin comme de la bigarade.

Sauce brune maigre. Mettez dans le fond d'une casserole un morceau de beurre, cinq grosses carottes coupées en lames, six gros oignons partagés en tranches, trois racines de persil, deux feuilles de laurier, une pincée de thym, trois clous de girofle, deux moyennes carpes, coupées en morceaux, deux brochets de moyenne grandeur, coupés également en morceaux, du sel et du poivre; mouillez avec une demi-bouteille de vin blanc et un peu de bouillon maigre; laissez attacher votre réduction au fond de la casserole, jusqu'à ce qu'elle ait pris une couleur brune; mouillez ensuite avec du bouillon maigre; à défaut de ce dernier, mettez une demi-bouteille de vin blanc dans la casserole pour détacher, et remplissez-la d'eau; ajoutez-y un gros bouquet de persil et de ciboules et trois poignées de champignons. Laissez bouillir une heure et demie ce qui est dans la casserole; après, passez le mouillement au tamis: cela terminé, faites un roux blond; quand il est à son point, versez le jus de votre poisson dessus. Il faut avoir soin de bien délayer le roux en le mouillant, pour éviter les grumeaux; laissez bouillir une heure votre sauce, qu'après avoir écumée et dégraissée, vous passerez au tamis.

Sauce dite *la Mirepoix*. Cette grande sauce avec laquelle on travaille les petites sauces, se confectionne de la manière suivante:

On met un morceau de beurre dans une casserole avec deux livres de veau, une demi-livre de maigre de jambon, des débris de volaille, le tout coupé en gros dés; on y ajoute des parures de champignons, une douzaine d'échalotes, une gousse d'ail, un bouquet garni, une feuille de laurier et deux clous de girofle; on fait revenir le tout ensemble jusqu'à ce qu'il ne reste aucun mouillement; après avoir retiré la casserole de dessus le feu, on verse dans une autre casserole la moitié de ce qui est dans la première; l'une sert pour le velouté, l'autre pour l'espagnole; on met dans chacune de ces deux casseroles six cuillerées à pot d'espagnole; on mouille avec du blond de veau.

Pour votre velouté, on mouille avec du consommé sans sel. On fait partir les deux casseroles sur un feu ardent, en ayant soin de les tourner jusqu'à ce qu'elles bouillent. Quand elles commencent à bouillir, on les place sur le coin du fourneau, en observant que les casseroles soient bien pleines; on les remplit à mesure jusqu'à ce que les sauces soient bien dégraissées; alors on fait réduire, et on passe à l'étamine ou au bain-marie.

Sauce aux moules ou autres coquillages. Après avoir gratté une quantité suffisante de moules ou d'autres coquillages et les avoir lavées, vous les mettez dans une casserole avec un peu de persil et d'ail; vous les faites bouillir; aussitôt qu'elles sont ouvertes, vous les retirez, les séparez de leurs coquilles et les laissez déposer dans l'eau; avec cette eau, vous marquez une sauce au beurre, en faisant attention de ne pas trop la saler.

On fait aussi cette sauce avec de l'espagnole réduite, en la remplissant de beurre et en remuant avec précaution, afin qu'elle ne tourne pas en huile; arrangez vos chairs au moment de servir, et saucez les mets indiqués. Il faut servir chaudement.

Sauce dite brûle-sauce. On prend la mie d'un pain mollet d'une demi-livre, ou de la mie d'un pain blanc; après l'avoir fait dessécher avec du lait, on la laisse cuire environ trois quarts d'heure, et on ne lui donne que la consistance d'une bouillie épaisse. On y ajoute vingt grains de poivre noir et du sel en suffisante quantité. On finit la sauce avec gros comme un œuf de beurre fin, et on la sert dans une saucière à côté de bécasses ou de perdreaux.

Sauce au beurre et à l'ail. On prend du velouté travaillé autant qu'il en faut pour saucer; au moment de servir, on met gros comme un œuf de beurre d'écrevisses dans le velouté bien chaud; on remue bien la sauce où est le beurre pour qu'il se lie avec elle; au cas que la sauce n'ait pas assez de couleur, ajoutez-y un peu de beurre d'écrevisses.

Cette sauce se fait aussi en maigre, en se servant de velouté maigre. *Voy.* VELOUTÉ TRAVAILLÉ, VELOUTÉ MAIGRE et BEURRE D'ÉCREVISSES.

Sauce à la languedocienne. On met dans une casserole gros comme la moitié d'un œuf de beurre, avec trois gousses de petit piment enragé et plein un dé de poudre de safran de l'Inde; on fait chauffer le beurre jusqu'à ce qu'il soit un peu frit; on ajoute ensuite quatre cuillerées à dégraisser de sauce allemande veloutée, sans être liée, et deux cuillerées de bouillon. Après avoir fait réduire la sauce, on la dégraisse; on la verse dans une autre casserole, où on la tient chaude au bain marie; on y joint gros comme un œuf de beurre, que l'on remue bien avec la sauce, que l'on a soin de bien lier, et l'on sert.

Sauce escalope de lièvre ou lapin au sang. Prenez les débris des levrauts ou lapins que vous pouvez avoir;

levez vos filets; après les avoir coupés par morceaux, mettez-les dans une casserole avec un morceau de beurre et une demi-livre de petit lard; assaisonnez de sel, poivre, muscade; deux clous de girofle, un oignon, une carotte, un bouquet garni, deux feuilles de laurier, thym et ail : faites revenir le tout ensemble à grand feu; mouillez avec une bouteille de vin rouge, ou plus, selon l'étendue de votre sauce, deux cuillerées à pot de grande espagnole, une cuiller de consommé. Après avoir fait partir votre sauce, laissez-la mijoter pendant deux heures sur le coin du fourneau. Vos viandes étant cuites, passez votre sauce à l'étamine dans une autre casserole; mouillez-la d'une cuiller à pot de blond de veau; faites-la dégraisser, et enfin faites-la réduire jusqu'à ce qu'elle soit épaisse; versez dedans le sang de votre lièvre que vous avez conversé, en y ajoutant un petit morceau de beurre, et remuez le tout ensemble, afin d'empêcher le sang de cailler; passez votre sauce à l'étamine, mettez-la ensuite au bain-marie pour vous en servir au besoin.

SAUCISSE. Ce mot, dans sa propre signification, veut dire une sorte de mets que l'on fait avec du sang et de la chair de porc assaisonnée; c'est une espèce de boudin. Mais une définition plus juste est celle-ci : c'est un mets composé de viandes hachées avec sel et épices renfermées dans des boyaux.

Les saucisses de Bologne sont les plus estimées, et on en fait une consommation considérable en Italie et surtout à Venise, d'où on en importe dans beaucoup d'autres endroits.

Saucisses de Porc (*Manière de faire les*). Prenez de la chair de porc des meilleurs endroits comme des filets, avec de la panne, autant d'un que d'autre : pour rendre le hachis plus délicat, on peut y mettre des estomacs de chapons ou de gros poulets, et même un peu de veau. On hache le tout, en y joignant des échalotes, sel, poivre, fines épices, fines herbes, un peu de mie de pain bien fine; ayez ensuite de petits boyaux de cochon ou de mouton, bien nettoyés; remplissez-les de votre hachis. Piquez de temps à autre vos boyaux, pour faire sortir l'air que vous y introduisez en formant vos saucisses; quand ils sont pleins, unissez le tout avec la main, et nouez selon la longueur que vous voulez donner à vos saucisses. On les fait griller sur du papier ou sans papier; on les sert passées à la poêle avec du lard et du vin, pour hors-d'œuvre, ou pour garniture.

Saucisses de veau (*Manière de faire les*). Elles se font de la même manière que les précédentes, si ce n'est qu'au lieu de porc, on employe de la rouelle de veau. On les sert comme les autres; ou si l'on veut avec de la moutarde.

Saucisses truffées (*Manière de faire des*). On hache très-fin de la rouelle de veau et de la chair de porc frais, selon le nombre de saucisses que l'on veut faire; on coupe en dés autant de moelle de bœuf; on hache de même cinq truffes cuites au vin de Champagne; on mêle le tout, et on l'assaisonne de sel fin et d'épices fines. On forme ces saucisses sur des morceaux de crépines ou dans des boyaux; on fait griller à un feu doux; on sert avec un jus de citron.

Saucisses de perdrix. Elles se font avec de la chair de perdrix rôties, qu'on hache bien menu avec de la panne de porc, et qu'on assaisonne comme le boudin. *Voyez* BOUDIN.

Saucisses au parmesan. On a de petites saucisses qu'on fait blanchir à l'eau bouillante; on jette leur graisse. Après les avoir laissé mitonner dans une essence de jambon, on fait un petit gratin d'essence réduite dans le plat où l'on doit servir, et on arrange dessus les saucisses. On les saupoudre de parmesan, en les humectant de leur sauce ; on leur fait prendre couleur au four, et on les sert à sec.

Saucisses aux choux. Coupez un choux en quatre ; après l'avoir lavé et fait blanchir, vous le mettez dans l'eau fraîche et l'égouttez. Vous le coupez ensuite en filets ; faites suer et attacher une tranche de jambon dans une casserole ; mettez-y ensuite votre choux et du lard fondu ; mouillez de jus et de bouillon ; sel et poivre, et faites cuire. Mettez du coulis et dégraissez ; le ragoût fini, ôtez le jambon. Dressez les choux dans un plat, et les saucisses grillées pardessus.

SAUCISSON. Les saucissons sont de grosses saucisses qui se font en plusieurs endroits, particulièrement en Italie, avec de la chair de porc crue, bien battue et bien broyée dans un mortier où l'on mêle quantité d'ail, de poivre en grains et autres épices : les meilleurs saucissons sont ceux de Bologne.

Saucisson de Bologne (*Manière de faire le*). On lève les chairs de deux jambons et de deux épaules de cochon, sans y laisser de gras ; on les ratisse avec un couteau, et on retire avec soin tous les nerfs. Après avoir préparé vos chairs avec sel, poivre en grains, coriandre, girofle, cannelle, muscade et laurier, choisissez du lard gras, frais et sain, que vous coupez en gros dés ; mêlez le tout ensemble ; mettez les chairs dans des boyaux de bœuf ; après les avoir liés par les deux bouts, placez-les dans un vase avec du salpêtre ; couvrez-les bien, et laissez-les ainsi pendant huit jours ; retirez-les ; après les avoir mis égoutter, ficelez-les entre deux morceaux de bois, comme une carotte de tabac, mettez-les sécher et fumer ; quand ils seront secs, déficelez-les, et frottez-les avec de l'huile et de la cendre de sarment mêlées ensemble ; pendez les dans un endroit, et servez-vous-en lorsque vous le jugerez convenable.

Saucisson royal. Prenez de la chair de perdrix, de poularde, de chapon cru, un peu de jambon cru, cuisse de veau et lard, persil, ciboules, champignons, truffes, sel et poivre, épices fines, pointe d'ail, deux œufs entiers, trois ou quatre jaunes, un peu de crême, le tout haché menu et bien mêlé. Roulez cette farce en gros morceaux, selon la quantité que vous en aurez; et pour les faire cuire sans que cette farce se décompose, coupez des tranches bien minces de rouelle de veau: après les avoir aplaties sur votre table, enfermez-y votre farce; qu'elle soit de la grosseur du bras pour le moins et d'une longueur raisonnable. Foncez une casserole de bardes de lard, mettez-y vos saucissons bien renfermés. Couvrez-les de tranches de bœuf et autres bardes de lard. Faites cuire à la braise à petit feu, huit ou dix heures. Étant cuits, laissez-les refroidir dans la même casserole; dégraissez; ôtez la viande que renferme la farce, sans la rompre. Coupez par tranches, et servez à froid.

Saucisson à l'ail. Ayez deux livres de chair de porc frais et une livre de lard gras, que vous hacherez ensemble, et que vous assaisonnerez de sel, poivre, épices, muscade et un peu d'ail; mettez cet appareil dans des boyaux bien propres, ficelez-les de la longueur que vous le jugerez convenable; mettez-les fumer pendant six à sept jours, au bout desquels vous les ferez cuire dans une marmite avec de l'eau assaisonnée de sel, carottes, oignons, thym, laurier, basilic et coriandre; deux heures suffisent pour leur cuisson; laissez-les refroidir dans leur cuisson, et servez.

Saucissons de sanglier. Suivant ce que vous voulez faire de saucissons, vous prenez de la chair de sanglier, que vous hachez avec une demi-livre de panne par livre de viande et une once de sel, des épices en proportion pour l'assaisonnement: ajoutez-y un peu de salpêtre pilé pour rougir la chair; mettez le tout bien

assaisonné dans une terrine avec un peu de vin muscat;
laissez mariner vingt-quatre heures; prenez des boyaux
de la grosseur que vous voulez faire vos saucissons;
faites leur perdre le goût de tripailles en les mettant
tremper dans du vin blanc, avec thym, laurier, basilic, ail, échalotes et sel; après les avoir bien égouttés, entonnez-y la chair du sanglier; ficelez les deux
deux bouts, et mettez-les à la cheminée pour les faire
fumer jusqu'à ce qu'ils soient bien secs. Vous les ferez
cuire dans une braise pendant une heure; il y a des
personnes qui les mangent crus.

SAUGE. Plante odoriférante, d'un goût fort et
aromatique; les deux espèces principales dont on fait
usage, sont la grande et la petite sauge; cette dernière est plus estimée que l'autre. On fait usage de
cette plante, en cuisine, dans les potages et les sauces;
on la prend aussi à la manière du thé.

SAUMON. Poisson de mer qui remonte les rivières.
Il est couvert de petites écailles, a le dos bleuâtre et
marqueté de petites taches rougeâtres, le ventre lui-
sant et un peu blanc, la tête courte et pointue.
Sa chair est rouge et très-délicate, quoique fort ras-
sasiante.

Dans le commerce, on admet trois espèces de saumon, savoir: les *saumons* proprement dits, ou ceux
qui sont parvenus à leur grosseur; les *grils*, *toçans* ou
saumoneaux, qui sont les plus jeunes, ou du moins
qui ont un volume peu considérable; et enfin les
bécards, qui ont la mâchoire d'en bas d'une forme
particulière.

Le saumon naît dans la mer, et au commencement du
printemps il remonte les rivières jusqu'à leur source;
mais s'il y séjourne plus d'un an, il y maigrit et perd
sa saveur.

Le court-bouillon est la manière la plus honorable de servir le saumon, surtout si l'on a eu le soin de lui mettre dans le ventre une livre de bon beurre manié de farine. On le sert quelquefois pané et cuit au four, de belle couleur, et avec une sauce hachée; enfin on le fait suer à la braise, on le mouille de deux bouteilles de vin de Champagne, et on le dresse garni d'ailerons de dindons glacés, et d'une douzaine de superbes écrevisses cuites dans le même nectar. En morceaux, on le sert glacé, mariné, en filets, aux fines herbes, au vin de Champagne, en hâtelettes, en terrine. On mange ses dalles en caisse, en ragoût, à la bourgeoise : sa hure se sert à la braise, soit en maigre, soit en gras. Enfin, on en fait des pâtés froids, avec la précaution de les retirer du four à moitié cuits, de verser, par le soupirail, une chopine de coulis clair de veau et de jambon, et de les y remettre ensuite pour s'achever de cuire et prendre une belle couleur dorée.

Saumon à la Génevoise. Choisissez une belle dalle de saumon d'environ deux ou trois livres; mettez-la dans une casserole, après que vous l'aurez bien nettoyée et écaillée; mouillez avec du vin rouge; mettez deux carottes, trois oignons coupés en tranches, deux clous de girofle, une feuille de laurier, du sel, du poivre, du persil en branches et quelques ciboules entières; faites cuire votre saumon pendant une heure et demie à petit feu. Dix minutes avant de le servir, passez votre court-bouillon au tamis, mettez-le dans une casserole avec un bon morceau de beurre manié, placez le tout sur le feu, et remuez-le fortement jusqu'à ce qu'il bouille; laissez-le réduire au point qu'il ne reste juste que ce qu'il faut pour saucer le morceau de saumon; (en faisant réduire votre sauce, vous aurez eu soin de l'écumer et de la dégraisser) égouttez votre poisson, mettez-le sur le plat et masquez-le de votre sauce, que vous aurez passée à l'étamine et finie avec deux petits pains de beurre de Vanvre.

Saumon à la sauce aux câpres. Marinez une dalle de saumon avec de l'huile, du persil, de la ciboule, du sel et du gros poivre; si la dalle est épaisse, il faut une heure pour la cuire : dressez-la ensuite sur votre plat, en y ajoutant une sauce au beurre par-dessus, avec des câpres que vous semez sur le saumon.

Saumon en salade. Versez dans une casserole quatre cuillerées à bouche de vinaigre, deux cuillerées de gelée fondue, dix cuillerées d'huile, du sel, du gros poivre, une ravigote hachée. Cela fait, séparez en morceaux le saumon que vous avez fait cuire; sautez-le dans cette sauce; dressez-le ensuite sur le plat à servir, et versez votre sauce dessus; mettez autour de votre plat des laitues coupées en quatre; décorez votre salade avec des croûtons, des cornichons, des câpres et des anchois.

Saumon au bleu. Videz votre saumon sans lui couper le ventre; après l'avoir bien lavé et bien essuyé, mettez-le dans une poissonnière avec huit bouteilles de vin, sept ou huit carottes, des oignons coupés en tranches, quatre clous de girofle, six feuilles de laurier, un peu de thym, du sel, une poignée de persil en branches; il faut que votre poisson soit baigné dans son court-bouillon; faites-le mijoter deux heures; lorsque vous voulez le servir, vous le laissez égoutter, vous mettez une serviette sur votre plat, et le saumon dessus, du persil à l'entour. Si vous le servez pour relevé, vous mettrez dans une casserole un bon morceau de beurre, vous y mêlerez plein trois cuillers à bouche de farine, plein une cuiller à pot de blond de poisson ou de veau; posez ensuite votre sauce sur le feu, en la tournant jusqu'à ce qu'elle bouille, et à ce moment vous y mettrez du gros poivre et vous la ferez réduire à moitié; vous la passerez à l'étamine dans une casserole; vous couperez en dés des cornichons, huit ou dix anchois, des câpres, des capucines confites, que vous mettrez dans votre sauce; vous la tiendrez chaude sans la faire bouillir; vous masquerez votre saumon avec cette sauce. On peut, au lieu de cornichons, y mettre un beurre d'anchois.

Saumon mariné. Coupez des tranches de saumon en filets, et mettez-les dans une marinade faite avec sel, poivre, laurier, basilic, tranches d'oignons, ciboules entières, persil en branches, cinq ou six clous de girofle, le jus de deux citrons, ou un peu de vinaigre. Remuez le tout, et laissez mariner pendant deux heures. On peut aussi faire tiédir la marinade, à laquelle on ajoute un peu de beurre manié de farine, du vinaigre et de l'eau. Vos filets étant bien marinés, vous les essuyez entre deux linges; après les avoir bien farinés, faites-les frire dans du beurre fin ou de l'huile, et servez-les garnis de persil frit.

Saumon frais, au lard fin et au citron. On larde en travers avec des filets de jambon et de gros lardons de lard fin, une bonne tranche d'un gros saumon épaisse; on la passe sur le feu avec du lard fondu, persil, ciboules et truffes hachés, sel et gros poivre; on fonce une casserole de tranches de veau, sur lesquelles on met son saumon avec son assaisonnement; on le couvre de bardes de lard; on le fait suer sur un feu doux; on le mouille avec deux verres de vin de Champagne; on rachève de le faire cuire sur de la cendre chaude; on passe le fond de la sauce, et on la dégraisse; on y met un peu de coulis avec deux cuillerées de consommé; on le fait bouillir, pour le réduire au point d'une sauce; on y exprime un jus de citron, et on sert chaud.

Saumon frais, au gras et au maigre (Terrine de). On fonce une casserole de deux tranches de jambon et de plusieurs tranches de veau de Pontoise; on met dessus deux ou trois dalles de saumon frais couvert de bardes du lard le plus fin; on assaisonne de sel, gros poivre, un bouquet de persil, ciboules, une gousse d'ail, deux clous de girofle, thym, laurier, basilic; on mouille avec un verre de vin de Champagne; après avoir fait cuire les dalles pendant une heure sur de la cendre chaude, on les retire pour les dresser dans la terrine. On met du coulis dans le fond de la sauce, qu'on fait bouillir pour la dégraisser : après l'avoir passée au tamis, on la sert sur le saumon.

Si c'est en maigre qu'on veut le servir, on fait cuire le saumon dans une petite braise maigre, et on le sert avec un ragoût de queues et un coulis d'écrevisses.

Saumon à la maître-d'hôtel. Faites mariner une dalle de saumon avec un peu d'huile, sel et poivre. Faites-la griller ensuite; étant grillée, dressez-la avec sel et poivre, persil et ciboules hachés, un morceau de beurre, un peu de bouillon. Après quelques bouillons, ajoutez un jus de citron, et servez chaud.

Saumon en caisse (Dalles de). Après avoir fait mariner votre dalle avec huile, poivre, persil, ciboules, champignons, truffes, pointe d'ail, le tout haché menu, mettez-la dans une caisse de papier bien huilée avec son assaisonnement; faites-la griller à petit feu, ayant soin de la retourner. Étant cuite, versez dessus un jus de citron et servez avec la caisse.

Saumon fumé. Coupez par lames un morceau de saumon fumé; mettez de l'huile sur un plat d'argent; sautez vos filets; leur cuisson achevée, vous en égouttez l'huile; avant de servir, pressez dessus le jus d'un citron.

Saumon salé. Après avoir fait dessaler votre poisson, mettez-le dans une casserole avec de l'eau fraîche; faites le cuire; lorsqu'il est prêt à bouillir, écumez-le, retirez votre casserole du feu, couvrez-la d'un linge blanc. Au bout de cinq minutes, vous l'égouttez, vous le servez en salade, ou de telle autre manière que vous jugez convenable.

Saumon en gras (Pâté de). Coupez une hure de saumon, près des nageoires; après l'avoir lardée de gros lard et jambon; dressez un pâté à l'ordinaire; foncez-le de lard pilé, avec les assaisonnemens convenables; placez-y la hure; assaisonnez dessus comme dessous, avec beurre frais et bardes de lard : finissez et mettez au four. Votre pâté à moitié cuit, retirez-le, versez par le soupirail une chopine de coulis clair de veau et jambon. Remettez-le ensuite pour achever de cuire. Servez-le froid pour entremets. Si vous le servez chaud, dégraissez et mettez-y un ragoût de foies gras, ou de queues d'écrevisses.

Saumon en maigre (Pâté de). Piquez d'anchois des tranches de saumon, épaisses de trois doigts. Dressez un pâté de pâte fine, que vous foncez de beurre frais; assaisonnez de sel et poivre, fines herbes et épices; mettez-y les tranches de votre poisson : assaisonnez dessus comme dessous; couvrez de beurre frais et d'une autre abaisse. Faites cuire; dégraissez, et versez-y un coulis d'écrevisses qui ait un peu de pointe.

SAUTÉ. Se dit d'un ragoût qui est dans une casserole que l'on pose sur le feu, en le remuant de temps en temps, jusqu'à ce que l'on y mette le bouillon dans lequel il doit cuire.

SCORSONÈRE D'ESPAGNE. *Voy.* SALSIFIS.

SEL. Substance dure, sèche, friable, soluble dans l'eau, et composée de petites parties qui pénètrent aisément l'organe du goût.

Il existe deux espèces de sel de table, que les chimistes appellent *muriate de soude* : l'un tiré de la mer, et connu sous le nom de *sel marin*, gris ou blanc;

l'autre extrait du sein de la terre ou des sources salées, et que l'on désigne par *sel gemme*, blanc ou rose. Le département du Doubs fournit beaucoup de ce dernier.

Le sel gris sale plus que le blanc ; mais le blanc a une saveur plus franche, moins âcre et moins amère que le gris.

Le sel gemme, ou celui des *Salines royales de l'Est*, est en général plus pur, moins mélangé d'autres sels (muriate de chaux et de magnésie) qui altèrent celui de la mer. Il attire moins l'humidité de l'air, et jouit dans un plus haut degré de la propriété de conserver la viande ou les végétaux ; ce qui doit lui faire donner la préférence pour toutes les salaisons de ménage.

Le sel le plus léger, le plus sec et le plus aisé à rompre, est le meilleur pour l'assaisonnement.

SEMOULE ou SEMOUILLE. Nom qu'on donne à une pâte faite avec la farine de riz ou avec de la fine fleur de froment et de l'eau, qu'on fait passer en filets minces par une presse criblée d'une infinité de petits trous. Ces filets étant secs, on les coupe en très-petits morceaux qui ressemblent au millet mondé. S'ils sont faits avec les seules farines de riz et de froment, ils sont blancs ; si on les veut jaunes, on met dans la pâte un peu de safran avec quelques jaunes d'œufs. Quelquefois on y met un peu de sucre pour la rendre plus agréable.

On doit cette composition aux Italiens, chez lesquels ces sortes de pâtes sont en très-grand usage.

La meilleure semoule vient d'Arabie, à qui l'Italie la doit, comme nous la lui devons. Il faut la choisir d'un jaune clair, bien sèche, et qui ne soit pas vieille. Elle est, après le vermicelle, le plus usité des potages farineux, et admet les mêmes assaisonnemens.

Semoule (Potage de). On a du bouillon passé au tamis de soie que l'on met dans une casserole sur le feu ; quand il bout, on y verse une quantité suffisante de semoule, que l'on a soin de remuer avec une grande cuiller, afin de l'empêcher de s'attacher et de former des grumeaux. Elle ne demande qu'une demi-heure de cuisson ; alors on la retire du feu, et on la dégraisse. Si elle était trop pâle, on la colorerait avec du blond de veau; que votre potage soit d'un bon goût et d'un bon sel.

Semoule (Autre potage de). Prenez de la semoule la quantité convenable pour le potage que vous voulez faire ; faites-la mitonner sur la cendre chaude, pendant deux heures avec du bouillon et du jus de veau, mais en petite quantité de ce dernier. Quand elle est bien renflée, elle est cuite. Il faut qu'elle fasse à peu près l'effet du riz, quand il est bien crevé.

Semoule au lait. Mettez du lait sur le feu ; quand il bout, semez votre semoule dedans, et remuez-la de temps en temps, afin qu'elle ne s'attache ni qu'elle ne se pelotte; que votre potage ne soit pas trop épais, et qu'il soit d'un bon sucre, avec très-peu de sel.

Semoule italienne. On se procure une demi-livre de fleur de farine, autant de farine de blé de Turquie ; après avoir mis le tout sur une table bien propre, avec un quarteron de fromage de Parmesan râpé, un morceau de lait cuit, on mêle le tout ensemble avec quatre œufs frais ; la pâte étant bien ferme, on la coupe par morceaux et on la saupoudre d'un peu de farine. On la hache aussi fine que la semoule ; on passe cette pâte à travers une passoire, et on la met sécher sur une feuille de papier. Au moment de s'en servir, on la verse dans du bouillon bouillant, et on la remue avec une cuiller, pour l'empêcher de s'attacher ; il ne faut que deux minutes pour la cuisson. On verse le potage dans une soupière, et on sert avec du fromage râpé à part.

SERVICE. Se dit des plats qui se servent sur table ; ainsi on dit une table servie à deux ou trois ou quatre services. Quand elle est à quatre services, alors au premier sont les entrées, au second le rôt, au troisième l'entremets, au quatrième le dessert.

SOLE (*La*). C'est un des poissons de mer les plus recherchés pour la bonté de sa chair, qui est plus ferme que celle de la plie et d'un goût plus agréable. On préfère les soles qui ont neuf à dix pouces de longueur; il s'en trouve de plus grandes ; mais comme leur chair est dure au sortir de l'eau, on est obligé de les garder pendant quelques jours, jusqu'à ce qu'elles soient amollies, et après cet espace de temps elles n'ont pas autant de délicatesse que celles qui, étant moins grandes, se trouvent à leur point, dès qu'on les a pêchées, et peuvent être mangées fraîches.

Ce poisson est plus long et plus étroit qu'aucun autre poisson de la même famille, sa largeur n'étant que le tiers de sa longueur totale.

La sole se trouve dans la Méditerranée et l'Océan ; elle se conserve assez longtemps, sans perdre de sa qualité, de sorte qu'on peut la transporter fort loin, même en été, surtout si l'on a eu la précaution de lui ôter les intestins.

On estime les soles que l'on prend depuis le Tréport jusqu'à la grande vallée de Balluette, dans la Normandie. Celles que l'on prend dans les endroits vaseux, ont un goût désagréable ; la sole est plus susceptible que beaucoup d'autres poissons de contracter le goût de la vase, lorsqu'elle y a séjourné.

Soles sur le plat. Après avoir vidé, lavé et essuyé vos soles, faites-leur entrer le tranchant du couteau sur le gros de la raie du dos, du côté noir ; après quoi, faites fondre du beurre sur un plat, mettez-y du persil, des échalotes bien hachées, du sel, du poivre, un peu de muscade râpée; placez vos soles sur le plat, avec des fines herbes par-dessus, du sel, du gros poivre, un peu de muscade râpée; ajoutez-y un bon verre de vin blanc; masquez-les avec de la mie de pain; arrosez-les de gouttes de beurre. Un quart-d'heure avant de servir, mettez vos soles au four, ou sur un fourneau doux, avec le four de campagne très-chaud pour les couvrir. Si l'on ne se sert pas du four, il faut avoir soin de mettre de la chapelure en place de mie de pain.

Soles au gratin. Etendez un morceau de beurre sur un plat d'argent; prenez ensuite de fines herbes, des échalotes et des champignons; hachez le tout bien menu, passez-le avec du beurre, du sel, du poivre, et versez-le dans le plat; placez-y vos soles, et couvrez-les légèrement de chapelure de pain bien fine; arrosez de quelques gouttes de beurre; mouillez avec du vin blanc; faites cuire à petit feu, sous un four de campagne, afin que le gratin se forme doucement. Voyez si l'assaisonnement est bon, et finissez avec un jus de citron; servez très-chaud.

On peut apprêter de même les limandes et les carrelets.

Soles au vin de Champagne. On écaille, on vide et on essuie ses soles: on les met avec deux verres de vin de Champagne dans une casserole, un verre de consommé, deux tranches de citron, un bouquet de persil, ciboules, une demi-gousse d'ail, deux clous de girofle, fines herbes, sel, gros poivre, et on les fait cuire; on prend ensuite une partie de leur cuisson qu'on passe au tamis, et à laquelle on mêle quelques cuillerées de bon coulis; on fait réduire au point d'une sauce; on dresse sur le plat les soles qu'on couvre de la sauce, et on sert chaudement.

Soles à l'eau de sel. Mettez une poignée de sel dans

de l'eau que vous placez sur le feu ; lorsque votre eau bouillira, mettez-y vos soles bien vidées, lavées et essuyées, et que vous retirerez quand vous jugerez qu'elles seront cuites ; alors servez-les avec du persil à l'entour.

Soles à la Sainte-Menehould. Vos soles vidées, lavées et essuyées, coupez-les en filets et faites-les cuire avec du beurre manié de farine, une chopine de lait, thym, laurier, basilic, persil, ciboules, ail, clous de girofle, sel et poivre. Lorsqu'elles sont presque cuites, vous les tirez de la casserole. Après les avoir panées, vous les faites griller et les servez ensuite avec une rémolade dans une saucière.

Soles (Filets sautés de). Choisissez quatre belles soles, dont vous levez les filets ainsi que la peau ; après les avoir parés et arrangés sur un sautoir, vous les poudrez avec un peu de persil haché et lavé, du sel et du gros poivre ; versez ensuite sur vos filets du beurre que vous avez fait tiédir : au moment de servir, mettez-les sur le feu ; retournez-les, lorsqu'ils sont roidis ; quelques minutes suffisent pour leur cuisson ; dressez-les ensuite sur un plat avec une sauce italienne et un jus de citron.

Soles ou *Filets de soles à la Provençale.* Ayez deux belles soles ou des filets ; après les avoir nettoyés et fendus par le dos, assaisonnez-les de sel, gros poivre, ail, muscade et persil haché ; mettez-les sur un plat avec de la bonne huile d'olive et un demi-verre de vin blanc, et faites-les cuire au four ; coupez en anneaux six gros oignons que vous faites frire dans de l'huile ; lorsqu'ils ont acquis une belle couleur, et qu'ils sont cuits, égouttez-les, faites-en un cordon autour de vos soles, et servez avec un jus de citron.

Soles frites. Choisissez deux belles soles ; après les avoir vidées, lavées et bien essuyées, vous les fendez par le dos, vous les trempez dans du lait, vous les farinez et les faites frire ; lorsqu'elles sont frites à point, vous les égouttez et les servez avec du persil frit. Avant de les faire frire, on peut, ou plutôt on doit leur ôter la peau, ce qui les rend plus délicates, et dignes du palais d'un gastronome.

Soles en paupiettes (*Filets de*). Vous levez les filets de quatre soles, dont vous ôtez les peaux, et que vous parez de manière qu'ils soient bien carrés; après les avoir assaisonnés de sel et de poivre, vous les étendez de leur long; vous mettez dessus de la farce à quenelles de merlans; et vous les roulez en commençant par la queue, les enveloppant ensuite dans du papier bien beurré, que vous aurez soin de ficeler; vous les mettrez cuire dans un court-bouillon; étant cuits, égouttez-les; dressez-les sur un plat, et versez dessus une sauce italienne.

SOUPE. Potage, sorte d'aliment, mets fait de bouillon et de tranches de pain, et que l'on sert à l'entrée du repas. On peut diversifier les soupes au goût de ses convives.

Soupe à l'oignon. Après avoir épluché vos oignons, vous les coupez en deux, en supprimant la tête et la queue, qui donneraient de l'âcreté à votre soupe. — Avant de mettre vos oignons coupés en lames dans la casserole, faites-y fondre un quarteron de beurre, plus ou moins, suivant la grandeur de votre soupe; faites roussir l'oignon jusqu'à ce qu'il soit bien blond, mettez de l'eau en proportion de votre soupe; assaisonnez de sel, de poivre fin, et laissez bouillir un quart-d'heure. Versez le bouillon sur le pain, et servez.

Soupe à la tortue. On prend une belle tête de veau, que l'on fait bouillir assez long-temps pour pouvoir la désosser.

Dans un roux bien fait, on fait cuire un jarret de veau, avec un bouquet garni, oignons, écorce de citron râpée, poivre et sel; on en exprime ensuite soigneusement tout le jus, ce qui procure un bon coulis que l'on passe au tamis de soie.

On met dans ce coulis la cervelle de veau qui a été gardée à part, des huîtres en garenne; un peu d'essence d'anchois, un bon verre de vin de Madère, le jus de deux citrons de Gênes; on y place ensuite la tête de veau coupée en émincé, avec des blancs de volaille.

On laisse la tête achever de cuire dans cet assaisonnement, jusqu'à ce qu'elle soit bien tendre; on y ajoute une douzaine de boulettes d'œufs, et des boulettes de viande et de blancs de volaille bien faites, des truffes et des morilles.

Les boulettes d'œufs qui figurent, dans ce ragoût, les œufs de tortue, se préparent de cette manière :

On prend des jaunes d'œufs durs, en quantité suffisante; on les écrase bien, en y ajoutant un peu de muscade, du jus de citron, du sel et du poivre; on les manie ensuite et on les pétrit soigneusement avec la quantité de beurre frais nécessaire pour en faire une pâte un peu solide, dont on forme des boulettes de la grosseur d'un œuf de pigeon, et bien rondes; on ne les ajoute au ragoût que peu de temps avant de le servir.

STOCFSICH, STOCVISH ou STOCKFISH, Terme générique qui désigne toutes sortes de poissons desséchés sans avoir été salés. Ce terme est dérivé de deux mots allemands *stock* et *fish*, dont le premier signifie *bâton*, et l'autre *poisson*; comme si l'on avait voulu exprimer par la dénomination de *stockfish*, que les poissons auxquels on l'applique, ont acquis, par le desséchement, la dureté d'un bâton. Quelques-uns croyent cependant que l'origine du mot de *stockfish* vient de ce que quand on apprête le poisson desséché pour le manger, on commence par le battre sur un billot.

On fait dessécher le *stockfish* en l'exposant à l'air ou à la fumée. Cette préparation s'emploie pour les morues, les raies, les soles, les plies, les turbots, etc. On prétend que le *stockfish*, apprêté avec soin, peut se conserver pendant dix ans sans altération.

SUCRE. Cette substance est le sel essentiel d'une canne ou espèce de roseau, qui croît naturellement dans l'Amérique; on en distingue de deux espèces, le *brut* et le *raffiné*. Les diverses préparations qu'on fait de ces deux espèces, en sont encore du sucre *candi*, du sucre d'*orge* et autres. Le sucre candi n'est autre chose que du sucre cristallisé par l'ébullition. Celui qui est blanc, se fait avec le sucre fin; le jaune avec la cassonade; le rouge, avec la moscouade.

Le sucre d'*orge* se fait avec du sucre cuit sur un feu modéré, dans une décoction d'orge mêlée avec des blancs d'œuf fouettés qu'on écume bien. On passe ensuite ce sucre à la chausse, et on le fait rebouillir, jusqu'à ce qu'il forme de larges bulles. On le verse ensuite sur une table de marbre, frottée légèrement d'huile d'amandes douces. Lorsque les bulles cessent, et que les extrémités tendent à se rapprocher du centre de la masse, alors on la roule en bâtons, qu'on laisse refroidir et durcir.

Le sucre qu'on doit employer dans l'office doit être le plus blanc et le plus net; il faut le choisir dur, sonnant, léger et d'un goût agréable. Quand il est ainsi choisi, il faut moins de travail pour le clarifier. Si l'on se sert de cassonade, quelque nette qu'elle soit, il faut la clarifier.

On distingue environ quinze degrés de cuisson dans le sucre, dont le premier est la clarification, qui se fait ainsi : Fouettez un blanc d'œuf dans un demi-setier d'eau, pour cinq à six livres de sucre ; deux blancs d'œufs dans une chopine d'eau, pour dix à douze livres de sucre, et de même en proportion pour le plus ou le moins. Faites bouillir votre sucre jusqu'à ce qu'il ait monté à trois différentes reprises, en calmant l'ébullition par un peu d'eau que vous y mettrez à mesure qu'il montera. Retirez-le de dessus le feu ; laissez-le reposer et l'écumez. Remettez-y un peu d'eau pour le faire rebouillir ; écumez-le encore, et le passez à l'étamine mouillée.

Comme la base de l'art de confire dépend des différens degrés de cuisson du sucre, nous les allons détailler : nous commencerons par le sucre grillé, parce que celui-là n'exige pas d'être clarifié.

Sucre grillé. Faites bouillir du sucre à grand feu, en le remuant avec un peu d'eau, jusqu'à ce qu'il soit de couleur de cannelle un peu pâle, pour vous en servir bien chaud. Si, par hasard, on avait manqué une cuisson, on y remettrait un peu d'eau, et on ferait rebouillir le sucre jusqu'à ce qu'il fût revenu au degré qu'on veut.

Sucre au petit lissé. Faites-le clarifier, et bouillir ensuite jusqu'à ce qu'il forme un fil entre les doigts, qu'il se rompe et reste en goutte aux doigts entre lesquels on le presse.

Sucre au grand lissé. A ce degré, il faut que le sucre, en le pressant entre les doigts, forme un fil plus fort que le précédent.

Sucre au petit perlé. A ce degré, votre sucre doit former entre les doigts un fil qui ne se rompe point, à quelque ouverture que soient le pouce et l'index entre lesquels on le presse.

Sucre au grand perlé. On connaît que le sucre est cuit au grand perlé, lorsque le bouillon forme des espèces de perles rondes et élevées.

Sucre à soufflé. Pour voir si le sucre est cuit à soufflé, trempez l'écumoire dans la poêle, et la secouez ; puis soufflez à travers : s'il s'envole par feuilles, il est au degré recherché ; s'il coule encore, il n'est pas suffisamment cuit.

Sucre à la plume. On connaît que le sucre est cuit à la plume, lorsqu'après quelques bouillons de plus que pour la cuisson précédente, en soufflant à travers l'écumoire, ou en secouant la spatule, les étincelles ou boules qui sortent des trous, ou se détachent de la spatule, sont plus grosses et s'élèvent en haut.

Sucre à la grande plume. Lorsqu'après avoir essayé à plusieurs reprises le degré de cuisson, les bouteilles paraîtront plus grosses et en plus grande quantité, de sorte qu'elles semblent se lier les unes aux autres, alors votre sucre sera cuit à la grande plume.

Sucre au petit boulé. Pour connaître si le sucre est cuit à ce degré, ayez un gobelet plein d'eau fraîche ; trempez-y vos doigts pour prendre du sucre. Remettez-les promptement dans l'eau. Si, en se refroidissant, le sucre se roule et se manie comme la pâte, le sucre est cuit au petit boulé.

Sucre au gros boulé. Ce degré ne diffère du précédent que parce que le sucre roulé entre les doigts est plus ferme que le précédent.

Sucre au cassé. Pour s'assurer de ce degré de cuisson, il faut que le sucre qu'on aura roulé dans ses doigts, comme à la cuisson précédente, se casse net.

Sucre au caramel. On lui donne quelques bouillons de plus que celui au cassé, pour le mettre au degré du caramel. On peut éclaircir ce sucre, en y mettant du jus de citron. Il faut observer de l'arrêter au degré que nous venons de dire, sans quoi il brûlerait et prendrait un goût âcre et désagréable.

SURMULET ou BARBEAU DE MER. Le meilleur est celui qui est charnu sans être gras; alors sa chair est ferme et friable, et d'autant plus saine que ce poisson n'est point visqueux; il est agréable au goût et se conserve assez bien. Le foie de ce poisson est un manger très-délicat. On le mange ou rôti, ou à l'étuvée, ou au court-bouillon. Il est fort sain de ces trois manières, si on ne le charge pas de trop d'assaisonnement. *Voy.* MULET.

SYROP ou SIROP. Composition ou liqueur faite avec du sucre ou du miel fondu dans l'eau, que l'on fait cuire jusqu'à une certaine consistance, et dans laquelle on mêle différentes sortes de plantes ou de fleurs, suivant l'usage auquel on la destine.

Le syrop de capillaire est la règle de ceux qu'on peut faire de tous les vulnéraires; celui de groseilles met au fait de la façon de faire tous les fruits rouges, comme la mûre, la griotte, la grenade, etc. Le syrop de limon indique la façon d'employer les fruits à écorce dans cette partie, comme la bigarade, la bergamotte, le cédrat et l'orange de Portugal; de sorte que dans tous ces cas on a une méthode servant de règle pour tous ceux de cette espèce; et l'un de ces fruits fait règle pour tous les autres, dans les matières de même espèce. *Voy.* ABRICOTS, CAPILLAIRE, COINGS, GRENADES, GROSEILLES, GUIMAUVE, JASMIN, LIMON, MÛRES, ORGEAT, POIRES, POMMES, VERJUS, VIOLETTES.

Syrop de sucre pour les liqueurs. Faites bouillir deux livres de sucre avec chopine d'eau. Écumez-les en y mettant petit-à-petit, pendant qu'il bout, une autre chopine d'eau. Étant fini, mettez-y un blanc d'œuf fouetté en neige, avec la coquille. Le tout ayant fait un bouillon, passez-le à la chausse.

Syrop de fruits confits. Faites chauffer et frémir le

syrop qui reste des fruits que vous aurez confits, après les avoir tirés au sec; puis mettez-y un peu de sucre clarifié, et faites faire un bouillon pour le finir.

T.

TABLE, se dit non-seulement des planches assemblées ou soutenues sur des pieds ou tréteaux, mais des mets qu'on sert, de l'ordre qu'on met dans le service, et du nombre des convives. On dit une table de douze, quinze ou vingt couverts, pour un repas de douze, quinze ou vingt personnes; comme on dit une table servie à trois, quatre et cinq services, pour différencier la nature des mets qui s'y servent successivement. *Voy.* les tableaux en tête de cet ouvrage pour l'ordre et les différens services d'une table.

TALMOUSE. Pâtisserie qui se fait avec du fromage blanc, bien gras, avec un peu de beurre et de poivre bien broyés, une poignée de farine, quelques jaunes d'œufs, un peu de lait, le tout pétri; on en met sur des abaisses de pâte fine, en relevant les bords. Dorez d'un œuf battu, et mettez au four.

TANCHE. Poisson d'eau douce, de la figure de la carpe, dont les écailles sont petites et dorées. Comme ce poisson vit dans les endroits bourbeux, il est visqueux de sa nature, et a besoin de plus d'assaisonnement que ceux qui, avec plus de mouvement, s'agitent dans des eaux plus pures. Les tanches qui vivent dans des eaux plus limpides et moins limoneuses, ont une saveur plus agréable que les autres.

Tanches à la Provençale. Limonnez et accommodez comme les soles à la Provençale. *Voy.* Sole.

Tanches à la sauce Robert. Limonnez, videz, incisez, et les faites griller; servez avec une sauce Robert. On peut les servir aussi avec une sauce aux câpres.

Tanches en casserole. Faites-les dégorger; habillez-les; fendez-les par le dos; désossez et farcissez d'un bon hachis de poisson. Frottez un plat de beurre, avec fines herbes, oignons et assaisonnement ordinaire. Rangez-y vos tanches; assaisonnez dessus comme dessous; arrosez de beurre fondu. Panez; faites cuire au four de belle couleur. Servez à sec, ou avec ragoût de légumes, ou coulis d'écrevisses.

Tanches en fricassée au roux. Faites roussir de la farine; passez-y les tronçons, avec champignons, sel et poivre, bouquet, oignons piqués de clous. Mouillez de moitié bouillon et moitié vin blanc bouilli. Liez avec un peu de coulis roux. Dans la saison des asperges et des artichauts, on peut y en mettre, après les avoir fait blanchir.

Tanches en fricassée de poulets. Otez les têtes; coupez par tronçons; passez au beurre, avec bouquet; mouillez de bouillon et vin blanc, sel et poivre : faites cuire à feu vif, et liez avec crême et jaunes d'œuf.

Tanches farcies. Farcissez d'un godiveau fin de poisson; cousez les tanches. Farinez, et passez au roux; tirez-les ensuite, et mouillez ce roux de bouillon de poisson et vin blanc bouilli; remettez-y les tanches; assaisonnez de sel et poivre, et ingrédiens ordinaires. Laissez mitonner; dressez et servez dessus un ragoût de laitances.

Tanches frites. Habillez; fendez-les par le dos; poudrez d'un peu de sel et farine; mettez-y le jus de quelques citrons; faites frire au beurre de belle couleur, et servez à sec.

Tanches grillées. Limonnez-les à l'eau bouillante;

écaillez; farcissez le corps de beurre manié de fines herbes; faites griller, et servez avec quelque sauce qui ait de la pointe.

TAPIOKA. Fécule du *manioc*, retirée de la racine de ce végétal, comme on retire en France celle de la pomme de terre. Cette fécule, qui porte à la Guyanne le nom de *cicipa*, diffère de la *cassave* des Américains en ce qu'elle est d'une grande blancheur, et qu'elle n'a pas été préparée au four comme la farine ordinaire du *manioc*.

On prépare avec le tapioka d'excellens potages, soit au lait, soit au bouillon. Sa saveur est douce, mucilagineuse, et plus agréable que le gruau, le salep, le sagou, ou la fécule de pomme de terre. Une cuillerée de tapioka suffit pour faire une assiettée de bon potage. On trouve cette excellente farine chez les marchands de comestibles étrangers, et chez les premiers pharmaciens de Paris.

TARTE. Pièce de four de dessert.

Tarte à la crême. Faites une pâte demi-fine, formez-en une abaisse; faites bouillir une pinte de lait avec du sucre, deux blancs d'œuf bien fouettés, un peu de farine, un peu d'eau de fleurs d'orange; étendez cette bouillie sur votre abaisse; faites un rebord; mettez au four, et servez avec du sucre râpé.

Tarte au fromage. Foncez une tarte de même pâte que ci-dessus. Faites une farce avec un fromage mou gras, sel, œufs et beurre; garnissez-en votre abaisse: un peu de crême la rendra encore plus délicate. Mettez au four; servez avec force sucre. Au lieu de crême on y peut mettre du fromage de Brie affiné.

Tarte aux herbes. Faites cuire poirée, pourpier, arroche, épinards hachés menu. Pétrissez avec beurre et fromage mou gras, et sel. Finissez à l'ordinaire.

TARTELETTES. Faites des abaisses de même pâte que ci-dessus. Battez des jaunes d'œufs, avec de la farine et du beurre frais. Faites cuire cette espèce de crême; emplissez-en vos abaisses, faites cuire, et sucrez pour servir.

TERRINE. Entrée fort à la mode aujourd'hui, qui tire son nom de l'usage où l'on était autrefois de servir la viande dans la terrine même où elle avait cuit, sans autre ragoût ou sauce que ce qu'elle avait produit. Aujourd'hui la terrine est de différentes viandes cuites à la braise, qu'on sert dans un vase qu'on appelle *terrine*, soit d'argent, ou de faïence, avec telle sauce, coulis, purée, ragoût qu'on trouve bon d'y mettre.

Terrine à la bourgeoise, aux marrons. Faites cuire à la braise un poulet gras, une perdrix, un rable de lièvre, une noix de veau et une de mouton, le tout piqué de lard moyen, bien assaisonné dessus et dessous. Pelez des marrons, et les mettez dans une tourtière couverte; faites-les cuire, feu dessous; nettoyez-les ensuite de la petite peau, et les mettez avec les viandes. Assaisonnez la terrine dessus comme dessous; fermez bien et faites cuire en son jus; dégraissez ensuite, et mettez-y un peu de coulis; dressez avec les marrons. On a vu aux articles particuliers diverses manières de faire des terrines; on y renvoie.

Terrine à l'Anglaise. Faites cuire telle viande que vous jugerez à-propos dans une bonne braise. Dressez-la ensuite dans une terrine, avec une bonne essence par-dessous, des rôties de pain passées au beurre, sur le tout du parmesan râpé. Faites prendre couleur au four ou avec une pelle rouge.

THÉ. C'est la feuille d'un arbuste très-commun à la Chine et au Japon; cet arbuste excède rarement la hauteur de quatre ou cinq pieds; il est branchu, couvert de feuilles de couleur verte foncée, dentelées, disposées sans ordre, un peu ovales, et terminées en pointe. On recueille ces feuilles dans les mois de mars et d'avril; on les fait sécher à un feu doux, et on nous les envoie en caisse.

C'est des feuilles les plus jeunes, les plus tendres et les plus petites, que se compose la première espèce de thé, connu sous le nom de *Thé impérial*, et qu'on recueille avec des précautions extrêmes, pour l'usage particulier de l'empereur et de la famille impériale; il n'en vient point de cette espèce en Europe.

Après le thé impérial, vient le *thé mandarin*, ou *bourguemestre*, assez rare en Europe.

Le *thé hyswen*, le *thé vert*, le *thé bon* (qui est le plus inférieur en qualité), sont les trois espèces qu'on trouve le plus communément dans les boutiques.

Le *thé hyswen* est roussâtre et bleuâtre, d'une odeur agréable; sa feuille bien roulée, s'étend dans l'infusion et devient alors assez large. Ce thé a beaucoup de force, et il en faut peu pour parfumer une assez grande quantité d'eau.

Le *thé vert* a moins de force et de parfum que le thé hyswen, aussi est-il moins cher. Son nom désigne sa couleur; ses feuilles longuettes sont fortement roulées. Quand elles sont nouvellement préparées, leur infusion est claire, verte et d'une saveur assez agréable.

Le *thé bon* est d'un roux noirâtre, sa feuille est petite, arrondie, et très-roulée. Cette espèce de thé donne à l'eau une couleur jaunâtre; elle est très-inférieure aux deux précédentes, et ne se prend guère qu'avec beaucoup de lait.

Quand on veut prendre le thé dans toute sa bonté, on ne doit jamais le faire bouillir. On verse sur une bonne pincée de ses feuilles, environ une demi-tasse d'eau bouillante; quelques minutes après, même quantité; après le même intervalle, on remplit la théière d'eau toujours bouillante. Par cette méthode, on développe graduellement tout l'arôme du thé, et le plus médiocre paraît bon, au lieu que le meilleur semble médiocre en suivant une autre méthode. On l'édulcore avec plus ou moins de sucre selon le goût; mais les vrais amateurs en mettent peu.

Le thé fournit comme aliment une boisson extrêmement agréable, surtout lorsque quelques gouttes de crême froide mises dans chaque tasse, développent son parfum et lui communiquent un velouté délicieux. Mais, soit qu'on y mette de la crême, ou seulement du lait, il est important de ne jamais les faire chauffer.

On fait avec de l'infusion de cette plante, des œufs et du lait, une crême au thé, infiniment agréable lorsqu'elle est bien prise et composée avec soin. C'est à peu près là tout son usage dans la cuisine.

THON. Grand poisson de mer, massif et ventru, qui a la peau déliée et chargée de grandes écailles. Il y en a de plusieurs grandeurs et grosseurs. Les plus forts pèsent ordinairement cent trente livres.

Ce poisson est très-abondant, soit dans l'Océan, soit dans la Méditerranée; mais la principale pêche s'en fait sur les côtes de Provence, dans le printemps et l'automne, saisons où ces poissons passent le détroit de Gibraltar, et viennent en grande troupe du côté de Marseille, de Toulon et de Nice.

Le thon meurt presqu'en sortant de l'eau; c'est pourquoi les pêcheurs ont soin de le vider sur-le-champ, pour l'empêcher de se corrompre. Ce poisson, surnommé le *veau des chartreux*, en a le goût et la blancheur. Sa chair se mange fraîche, et on la marine aussi. Il n'arrive presque jamais frais à Paris et dans une grande partie de la France; mais on l'expédie en pâtés, ou mariné à l'huile vierge. Presque tout le thon mariné qui se mange en France, vient de Provence.

Il y a deux sortes de thons marinés; toute la différence consiste en ce que les uns sont désossés et que les autres ne le sont pas. Les meilleurs endroits du thon sont la tête et le ventre ; la queue est moins estimée. On le sert dans l'huile pour hors-d'œuvre.

Thon (*Manière de mariner le*). Pour mariner le thon, on le vide dès qu'il est sorti de l'eau, on le dépèce par tronçons, on les rôtit sur de grands grils, on les frit dans l'huile d'olive, on les assaisonne de sel, poivre ; enfin on les encaque dans de petits barils avec de nouvelle huile et un peu de vinaigre.

Thon à la broche. Piquez-en un gros morceau de lardons d'anguilles et d'anchois, et faites-le rôtir. Arrosez-le en cuisant, avec une marinade maigre, oignons en tranches et citron, ciboules, poivre, sel, laurier et une livre de beurre, que vous mettrez dans la lèche-frite. Dégraissez ensuite cette marinade, liez-la d'un coulis roux, en y ajoutant quelques câpres et versez-la sur le thon.

Thon en caisse. Faites une caisse de papier; mettez-y des tranches de thon avec du beurre frais, des herbes fines, sel et poivre ; panez et mettez cette caisse dans une tourtière ; faites cuire de belle couleur entre deux feux vifs, sans l'y laisser trop long-temps, et servez.

Thon en salade. Coupez un morceau de thon par tranches, puis en filets, et servez avec une remolade.

Thon frit. Coupez par tranches du thon, de l'épaisseur de trois doigts. Faites-le mariner avec sel et poivre, verjus, oignons piqués de clous de girofle, jus de citron. Faites frire et servez avec une bonne remolade.

Thon en pot (*Pâté de*). Hachez la chair d'un morceau de thon ; mettez-la dans un pot avec du beurre roux, du vin blanc, citron vert, sel, poivre et champignons. Faites cuire et servez avec des croûtons de pain frit.

TIMBALE. Nom qu'on donne à toute espèce de ragoût enveloppé d'une pâte et cuit au four. On en fait de plusieurs façons; des timbales de pieds de mouton, de ragoût de viandes mêlées de mauviettes, d'anchois, à la moelle, etc. En général on peut faire et imaginer des timbales d'autant de façons qu'il y a de sortes de ragoûts qui peuvent se mettre en pâté.

THYM ou **THIM.** Plante odoriférante dont il y a plusieurs espèces. On s'en tient pour nos jardins au thym commun. Il entre dans les alimens, avec les herbes fines, pour relever la fadeur des viandes et du poisson; on s'en sert surtout pour les courts-bouillons et les ragoûts.

TOMATE. C'est le nom que porte la pomme d'amour à la côte de Guinée, où elle croît abondamment. Les Espagnols cultivent fort communément ce fruit dans leurs jardins, et c'est de chez eux que la culture de cette plante est passée depuis vingt ans en Languedoc et en Provence. Elle s'est acclimatée depuis dans les autres départemens de la France.

Le fruit de tomate étant mûr, est d'un beau rouge, et il contient une pulpe fine, légère et très-succulente, d'un goût aigrelet relevé, fort agréable, lorsque ce fruit est cuit dans le bouillon ou dans divers ragoûts. On en fait d'excellentes sauces qui s'allient à toute espèce de viandes, même rôties; mais qui surtout conviennent admirablement au bouilli. On s'en sert comme coulis dans les potages au riz en gras, et elles leur communiquent une saveur aigrelette extrêmement fine et apéritive.

Tomates à la Grimod. Après avoir ôté les pepins

de vos tomates, bourrez-les d'une farce savante, ou même tout uniment d'une simple chair à saucisses dans laquelle on a mêlé une gousse d'ail, persil, ciboules, estragon hachés; mettez le tout cuire sur le gril, ou ce qui vaut mieux encore, dans une tourtière, sous un four de campagne, avec beaucoup de chapelure. L'expression d'un jus de citron (au moment de servir dans la tourtière même), couronne cet entremets qui passe pour excellent.

TORTUE. Animal amphibie dont il y a deux espèces, celle de mer et celle de terre.

La chair de la tortue franche est bonne à manger. Elle s'apprête et s'accommode de plusieurs façons. On la mange bouillie, avec du sel et autres assaisonnemens. On en fait des ragoûts, des tourtes, des potages, des fricassées, etc.

TOURTE. Espèce de pâtisserie, qui sert pour entrée, entremets ou dessert. *Voy.* aux articles particuliers, la façon de faire une infinité de ces tourtes.

TOURTERELLE. Espèce de pigeon plus petit, plus délicat que ce dernier, d'un blond cendré. Cet oiseau, quand il est jeune, tendre et gras, est un manger excellent. Il s'apprête et s'accommode comme le pigeon. *Voy.* PIGEON.

TRIPES. Partie des entrailles des animaux. Celles de cochon et de mouton servent à faire des boudins et des saucisses, après les avoir bien lavées. Les tripes de bœuf et de vache se mangent fricassées, étant d'une substance membraneuse; elles sont, comme les autres membranes, dures, visqueuses, glutineuses, difficiles à digérer, et capables de produire des obstructions.

TRUFFE. Ce tubercule, qu'on ne peut mettre dans la classe des légumes ni des fruits, est charnu, couvert d'une croûte noirâtre chagrinée. Cette espèce de champignon, de forme irrégulière, naît, se développe et meurt dans le sein de la terre, à la profondeur de sept à huit pouces.

La truffe se trouve dans nos provinces méridionales, telles que le Périgord, le Quercy, la Gascogne, une partie du Languedoc et du Dauphiné.

On en trouve beaucoup en Italie; mais elles y sont communément blanches; celles de Turin sont remarquables par une forte odeur d'ail, qui n'est agréable qu'à des Piémontais.

La Bourgogne, la Champagne, l'Allemagne, etc., produisent aussi des truffes, mais en petite quantité; elles ont peu de saveur et de vertus.

On connaît trois variétés principales de truffes : la blanche, la rouge et la noire. La première est la moins estimée; la seconde est la plus rare; la troisième est incontestablement la meilleure : c'est même la seule admise sur nos tables.

Il faut manger les truffes fraîches et dans leur saison : toutes celles conservées, soit dans le sable, soit dans l'huile, le vinaigre, l'eau-de-vie, etc., perdent absolument leur arôme et leur saveur, dont ces divers menstrues s'emparent; elles deviennent donc absolument inodores; il en est de même des truffes séchées.

L'arôme des truffes et la légère substance astringente que leur pulpe renferme, concourent singulièrement à la conservation des viandes : on peut maintenir fraîche, pendant plus d'un mois et demi, une dinde, ou toute autre volaille bourrée de truffes, qui autrement se corromprait en moins d'une semaine.

Les truffes jouent le premier rôle dans les émincés et dans les sautés, au premier service; dans les cardes et dans les œufs brouillés, au second; une dinde aux truffes est un rôti du plus grand luxe ; et un pâté, soit de gibier, soit de foies gras aux truffes, le vrai paradis d'un gourmand dans ce bas monde.

Truffes (Manière d'approprier les). Ayez telle quantité de truffes que vous jugez convenable ; mettez-les dans de l'eau faiblement tiède ; brossez-les pour en ôter la terre et le gravier ; retirez-les à mesure, et jetez-les dans de l'eau fraîche ; vous les brossez de nouveau, de manière qu'il n'y reste rien. Après les avoir bien lavées une troisième fois, vous les égouttez ; ainsi préparées, on les apprête et on les accommode à sa guise et à son goût.

Truffes à la serviette. Après avoir approprié vos truffes comme il est indiqué dans l'article précédent, vous mettrez des bardes dans une casserole et vos truffes par-dessus, avec deux feuilles de laurier, un peu de thym, deux ou trois clous de girofle, du sel, du poivre, et vous les couvrez de lard : versez alors dans la casserole une ou deux bouteilles de vin blanc, avec un morceau de beurre. Une demi-heure suffit pour faire cuire vos truffes ; retirez-les du feu, et laissez-les dans le vase où elles ont cuit : au moment de servir, mettez-les sous une serviette, et faites-les placer sur la table.

Truffes au vin de Champagne. Ayez dix ou douze belles truffes bien appropriées ; foncez une casserole de bardes de lard, et mettez-y vos truffes, en les assaisonnant de sel, d'une feuille de laurier, d'un bouquet aussi assaisonné d'un peu de lard râpé ; ajoutez-y du bouillon, deux tranches de jambon et une demi bouteille de vin de Champagne ; faites-les partir ; couvrez-les d'un rond de papier et de leur couvercle ; mettez-les alors sur la paillasse, avec du feu dessus et dessous. Une heure suffit pour la cuisson : après quoi, égouttez-les sur un linge blanc, et servez-les sur une serviette arrangée à cet effet.

Truffes à la Périgord. On coupe des truffes en petits dés ; on les passe dans du beurre ; on y met deux cuillerées d'espagnole réduite, avec un peu de vin blanc, ou mieux du vin de Champagne, et on les finit avec un morceu d'excellent beurre.

Truffes (Sauté de). On prend une certaine quantité de truffes bien appropriées ; on les pèle, on les arrondit, et on les coupe en tranches épaisses de deux lignes. Après quoi on fait fondre du beurre dans un sautoir, et on met les truffes dessus avec un peu de sel et de gros poivre. Le sautoir placé sur un feu un peu vif, vous retournez vos truffes aussitôt que le beurre a jeté quelques bouillons. Trois minutes suffisent pour les cuire ; la cuisson achevée, égouttez vos truffes, et mettez-les dans une sauce espagnole travaillée ; dressez-les sur le plat pour entremets.

Truffes au court-bouillon. Vos truffes bien appropriées, mettez-les dans une marmite avec sel, poivre, oignons piqués de clous de girofle, laurier, ciboules et vin blanc, faites-les cuire ; la cuisson achevée, vous les essuyez et les dressez sur une serviette.

TRUITE. Poisson d'eau douce, qui aime les eaux vives, et surtout les courans les plus rapides. Ce poisson est d'une agilité surprenante ; il remonte non-seulement les rivières les plus rapides, mais il s'élance et remonte les chutes d'eau les plus hautes et les plus difficiles. Le mouvement extraordinaire qu'il se donne ne contribue pas peu à rendre ce poisson délicat, d'une saveur agréable et d'un usage très sain.

Truite à la bourgeoise. Faites-leur prendre sel une heure. Faites cuire avec une bouteille de vin blanc, trois oignons, bouquet, clous, deux gousses d'ail, laurier, thym, basilic et beurre manié de farine. Faites bouillir à feu vif ; ôtez les oignons et le bouquet ; servez avec leur sauce ; un quart-d'heure suffit pour les cuire ; jetez dessus, en servant, un peu de persil blanchi.

Truites à la hussarde. Otez la peau, et mettez dans le corps du beurre manié de fines herbes ; assaisonnez de bon goût. Faites mariner et griller ensuite. Servez-les avec une remolade.

Truites à la lézard. Prenez les plus belles qu'il se pourra ; écaillez, videz et mettez-leur dans le corps du beurre manié de fines herbes, avec sel et poivre. Mettez-les dans une poissonnière avec deux ou trois bouteilles de vin blanc, pour que le vin les passe d'un bon doigt : ajoutez sel et poivre, oignons, clous, muscade, bouquet et une croûte de pain. Faites cuire à feu clair, de sorte que le vin s'enflamme. Lorsque la flamme commence à diminuer, jetez-y du beurre.

Truites au court bouillon. Faites-les cuire comme les saumons. *Voy.* SAUMON.

Truites aux anchois. Ecaillez, videz et les incisez sur le côté. Faites mariner avec sel et gros poivre, ail et persil, ciboules et champignons hachés, thym, laurier et basilic en poudre, huile fine ; mettez-les dans une tourtière, avec une marinade ; panez et faites cuire au four ; servez enfin avec une sauce aux anchois.

Truites frites. Incisez, salez et farinez-les ; faites-les frire au beurre raffiné. Egouttez et servez à sec.

Truites grillées à la sauce blanche. Faites griller, comme on a dit plus haut, et servez avec une sauce blanche.

Truites grillées aux écrevisses. Faites griller comme dessus, et jetez sur elles un ragoût de queues d'écrevisses. On les sert de même avec toute sorte de ragoûts maigres ; on les sert aussi avec le coulis d'écrevisses.

Truites (*Pâté de*). Piquez-les de lardons d'anguilles et anchois. Dressez le pâté ; foncez-le de beurre frais ;

faites un godiveau de chair de truites, champignons, truffes, persil, ciboules, beurre frais, avec fines herbes, épices, sel et poivre ; couvrez de beurre frais. Finissez à l'ordinaire ; faites cuire ; dégraissez. Mettez-y un ragoût d'écrevisses, et servez chaud.

TURBOT, *Rhombus*. Ce poisson est ainsi nommé en latin, parce qu'il est large, plat et de figure rhomboïde ou en losange.

Il y a plusieurs espèces de turbot, différentes, non-seulement par leur grandeur, mais encore parce que quelques-unes d'entre elles portent des aiguillons à la tête et vers la queue, et les autres n'en portent point. Ce poisson habite dans la mer, quelquefois le long des rivages, et plus souvent à l'embouchure des rivières. On l'appelle *faisan d'eau*, à cause que sa chair approche en bonté de celle du faisan.

Le meilleur turbot est celui qui est blanc et épais. Il faut le choisir le plus frais possible et sans taches.

Turbot (*Préparation du*). Le turbot se sert ordinairement au court-bouillon ; c'est la manière la plus noble de le manger dans son entier. Un cordon de persil à l'entour, une sauce au beurre servie à part, voilà ses seuls accompagnemens ; cependant ceux qui veulent varier les services, l'apprêtent à la hollandaise, au gratin, en croquettes, à la Sainte-Menehould, au coulis d'écrevisses, etc. On peut se permettre le lendemain de sa première apparition, de le déguiser, en le mettant en béchamel.

Turbot au court-bouillon. Après avoir bien lavé votre turbot, ôtez-lui, sans l'endommager, les ouïes et les boyaux que sa poche contient ; faites-lui une incision du côté noir sur la raie qui est près de la tête ; découvrez-la pour en ôter un morceau de trois joints, à l'effet de donner de la souplesse à votre poisson, afin qu'en cuisant il ne soit pas trop susceptible de se fendre. Assujettissez le gros de la tête avec l'os qui tient à la poche, avec une aiguille à brider et de la ficelle. Versez ensuite dans un chaudron plein d'eau une livre de sel, dix-huit à vingt feuilles de laurier une poignée de thym, une grosse poignée de persil en branches, une vingtaine de ciboules, dix oignons coupés en tranches. Faites bouillir votre court-bouillon pendant un quart-d'heure passez-le au tamis, et laissez-le reposer; lorsqu'il est bien clair, mettez votre turbot dans une turbotière; frottez-le bien de jus de citron, du côté blanc; à défaut de citron, employez deux pintes de lait, et versez le court-bouillon dessus. Placez-le sur le feu; laissez-le mijoter sans qu'il bouille, pendant une heure, ou plus, s'il est très-gros. Un petit quart-d'heure avant de le servir, retirez-le avec sa feuille, et laissez-le égoutter; arrangez une serviette sur un plat, et glissez votre turbot dessus; au cas qu'il y ait quelques crevasses, vous les remplirez avec du cerfeuil en feuilles; placez-en aussi à l'entour, et débridez-le ensuite.

Turbot à l'eau de sel. Après avoir préparé votre turbot, comme il est indiqué à l'article précédent, mettez au fond d'un chaudron environ une livre de sel; emplissez-le d'eau, à laquelle vous laisserez jeter deux ou trois bouillons; ôtez-la ensuite de dessus le feu; laissez-la reposer, et lorsqu'elle sera tiède, versez-la dessus sur le turbot, ayant l'extrême précaution de ne pas mettre le fond. Placez ensuite votre turbotière sur un fourneau, et laissez mijoter pendant une heure sans laisser bouillir; après quoi servez le turbot chaud, si on veut le manger à la sauce au beurre, et froid, si l'on préfère le manger à l'huile.

Servez en même temps une truelle en vermeil ou en argent, car le fer ne doit jamais approcher du turbot.

Turbot à la béchamel. Faites cuire votre poisson à

l'eau de sel; étant cuit, égouttez-le; après avoir levé les chairs et leur avoir donné une forme agréable, dressez-les sur un plat, et saucez-les avec une béchamel. Ce mets se fait assez ordinairement avec du turbot de desserte. *Voy.* SAUCES.

Turbot à la Sainte-Menehould. Après avoir préparé votre poisson comme il est indiqué au commencement de cet article, faites-le cuire à moitié dans du vin blanc et du lait, avec fines herbes, sel, beurre et coriandre; dressez ensuite votre turbot, panez-le, faites-prendre couleur au four, et servez avec une sauce aux anchois.

Turbot au gratin. On n'emploie ordinairement que la desserte d'un turbot, pour le servir au gratin; à cet effet, on l'épluche; on en ôte la peau et les arrêtes; on fait une béchamel maigre, dans laquelle on met le turbot; il faut que votre sauce ne soit pas trop longue; on le fait chauffer sans le laisser bouillir; on le dresse sur un plat, en l'étendant également avec la lame d'un couteau; on le pane avec de la mie de pain, et on y mêle un peu de fromage de parmesan; on l'arrose de beurre fondu, et on a soin de garnir le tour du plat de bouchons de mie de pain passés au beurre; après lui avoir fait prendre couleur, soit au four, soit au four de campagne, servez.

Turbot en croquettes. Coupez en petits dés du turbot cuit et froid, que vous mettrez dans une casserole; versez dessus de la sauce béchamel, un velouté lié, ou une sauce à la crême. Lorsque le turbot est saucé, remuez-le; quand il sera refroidi, prenez-en avec une cuiller gros comme un œuf; faites-en vingt-cinq ou trente portions, que vous mettrez séparément sur un plafond, puis préparez-les comme on prépare les croquettes de volaille. *Voy.* CROQUETTES.

Turbot au coulis d'écrevisses. Faites cuire dans une casserole deux ou trois livres de veau en tranches, bardées de lard, avec sel et poivre, persil en bouquet, fines herbes, oignons piqués de clous de girofle, et deux feuilles de laurier; faites suer; le tout étant attaché, mettez du beurre frais avec un peu de farine. Le roux fait, mouillez avec du bouillon; détachez avec la cuiller le fond; bardez le turbot et faites le cuire avec une bouteille de vin de Champagne ou autre vin, avec le jus de veau, et le veau par-dessus; étant cuit, laissez-le mitonner sur des cendres chaudes; dressez-le, servez dessus un ragoût d'écrevisses, et liez d'un coulis d'écrevisses.

Turbot en salade. Lorsque votre turbot est cuit et refroidi, vous le coupez en petites tranches, que vous arrangez sur un plat, en plaçant les morceaux les uns sur les autres, en forme de petit buisson; mettez des cœurs de laitues à l'entour, puis des œufs durs coupés en quatre, des câpres, des anchois, des cornichons; versez la sauce de sorte qu'elle ne dérange pas la symétrie.

Turbot à la hollandaise. Quand votre turbot est cuit, mettez-le en morceaux sur le plat, et versez dessus une sauce hollandaise blanche. *Voy.* SAUCE HOLLANDAISE.

Turbot (Filets frits de). Levez les filets d'un turbotin; après les avoir coupés en éguillettes, faites-les mariner avec un jus de citron, sel, gros poivre et un peu d'ail; au moment de servir, égouttez-les sur un linge blanc; farinez-les et faites-les frire d'une belle couleur; vous les dressez alors sur un plat, et les servez avec une sauce tomate dessous.

V.

VANNEAU. Oiseau qui est de la grosseur du pluvier; il habite les mêmes lieux que lui, il vit des mêmes alimens, il fait, pour ainsi dire, le même exercice que lui, et il a une chair à-peu-près semblable par le goût et par les effets qu'elle produit. Le vanneau a une espèce de crête sur la tête, oblongue et noire; son cou est vert, et le reste de son corps est de différentes couleurs; on y remarque du vert, du noir, du bleu et du blanc.

Cet oiseau s'apprête et s'accommode comme le pluvier. *Voy.* PLUVIER.

VAUDREUIL. Poisson de mer, qui a la peau très-blanche, et qui se pêche sur les côtes de la ci-devant Provence. On s'en sert pour faire de bonnes farces en maigre. On le fait cuire avec du vin blanc, un verre d'huile d'olive, sel, poivre, oignons, racines, ail, persil, ciboule et tranches de citron. Quand il est cuit, on le sert sur une serviette.

VEAU. Petit de la vache et du taureau : animal trop connu, et dont la chair est d'un trop grand usage parmi les alimens, pour être décrit.

Les meilleurs veaux sont ceux de Pontoise, de Rouen (connus sous le nom de veaux de rivière), de Caen et de Montargis.

Le veau de Pontoise est celui qu'on préfère à tous; il n'a pas la chair très-blanche, quand elle crue; mais elle est fine, et blanchit en cuisant; c'est un manger délicieux. Les veaux noirs ne valent rien pour les issues.

Veau au naturel (Tête de). Après avoir échaudé une tête de veau, vous la désossez jusqu'aux yeux ; vous en ôtez les mâchoires inférieures, et vous coupez la mâchoire supérieure jusqu'à l'œil ; mettez dégorger votre tête pendant trois heures ; faites bouillir de l'eau dans un chaudron, et placez-y la tête, ayant soin de bien l'enfoncer dans l'eau bouillante, afin qu'elle ne noircisse pas ; écumez bien votre eau, afin qu'elle ne salisse pas votre tête ; quand elle a bouilli une demi-heure, vous l'ôtez du chaudron, et la transportez dans un baquet d'eau froide, où vous la laissez une demi-heure pour qu'elle refroidisse ; après quoi, retirez-la du baquet, et après l'avoir bien essuyée, flambez-la au dessus d'un fourneau bien ardent, pour en brûler les poils qui auraient pu y rester ; alors vous l'essuyez, vous en ôtez la langue, les peaux blanches et dures qui sont dans l'intérieur de la bouche ; rassemblez les peaux, ficelez la tête de manière qu'elle paraisse entière ; vous la frottez de citron ; après l'avoir couverte de bardes de lard, mettez-la cuire dans un blanc avec la langue. Faites-la bouillir, écumez, mettez-y un rond de papier, et faites-la bouillir tout doucement. Trois heures suffisent pour la cuire ; au moment de servir, retirez-la de votre blanc, égouttez-la et dressez-la sur le plat : coupez la peau qui est sur le crâne ; ouvrez le crâne en le séparant en deux vous ôtez les yeux qui couvrent la cervelle, que vous laissez à découvert ; dépouillez la langue d'une peau dure qui l'enveloppe, fendez-la en deux dans sa longueur ; poudrez la de sel fin, de gros poivre ; après l'avoir trempée dans le beurre, faites-la griller, et mettez-la sur le mufle de la tête ; poudrez votre tête de persil bien fin, et servez-la avec un huilier ; ou bien vous pouvez faire chauffer du vinaigre dans une casserôle avec du sel, du poivre fin, de la ciboule ou des échalotes, et mettre cette sauce dans une saucière. Cette tête se sert pour relevé de potage.

Veau au puits certain (*Tête de*). Désossez entièrement une tête de veau, en laissant les yeux après la carcasse et la cervelle; faites bien dégorger la tête et la carcasse; ayez soin d'en retirer le bout du mufle, les deux os des bajoues, et le cornet de la langue: faites blanchir votre tête en la mettant au feu à l'eau froide; au premier bouillon faites-la rafraîchir; égouttez-la, et coupez-la par morceaux parés en rond de la grandeur d'un écu; conservez les deux oreilles et la langue entières. Après avoir frotté tous les morceaux avec du citron, faites-les cuire dans un blanc, avec la carcasse enveloppée d'un linge blanc. Votre tête étant cuite, égouttez la carcasse et la langue, placez-les sur un plafond, ouvrez la tête et nettoyez la cervelle; farcissez-les dedans avec des quenelles de veau, mêlées avec des champignons, des ris de veau, et truffes coupées en dés. Arrangez votre farce de manière qu'elle forme une tête de veau; vous l'enveloppez ensuite d'une crépinette de cochon, et lui ferez prendre couleur au four; étant cuite à fond et conservée chaude, vous l'égouttez, et la placez ensuite sur un grand plat ovale, et vous arrangez autour les oreilles et les autres morceaux de tête; saucez votre relevé avec une bonne financière, et mettez des écrevisses piquées sur la tête, et un beurre de piment dans votre sauce, au moment de servir. *Voy*. PIMENT.

Veau (*Cervelles de*) *à l'italienne*. Faites-les cuire avec de bons assaisonnemens. Coupez par morceaux comme des noix, trempez dans l'œuf battu, panez de mie de pain bien fine. Faites cuire comme les pigeons au basilic; servez avec jus de citron.

Veau (*Cervelles de*) *aux petits oignons*. Faites les dégorger et cuire avec bouillon, vin-blanc, bardes de lard, citron en tranches, bouquet, ail, clous, etc. Faites cuire, d'autre côté, de petits oignons blancs; assaisonnez de même avec du bouillon seulement: étant cuits, mettez-les mitonner avec un peu de coulis et de réduction. Egouttez les cervelles; dressez et jetez dessus ce ragoût d'oignons.

Veau (*Cervelle de*) *en caisse.* Faites-la dégorger à l'eau tiède, coupez-la en plusieurs morceaux, faites mariner avec huile, jus de citron, ail, champignons, persil, ciboules, sel et gros poivre; frottez d'huile des caisses de papier, foncez-les d'une petite barde de lard; mettez dans chacune de la cervelle avec de la marinade; couvrez d'une barde: faites cuire sur le gril à petit feu, et servez dans les caisses.

Veau (*Cervelle de*) *frite.* Coupez par morceaux, et faites mariner comme dessus. Egouttez, farinez, faites frire, et servez avec persil frit.

Veau. (*Fraise de*). Après avoir fait bien dégorger votre fraise dans de l'eau froide, mettez-la dans un chaudron plein d'eau bouillante; quand elle aura bouilli un grand quart-d'heure, remettez-la dans l'eau froide; lorsqu'elle est entièrement refroidie, vous la ficelez et mettez cuire dans un blanc; à défaut de blanc vous pouvez la faire cuire dans l'eau, en y joignant deux carottes, trois oignons, dont un piqué de deux clous de girofle, une ou deux feuilles de laurier, un peu de thym, un bouquet de persil ou de ciboules, plus un verre de vinaigre et du sel: deux heures suffisent pour la cuisson de votre fraise. La meilleure sauce qu'on peut servir est celle au vinaigre, que l'on fait bouillir avec du sel et du poivre fin.

Veau (*Côtelettes marinées de*). Coupez un carré de veau par côtelettes. Faites-les cuire avec du bouillon, sel, poivre, racines, oignons et un bouquet de fines herbes. Quand elles sont cuites, mettez-les mariner avec du vinaigre ou du verjus avec l'assaisonnement ordinaire. Trempez-les dans une pâte à beignets, et faites-les frire de belle couleur dans du sain-doux ou du beurre rafiné; servez-les garnis de persil frit, qui pour cela doit être bien sec.

Autrement, si vous le voulez, trempez vos côtelettes dans de l'œuf battu; panez-les de mie de pain; faites-les frire comme il est indiqué ci-dessus, et servez de même, en entrée ou en hors-d'œuvre.

Veau à la poêle (*Côtelettes de*). Vous coupez un carré de veau par côtes; vous en ôtez les os, en ne laissant que la côte. Mettez-les dans une casserole avec du lard fondu, persil, ciboules, un peu de truffes, sel, poivre, le tout haché très-fin; une tranche de citron dont la peau aura été supprimée: couvrez le tout de bardes de lard, et faites cuire sur de la cendre chaude. Vos côtelettes cuites, ôtez-les de la casserole, et après les avoir essuyées, dressez-les dans le plat que vous devez servir. Ôtez la tranche de citron qui est dans la casserole, et jetez dedans un peu de coulis: dégraissez la sauce, mettez-la sur le feu, et servez-la sur les côtelettes pour entrée.

Veau en papillotes (*Côtelettes de*). Après avoir coupé et paré vos côtelettes, mettez fondre dans une casserole un bon morceau de beurre; posez-y vos côtelettes, que vous assaisonnez de sel et de gros poivre; vous les faites presque cuire dans le beurre; mettez-les ensuite sur un plat, dans lequel vous versez le beurre dans lequel elles ont cuit; ajoutez-y aussi de fines herbes; laissez refroidir vos côtelettes, que vous envelopperez ensuite dans des carrés de papier sur lesquels vous versez de l'huile, ayant eu soin de mettre une barde de lard dessus et dessous de chaque côtelette, avec des fines herbes de chaque côté. Ficelez les bouts où se terminent les plis de votre papier, qui doivent se trouver au bout de l'os, afin que ni le jus, ni le beurre, ni les herbes ne puissent s'échapper. Un quart-d'heure avant que de servir, mettez vos côtelettes sur le gril, à un feu doux, afin que le papier ne soit pas brûlé, et que vos côtelettes cuisent; dressez-les en couronne, et mettez un jus clair dessous.

Veau (Côtelettes grillées, panées, de). Après avoir coupé et paré vos côtelettes, vous les assaisonnez avec un peu de sel et de gros poivre; faites tiédir un morceau de beurre, dans lequel vous tremperez chaque côtelette; en les ôtant du beurre, placez-les dans le vase où sera votre mie de pain; vous les roulez dedans, après quoi, vous les déposerez sur un plafond. Une demi-heure avant de servir, mettez-les sur le gril à un feu doux, afin que votre mie de pain ne prenne pas trop de couleur. Quand elles sont cuites, dressez-les en couronnes, et servez-les avec un jus clair dessous.

Veau à la sauce piquante (Langue de). Procurez-vous six ou sept langues de veau; après les avoir fait dégorger, faites-les blanchir un bon quart d'heure; vous les rafraîchirez ensuite et les parerez; vous les piquerez de moyens lardons bien assaisonnés; cette opération terminée, faites cuire vos langues dans une braise ou un fond de cuisson, ou bien avec quelques carottes, des oignons, des clous de girofle, du thym, du laurier, et plein une cuiller à pot de bouillon. La cuisson opérée au bout de trois heures, ôtez la peau de dessus vos langues, glacez-les, et dressez-les à l'entour de votre plat, en mettant un crouton ovale entre chacune d'elles; versez une sauce piquante sur vos langues, et servez pour entrée. *Voy.* SAUCES.

Veau à la sainte-Menehould (Pieds de). Après avoir bien nettoyé et échaudé vos pieds de veau, vous les fendez par le milieu; vous les faites blanchir à l'eau bouillante, et cuire avec un demi-litre de vin blanc, avec sel, poivre et bouquet, bardes de lard et bouillon. Lorsqu'ils sont cuits et froids, vous les trempez dans du lard fondu; vous les panez et faites griller de belle couleur, servez à sec, avec une remolade dans une saucière.

Veau au blanc (*Pieds de*). Vos pieds bien préparés, échaudés et blanchis, faites-les cuire dans un blanc de farine, avec sel et poivre, oignons, racines, ail et bouquet. Laissez-les refroidir, et après les avoir coupés en filets, passez-les au beurre avec une tranche de jambon, bouquet, champignons en filets, sel et poivre, une pincée de farine, un verre de vin de Champagne et de l'excellent bouillon; la sauce étant réduite, liez-la avec trois jaunes d'œufs et de la crême, sans faire bouillir; finissez-la avec un jus de citron, et servez.

Veau (*Pieds marinés de*). Faites cuire vos pieds comme au blanc; coupez-les par moitié, faites-les mariner avec sel et eau, un quart de vinaigre, un morceau de beurre manié de farine, des oignons en tranches, persil, ciboules, ail, échalotes, girofle et laurier; faites tiédir cette marinade. Vos pieds bien marinés, égouttez-les, saupoudrez-les de farine, faites frire; servez-les garnis de persil frit.

Veau à la broche (*Longe de*). La longe de ce quadrupède ne se sert guère qu'à la broche, ou étouffée dans son entier.

Veau (*Longe marinée de*). Après avoir fait refaire votre longe, mettez-la dans un vase proportionné à sa grandeur et à sa grosseur, avec sel, poivre, tranches de citron ou d'oignons, ciboules entières, laurier et vinaigre en suffisante quantité, et laissez-l'y trois ou quatre heures. Au bout de ce temps, retirez votre longe de la marinade; après l'avoir essuyée, lardez-la de gros lard et de jambon; enveloppez-la ensuite de bardes de lard que vous couvrirez de papier; mettez à la broche, versez la marinade dans la lèchefrite en y ajoutant une livre de beurre; arrosez-en votre longe de temps en temps pendant la cuisson. Lorsqu'elle est cuite, ôtez le lard et le papier; panez-la; faites-lui prendre une belle couleur; servez ensuite avec de l'essence de jambon pour grosse entrée.

Veau (*Longe étouffée de*). Désossez votre longe de manière à lui donner la forme d'un carré long : après avoir assaisonné son intérieur de sel et de gros poivre, vous la ficelez et la mettez dans une braisière avec trois quarterons de beurre, sans autre mouillement, et la placez sur le feu. Quand elle est bien échauffée, couvrez votre braisière, et laissez cuire votre longe à petit feu, en la retournant de temps en temps. Trois heures et demie ou quatre heures suffisent pour la cuisson d'une moyenne longe.

Veau (*Ris de*). Morceau fort délicat, qui se prend à la gorge du veau, tenant par une de ses extrémités à la partie supérieure de l'animal. Il entre dans les meilleurs ragoûts; on en fait des plats particuliers pour hors-d'œuvres, entrées ou entremets.

Veau aux fines herbes (*Ris de*). Foncez une tourtière de bardes de lard et de tranches minces de veau, en y ajoutant sel, poivre, épices, fines herbes, tranches d'oignon, persil haché, ciboules entières; vos ris blanchis, arrangez-les avec le même assaisonnement dessus que dessous. Vos ris cuits à propos ôtez les bardes de lard et de veau; panez-les et faites leur prendre une belle couleur; ayez une truffe verte que vous hachez, et que vous faites mitonner dans une casserole, avec du coulis clair de veau et de jambon et un peu d'essence de jambon; mettez cette sauce dans un plat et arrangez vos ris bien égouttés dessus.

Veau en fricandeau (*Ris de*). Après avoir fait dégorger, blanchir et mis à l'eau froide quatre ou cinq ris de veau, piquez-les de menu lard; passez-les à la casserole, le lard en dessous, avec une cuillerée de bouillon clair, et faites-les cuire avec l'assaisonnement convenable. Le bouillon étant réduit, et les ris bien colorés, dressez-les; dégraissez la sauce; mouillez ce qui s'est attaché de bouillon et de jus de veau; passez-le tout au tamis, et versez-le sur vos ris avec du poivre concassé : servez chaud.

Veau (Coquilles de ris de). Faites dégorger et blanchir quatre gorges de ris de veau; coupez-les par escalopes : mettez fondre un morceau de beurre dans un plat à sauter; rangez vos scalopes avec un maniveau de champignons tournés, un jus de citron, du sel, du poivre, une demi-feuille de laurier et un peu d'ail : faites cuire vos ris de veau pendant un quart d'heure; retirez l'ail et le laurier; ajoutez-y quatre cuillerées de velouté; faites bouillir le tout ensemble; ayez une liaison de trois jaunes d'œufs que vous mêlerez avec votre ragoût; mettez cet appareil dans six à sept coquilles, que vous aurez soin de paner et d'arroser de beurre fondu; faites leur prendre couleur au four, et après les avoir dressées sur un plat, servez.

Veau au gratin (Ris de). Faites dégorger six ris de veau; après qu'ils sont blanchis, vous les faites cuire dans du beurre, du citron et un peu de consommé; vous les coupez en scalopes; vous prenez gros comme un œuf de farce à quenelles et deux fois autant de durcelle (*Voy.* Sauces), mettez le tout ensemble; foncez votre plat de la moitié de vos fines herbes; rangez vos ris de veau : votre entrée dressée, poudrez-la de chapelure de pain; arrosez-la de beurre fondu, mouillez votre gratin d'un verre de vin blanc; faites partir sur un petit fourneau; couvrez-le d'un four de campagne chaud : un quart-d'heure suffit pour la faire gratiner; glacez et arrosez d'un peu d'espagnole réduite.

Veau à la bourgeoise (Foie de). Choisissez un foie de veau bien blond et bien gras; après l'avoir essuyé ôtez-en les peaux. Lardez-le dans sa longueur, de proche en proche, de gros lard, bien assaisonné de sel et d'épices fines, de persil et de ciboules hachés menu. Mettez-le dans une petite marmite foncée de bandes de lard; nourrissez-le de quelques tranches de veau et d'oignons, de toutes sortes de racines et de fines herbes en paquet; mouillez-le d'un peu de bouillon; faites-le cuire doucement, c'est à-dire, à la braise; à la moitié de la cuisson, ajoutez-y deux verres de bon vin; quand il sera cuit, vous passerez sa sauce au travers d'une passoire bien fine; dégraissez et la liez d'un peu de farine frite; ajoutez-y une poignée de câpres fines; versez votre sauce sur le foie dressé dans un plat, et servez pour entrée.

Veau piqué à la broche. (Foie de). Choisissez un foie bien blond, que vous piquez de gros lardons bien assaisonnés; piquez-le ensuite de lard fin. Passez des brochettes dans le travers du foie, vous l'embrochez, et vous mettez un gros hâtelet au-dessous de votre foie pour l'assujettir; liez les deux bouts de votre hâtelet à la broche, de manière que la pièce ne vacille pas; une heure et demie suffit pour la cuire. Au moment de servir, vous ôtez votre foie de la broche pour le mettre sur le plat, avec une sauce piquante dessous. *Voy.* SAUCES.

Veau à la poêle (Foie de). Après avoir coupé et assaisonné votre foie comme il est indiqué dans l'article précédent, mettez un morceau de beurre dans la poêle; quand il est fondu, placez-y votre foie, et faites aller le feu vivement; ayez soin de remuer vos morceaux; quand ils sont fermes sous le doigt; mettez-y quatre cuillerées à bouche de farine, que vous mêlez avec votre foie; versez-y une demi-bouteille de vin blanc; remuez toujours bien votre foie, pour que votre sauce se lie; si elle se trouvait trop épaisse, alors vous y mettrez un peu de bouillon ou d'eau; ne laissez point bouillir votre foie, et servez-le à l'instant qu'il veut bouillir.

Veau (Cuisson des rognons de). On fait cuire les rognons, garnis de leur graisse, à la broche ou au four; lorsqu'ils sont cuits, on s'en sert pour des omelettes ou des tourtes. On en fait aussi des rôties, ou on les sert grillés avec une sauce piquante.

Veau (Rognons sautés de). Procurez-vous trois ou quatre beaux rognons de veau; après en avoir supprimé les peaux et la graisse, vous les émincez, et les mettez dans une casserole plate avec gros comme un œuf de beurre fin, en les assaisonnant de sel, poivre muscade, champignons cuits, persil haché et échalotes; faites-les aller à feu d'enfer, afin qu'ils ne rendent pas leurs eaux; jetez-y une pincée de farine et un verre de vin blanc réduit à moitié, deux cuillerées d'espagnole réduite; remuez-les sur le feu jusqu'à ce qu'ils soient prêts à bouillir; finissez-les avec un morceau de beurre fin et un jus de citron, en les remuant vivement afin qu'ils ne tournent pas en huile.

Veau à la bourgeoise (Blanquette de). Mettez un morceau de beurre dans une casserole avec des champignons; passez dans votre beurre du persil et de la ciboule hachés; jetez-y un peu de farine; mouillez avec un peu de bouillon, en ajoutant un peu de sel et du poivre; mettez du veau émincé dans cette sauce, que vous tiendrez chaudement; au moment de servir, mettez-y une liaison de trois ou quatre œufs, selon que votre blanquette est plus ou moins forte; votre sauce bien liée, mettez-y un filet de verjus ou de vinaigre.

Veau à la broche (Carré de). Ayez un carré de veau que vous parerez, de manière qu'il n'y ait pas d'os le long du filet; passez-y de petits hâtelets, depuis le bout de la côte jusqu'au gros filet. Embrochez-le avec un gros hâtelet, et couchez-le sur la broche afin que votre filet ne soit pas défiguré par un trou de broche.

Veau piqué, glacé (*Carré de*). Ayez un carré de veau entier ; ôtez les os qui sont sous le filet jusqu'au bout de la côte du chapelet. Levez les peaux qui couvrent ce même filet ; enlevez délicatement les nerfs ; alors piquez-le de lard fin ; assujettissez les peaux qui couvrent les côtes, avec une aiguille à brider et de la ficelle ; votre carré ainsi préparé, mettez dans une petite braisière des bardes de lard, des tranches de veau, trois carottes, quatre oignons, deux feuilles de laurier, un bouquet de persil et ciboules et deux clous de girofle ; placez votre carré sur cet assaisonnement, de manière que votre filet piqué puisse recevoir la chaleur du feu qui sera sur le couvercle de votre braisière. Couvrez de bardes de lard les peaux qui couvrent les côtes ; mettez sur votre carré une feuille de papier pliée en double et beurrée, deux cuillerées à pot de consommé ou de bouillon, avec un peu de sel, et faites aller à petit feu pendant trois heures ; mettez du feu sur le couvercle pour faire glacer votre filet. Au moment de servir, égouttez votre carré, débridez-le, glacez-le et mettez dessous ou concombres, ou chicorée, ou épinards, ou purée d'oseille, ou sauce espagnole, ou sauce tomate, ou purée de champignons, etc. *Voy*. ces mots.

Veau (*Fricandeau de*). Choisissez un morceau de veau qui soit très-charnu, piquez de petits lardons la partie de la viande découverte, où il n'y a pas de peaux. Beurrez le fond de votre casserole ; placez-y votre morceau de manière que vos lardons soient par dessus, avec carottes, oignons, un bouquet de persil et ciboules, une feuille de laurier, deux clous de girofle, un peu de thym, du sel, du poivre et deux verres d'eau ; si le morceau est un peu considérable, faites-le bouillir pendant trois heures et même davantage, jusqu'à réduction du mouillement. Au moment de servir, retirez les carottes, les oignons; faites attacher le fond pour en glacer votre viande; ôtez-en la graisse qui est dans le fond de votre casserole, avec la précaution d'en laisser un peu; mettez plein une cuiller à bouche de farine, que vous délayez avec votre glace, et jetez-y un verre d'eau. Tournez bien cette sauce et versez-la sur le fricandeau; vous pouvez y ajouter à volonté ou de l'oseille, ou de la chicorée, ou des épinards, ou bien une sauce tomate.

Veau (Épaule de). Le plus communément on fait rôtir l'épaule de veau; alors on l'embroche sous le manche et on fait passer la broche dans la palette; deux heures et demie suffisent pour sa cuisson.

Veau aux petites racines (Épaule de). Après avoir désossé votre épaule, piquez-la intérieurement avec du lard coupé en lardons, assaisonnés avec du sel fin, du gros poivre, du persil haché bien fin, une feuille de laurier, un peu de thym bien haché, et un peu des quatre épices. Votre épaule bien piquée, roulez-la en rond et ficelez-la. Mettez dans le fond d'une braisière des bardes de lard, quelques tranches de veau et les os de votre épaule, puis votre épaule que vous couvrez de lard; ajoutez-y cinq ou six carottes, sept ou huit oignons, une feuille de laurier, deux ou trois clous de girofle, un bouquet de persil et ciboules; mouillez votre épaule avec du bouillon; et après l'avoir couverte d'un papier beurré, faites-la bouillir, et mettez-la ensuite sur un feu doux; mettez-en aussi sur le couvercle de votre braisière. Trois heures suffisent pour la cuisson. Au moment de servir, vous égouttez, déficelez, glacez et mettez sur un plat votre épaule, avec beaucoup de petites racines tournées en petits bâtons, et que vous dressez autour. Ayez soin que vos racines aient été bien cuites dans une sauce brune. Servez votre épaule pour relevé.

Veau à l'italienne (Oreilles de). Ayez sept ou huit oreilles de veau que vous aurez soin de dégorger, d'échauder, de blanchir, de rafraîchir et de flamber; après les avoir ciselées, coupez le bout jusqu'au milieu. Mettez dans le fond d'une casserole des bardes de lard, sur lesquelles vous placez vos oreilles que vous recouvrez aussi de bardes; versez une poêle par-dessus, et couvrez le dedans de votre casserole d'un papier beurré. Faites-les mijoter pendant deux heures et demie; après les avoir égouttées, vous les dressez sur votre plat et les saucez avec une italienne.

Veau (Oreilles farcies de). Préparez des oreilles et faites-les cuire comme les précédentes; vous mettrez dedans une farce cuite, que vous aurez soin de bien unir; panez ensuite vos oreilles à l'œuf, et faites-les frire. Servez avec un jus clair dessous.

Veau (Quenelles de). Vous prendrez une demi-livre de maigre de veau, dont vous aurez retiré toutes les peaux; vous le hacherez, pilerez et passerez à la passoire; vous pilerez une livre de tétine de veau; vous mettrez trois quarterons de beurre fin avec un quarteron et demi de panade; vous prendrez la mie d'un pain mollet et chaud, que vous ferez tremper avec un demi-verre de lait, un peu de beurre; vous ferez dessécher votre panade sur le feu jusqu'à ce qu'elle ne s'attache plus aux doigts; vous la ferez refroidir; vous mettrez le tout dans un mortier, et assaisonnerez de sel, poivre et muscade; vous pilerez le tout ensemble; vous y ajouterez six œufs entiers; vous moulerez vos quenelles de la manière que vous jugez à propos, et les ferez blanchir à l'eau de sel.

Veau (Poitrine de). La poitrine et le tendron de veau sont les pièces qu'on sert assez communément sur les tables les plus recherchées, comme sur les tables bourgeoises; c'est un excellent manger : il y a cent manières de les accommoder, qui tiennent au goût et à la sagacité de l'habile cuisinier.

Veau (Poitrine glacée de). Coupez carrément une poitrine ; après l'avoir désossée jusqu'à deux doigts des tendrons, assujettissez les chairs avec une aiguille à brider ; ayez soin de couper les os tendres qui tiennent au dehors des tendrons. Mettez dans une casserole votre poitrine du côté des tendrons avec une cuiller à pot de gelée. Après l'avoir couverte de bardes de lard et d'un papier beurré, faites-la bouillir, puis placez-la sur un feu doux ; mettez aussi du feu sur le couvercle. Deux heures et demie suffisent pour sa cuisson. Au cas que vous n'ayez pas de gelée pour mouiller votre poitrine, vous y suppléerez par quatre carottes, quatre oignons, une feuille de laurier, deux clous de girofle, et une cuiller à pot de bouillon ; à défaut de bouillon, servez-vous d'eau avec un peu de sel, un bouquet de persil et de ciboules. Votre poitrine aux trois-quarts cuite, retirez vos légumes, et faites tomber à glace le mouillement. La cuisson achevée, et la glace établie au fond de votre casserole, retournez votre poitrine, afin que le dessus se glace. Au moment de servir, débridez-la, dressez-la sur un plat, et mettez dans votre glace plein deux cuillers à dégraisser de grande espagnole et une cuillerée de bouillon ; détachez votre glace sur le feu, et mettez cette sauce sous votre poitrine.

Veau en fricassée de poulets (Poitrine de). Coupez votre poitrine en petits morceaux, que vous ferez blanchir, et vous finirez votre ragoût comme la fricassée de poulets. *Voy.* POULET.

Veau (Poitrine farcie de). On coupe le bout des os des côtes qui se trouvent dans la poitrine ; on fait une incision entre la chair de dessus et celle des côtes pour y introduire la farce dont la recette suit :

Hachez trois quarterons de rouelle de veau ; ajoutez

y une livre de tétine que vous hachez avec votre rouelle, qui est déjà hachée ; mêlez le tout ensemble et joignez-y du persil haché bien fin, des échalotes hachées de même, du sel, du gros poivre, un peu de muscade râpée et trois jaunes d'œufs crus ; hachez encore votre chair pour amalgamer le tout ensemble.

Mettez cette farce dans l'intérieur de votre poitrine, autant qu'il en pourra tenir ; ayez soin de coudre avec une aiguille à brider et de la ficelle les chairs qui contiennent la farce, afin qu'elle ne s'échappe point en cuisant. Votre poitrine étant bridée, mettez des bardes de lard dans votre braisière, placez-y votre poitrine, que vous aurez préalablement ficelée ; couvrez-la de bardes de lard ; mettez-y une poêle pour la faire cuire ; si le mouillement n'était pas suffisant, ajoutez-y un peu de bouillon. Votre poitrine ayant cuit pendant trois heures, au moment de servir, égouttez-la ; après avoir ôté les ficelles qui la maintenaient, glacez-la, et mettez-la sur un plat ; vous emploierez pour sauce une espagnole réduite, dans laquelle vous jeterez gros comme une noix de glace, et un peu de beurre fin, que vous faites fondre dans votre sauce bouillante. Remuez bien votre sauce en la versant sur votre poitrine.

Veau à la bourgeoise (Noix de). Levez la noix bien entière ; enveloppez-la dans une serviette, et battez-la avec un couperet ; ayez du gros lard ; tirez-en des lardons d'une moyenne grosseur ; assaisonnez-les avec du sel bien fin, du poivre, des épices, du persil, de la ciboule, du thym et du laurier hachés bien menu ; quand les lardons auront bien pris leur assaisonnement piquez-en bien votre noix, en ayant soin qu'ils ne percent pas en dessus ; assujettissez-la ensuite en la piquant avec une aiguille à brider et en l'entourant de ficelle, afin que les peaux qui l'enveloppent ne rebroussent pas, et qu'étant cuite elle se trouve bien couverte. Beurrez ensuite le fond d'une casserole, et placez-y la noix; mettez à l'entour deux carottes entières, quatre gros oignons, deux feuilles de laurier, et environ deux verres de bouillon; couvrez le tout d'un rond de papier beurré, et quand la sauce bouillira vous la retirerez et la laisserez cuire pendant deux heures à un feu très-léger, dessus, dessous, en mettant de la cendre chaude et quelques charbons sur le couvercle de la casserole. Au moment de servir, égouttez votre noix et débridez-la; faites réduire le fond à moitié après l'avoir bien dégraissé; mettez votre noix sur un plat avec les légumes; versez le fond dessus et servez.

Vous pouvez mettre en place de fond, soit une sauce à la glace, une sauce tomate, une purée d'oseille, de laitues ou de chicorée.

Veau à la bourgeoise (Fressure de). Procurez-vous une fressure, qui comprend, comme nous l'avons déjà dit, le mou, le cœur et la rate; après l'avoir coupée par morceaux, faites-là dégorger dans l'eau froide et blanchir un moment dans l'eau bouillante; cela fait, mettez-la dans une casserole avec un morceau de beurre, un bouquet garni; passez-la sur le feu; après y avoir jeté une pincée de farine, mouillez avec du bouillon. Votre ragoût cuit et assaisonné de bon goût, mettez-y une liaison de trois jaunes d'œufs, délayés avec un peu de lait. Faites lier sur le feu, et avant de servir, ajoutez-y un filet de verjus ou de vinaigre.

Veau (Quasi de). Dans la grande cuisine, on ne sert guère de quasi que pour le consommé, le blond de veau ou l'empotage. Cependant, on peut mettre du beurre dans une casserole, et faire cuire le quasi comme la longe, en y ajoutant des carottes, des oignons, une feuille ou deux de laurier, deux verres de bouillon; faire mijoter pendant deux heures, et le servir avec des légumes; on peut aussi le mettre à la broche et le présenter sur table avec une sauce piquante.

Veau (Blond de). Si l'on a des morceaux de cuissot de veau, il faut les faire suer avec un verre de bouillon et tomber à glace, de très-peu de couleur, et le mouiller avec du consommé ou du bouillon. Ce blond de veau n'est usité, malgré son utilité, que dans les grandes cuisines et dans les grandes occasions.

Veau (Marinade de). On coupe des côtelettes, comme pour les griller, ou d'autres morceaux par tranches, comme pour des fricandeaux ; on les fait mariner (*Voy.* MARINADE.) ; on ajoute à la marinade des tranches d'oignons et un peu de gras de bouillon ; on les fait frire avec de la pâte, ou on les fait cuire seulement marinées.

VELOUTÉ. Espèce de grande sauce d'un grand usage dans les cuisines recherchées, et dont l'absence serait une véritable calamité ; car c'est un des agens principaux employés à donner une saveur aux mets qui en sont le moins susceptibles.

Mettez dans une casserole sous trois noix de cuissot de veau, deux poules, quatre carottes, autant d'oignons, dont un piqué de deux clous de girofle, et un fort bouquet de persil et ciboules ; ajoutez-y plein une cuiller à pot de consommé ; placez votre casserole sur un feu ardent ; ayez soin de bien écumer vos viandes ; lorsque votre mouillement sera diminué, ce qui se manifestera par de grosses bulles en bouillant, alors mouillez votre suage avec du consommé ; faites en sorte qu'il soit bien clair, et qu'il ne prenne pas la couleur brune. Remplissez votre casserole de consommé, et ayez l'attention de bien l'écumer ; lorsqu'il bouillira mettez le sur le coin du fourneau. Faites un roux blanc (*Voy.* ROUX BLANC), dans lequel vous jetez une vingtaine de champignons, sautés à froid dans de l'eau et du citron, que vous remuerez bien dans votre roux chaud; puis délayez votre roux blanc avec le mouillement de votre velouté; après quoi, versez-le sur vos viandes; faites bouillir votre sauce sur le coin du fourneau, ayant soin de la bien écumer; au bout d'une heure et demie dégraissez-la; lorsque votre viande est cuite, passez votre sauce à l'étamine; faites en sorte que votre velouté soit le plus blanc possible, et servez-vous en au besoin.

Velouté économique. Prenez tous les débris de viandes de votre cuisine : parures de veau, soit collet, poitrine ou épaule; quasis, jarrets, parures de côtelettes, débris de volaille, etc.; mettez-en trois ou quatre livres dans une casserole avec quelques carottes, oignons, bouquet de persil et ciboules, trois feuilles de laurier, trois clous de girofle; mettez plein une cuiller à pot d'eau faute de bouillon, posez votre casserole sur un feu peu ardent; écumez bien votre mouillement, et lorsqu'il sera réduit, évitez qu'il ne s'attache; vous remplirez presque votre casserole d'eau, si vous n'avez pas de bouillon : vous y mettrez le sel qui convient; vous ferez bouillir votre sauce, ensuite vous l'écumerez, puis vous la mettrez sur le bord du fourneau, afin qu'elle se mijote pendant deux heures; quand votre viande est cuite, passez ce mouillement à travers un tamis de soie; vous ferez un roux en mettant fondre du beurre dans une casserole, et en ajoutant de la farine de froment tant qu'il pourra en boire, vous le tournez sur le feu sans le quitter, jusqu'à ce qu'il soit bien chaud, et ne lui laisserez pas prendre couleur. Ajoutez à ce roux blanc des champignons que vous y remuerez pendant dix minutes; puis vous y verserez le mouillement dans lequel a cuit votre viande; ayez soin de délayer le roux petit à petit, pour qu'il ne se mette pas en grumeaux; quand vous aurez tout mis, vous ferez bouillir votre velouté, vous l'écumerez et vous le mettrez sur le bord du fourneau, pour qu'il mijote pendant une heure et demie ; dégraissez-le et passez-le à travers une étamine ; tâchez d'éviter la couleur dans votre velouté ; le plus blanc est le meilleur.

Velouté travaillé. On travaille le velouté comme l'espagnole ; on le fait réduire, on le dégraisse et on l'écume de même ; il faut avoir soin que le velouté se conserve bien blanc ; on y met de même des champignons ; on le passe à l'étamine, et on le tient chaud au bain-marie.

Velouté maigre. Marquez votre poisson et vos légumes comme pour la sauce brune maigre. (*Voy.* à l'art. SAUCES.) Mettez-les dans une casserole ; faites le velouté, en évitant de lui laisser prendre couleur ; au moment où il n'y a plus de mouillement dans la casserole, vous userez du même procédé indiqué pour la sauce brune maigre. Votre poisson ayant bouilli une heure et demie ; passez votre mouillement au tamis de soie ; faites un roux blanc ; lorsqu'il est à son point, mettez-y deux poignées de champignons que vous remuerez bien dans votre roux ; versez-y le jus de votre poisson, que vous remuerez bien, pour empêcher la formation des grumeaux ; laissez bouillir votre velouté une heure ; après l'avoir écumé et dégraissé, passez-le à l'étamine, ayant soin qu'il ne soit ni trop épais ni trop clair.

VENAISON. Chair de gibier ; il y a la haute et la basse venaison. *Voy.* GIBIER.

VERJUS. Jus d'un gros raisin qui croît sur les treilles, et qu'on tire par expression. Le raisin qu'on emploie à cet effet est le gouais, le farineau ou le bordelais. Il faut cueillir ce raisin encore vert, mais pas trop.

Il y a le verjus de grain, qui est le raisin, lorsqu'il n'est pas encore mûr.

On garde le verjus dans des tonneaux bien bouchés, pour le conserver en bon état ; on peut le bonifier, en y mettant un peu de sel.

Le raisin employé pour le verjus se confit de diverses manières et peut subir d'autres préparations.

Verjus (*Confection du*). On prend le verjus avant qu'il ne soit mûr ; on l'égrène, et on le pile dans un mortier ; on le presse à la main, et on le pile de nouveau ; puis on en exprime le jus dans un torchon neuf ; ensuite on le passe à la chausse ou au filtre de papier gris que l'on place dans un entonnoir de verre, dont font usage les pharmaciens. A mesure qu'il est passé, on le met dans des bouteilles bien rincées ; et après s'être assuré qu'elles n'ont pas de mauvais goût, on les bouche fortement et on les pose debout dans un endroit frais. Il se forme une petite peau au-dessus, que l'on enlève avant que de s'en servir. On ne peut trop recommander de soigner le verjus. Etant bien fini, il remplace en partie le citron dans la cuisson des têtes de veau, d'agneau ; on peut en frotter les volailles que l'on veut conserver blanches dans leur cuisson. Pour les sauces italiennes ou autres, le verjus peut suppléer au vin blanc de même que dans la cuisson des poissons destinés pour rôt ; pour finir les légumes, tels que les haricots verts, les haricots blancs et les pommes de terre ; en général, dans toutes les parties de la cuisine, où on emploie le citron, le vin blanc et le vinaigre. Ce même verjus est très-bon pour les personnes qui ont fait quelques chutes ou reçu quelques contusions ; mêlé avec du sucre ou de l'eau, il offre une boisson rafraîchissante.

Verjus (*Compote de*). On prend deux livres de verjus, du plus beau ; on le fend sur les côtés pour en retirer les pepins ; on le met à mesure dans l'eau, on l'égoutte et on le jette dans l'eau bouillante. Quand il est monté sur l'eau, on retire la poêle du feu, on la couvre. Étant refroidi, on remet le verjus un moment sur le feu pour le faire reverdir, ensuite on l'égoutte. On a une livre de sucre clarifié légèrement, dans lequel on met le verjus; on lui fait prendre trois à quatre bouillons; on l'ôte de dessus le feu, on l'écume, et étant refroidi, on dresse la compote.

Verjus (*Gelée de*). Faites reverdir votre verjus comme pour la compote, ou pour le confire au liquide; quand il est ainsi, passez-le au tamis, mettez la marmelade dans du sucre cuit à perlé et l'y faites bouillir jusqu'à ce que le sucre étant revenu à perlé, votre verjus tombe en nappe de l'écumoire que vous y tremperez. Autant de sucre que de fruit dans cette préparation.

Verjus (*Glace de*). Prenez du verjus presque mûr, écrasez-le et le passez au tamis; mettez-y beaucoup de sucre, passez-le ensuite à la chausse, et le faites prendre à la glace, ainsi que toutes les autres substances qui sont susceptibles du même apprêt.

Verjus (*Marmelade de*). Faites reverdir votre fruit comme pour la confiture au liquide. Passez-le au tamis avec forte expression; faites dessécher la marmelade et la mêlez avec du sucre cuit au cassé. Faites chauffer seulement sans bouillir, et mettez autant de sucre que de fruit desséché.

Verjus (*Sirop de*). Vous prendrez trois livres de verjus bien vert, que vous égrenerez et pilerez pour en tirer le jus, que vous passerez plusieurs fois à la chausse jusqu'à ce qu'il soit bien clair; vous clarifierez quatre livres de sucre, que vous ferez cuire au fort soufflé; vous y mettrez une chopine de jus de votre verjus et lui laisserez prendre un bouillon; la cuisson est toujours la même pour tous les sirops, au fort lissé ou petit perlé; étant refroidi, mettez-le en bouteilles.

VERMICEL ou **VERMICELLE**, en italien *vermicelli*. Pâte de la même composition que celle de la semoule (*Voy.* SEMOULE), si ce n'est qu'elle a les filets plus longs. Comme le riz, on le mange soit au gras, soit au maigre; quelquefois avec diverses purées, mais plus souvent avec le fromage de parmesan ou même de gruyère, râpé, que l'on sert à part dans une assiette creuse, afin que chacun puisse en mettre à son gré, tout le monde malheureusement n'aimant pas le fromage.

Vermicelle (Potage au). Le meilleur vermicelle est celui d'Italie. On en fabrique aussi en France qui n'est pas à dédaigner. Lorsqu'on veut s'en servir, il faut faire attention qu'il ne sente pas le vieux et qu'il n'ait aucun goût.

On a du bon bouillon passé au tamis de soie, et en suffisante quantité, suivant la grandeur du potage, on le fait bouillir, et lorsqu'il bouillira, on y met le vermicelle, de manière qu'il ne soit pas en paquet; lorsqu'il a bouilli une demi-heure, on le retire du feu, afin qu'il ne soit pas trop crevé; et que le potage soit bien net; il ne faut pas qu'il soit épais. Une demi-livre suffit pour huit ou dix personnes.

Vermicelle à la jardinière. Vous coupez des racines en petits filets; vous faites cuire vos légumes avant d'y mettre le vermicelle. Vos légumes étant cuits, mettez le vermicelle dans le bouillon, que vous avez soin d'écumer et de remuer de temps en temps, afin qu'il ne se pelotte pas. Assaisonnez de sel et gros poivre.

Vermicelle aux oignons. Coupez vos oignons en filets très-fin, et faites bouillir votre potage comme celui au ris (*Voy.* RIS), excepté qu'il ne faut faire bouillir votre vermicelle qu'une demi-heure.

Vermicelle au suprême (Potage de). On jette dans l'eau bouillante et ensuite dans l'eau fraîche une demi-livre de vermicelle. Ensuite, après l'avoir fait égoutter sur un tamis, on le fait cuire dans d'excellent bouillon pendant une heure; puis on le dresse et on le sert avec un peu de bouillon, jus de veau, coulis blanc ou autre, garni de parmesan râpé, gruyère ou autre fromage. Le parmesan est à préférer pour cette sorte de potage.

Vermicelle au lait. Faites chauffer du lait; au moment où il bout, versez-y votre vermicelle, que vous aurez soin de bien dépeloter et de remuer dans votre lait, afin qu'il ne se mette pas en pâte; ajoutez-y du sucre; une demi-heure suffit pour que votre vermicelle soit crevé.

Vermicelle au lait d'amandes. On fait ce vermicelle comme le précédent; au moment de servir, on y verse un lait d'amandes. Que votre potage soit bien chaud, d'un bon sucre, avec un peu de sel.

VÉRON. Il semble que la nature se soit jouée doublement dans cette espèce de poisson, et par la variété des couleurs qu'offre le même individu, et par les différences qu'on observe sur divers individus comparés entre eux.

Il est rare que le véron ait plus de deux pouces et demi de longueur. On prend quantité de ces poissons dans les rivières, et on les prépare comme les goujons pour l'usage de la table. *Voy.* GOUJON.

VESPETRO (*Ratafia de*). Prenez parties égales d'anis, fenouil, angélique, coriandre, graine de carotte, d'aneth et de carvi. Mettez-les macérer avec de l'eau-de-vie dans un vaisseau bien net et bouché le mieux qu'il se pourra; tenez ces graines six semaines en infusion, en remuant le vase tous les huit jours. Faites égoutter ensuite vos graines sur un tamis; faites fondre du sucre dans d'autre eau-de-vie. Quand il sera bien fondu, mettez cette eau-de-vie sucrée avec l'autre, où sont infusées vos graines, et que vous aurez remise dans une bouteille bien bouchée, pour que rien ne s'en évapore. Passez ensuite ce mélange à la chausse, et si vous lui voulez donner une couleur écarlate, vous y mettrez une teinture de coquelicot.

VIN. Le vin est le jus du raisin, tiré par une forte expression, après l'avoir laissé fermenté plus ou moins de temps, selon la quantité du raisin, le plus ou moins de corps qu'on veut donner au vin.

Notre but n'est point de donner l'historique des vins, mais une liste alphabétique des vins qu'un Amphitrion peut faire servir sur sa table. La voici :

Aï, Champagne.
Alicante, Espagne.
Anjou.
Arbois, Franche-Comté.
Auxerre.
Avallon, Bourgogne.

Barsac, Bordeaux.
Beaugency, Orléanais.
Beaune, Bourgogne.
Bellay.
Beni-Carlos, Espagne.
Bordeaux.
Bougy, Champagne.
Brue.
Bucella, Portugal.

Cavello, Portugal.
Cahors, Bordeaux.
Calabre, Italie.
Calon-Ségur.
Canaries (des), Afrique.

Cap de Bonne-Espérance (du).
Carbonnieux, Bordeaux.
Chablis, Champagne.
Chambertin, Bourgogne.
Chambolle.
Champagne rouge.
— Blanc-Tisane.
Chassagne, Bourgogne.
Château-Grillé.
Château-Margot, Bordeaux.
Château-Neuf du Pape, Avignon.
Chio, Grèce.
Chypre, *idem*.
Clos-Vougeot, Bourgogne.
Constance, Afrique.
Cortone.
Coteaux de Saumur.
Côte-Rôtie rouge et blanc, Dauphiné.

Côte Saint-Jacques.
Coulange, Auxerre.

Falerne, Italie.
Fley, Bourgogne.
Florence, Italie.
Frontignan, Languedoc.

Grave du Lamon, Bordeaux.
Grenache, Roussillon.
Guigne, Bourgogne.

Hautbrion, Bordeaux.
Hautvilliers, Champagne.
Hermitage (l'), Dauphiné.

Iranci, Bourgogne.

Joigny, Auxerre.
Julna.
Juranson rouge et blanc, Béarn.

Lachainette, Auxerre.
Lachryma-Christi, Italie.
Laciotat, près de Toulon.
Lafitte Mouton, Bordeaux.
Lafitte-Ségur, *idem*.
Lagaude.
Lamalgue, Toulon.
La Neithe.
Langon, Bordeaux.
Lunel, Languedoc.

Mâcon, Bourgogne.

Madère, Afrique.
Malaga, Espagne.
Malvoisie de Madère, Afrique.
— de Ténériffe, *idem*.
Médoc, Bordeaux.
Mercurey, Bourgogne.
Meursault, *idem*.
Miès, Provence.
Monte-Fiascone, Italie.
Monte-Pulciano, *idem*.
Montilla, Espagne.
Montrachet, Bourgogne.
Moulin-à-Vent.

Nuits, Bourgogne.

OEil de perdrix, Champagne.
OEras, Portugal.
Orléans.

Pacaret.
Paille, Colmar.
Paphos, Grèce.
Pedro Ximénès, Espagne.
Picoli, Italie.
Pierry, Champagne.
Pomard, Bourgogne.
Porto, Portugal.
Pouilly-Fuissé, Bourgogne.
— Sancerre, *idem*.

Rancio, Espagne.
Reuilly, Champagne.
Richebourg, Bourgogne.

VIN

Rivesalte, Roussillon.
Romancé-Conti, Bourgogne.
Rosé.
Rota, Espagne.
Roussillon.

Samos, Grèce.
Saint-Amour.
SaintEmilion, Bordeaux.
Saint-Estèphe, *idem*.
Saint-Georges, Bourgogne.
Saint-Georges, Espagne.
Saint Julien, Bordeaux.
Saint - Julien du Sault, Champagne.
Saint-Martin.
Saint-Perray.
Savigny.
Schiras, Perse.
Sertial.
Setuval.

Sillery, côte de Reims.
Syracuse, Sicile.
Soterne.
Stancho, Grèce.

Tavel, Languedoc.
Thorins, Bourgogne.
Tokai, Hongrie.
Tonnerre, Champagne.
Tormilla, Espagne.

Val de Pegnos, Espagne.
Vanvert, Languedoc.
Vermouth.
Verzi-Verzenay, Champagne.
Volnay, Bourgogne.
Vosne, *idem*.
Vougeot, *idem*.
Vouvray blanc, Touraine.

Xérès, Espagne.

Les vins de Bourgogne sont ceux que l'on doit préférer sur tous les autres vins. Ceux de Tonnerre, d'Auxerre et de Mâcon sont pour l'usage ordinaire; ils supportent l'eau, et ont un goût agréable. Les cantons qui produisent les meilleurs sont ceux de Genna, Moulin-à-Vent, Auxerre, etc.; pour les vins blancs de cette classe, Chablis, Pouilly, Fycé et Meursault sont les plus renommés. Aux vins d'ordinaire succèdent ceux de Beaune, de Pomard, de Nuits, de Saint Georges, de Volnay, la Romanée, Conti, Chambertin et du clos de Vougeot.

Les vins rouges de Champagne sont moins recherchés; mais les vins œil de perdrix ou rosé, et les vins blancs mousseux sont connus dans toute l'Europe. Les plus estimés sont ceux de Sillery, d'Aï et d'Epernay; il ne faut pas les garder trop long-temps : ils finissent par graisser, et sont désagréables à boire.

Les vins de Bordeaux se divisent en plusieurs classes; les plus estimés sont ceux connus sous les noms de Laffitte, Château-Margot, Haut-Brion, Médoc et Ségur : viennent ensuite Saint-Julien, Saint-Emillion, Saint-Estèphe. Pour les vins blancs, Barsac, Grave, Langon et Soterne, sont les plus renommés.

Les vins de l'Hermitage, de Côte-Rôtie, de Tavel, sont des vins capiteux; il faut qu'ils soient très-vieux pour les boire. Ils étaient autrefois très-recherchés; mais aujourd'hui on leur préfère les vins de Bordeaux. Les vins du Languedoc ont aussi leur mérite, tels que Lunel, Frontignan, et autres vins muscats.

Le vin de Madère sec jouit aujourd'hui de la plus grande vogue; mais il faut qu'il soit sec, et ait un petit goût d'amertume; le Malvoisie de Madère est aussi très-précieux : sa liqueur le fait préférer par beaucoup de personnes au Madère sec.

Parmi les vins d'Espagne, l'Alicante et le Rota (qui sont rouges) lorsqu'ils ont vieilli, sont excellens pour les poitrines délicates, pris par petites doses. Ils sont sujets à déposer; c'est pourquoi il faut les transvaser, lorsque l'on s'aperçoit qu'ils sont troubles. Celui de Xérès est un peu sec et amer; mais celui qui paraît mériter la préférence, est celui de Malaga. Il y en a de plusieurs sortes, du rouge et du blanc. Il n'y a que les premières qualités qui soient recherchées. Il peut se conserver un demi-siècle et plus : il est alors onctueux et d'un beau jaune. Etant pris avec modération, il est favorable aux malades.

Le Portugal, outre le vin de Madère, possède celui de Porto, qui, pour être bon, a besoin de vieillir.

Tels sont à-peu-près les vins les plus connus, et dont

l'usage s'en fait journellement sur les tables. La distribution de ces vins est subordonnée à la fortune et au goût des particuliers. Des Amphytrions, quelquefois après le potage, vous font offrir un verre de Wermouth, de Madère sec, d'absinthe ou de kirchwasser. Le vin de Chablis pour les huîtres, et les vins de Mâcon pour le premier service. Pendant que l'on prépare le second, on prend le coup du milieu, qui est du rum, du kirchewasser ou du Madère sec. Le rôt étant sur la table, on sert les vins de l'entremets, qui sont des premières qualités de Bourgogne, tels que Chambertin, Pomard, et les vins de Bordeaux pour ceux qui le préfèrent. Au dessert, ces vins sont remplacés par les vins de Champagne, Malaga ou autres.

VINAIGRE. Vin qui s'est aigri naturellement, ou qu'on a fait aigrir, en y mêlant quelques acides et autres drogues.

On fait aussi du vinaigre avec du cidre, de la bière, du poiré, etc. On en prépare avec différentes plantes, fleurs ou fruits, tels que des fleurs de roses, des fleurs d'oranges, des fleurs de sureau, de l'estragon.

Le vinaigre, comme liqueur acide, pénétrante, volatile et végétale, est d'un grand usage dans l'apprêt des alimens.

Il y a deux sortes de vinaigre, savoir le *rouge* et le *blanc*. Le vinaigre *rouge* se fait avec le vin rouge, et le vinaigre *blanc*, avec le vin blanc.

Vinaigre à l'estragon. On a, dans la saison où l'estragon est abondant, une cruche où on a mis du bon vinaigre ; on y ajoute des feuilles d'estragon séchées à l'ombre pendant deux ou trois jours ; on bouche bien le vase. Au bout de quelque temps, on goûte le vinaigre : si on le trouve assez imprégné du goût d'estragon, on le décante (qui est de le tirer à clair) ; s'il est un peu trouble, il faut le passer au filtre, et le mettre en bouteilles.

Nota. Ce vinaigre peut, suivant le goût des personnes, recevoir le parfum de différentes choses, tel que du clou de girofle, de l'ail, de l'oignon blanc. Tout cela doit être mis avec précaution, en ce que l'odeur de l'estragon est préférable à toute autre.

Lorsque l'on veut en faire beaucoup, on a un baril de vinaigre blanc, dans lequel on met en quantité suffisante de l'estragon et autres aromates; on perce le tonneau à trois ou quatre pouces du bord, en y mettant une cannelle de bois ou un gros fosset, par rapport au vert de gris; et à mesure que l'on tire du vinaigre, on le remplit avec du vin. On a, par ce procédé, le même tonneau qui peut fournir du vinaigre excellent pendant trois années de suite.

VIOLETTE. Plante basse et rampante, qui porte au commencement du printemps une fleur d'un gros bleu, d'une odeur douce et suave, que l'on confit de diverses sortes, dont on fait des eaux, des glaces, des sirops, etc.

Violettes (Conserve de). Prenez des violettes bien épluchées; pilez-les, passez-les dans un linge, exprimez-en le jus : mettez-les dans le sucre cuit à soufflé; après l'avoir ôté de dessus le feu : mêlez bien le tout. Mettez-y un peu de jus de citron; mettez votre conserve dans des moules, et vous la découperez de telle figure que vous voudrez.

Violettes (Eau de). Prenez des violettes cueillies du matin avant le lever du soleil, parce que la fraîcheur de la nuit aura concentré leur parfum; deux poignées suffiront pour deux pintes d'eau; n'employez que les fleurs, et mettez dans cette eau une demi-livre de sucre : faites infuser le tout pendant six heures; passez

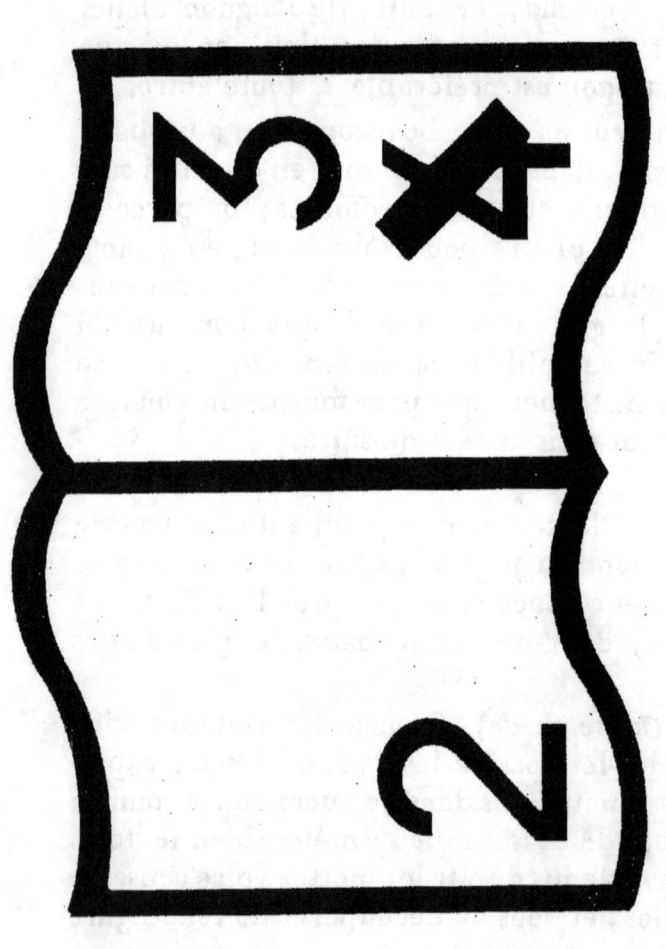

ensuite à travers un linge, et pour la boire plus agréablement, mettez cette eau à la glace.

Violettes (*Glace de*). Pilez la violette épluchée, délayez-la avec de l'eau et du sucre, passez cette teinture au tamis; travaillez-la à la sabotière; dressez ensuite dans des gobelets, et servez.

Violettes (*Marmelade de*). Faites cuire du sucre à la grande plume; étant à moitié chaud, délayez y de la violette pilée et passée au tamis. Il faut une livre et-demie de sucre pour une demi-livre de violette.

Violettes (*Sirop de*). Épluchez une demi-livre de fleurs de violettes (celle des bois est la meilleure); mettez-la dans une terrine, ou autre vase susceptible d'être bouché; vous ferez bouillir trois demi-setiers d'eau, et ne mettrez l'eau dessus votre violette que dix minutes après que vous l'aurez retirée du feu, parce que votre infusion, qui doit être d'un beau violet, serait verte, l'eau étant versée dessus trop bouillante; vous mettrez votre infusion à l'étuve, pour qu'elle se tienne chaude jusqu'au lendemain, que vous en retirerez la fleur, en exprimant bien le tout dans une serviette pour en retirer la teinture; vous la mettrez dans une terrine avec trois livres de sucre en poudre, que vous y ferez fondre; vous remettrez la terrine à l'étuve pendant vingt-quatre heures, en remuant de temps en temps; tenez l'étuve chaude pendant tout ce temps, comme pour le candi; cela vous produira deux bouteilles de sirop; vous aurez attention, avant de le mettre en bouteille, d'en prendre la cuisson, qui est au fort lissé, pour qu'il se conserve et qu'il ne fermente point : de tous les sirops, c'est le seul qui se fait sans aller au feu.

VIVE. Poisson de mer à-peu-près de la taille et de la figure du maquereau; mais il a la peau plus unie, la chair plus ferme et les arêtes plus piquantes. La chair de la vive est tendre, blanche, ferme, courte, friable, et d'un très-bon goût. C'est un des poissons les plus sains et les plus exquis que l'on serve sur les tables. La vive est armée, à chaque oreille et sur le dos, d'arêtes piquantes et très-dangereuses, auxquelles on ne saurait trop faire attention. S'il arrivait, en l'apprêtant, qu'on en fût piqué, il faudrait faire saigner long-temps la plaie, et la frotter du foie écrasé de la vive, ou piler un oignon avec du sel, et le délayer avec de l'esprit-de-vin, pour mettre sur la plaie jusqu'à ce qu'elle soit guérie.

Vives, sauce aux câpres. Ayez six vives, coupez-en les piquans des ouïes et du dos; videz-les, lavez-les, ciselez-les des deux côtés; mettez-les mariner dans un peu d'huile, avec persil et sel; un quart-d'heure avant de servir, mettez-les griller; arrosez-les de leur marinade, faites-les cuire des deux côtés; dressez-les, et servez-les avec une sauce au beurre.

Vives à la maître d'hôtel. Préparez et faites griller ces vives comme les précédentes, et servez-les avec une sauce à la maître-d'hôtel.

Vives à l'italienne. Ayez six vives, videz et préparez-les comme il est indiqué ci-dessus; coupez-leur la tête et la queue : ne ciselez point; mettez-les dans une casserole avec une demi-bouteille de vin blanc, quelques tranches d'oignons, carotte, persil en branches, une feuille de laurier, et du sel en suffisante quantité; faites-les cuire, et, leur cuisson faite, égouttez-les, dressez-les; saucez-les d'une italienne blanche et servez. *Voy.* SAUCES.

Vives grillées. Après les avoir vidées et bien essuyées, il faut les ciseler et les mettre mariner avec sel, huile, etc., et les faire griller. Étant bien cuites, servez-les avec une sauce aux câpres ou une espagnole finie, avec un morceau de beurre ou une sauce à la maître-d'hôtel.

Vives au court-bouillon. Etant appropriées, il faut ficeler les têtes, et les mettre cuire dans un court-bouillon. Vous les égouttez, dressez sur un plat, et les servez avec telle sauce qui vous convient, ou garnies de persil, avec un huilier.

VOLAILLE. Se dit des oiseaux domestiques qu'on élève et qu'on nourrit dans une basse-cour, comme dindons, poulets, poules, chapons, oies et canards domestiques, pintades, etc.

Il ne faut tuer la volaille qu'après qu'elle a été un certain temps sans manger. Dès qu'elle est tuée, il faut la plumer toute chaude, la battre sur l'estomac, lui coucher les pattes sur le ventre, et la laisser mortifier quelques jours, suivant les endroits ou la saison; et cela dans un lieu frais, le dos de la volaille exposé à l'air, c'est-à-dire l'estomac en dessous. Si vous la transportez, il ne faut point l'enfermer qu'elle ne soit bien froide, parce qu'elle se gâterait promptement. Quelques-uns lui tirent le gros boyau.

Volaille (Quenelles de). Ayez quatre blancs de volaille, dont vous râpez les chairs avec le couteau, de telle sorte qu'il n'y reste ni peaux ni nerfs; après les avoir pilés, passez-les à travers un tamis à quenelles, puis posez-les sur une assiette; trempez une mie de pain mollet dans du lait; quand elle est bien trempée, pressez-la bien dans un torchon neuf, pour en extraire le lait; mettez-la ensuite dans un mortier et pilez-la à force de bras. Mettez égale quantité de pain que de chair de volaille; mettez autant de beurre que de pain, et pilez ensemble jusqu'à ce qu'on ne reconnaisse plus aucune trace de beurre. Alors mettez-y la chair de volaille; pilez le tout jusqu'à ce que le mélange soit parfait; ajoutez-y quatre jaunes d'œufs avec sel, gros poivre, un peu de muscade. Quand le tout est bien pilé, fouettez deux blancs d'œufs que vous mêlerez avec votre appareil. Avant de retirer votre quenelle du mortier, faites-en pocher un peu, afin de voir si elle est d'un bon sel. Alors réservez-la pour votre usage, dans les mets que vous devez apprêter.

Volaille (*Consommé de*). On dispose dans une marmite tous les débris de volaille et parures des entrées, tant crues que rôties, avec deux livres de veau, un bouquet garni, un oignon piqué de deux clous de girofle et une carotte; on mouille de bon consommé. Les viandes étant cuites, on passe le consommé au tamis de soie; on le met dans une casserole, de manière qu'elle soit pleine jusqu'aux bords; on la place sur le coin d'un fourneau, et on fait dégraisser le consommé. A mesure qu'il bout, on le clarifie avec trois blancs d'œufs et un peu d'eau fraîche. On passe à la serviette; on le fait réduire à demi-glace, et on s'en sert pour les objets indiqués.

Volaille (*Demi-glace de*). Mettez dans une marmite cinq à six livres de tranches de bœuf, quatre livres de veau, cinq à six vieilles poules, et tous les débris des volailles qui ont été servies pour entrées, soit rôties, soit crues; remplissez votre marmite de bon bouillon, que vous faites bouillir et écumer; garnissez-la de deux carottes, deux oignons, deux clous de girofle, d'un bouquet assaisonné et d'un peu de pelure de champignons. Les viandes étant cuites, passez votre consommé au tamis. Faites-le dégraisser et clarifier avec deux œufs, passez-le à la serviette, et laissez le réduire jusqu'à la consistance du sirop, en ayant soin de l'écumer. Mettez-le ensuite au bain-marie pour vous en servir pour les mets indiqués.

FIN.

www.ingramcontent.com/pod-product-compliance
Lightning Source LLC
Chambersburg PA
CBHW050055230426
43664CB00010B/1323